Edgar Thill, Christian Blareau, Georges Cazorla,
Jean-Paul Doutreloux et Claude Fleuridas

L'ÉDUCATEUR SPORTIF

**Préparation aux brevets d'État d'éducateur sportif (1er et 2e degrés)
et au brevet professionnel de la jeunesse,
de l'éducation populaire et du sport**

VIGOT

Illustrations intérieures :

Guillaume Blanchet: Livre I: Exercices 1 à 50, 12.3, 12.4, 12.6, 12.9, 12.11, 12.13, 13.7 gauche; Livre II : 8.2, 8.3, 8.5, 8.6, 8.7, 8.8, 8.9, 8.10, 9.1, 9.2, 9.3, 9.4.

Jacqueline Candiard : Livre I : 10.23, 10.24, 10.25, 10.27, 10.29, 10.34, 10.37, 10.48, 10.56, 10.58, 10.59, 10.61, 13.15, 13.16, 13.17 ; Livre II : 11.2, 11.4.

Vadim Rolland : Livre I : 10.13, 10.14, 10.18, 10.19, 10.62, 10.63, 10.71, 12.5, 12.8, 12.15, 13.1, 13.2, 13.3, 13.4, 13.6, 13.7 droite, 13.9, 13.10, 13.11, 13.12, 13.13, 13.14, 13.18, 13.20, 13.21, 13.22, 14.1, 14.3, 14.4, 14.7.14.8, 14.9, 14.10, 14.11, 14.12, 14.14, 14.15, 14.16, 15.1, 15.2, 15.3, 15.4, 15.5, 15.6, 15.7, 15.8, 15.9, 15.10, 15.11, 15.12, 15.13 ; Livre II : 10.2, 10.3, 10.5, 11.7, 11.8, 11.9, 11.10, 11.11, 11.13, 12.3, 12.4, 12.5, 12.6, 12.9, 12.10, 12.11, 12.13.

Dépot légal : octobre 2009 - ISBN 978 2 7114 2095 7
Achevé d'imprimer en France

LES AUTEURS

Edgar Thill

Après une formation de professeur d'éducation physique, Edgar Thill a obtenu un doctorat de 3e cycle et un doctorat d'État de psychologie. Il a notamment dirigé le laboratoire de Psychologie du sport de l'I.N.S.E.P. (1977-1983), avant d'être nommé professeur au département de psychologie de l'Université Blaise-Pascal de Clermont-Ferrand (1985).

Il est l'auteur d'une douzaine d'ouvrages et de 85 articles sur la psychologie ou la psychologie du sport, ainsi que de tests psychologiques adaptés à la personnalité des sportifs. Il a assuré le suivi psychologique des équipes de France de voile, a mené des opérations de détection sportive pour de nombreuses fédérations sportives, dont celle de football.

Professeur retraité des universités, Edgar Thill mène actuellement la préparation psychologique de sportifs.

Christian Blareau

Après un doctorat d'histoire de 3e cycle, Christian Blareau fut détaché en 1982 au ministère de la Jeunesse et des Sports où il y exerça les fonctions de conseiller technique et pédagogique, de conseiller d'animation sportive et de formateur. Nommé professeur de sport, il fut affecté au sein de l'Institut national du sport et de l'éducation physique à l'unité Management-Économie-Droit de 1991 à 1999.

Il obtint deux mastères à la même époque : celui du CDES de Limoges (1997) et celui de Lyon (2000).

Ancien champion de France universitaire de judo, il s'est investi pendant 40 ans dans le milieu associatif. Ceinture noire 5e Dan, B.E.E.S. 2e degré, il devint spécialiste de self-défense, arbitre mondial de jujitsu et expert en formation de dirigeants bénévoles. Il est l'auteur d'une vingtaine d'articles sur l'esprit sportif, d'un livre sur la compétition en jujitsu et coauteur de deux manuels de l'éducateur sportif.

Actuellement en poste au C.R.E.P.S. de l'Ile-de-France, il est vice-président de l'A.F.S.V.F.P., membre du comité directeur et chargé de mission de la Fédération française de Judo et DA.

Jean-Paul Doutreloux est titulaire du doctorat de l'Université de Bordeaux II, mention « Physiologie des activités physiques et sportives » sur le thème des transformations de l'architecture des muscles squelettiques au cours du développement.

Il est actuellement maître de conférences à l'Université Paul Sabatier, Toulouse III. Depuis son arrivée à Toulouse, ses travaux ont été réorientés sur la physiologie de l'exercice physique, et focalisés sur les exigences physiques et énergétiques en rugby (à XV, à VII, à XIII), mais aussi en pelote basque, basket-ball et tennis.

Il collabore actuellement avec plusieurs clubs de l'élite en rugby et avec le XV de France. Il est actuellement co-entraîneur de l'équipe de France de rugby à VII, en charge de la préparation physique et technique des joueurs.

Georges Cazorla

Ancien élève de l'École normale supérieure d'éducation physique et sportive, responsable du Programme Évaluation au sein de la Mission recherche de l'INSEP (1978-1984), chargé national de mission par le ministère des Sports dans les domaines de l'évaluation des jeunes et des sportifs de haut niveau (1986-1989), titulaire d'un DEA en endocrinologie métabolique (Université de Bordeaux I) et docteur des universités en biologie de l'exercice musculaire (Université Jean-Monnet Saint-Etienne), Georges Cazorla a enseigné la physiologie au sein de la faculté de sciences du sport et de l'éducation physique de l'Université de Bordeaux II où il assumait aussi la responsabilité du laboratoire « Évaluation Sport Santé », du mastère « Ingénierie de l'entraînement sportif » et du diplôme d'université « Évaluation et préparation physique », internationalement reconnu.

Outre ses implications dans plusieurs sports : natation, course, triathlon, football, depuis 1986, Georges Cazorla assure la responsabilité du contrôle et du suivi physique et physiologique de l'entraînement des joueurs de l'équipe de France de rugby à XV au sein de la cellule évaluation de la FFR.

Claude Fleuridas est professeur agrégé d'éducation physique, docteur en sciences de l'éducation, titulaire du brevet d'État d'éducateur sportif 3e degré d'athlétisme, diplômé de l'I.N.S.E.P. en gestion et administration du sport.

Ancien international universitaire d'athlétisme, il a exercé ses activités professionnelles à l'Institut national d'éducation physique et du sport (I.N.S.E.P.). Il a publié plusieurs ouvrages sur l'athlétisme, sur les jeux Olympiques et l'olympisme, sur la réglementation, la gestion et l'organisation du sport national et international.

Actuellement retraité de l'Éducation nationale, il est membre de l'Académie nationale olympique française.

SOMMAIRE

SECTION 2. ÉDUQUER ET FORMER EN TENANT COMPTE DES CARACTÉRISTIQUES DU PUBLIC • 45

Edgar Thill

SECTION 3. ANIMER LA VIE ASSOCIATIVE • 69

Christian Blareau

Deuxième partie SCIENCES BIOLOGIQUES APPLIQUÉES • 367

SECTION 1. PRÉPARER L'APPAREIL LOCOMOTEUR À L'ENTRAÎNEMENT ET À LA PERFORMANCE • 369

Jean-Paul Doutreloux

SECTION 2. SUPPORTS PHYSIOLOGIQUES DE L'EXERCICE ET DE L'ENTRAÎNEMENT • 405

Georges Cazorla

LIVRE III
Réglementation et organisation du sport

Introduction

LES BREVETS D'ÉTAT D'ÉDUCATEUR SPORTIF ET D'ÉDUCATEUR PROFESSIONNEL

I. MISE EN SITUATION

La tâche n'était pas simple ! À la fin de la saison passée, le président avait demandé à Yves Saboureau de prendre en charge l'équipe première de basket-ball évoluant en Fédérale III. Bien qu'il eût été un excellent joueur de Nationale II, Yves se trouvait désormais au pied du mur. Cela faisait quelques années qu'il ambitionnait d'entraîner une équipe de basket-ball, mais la mission que lui avait confiée le dynamique président apparaissait ardue. Il devait assurer la montée de l'équipe en division supérieure et avait carte blanche pour mener à bien cette mission. De surcroît, le président lui avait donné d'autres tâches impératives : d'une part, organiser un tournoi préparatoire fixé le week-end avant la reprise du championnat, et, d'autre part, organiser un loto destiné à financer des dépenses de fonctionnement du club.

En tant qu'ancien joueur, Yves Saboureau savait que la préparation et la direction d'une équipe posent des problèmes d'ordre psychologique. Par exemple, comment allait-il s'y prendre pour intégrer les deux joueurs recrutés par le président ? Disposait-il de l'autorité nécessaire pour faciliter cette intégration et asseoir sa conception du jeu ? Comment motiver ceux qui se présentent en retard à l'entraînement ou qui auraient tendance à flâner ? Comment allait-il procéder pour constituer son groupe de titulaires et de remplaçants en tenant non seulement compte des capacités techniques des joueurs et de leur motivation, mais également de leurs capacités à contrôler le stress en face d'un public hostile et dans les moments critiques de matches et du championnat ? Et avant toute chose, comment allait-il faire progresser titulaires et espoirs de manière à disposer d'un réservoir plus large en cas de blessure ?

Pour ce qui concerne le second volet de son intervention, la préparation physique, il ne pouvait pas se contenter de reproduire le schéma de ses anciens entraîneurs en demandant à ses joueurs de préparer la saison par des footings. Il se devait de mettre en place un programme de renforcement musculaire et d'exercices d'étirement, fondé sur des connaissances anatomiques et biomécaniques. Par exemple, en plus d'un travail de renforcement spécifique, il devait préparer un programme d'étirements « toniques » pour la période préparatoire à la compétition, des étirements « sportifs » utilisables en début d'entraînement, et des étirements « lourds » à placer à la fin d'une séance d'entraînement.

Enfin, d'un point de vue strictement physiologique, Yves n'ignorait pas qu'il importait de mettre en œuvre des principes d'entraînement susceptibles d'adapter les organismes à l'effort. Or, qu'il s'agisse de la coordination des déplacements ou de l'exécution de tirs, de l'adaptation du système cardio-respiratoire aux rythmes intensifs des matches, il se devait de connaître les grands systèmes bioénergétiques qui régulent le travail musculaire. Il devait donc instaurer des cycles de travail, choisir des tests d'évaluation simples et valides, prévoir des périodes de récupération, introduire des règles d'hygiène pour prévenir fatigue et blessures, etc.

Bref, s'il voulait relever le défi du président, Yves Saboureau devait non seulement donner la preuve de son expertise en basket-ball, approfondir sa connaissance de la réglementation sportive et de l'organisation fédérale de sa spécialisation, mais acquérir aussi des connaissances en sciences humaines et en sciences biologiques pour faire progresser ses joueurs et leur permettre d'exprimer la plénitude de leurs potentialités.

Plus encore, il devrait révéler des qualités d'animateur pour gérer le projet de loto sportif. Il devrait se montrer un véritable homme-orchestre pour mobiliser l'équipe de bénévoles chargée de l'organisation des journées de loto sportif: en établissant un cahier des charges, en gérant les ressources financières et humaines, en élaborant un plan d'action, en évaluant son projet et, finalement, en assurant la communication interne et externe du club. Cette dernière tâche n'étant pas la moins importante ! Toutes ces compétences devaient donc s'acquérir au contact d'experts du domaine pour être rapidement mobilisables.

Aussi, au terme d'une semaine de réflexion, Yves Saboureau se rendit-il compte que la mission qu'on lui confiait nécessitait la mise en œuvre de multiples compétences ! Et après avoir pris conseil auprès de l'antenne Jeunesse et Sports de son département, décida-t-il de s'inscrire à la préparation du brevet d'État et de se procurer le présent guide de préparation aux brevets sportifs et professionnels. Son choix allait-il se révéler judicieux ? Ce sera au lecteur d'en juger…

II. INTÉGRER LES CONNAISSANCES THÉORIQUES ET PRATIQUES

Comme Yves Saboureau, le lecteur de ce livre a probablement déjà acquis une connaissance professionnelle grâce à un travail réalisé avec des équipes sportives ou des groupes de garçons et de filles, jeunes pratiquants ou sportifs expérimentés. Il a donc pu observer le comportement de ces sportifs ou élèves, analyser de façon plus approfondie ceux qui posaient des problèmes particuliers, discuter de son expérience avec des collègues, observer des éducateurs réputés pour leur savoir-faire, ou encore, a-t-il pu se livrer à une analyse de ses propres comportements. De la pluralité de ces informations, comme Yves Saboureau, le lecteur de ce livre a élaboré des connaissances qui lui ont permis d'affiner ses stratégies d'intervention et de formation.

Mais si elle constitue un acquis précieux, cette connaissance acquise à travers l'expérience personnelle présente l'inconvénient d'être globale. Elle résulte en effet de l'interaction de multiples facteurs d'ordre physique, technique, psychologique ou stratégique. Comme elle est également subjective, cette connaissance est à la fois moins précise et moins fiable que la connaissance scientifique.

Aussi, pour tirer le meilleur profit possible de la lecture de ce livre, le lecteur devrait-il confronter les connaissances accumulées grâce à sa pratique professionnelle aux connaissances scientifiques exposées dans cet ouvrage. *En d'autres termes, le lecteur devrait se montrer actif dans l'appropriation des connaissances qui lui sont présentées.* Il intégrera alors plus facilement ces connaissances théoriques et pratiques. Il les trouvera également plus intéressantes et plus utiles s'il les relie à ses propres expériences de sportif et de formateur, s'il évalue leur efficacité et leur utilité en fonction de situations diverses et, surtout, s'il s'attache à réactualiser ses connaissances propres à partir de données scientifiques avérées.

LIVRE I

BREVET D'ÉTAT DU 1ER DEGRÉ D'ÉDUCATEUR SPORTIF ET D'ANIMATEUR PROFESSIONNEL

PREMIÈRE PARTIE

SCIENCES HUMAINES APPLIQUÉES

Dans cette première partie, on se propose d'apporter à l'éducateur et au formateur des connaissances théoriques et pratiques leur permettant d'améliorer l'efficacité de leurs interventions en matière de formation, d'apprentissage et d'animation des groupes ou des structures dont ils sont en charge.
Les interventions d'un éducateur et d'un formateur ont d'abord pour objectif d'améliorer les habiletés des apprenants, d'accroître leurs connaissances, de susciter une meilleure implication motivationnelle, et visent donc à les rendre plus efficients. C'est pourquoi l'objet d'une première section consiste à présenter les principes d'apprentissage et de motivation fondés sur des connaissances acquises dans les sciences humaines, connaissances applicables au milieu sportif aussi bien que non sportif.
Dans une seconde section, on examinera les différences qui existent du point de vue de la personnalité, de l'âge et du genre (masculin ou féminin) chez les participants, dont l'éducateur et le formateur doivent tenir compte afin d'adapter leur enseignement aux caractéristiques de leur public.
Dans une troisième section enfin, nous présenterons la façon dont un formateur ou un éducateur peut animer la vie associative grâce à une gestion efficace de projets individuels ou collectifs, et par une communication interne ou externe à l'association.

1. ÉDUQUER ET FORMER PAR L'APPRENTISSAGE ET LA MOTIVATION

INTRODUCTION : QUELQUES DÉFINITIONS UTILES

L'ÉDUCATEUR

Dans le cadre d'interactions réciproques, l'éducateur développe toutes les composantes de la personnalité de l'élève (physiques, intellectuelles, affectives, ou morales), de manière à ce qu'il s'adapte aux activités de son groupe et de sa culture.
Un éducateur sportif, par exemple, conduit les jeunes à pratiquer plus efficacement les activités de la spécialité, forme leur personnalité conformément aux valeurs de leur groupe d'appartenance (l'équipe, le club), et leur inculque le respect de l'éthique sportive.

LE FORMATEUR

Un formateur ne se limite pas seulement à l'acquisition de techniques et de connaissances données une fois pour toutes. Il s'attache à ce que les élèves fassent un usage actif des habiletés et des connaissances acquises, et se les réapproprient.
Selon un usage plus restreint du terme, un formateur vise à faire acquérir à ses élèves des savoir-faire psychosociaux : comment animer des groupes, communiquer efficacement, former des formateurs…

LE PÉDAGOGUE

L'éducateur ou le formateur peut être qualifié de pédagogue dès lors qu'il fonde son enseignement sur des connaissances avérées, établies par des spécialistes en sciences humaines et en sciences biologiques.

LE COMPORTEMENT

Certains comportements sont *manifestes*, comme l'activité motrice qui se déploie dans l'espace et qui est mesurable par l'éducateur sportif. D'autres comportements sont *cachés,* internes, et non directement observables (les fonctions physiologiques, les sentiments ; par exemple).

LA PERFORMANCE

Elle correspond à une mesure du comportement dans des circonstances précises de l'environnement (course sur 100 mètres p. ex.) ou dans une condition donnée de l'organisme (course sur 100 mètres après ou sans échauffement, p. ex.).
C'est à partir d'une performance qu'on peut inférer l'existence de certains processus internes non directement observables, comme l'apprentissage, le degré de motivation, des processus physiologiques comme la fatigue, etc.

L'APPRENTISSAGE

L'apprentissage correspond à un ensemble de processus internes liés à l'exercice ou à l'expérience, conduisant à une modification systématique et durable du comportement, à l'acquisition de connaissances, et à une amélioration des performances.
Définir l'apprentissage en termes de *processus internes* signifie que l'apprentissage n'est pas directement observable, mais inféré (déduit) à partir de ce qui est observable et mesurable : les comportements ou les performances.
Ainsi, on pourra parler d'apprentissage si, entre un moment T1 et à un moment T2, il existe une différence de performance (par exemple, un gain de 80 centimètres au lancer de poids), et si cette différence est imputable à l'*exercice* et non pas à des facteurs comme la maturation ou la croissance.

L'HABILETÉ ET LA CAPACITÉ

La notion d'habileté renvoie à l'idée de maîtrise d'une action motrice ou mentale. Par exemple, on dira qu'un adolescent manifeste de bonnes habiletés golfiques ou de bonnes habiletés de résistance au stress.
Alors que les *habiletés* sont toujours spécifiques, les *capacités* constituent des savoir-faire plus géné-

raux *(skills)* qui facilitent la performance, comme les capacités d'attention (capacité mentale), d'endurance (capacité physique) ou de compréhension (capacité intellectuelle), etc.

Alors que les *aptitudes* sont congénitales (potentiellement présentes à la naissance), les *capacités* actualisent le potentiel des aptitudes grâce à l'apprentissage et l'exercice.

Chapitre 1

LES TYPES D'APPRENTISSAGE TRADITIONNELS ET LEURS APPLICATIONS PRATIQUES

Edgar Thill

1. LE CONDITIONNEMENT CLASSIQUE, UNE MÉTHODE SIMPLE D'APPRENTISSAGE

A. CONDITIONNEMENT ET APPRENTISSAGE

Le *conditionnement* désigne une procédure qui consiste à associer des *renforcements* à des réponses particulières. Si un joueur se montre adroit dans une activité donnée, l'enseignant peut et doit l'encourager, le féliciter. Cet encouragement – ou renforcement – amènera l'élève à s'appliquer davantage et à s'améliorer. Il s'agit donc d'une forme courante d'*apprentissage*.

Un conditionnement classique peut donc donner lieu à un apprentissage, mais tout apprentissage n'est pas le produit d'un conditionnement. Comme on le verra, il existe d'autres types d'apprentissage que ceux qui procèdent par conditionnement.

B. QUELQUES PRINCIPES SIMPLES DU CONDITIONNEMENT CLASSIQUE

Le conditionnement classique (appelé également conditionnement pavlovien ou conditionnement répondant) est régi par un certain nombre de principes qui en font une forme d'apprentissage robuste.

Acquisition. La période pendant laquelle il y a association entre la présentation du stimulus conditionnel (un coup de sifflet, par exemple) et du stimulus inconditionnel (une directive de l'enseignant, par exemple) correspond au stade d'acquisition du conditionnement. On dit que cette association *renforce* la réponse conditionnée de l'organisme.

Par exemple, si l'éducateur donne une directive (« montez en ligne », « changez de rythme »...) à la suite d'un coup de sifflet, le coup de sifflet acquiert rapidement une valeur d'incitation suffisante pour déclencher le comportement en question.

Extinction. Le non-renforcement se traduit par la disparition de la réponse conditionnée (le comportement attendu). On appelle extinction, la répétition dans le temps du stimulus conditionnel (sifflet) sans association du stimulus inconditionnel (« montez en ligne »).

Généralisation du stimulus. On appelle généralisation du stimulus, le fait qu'une réponse déclenchée par un stimulus conditionnel peut également être déclenchée par d'autres stimuli présentant des similarités avec le stimulus original. Ainsi, le simple fait de porter le sifflet à la bouche, voire de lever la main, suffit pour déclencher la bonne réponse de l'équipe qui défend : la montée en ligne.

RÉSUMÉ

		consigne de l'enseignant	→ comportement
signal (sifflet, p. ex.)	+	consigne de l'enseignant	→ comportement
signal			→ comportement

Discrimination du stimulus. La discrimination du stimulus est le processus inverse du précédent. Lorsque le renforcement se prolonge dans le temps, l'organisme finit par ne plus répondre qu'au seul stimulus conditionnel, en l'occurrence ici, le coup de sifflet.

C. Applications du conditionnement répondant

Des comportements complexes peuvent s'acquérir à partir de la mise en œuvre des principes du conditionnement classique : des techniques sportives, des attitudes favorables envers le sport, le contrôle de réactions émotionnelles comme l'anxiété compétitive, la maîtrise de soi, etc. *Dans ces formes d'apprentissage, on met l'accent sur la répétition, dans des conditions semblables d'un comportement particulier.* Ces formes d'apprentissage par répétition conduisent à la formation d'automatismes, de comportements standards, qui se déclenchent dans des situations dans lesquelles ils se sont formés.

Les avantages de ces méthodes d'apprentissage, que l'on a pu qualifier de dressage, sont les suivants : le gain de temps, car on minimise la culture de base, la facilité du contrôle par l'enseignant, ou encore la formation rapide d'instructeurs ou de techniciens. Mais ces méthodes ignorent les problèmes humains, dans la mesure où elles visent la standardisation des individus et rendent ceux-ci passifs et peu créatifs.

Exemple de déconditionnement : la désensibilisation systématique

La désensibilisation systématique consiste à imaginer ces situations génératrices d'anxiété ou de stress - par exemple une situation passée d'échec - tout en restant relaxé. En commençant à visualiser les situations les moins anxiogènes, et en finissant par celles qui avaient été estimées les plus perturbatrices, il se produit une *extinction* progressive de la réponse anxiogène.

Cette méthode peut donc être utilisée avec succès dans les cas les plus aigus de stress chez les sportifs.

2. Une voie d'apprentissage plus appropriée : le conditionnement opérant

A. Le conditionnement répondant

Cette forme d'apprentissage, que l'on peut qualifier d'apprentissage par essais et par erreur, est plus élaborée et souvent utilisée par les éducateurs. Dans sa forme la plus simple, elle consiste pour l'éducateur à renforcer un comportement du sportif quand ce dernier a réalisé une bonne prestation.

Par exemple, l'éducateur dira : « C'est bien » ou « Bon ! Tu es bien concentré » chaque fois que le sportif a, *de lui-même, sans consigne préalable*, satisfait un comportement attendu par l'enseignant.

À la différence du conditionnement précédant, qui met l'accent sur les conditions qui *précèdent* un comportement, ce type conditionnement met l'accent sur l'importance des *conséquences* d'un comportement.

B. Les lois du conditionnement opérant

Renforcement partiel. Comme le conditionnement opérant présente une grande régularité, l'enseignant pourra se contenter de renforcer le comportement de *temps en temps* selon les exemples donnés au tableau 1.1.

Renforcement conditionné. Le renforcement conditionné élargit de façon considérable le champ des conditionnements. Ainsi, la promesse de primes de matches en fonction des performances à venir va avoir des effets stimulants sur le comportement des joueurs, avant même que l'argent ne soit versé réellement. La promesse est devenue un renforçateur conditionnel : elle a acquis des pouvoirs de renforcement et est capable de stimuler le comportement des joueurs. De même, le comportement d'approbation peut devenir un renforçateur efficace d'une vaste gamme de conduites. Ainsi, on peut renforcer les attitudes variées des joueurs (envers l'échauffement, l'arbitrage, l'hygiène de vie, etc.) en les renforçant par un commentaire verbal de type : « Tu as raison, c'est comme cela qu'il fallait t'échauffer », « Excellent ! Tu as manifesté un bon esprit sportif », « Bien. En suivant ce régime, tu diminueras rapidement ton pourcentage de masse grasse »...

Proportions fixes L'éducateur félicite le joueur (« C'est bien ! ») chaque fois que ce dernier réussit au moins 8 lancers francs sur 10.	**Intervalles fixes** L'éducateur félicite le joueur (« C'est bien ! ») toutes les X minutes, s'il se montre adroit aux lancers francs
Proportions variables L'éducateur félicite le joueur (« C'est bien ! ») après 5 tirs, puis X tirs réussis… (en moyenne tous les 8 tirs réussis, p. ex.)	**Intervalles variables** L'éducateur félicite le joueur (« C'est bien ! ») après 2 minutes, puis X minutes d'adresse manifestée (en moyenne : toutes les 3 minutes p. ex.)

Tableau 1.1
Exemples de programme de renforcement opérant.

Renforcement et punition. Dans le cas de la punition, le processus est différent. L'éducateur pourra augmenter ou maintenir une bonne réponse, comme rester concentré à l'entraînement, par addition d'un stimulus négatif (« Tu vas me faire 20 pompes parce que tu n'as pas écouté les consignes »), ou par soustraction d'un stimulus positif (« Vous êtes trop bavards : on ne fera pas de match ! »).

La punition s'avère moins efficace que le renforcement positif ou négatif, car elle ne produit que des effets temporaires. Aussitôt la punition levée, la réponse peut réapparaître avec toute sa force ; parfois, la réponse à éliminer pourra à nouveau se manifester plus tard.

La punition pourra néanmoins se révéler efficace si l'éducateur :

a. fournit de bonnes réponses à la place des mauvaises réponses et les renforce,
b. est cohérent en utilisant la même punition pour le même type d'infraction,
c. n'utilise pas des exercices physiques comme punition,
d. ne rabaisse pas les personnes devant leurs pairs !

C. Applications du conditionnement opérant

Méthodes actives

D'une manière générale, le conditionnement opérant se trouve à la base des *méthodes actives*, car les sujets se montrent actifs dans l'appropriation de leurs connaissances.

Exemple 1. L'enseignant de judo peut proposer des situations qui permettent aux élèves de s'exprimer en opposition. Pour stimuler cet apprentissage, l'enseignant renforcera les actions réussies de Tori : « Excellent », « Continue ainsi en tassant Uké sur sa jambe d'appui », « Ton déplacement est bien coordonné » chaque fois que l'un des élèves aura réussi un enchaînement technique.

Exemple 2. Les éducateurs aménagent fréquemment des situations de jeu dans les sports collectifs, contextes dans lesquels les enfants développent leurs capacités gestuelles (la passe, la feinte, le tir, etc.), s'approprient des rôles, réorganisent leurs déplacements en fonction des options adverses. Ainsi en rugby, est-il commun de mettre en opposition un petit groupe qui progresse par passes, crée des points de fixation, ressort la balle pour développer un jeu d'attaque en fonction des points de déséquilibre créés dans la défense adverse. Dans ces situations, les joueurs prennent constamment des informations et des décisions qui replacent leur gestuelle dans un système d'interactions en perpétuelle évolution. L'éducateur a alors tout loisir à encourager les bonnes options, soit en arrêtant le jeu, soit en commentant les actions en cours.

Acquisition de nouveaux comportements par la technique du renforcement

Les renforcements peuvent être utilisés pour susciter les comportements nouveaux et améliorer les apprentissages. Le tableau 1.2 résume les progrès obtenus dans certains sports : en matière d'amélioration de l'adresse des tirs en basket-ball (Siedentop, 1980),

Tableau 1.2
La modification des comportements par la technique du renforcement opérant.

	Avant le programme	À l'issue du programme
Adresse en basket-ball	54 %	66 %
Réalisations correctes en football américain	60 %	81 %
Assiduité en natation	45 %	100 %
Encouragements des équipiers	11 par séance	80 par séance
Critiques des équipiers	5 par séance	0 par séance

des exécutions correctes en football américain (Komaki et Barnett, 1977), l'assiduité aux entraînements de natation (McKenzie et Rushall, 1974), ou encore l'acquisition de conduites d'encouragements et l'élimination des critiques des équipiers (Siedentop, 1980).

Comme on peut le constater, le simple renforcement des comportements permet à l'éducateur de façonner ceux-ci dans le sens attendu.

D. Résumé

Le conditionnement opérant est régi par un principe relativement simple: si un comportement est suivi par une conséquence agréable, la personne tend à reproduire ce comportement dans l'espoir de bénéficier à nouveau de cette conséquence favorable.

Les renforcements peuvent être:

- des renforcements sociaux: sourire, encouragement, tape dans le dos, approbation…
- des renforcements matériels: récompense, médaille, diplôme, prix, prime, promotion…
- une activité motivante: faire partie de l'équipe première, un déplacement sportif ou culturel, une sélection, assister à l'entraînement de sportifs ou d'équipes prestigieuses…

L'éducateur et le formateur disposent donc de multiples possibilités pour augmenter la probabilité d'apparition, et de maintien, de « bonnes réponses » chez leurs élèves.

3. UNE FORME D'APPRENTISSAGE TRÈS EFFICACE: L'APPRENTISSAGE SOCIAL

A. L'apprentissage social

Il est désormais admis que l'observation d'un *modèle* facilite les apprentissages, et notamment les apprentissages moteurs. Lors d'une démonstration par exemple, l'observateur reçoit des informations qui lui permettent de mieux analyser des conduites, de les évaluer, et d'y réagir de façon positive ou négative.

1. Les progrès obtenus en matière d'apprentissage moteur après observation d'un modèle dépendent d'un certain nombre de caractéristiques du *modèle observé* (tableau 1.3).

Tableau 1.3
Caractéristiques des modèles qui favorisent l'imitation.

- Plus un modèle dénote de l'expertise et de la compétence, plus il est imité.
- Les modèles récompensés pour leurs productions sont davantage imités que ceux qui ne le sont pas.
- Les modèles qui disposent d'un statut élevé dans un groupe donnent lieu à de nombreuses imitations dans, et hors du groupe.
- Un modèle enregistré, dit symbolique, améliore autant les apprentissages qu'un modèle réel.
- Des consignes verbales données par le modèle ou par l'entraîneur focalisent l'attention sur les points pertinents de la démonstration.

2. La qualité des apprentissages dépend également des caractéristiques de l'*observateur*. Ainsi, l'âge de l'observateur a-t-elle son importance. Les réalisations motrices des enfants après observation s'améliorent avec l'âge. Cet effet facilitant de l'âge s'accentue encore si des commentaires concrets de l'éducateur accompagnent la démonstration du modèle. Enfin, de bonnes capacités d'imagerie permettent aux apprenants d'imaginer les accomplissements du modèle en l'absence de celui-ci et par voie de conséquence, de répéter mentalement (dans leur tête) les comportements du modèle. Cette *répétition mentale* (voir chapitre 1 du livre II) permet ainsi à l'observateur de se former des représentations motrices plus riches en détails, plus contrôlables, et donc, susceptibles de donner lieu à des réponses motrices plus adéquates.

B. Exemple d'apprentissage social : la démonstration

L'apprentissage social peut se faire de trois manières. L'enseignant :

a. démontre lui-même un exercice (modèle réel),
b. demande à un élève de démontrer un exercice (modèle réel),
c. présente à ses élèves un enregistrement vidéo d'une tierce personne qui démontre l'exercice (modèle symbolique).

Un éducateur sportif utilise donc, peut-être sans le savoir, la méthode d'apprentissage social !

Prenons l'exemple de l'apprentissage d'une habileté complexe, l'apprentissage d'un mouvement de judo. Aubin (1993) a étudié l'apprentissage de techniques de judo chez de jeunes pratiquants (de 8 à 12 ans). Dans ces expériences, un expert indépendant (5e Dan) notait sur 10 les exécutions des élèves enregistrées par vidéo, sans connaître les groupes auxquels ces jeunes pratiquants appartenaient. Dans l'une de ses études, Aubin a formé deux groupes : le groupe A s'entraînait par répétition physique, et le groupe B s'entraînait par la répétition mentale (figure 1.1).

Avant de s'entraîner physiquement ou mentalement, les jeunes judokas des deux groupes :

1. recevaient des consignes verbales (CV) ;
2. observaient la démonstration d'un modèle (Mod) dont l'entraîneur commentait les projections (CV) ;
3. observaient un modèle en l'absence de commentaire verbal de l'entraîneur (Mod). Les notes obtenues par les élèves au terme de ces trois étapes d'apprentissage apparaissent dans la figure 1.1.

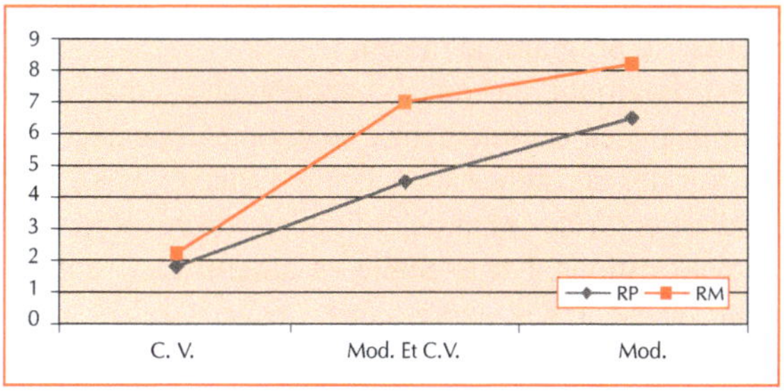

Figure 1.1
Apprentissage d'une technique de judo dans des conditions de répétition physique (RP) et de répétition mentale (RM), et en fonction de trois phases : présentation de consignes verbales (CV), présentation d'un modèle et de consignes verbales (Mod et CV), présentation d'un modèle (Mod).

On peut d'abord noter que dans l'apprentissage d'une activité motrice complexe comme le judo, la répétition mentale (RM) d'un mouvement donne de meilleurs résultats que la simple répétition physique (RP)[1]. Que se passe-t-il dans les deux cas ? Lors d'une première phase, et par rapport au niveau de départ, les simples consignes verbales de l'entraîneur n'améliorent guère les prestations de ces élèves de 10 ans. C'est pourtant de cette façon que procède le plus souvent un éducateur. Dans un deuxième temps, la démonstration améliore l'efficacité de l'apprentissage, et principalement au cours de la troisième étape, lorsqu'aucun commentaire verbal n'est fourni. Dans ces cas, *la présentation d'un modèle prend la forme d'une démonstration concrète du mouvement à acquérir par un jeune judoka* et améliore donc les performances d'apprentissage des élèves.

(1) Ce résultat est en accord avec les données de la littérature spécialisée. Voir dans cet ouvrage, au chapitre I du livre II, l'étude de l'imagerie.

Mais pourquoi, les prestations des enfants lors de la seconde phase (Mod + CV) sont-elles inférieures à celles de la troisième phase (Mod)? Parce qu'un enfant de 10 ans éprouve des difficultés à traiter simultanément, à combiner des informations de nature abstraite (les consignes verbales) et des informations visuelles (la démonstration). Cette difficulté s'avère d'autant plus grande qu'il lui faudra transformer les informations verbales (abstraites) en paramètres du programme moteur.

C'est pourquoi on recommandera aux éducateurs d'utiliser des commentaires techniques concrets, de fournir des consignes sous forme d'images lorsqu'ils s'adressent à des enfants, ou encore de recourir aux démonstrations. Par exemple en athlétisme, l'entraîneur utilisera des expressions imagées telles que: « Sois plus fluide », « Enfonce ton starting-block avec ton talon », « Pointe ton genou en avant », pour mieux se faire comprendre…

C. Apprentissage de l'agression et de la violence

De très nombreux comportements, dont ceux d'agression et de violence, sont acquis par voie d'apprentissage social (voir livre II, chapitre 6).

Ainsi, la réaction d'un joueur de football à un tacle peut s'avérer plus violente si le public *renforce* (encourage par des cris et des applaudissements) ses interventions litigieuses, et si l'arbitre sanctionne insuffisamment les actions du joueur qui sont à la limite de la règle et de l'esprit sportif. De même, les jeunes joueurs qui observent le jeu dur d'un joueur médiatiquement valorisé, voudront, à leur tour, « jouer dur comme lui » pour être des équipiers reconnus et des membres du club, appréciés par l'encadrement sportif. En même temps, si des spectateurs observent dans un stade des supporters qui incitent leur équipe à se battre, contestent les décisions arbitrales avec force et huent leurs adversaires, les joueurs auront tendance à reproduire les comportements antisportifs de ces fans avec lesquels ils partagent des caractéristiques communes.

Mais le stade n'est pas le seul lieu d'apprentissage de l'agression. Les parents qui punissent physiquement leurs enfants peuvent eux-mêmes devenir des modèles d'agression, augmentant ainsi la probabilité d'agressivité de leurs enfants (voir par exemple, le syndrome de « l'enfant battu »). De même, la télévision présente journellement aux enfants des modèles agressifs, comportements qui seront repris principalement par les garçons, et parmi eux, par les plus jeunes (Eron, 1980).

D. Confiance en soi

La confiance en-soi, ou croyance en une efficacité personnelle ou collective, peut être fortement augmentée par l'apprentissage social.

Lorsqu'ils observent un champion et veulent reproduire un geste technique, comme un service lifté d'un champion de tennis par exemple, les sportifs sont capables d'évaluer leurs réponses. Soit ils comparent leurs essais d'apprentissages successifs à des standards personnels (« la qualité de mon service a tendance à s'améliorer »), soit ils comparent leurs tentatives aux réalisations d'autrui (« mes dix derniers essais sont meilleurs que ceux de mes camarades d'entraînement »).

Sur la base de ces évaluations personnelles, les sportifs rectifient leurs réponses et, en cas de progrès, se récompensent psychologiquement par un processus appelé *autorenforcement*. Par exemple, en levant un bras en signe de joie, ou en se parlant pour s'encourager (« sur ce coup, j'ai été vraiment bon »).

Or, à l'issue de ces processus d'observation, d'autoévaluation et d'autorenforcement, le sportif se forme une croyance en une *efficacité personnelle*. Cette croyance en une efficacité personnelle se rapporte aux capacités requises pour accomplir une tâche spécifique. Par exemple, la croyance en une efficacité personnelle s'avère élevée chez une joueuse de basket-ball si elle possède la ferme conviction de pouvoir réussir ses tirs à trois points, améliorer le nombre de ses passes décisives, ou encore opérer une bonne lecture du système défensif adverse (figure 1.2).

Lorsqu'un(e) sportif(ve) émet une croyance (positive ou négative) en son efficacité personnelle au moment où il (elle) entreprend une action quelconque, il (elle) sera en meilleure position pour évaluer les écarts entre les buts fixés et les résultats obtenus; de plus, cette croyance en son efficacité augmentera le niveau de difficulté du but qu'il ou elle s'efforcera d'atteindre et, surtout, la quantité d'efforts qu'il ou elle mettra en

Figure 1.2
Processus mis en jeu lors de l'observation d'un modèle.

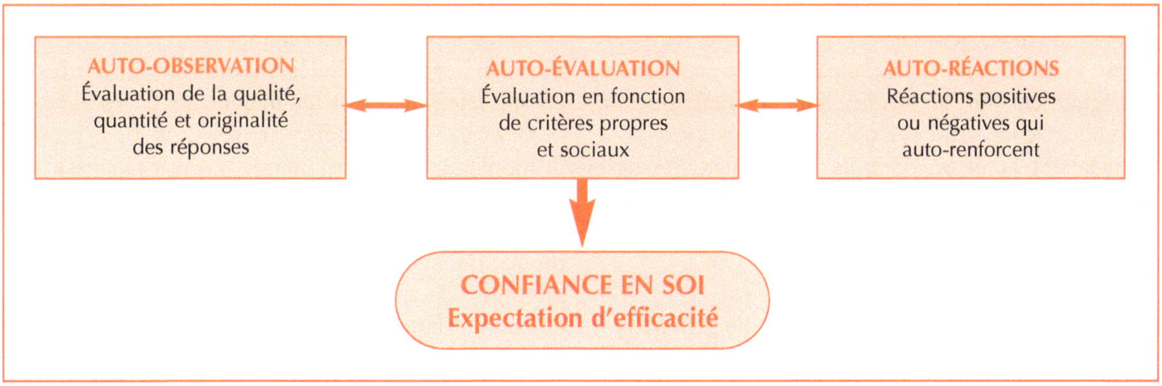

œuvre. Selon Bandura en somme, la croyance en une efficacité personnelle constitue une croyance qui conditionne le plus l'efficacité de ses apprentissages et de ses performances.

E. De quoi dépend la confiance en soi et comment l'augmenter ?

La confiance en soi dépend d'au moins trois sources (figure 1.3).

Le modelage social

On peut faire acquérir aux sportifs une confiance en soi plus grande à travers l'observation d'autrui. On a pu démontrer, par exemple, que de jeunes sportifs qui voient des modèles (par exemple des sujets de même âge) affronter avec succès une situation de compétition dans un environnement hostile se montrent ensuite capables de mieux maîtriser de telles situations stressantes. D'une manière générale, toute démonstration qui fait appel à un modèle sera en mesure de stimuler l'apprentissage moteur.

Mais regarder simplement quelqu'un n'est pas suffisant pour reproduire ses réponses. Le degré d'attention constitue un facteur important d'apprentissage, car l'observateur doit analyser avec soin les informations utiles qui proviennent du modèle. Ainsi, un sportif focalisera davantage son attention sur le modèle si ce dernier partage avec lui des caractéristiques communes : comme l'âge ou le sexe, par exemple. De même, l'éducateur pourra commenter les démonstrations du modèle pour en faire ressortir des points cruciaux à retenir par l'apprenant.

Figure 1.3
Trois sources qui sont à l'origine de la confiance en soi. Parmi elles, l'apprentissage social constitue un facteur essentiel.

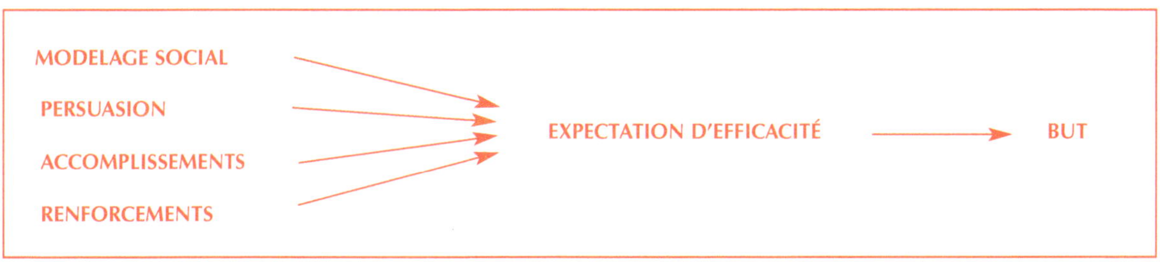

Comment se préparer à réussir ?

Observez vos camarades d'entraînement, ou vos adversaires, qui réalisent de bonnes exécutions techniques, et imitez-les. Ou servez-vous d'enregistrements vidéo de sportifs réputés, afin de reproduire physiquement sur le terrain, puis mentalement à domicile, leurs gestes techniques. Observez soigneusement la façon dont ils performent, répétez mentalement leurs actions, et laissez-vous tirer vers le haut !

L'accomplissement réel

La croyance en une efficacité personnelle peut s'avérer faible pour un golfeur la veille d'une compétition parce que, au cours des derniers entraînements, il maîtrisait mal son petit jeu, et en particulier son putting. Or, une bonne entrée dans la partie peut rapidement rehausser sa confiance en soi et conduire à des scores encourageants lors des premiers trous. Mais l'inverse est également vrai : une confiance initiale peut rapidement se perdre en raison d'une mauvaise mise en jeu. Comme dans tous les sports, les accomplissements réels d'un golfeur affectent rapidement les croyances en des bonnes capacités golfiques dans un sens défavorable aussi bien que favorable !

Comment se préparer à réussir ?

Pour éviter que les réalisations actuelles ne viennent éroder les effets motivationnels des expectations, il convient d'inviter l'apprenant à s'efforcer de toujours *rester dans le présent*. Comment ? En demandant aux apprenants de rester concentrés sur la situation actuelle, de ne pas ruminer les échecs passés, d'éviter de penser aux obstacles futurs, ou encore de tenir compte des performances des adversaires (voir livre II, chapitre 1). De même, l'éducateur pourra induire chez les sportifs des croyances d'efficacité plus stables en dosant finement le niveau de difficulté des exercices, en évitant les renforcements négatifs, en multipliant les situations qui mènent au succès et en éliminant toute correction technique majeure pour éviter que surviennent des régressions, et que s'installe le doute.

Suggestions et exhortations verbales

Encourager les sportifs à surmonter les obstacles correspond à un moyen communément utilisé par les éducateurs pour stimuler la motivation de leurs sportifs, mais également pour augmenter leur confiance en soi. Bien que les encouragements et les exhortations verbales (« Tu dois y arriver ! », « Tu es capable de faire mieux que les autres », etc.) rehaussent la croyance d'efficacité personnelle, leurs effets demeurent cependant transitoires, voire franchement contre-productifs, si les résultats ne correspondent pas aux attentes. De fait, les effets des encouragements demeurent largement dépendants de la crédibilité de la personne qui induit de telles croyances, en l'occurrence la compétence et le sérieux de l'éducateur.

En résumé

En définitive, si les sportifs croient en leur efficacité personnelle, multiplient les succès, et reçoivent des renforcements positifs en conséquence, l'expectation d'efficacité devient plus stable avec le temps : le capital confiance deviendra important.

4. FACTEURS QUI INFLUENCENT L'APPRENTISSAGE

Quelle que soit la modalité d'apprentissage ou de perfectionnement moteur considérée jusqu'à présent, les progrès en matière d'acquisitions sont conditionnés par deux facteurs : la distribution des exercices et les possibilités de transfert d'un apprentissage à un autre.

A. Distribution des exercices et des séances

Lorsqu'il conduit des séances d'initiation ou de perfectionnement, l'éducateur peut être amené à se poser la question suivante : convient-il de grouper les exercices et les séances (apprentissage massé), ou au contraire faut-il les étaler dans le temps (apprentissage distribué) ?

De nombreuses études indiquent que la deuxième solution est plus efficace, surtout en matière d'initiation. Quel que soit le domaine considéré, scolaire ou sportif, et pour une même quantité totale d'entraînement, les individus apprennent plus vite lorsque des périodes de repos séparent les exercices ou les séances. Cet intervalle de repos doit cependant demeurer mesuré pour éviter le phénomène d'oubli.

L'apprentissage distribué facilite le traitement des informations multiples présentes dans une situation d'apprentissage.

B. Transfert d'apprentissage

On parle de transfert (positif) d'apprentissage quand une tâche effectuée dans le passé facilite l'apprentissage d'une nouvelle tâche. Ce fait est bien connu en sport. Ainsi, une activité comme le skateboard facilite l'apprentissage du ski ou du surf (sports de glisse), et inversement. De même, la pratique de la pelote basque facilite l'apprentissage d'autres sports d'adresse, comme le tennis ou le golf, et inversement.

L'une des fonctions de l'éducateur consiste donc à fournir aux sportifs des patrons de réponses, transférables d'un matériel à l'autre ou d'une situation à une autre. C'est le cas de l'apprentissage d'un appel de saut (athlétisme, sports collectifs), qui implique l'abaissement préalable du centre de gravité et/ou le raccourcissement de la foulée. Ou encore la consolidation de coups de golf en utilisant des clubs de longueurs différentes, tout en respectant un rythme d'exécution invariant.

Des habiletés peuvent également se transférer d'un membre à un autre (transfert bilatéral). L'exécution correcte d'un membre aide non seulement l'acquisition d'une technique par le membre opposé, mais des transferts de force sont également observables (Yue et Cole, 1992). Des contractions isométriques maximales du poignet droit augmentent la force de ce poignet (+ 22 %) et provoquent des augmentations de la force au niveau du poignet gauche (+ 10,45 %). Plus surprenantes encore, ces améliorations de force se produisent en cas de répétition mentale, en l'absence d'activité réelle et electromyographique des membres.

Lectures conseillées

GEORGE, C. *Apprendre par l'action*, Paris, Presses Universitaires de France, 1983

SIMONET, P. *Apprentissages moteurs. Processus et procédés d'acquisition*, Paris, Vigot, 1985

THILL, E. *Motivation et stratégies de motivation en milieu sportif*, Paris, Presses Universitaires de France, 1989, chapitre III.

Chapitre 2

LES BUTS COMME DÉTERMINANTS IMMÉDIATS DES APPRENTISSAGES ET DES PERFORMANCES

Edgar Thill

Selon les psychologues, ce ne sont pas seulement les renforcements qui stimulent les apprentissages (voir le conditionnement répondant et opérant), mais les croyances relatives à l'efficacité personnelle, qui conduisent les sujets à se donner des buts plus ou moins élevés. En d'autres termes, le comportement n'est pas seulement déterminé par ses conséquences *immédiates* (les renforcements), mais par des conséquences *attendues*, comme la croyance de pouvoir concrétiser ses buts. Aussi, dans ce chapitre, allons-nous étudier plus particulièrement le rôle des buts qui interviennent dans la sélection des conduites et leur guidage.

Dans ce chapitre, nous allons plus précisement :

1. définir les buts, leurs caractéristiques et leurs effets,
2. présenter les principes d'une saine gestion des buts,
3. et montrer comment on peut élaborer un programme de gestion des buts en milieu sportif.

1. CARACTÉRISTIQUES DES BUTS ET LEURS EFFETS

A. Qu'est-ce qu'un but ?

Les buts correspondent à des objectifs précis ou à des états émotionnels que les sportifs s'efforcent d'atteindre ou de reproduire.

Ils correspondent donc :

- soit à un état final à atteindre ; par exemple, courir un 100 mètres en 10 secondes 8/10e, sauter à 2,05 mètres en hauteur, ou marquer 8 lancers francs sur 10 tentés ;
- soit à un certain pourcentage de progrès à accomplir ; au 3 000 mètres steeple par exemple, améliorer ses temps de passage d'une seconde aux 400 mètres ;
- soit à une série d'actions particulières à réaliser ; par exemple, une passe redoublée en rugby, un amorti de la poitrine suivi d'un dribble en football, etc.
- soit à une façon de mieux gérer ses émotions au cours d'une compétition ; par exemple, se relaxer avant de tenter un coup de pied de pénalité, rester concentré au moment de la préparation, et ne plus se laisser distraire par les cris du public, etc.

En tant que tels, les buts ne constituent pas seulement des objectifs à atteindre, mais des *standards* de référence auxquels seront comparés les résultats obtenus. Par exemple, si un sauteur en hauteur se donne comme but de franchir 2,05 mètres aux épreuves qualificatives du championnat de France, à l'issue de cette épreuve, il ne manquera pas de comparer son résultat actuel au but qu'il s'était donné. S'il franchit une hauteur supérieure, sa croyance en son efficacité augmentera et il pourra se fixer un objectif plus élevé ; s'il franchit moins de 2 mètres en dépit de conditions matérielles et climatiques favorables, son expectation de compétence sera affectée, et pour les compétitions à venir il se fixera sans doute un but plus réaliste.

B. Caractéristiques requises des buts

Des travaux menés dans divers contextes montrent que, pour avoir des effets bénéfiques, les buts doivent être *spécifiques, difficiles, mais réalistes,* et *librement acceptés.*

En premier lieu, les buts doivent être spécifiques, c'est-à-dire qu'ils doivent correspondre à un aspect très précis de la tâche à réaliser. En effet, on peut plus facilement comparer ses résultats à des standards précis (« Reculer ses marques de 8 centimètres »), qu'à des objectifs vagues (« Recule ta marque », ou « Fais pour le mieux »). Les apprentissages et les performances en seront rehaussés.

En second lieu, les sportifs travailleront plus durement pour atteindre des buts difficiles, aussi longtemps qu'ils demeurent dans les limites de leurs capacités actuelles. L'éducateur devra donc fixer des buts suffisamment stimulants, mais non irréalistes.

En troisième lieu, les buts librement choisis ou acceptés par le sportif auront des effets motivationnels plus favorables sur les apprentissages et les performances, que les buts imposés par l'entraîneur. Lorsque le sportif se sent impliqué, auto déterminé, il s'investit davantage dans son activité, manifeste moins d'ennui, abandonne moins facilement l'activité et fournit des efforts plus grands (voir au chapitre 4, la notion de climat de travail).

Le tableau 2.1 résume les conséquences pratiques que l'éducateur peut retenir des caractéristiques des buts.

C. Effets des buts

Les buts ont d'importantes propriétés.

D'une part, ils confèrent aux comportements des sportifs une *direction*. Ainsi, un judoka qui se fixe pour la saison un objectif ambitieux, organisera sa vie professionnelle ou ses études de manière à augmenter son temps d'entraînement, se donnera une hygiène de vie, privilégiera peut-être des objectifs individuels au détriment d'objectifs collectifs, etc. Ses buts orientent donc sélectivement ses conduites.

D'autre part, les buts confèrent aux conduites une *intensité* plus ou moins grande. Si le judoka préfère donner la priorité à la préparation de son baccalauréat, il mettra moins d'énergie à préparer des échéances sportives, mêmes majeures.

Ces deux propriétés font que les buts ont généralement des effets bénéfiques sur les apprentissages et les performances (tableau 2.2).

Tableau 2.1
Implications pratiques découlant des caractéristiques des buts.

- Les buts difficiles, mais acceptables augmentent les performances et génèrent une moindre variation de celles-ci.
- Il convient de diminuer la difficulté des buts, principalement après un échec, et d'augmenter la difficulté des buts si le succès est obtenu à moindre coût.
- Il faut considérer les obstacles qui empêchent l'atteinte d'un but et analyser la manière dont on pourra les surmonter.
- Les buts spécifiques améliorent les performances et génèrent une moindre variabilité de celles-ci.
- L'atteinte de buts spécifiques conduit les sujets à se fixer des objectifs plus précis et plus élevés.
- Les buts spécifiques assortis d'une connaissance des résultats ou d'une information relative aux moyens utilisés mènent aux plus grandes performances.
- Il est fortement recommandé d'associer les sportifs à la définition des buts et aux moyens d'y accéder.
- Le soutien de l'entraîneur par l'environnement sportif (cadres administratifs, parents), améliore encore les performances.
- Un travail de groupe mène à une plus grande acceptabilité des buts ; celle-ci pourra être maintenue au cours des réunions régulières.
- L'explication de la logique sous-jacente aux buts et l'élaboration de contrats d'objectifs améliorent l'efficacité des apprentissages et stimulent les performances.

Tableau 2.2
Les effets bénéfiques des buts.

- Les buts améliorent la qualité des apprentissages, parce qu'ils guident les exercices et procurent l'énergie nécessaire.
- Les buts peuvent améliorer les performances sportives, parce qu'ils génèrent des croyances d'efficacité.
- Les buts clarifient les croyances d'efficacité personnelle et permettent de mieux analyser les résultats en cours.
- Les buts librement acceptés correspondent à une forme de motivation intrinsèque qui suscite le progrès personnel, la créativité et le dépassement de soi.
- Les buts rendent l'entraînement moins ennuyeux, mènent à la satisfaction personnelle et induisent la confiance en soi.

2. PRINCIPES D'UNE BONNE GESTION DES BUTS

Au vu des caractéristiques des buts (voir ci-dessus), nous sommes à présent en mesure de présenter les six principes dont l'éducateur doit tenir compte pour manager (gérer) les buts individuels et collectifs [voir Martens, 1987]).

A. Préférer les buts de maîtrise aux buts de performance

Par des buts de maîtrise, les sportifs cherchent à *améliorer* leurs habiletés ou leur compétence.
Par des buts de performance, les sportifs cherchent à *démontrer* (aux yeux d'autrui) leurs habiletés ou leur compétence.

Les buts de maîtrise présentent de nombreux avantages par rapport à des buts de performance. Pour leur mise en œuvre, considérons les deux consignes suivantes fournies par un entraîneur de basket-ball.

1. « Charly ! Tu es le meilleur marqueur de l'équipe. Tu vas me marquer vingt points au cours de ce match… »
2. « Charly ! Lorsque tu seras démarqué et placé à hauteur de la raquette, tu pourras atteindre 90 % de réussite dans tes tirs… »

Dans le premier cas, il s'agit d'un but de performance, puisque la consigne porte sur l'obtention d'un résultat, en l'occurrence la réalisation d'un score précis. Le gain d'un match, un bon classement, une victoire aux points ou l'amélioration d'un classement, correspondent à d'autres buts de performances. *Or de tels buts ne sont pas contrôlables par le sportif*. Les résultats de Charly dépendent d'un certain nombre de facteurs, dont la qualité des balles qui lui sont adressées, l'opposition de son adversaire direct, l'organisation et l'agressivité de la défense adverse, les circonstances du match, et notamment les interventions de l'arbitre, etc. De plus, la confiance de Charly en son efficacité et en sa valeur personnelle dépendra du niveau d'adresse des autres (est-il bien le meilleur ?) ; elle aura tendance à fluctuer en raison de l'incertitude qui caractérise fondamentalement les situations de compétition.

Dans le second cas, il s'agit d'un but de maîtrise, c'est-à-dire d'un but spécifique qui n'est pas dépendant des actions des autres, partenaires ou adversaires. Ici, l'accent n'est pas mis sur le résultat brut à atteindre, mais sur les conditions requises qui optimisent un résultat (le démarquage, la proximité du panier). Charly dispose alors d'un meilleur contrôle sur le résultat, car son adresse dépend moins des circonstances externes. De plus, la confiance que Charly va avoir en son efficacité personnelle ne dépendra pas des comparaisons qu'il établira avec les autres ; c'est sa propre amélioration qu'il vise. Enfin, en formulant des buts de maîtrise, l'entraîneur expérimenté de Charly sait que son joueur peut avoir confiance en son adresse personnelle, mais pas forcément confiance en la victoire.

B. Proposer des buts stimulants, réalistes et spécifiques

Nous avons déjà présenté au tableau 2.2 quelques conséquences pratiques de ces formulations nécessaires des buts. Nous y ajouterons les observations suivantes.

Fixer des buts stimulants

Les entraîneurs savent que des buts moyennement difficiles mènent à de meilleurs résultats que des buts faciles ou trop difficiles à atteindre. Des buts trop faciles ne sont pas motivants, car le sportif les oublie rapidement après des efforts répétés. Des buts trop difficiles conduisent aux échecs et érodent le sens de l'efficacité personnelle.

Mais comment savoir que des buts s'avèrent stimulants ? Une solution, consiste à prendre en compte les performances des deux dernières semaines et de les considérer comme constituant un niveau de base. Un moyen pratique d'évaluation est proposé plus loin. On recommande ensuite l'approche « par escalier » : le but suivant se situe légèrement au-dessus de cette ligne de base, puis on planifie une série de marches, chacune étant progressivement légèrement plus difficile que la précédente.

Fixer des buts réalistes

Les sportifs, principalement les plus jeunes, se fixent généralement des buts non réalistes pour les raisons suivantes : l'environnement familial et sportif pousse les sportifs à se fixer des buts ambitieux, ils surestiment leurs possibilités lorsqu'ils connaissent les premiers succès et, de surcroît, ils veulent obtenir des avantages similaires à ceux de leurs modèles.

Un point essentiel doit donc être considéré : ne pas confondre ce que les sportifs *souhaitent devenir*, avec ce qu'ils s'avèrent *capables de réaliser à un moment donné*. L'éducateur doit donc bien connaître ses athlètes pour éviter de modifier trop rapidement les buts ou pour arranger un environnement plus favorable (changer le nombre d'essais en athlétisme, mettre un club au sol pour faciliter l'alignement en golf, donner des conseils lors de randoris, etc.).

Fixer des buts spécifiques

Les buts spécifiques, on l'a vu plus haut, précisent les critères d'accès au succès. Ils rappellent les points essentiels à ne pas oublier, facilitent la concentration, augmentent la confiance, parce qu'ils situent les accomplissements dans le temps et dans l'espace.

Voici des exemples de buts spécifiques d'ordre psychologique, pour un compétiteur de golf :

- Se donner un objectif de score de 72, compte tenu du niveau actuel, de l'expectation d'efficacité, de la difficulté du parcours, des conditions météorologiques, de l'état des greens...
- Bien prendre ses informations (distance du drapeau, obstacles, vent, humidité de l'air...) avant de choisir un club.
- Chasser les pensées négatives en disant « **stop** ».
- « Jouer un coup à la fois » (ne pas penser aux erreurs passées, ne pas penser aux obstacles à éviter, ne pas penser au score...).
- Visualiser la cible et la trajectoire de chaque balle, etc.

À partir de cet exemple, chacun pourra formuler des buts spécifiques, mais également réalistes et stimulants dans sa discipline sportive. Ils permettront d'améliorer la **qualité** des entraînements, mais également de mieux affronter les compétitions.

C. Proposer des buts à court terme

Les buts portent sur tous les domaines à travailler : la technique, le physique, les aspects stratégiques, le mental et le style de vie (scolarité, vie sociale et familiale, hygiène de vie). Les buts aident donc les éducateurs et les sportifs à opérer des choix : quelle importance accorder aux études ? quels aspects de la condition physique sont-ils à travailler et à quel moment ? etc. Et plus les buts se situent à court terme, plus ils doivent être spécifiques, quantifiables et concrets.

Pourquoi des buts à court terme sont-ils préférables ?

Les buts à court terme correctement choisis et programmés, et à plus forte raison les buts quotidiens d'entraînement, sont, par définition, des buts de maîtrise, spécifiques, réalistes et stimulants. Or, les buts à moyen terme, et à plus forte raison les buts à long terme, ne répondent pas à ces caractéristiques essentielles. Tout simplement parce que de nombreuses conditions non prévisibles à moyen terme vont affecter les événements futurs. Ni l'éducateur, ni le sportif, n'est en mesure de prévoir les blessures, les crises ou conflits, la disponibilité des uns ou des autres, les possibilités matérielles, toutes conditions qui vont affecter la préparation dans le futur. En d'autres termes, des buts à court terme s'avèrent spécifiques,

réalistes, stimulants, librement acceptés, mais également plus *motivants*.
Les buts d'entraînement ou à court terme s'avèrent plus motivants, parce qu'ils sont fixés journellement en fonction d'erreurs techniques, stratégiques ou mentales à rectifier, ou d'habiletés à développer en fonction de diagnostics récents. Les nouveaux comportements à acquérir constituent donc des challenges. Mais surtout, ces buts sont facilement acceptés par les sportifs, surtout s'ils consignent quotidiennement dans leur cahier d'entraînement les erreurs commises et la façon dont ils entendent y remédier.

D. Buts individuels et buts collectifs

Les buts collectifs sont généralement plus vagues que les buts individuels, car il apparaît parfois difficile de faire la part entre la responsabilité collective et individuelle. Quelle est la contribution exacte de chacun au succès d'une équipe ? Cette contribution est-elle reconnue dans des domaines comme la lecture du jeu adverse, ou le contrôle du stress dans les situations critiques ? etc. Comme on le verra dans le chapitre 2 dévolu à la préparation du 2e degré, tout projet collectif amène certains acteurs à faire preuve de « flânerie sociale », c'est-à-dire à trop compter sur les autres. Ce phénomène peut même se produire dans certains sports hautement collectifs, comme le basket-ball, le volley-ball ou le handball.
Aussi, une façon intéressante de gérer les buts collectifs d'une équipe de hockey, par exemple, est de demander à chaque équipier de définir cinq buts prioritaires à un moment donné, puis de réunir l'équipe afin de confronter ces buts individuels, et d'en sélectionner collectivement qui seront fixés pour le groupe (Widmeyer et McGuire, 1996). Des observations ultérieures permettront ensuite de vérifier la mise en œuvre des buts définis à la fois individuellement et collectivement.
En effet, l'éducateur doit veiller à ce que les buts individuels et collectifs n'entrent pas en conflit les uns avec les autres. Si l'assignation de buts collectifs engage davantage les équipiers dans un projet collectif, la fixation de buts individuels clarifie les rôles, les mérites et les responsabilités de chacun. Là encore, l'un des points clés d'une telle programmation consiste, pour l'éducateur, à fixer des buts spécifiques et réalistes, de manière à rendre les entraînements plus adaptés, plus progressifs, plus motivants. L'éducateur pourra évidemment associer les sportifs à la définition de tels buts ; parce qu'elle renforce la perception d'autonomie, une telle participation augmentera par conséquent la motivation des participants.

3. COMMENT PLANIFIER LES BUTS ?

A. Définitions préalables

Les objectifs à long terme correspondent aux objectifs ultimes du sportif ou de l'entraîneur.
Les objectifs à moyen terme se situent à la fin d'une saison sportive ou sont fixés pour une année.
Les buts à court terme se situent en fin d'un cycle de travail de 8 semaines et doivent, si possible être quantifiés ou visualisés sur un graphique.
Les buts quotidiens, très spécifiques, correspondent à l'organisation d'une journée et, à l'intérieur de celle-ci, aux buts d'entraînement.

B. Objectifs à long terme

L'accès à l'expertise demande dix ans, à raison de vingt heures de travail par semaine. Élaborer des objectifs sur dix années apparaît donc une opération difficile, puisque de nombreux facteurs, non prévisibles, vont affecter la carrière d'un sportif. De plus, il s'avère nécessaire, surtout chez les plus jeunes, de faire la part entre les rêves et les réelles possibilités.
Une meilleure connaissance – de la discipline sportive choisie, des qualités physiques, techniques ou psychologiques à développer pour accéder au haut niveau, de la quantité d'effort engagée par des sportifs reconnus – permet néanmoins de rendre plus concret un projet sportif.
De surcroît, les jeunes sportifs doivent prendre conscience que leur projet sportif s'inscrit dans un cadre de vie dans lequel les projets de formation scolaire, professionnelle, familiale et sociale, imposent une organisation et des choix de vie essentiels.

C. Buts à moyen terme

La définition rigoureuse d'un choix de vie intervient au seuil de chaque saison sportive. C'est à ce moment que l'éducateur, le sportif, et ses proches doivent fixer les contenus d'un agenda d'entraînement. Or, l'élaboration d'un agenda dépend de l'importance que le sportif accorde à sa préparation sportive, par rapport à d'autres projets considérés également importants comme les projets scolaires, professionnels ou sociaux. Par exemple, un adolescent peut choisir de consacrer une partie de son temps extrascolaire à son entraînement de natation *et* à des activités de loisirs partagées avec des camarades de son âge. Dans des cas plus favorables, des horaires aménagés permettent à d'autres de s'investir pleinement dans le perfectionnement sportif. Lors de l'entame d'une saison sportive, l'éducateur sportif devra donc tenir compte de l'importance relative de différents domaines qui, pour un sportif donné, définissent son style de vie.

Lorsqu'il s'agira de préciser les buts à moyen terme, de préférence en les quantifiant, il conviendra de différencier les objectifs physiques (par exemple, présenter une masse graisseuse inférieure à 70 mm), les objectifs techniques (par exemple, améliorer la qualité de ses placages), les objectifs tactiques (par exemple, connaître les options de jeu de l'équipe) psychologiques (par exemple, apprendre à rester calme en toutes circonstances).

D. Buts à court terme

Les buts à moyen terme, soigneusement hiérarchisés, se concrétisent et se redéfinissent toutes les huit semaines environ. La définition de ces buts répond à certains principes.

Étape 1 : L'analyse de l'activité

L'éducateur doit définir les actions spécifiques qui, dans un sport individuel ou collectif, doivent être accomplies correctement, efficacement. Par exemple, trouver le bon timing en montant au filet pour contrer l'attaque adverse ; améliorer sa vélocité au départ d'une course de vitesse ; déceler les situations qui provoquent des émotions négatives. Comme indiqué plus haut, il s'agit de définir des buts de Maîtrise et non de buts de Performance.

Étape 2 : La mesure des accomplissements

Autant que possible, il importe d'élaborer des procédés de mesure qui reflètent les accomplissements requis. Ces mesures se révèlent plus aisées dans des disciplines comme l'athlétisme ou la natation, que dans les sports collectifs ou les sports de combat. Mais en utilisant des moyens d'enregistrement vidéo, les entraîneurs de sports collectifs sont en mesure d'élaborer des méthodes objectives pour évaluer les actions de chaque joueur à chaque match.

Étape 3 : Fixer des buts stimulants

Il existe un moyen relativement simple de déterminer des buts stimulants. En basket-ball, par exemple, on peut :

a. noter les pourcentages de réussite des 5 derniers matchs ou entraînements : 72 %, 75 %, 80 %, 65 %, et 78 %
b. calculer la moyenne : on obtient 74 % de réussite
c. calculer la différence entre la meilleure performance (80 %) et la moyenne des performances (74 %) : on obtient + 6 %
d. fixer le but stimulant, soit 80 % + 6 % = 86 %

Le but proposé, rechercher 86 % de réussite, est stimulant, difficile à atteindre, mais par forcément réaliste, car il se situe au-dessus de la meilleure performance passée, soit 80 %.

Observation : Ce modèle peut être utilisé pour analyser des épreuves en athlétisme ou en natation, dans lesquelles les temps doivent devenir plus petits. Dans ce cas, le but **E** = **B** – **C** et la borne supérieure de l'intervalle **F** = **E** – **C**.

Étape 4 : Hiérarchisation des buts

Quand le sportif s'efforce d'atteindre plusieurs buts en même temps, il peut, avec l'aide de l'éducateur, les classer par ordre d'importance. De même, on pourra les ordonner par difficulté croissante en utilisant la méthode des marches d'un escalier (voir plus haut).

Étape 5 : Fournir un feedback d'information

Pour que les buts remplissent pleinement leur rôle motivationnel lors des apprentissages et des perfectionnements moteurs, il est nécessaire que l'éducateur fournisse aux sportifs une information en retour – ou feedback d'information – sur l'atteinte ou la non-atteinte des buts. En effet, comme indiqué plus haut, les buts correspondent à des standards de référence par rapport auxquels les accomplissements doivent être comparés.

D'une manière générale, la connaissance des résultats apparaît alors comme un processus important de régulation des conduites. L'étude de la connaissance des résultats et du feedback en particulier, se fera dans le chapitre qui suit.

LECTURES CONSEILLÉES

Gernigon, C. Fixer des buts pour l'entraînement et pour la compétition. In E. Thill et P. Fleurance (Eds.), *Guide pratique de la préparation psychologique du sportif.* Paris, Vigot, 1998, pp. 17-28

Thill, E. *Compétence et effort.* Paris, Presses Universitaires de France, 1999, chapitres VI-IX.

RÉSUMÉ

Les buts correspondent à des objectifs ou à des états que les sportifs s'efforcent d'atteindre ou de reproduire. Ils correspondent également à des standards par rapport auxquels les accomplissements seront comparés.

Les buts ont d'importantes propriétés. D'une part, ils assurent l'orientation sélective des conduites. D'autre part, ils stimulent les accomplissements en leur conférant une intensité plus ou moins grande.

Pour être efficaces, les buts doivent être spécifiques, stimulants, mais réalistes, et librement acceptés par les sportifs. Mais ils doivent également être contrôlables ; c'est pourquoi il est préférable de fixer des buts de maîtrise plutôt que des buts de performance.

En planifiant les buts des sportifs, l'éducateur travaillera essentiellement sur des buts à moyen et à court terme, son objectif pédagogique étant en définitive de formuler des buts précis, stimulants et réalistes, c'est-à-dire motivants.

Chapitre 3

ÉVALUATION ET CONNAISSANCE DU RÉSULTAT

Edgar Thill

Lorsqu'un sportif s'efforce d'atteindre un but, il enregistre ses réponses motrices, observe périodiquement les résultats de ses conduites, prend en compte l'impact qu'il produit sur son environnement, puis compare tous ces résultats aux buts qu'il s'était préalablement fixés. Si la connaissance qu'il a de ses résultats correspond au but fixé, il persistera probablement dans ses efforts. Si les résultats observés ne correspondent pas aux buts, le sujet va, selon les cas, augmenter la difficulté de buts trop faciles, ou diminuer la difficulté de buts trop difficiles, voire abandonner l'activité. La connaissance des résultats constitue donc une variable essentielle de l'apprentissage, et un moyen puissant de formation dont peuvent se servir les éducateurs.

La connaissance du résultat correspond à la différence qui existe entre le but fixé et la réponse émise par le sujet ; elle apporte une réponse par rapport au résultat d'un comportement (essai, exercice).

Lorsque les théoriciens du conditionnement ou de l'apprentissage social parlent de renforcement, ils font référence aux stimulations utilisées par un éducateur pour augmenter la probabilité de réapparition d'un comportement (voir chapitre 1).

Mais cette connaissance peut revêtir deux autres formes.

Les informations en retour peuvent parvenir au sportif sous deux formes :

1. sous la forme d'un *feedback interne*, relatif à l'exécution d'une tâche. Ainsi, un lanceur de disque peut sentir qu'il a réalisé un bon lancer avant même que son disque ait quitté sa main, parce qu'il reçoit un feedback interne d'ordre proprioceptif ;
2. sous la forme d'un *feedback externe* : lorsque le sportif reçoit des commentaires techniques d'experts, bénéficie de récompenses, est l'objet d'éloges, par exemple.

1. CONNAISSANCE INTRINSÈQUE D'UN RÉSULTAT

La connaissance intrinsèque correspond aux informations dont dispose un individu au moment même où il exécute une tâche, informations d'ordre senso-

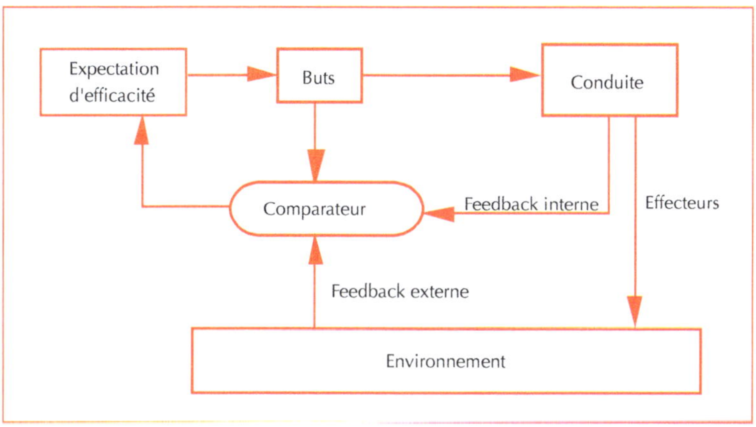

Figure 3.1
Processus de régulation des conduites : les conséquences intrinsèques (feedback interne ou sensoriel), ainsi que leurs conséquences extrinsèques (feedback externe), sont comparées aux buts au niveau d'un comparateur cognitif.

riel qui lui permettent de s'autoévaluer par rapport au but fixé.
Un joueur de basket-ball, par exemple, recueille et traite un certain nombre de sensations proprioceptives au moment où il exécute un tir en suspension, informations qu'il compare au programme moteur qu'il s'était donné. Cette comparaison en ligne au niveau d'un comparateur cognitif, lui permet d'évaluer l'exactitude de son action, avant même que le ballon ait quitté ses mains (figure 3.1).

A. Programmes moteurs

Il existe différentes manières d'exécuter un tir en suspension. Mais les auteurs qui étudient l'apprentissage moteur ont pu montrer que la plus grande partie d'un tir, comme des mouvements en général, demeure invariante dans sa phase initiale. De même, la durée d'un putt de golf reste à peu près la même, quelle que soit l'amplitude de ce mouvement ; c'est la vélocité à l'impact qui augmente, plutôt que l'amplitude du geste. Prenons un dernier exemple bien connu. La signature d'une personne demeure relativement invariante, et, en tous les cas, reconnaissable, que cette signature soit tracée par l'intermédiaire d'un stylo, d'une craie ou d'un bâton.

Cette partie invariante d'un mouvement est en effet spécifié par un *programme ou schéma*. Ainsi, pour exécuter un tir en suspension ou un putt de golf, le sportif dispose d'un programme moteur stocké en mémoire qui prend en charge la phase initiale et terminale du mouvement (figure 3.2).

Théorie du schéma de Schmidt

Selon Schmidt (1975), l'élaboration et la consolidation d'un schéma s'effectuent en prenant en compte, au cours d'un exercice, de quatre ensembles de stimuli :

- la posture du corps (la position des pieds par exemple) ;
- la spécification des réponses (amplitude, de la vitesse des mouvements) ;
- les conséquences sensorielles de la réponse liées à l'exécution d'un mouvement ;
- le résultat de l'action.

Les informations en provenance de ces quatre sources sont *stockées en mémoire* sous deux formes :

a. un *schéma de rappel* qui est activé pour produire un mouvement donné pour spécifier les paramètres de ce mouvement ;
b. un *schéma de reconnaissance* qui permet d'évaluer la conformité du mouvement produit, au mouvement programmé.

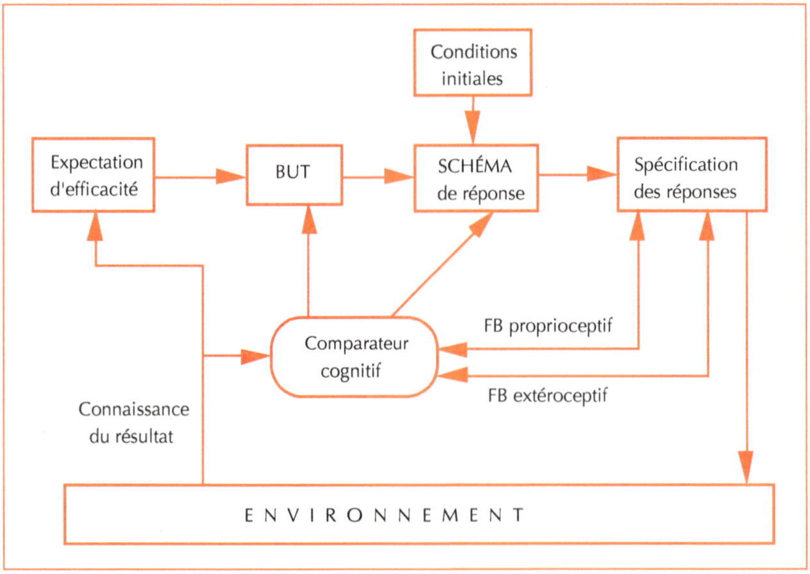

Figure 3.2
Les éléments principaux du modèle de Schmidt sont intégrés dans le processus de régulation des conduites présenté plus haut (figure 3.1).
Ainsi, la boîte « Schéma de réponse » comprend le schéma de rappel responsable de la production du mouvement et le schéma de reconnaissance responsable de l'évaluation de la réponse. Les conséquences sensorielles attendues (FB proprioceptif et FB extéroceptif) sont comparées au niveau du Comparateur cognitif.
La connaissance extrinsèque du résultat alimente à la fois le comparateur cognitif et affecte le niveau d'expectation d'efficacité.

B. Activation des schémas de rappel et de reconnaissance au cours d'un mouvement

En délivrant un tir en suspension, un basketteur sélectionne un schéma de rappel sur la base de ses apprentissages et de son expérience antérieure, et active simultanément le schéma de reconnaissance, de manière à anticiper les conséquences sensorielles à venir.

Le mouvement débute avec la mise en route du programme de réponse et, pendant une durée de 200 ms, le mouvement reste exclusivement sous le contrôle du schéma de rappel.

À partir de 200 ms intervient le schéma de reconnaissance. En cours de réalisation de la partie finale du mouvement, les conséquences sensorielles attendues sont comparées aux informations proprioceptives et extéroceptives ressortant de la production du mouvement. Toute différence signale une *erreur*. L'erreur peut être utilisée pour rectifier le mouvement en cours ; il s'agit d'un guidage terminal du mouvement. En même temps, le basketteur prend conscience de cette erreur, avant même que la cible soit atteinte.

Finalement, lorsque la balle de basket touche le cercle pour rebondir (échec), ou au contraire qu'elle tombe dans le panier (succès), la connaissance extrinsèque du résultat autorise une remise à jour du schéma de rappel par l'intermédiaire du comparateur cognitif. Dans le premier cas, le schéma de rappel sera affiné. Dans le second cas, le schéma de rappel sera consolidé en tenant compte des conditions de production du tir.

C. Activation des schémas par les buts

Les résultats désirés, ou les buts d'un basketteur activent les schémas de rappel et de reconnaissance inscrits en mémoire. Ainsi, s'il se donne comme but de tirer en suspension, un basketteur récupère en mémoire la spécification de ce mouvement (schéma de rappel) et les conséquences sensorielles attendues (schéma de reconnaissance).

Ce sont donc bien les buts qui déclenchent et régulent les mouvements dans les phases initiales. Mais la connaissance des résultats permet d'assurer un meilleur guidage terminal des conduites, de sorte que l'association des buts et du feedback constitue l'unité de base de régulation des apprentissages et de l'accès aux performances. Ainsi, la fixation de buts en l'absence de feedback suscite la recherche d'un feedback intrinsèque ou extrinsèque. À l'inverse, l'allocation d'un feedback en l'absence d'un but mène à la formation d'un but.

D. Conséquences pratiques

Elles sont résumées dans le tableau 3.1 ci-dessous.

Tableau 3.1
Implications pratiques de l'unité de contrôle « But-Feedback ».

- Des buts à court terme, et du feedback modérément fréquent provoquent les meilleurs apprentissages.
- Des buts trop spécifiques et du feedback trop fréquent en début d'apprentissage, ralentissent les acquisitions.
- La définition personnelle d'un but et la recherche spontanée d'un feedback conduisent à une meilleure acceptation d'un but.
- En cas de non-détection d'erreur, ni les buts, ni les conduites ne changent ; s'il y a détection d'erreur, la réponse émise tend à réduire cette erreur par une action corrective sur l'environnement.
- La diversité des exercices génère des schémas plus flexibles, ce qui facilite le transfert des apprentissages.
- L'augmentation de la qualité et de la variété des expériences permet de construire des schémas de plus en plus solides et opérants.

2. Connaissance extrinsèque d'un résultat : son aspect informationnel

La connaissance extrinsèque correspond à l'évaluation terminale d'un résultat. La connaissance fournie par un feedback extrinsèque peut revêtir deux aspects. Cette connaissance peut apporter une *information* sur l'exactitude de la réponse (« Tu as bien esquivé la barre », « Tu es trop près », « Revenez plus vite en défense »). Cette connaissance rétroactive peut également revêtir une valeur *motivationnelle* lorsque l'éducateur félicite, encourage ou récompense le sportif (« C'est bien », « Tu as bien progressé »).

Dans cette section, nous allons d'abord présenter les différentes modalités d'utilisation du feedback informationnel pour en considérer les effets sur les apprentissages et les performances.

A. Fréquence de la connaissance d'un résultat

Dans ses interventions, l'éducateur peut, soit faire varier la quantité totale de feedback qu'il fournit au cours d'un ensemble d'essais (fréquence absolue), soit jouer sur le pourcentage d'essais qui donne lieu à l'allocation d'un feedback (fréquence relative). Les résultats d'expériences qui analysent les effets de la fréquence de la fréquence absolue et relative du feedback sont résumés au tableau 3.2.

Tableau 3.2
Implications pratiques relatives à la fréquence du FB.

- L'augmentation de la fréquence absolue du FB améliore davantage la performance que la fréquence relative du FB.
- Toutefois, on rappelle que le FB doit demeurer modéré en début d'apprentissage.
- De plus, les progrès les plus significatifs s'obtiennent en alternant des exercices avec FB et des exercices sans FB (apprentissage distribué).

B. Délai d'administration de la connaissance de résultat

Tableau 3.3
Implications pratiques relatives au délai du FB.

- Après un résultat, et avant d'effectuer une seconde activité, il est préférable de fixer des délais courts de CR. On évite ainsi l'interpolation d'activités distrayantes entre les essais.
- Il est recommandé de faire répéter mentalement une réponse réussie après un essai, de façon à consolider sa trace en mémoire.
- L'utilisation de routines constitue un moyen, après un essai, d'active les schémas de la réponse suivante.

C. Précision de la connaissance des résultats

Un éducateur peut utiliser trois moyens pour fournir une CR précise à ses élèves. Ainsi, un entraîneur de saut à la perche pourra fournir des connaissances qualitatives à ses athlètes, de type « c'est correct » ou « c'est incorrect ». Il pourra également délivrer un feedback informatif sur la direction de l'erreur : « tu es trop loin de la planche », « ton levier est trop court ». Finalement, il pourra préciser l'amplitude de l'erreur : « recule de 15 centimètres », « monte (tes mains) de 10 centimètres ».

Les résultats d'études confirment que la plus grande précision des réponses, en l'occurrence la troisième modalité présentée ci-dessus, fournit les meilleurs résultats en matière d'apprentissage. Il en est probablement ainsi parce que des résultats précis sont plus facilement comparés, au niveau du comparateur cognitif, aux paramètres du mouvement spécifiés par le programme moteur.

Tableau 3.4
Implications pratiques de la précision du FB.

- La précision du FB, et en particulier l'utilisation de données quantifiées, facilite l'apprentissage d'exercices.
- Un FB précis doit porter sur la manière de maîtriser une tâche, et non pas sur son résultat.
- Les sujets expérimentés profitent davantage d'un FB précis que les sujets débutants.
- Les élèves âgés tirent un meilleur avantage de la précision du FB, car leurs capacités de traitement d'informations s'avèrent plus élevées.
- La précision du FB est d'autant plus utile que les apprenants disposent d'un délai post-CR suffisant.

3. CONNAISSANCE EXTRINSÈQUE D'UN RÉSULTAT : SON ASPECT MOTIVATIONNEL

Lorsque l'éducateur fournit une information de réussite ou d'échec, cette CR ou feedback externe peut avoir un impact motivationnel. La réussite augmente la perception de compétence, alors que l'échec induit une perception d'incompétence.
De nombreux psychologues considèrent en effet la perception de compétence comme un facteur crucial de motivation. Pour susciter un état de motivation intrinsèque favorable, l'éducateur a donc tout intérêt à fournir aux sportifs du feedback positif (approbateur) qui fait ressortir leur compétence. Examinons les diverses modalités de CR dont la valeur motivationnelle dynamise les conduites.

A. Feedback simple, positif ou négatif

Considérons les deux exemples suivants de feedback, adressés par un entraîneur de handball à des joueurs lors d'un match d'entraînement :

1. *« Bien », « Oui ».*
   Le feedback (1), positif et simple, est laconique et stéréotypé. Il apporte davantage une information sur la justesse de la réponse que sur la compétence manifestée.
2. *« Mauvais », « Non ».*
   Le feedback (2), simple et négatif, apporte à la fois une information sur l'inexactitude de la réponse et le niveau d'incompétence affiché. Son effet démotivant est important. En effet, les sujets qui échouent dans une activité disposent d'une information propre, d'ordre extéroceptif, qui les renseigne sur leur manque d'efficacité. L'ajout d'un feedback négatif apparaît donc redondant parce qu'il insiste sur l'erreur. Son effet démotivant devient dévastateur s'il est administré en public.

Or, les enseignants insistent généralement sur l'erreur, parce qu'ils veulent rectifier des conduites et faire acquérir des techniques conformes à des standards élevés qui optimisent la performance. Compte tenu des effets démotivants du feedback négatif, l'éducateur devrait l'éviter, se montrer parfois silencieux (non approbateur…) ou, tout au moins, conserver un rapport de 4 à 1, considéré comme favorable, entre le feedback positif et le feedback négatif.

B. Feedback spécifique, positif ou négatif

Exemples de feedback spécifique, positif ou négatif, délivré successivement par un entraîneur :

3. *« Quelle feinte ! Ton changement de rythme est bon ! ».*
   Ce feedback (3), outre sa vive approbation, délivre une information spécifique sur la justesse de la réponse de l'attaquant, tout en l'assurant de sa compétence ou efficacité. L'engagement motivationnel du sportif en ressortira vraisemblablement décuplé.
4. *« Non ! Ta feinte est trop téléphonée ! ».*
   Le feedback (4), permet à l'entraîneur d'émettre du feedback négatif et fait clairement ressortir la raison de l'échec de l'attaquant. Le sentiment de compétence du joueur en sera vraisemblablement érodé.
5. *« Ta feinte est trop téléphonée. Change de rythme plus vite ! ».*
   Le feedback (5) qui, tout en insistant sur les raisons de l'échec, propose une mesure rectificative. Le sentiment de compétence sera préservé, puisqu'une amélioration technique devrait mener au succès.

C. Feedback descriptif et feedback prescripteur

Exemples de feedback spécifique et de feedback prescripteur, délivrés par un entraîneur de lancer de poids :

6. *« Tu as bien gardé les épaules tournées vers l'arrière… N'oublie pas de baisser ton coude droit ».*
   Le feedback (6), en octroyant du feedback spécifique et descriptif, fournit une information qualitative approbative, et rappelle les principaux critères de réalisation du lancer qui fait l'objet d'exercices. Cette information spécifique, précise et positive devrait encourager le sportif à poursuivre les exercices.
7. *« Tu dois garder les épaules tournées vers l'arrière… **Il faut** baisser ton coude droit ».*

Le feedback (7), en ayant recours à des prescripteurs tels que ; « Il faut… », « Tu dois… », impose des standards de réalisation et exerce un contrôle extrinsèque sur l'activité. Les buts ne seront donc pas nécessairement acceptés, et l'augmentation du contrôle perçu, comme on le verra au chapitre suivant, provoquera un état de motivation extrinsèque générant des sentiments moins positifs.

D. Feedback valorisant toutes formes de compétences

Traditionnellement, les éducateurs fournissent à leurs élèves des informations relatives aux critères de réalisation de mouvements. Il s'agit d'un feedback spécifique d'ordre technique. Mais les enseignants ont également la possibilité de valoriser d'autres formes de compétences : par exemple en faisant ressortir la contribution de chacun au succès d'une équipe. Au cours d'un débriefing, par exemple, l'éducateur peut valoriser des compétences cognitives, émotionnelles ou sociales de sportifs, comme le montrent respectivement les exemples suivants :

8. *« Laurent s'est bien placé en défense, car il avait bien analysé le système de jeu de nos adversaires ».*
9. *« Grâce au sang-froid de Françoise, nous avons pu tenir jusqu'au coup de sifflet final ».*
10. *« Heureusement que Philippe a mis un peu d'entrain ! ».*

On peut ainsi multiplier les contenus du feedback, en faisant ressortir la contribution des uns ou des autres au succès collectif, ou en reconnaissant publiquement l'influence déterminante d'une personne sur le climat de travail.

Tableau 3.5
Implications pratiques relatives aux aspects motivationnels du FB.

- On préférera un feedback positif à un feedback négatif.
- On utilisera un feedback spécifique, plutôt qu'un feedback simple.
- La proportion de feedback positif par rapport au feedback négatif doit être de 4 à 1.
- On multipliera le feedback descriptif et on bannira le feedback prescripteur.
- Le feedback doit faire ressortir toutes les formes de compétence : technique, cognitive, émotionnelle ou sociale.

4. Évaluation formative et évaluation sommative

A. Évaluation formative

Elle correspond à une forme de connaissance de résultats, puisque l'enseignant analyse les résultats des élèves et leur délivre une appréciation sur les progrès enregistrés. L'évaluation formative a pour objet d'aider les élèves à identifier leurs erreurs, de manière à ce qu'ils modifient leurs programmes d'action et leurs comportements. Cette forme d'évaluation porte donc sur le processus d'apprentissage des sportifs. En outre, en prenant lui-même conscience des effets favorables ou défavorables de son dispositif éducatif, l'éducateur pourra l'ajuster aux possibilités et aux progrès des élèves.

Pour améliorer les conditions de l'apprentissage, l'évaluation formative procède à un diagnostic du niveau initial des élèves, puis à des évaluations en cours d'apprentissage. Le feedback fourni aux élèves a donc clairement pour objectif de rectifier les erreurs, grâce à un diagnostic des erreurs qui se fait en cours d'apprentissage.

En somme, l'évaluation sommative permet de guider l'élève en vue d'atteindre l'objectif éducatif.

B. Évaluation sommative

L'évaluation sommative, quant à elle, intervient à l'issue d'une action de formation. Elle prend la forme d'un bilan pour valider l'ensemble des compétences recherchées par l'éducateur, et pour discriminer les élèves entre eux. En procédant à une évaluation sommative, l'éducateur ne cherche pas à améliorer l'efficacité de l'apprentissage, mais à contrôler le résultat final de l'apprentissage.

En s'attachant à certifier les résultats de l'apprentissage, l'évaluation sommative s'appuie le plus souvent sur le résultat de tests, sur des critères d'évaluation qui doivent être les mêmes pour tous, et qui correspondent bien aux habiletés que l'on veut mesurer. Et quand l'enseignant procède à une évaluation sommative, il se trouve en position favorable pour reformuler sa démarche didactique relative à l'enseignement de sa discipline sportive.

En somme, l'évaluation sommative joue le rôle d'un examen destiné à discriminer les sportifs entre eux sur la base d'un bilan de compétence.

Tableau 3.6
Éviter les divergences de jugements en matière d'évaluation.

- Comme les divergences en matière de notes ou d'appréciations sont fréquentes, il conviendra de privilégier l'observation et les mesures multiples.
- La connaissance des résultats antérieurs contamine les évaluations actuelles. On évitera ainsi de communiquer tout renseignement à l'évaluateur au moment d'un test.
- De même, le souci de mieux connaître les élèves peut mener un évaluateur à former des attentes ou croyances (favorables ou défavorables), qui l'amènent ensuite à privilégier des paramètres de mesure qui correspondent à ces représentations des sportifs.
- Il faut donc éviter de se former une première impression qui risque de fausser les évaluations ultérieures de ses élèves.

5. CONCLUSION

La connaissance des résultats, qu'elle corresponde à un feedback sensoriel ou à un feedback extrinsèque, généralement fournie par un expert, joue un rôle crucial dans l'apprentissage et le perfectionnement moteur. Les informations obtenues sont comparées aux buts qui, en fonction de conditions initiales, activent des schémas de rappel et de reconnaissance, processus qui déclenchent et assurent respectivement le guidage des conduites.

Les informations disponibles à travers la connaissance des résultats ne conditionnent pas seulement la justesse des réponses, mais ont des effets motivationnels. Le feedback, qu'il soit simple, spécifique, positif ou négatif, procure aux sujets une information de compétence. La perception de compétence induit à son tour un état de motivation intrinsèque, avec ses conséquences affectives positives et des conséquences comportementales favorables (voir le chapitre 4).

Dans ce processus de régulation, le sportif accorde au feedback une signification fonctionnelle (de compétence), compare les informations internes et externes aux schémas disponibles en mémoire, et tient compte des écarts signalés pour moduler ses expectations et redéfinir ses buts subséquents. Une telle conception du fonctionnement humain s'avère donc infiniment plus complexe que celle qui caractérisait les théoriciens du conditionnement.

Lectures conseillées

Simonet, P. *Apprentissages moteur. Processus et procédés d'acquisition.* Paris, Vigot, 1985 – chapitre VI.

Chapitre 4

LA RÉGULATION MOTIVATIONNELLE DES CONDUITES

Edgar Thill

Encadré 4.1 Mise en situation

Il est 17 heures 15. Les derniers retardataires arrivent à la séance de mise en condition physique bihebdomadaire, préparatoire aux compétitions collectives dans lesquelles le club est engagé. Parmi ces jeunes sportifs se trouve Frank, joueur de handball, qui ne semble pas pressé de rejoindre ses camarades d'entraînement. La semaine dernière déjà, Frank avait manqué un entraînement et avait demandé à Pierre de l'excuser auprès de son entraîneur. En effet, Pierre ne manque jamais une séance d'entraînement. Ce soir, dès la fin des activités scolaires, il a d'ailleurs retrouvé ses camarades d'entraînement. Pierre aime le football, car cette activité lui permet d'améliorer ses habiletés techniques et de découvrir de nouvelles stratégies pour déjouer les défenses adverses. Alors que Pierre participe avec entrain aux séances, Frank a tendance à flâner et, s'il ne craignait pas les remontrances de son entraîneur, aurait renoncé depuis longtemps à se préparer physiquement pour les compétitions à venir. Son manque d'enthousiasme et de mordant à l'entraînement a commencé lorsqu'il y eut un changement d'entraîneur en début de saison.

L'exemple de Frank et de Pierre fait ressortir différents aspects de la motivation.

1. Frank et Pierre participent tous deux à des entraînements et à des compétitions, mais en fonction de buts différents. L'un veut avant tout s'engager dans des compétitions de handball, tandis que l'autre s'attache à apprendre et à maîtriser les différentes techniques du football.
2. De plus, la nature de leur motivation est différente. Pierre est motivé de façon *intrinsèque* : il participe de sa propre initiative à toutes les activités proposées et aime le football pour lui-même. Frank est motivé de façon *extrinsèque* : il participe aux entraînements parce qu'il se sent contraint, et veut éviter les reproches de son entraîneur. La pratique du handball représente pour lui un moyen de rivaliser avec autrui et de se montrer le meilleur.
3. De surcroît, ces deux participants ne manifestent pas la même énergie et ne font pas preuve de la même vigueur lors des séances préparatoires aux compétitions sportives. L'intensité et la persistance dont ils font preuve montrent que leurs *niveaux de motivation* sont tout à fait différents. Frank dénote un faible niveau de motivation parce qu'il flâne et multiplie les absences. Pierre ne manque jamais une séance et déploie tout au long de chaque séance une activité intense. On peut d'ailleurs noter que le niveau de motivation peut changer dans le temps, puisque le comportement de Frank s'est modifié avec la venue d'un entraîneur plus exigeant.

Le but de ce chapitre est de présenter des travaux qui ont été menés sur la motivation en contexte sportif. Il sera organisé de la façon suivante : dans un premier temps, nous allons circonscrire de façon plus précise la nature de la motivation, puis nous proposerons un modèle relatif aux interactions entre les déterminants de la motivation et de leurs effets sur l'état de motivation. Nous verrons ensuite quelles sont les principales conséquences d'un état de motivation. Enfin, nous suggérerons des moyens concrets destinés à favoriser l'implication motivationnelle des sportifs.

1. QU'EST-CE QUE LA MOTIVATION ?

A. Définition de la motivation

Selon les conceptions actuelles en psychologie, la conduite est à la fois le produit :

a. de forces situées dans la personne,
b. de forces de l'environnement et,
c. de l'interaction entre les propriétés de la personne et les facteurs de l'environnement.

C'est pourquoi, nous avons proposé la définition suivante : *Le concept de motivation représente le construit hypothétique utilisé afin de décrire les forces internes et/ou externes produisant le déclenchement, la direction, l'intensité et la persistance du comportement.* (Vallerand & Thill, 1993)

Ainsi, Frank est à la fois « poussé » vers la pratique sportive par des buts de compétition sportive, et « stimulé » par son entraîneur qui tient à ce que les participants viennent à l'heure à toutes les séances d'entraînement programmées. Les effets de cette stimulation extrinsèque interfèrent avec la motivation intrinsèque, c'est-à-dire les buts personnels de participation.

B. Motivation intrinsèque et extrinsèque

La motivation intrinsèque correspond au plaisir et à la satisfaction que procure la maîtrise de l'activité et aux perceptions de compétence et d'autonomie que l'activité procure. C'est parce qu'un sportif ressent des sentiments de maîtrise, ou se perçoit comme autonome, qu'il s'investit dans une discipline sportive avec intensité et persistance en vue de la mener à bien.

La motivation extrinsèque correspond à un engagement dans une activité pour obtenir une récompense, susciter l'approbation de l'entraîneur, surpasser des adversaires, gagner de l'argent, se promouvoir socialement, etc. L'activité représente dans ce cas un *moyen*, et n'est plus considérée comme une fin en soi. Lorsqu'un sportif cherche à battre des adversaires, veut démontrer qu'il possède de plus grandes habiletés, ou encore s'efforce d'éviter de paraître incompétent aux yeux d'autrui, sa conduite est régulée par des *buts de performance* (voir chapitre 2).

Les formes de motivation intrinsèque et extrinsèque

De nos jours cependant, on n'oppose plus simplement la motivation intrinsèque à la motivation extrinsèque, car il existe différentes formes de motivation intrinsèque, comme il existe plusieurs niveaux de motivation extrinsèque.

Trois buts d'implication motivationnelle d'ordre intrinsèque (ou buts de maîtrise) sont actuellement considérés :

a. des buts d'implication dans la tâche : s'engager dans une activité pour le plaisir qu'on en retire et pour découvrir de nouveaux aspects d'un sport ;
b. des buts d'apprentissage : rechercher un progrès personnel, apprendre de nouvelles habiletés, améliorer sa compétence ;
c. des buts d'accomplissement : faire face aux situations difficiles et chercher à se surpasser.

Les formes de motivation extrinsèque

De même, les auteurs qui se réfèrent aux théories des buts distinguent diverses formes de motivation extrinsèque (ou buts de performance) :

a. les buts de comparaison sociale : s'engager dans une activité en vue de battre les autres ou pour démontrer sa compétence ;
b. les buts d'implication collective : se donner des objectifs d'équipe, rechercher l'approbation sociale ;
c. les buts d'hypercompétitivité : battre des adversaires et gagner des compétitions à n'importe quel prix (par exemple, en légitimant l'agressivité ou en utilisant des produits interdits).

C. Exemples de mesures des formes de motivation intrinsèque et extrinsèque

Le tableau 4.1 présente des énoncés d'un questionnaire qui permettent d'évaluer en football ces différents aspects de la motivation intrinsèque et extrinsèque.

Tableau 4.1
Exemples d'énoncés du « Questionnaire de personnalité en football » (Thill, 1993).

Échelles	Exemples d'énoncés
Implication dans la tâche	En football, j'aime surtout les séances d'entraînement, car elles comportent des aspects qui éveillent ma curiosité
Buts d'apprentissage	Je pratique le football pour améliorer mes points faibles et mon niveau personnel en travaillant durement
Buts d'accomplissement	C'est surtout la compétition qui m'intéresse en football car elle permet de donner le meilleur de moi
Comparaison sociale	Même à l'entraînement je veux montrer que je suis meilleur que les autres
Hypercompétitivité	Les gens disent de moi que je suis prêt à tout pour gagner
Implication collective	Je pratique le football pour recevoir des félicitations ou des encouragements de la part de mon entraîneur ou de mes équipiers

2. QUELS SONT LES MÉCANISMES DE LA RÉGULATION MOTIVATIONNELLE ?

Si l'éducateur veut prédire une conduite et l'influencer dans un sens déterminé, il doit disposer d'une théorie (ou d'un modèle) qui lui permet d'expliquer cette conduite. Par exemple, s'il veut s'attacher à réduire l'absentéisme d'un sportif ou proposer des mesures visant à éliminer le décrochage sportif, il doit connaître les mécanismes intrinsèques ou extrinsèques qui régissent le comportement humain et conduisent à la démotivation.

Or de très nombreuses théories ou modèles de la motivation ont été proposés. En raison de ses nombreuses applications pratiques, nous proposons à l'éducateur sportif de considérer le modèle suivant (figure 4.1). Ce modèle prend en compte la façon dont des déterminants *extrinsèques* (comme le style de l'entraîneur) et *intrinsèques* (comme les buts personnels) influencent les perceptions de compétence et d'autonomie des sportifs. Ces perceptions ont un impact important sur l'état de motivation intrinsèque ou extrinsèque des individus. Cet état de motivation affecte à son tour les affects des individus, l'intensité ou la persévérance de leurs conduites, et finalement leur niveau de performance.

A. Déterminants intrinsèques et extrinsèques de la motivation

a) Climat de travail

Parmi les déterminants extrinsèques du comportement d'un athlète, l'éducateur joue un rôle essentiel. Le style d'intervention d'un entraîneur affecte grandement le climat de travail. Soit il encourage l'*autonomie* des élèves et la prise de responsabilité individuelle, soit il exerce un *contrôle* de l'entraîné, en décidant de tout ou, au mieux, en lui laissant peu d'initiatives ; il en résultera des comportements de dépendance et de passivité chez les sportifs.

En donnant aux sujets la possibilité de choisir les exercices ou en les associant aux prises de décision, en leur donnant des buts de maîtrise ou en faisant ressortir leur compétence, l'entraîneur induit un climat de travail intrinsèquement motivant. À l'inverse, en imposant aux participants des limites de temps, en les évaluant, en les surveillant de façon plus ou moins étroite, en leur assignant des buts de performance, l'entraîneur induira des formes de motivation extrinsèque.

b) Caractéristiques motivationnelles du sportif

Le sportif lui-même se caractérise par des « orientations motivationnelles » de nature extrinsèque ou intrinsèque. Certains sportifs se donnent spontanément des buts de performance, cherchent constamment à se mesurer aux autres et trouvent dans la compétition un ressort de motivation puissant. D'autres, au contraire, se fixent des buts de maîtrise, s'attachent constamment à améliorer leurs habiletés et recherchent avant tout le plaisir lié la pratique sportive. On traitera plus particulièrement au chapitre 5 des différences interindividuelles qui affectent les apprentissages et les performances.

c) Interactions entre les déterminants extrinsèques et les déterminants intrinsèques

Les déterminants extrinsèques de la motivation, comme le climat de travail ou des événements externes (renforcements, récompenses, par exemple), affectent l'état de motivation d'un sportif. Mais ces déterminants extrinsèques interagissent avec des déterminants motivationnels intrinsèques. Ainsi, le fait de promettre et de donner une récompense à un sportif pour qu'il participe à un entraînement, par exemple, réduit la motivation intrinsèque et son engagement motivationnel ultérieur. En effet, la motivation de ce sportif deviendra extrinsèque parce qu'il participe désormais à l'activité en vue de recevoir des récompenses, et non plus pour des motifs intrinsèques comme le plaisir inhérent à la pratique ou à la satisfaction de progresser.

B. Perceptions des participants et leur état de motivation

Un sportif ne subit pas telles quelles les influences du milieu (voir la figure 4.2). Il perçoit, analyse et interprète les événements du milieu, et s'ajuste à ceux-ci en fonction de son expérience, de ses buts et de ses caractéristiques motivationnelles. Or, un sportif, comme tout individu, se montre particulièrement sensible et réagit à deux catégories de perceptions : les perceptions d'autonomie et les perceptions de compétence (figure 4.1).

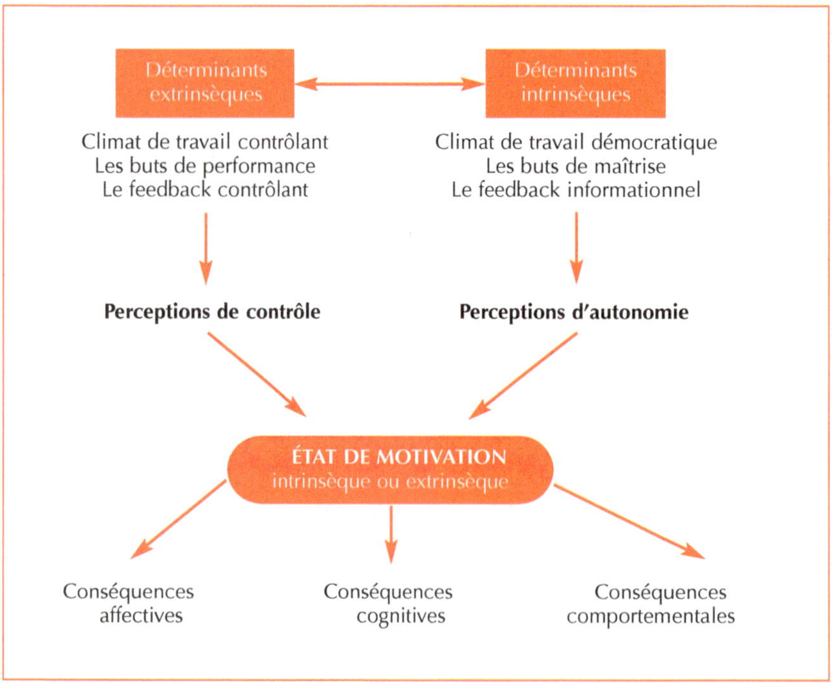

Figure 4.1
Modèle expliquant les conséquences de l'état de motivation d'un sportif, à partir de déterminants extrinsèques et intrinsèques (adapté de Perreault & Vallerand, 1998).

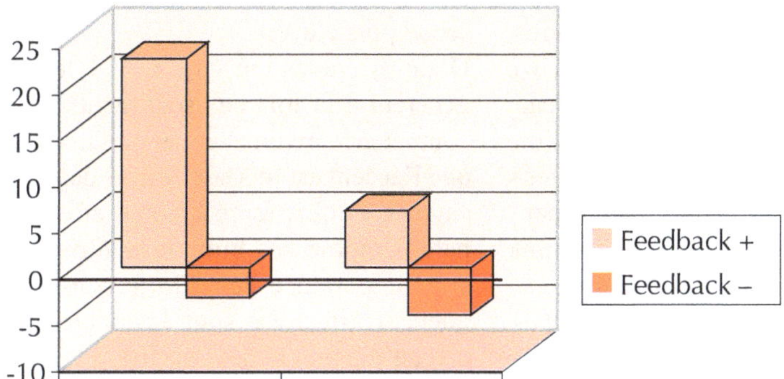

	Choix	Non choix
Feedback +	22,66	6,16
Feedback –	-3,28	- 5,16

Figure 4.2
Effets des possibilités de choix des exercices et du type de feedback (positif et négatif) sur les changements de motivation entre le début et la fin d'exercices de handball.

Les perceptions d'autonomie

Lorsque les comportements sont émis à la suite d'un choix parce que l'entraîneur associe les sportifs à la planification des objectifs d'entraînement ou au choix des exercices correspondants, les perceptions d'autonomie des participants augmentent. Par voie de conséquence, leur état de motivation intrinsèque augmente également.

Illustration. Dans cette étude menée sur le terrain (Thill et Mouanda, 1988), la moitié des joueurs de handball avait la possibilité de choisir les exercices qu'ils voulaient travailler à l'entraînement, alors qu'on avait imposé à l'autre moitié des joueurs les exercices choisis par leurs pairs. Durant les exercices, les uns recevaient du feedback positif, alors que les autres étaient crédités de feedback négatif. Dans les différents groupes, on a mesuré à l'aide d'un questionnaire les différences de motivation entre le début et la fin des entraînements.

Comme le montre la figure 4.2, lorsqu'on donne à des joueurs la possibilité de choisir leurs exercices, leur niveau de motivation augmente de façon très significative; cette augmentation devient encore plus grande si les joueurs sont crédités de feedback positif (+ 22,66), alors que la motivation diminue fortement s'ils sont crédités de feedback négatif (- 3,28). À l'inverse, le fait d'imposer des exercices, induit une amélioration plus faible de la motivation en cas de feedback positif (+ 6,16), et diminue de façon drastique celle-ci en cas de feedback négatif (- 5,16).

Il apparaît donc clairement que les possibilités de choix, qui induisent une perception d'autonomie, ont des effets très favorables sur l'état de motivation, et que le feedback de compétence accentue encore l'état de motivation intrinsèque. En d'autres termes, les sportifs sont plus motivés lorsqu'ils ont à la fois la possibilité de choisir les exercices, et s'ils sont crédités d'un feedback de compétence.

Perceptions et expectations de compétence

Quelle est la différence entre les *perceptions* de compétence, telles qu'abordées dans ce chapitre, et les *expectations* de compétence (ou d'efficacité) étudiées au chapitre 1 ?

La différence est simple: les expectations (ou croyances) se forment *avant* l'engagement dans une activité. Les perceptions de compétence surviennent *à la suite* de la réalisation de cette activité.

Considérons l'exemple de handball ci-dessus. À la suite d'un exercice de contre-attaque de handball, l'éducateur fournit un feedback qui affecte les *perceptions* de compétence. Mais ces perceptions de compétence vont à leur tour induire des *expectations* de compétence relatives aux possibilités de réussir ou non les exercices de handball suivants:

Feedback → perception de compétence → expectation de compétence → buts

Ainsi, dans le cas de l'étude résumée ci-dessus (tableau 4.2), le feedback positif (« C'est bien. Vous progressez plus rapidement que vos camarades ») augmente les perceptions de compétence et le niveau de motivation intrinsèque, alors que l'allocation d'un feedback négatif (« Ce n'est pas bon. Vous progressez moins vite que vos camarades ») diminue les perceptions de compétence et le niveau de motivation intrinsèque. Dans le premier cas, les *perceptions de compétence* vont induire des *expectations de compétence élevées* (non mesurées ici), et dans le second cas, les *perceptions d'incompétence* devraient conduire à des *expectations d'incompétence* (non mesurées ici).

3. QUELLES SONT LES CONSÉQUENCES DE L'ÉTAT DE MOTIVATION ?

On peut s'attendre à ce qu'un état de motivation intrinsèque entraîne des conséquences plus favorables, comme une plus grande satisfaction liée à la pratique de l'activité (conséquence affective), une focalisation plus grande de l'attention sur la tâche (conséquence cognitive) ou une persistance plus grande lors de l'entraînement (conséquence comportementale). À l'inverse, plus un individu est motivé de façon extrinsèque, et davantage on peut s'attendre à ce qu'il manifeste du désintérêt pour certains exercices, se montre distrait et multiplie les absences à l'entraînement.

A. Conséquences affectives

Lorsque les sportifs évoluent dans un milieu dans lequel leurs échanges avec l'entraîneur sont limités, qu'ils subissent un programme de travail imposé, qu'ils sont forcés d'agir comme l'entraîneur le désire, et que l'accent est mis sur la compétition interpersonnelle plutôt que sur la coopération, l'intérêt vis-à-vis de la pratique de l'activité sportive diminue, ainsi que la satisfaction ressentie. C'est ce qu'a montré, par exemple, une étude de Vallerand et Brière (1990) portant sur 405 sportifs pratiquant diverses spécialités sportives. En outre, cette étude a montré que les femmes présentent un niveau de motivation intrinsèque plus élevé.

D'autres études ont montré que les buts de maîtrise génèrent à la fois des sentiments de fierté, liés à la compétence manifestée, et de faible culpabilité parce que l'accent est mis sur l'effort déployé. Pour les éducateurs, l'effort représente en effet une valeur cardinale. Comme ces buts de maîtrise mettent l'accent sur l'importance des efforts consentis, leurs conséquences affectives sont favorables quel que soit le niveau d'habileté des sportifs.

B. Conséquences cognitives

Exemple : la focalisation de l'attention.

Lors de compétitions, les sportifs sont constamment tentés de comparer leurs performances à celles de leurs adversaires, de penser au tableau d'affichage, de rechercher les raisons de leurs mauvaises performances, de gérer les conséquences émotionnelles de la pression de l'environnement. Il leur devient alors difficile de focaliser leur attention sur la tâche à exécuter. Leur attention porte donc à la fois sur des états internes (des sensations de pression) et sur des événements externes (les performances des adversaires) ; cette double centration de l'attention augmente fortement les possibilités de distraction des individus.

Lorsque, au contraire, les sportifs se donnent des buts de maîtrise, leur attention se focalise naturellement sur l'exécution de ceux-ci et les rend imperméables aux facteurs de stress ou aux éléments distrayants de l'environnement.

Nous présenterons au chapitre 1 du livre II des moyens qui permettent d'éliminer ces conséquences défavorables sur l'attention, et par voie de conséquence, sur les performances.

C. Conséquences au niveau des conduites

Motivation et apprentissage (tableau 4.2)

Les conditions qui facilitent l'émergence d'un état de motivation intrinsèque amènent les individus à établir des liens entre le contexte actuel et des situations passées, à mieux planifier et organiser les différentes étapes de l'apprentissage et, finalement, à comparer

Tableau 4.2
Exemples de stratégies d'apprentissage de tirs au but, utilisées en fonction du type de motivation.

Motivation intrinsèque (but de maîtrise):
- Je compare mentalement chacun de mes tirs à ceux que j'ai effectués par le passé
- Je me forme une image mentale du tir à réaliser
- Je me fixe des buts spécifiques et concrets de réalisation

Motivation extrinsèque (but de performance):
- Je répète simplement les exercices, les uns après les autres

les résultats actuels aux objectifs fixés pour en réduire éventuellement les écarts. De plus, de telles conditions de motivation intrinsèque facilitent la créativité des participants.

De même, lorsque les sportifs se donnent des buts de maîtrise, c'est-à-dire qu'ils sont intrinsèquement motivés, ils cherchent à comprendre le sens de leurs exercices et améliorer leurs habiletés et connaissances, plutôt que de procéder à de simples répétitions routinières. Par exemple, un but de maîtrise conduira des jeunes athlètes à rechercher les points communs des lancers de disque, de javelot ou de poids. Par exemple, à engager les points d'appui vers l'avant pour créer la mise en tension de la chaîne musculaire croisée (D. Daumail, 2002).

Par contraste, les buts de performance conduisent les sportifs à répéter et répéter sans cesse un geste technique, travail qui peut induire de l'ennui et s'avérer improductif, car on peut gagner une compétition sans rechercher la perfection technique !

Les pratiques traditionnelles d'utilisation de notes, de classements, de comparaison des élèves les uns avec les autres, d'émulation à travers des pratiques compétitives, ont des effets néfastes sur la qualité des apprentissages et la recherche active d'informations requises pour mener à bien ceux-ci.

Persistance

Depuis les premières études menées en laboratoire par Deci (1971), on sait que la persistance dans des activités, et notamment le temps passé lors de périodes libres en l'absence des enseignants, est plus élevée si les sujets se montrent intrinsèquement motivés. De tels résultats ont constamment pu être vérifiés sur le terrain, comme en laboratoire.

La compétition sportive correspond à une forme de motivation extrinsèque, car l'activité devient un moyen d'atteindre une finalité extrinsèque à celle-ci. La compétition permet de montrer qu'on est le meilleur, de gagner de l'argent ou des trophées, de faire des voyages, d'assurer sa promotion sociale. Or, si on demande à des enfants d'une douzaine d'années de faire des exercices d'équilibre sur une planche qui pivote autour d'un axe, on note qu'ils persistent davantage dans leurs tentatives s'ils sont animés par des buts de maîtrise, que s'ils s'attachent à vouloir battre leurs opposants (tableau 4.3). Parallèlement, leurs perceptions de compétence augmentent.

La compétition sportive a donc des effets néfastes sur la persistance, principalement si l'on compare ses effets à ceux induits par la coopération. En effet, les compétiteurs consacrent deux fois moins de temps à l'activité en période libre, donc en l'absence de l'enseignant, comparativement à ceux qui essayent de surpasser leurs camarades.

De surcroît, il est montré dans une autre étude, que les compétiteurs réduisent encore de façon significative le temps qu'ils consacrent à l'activité s'ils échouent, alors qu'un échec n'affecte pas la persistance des individus qui coopèrent dans cette activité (Vallerand, Hamel et Daoust, 1993, étude 2)[1].

(1) De très nombreux résultats confirment ces données (Thill E., *Compétence et effort*. Paris, Presses Universitaires de France, 1999).

	But de maîtrise	But de performance
Perception de compétence	3,00	2,92
Persistance (en secondes)	151	62,23

Tableau 4.3
Perception de compétence et persistance dans le travail en l'absence de l'enseignant, après avoir effectué initialement la même tâche dans des conditions de maîtrise et de performance (Vallerand, Gauvin & Halliwell, 1986).

Absentéisme et décrochage sportif

L'absentéisme ou l'abandon de la pratique, principalement à l'adolescence, posent des problèmes difficiles à l'éducateur, car il ne sait pas toujours comment y parer. Les résultats sans équivoque d'études sur le terrain indiquent néanmoins quelques pistes d'intervention éducative.

Lors d'un programme de mise en condition physique, Thompson et Wankel (1980) avaient donné la possibilité à la moitié des jeunes femmes qui y participaient de choisir les exercices. Ils imposèrent ces exercices à l'autre moitié des participantes, de sorte que les exercices furent donc identiques pour les deux groupes. Et pourtant, les auteurs ont pu noter des différences très importantes en matière d'absentéisme, puisque les jeunes femmes du premier groupe se montrèrent significativement plus assidues que celles du second groupe. De tels résultats ont été observés par d'autres auteurs, même si on donne simplement l'illusion d'un choix aux participants.

Encadré 4.2
Résultats d'études menées en natation

Dans une étude qui a porté, au Canada, sur 350 nageurs, on a pu montrer que plus les entraîneurs contrôlaient ces sportifs et réduisaient leur marge d'autonomie, et plus leur taux d'abandon s'élevait (Pelletier et coll., 1988).

Les mêmes auteurs avaient déjà montré dans une autre étude que le fait de demander aux entraîneurs de soutenir l'autonomie de leurs nageurs, et de renforcer leur sentiment de compétence avait fait chuter le taux d'abandon de 35 % à 5 % par an (Pelletier et coll., 1986). Sachant par ailleurs que le taux d'abandon était resté à 35 % pour un groupe comparable qui n'avait pas fait l'objet d'un tel traitement (un groupe de contrôle), leur programme d'intervention s'était donc montré efficace. Il va sans dire que les performances des nageurs et leurs possibilités de sélection dans les équipes nationales avaient augmenté en conséquence.

Cette intervention menée sur le terrain, montre toute l'importance qu'il y a de soutenir les perceptions d'autonomie et de compétence des athlètes, perceptions qui se trouvent à l'origine de leur état de motivation intrinsèque. Elle montre également que dans ces conditions, les performances des nageurs se sont singulièrement améliorées.

Performances

Dans une série d'études menées avec des joueurs de handball (Thill & Mouanda, 1990), il apparaît que les performances de tirs au but dans différentes conditions sont plus élevées si un état de motivation intrinsèque est induit par la possibilité de choisir les exercices et par le raffermissement des perceptions de compétence.

De façon intéressante, il ressort également dans une troisième expérience menée avec des joueurs de handball que les caractéristiques motivationnelles des joueurs interfèrent avec de tels déterminants externes (Thill, Mailhot & Mouanda, 1998). En effet, les joueurs qui, de façon chronique recherchent de l'autonomie, réagissent de façon beaucoup plus positive aux contrôles externes et obtiennent les performances sportives les plus élevées. En revanche, les handballeurs qui se montrent chroniquement dépendants, subissent passivement ces contrôles externes et voient leur état de motivation extrinsèque augmenter ; cette régulation externe des conduites se trouve alors à l'origine de performances détériorées.

La fixation à l'entraînement de buts de maîtrise a également des effets bénéfiques sur les performances sportives. Contrairement à une opinion fréquemment partagée, donner aux sportifs des buts de compétition améliore moins les performances de nageurs et de nageuses que le fait de les aider à se fixer des objectifs précis d'amélioration des techniques de nage et de concentration sur de tels objectifs. De tels résultats - obtenus avec des nageuses universitaires nord-américaines - semblent liés à une augmentation des sentiments de compétence, à une meilleure concentration et une moindre anxiété (Burton, 1989). Cette dernière étude, comme d'autres, montre toute l'importance qu'il y a d'élaborer des programmes de travail qui stimulent la motivation intrinsèque des sportifs.

4. COMMENT MOTIVER LES SPORTIFS À L'ENTRAÎNEMENT ?

Comment faire pour induire chez les participants des états de motivation intrinsèque, dont les effets affectifs, cognitifs et comportementaux favorables viennent d'être soulignés?
Comme nous avons déjà présenté des stratégies visant à améliorer l'efficacité des buts (chapitre 2) et à augmenter les expectations de compétence (chapitre 3), nous allons suggérer des moyens pratiques visant à augmenter les perceptions d'autonomie.

A. Induire des perceptions d'autonomie

L'entraîneur doit s'attacher à responsabiliser ses athlètes en leur laissant la possibilité de prendre des initiatives de toutes sortes: participer à la mise en place d'un échauffement, assurer la préparation du matériel, s'investir dans la planification des entraînements, des compétitions ou des carrières, préparer un déplacement, organiser avec des sportifs de haut niveau des comptes rendus avec les médias, etc. Les moyens ne manquent pas pour accroître les perceptions d'autodétermination des athlètes. Tout est affaire d'imagination, mais également de confiance; l'éducateur doit faire confiance aux élèves et croire en leurs capacités de prendre en main certains aspects de leur vie sportive.
Dans le même esprit, l'entraîneur devrait s'attacher à diminuer la surveillance qu'il exerce sur les comportements des athlètes et, au contraire, privilégier des évaluations diagnostiques. Les évaluations diagnostiques des compétences et des habiletés permettent à la fois de faire ressortir les points forts et les points faibles des participants. Ces derniers pourront ensuite faire l'objet d'un travail concerté particulier, alors que la mise en évidence des points forts permettra de stimuler les sentiments de compétence.

B. Éviter les perceptions de contrôle

Des événements externes comme des récompenses promises et allouées aux participants ont le même effet sur leur état de motivation que des événements externes comme le renforcement et le feedback. Les récompenses peuvent donc avoir un effet positif ou négatif sur la motivation intrinsèque selon la façon dont on les administre. Le principe de motivation demeure simple: l'éducateur doit s'efforcer d'allouer des récompenses, de telle sorte qu'elles stimulent les perceptions d'autonomie et de compétence.
S'agissant de récompenses, comme des prix, des médailles, des trophées, un défraiement financier, ou la rémunération de joueurs professionnels, celles-ci doivent d'abord intervenir à hauteur des performances réalisées par leurs bénéficiaires.
Récompenser un sportif parce qu'il pratique le football ou le ski, a pour conséquence d'augmenter sa motivation extrinsèque. Le skieur pratiquera moins le ski pour les sensations de glisse ou de stress qu'une telle activité procure, mais pour recevoir des bénéfices tangibles: de l'argent ou des avantages divers. Il faut donc éviter de récompenser des sportifs pour qu'ils s'impliquent dans une activité, car l'éducateur induira une perception de contrôle génératrice d'une baisse de la motivation intrinsèque.
À l'inverse, récompenser un sportif à hauteur des performances produites (sous la forme de primes de résultats par exemple) induit des perceptions de compétence en cas de succès et d'accès à la récompense. Un tel sportif se percevra comme étant à l'origine du succès, et se sentira responsable de ses succès comme de ses échecs.

5. CONCLUSION

Dans les chapitres précédents, nous avions montré que l'éducateur peut améliorer les apprentissages et les performances des sportifs par l'intermédiaire de renforcements adéquats (chapitre 1), en utilisant le modelage social (chapitre I), en agissant sur les buts des individus (chapitre 2), et en modulant judicieusement la connaissance des résultats (chapitre 3)
Dans le présent chapitre, nous avons montré l'importance que la motivation prend en fonction de la relation que l'éducateur noue avec ses élèves. On a montré que le contexte d'entraînement, les renforcements, les récompenses et le feedback génèrent chez le sportif des perceptions qui affectent la nature (intrinsèque ou extrinsèque) de sa motivation. Ainsi, les événements externes qui

présentent pour les sportifs une signification fonctionnelle d'autonomie et de compétence, induisent un état de motivation intrinsèque et, de façon subséquente, ont des conséquences favorables aux niveaux affectif, cognitif et comportemental. À l'inverse, les événements externes qui présentent une signification de contrôle pour l'apprenant ou le sportif, génèrent un état de motivation extrinsèque, avec ses conséquences défavorables au niveau des conduites ou de la personnalité.

Nous avons présenté tout au long de ces quatre premiers chapitres de nombreuses stratégies utilisables par l'éducateur, grâce auxquelles le sportif pourra se sentir autodéterminé dans ses conduites et compétent. Par la mise en œuvre de ces stratégies, l'éducateur pourra s'attendre à des conséquences favorables au niveau affectif, cognitif et comportemental des sportifs.

Le climat motivationnel créé par l'éducateur sportif se révèle donc d'une grande importance en matière d'apprentissage et de perfectionnement moteur.

Lectures conseillées

Daumail, D. Les lancers : mise en trajectoire. *Revue E.P.S.*, septembre-octobre 2002, pp. 45-47.

Thill, E. *Motivation et stratégies de motivation en milieu sportif.* Paris, Presses Universitaires de France, 1989 – chapitres V et VI.

Vallerand, R. *La motivation du sportif de compétition. Théorie et applications*. Paris, Les Cahiers de l'INSEP, 1994 (n° 6).

Vallerand, R. et Thill, E. (1993). *Introduction à la psychologie de la motivation*. Montréal, Éditions Études Vivantes, 1993 – chapitres I, VI, XIV.

2. ÉDUQUER ET FORMER EN TENANT COMPTE DES CARACTÉRISTIQUES DU PUBLIC

APERÇU D'ENSEMBLE

Placée dans les mêmes conditions d'apprentissage, de perfectionnement, ou de compétition, chaque personne ne réagit pas de la même façon. *Aussi, l'éducateur doit-il prendre en compte les caractéristiques du public dont il est en charge.*
Prenons pour exemples, des différences liées à la personnalité des pratiquants, leur âge ou leur genre.

Différences liées à la personnalité

On sait que certains sportifs se montrent particulièrement vulnérables dans les situations de compétition et s'avèrent incapables d'y reproduire les performances réalisées à l'entraînement. En prenant en compte la faible résistance au stress de certains de ses élèves, l'éducateur devrait être en mesure d'individualiser son enseignement en aménageant les conditions d'entraînement et en adoptant des mesures d'ordre pédagogique (entraînement mental) qui permettront à ces sportifs de mieux actualiser leur potentiel.

Différences liées à l'âge

D'une manière générale, l'acquisition des habiletés motrices chez l'enfant par l'apprentissage social ou par des méthodes plus traditionnelles, mais également l'acceptation de la règle, ou l'évolution des caractéristiques motivationnelles, dépend de différences liées à l'âge. L'éducateur sportif devra donc connaître les transformations psychologiques qui se produisent chez l'enfant à partir de 7 à 8 ans et chez les adolescents, transformations qui sont susceptibles d'avoir un impact sur sa démarche éducative.

Différences liées au genre

Les éducateurs savent par exemple qu'on ne conduit pas de la même façon une équipe féminine qu'une équipe masculine ; les différences résultent de processus d'influence sociale particuliers qui régissent les interactions entre les joueuses ou les joueurs. D'autres différences importantes existent en matière de genre, comme la nature des buts, le comportement agressif, ou l'éthique sportive. Comme pour les différences interindividuelles en matière d'âge ou de personnalité, les différences liées au genre doivent être prises en compte par l'éducateur s'il veut se montrer fin pédagogue.

Chapitre 5

LES DIFFÉRENCES LIÉES À LA PERSONNALITÉ

Edgar Thill

La connaissance de la personnalité du sportif à travers l'évaluation de ses composantes motivationnelles, affectives, cognitives et psychosociales, peut s'avérer extrêmement utile pour des éducateurs.

L'évaluation psychologique permet d'abord à l'entraîneur de disposer d'informations utiles sur les personnes qu'il a en charge : leurs points forts, qu'il ne manquera pas de faire ressortir afin d'augmenter leur confiance en soi, et les points faibles (par exemple, une faible résistance au stress), qui pourront faire l'objet d'un entraînement particulier.

Une évaluation valide et fidèle de ces caractéristiques psychologiques trouve également sa justification lors des opérations de détection sportive, de sélection de sportifs dans des équipes ou dans des centres de formation.

L'évaluation répétée de groupes de sportifs à l'aide d'outils adaptés aux caractéristiques du sport de performance, donne la possibilité de mesurer la charge d'un entraînement et apporte à l'entraîneur des informations essentielles sur la manière dont l'entraînement est assimilé et supporté. En effet, la prévention des blessures et du surentraînement constitue, de nos jours un objectif d'entraînement important, compte tenu des exigences d'une pratique sportive de plus en plus professionnalisée.

Dans ce chapitre, nous présenterons d'abord des connaissances de base sur la mesure des caractéristiques affectives et motivationnelles de la personne : les traits de personnalité. Il nous paraît utile que l'éducateur puisse disposer de connaissances minimales dans ce domaine, dès lors qu'il s'attache à enrichir sa démarche éducative dans les directions que nous venons d'indiquer. Dans un second temps, nous serons en position d'analyser et de mieux comprendre l'intérêt des travaux qui ont été menés en contexte sportif. Dans un troisième temps, nous exposerons des possibilités d'application au monde sportif.

1. MESURE DE LA PERSONNALITÉ

A. Traits de caractère et traits de personnalité

On ne décrit plus les personnes en fonction de « traits de caractère », considérés comme fixés une fois pour toutes. De nos jours, on préfère l'usage des termes « traits de personnalité », car les traits sont relativement malléables, c'est-à-dire modifiables, dans le temps et selon les situations. C'est le cas d'un trait comme « la résistance au stress » qui varie selon les individus certes, mais qui peut s'améliorer avec l'expérience, ou grâce à une préparation mentale.

Les traits de personnalité ne correspondent pas à des caractéristiques directement observables. L'éducateur peut les repérer à partir d'une observation répétée du comportement. Le psychologue, quant à lui, utilise de puissantes techniques statistiques pour identifier ces qualités de la personne, en vue de construire des instruments de mesure, comme les questionnaires standardisés par exemple.

> Les qualités ou propriétés d'une personne, qui échappent à l'observation directe comme d'autres propriétés psychologiques, sont appelées « traits » ou « facteurs » de personnalité. Les traits sont déduits de l'observation d'un comportement ou par des moyens statistiques.

B. Organisation de la personnalité

Pour le psychologue, les traits de personnalité sont repérés à partir du comportement. Il peut s'agir :

a. des « réactions spécifiques » des personnes à des situations données et,
b. des « réponses habituelles » qui combinent ou regroupent des réactions spécifiques (figure 5.1).

Par exemple, si un sportif aime parler en public, cherche à nouer des contacts sociaux et préfère les sports collectifs, on pourra déduire de ces réactions spécifiques directement observables, qu'il s'agit d'une personne sociable. Le *trait de sociabilité* correspond donc à une propriété commune à diverses conduites spécifiques ou habituelles, indicateurs à partir desquels le trait est déduit ou inféré.

Si, à un niveau d'abstraction plus élevé on s'attache à découvrir les propriétés communes aux traits de personnalité, on aboutit alors à la définition de « types » psychologiques. Comme le montre la figure 5.1, le type extraverti se caractérise par des traits comme la sociabilité, l'impulsivité ou la persévérance. Comme les traits, les types de personnalité confèrent une unité fonctionnelle aux conduites et permettent de prédire celles-ci. Il est dont important de disposer de moyens de mesures valides qui permettent de les évaluer.

C. Évaluation de la personnalité par les questionnaires

Les psychologues ont construit de nombreux questionnaires pour répondre aux demandes du monde sportif.
Parmi les traits que les tests s'attachent à mesurer - comme les aspects de la motivation, des aspects du soi ou des stratégies cognitives - certains sont plus stables que d'autres. On doit distinguer les *traits* proprement dits qui demeurent stables (par exemple, le contrôle émotionnel, l'anxiété-trait, l'introversion) et les *traits-états* qui se transforment en fonction de l'expérience (par exemple, la résistance au stress, l'anxiété-état).

Exemples de traits mesurés par les questionnaires adaptés au monde sportif :

- L'ensemble des traits et des traits-états (*Questionnaire de personnalité pour sportifs* QPS).
- L'anxiété-trait et l'anxiété-état, qu'ils soient de nature somatique ou cognitive.
- La motivation intrinsèque et extrinsèque, les buts motivationnels, les expectations d'efficacité.

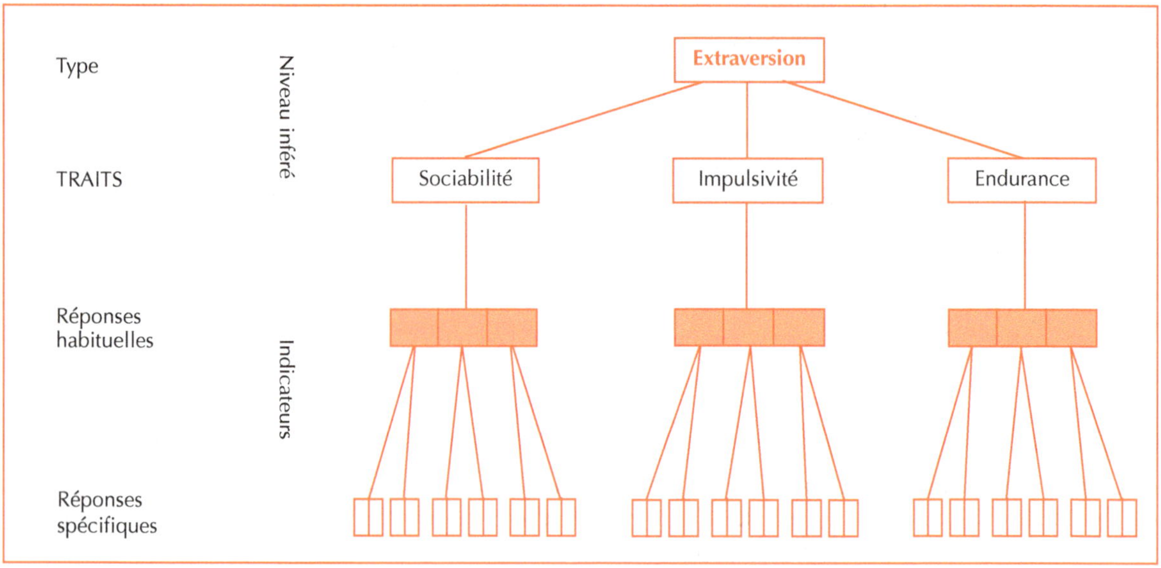

Figure 5.1
Modèle hiérarchique de la personnalité. Les traits sont inférés à partir d'indicateurs comme les réponses habituelles qui elles-mêmes agrègent des réponses spécifiques.

- L'estime de soi.
- Les styles d'attention.
- Les styles de leadership démocratique, autocratique, de support social.
- Les caractéristiques d'imagerie.
- Les composantes dynamiques d'une équipe sportive.

La plupart de ces questionnaires sont présentés dans le livre I ou le livre II.

Questionnaire de personnalité pour sportifs (QPS d'E. Thill)

Il comporte 340 propositions auxquelles les sportifs doivent répondre par « Vrai » ou par « Faux ». Leurs réponses peuvent être rapidement corrigées au moyen de grilles, et l'on compare chaque score aux moyennes et aux variations des réponses de sujets comparables.

En effet, les réponses à un questionnaire n'apportent pas d'informations en elles-mêmes. Il permet de comparer les réponses d'un sujet particulier à celles de sa population de référence - de même âge et de même sexe - en tenant compte des réponses moyennes de cette population et de la répartition de ces réponses au regard du trait considéré. Cette opération de comparaison nécessite des calculs statistiques préalables et l'élaboration de « normes » propres au test et à une population donnée.

Traits évalués par le questionnaire de personnalité pour sportifs (QPS)

Le tableau 5.1 présente les traits évalués par le QPS. Ces traits correspondent à différentes composantes de la personnalité : la motivation, les caractéristiques de l'activité, les capacités de contrôle, les relations, la sincérité des réponses.

Exemples d'énoncés (items) du QPS

Le tableau 5.2 fournit des exemples d'énoncés (items) auxquels le sportif doit répondre, et à partir desquels sont évalués, par exemple, le « contrôle émotionnel » et la « résistance au stress ». Le contrôle émotionnel correspond à un *trait* relativement stable de la personnalité, alors que la résistance au stress varie dans le temps et selon les situations : elle correspond à un *trait-état* de la personnalité.

Tableau 5.1
Les traits évalués par le QPS.

Motivation	Motivation intrinsèque (MI) Motivation extrinsèque (ME)
Caractéristiques de l'activité	Endurance psychologique (EP) Vivacité, dynamisme (VI) Compétitivité (CP)
Capacités de contrôle	Contrôle de l'activité vs. Impulsivité (CA) Prise de risques (PR) Contrôle émotionnel (CE) Résistance au stress (RP)
Relations	Extraversion vs. Introversion (EI) Dominance (DO) Agressivité (AG) Sociabilité (SO) Coopération (CO)
Sincérité	Acquiescence (AQ) Désirabilité sociale (DS)

Tableau 5.2
Exemples d'items du QPS.

Exemples d'items du trait « contrôle émotionnel »
1. Je suis considéré comme une personne dont l'humeur est toujours égale
2. Lorsque quelque chose me met réellement hors de moi, je retrouve rapidement mon calme
3. Beaucoup de mes goûts et de mes sentiments demeurent constamment stables

Exemples d'items de trait-état « résistance au stress »
1. Quand mes équipiers manquent de sérieux, cela ne me déconcentre pas
2. Pendant une compétition, je suis facilement distrait
3. Quand le score devient serré, j'ai tendance à me contracter et à perdre mes moyens

Une comparaison entre une caractéristique stable comme le contrôle émotionnel et une caractéristique sensible aux situations comme la résistance au stress, peut s'avérer instructive. Une différence négative signale en effet que le sportif n'est pas capable de reproduire en situation de compétition ses performances d'entraînement.

D. Fidélité, validité des tests et sincérité des réponses

En mesurant la fidélité d'un test, le psychologue vérifie notamment s'il fournit des résultats identiques lorsqu'on l'applique à des intervalles rapprochés.
En vérifiant la validité d'un test, le psychologue cherche à savoir si le test correspond bien aux objectifs fixés : est-ce qu'il mesure bien ce qu'il doit mesurer (par exemple la motivation intrinsèque et non la motivation extrinsèque) ? Est-ce qu'il permet de prédire la réussite sportive ? Est-ce que ses résultats correspondent bien à ceux d'autres tests réputés pour leur fiabilité ?
Dans le cas du QPS par exemple, de très nombreuses études ont permis de vérifier qu'il s'agit d'un instrument extrêmement fiable, c'est-à-dire *fidèle* et *valide* (Thill & Brenot, 1982, 1985). Ainsi, le QPS permet-il de prédire la réussite sportive. De même, on a pu vérifier que les échelles du QPS mesurent bien les dimensions qu'elles sont censées mesurer, et non d'autres.
De même, lors de la passation de questionnaires, la sincérité des réponses des sujets se révèle essentielle. Aussi, le psychologue cherche-t-il à apprécier celle-ci au moyen d'échelles spécifiques, comme celles de « Désirabilité sociale » et « d'Acquiescence » du QPS.

E. Prise en compte des situations

Dans sa version originelle, le QPS et la plupart des questionnaires présentés plus haut s'avèrent trop généraux, car ils ne tiennent pas compte de la spécialité sportive pratiquée.
Aussi, les spécialistes ont-ils parfois développé des questionnaires adaptés à des spécialités sportives particulières, afin de les rendre plus spécifiques. Dans le cas du QPS, par exemple, des versions ont été mises au point pour le football, le rugby, le handball, le golf ou le tennis. Dans ce cas, la valeur prédictive et l'utilité de ces tests sont encore améliorées.

2. Personnalité et pratique sportive

A. Comparaison de sportifs et de non sportifs

De nombreuses études ont été menées jusqu'aux années 1970 pour tenter d'établir un portrait type du sportif en le comparant à des populations non sportives. D'une manière générale, il en ressort les conclusions suivantes :
Par rapport au non-sportif, le sportif dénote :
- un bon contrôle émotionnel et affectif ; de même, il semble capable de résister davantage aux situations de stress et de faire face avec succès à des situations d'incertitude ;
- un bon contrôle de ses actions ; il apparaît peu impulsif et se montre capable, en raison de son obstination et de sa persévérance, de mener ses actions à leur terme sur des longues périodes ;
- une forte affirmation dans ses relations sociales ; il apparaît à la fois d'une agressivité supérieure à la moyenne, et dominant dans ses relations interpersonnelles ; de même, il s'agit d'une personnalité relativement autonome et affichant une faible désirabilité sociale.

En somme, les résultats de ces études anciennes montrent que le sportif appartient au type extraverti.

B. Personnalité et spécialisation sportive

Dès les années 1970, E. Thill a pu montrer que les profils psychologiques des sportifs dépendaient en réalité de la spécialité sportive qu'ils pratiquent. Par exemple, il a pu montrer que des sprinters en athlétisme ou des joueurs de volley-ball s'avéraient beaucoup plus extravertis (c'est-à-dire plus rapides dans leurs réactions, plus impulsifs et plus sociables) que des athlètes spécialisés en demi-fond ou dans des épreuves de longue distance comme le marathon. Selon cet auteur en somme, le profil psychologique des sportifs est lié aux caractéristiques des spécialités pratiquées (Thill, 1975).
Cette nouvelle perspective de recherches a conduit de nombreux entraîneurs et psychologues à étudier le sportif en fonction de la spécialité sportive pratiquée, en se servant d'instruments de mesure plus adaptés

comme le QPS. Des études ont ainsi été menées sur les rapports entre la personnalité et la discipline sportive, le poste occupé dans une spécialité sportive, le style de jeu pratiqué (par exemple, en tennis de table), ou le contexte culturel, etc.

Mais se pose alors l'alternative suivante. Les sportifs choisissent-ils de s'investir dans une discipline parce qu'ils présentent d'emblée la configuration psychologique la plus favorable ? Ou bien les sportifs se différencient-ils entre eux parce que la pratique sportive exerce des contraintes telles, qu'elle façonne la personnalité des pratiquants ?

C. Les études longitudinales de la personnalité

C'est pour répondre à cette question que Thill et Brenot (1983) ont suivi 309 sportifs pendant deux ans. Leur appliquant le QPS à trois reprises, ils ont comparé l'évolution de sportifs et de non sportifs (population de contrôle). Alors que la personnalité de non sportifs ne se modifie pas, apparaissent au contraire des modifications significatives chez les sportifs. La figure 5.2 présente les changements de personnalité qui s'opèrent entre un premier test et un second test intervenant 9 mois plus tard.

D'une part, au fur et à mesure que l'entraînement se poursuit, les sportifs deviennent plus extrinsèquement motivés (trait ME), plus compétitifs (note CP), plus contrôlés émotionnellement (trait CE), plus résistants au stress (trait RP), plus dominants (trait DO) et plus agressifs (trait AG). Toutes ces différences entre les sportifs et non sportifs deviennent statistiquement significatives, c'est-à-dire qu'elles ne peuvent s'expliquer par l'effet du hasard.

D'autre part, au fur et à mesure que se poursuit l'entraînement, les sportifs vont se différencier selon la spécialité pratiquée. Les résultats, non présentés sur la figure 5.2, sont en résumé les suivants : les sportifs pratiquants des sports de type explosif (athlètes ou nageurs pratiquant le sprint, par exemple), deviennent plus vifs (trait VI), plus impulsifs (trait CA) ; les sportifs se livrant à des efforts prolongés deviennent au contraire plus endurants (trait EP) et plus contrôlés (note CA).

En conclusion, cette étude longitudinale rigoureusement planifiée et contrôlée, menée à l'aide d'un test fidèle et valide, comparant des sportifs à des non-sportifs, montre que l'entraînement sportif suscite des changements de traits de personnalité chez les sportifs. D'une manière générale, cette population devient plus contrôlée, plus assurée dans ses relations sociales, et plus sensible aux renforçateurs extrinsèques.

3. APPLICATIONS PRATIQUES

A. La détection sportive

L'opération de détection sportive consiste à déceler les potentialités d'une personne, c'est-à-dire les qualités cachées qui existent en puissance et qui peuvent s'exprimer à condition d'être sollicitées. La détection

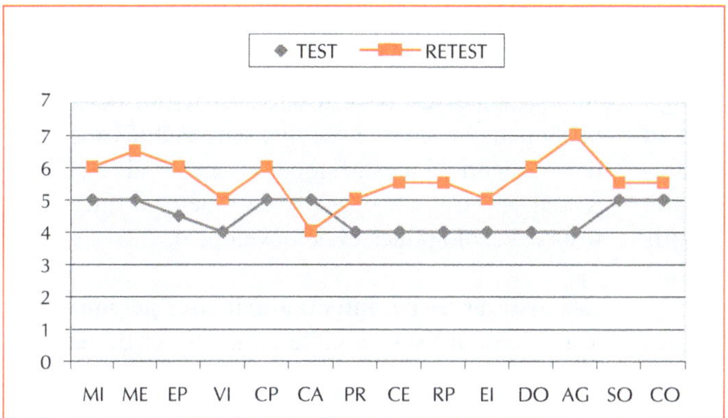

Figure 5.2
Modification de traits de personnalité qui interviennent dans une population de 309 sportifs à l'issue d'une période de 9 mois ; les changements significatifs concernent les traits ME, CP, CE, RP, DO et AG. Pour la signification des abréviations, voir le tableau 5.1.

répond à la question de savoir si un jeune possède des potentialités pour parvenir à un niveau élevé de performance. En effet, les meilleurs cadets d'une discipline sportive ne seront pas nécessairement les meilleurs seniors. L'opération de détection a donc pour objectif de repérer les caractéristiques physiologiques, anatomiques et psychologiques, en leur accordant un *poids* relatif qui dépend du sport pratiqué. La description d'une activité et la mise en évidence des aptitudes principales qui conditionnent la réussite dans cette spécialité s'avèrent donc nécessaires avant de procéder à une opération de détection sportive. Mais une fois la détection faite, il ne faut pas oublier qu'une potentialité ne pourra s'exprimer que si le sportif dispose du temps nécessaire et évolue dans un climat motivationnel favorable !

En testant plusieurs centaines de sportifs à l'aide du QPS, nous avons pu montrer que les traits de personnalité qui expliquent pour une grande part la réussite sportive, toutes disciplines confondues, sont :

- **la compétitivité** (CP), c'est-à-dire la capacité que possède un sportif à se surpasser ;
- **le contrôle émotionnel** (CE), c'est-à-dire la stabilité des émotions, des intérêts et de l'humeur ;
- **la résistance au stress** (RP), c'est-à-dire la capacité de conserver son calme et sa lucidité dans les situations critiques ;
- **l'endurance psychologique** (EP), c'est-à-dire la capacité de réguler ses efforts dans le temps, à faire preuve d'opiniâtreté et de persévérance.

Tous les traits de personnalité se renforcent avec la pratique sportive, comme l'a montrée l'étude longitudinale présentée plus haut (figure 5.2). On verra au chapitre 1 du livre II que des techniques de préparation mentale permettent d'en accélérer l'évolution dans un sens favorable, et d'aider ainsi les sportifs initialement défaillants. De plus, chaque discipline sportive sollicite des qualités psychologiques ou psychomotrices particulières (voir ci-dessous), que les spécialistes du domaine peuvent repérer et soumettre à un entraînement spécifique.

B. La sélection et l'orientation sportive

La sélection correspond à l'identification des sportifs les plus aptes à exceller dans des compétitions à des échéances précises et/ou à des postes spécifiques. L'objectif d'une telle opération consiste à trouver les individus qui se rapprochent le plus des caractéristiques psychologiques de modèles idéals de sportifs, aptes à atteindre des performances maximales dans leur spécialité (Wolff & Grosgeorge, 1998).
Pour illustrer une telle démarche, prenons le cas de la Direction technique de la Fédération française de voile qui, en 1980, a constitué des équipages de voile susceptibles de se rendre aux JO.
Un ensemble de barreurs et d'équipiers potentiels a été soumis à des épreuves biométriques et au QPS. Pour ce qui concerne la personnalité des coureurs, deux types de critères ont été pris en considération : des critères de performance et des critères d'adéquation aux postes.

Les critères d'adéquation aux postes autorisent une sélection des coureurs en fonction des postes occupés : les postes de barreurs et d'équipiers. Des observations et des études antérieures avaient montré que les barreurs apparaissaient plus introvertis (EI), plus contrôlés dans leur activité (CA), et plus réfléchis (VI) que les équipiers. Cette différenciation des qualités psychologiques, comme celle des qualités d'ordre biométrique, autorisait une discrimination objective de ces spécialistes, et la constitution d'équipages susceptibles de préparer les JO suivants.
Cette analyse peut être généralisée à d'autres pratiques. Dans le cas de l'aviron par exemple, les gabarits légers, manifestent indéniablement des qualités de touchers propices à la glisse de leur bateau et expliquent en partie le succès du deux de couple aux JO d'Athènes en 2004. Cette motricité fine est probablement en accord avec une sensorialité exacerbée, une imagerie kinesthésique vivace et des qualités d'analyse qu'il est possible de repérer à travers des tests psychologiques et de développer.

Les critères de complémentarité des personnalités avaient été utilisés en voile pour former des équipes homogènes et complémentaires. Les résultats passés avaient en effet montré qu'il ne fallait pas associer des barreurs et des équipiers qui étaient tous deux dominants (DO), agressifs (AG), ou prenaient des risques trop élevés (PR).

De même, l'association d'un pratiquant d'aviron froid, résistant au stress, et d'un équipier plus prompt à réagir aux circonstances d'une course a sans doute permis au deux de couple des JO d'Athènes de faire face aux aléas de la compétition, en raison de leurs compétences multiples.

En somme, la sélection de sportifs sur la base de facteurs favorisant à la fois l'efficacité opérationnelle des membres d'une équipe, et sa cohérence ou complémentarité par rapport aux objectifs fixés, conduit à la formation d'équipes plus efficientes.

C. Les bilans psychologiques

L'évaluation psychologique permet également d'établir des bilans descriptifs et diagnostics de la personnalité. Comme le montre l'encadré 5.1, l'évaluation de la personnalité d'un golfeur professionnel par des outils fidèles et valides, permet de situer ce sportif par rapport aux caractéristiques moyennes de sa population de référence. Ainsi, la mesure du contrôle émotionnel et de la résistance au stress fait-elle apparaître des capacités de contrôle insuffisantes pour atteindre des performances golfiques élevées et stables.

D. Faut-il privilégier les questionnaires à d'autres méthodes d'investigation ?

Il existe d'autres moyens psychologiques que les questionnaires pour évaluer la personnalité : la méthode d'observation systématique, les méthodes projectives de type clinique, ou l'entretien. Par rapport aux questionnaires, ces méthodes correspondent à une approche plus individualisée de la personnalité. En particulier, la méthode de l'entretien permet une analyse plus qualitative et plus approfondie de celle-ci.

Néanmoins, la méthode des questionnaires apparaît plus objective dans sa démarche, plus appropriée à l'investigation de populations normales ; et surtout, elle permet de prendre en compte un plus grand nombre d'individus et d'établir des comparaisons entre les individus testés. Ces derniers avantages s'avèrent cruciaux en matière de détection ou de sélection.

L'idéal consiste à combiner diverses mesures, comme l'observation du comportement en situation d'entraînement et de compétition, l'utilisation de questionnaires valides et la réalisation d'entretiens. Mais une telle démarche a naturellement un coût.

4. CONCLUSION

L'étude et l'évaluation des traits de personnalité ouvrent d'intéressantes applications en psychologie du sport. Par rapport à l'entraîneur qui évalue ses athlètes lors des entraînements et rectifie ses jugements au fur et à mesure que les interactions se développent, le psychologue procède par observation armée : il dispose d'outils puissants qui assurent une mesure objective, rapide et fidèle d'aptitudes psychomotrices, de traits psychologiques ou de capacités de traitement de l'information. Les informations que le psychologue du sport apporte à l'entraîneur permettent à ce dernier d'analyser plus finement les conduites des sportifs ou des groupes dont il a la charge, de proposer des explications d'événements internes qui échappent à ses capacités d'analyse et, finalement, de mieux prédire les conduites en fonction des circonstances futures.

Dans tous les cas, la prise en compte des caractéristiques de la personnalité des sportifs, permets aux éducateurs dignes de ce nom de respecter les sportifs dans leur dimension humaine et de catalyser la pleine expression de leurs potentialités. À l'inverse, un entraînement bureaucratique, qui ne tient pas compte des besoins d'affection et de reconnaissance des sportifs, condamne ceux-ci, car ils sont niés en tant que personnes, parfois totalement ignorés, sur un tatami ou un practice, d'où une perte d'intérêt, de la souffrance psychologique, et un insuccès programmé. De telles erreurs pédagogiques expliquent maints insuccès sportifs.

Encadré 5.1 Le bilan psychologique d'un golfeur professionnel

1. Profil de personnalité

Le profil psychologique de A est caractérisé par deux points forts : un fort désir de réussite et des capacités d'endurance et d'obstination largement supérieures à la moyenne.

Du point de vue de la motivation cependant, on note un manque de confiance en soi et une tendance à s'engager dans la pratique du golf à des fins de compétition essentiellement. Cette forme de motivation l'amène à expliquer ses échecs par un manque de compétence, ce qui peut l'amener ensuite :

a. à se fixer des buts trop faciles ou trop difficiles plutôt qu'à se donner des buts réalistes,

b. à éprouver des sentiments négatifs, comme une forte anxiété et une estime de soi négative.

De plus, ses capacités de contrôle émotionnel et de résistance au stress s'avèrent nettement inférieures à la moyenne. En conséquence, sa réussite sportive ne correspond ni à son niveau technique, ni à ses qualités golfiques.

D'une manière générale, A se présente comme une personne introvertie : portée à s'analyser, à prendre des risques modérés, à éviter les contacts sociaux. Comme A est constamment amené à s'analyser et qu'il a tendance à attribuer ses échecs à un manque de compétence, les effets négatifs des échecs seront amplifiés et éroderont encore sa faible confiance en soi.

2. Recommandations pédagogiques

L'entraînement sportif devrait être complété par un travail spécifique consistant à améliorer la confiance en soi et à accroître les possibilités de contrôle. Préalablement cependant, il convient de modifier les buts motivationnels du sujet.

Comment modifier les buts motivationnels ?

Pour éviter que A explique ses échecs par un manque de compétence, il faut lui apprendre à se fixer des « buts de maîtrise » : chercher à améliorer ses habiletés par des efforts répétés et entretenus, et non pas comparer ses prestations à celles des concurrents. De même, il devrait apprendre à mieux gérer ses objectifs et à se fixer buts réalistes, accessibles, et librement acceptés.

Comment améliorer sa confiance en soi ?

Diverses techniques peuvent être utilisées conjointement. Ainsi, l'entraîneur devra faire ressortir les réalisations positives et les bonnes performances obtenues par un travail accru. À cette fin, il pourra utiliser des techniques de modelage social, et en particulier de modelage symbolique : en enregistrant les parfaites exécutions techniques et en demandant à A de les visionner périodiquement. Dans tous les cas, l'entraîneur devra utiliser des formes de rétroactions positives (« C'est bien fait ») qui mettent l'accent sur la prise de responsabilité du sportif (« Tu as exécuté ton drive exactement comme tu avais décidé de le corriger »). La confiance de soi sera ainsi progressivement rétablie.

Comment accroître la résistance au stress ?

Là encore, les moyens sont multiples : depuis l'utilisation de techniques de relaxation, jusqu'à des procédés d'entraînement mental incluant la répétition par l'imagerie mentale et l'utilisation d'un langage interne.

L'intérêt additionnel de telles techniques est de focaliser l'attention sur la réalisation de gestes techniques et de relativiser l'influence négative des facteurs de stress de l'environnement.

Lectures conseillées

Huber, W. *Introduction à la psychologie de la personnalité*. Bruxelles, Mardaga, 1977.

Pichot, P. *Les tests mentaux*. Paris, Presses Universitaires de France (Que sais-je ?), 1968.

Durand, M. *L'enfant et le sport*. Paris, Presses Universitaires de France, 1987, chapitre XIII.

Thill, E. *Sport et personnalité*. Paris, Éditions Jean-Pierre Delarge (Éditions Universitaires), 1975.

Weinberg, R.S. et Gould, D. *Psychologie du sport et de l'activité physique*. Edisem et Vigot, 1997, chapitre III.

Chapitre 6

LES DIFFÉRENCES LIÉES À L'ÂGE

Edgar Thill

Pour les psychologues généticiens qui cherchent à décrire les étapes de développement de l'enfance à l'âge adulte, trois facteurs paraissent essentiels : l'hérédité, l'influence de l'environnement, et l'expérience de la personne. Depuis plus de cent ans, tous ces facteurs ont fait l'objet d'investigations systématiques pour déterminer leurs influences respectives.

Dans le cadre de ce manuel, on ne pourra évidemment exposer les résultats de toutes ces investigations. Aussi, nous limiterons d'abord notre présentation à la description des tranches d'âge qui concernent l'éducateur : l'enfant et l'adolescent. En renvoyant le lecteur à des ouvrages plus spécialisés, nous présenterons un tableau extrêmement succinct des principaux stades de développement, puis nous aborderons successivement les thèmes suivants susceptibles d'intéresser l'éducateur sportif : l'évolution des motifs (buts) de participation sportive et la problématique des abandons, l'évolution et l'application de la règle en relation avec l'éthique sportive, l'évolution des causes relatives à l'explication des succès et des échecs. Finalement, nous donnerons quelques conseils pour une formation efficace des enfants.

1. APERÇU DES STADES DE DÉVELOPPEMENT [1]

Tableau 6.1 Aperçu des stades de développement.

La première enfance (0 à 2 ans) : l'éveil de la conscience de soi	
Âge du nouveau-né	Fonctions uniquement physiologiques
Âge du nourrisson	Coordination des yeux et des gestes Les premières actions
Âge du premier langage	Acquisition du langage Le contrôle des sphincters Les rapports affectifs avec les parents, les jeux avec les pairs, structurent l'image que l'enfant se fait de lui Le jeu est individuel et fonctionnel
La deuxième enfance (3 à 5 ans)	
Les années de formation	Première construction de l'identité personnelle Formation de concepts simples de la réalité physique et sociale Apparition de la conscience morale (le bien et le mal) Acquisition de rôles sexuels Passage de l'égocentrisme à la socialisation Importance des pairs dans le processus de socialisation Dans les jeux, chacun joue pour soi

(1) On trouvera au Livre II, chapitre 12, un tableau des périodes les plus favorables au développement des principales qualités physiques (tableau 12.1).

Les années d'école (6 à 12 ans)	
Le réalisme enfantin	Apprentissage de la lecture, de l'écriture et du calcul Apprentissage de la communication avec les pairs Apprentissage des rôles sexuels ; jeux avec pairs de même sexe Apprentissage des habiletés physiques requises pour les jeux courants Intérêt pour la règle et utilisation effective de la règle Construction de catégorisations et opérations concrètes portant sur le monde extérieur
Adolescence : la construction de l'identité	
La puberté	Transformations physiques et maturation sexuelle Conscience et acceptation de l'arbitraire de la règle
L'adolescence	Redéfinition de l'identité Accès à la pensée formelle : prise en compte du possible, projection dans le futur Choix du métier, du partenaire, des conceptions de vie Conquête de l'indépendance affective Relations avec les pairs : amitiés, bandes et accomplissement de soi

2. LES MOTIFS DE LA PRATIQUE SPORTIVE

En caractérisant la motivation, nous avions indiqué qu'elle a notamment pour caractéristique d'infléchir les conduites vers certaines pratiques particulières : le piano, la danse, l'escalade. Évaluer les raisons, les motifs, ou les buts des pratiques sportives, revient à poser la question du « pourquoi » de ces comportements.

A. Les motifs de participation

Lorsqu'on leur pose la question de savoir « pourquoi vous pratiquez ce sport ? », les jeunes pratiquants avancent différents motifs. Et, lorsque les chercheurs s'efforcent de hiérarchiser ces motifs (pour une revue, voir Silva et Weinberg, 1984), il apparaît que les filles et les garçons veulent, dans l'ordre :

1. apprendre, améliorer leurs habiletés ;
2. s'amuser et ressentir du plaisir ;
3. rencontrer et être avec des amis ;
4. s'engager dans des compétitions, etc.

Les études, qui pour la plupart portent sur des centaines de sujets dont les niveaux d'âge se situent entre 8 et 19 ans, font donc ressortir que les premiers motifs de participation sont d'ordre intrinsèque ; la recherche de situations de compétition n'apparaît qu'en quatrième position. D'une façon générale cependant, les garçons s'assignent plus systématiquement des buts de performance, alors que les filles se donnent préférentiellement des buts de maîtrise.

B. Évolution des motifs avec l'âge

S'il existe des différences interindividuelles en matière de motifs de participation, les motifs évoluent également avec l'âge des pratiquants parce qu'ils dépendent de la nature des comparaisons que les jeunes établissent avec leurs pairs.
La comparaison sociale permet de mieux situer le niveau des habiletés. Franchir 1,75 m en hauteur pour une jeune fille, n'a de véritable signification que si l'on sait que peu de cadettes accèdent à cette performance. Pour déterminer avec exactitude leur niveau d'habileté, les sujets doivent se comparer à des personnes semblables à elles du point de vue de leur âge et de leur volume d'entraînement. La comparaison sociale permet donc de s'évaluer de façon plus précise, mais aussi de se percevoir plus ou moins favorablement.

Or, deux formes de comparaisons peuvent être faites :

a. les comparaisons par rapport à ses propres performances passées, ou comparaisons temporelles et,
b. les comparaisons par rapport à d'autres personnes significatives, ou comparaisons sociales relatives.

Les enfants de moins de 7/8 ans

En raison de leur égocentrisme, les jeunes enfants de trois à cinq ans surestiment leurs capacités de lecture ou leur capacité de robustesse, par exemple. À partir de six ans, les enfants d'âge scolaire vont progressivement disposer d'une connaissance plus exacte des hiérarchies scolaires. Ainsi, l'évaluation de leur rapidité de course corrèle de manière plus satisfaisante avec des mesures chronométrées à partir de six ans (Morris et Nemcek, 1982). Mais lorsqu'ils se comparent aux autres, comme en football par exemple, ces jeunes s'intéressent aux nouvelles façons de maîtriser le ballon, cherchent à apprendre de nouvelles techniques de conduite de balle ou de jonglage, ou encore élaborent des standards internes de réalisation propres aux multiples facettes de cette activité. En somme, leurs comparaisons répondent à un but de maîtrise : améliorer ses habiletés, acquérir de nouvelles techniques.

Les enfants de 7/8 ans à 10/11 ans

À partir de 7 à 8 ans, les enfants s'engagent de plus en plus souvent dans des comparaisons sociales qui leur permettent de faire ressortir leur compétence. Cette utilisation croissante de la comparaison sociale relative semble avoir pour fonction de fournir une image favorable de soi. En se donnant des buts de performance, les enfants cherchent à rivaliser avec les autres, tout en marquant un intérêt accru pour le respect des règles (voir plus loin).

À partir de 10/11 ans

Les deux formes de comparaison sociale sont présentes à partir de 10 à 11 ans. Pour certains, les raisons de participation restent d'ordre intrinsèque ; pour d'autres, des motifs extrinsèques gouverneront l'engagement motivationnel. Parfois, les deux motifs de participation peuvent coexister, leur plein usage assurant une adaptation plus flexible à l'environnement : les comparaisons temporelles permettant de raffiner les standards internes de réalisation, les comparaisons avec les autres permettant de mieux évaluer la compétence propre et, le cas échéant, de la faire ressortir aux yeux d'autrui.

C. Les motifs d'abandon

L'éducateur est inévitablement confronté au problème des abandons sportifs. Quelle que soit la discipline sportive, le taux de décrochage sportif, c'est-à-dire de non-réinscription, atteint et souvent dépasse les 50 % à partir de dix ans ! Quels en sont les motifs ?

Principaux motifs d'abandon

Qu'elles soient nord-américaines ou françaises, les études mettent en évidence les raisons concordantes avancées par les sportives ou sportifs qui abandonnent :

- le manque de plaisir, et l'intérêt manifesté pour une activité autre ;
- les désaccords avec l'entraîneur ;
- le manque de temps ou le conflit d'intérêts (« cela me prend trop de temps ») ;
- la prépondérance de l'esprit de compétition ;
- la pression subie.

S'agissant de la « pression » dénoncée par beaucoup de jeunes, il peut s'agir aussi bien de l'exacerbation de la victoire prônée par l'entraîneur, que du surinvestissement des parents dans la réussite de leurs enfants. Il en résulte alors un climat malsain de travail, alimenté par les jalousies, les sentiments d'injustice, la recherche de la réussite à n'importe quel prix et, par voie de conséquence, le non-respect de l'éthique sportive.

On le voit, la non-satisfaction de motifs intrinsèques de participation, et au contraire la surdétermination de motifs extrinsèques, expliquent pour la plupart des jeunes leur non-réinscription dans une discipline.

Une étude de l'abandon en handball féminin

Sarrazin et Guillet (2001) ont adressé un questionnaire à des joueuses de 13 à 15 ans de la ligue Dauphiné-Savoie de handball. Vingt et un mois plus tard, la ligue a fourni la liste des joueuses qui avaient abandonné : sur les 335 joueuses ayant répondu au questionnaire, 74 avaient décroché. Une analyse statistique de leurs réponses a fait ressortir que la cause essentielle du décrochage était due à l'influence néfaste d'un climat de travail qui avait valorisé les meilleures et encouragé la victoire à tout prix. Ce climat fortement compétitif avait eu un impact négatif sur les perceptions d'autonomie de ces joueuses et avait érodé leur motivation intrinsèque. À l'inverse, plus les perceptions d'autonomie se maintenaient à un niveau élevé, et moins leurs camarades avaient eu l'intention d'abandonner. Ces résultats sont donc conformes au modèle de Deci et Ryan présenté au chapitre 4, relatif aux effets du climat de travail sur l'état de motivation des sportifs, et ses conséquences sur les conduites des individus.

3. DE LA RÈGLE À SON APPLICATION

Dans les recommandations que nous venons de formuler, le respect des règles s'avère essentiel, car il régit directement le comportement des sportifs. Or les pensées, les sentiments et les actes qui définissent la conduite morale d'un individu se modifient au cours du développement.

A. Évolution de la règle

Nous avons déjà présenté quelques repères dans « L'aperçu d'ensemble des stades développement ». Selon Jean Piaget, mais également Lawrence Kohlberg, les étapes suivantes peuvent être décrites en matière d'évolution de la règle.

Première étape (0 à 2 ans) : le jeu est purement individuel. Il a pour fonction de coordonner les yeux et les gestes, d'exercer la locomotion, et de conduire à une première autonomie.

Deuxième étape (3 à 5 ans) : à ce stade apparaissent les premiers jeux de groupe. Mais du fait de son égocentrisme, chaque enfant joue pour soi. Dans ses jeux, l'enfant imite les pairs pour enrichir son répertoire moteur. Les règles sont rigides, mais mal appliquées. À ce stade, le jugement moral d'un enfant est souvent guidé par le résultat matériel d'un acte, plutôt que par sa motivation. Ainsi, il est « plus vilain » de casser quatre tasses qu'une tasse. L'intention n'est pas prise en compte.

Les règles sportives sont perçues comme imposées et sont régulièrement transgressées.

- Utiliser une approche positive de l'enseignement : démonstrations, feedback positif, encouragements, accent mis sur le plaisir…
- Fournir des buts réalistes, des buts de maîtrise à ceux qui ont des difficultés, mettre l'accent sur la réussite…
- Chez les filles, fournir des buts de maîtrise et mettre l'accent sur la coopération, les aspects expressifs de l'activité…
- Permettre aux filles, et surtout aux garçons, d'accéder à la compétition…
- Chez les garçons et les filles, consacrer du temps pour l'établissement de relations sociales, de façon à répondre au besoin d'amitié…
- Assurer un enseignement actif, en évitant d'insister sur les éducatifs, en éliminant les temps morts, en répartissant les rôles et en intégrant tous les participants…
- Instaurer un climat de travail qui favorise les perceptions d'autonomie et de compétence (voir chapitre 5).
- Mettre l'accent sur l'amélioration de la condition physique…
- Éviter que les parents influencent négativement le processus d'entraînement…
- Promouvoir l'esprit sportif et l'éthique sportive (voir livre II).
- Contrôler le comportement physique et verbal envers les éducateurs, les arbitres, les adversaires, le banc de touche, les installations.
- Se montrer parfaitement **équitable** à l'égard de tous les participants…

Tableau 6.2
Quelques recommandations essentielles pour éviter le décrochage.

Troisième étape (6 à 9 ans) : l'enfant manifeste progressivement un intérêt réel et soutenu pour la règle. L'*intention* de transgresser une règle compte désormais autant que son résultat objectif. Mais il accepte la règle parce qu'elle lui est imposée.

Dans les activités sportives, les joueurs acceptent la règle pour contenir la tricherie, mais enfreignent ces mêmes règlements s'ils peuvent acquérir des avantages !

Quatrième étape (à partir de 10 ans). L'enfant prend conscience du caractère arbitraire de la règle (elle est l'objet d'une convention). Il l'accepte librement en tant que telle, et non plus parce qu'elle lui est imposée.

Dans les jeux sportifs, la tricherie est à la fois condamnée et justifiée ; justifiée si elle permet de réparer une tricherie antérieure et de rétablir l'égalité des chances ! Le sentiment de justice prévaut sur la règle.

B. Comment conduire l'enfant à un meilleur respect de la règle ?

La compréhension du caractère arbitraire et nécessaire de la règle ne s'opère donc que très progressivement. Pour autant, l'éducateur peut prendre un certain nombre de dispositions pour que la transgression systématique des règles n'envenime pas la vie d'un groupe. Le tableau suivant esquisse quelques mesures préventives, fondées sur des études menées en milieu scolaire ou adoptées par des associations qui luttent contre la violence.

4. DÉVELOPPEMENT DES NOTIONS DE CAUSALITÉ

Pour l'éducateur, l'effort représente une valeur cardinale. À telle enseigne que les élèves se sentent coupables de ne pas avoir assez travaillé. Pourtant, le fait d'accéder à la victoire avec peu d'efforts, fait ressortir le niveau d'habileté ! À l'inverse, échouer tout en s'étant beaucoup entraîné, met en relief le manque de compétence.

Or, la conception qu'ont les enfants de ces causes évolue avec l'âge. Aussi, allons-nous situer très succinctement les deux grandes phases de cette évolution, de manière à ce que l'éducateur puisse mieux comprendre les explications que ses élèves peuvent livrer de leurs comportements. Ces transformations se font au cours des années d'école, la période charnière se situant entre 7 et 8 ans.

- Il convient de définir les règles, d'encourager les comportements sportifs et de pénaliser les comportements antisportifs.
- Le fait de ne pas être sanctionné pour une faute commise, a autant d'effets néfastes que d'être récompensé pour cette faute !
- Pour les jeunes enfants, la perspective d'une sanction peut éviter la transgression de la règle.
- Il est possible de modifier la conception et l'application de la règle dans le cadre de discussions avec l'éducateur ou les parents, en montrant, sous la forme de dilemmes, les avantages du respect des règles.
- Mais les enfants imitent davantage ce qui est fait, que ce qui est dit. C'est pourquoi, les parents, les éducateurs, et les dirigeants doivent être des *modèles* irréprochables en matière de respect de la règle, d'équité et de justice !
- Demander aux enfants de s'évaluer sur une échelle, ou d'évaluer les autres, du point de vue de leur respect des règles, mais également du respect de l'arbitre.
- D'une manière générale, la lutte contre les actes d'incivisme ou contre la transgression des règles doit être l'objectif premier de tout éducateur.

Tableau 6.3
Rechercher une meilleure application des règles.

A. Avant 7/8 ans

Avant cet âge, les élèves n'ont pas une conception stable des causes de leur succès ou de leur échec. De surcroît, ils se montrent incapables de différencier les causes internes (comme l'effort, le degré d'attention, le niveau d'habileté), de causes externes (comme la difficulté d'une tâche, la malchance, ou l'arbitrage). Enfin, ils ne sont pas en mesure de différencier la contribution respective de l'effort et de la compétence dans l'obtention d'un résultat. Pour eux, les enfants qui travaillent sont également les plus adroits et, inversement, les enfants les plus capables s'acharnent au travail ! Effort et compétence restent donc indifférenciés.

B. Après 7/8 ans

Vers cette période, les enfants accèdent à la notion d'opération. Ils sont capables de concevoir que deux causes sont stables et peuvent varier de façon indépendante. Un succès en natation peut être attribué à de grandes dispositions et un faible volume d'entraînement ; à l'inverse, le succès peut être attribué à des capacités limitées, mais que compensent des efforts acharnés à l'entraînement. À partir de 7 à 8 ans, ces deux causes internes explicatives du succès sont donc susceptibles de varier en sens inverse.
De plus, les causes internes (l'effort, le niveau d'habileté) se différencient à présent des causes externes (la difficulté de la tâche, la malchance – figure 6.1).

Figure 6.1
Catégorisation des quatre principales causes d'un résultat quelconque.

	INTERNE	EXTERNE
STABLE	Compétence	Difficulté de la tâche
INSTABLE	Effort	Chance/malchance

C. Quelles conséquences pratiques pour l'éducateur ?

Parmi les nombreuses implications pratiques de ce modèle (voir Thill, 1989, chapitre 6), prenons pour exemple le débriefing.
À partir de 8 ans, l'éducateur pourra expliquer un résultat en fonction de causes bien différenciées les unes des autres, internes ou externes à l'individu, présentant une stabilité ou instabilité dans le temps.
Ainsi, l'éducateur devrait-il expliquer un *échec* par un manque d'effort (cause interne instable) et non par un manque de capacités (cause interne stable). En effet, on peut surmonter un échec en travaillant davantage, en faisant un effort d'attention ou de concentration. Par contraste, expliquer un échec par de faibles compétences, érode non seulement l'estime de soi, mais conduit le sportif à se résigner, car il ne peut perfectionner ses habiletés du jour au lendemain !
Un *succès obtenu de justesse* pourra être expliqué par la difficulté de la tâche (l'opposition adverse), et un *large succès* par la mise en œuvre de bonnes capacités physiques et par un meilleur effort de concentration, ou de discipline, par exemple.
Dans tous les cas, on évitera l'explication de l'échec par des causes externes instables, comme la malchance, la faiblesse de l'arbitrage, l'hostilité du public ou les conditions météorologiques, parce que de tels facteurs *ne sont pas contrôlables par les sportifs*. L'explication de l'échec par de telles causes, fait ressortir la faible motivation de ceux qui les invoquent !

D. À partir de l'adolescence

La pensée devient plus abstraite, et l'enfant devient capable de raisonner sur des hypothèses. Il se trouve donc en position de finaliser son activité sportive en fonction de buts à long terme. Une conscience plus aiguë de ses possibilités lui évitera désormais de confondre ce qu'il souhaite faire, et ce qu'il est capable de réaliser dans le futur.
On le voit, la maturation des capacités intellectuelles conditionnera ses possibilités de formation de buts, comme ses modalités d'explication de ses résultats.

5. QUELQUES CONSEILS POUR L'ENTRAÎNEMENT DES ENFANTS

Smith, Smoll et Curtis (1979) ont mis au point à l'Université de Washington, des grilles d'analyse des comportements des entraîneurs pour déterminer dans quelles conditions ils arrivent à faire progresser les jeunes élèves de façon particulièrement efficace. Ce « Système d'évaluation du comportement d'entraîneur » a été utilisé dans l'observation de 52 entraîneurs masculins de base-ball. Parallèlement, les auteurs ont interrogé 542 jeunes joueurs pour savoir quels entraîneurs leur donnaient le plus de satisfaction. Leurs résultats, confirmés par une étude quasi expérimentale sur le terrain, montrent que les entraîneurs les plus efficaces ne se contentent pas de fournir des commentaires généraux ; ils délivrent des commentaires techniques spécifiques, interviennent positivement, et immédiatement après une erreur. De même, les enseignants jugés plus efficaces fournissent davantage d'encouragements et donnent moins de punitions. Tous ces résultats sont en accord avec les données présentées dans la section I (chapitres 1 à 4), et avec des analyses réalisées dans d'autres contextes culturels (notamment en Belgique). Ils démontrent clairement que les comportements positifs des enseignants en général, et pas seulement des entraîneurs, mènent à un développement plus favorable des jeunes élèves et qui plus est, que les enseignants peuvent acquérir de tels comportements par une formation adéquate. L'apprentissage d'une approche positive de l'enseignement réduit ainsi à 5 % le taux de décrochage sportif, alors qu'on observe 26 % d'abandons parmi les élèves des enseignants non formés.

De nombreuses études ont été menées dans ce domaine de recherche pédagogique que l'on dénomme « L'analyse de l'enseignement ». Tiré de ces travaux, le tableau 6.3 dresse la liste des conseils qu'on peut donner aux enseignants afin qu'ils se montrent plus efficaces, et afin que leur enseignement soit davantage apprécié par les enfants.

Tableau 6.4
Conseils pratiques pour améliorer le comportement des enseignants.

- Utilisez une approche positive d'enseignement, en mettant l'accent sur les réussites. Félicitez les élèves en accompagnant vos commentaires de postures, de mimiques et de gestes positifs (voir chapitre 4 du livre II).
- Commentez une contre-performance de façon non critique (« Les conditions étaient difficiles »), évitez la punition, et éliminez les commentaires désobligeants, adoptez un comportement de soutien (passez le bras autour des épaules), et encouragez (« Accroche-toi, les résultats doivent s'améliorer »).
- Mettez l'accent sur la recherche du plaisir lié à la pratique de l'activité : évitez les buts non réalistes pour parer aux frustrations et aux déceptions, organisez l'activité pour éliminer les temps morts, donnez des directives courtes et concrètes, ne multipliez pas les éducatifs…
- Mettez l'accent sur l'apprentissage des techniques plutôt que sur la compétition, et répondez ainsi aux désirs d'apprendre, de progresser, d'acquisition de connaissances des enfants. Planifiez les exercices et dosez leur niveau de difficulté, utilisez la démonstration et servez-vous sans réserve du matériel et des équipements.
- Récompensez autant l'effort déployé que le résultat. L'encouragement à l'effort évite une érosion de l'estime de soi en cas d'échec, et permet de surmonter les échecs par un contrôle personnel de la situation.
- Adaptez les techniques et le matériel aux possibilités des enfants : dimensions des buts, hauteur des paniers de basket-ball, poids des engins ou du matériel, niveau de difficulté des exercices, critères de réussite…
- Adaptez le règlement pour garantir un meilleur investissement dans l'activité, augmentez le temps de jeu, facilitez la compréhension des règles et l'accès à la pratique pour les moins aptes.
- Apprenez aux enfants à s'autoévaluer pour qu'ils se fixent des objectifs personnels de travail, se responsabilisent, évitent les comparaisons sociales avec les camarades plus forts qu'eux et, finalement, s'impliquent davantage dans l'activité.

- Laissez du temps libre, avant et après une activité, pour que les enfants puissent nouer et développer des amitiés, ce qui correspond à un autre motif de leur participation aux activités scolaires et sportives.
- Utilisez des commentaires « positifs négatifs positifs ». La technique du *sandwich* consiste :
  a. à reconnaître ce que l'enfant a bien fait (« Tu as maintenu ton effort de concentration tout au long de la partie »),
  b. à fournir une information corrective (« Tu dois néanmoins améliorer ta concentration avant la mise en jeu ou après un temps mort »), et
  c. à terminer l'intervention par une remarque positive (« Tu es sur la bonne voie ! »).

Lectures conseillées

Durand, M. *L'enfant et le sport.* Paris, Presses Universitaires de France, 1987.

Sarrazin, P., et Guillet, E. Mais pourquoi ne se réinscrivent-ils plus ? Variables et processus de l'abandon sportif. In F. Cury et P. Sarrazin (Eds.), *Théories de la motivation et pratiques sportives*. Paris, Presses Universitaires de France, 2001. chapitre VIII.

Thill, E. *Motivation et stratégies de motivation*. Paris, Presses Universitaires de France, 1989. chapitre IV.

Weinberg, R.S. et Gould, D. *Psychologie du sport et de l'activité physique*. Edisem et Vigot, 1997. chapitre XXIV.

Chapitre 7
LES DIFFÉRENCES LIÉES AU GENRE
Edgar Thill

1. POURQUOI SE RÉFÈRE-T-ON À LA NOTION DE GENRE ?

A. *Sexe* masculin et féminin ou *genre* masculin et féminin ?

Le développement de qualités physiques comme la force musculaire, la puissance ou la vitesse facilite la réussite sportive. Et, selon le sens commun, ces qualités se développeraient davantage chez les hommes, car elles sont dues à des différences biologiques constitutives du sexe masculin. C'est la raison pour laquelle de nombreuses spécialités sportives étaient, par le passé, réservées aux hommes. Mais les différences entre les hommes et les femmes se limitent-elles à des différences biologiques, définies par les chromosomes, les sécrétions hormonales et des caractéristiques sexuelles ?

En réalité, les différences entre les hommes et les femmes ne sont pas synonymes de différences biologiques et sexuelles. Lorsqu'on utilise la notion de *genre*, on se réfère :

a. à des caractéristiques biologiques qui différencient les hommes et les femmes,
b. à des différences de rôles liés à l'identité masculine ou féminine et,
c. à des comportements définis socialement.

Ainsi, dans les cultures traditionnelles on s'attend à ce qu'un homme soit actif, dominateur et contrôlé, et qu'une femme manifeste de la passivité, de la soumission et exprime ses sentiments. Les différences entre les hommes et les femmes ne se limitent donc pas aux seules différences biologiques ou à des caractéristiques sexuelles secondaires.

B. Différences liées au genre

C'est entre les années 1970 et 1980 que l'on a considéré que le développement de nombreux traits et styles de conduites était dû à l'interaction de facteurs génétiques et environnementaux. En particulier, il a été montré que, dès deux ans et demi, on pouvait discerner des différenciations liées à l'identité du genre, et que ces différenciations dépendaient des stimulations parentales : chaque personne devait se conformer aux attentes et aux rôles dévolus à son genre.

Des auteurs ont alors eu l'idée de mesurer ces traits de personnalité et les styles de conduites qui reflètent

1. Sensibilité	Je suis toujours prêt(e) à écouter les autres Je suis sensible aux peines et aux problèmes des autres
2. Sport	Je suis sportif(ve) J'ai l'esprit de compétition
3. Dominance	J'ai des qualités de commandement Je me comporte en chef
4. Tendresse	Je suis tendre Je suis affectueux(se)
5. Confiance	Je suis sûr(e) de moi J'ai confiance en moi

Tableau 7.1
Exemples d'items du questionnaire de S. Bem (1974) associés aux cinq dimensions mesurées.

un processus d'influence sociale, c'est-à-dire la façon dont les personnes s'adaptent à l'intérieur d'une culture. Ainsi Susan Bem, par exemple, a-t-elle élaboré « l'inventaire des rôles liés au sexe » (Bem Sex Role Inventory, ou BSRI) qui évalue les traits et les styles de conduites définissant culturellement les hommes et les femmes. Des adaptations de ce questionnaire ayant été réalisées en langue française, nous présentons au tableau 7.1 des exemples d'items de ce questionnaire.

Les études réalisées à l'aide de questionnaires, comme celui de Bem, font ressortir deux *types* d'orientations : une orientation instrumentale associée aux rôles masculins, et une orientation expressive associée aux rôles féminins. Le tableau 7.2 en résume les caractéristiques essentielles.

Tableau 7.2
Traits culturellement attachés aux genres masculin et féminin.

Genre masculin : Orientation instrumentale
Orientation vers la compétition, la dominance, la confiance en soi, l'activité, la règle, le contrôle…

Genre féminin : Orientation expressive
Orientation vers la sensibilité, la tendresse, l'attention aux autres, le soi privé, la coopération, la compréhension, l'esthétique…

En plus des traits répertoriés ci-dessus, les personnes présentant des scores élevés en termes de masculinité et de féminité diffèrent également en termes de comportements. Au cours d'une conversation, par exemple, les types féminins sourient souvent lorsqu'ils ne parlent pas, alors que les types masculins dirigent le cours d'une conversation.

C. Une troisième identité du genre : l'androgynie

En examinant les résultats obtenus par l'application de son questionnaire, Bem a postulé l'existence d'une troisième identité du genre, appelée *androgynie*. L'orientation de genre androgyne reflète à la fois l'affirmation de qualités « instrumentales » comme la dominance et la compétition, et de qualités « expressives » comme l'attention aux autres et la coopération.

2. La socialisation chez les filles et les garçons

Dès la naissance, les filles et les garçons ne sont pas élevés de la même façon. Dans la plupart des familles occidentales, le garçon est plus libre d'explorer son environnement, alors que les filles sont davantage protégées et incitées à rester dans le milieu familial : on leur demande de ne pas trop s'éloigner de la maison, de faire attention à ne pas salir ou déchirer leurs vêtements, et de ne pas pratiquer des activités qui pourraient les blesser. Ces rôles nuisent au développement de l'autonomie des filles et ne les encouragent pas à s'engager dans la compétition sportive.

A. Les parents influencent-ils la pratique sportive ?

Les mères estiment en général que les filles ne sont pas douées pour des activités dans lesquelles excellent les hommes, comme les mathématiques et le sport (Eccles, Jacob et Harold, 1990). À l'inverse, elles estiment que les garçons ne sont pas doués pour des activités typées féminines. En somme, l'influence des parents peut favoriser et valoriser la pratique sportive de leurs enfants.

Selon Rothbaum et ses collègues (1981), les parents influencent le comportement de leurs enfants, car ils constituent pour eux des modèles (voir chapitre 1), et parce qu'ils récompensent psychologiquement (voir chapitre 3) les réponses comportementales qu'ils attendent de leurs enfants.

À partir de 7 à 9 ans, les enfants tiennent davantage compte du modèle que constitue le parent du même genre, et des récompenses procurées par le parent de genre opposé au sien. Ainsi, la pratique sportive de la mère (le modèle) incite la fille à s'engager dans la pratique d'une discipline sportive, et les renforcements ou les récompenses du père stimulent l'implication de sa fille. À l'inverse, la pratique sportive du père (le modèle) induit l'engagement dans une activité physique ou sportive du garçon, alors que la mère stimule cette implication par des renforcements ou des récompenses.

B. Genre et type de pratique sportive

Les filles apprennent donc rapidement que la participation aux sports de contact est plutôt réservée aux garçons, car ces pratiques requièrent force et puissance. De fait, il semble que la famille valorise une telle distinction.

D'une manière générale, de nombreuses études indiquent que les individus de genre masculin préfèrent les activités sportives qui correspondent typiquement à cette identité par leur aspect compétitif, la vigueur physique requise, des risques encourus et surtout, parce que ces pratiques de type compétitif engagent des processus de comparaison sociale avec les autres (buts de performance). Une étude de Fontayne et ses collègues (2001), réalisée sur 403 adolescents et 455 adolescentes, confirme qu'en France garçons et filles marquent une préférence pour les sports qui, respectivement, sont typés « masculins » et « féminins ».

Par contraste, les individus de genre féminin préfèrent les activités sportives qui correspondent de façon typique à leur identité, parce qu'elles privilégient les contacts sociaux (sport collectif, part exemple) ou favorisent l'expression des sentiments ou la créativité (GRS, par exemple).

Les parents, les médias, les livres ou les enseignants soutiennent une telle conception des pratiques sportives liées au genre, de sorte que dans nos sociétés, l'orientation vers la compétition est constitutive de l'identité masculine.

3. GENRE ET PRATIQUE SPORTIVE

A. Inégalité supposée des hommes et des femmes

Des préjugés tenaces expliquent les différences de traitement des garçons et des filles. Selon ces préjugés :

- La constitution physique plus fragile des femmes augmenterait le risque de blessures…
- La pratique intensive provoquerait des dérèglements menstruels…
- La pratique intensive et de longue durée serait un obstacle à la procréation…
- La préparation physique à base de musculation forcée affecterait la féminité…
- Les femmes manqueraient de motivation…

Or, les données de la recherche contredisent de telles croyances, qui apparaissent donc sans fondements.

Conséquences de ces préjugés

De ces préjugés découlent des conséquences importantes au plan matériel et au plan de l'encadrement technique.

En premier lieu, et par rapport aux femmes, les hommes bénéficient d'une plus grande disponibilité des installations sportives, des équipements, des locaux administratifs, des services médicaux.

En second lieu, les hommes bénéficient d'un encadrement sportif et administratif plus important en effectif et, parfois en qualité. Même les équipes féminines sont majoritairement entraînées par des hommes. Ces derniers expliquent ces différences par le manque de candidatures et de formation des femmes, leur réticence à détecter et à recruter les sportifs, ainsi que par leur manque de disponibilité. Alors que les femmes expliquent ce désavantage par une meilleure couverture médiatique du sport masculin, une moindre motivation des dirigeants de clubs à développer la pratique féminine, voire par une pratique discriminatoire implicite.

Différences effectives entre hommes et femmes

Il existe cependant des différences avérées entre les deux genres. Outre les différences « d'orientation instrumentale » et « d'orientation expressive » soulignées plus haut, une autre caractéristique psychologique importante liée au genre a pu être mise en évidence : le niveau de confiance.

Il s'avère que les hommes font état d'une plus grande confiance que les femmes lorsqu'ils pratiquent une activité typée masculine. Ce différentiel de confiance s'affirme encore chez les hommes dans les situations de compétition.

Qu'en est-il du genre androgyne ?

Le pourcentage de sportifs typés androgynes n'est pas négligeable. Une enquête réalisée au Canada indique qu'il s'établit à 44 % de femmes et à 24 % parmi les hommes qui pratiquent le jeu de raquette. Contrairement donc à des stéréotypes largement partagés, les femmes peuvent valoriser les aspects compétitifs comme les aspects expressifs d'un sport. À l'inverse, des hommes peuvent valoriser les composantes expressives comme les composantes compétitives d'une pratique.

Selon un point de vue sujet à controverse, les sportifs typés androgynes se trouveraient en position de mieux répondre aux exigences à la fois compétitives et expressives d'une spécialité sportive. De plus, l'individu androgyne répondrait mieux aux comportements de ses partenaires appartenant à l'autre sexe, qu'il s'agisse de sportifs ou des entraîneurs. Un sportif de genre masculin s'adapterait aisément à des sportifs et à des sportives typés androgynes, parce que leurs personnalités se révéleraient plus complémentaires (voir chapitre 5).

B. Implications pratiques

Des implications pratiques, que l'on peut retirer des données précédentes, sont exposées dans le tableau 7.3.

C. Les hommes sont-ils plus agressifs que les femmes ?

Après examen de plus de 1 500 études, Maccoby et Jacklin (1974) ont conclu que le comportement agressif est clairement relié à des différences dues au genre. Les auteurs soulignent que, dès la petite enfance, les garçons se montrent déjà physiquement et verbalement plus agressifs envers les pairs que les filles. Par la suite, les délits de violence apparaissent cinq fois plus nombreux chez les adolescents que chez les adolescentes (Parke et Slaby, 1983).

Si les hommes se montrent plus agressifs que les femmes, les différences dépendent toutefois de la nature de l'agression : les hommes réagissent plus agressivement à la suite d'une provocation physique, comme il s'en produit parfois sur les terrains de

Tableau 7.3
Quelques conseils pratiques.

Il convient d'éliminer les stéréotypes sociaux liés au genre, affectant les images reliées à la pratique sportive des hommes et des femmes.

- Ainsi, les parents, comme les éducateurs, ne doivent pas considérer que les filles sont douées pour certains sports, et que les garçons sont doués pour d'autres formes de pratiques.
- Il faudrait initier des pratiques d'embauche équitables, afin de rendre les postes d'entraîneur plus accessibles aux femmes.
- Le rôle des entraîneurs femmes devrait être publiquement plus valorisé.
- Au cours de jeux, de tests et de compétitions, l'éducateur pourra satisfaire les buts de performance et de contrôle d'autrui de ses élèves de genre masculin ; mais si des buts de performance finalisent leurs conduites, les accomplissements actuels se feront selon des buts de maîtrise (chapitre 2).
- Par les activités proposées, l'éducatrice pourra répondre aux besoins expressifs de ses élèves de genre féminin, en mettant l'accent sur la coopération plutôt que sur la compétition, et l'esthétique du geste plutôt que son efficacité.
- En matière de détection sportive, les individus de genre masculin choisissent les activités typées masculines, guidées par des buts de performance, de démonstration de la force et de prouesses physiques.
- En matière de détection sportive, les individus de genre féminin préfèrent s'investir dans des activités typées féminines, guidées par des buts de maîtrise, d'affiliation et d'esthétisme.
- Un profil psychologique typé genre masculin se révélera plus adapté à la réussite compétitive future.
- En matière de détection sportive, les individus de genre androgyne sont moins sensibles au choix ou au rejet des activités considérées comme masculines et féminines.

sport, ou en dehors de ceux-ci. Les femmes, quant à elles, réagissent plus agressivement à la suite d'une provocation d'ordre psychologique, c'est-à-dire lorsque la provocation affecte leurs sentiments ou leur réputation ; à la suite d'un acte agressif en outre, les femmes ressentent également davantage de culpabilité.

D. Genre et développement moral

En accord avec les données présentées aux points C et D, les sportives manifestent un plus grand respect des règles, se montrent plus justes et équitables envers les autres que les sportifs, car les conduites de ces derniers sont davantage gouvernées par des opportunités de domination sociale. À travers leur pratique, les femmes créent des liens de coopération et d'intimité, s'attachent à éviter des dommages physiques, et développent un plus grand sens de la responsabilité.
Les buts de performance conduisent au contraire les sportifs à surpasser les autres et, du coup, les amènent à davantage légitimer les actes d'agression, voire de violence. La compétition contemporaine amène le sportif à considérer les règles comme un cadre plus conventionnel, évolutif, dont il peut, le cas échéant, s'affranchir au profit de la réussite individuelle ou collective.

E. Genre et préférences pour un style de leadership

D'une manière générale, les femmes préfèrent les leaders démocratiques qui mettent l'accent sur le support social et la coopération. Les hommes, au contraire, marquent généralement leur préférence pour des comportements d'instruction, un leadership autocratique centré sur la tâche, plutôt que sur les relations sociales. Ces préférences sont toutefois affectées par la nature des pratiques sportives (individuelles vs collectives) et l'âge des pratiquants. Le chapitre 3 du livre II examinera ces effets des différences interindividuelles sur le choix et les préférences en matière de style de leadership.

4. CONCLUSION : L'ENTRAÎNEMENT DES FEMMES

Pour avoir été confrontés à de nombreuses difficultés, voire à des échecs, les entraîneurs masculins savent que la conduite de sportives et d'équipes féminines n'est pas une tâche aisée pour qui ignore les rudiments de la psychologie féminine. Aussi, en tenant compte des données de la recherche et de l'expérience du terrain, on conclura ce chapitre en rappelant un certain nombre de caractéristiques des sportives féminines, dont pourra tenir compte tout aussi bien un entraîneur de genre masculin que de genre féminin.

Les pratiquantes féminines

- sont plus attachées à l'accomplissement personnel qu'à la victoire ;
- recherchent la camaraderie et le soutien social autant que la victoire ;
- ont une connaissance réaliste de leurs possibilités ;
- manifestent un fort esprit de coopération plutôt que de compétition ;
- sont très sensibles aux sentiments et aux émotions de leurs équipières ;
- cherchent à établir des relations personnelles et chaleureuses avec leur entraîneur ;
- préfèrent un style d'intervention démocratique à un commandement autocratique ;
- répondent de façon plus positive au feedback positif que négatif ;
- ont besoin de se sentir soutenues, d'être mises en confiance.

En tenant compte de ces caractéristiques de personnalité et de ces orientations motivationnelles, l'éducateur sera en mesure de promouvoir l'équilibre personnel des pratiquantes, de tenir compte de leurs aspirations sportives, tout en visant une plus grande réussite.

Lectures conseillées

Fontayne, P., et Sarrazin, P. Genre et motivation dans le domaine du sport. In F. Cury et P. Sarrazin (Eds.), *Théories de la motivation et pratiques sportives*. Paris, Presses Universitaires de France, 2001 - chapitre X.

Weinberg, R.S. et Gould, D. *Psychologie du sport et de l'activité physique*. Edisem et Vigot, 1997 - chapitre XXVII.

3. ANIMER LA VIE ASSOCIATIVE

APERÇU D'ENSEMBLE

Dans la première section – *Éduquer et former par l'apprentissage et la motivation* – nous avons présenté un certain nombre de connaissances et de stratégies qui devraient permettre à un agent de développement, à un entraîneur, ou à un formateur, d'adapter leur pratique en tenant compte de principes d'apprentissage et de motivation et d'organiser celle-ci en fonction de buts.
Dans une seconde section – *Éduquer et former en tenant compte des caractéristiques du public* – nous avons proposé d'adapter l'intervention formative en tenant compte de la personnalité des pratiquants, de leur âge et du genre.
Dans cette troisième section – *Animer la vie associative* – Christian Blareau abordera les deux thèmes suivants :

La gestion de projet (chapitre 8).
Au regard d'impératifs humains et financiers, *la gestion de projet* est devenue l'une des missions prioritaires d'une association. Généralement mise en œuvre par les directeurs de structures, elle concerne également les autres acteurs de la vie associative : les agents de développement, les entraîneurs comme les formateurs.

La communication associative (chapitre 9).
Elle représente également une tâche fondamentale pour tout responsable associatif, éducateur ou formateur. Après une présentation des mécanismes de la communication, on exposera dans ce chapitre les différentes stratégies de communication intervenant au cours des phases de conception, de réalisation et d'évaluation de la communication.

Chapitre 8

LA GESTION DE PROJET

Chistian Blareau

INTRODUCTION

En ce début du XXIe siècle, gérer et conduire un ou plusieurs projets associatifs nécessite de s'organiser, d'utiliser des techniques de management et de s'appuyer sur des méthodes de travail fiables.

La gestion de projet a été adoptée par un nombre croissant d'associations sportives et, ce qui est encore plus significatif, par des clubs très divers tant en termes de taille que de nature du secteur d'activités.

Y recourir est devenu indispensable car l'environnement social évolue rapidement, des imprévus surviennent, la mobilisation des énergies s'avère difficile et des arbitrages peuvent être nécessaires.

Dans cet environnement de plus en plus complexe, instable et incertain, il devient rassurant de visualiser l'avenir et de concentrer collectivement ses efforts autour d'un but : le projet peut répondre à ces besoins.

Dans ce chapitre, nous allons tenter de savoir pourquoi les associations adoptent une démarche projet.

Comment définissent-elles leurs « projets » ?

Comment mettent-elles en œuvre le processus ? Et à quels résultats aboutissent-elles ?

Autant de questions face auxquelles existent, dans ce chapitre, de multiples réponses.

1. LA CONCEPTION D'UN PROJET DE CLUB

A. Le management d'un projet de club

Comme toute organisation, une association doit être administrée : prévu ou instinctif, le management s'impose. Il est central pour toute association dont la fonction gestionnaire est primordiale et qui emploie un nombre élevé de salariés.

Manager le projet/club signifie une conduite raisonnée où les directions, les planifications et les contrôles auront été réfléchis au préalable par le groupe concepteur.

Mélange d'outils théoriques et pratiques, le projet/club incorpore les objectifs fondamentaux acceptés, trace tous les axes essentiels et récapitule les moyens de base utilisés pour fonctionner efficacement.

Il se trouve souvent formalisé par écrit et instaure une véritable charte de participation. Cette « bible » du club réunit les composantes suivantes :

- Un système de valeurs partagées ;
- Des priorités dans l'action ;
- Une ou plusieurs méthodes de savoir-faire ;
- La détermination d'aboutir en dépit des obstacles de toutes natures ;
- Des visées à long terme pérennisant l'association.

Que les idées à mettre en forme viennent d'un groupe innovant (parents d'élèves/éducateurs sportifs) ou de dirigeants ingénieux (correspondance entre le métier exercé dans la société civile et la prise de fonction associative), il faut dans tous les cas apprendre à coopérer pour solliciter les contributions, recueillir des adhésions, obtenir des ressources, partager le travail, fixer les règles du jeu et évaluer les résultats.

Toutes ces tâches ne peuvent échapper à des choix organisationnels précis, et à des formes de régulation choisies, donc à un management par projets bien compris et savamment conduit.

Si le mode de management directif, fondé sur la hiérarchie pyramidale du conseil d'administration, existe encore de nos jours, c'est le management participatif qui s'est généralisé au sein des clubs.

Ce dernier se trouve mieux apprécié car il a le mérite d'une plus large concertation sur les modalités d'action, et démocratiquement, il pousse aux échanges, à l'entraide, pour se clore sur un résultat commun favorable.

Le management participatif croise dans son application les communications transversales entre membres, avec les informations en ascenseur, descendantes ou ascendantes.
Choisir ce style de direction managériale permet d'ajouter affinités à compétences, ce qui engendre dans beaucoup de cas une réalisation réussie.

B. Les conditions d'un avant-projet efficace

Tout en tentant de conserver intacte la culture du club, les dirigeants à vocation managériale ont compris tout l'intérêt de « copier » les processus organisationnels du monde du travail. Pour prétendre à une gestion efficace, il faut pouvoir dorénavant placer le projet dans des conditions qui favorisent son exécution ; l'élaboration d'un avant-projet en est une, *sine qua non*.
Dans une première phase, l'étude préparatoire de l'opération/programme va être confiée à un groupe de travail et à un chef de projet, chargés d'en définir les grandes lignes et de rassembler toutes les informations permettant au conseil d'administration de statuer sur son lancement.
Définir ou redéfinir le projet associatif, c'est vouloir apporter les réponses aux questions essentielles, notamment :

- À quoi l'association veut-elle servir et qu'est-ce qui justifie ses priorités dans l'environnement du sport ?
- Quelles sont les demandes de la discipline, aujourd'hui et à moyen terme ?
- Quels sont les autres organismes qui œuvrent sur le même champ et comment se positionnent-ils ?
- Quelle(s) stratégie(s) envisager sur le territoire défini (à moyen terme) ?
- Quels objectifs pratiques se donne l'association (à court terme) ?
- Quelles compétences, méthodes et ressources sont nécessaires ?
- Quels moyens faut-il mobiliser pour satisfaire les besoins, et avec quelle progression ?
- Avec quels partenaires travailler ?
- Jusqu'où peut-on envisager de faire progresser l'association sportive grâce au projet ?

La force du projet repose sur sa légitimité, son aspect fédérateur et mobilisateur avec une capacité créative et une culture associative.
Ultimes qualités, et ce ne sont pas les moindres, le projet doit être suffisamment innovant et accessible pour provoquer les évolutions dans le domaine de la qualification des personnes concernées ou prévoir le recrutement de l'encadrement sportif nécessaire.

2. LA MISE EN ŒUVRE D'UN PROJET DE CLUB

A. L'élaboration du projet

La difficulté de réalisation réside dans l'hétérogénéité des projets.
Ces exemples spécifiques s'appliquent à tous les domaines du sport.

Le tableau 8.1 identifie les douze principaux critères d'appréciation de projets.
Comme ce tableau le précise, les projets sportifs individuels n'échappent pas aux risques inhérents aux choix de vie professionnelle pratiqués. Se lancer dans le sport de haut niveau, s'insérer dans un nouveau club, s'expatrier, toutes ces options requièrent de la part du sportif une certaine dose de courage.
Dans une voie parallèle, quelle remise en cause personnelle que de se mettre à son compte en ouvrant une salle de remise en forme ou un magasin d'articles de sport par exemple.
Toutes ces possibilités relèvent d'une même méthode d'organisation générale :

- Évaluer la situation de départ ;
- Définir des objectifs ;
- Déterminer une stratégie ;
- Choisir les moyens ;
- Mettre en œuvre ;
- Évaluer l'action.

Quelle que soit l'idée à mettre en œuvre, la ***démarche autour d'un objectif*** reste identique (voir figure 8.1), suivant pas à pas les mêmes *étapes*, avec plus ou moins d'entregent selon l'ampleur des projets.

Tableau 8.1
Les critères d'appréciation de projet.

Caractéristiques	Qualités	Les douze critères
Taille	Petit	Environnement pré-existant, demi-journées à quelques semaines, intervenants et coûts limités. *Ex : manifestation club*
	Grand	Importance/enjeux sur une saison sportive ou olympiade, budget et équipes étoffés. *Ex : construction d'un stade olympique*
Importance	Sous-projet	Secondaire ou intermédiaire, à court terme, emboîtement dans un projet directeur. *Ex : un plan COSEC (complexe sportif évolutif couvert)*
	Directeur	Rôle pilote, à moyen et long terme, notion de programme. *Ex : schéma directeur d'aménagement d'équipements sportifs d'une région*
Mode	Individuel	Un seul acteur, objectifs personnalisés (circonstanciels, existentiel), sollicitation de ressources extérieures. *Ex : reconversion de sportifs de haut niveau*
	Collectif	Chef de projet + équipe, mobilisation, animation, communication. *Ex : lutte contre la délinquance*
Forme	Fermé	Dimension concrète, mise en place de décisions ou de solutions. *Ex : organisation d'un championnat de France unisport*
	Ouvert	Dimension réflexive, conduite d'enquêtes et expériences pour aboutir à des solutions possibles. *Ex : ouverture vers un partenariat économique*
Type	Résolution	Résolution de problèmes de nature différente centrée sur les applications. *Ex : recrutement d'encadrement sportif*
	Développement	Création, renforcement, augmentation d'une activité avec des objectifs de performance. *Ex : mise en œuvre d'un programme fédéral*
Système	Spécialisé	Projet ciblé sur un domaine précis, expertise dominante. *Ex : programme d'entraînement d'une discipline sportive*
	Pluri-disciplinaire	Appel à des champs de compétences variés, couverture de plusieurs activités, fonctions, services. *Ex : Coupe du monde, jeux Olympiques*

Figure 8.1
La méthode : une démarche de projet autour d'un objectif.

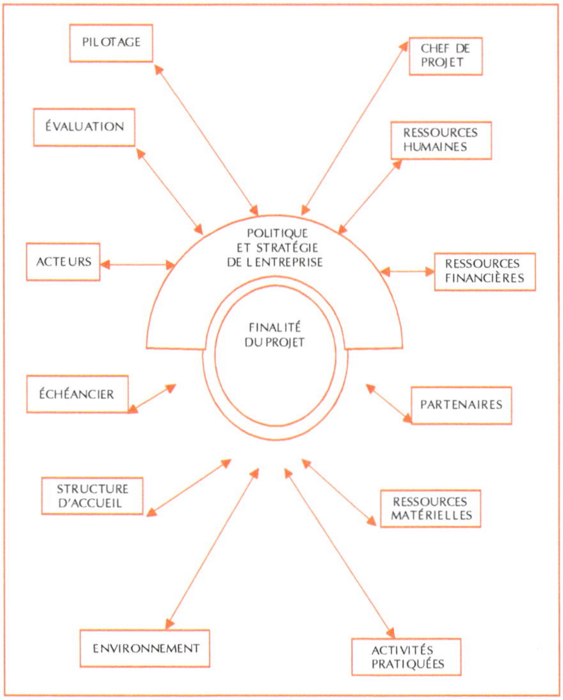

B. Le mémento

L'idée de projet contient en elle-même une expérience de la conception à la réalisation et nécessite en amont la rédaction d'un **plan de projet**.

Le plan de projet

Quand ?
Avant chaque projet
Durée ?
- Selon la complexité du projet (de 2 à 3 minutes pour un petit projet, 2 à 3 ans pour un projet d'envergure)
- Correspond-t-il à vos objectifs ?
- S'inscrit-il dans le cadre de vos priorités ?
- Comprenez-vous bien ses objectifs ?

Comment ?
- Examinez d'abord les objectifs du projet :
  - Faites la liste de toutes les activités nécessaires à la réalisation du projet
  - Placez chaque activité dans une séquence logique (A devant B ? etc.)
  - Évaluez le temps requis pour accomplir chaque activité du projet (voir figure 8.2)
  - Fixez l'échéance de chaque activité
  - Évaluez le budget requis pour chaque activité
  - Déterminez un responsable pour chaque activité
  - Dressez votre tableau de planification à partir des données précédentes
  - Commencez par l'échéance générale et procédez à reculons
  - Communiquez votre plan à tous ceux qui travailleront au dit projet

On retiendra que la vie d'un projet se déroule selon quatre temps :
1) La recherche de son fondement.
2) Comment le mettre en œuvre ?
3) Comment l'animer ?
4) Comment le terminer par une évaluation finale ?

Issu directement du terrain, nous présentons un exemple de gestion de projet au niveau d'un club de base.

Exemple : Un projet visant à faire face à une baisse des effectifs.
Une association, loi de 1901, réagit face à une baisse de ses licences et confie la résolution du problème à l'équipe-projet coordonnée par l'éducateur sportif principal.
Une association sportive qui perd chaque année des licenciés doit se poser des questions et identifier l'origine de cette baisse :
- Une ou plusieurs activités qui ne répondent plus à la demande du public ;
- Cotisation trop élevée ;
- Encadrement incompétent et/ou dépassé.

C. Communiquer sur le projet

L'acte de communiquer commence par une organisation de la communication interne qui permet une motivation générale et donc de mobiliser tous les publics concernés : dirigeants, entraîneurs, athlètes, arbitres, les parents des joueurs, les spectateurs fidèles et les partenaires impliqués.

L'exemple choisi d'un *développement féminin* nécessitera l'organisation de multiples *tables rondes*, afin de démontrer à tous ces acteurs l'importance du projet et la nécessité de communiquer dans les structures sur les orientations de redressement et de développement.
L'établissement de rapports efficaces entre l'équipe de projet et son environnement direct ou indirect s'avérera être déterminant dans la conclusion favorable de l'affaire. Ainsi, l'envoi de plaquettes ciblées aux multiples partenaires publics/privés concernés, peut les autoriser à trouver des places privilégiées au sein de ce programme fédéral.
La mise en place de démonstrations, de journées portes ouvertes, des actions promotionnelles telles que la journée dédiée à la valorisation de la mixité dans le sport permettront de sensibiliser les jeunes filles (et les femmes) à la discipline sportive et de les inviter à venir pratiquer au sein des clubs.
Plus autonomes et indépendantes, elles investissent actuellement des milieux jusqu'alors réservés aux hommes.
En résumé, le projet retenu se veut cohérent à la fois entre les objectifs et les moyens, entre les moyens et les actions engagées et entre les actions engagées et l'identité de la structure.
Nous ne détaillerons pas ici tous ces phénomènes liés à la communication, dans la mesure où ils seront traités dans le chapitre suivant.

D. Le chef de projet et son équipe

Le chef de projet, qu'on peut préférer appeler « pilote », a des fonctions importantes et complexes. Cette complexité doit l'inciter à travailler de manière collective plutôt que de manière autocratique.
En verbes d'action, le chef de projet se préoccupe comme nous l'avons constaté précédemment,

Figure 8.2
Les tâches du chef de projet.

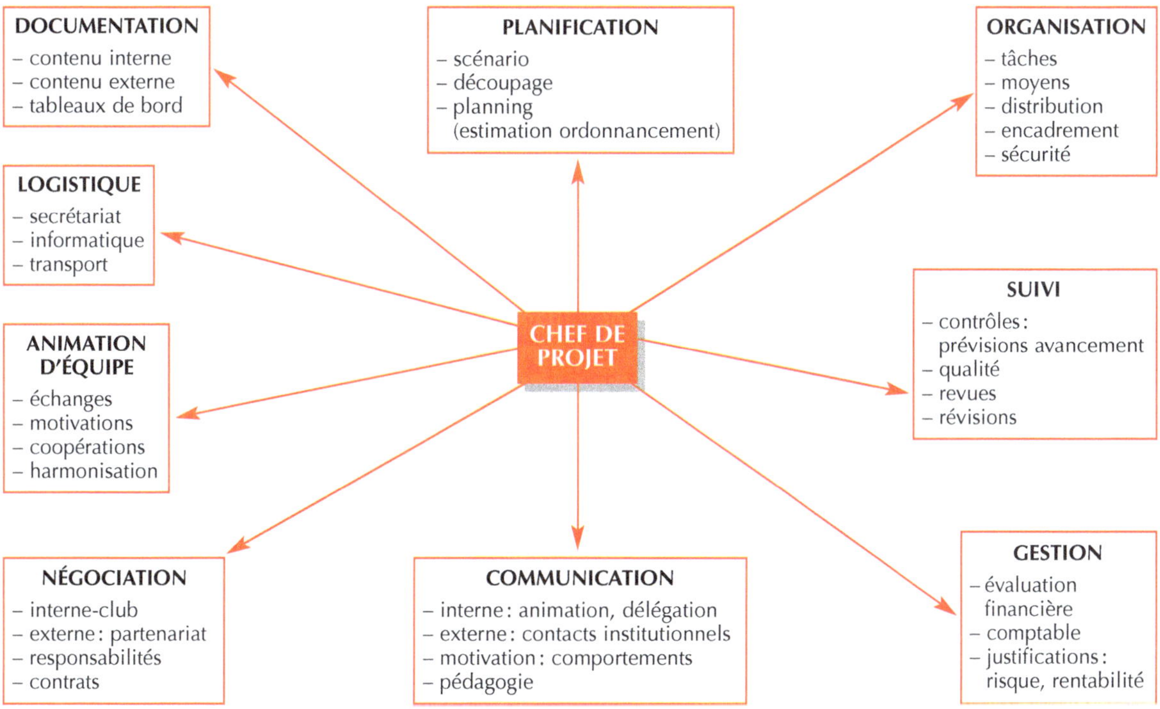

Figure 8.3
Le profil de chef de projet.

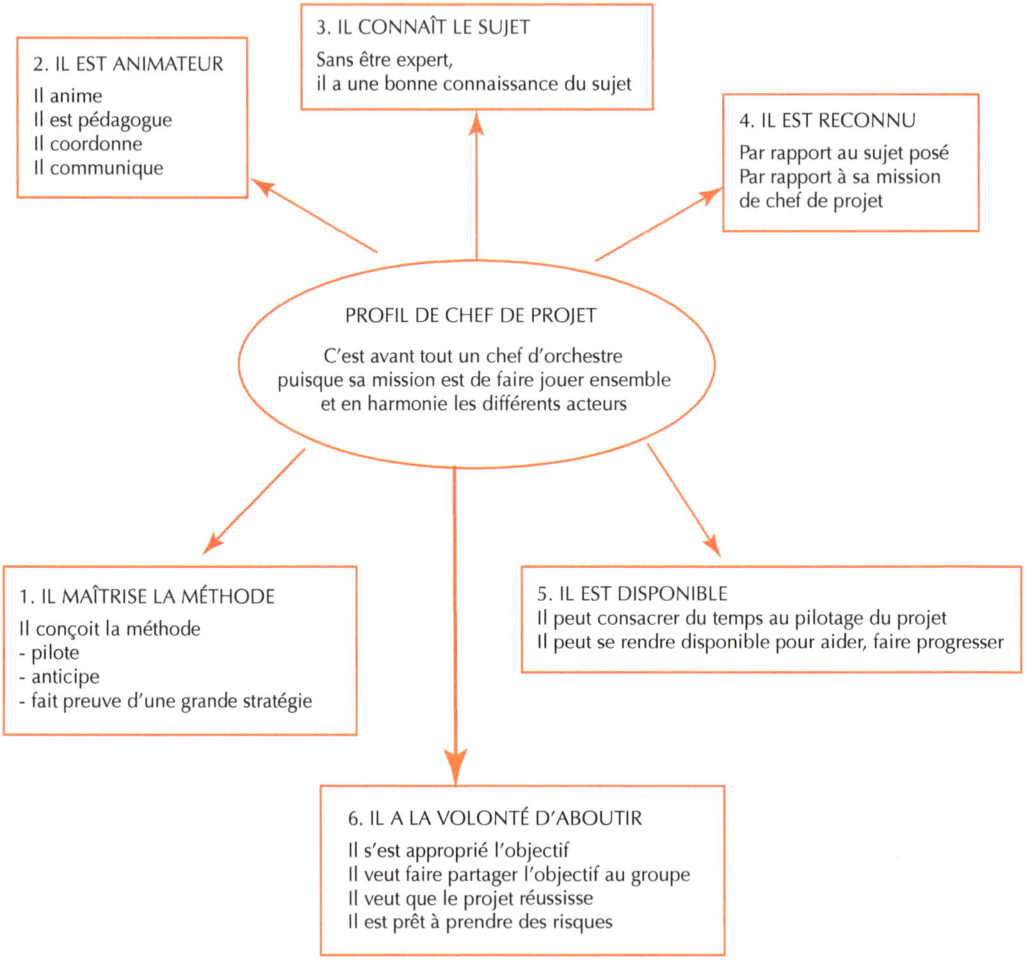

d'explorer, de concevoir, de préparer, d'exécuter, de conclure et de suivre les différentes phases.

L'ampleur de la fonction limite le nombre des candidats dans la mesure où il faut disposer de temps, de la capacité d'animer, posséder une autonomie logistique, et faire état de multiples compétences.

Nous avons résumé sous la forme d'un graphe (arborescent) les principales tâches à résoudre indiquant les savoir-faire spécifiques, tels que répertoriés dans la figure 8.2.

Au vu de l'accumulation des compétences (figure 8.3), il est plus raisonnable de compter sur les apports des différentes composantes d'un groupe, dont le nombre optimal de membres s'établit entre sept à dix personnes.

Une communication interne à l'équipe s'avère de ce fait vitale, qu'elle soit organisée (documents, réunions de commissions) ou informelle (réunions amicales spontanées). Un groupe d'action n'est fort que s'il est unifié intérieurement.

L'autorité charismatique du leader lui permettra aussi de se montrer arrangeant, producteur et régulateur dans les trois domaines sur lesquels il peut agir : les équipiers, la nature des tâches et les situations données.

3. L'ÉVALUATION DE PROJETS

A. Les principaux outils de gestion

Les clubs, les comités départementaux ou ligues, et les fédérations sont entrés de plain-pied dans l'utilisation des méthodes de résolution de problèmes, d'analyse des causes, de recherche de solutions, de mise en œuvre appliquée et de mesure de l'efficacité d'un projet.

La rationalisation des outils, l'information et la communication rapides, représentent des réponses au succès qui passe par l'acquisition du triptyque informatique – bureautique – télématique.

Insérée dans un projet sportif, l'informatique apporte des solutions dans le traitement automatique, rationnel de l'information et, surtout donne lieu à une utilisation multiple. Son utilisation basée sur l'utilisation de logiciels de gestion de projet sert ce dernier au premier chef, car l'ordinateur remet à ses usagers un traitement rapide, une approche logique des problèmes, organise et reprend des données de sources diverses et surtout permet un grand stockage d'informations.

Le règne des programmes de traitement de texte a commencé et les ordinateurs portables constituent des auxiliaires performants.

Les opérations de bureautique (courrier, étiquettes, adresses, machines à affranchir) facilitent la gestion administrative. En piochant dans la bibliothèque des logiciels de gestion, des CD-Rom sur la comptabilité, la gestion du personnel, le traitement de fiches peuvent être d'un grand secours.

En complément, les moyens télématiques tels que le minitel, l'accès aux banques de données (Héraclès pour le sport) ou des réseaux (Internet) ont, et vont ouvrir, une nouvelle ère de communication.

Dans le catalogue des outils disponibles sur le marché et capables d'aider les bénévoles et professionnels, nous retiendrons trois procédés d'investigation qui ont fait leurs preuves : le diagramme de Gannt, l'arête d'Ishikawa et la méthode PERT.

Le diagramme de Gannt

Dès 1900, Henry Gannt (1861-1919), ingénieur américain, inventait pour les besoins de l'entreprise, la présentation d'un diagramme en barres graphiques.

Ce diagramme permet de visualiser l'avancement des travaux et de le comparer aux prévisions. Mais il trouve ses limites dans la vision globale notamment avec les manques de liaison avec les phases précédentes ou suivantes.

Idéal comme outil pour des projets simples, il fonctionne en tableau à double entrée, comportant autant de lignes qu'il y a de tâches.

Une fois les tâches répertoriées, le responsable les incorpore dans le diagramme. Ainsi, on a une situation précise de l'état antérieur, présent et postérieur aux opérations.

Tableau 8.2
La répartition des tâches avec le diagramme de Gannt.

Dates / **Tâches**	1er trimestre septembre - décembre	2e trimestre janvier - mars	3e trimestre avril - juin
Dirigeants	Séminaires, réunions de commissions	Respect du calendrier sportif	Mise en place de manifestations - club particulières
Éducateurs sportifs	Préparation physique généralisée	Préparation foncière	Préparation spécifique
Licenciés	Période d'adaptation	Période de progrès	Période de perfectionnement
Supporters	Recrutement	Organisation des déplacements - club	Manifestations festives

Figure 8.4
L'arbre des causes.

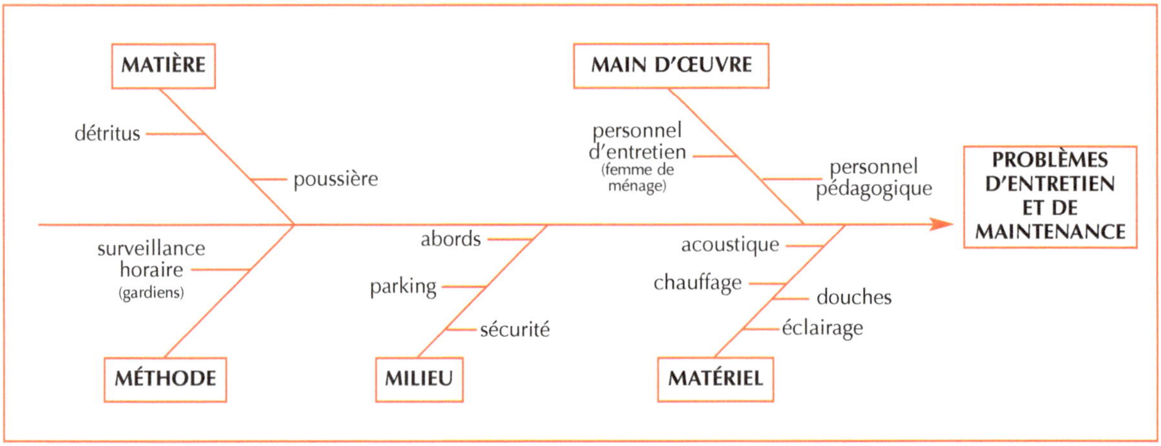

Le diagramme d'Ishikawa

Le diagramme tire son nom du chercheur japonais qui a su concevoir un diagramme en forme d'arête de poisson, il est également appelé aussi l'arbre causes/effets. La présentation de type arborescent facilite la mise à plat du découpage technique du projet (figure 8.4).

L'analyse des épis de ce squelette signale aux concepteurs de projet des problèmes éventuels. Cette visualisation leur permet de prendre les bonnes orientations. Cinq familles de causes se trouvent ainsi sondées : la matière, la main-d'œuvre, la méthode, le milieu, le matériel.

Dans le cas présent, nous vous soumettons l'exemple d'une salle polyvalente servant à la fois aux populations scolaires (activité de gymnastique sportive) et au public civil (arts martiaux, gymnastique volontaire), qui rencontre des problèmes de maintenance et d'entretien.

À partir de ces demandes, le directeur de l'association de gestion de l'établissement devra trouver les solutions des travaux en ayant le double blanc-seing des autorités scolaires et municipales.

La méthode PERT : exemple de rétro-planning

Née aux États-Unis à des fins militaires dans les années cinquante, cette méthode avait pour objectif de combler le retard américain dans la mise au point d'armes stratégiques. La méthode PERT (de l'américain *Program Evaluation and Review Technic)* permet d'optimiser un projet en minimisant son temps de réalisation.

La technique du compte à rebours permet de visualiser sur l'axe du temps, à une échelle convenable, la répartition des principaux jalons. Elle éclaire la notion de durée de chaque opération, illustre les marges que l'on se donne et met en évidence les goulots d'étranglement éventuels qui devront de ce fait trouver une solution.

La figure 8.5 donne un exemple d'élaboration d'un plan de communication associative en quatre étapes. Cette représentation graphique met en évidence les liaisons directes entre les tâches (fin-début) exprimées implicitement dans des étapes et représentées par un diagramme fléché.

B. Le « faire-savoir » d'un projet

La communication interne commence par de bons échanges entre les membres du groupe-projet, ce qui établit un excellent relationnel générant la motivation positive nécessaire au sein d'une équipe. Une harmonisation des relations humaines aidera grandement à atteindre les objectifs et des modes de récompenses morales et/ou matérielles pourront être envisagés.

Sur le plan de la communication externe, il faut user du faire-savoir en baptisant le projet puis en distillant des messages internes et externes bien appropriés.

Figure 8.5
Exemple d'élaboration d'un plan de communication associative en 4 étapes.

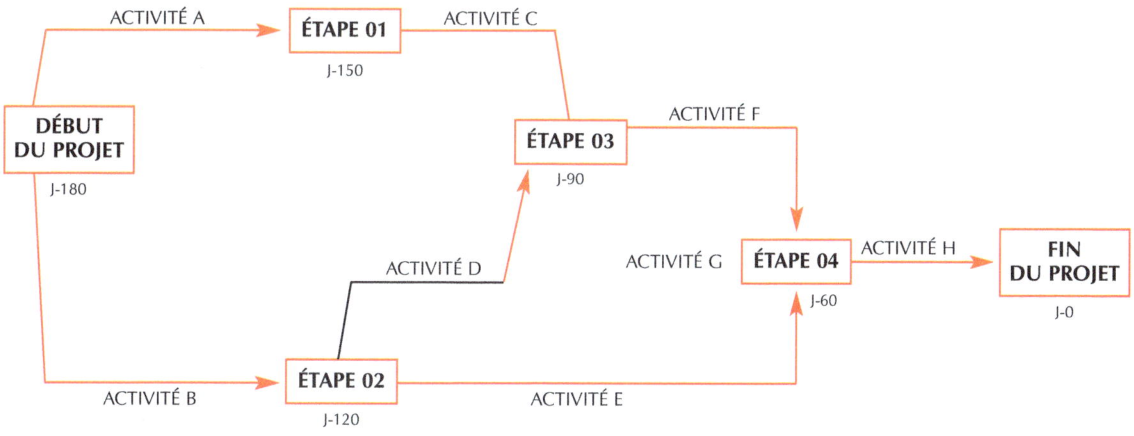

Activité A : définition des objectifs publicitaires.
Activité B : choisir les cibles et le cœur des cibles.
Activité C : choisir les médias et supports adaptés.
Activité D : création de l'annonce publicitaire.
Activité E : examen du projet de plan de campagne.
Activité F : définition du plan médias.
Activité G : mise en œuvre du plan de campagne.
Activité H : lancement de l'opération et contrôle suivi.

Cette communication institutionnelle se révélera indispensable en fonction de l'ampleur que l'on souhaitera donner à son projet ; elle peut s'étaler dans le temps.

4. CONCLUSION

Les scénarios du troisième millénaire ne manqueront pas.
Les dispositifs des projets associatifs sportifs de ce nouveau siècle seront à personnaliser pleinement sous la forme de check-list spécifique à respecter pour chaque type de projet, liée directement à celui qui s'y engage.
De plus, les nouveaux outils de gestion vont nécessiter un perpétuel apprentissage au moyen de formations spécifiques.
La complexité des projets multiplie les challenges en ce sens qu'ils sont porteurs d'espoir et de progrès.
Toutes les structures fédérales à filières multiples devront tout à la fois légitimer les modèles compétitifs, satisfaire les pratiques « consommatoires » et répondre aux fanatiques du sport-aventure/risque ; le tout sera assorti de connaissances sans faille des aspects réglementaires des activités physiques et sportives.
En effet, les paramètres fédéraux bougent énormément et la conjoncture macro-économique et sociale pèse parallèlement de tout son poids sur le système sportif français.
Alors, les « cybernautes » de demain devront prouver que dans tout projet, ce n'est pas l'impossible qui désespère le plus, mais le possible non atteint.

Lectures conseillées

Bellenger L., Couchaere M.J., *Animer et gérer un projet*, Paris, ESF éditeur, 1992.

Bigourdan B., Tcherkachine D., *Évaluer et optimiser le projet associatif,* JURIS associations éditions, 2004.

Bouayad A., *Les alliances stratégiques*, Dunod association, 1996.

Deve J.C., Lemoral J.Y., *Le guide du décideur*, Éditions d'organisation, 1987.

Filio J.P., Mayaux F., *Associations : réussir votre management,* Éditions d'organisation, 1988.

Gauthier E., Le Gallais C., Maders H.P., *Conduire un projet d'organisation, Guide méthodologique,* Éditions d'organisation, 1998.

Hazebrouck J.M., Badot O., *Le management de projet*, Presse Universitaire de France, Paris, 1996.

Maders H.P., *Conduire une équipe projet*, Éditions d'organisation, 2000.

Ravenne C., *Faire son projet professionnel, guide pratique*, Édition ESF, Paris, 1995.

Rochet C., *Managez vos associations*, Éditions Calman Lévy, 1992.

Vallon C., *Associations, mode d'emploi*, Éditions Dunod, 1992.

Chapitre 9

LA COMMUNICATION ASSOCIATIVE

Christian Blareau

Extrait du latin chrétien *communio*, le terme « communication » apparaît au XIVe siècle et signifie mettre en commun, être en relation ; le sens de cette étymologie se trouve, sept siècles plus tard, plus que jamais d'actualité au sein du monde associatif.

Les pratiquants de plus en plus nombreux, mieux instruits, plus disponibles exigent d'être informés, d'être tenus au courant des projets ou des changements survenant dans un club.

En conséquence, tout éducateur sportif doit non seulement être capable de transmettre un message pédagogique, mais aussi il doit être apte à s'adresser à d'autres publics que celui de ses élèves : les parents, les dirigeants d'un club, les élus d'une commune.

Informer devient une mission de plus en plus nécessaire et difficile. Il est indispensable qu'un entraîneur, un dirigeant, ou un éducateur donne aux adhérents du club ou d'une école de sport des renseignements sur la manière dont sont menées les affaires. Cette démarche de communication qui devrait aller de soi s'avère d'autant plus prégnante que le projet de l'association est d'importance.

Cela permet d'établir un dialogue permanent entre les dirigeants, les cadres et les pratiquants au sein de n'importe quel club.

La multiplication des nouvelles techniques d'information et de communication (NTIC) en rend la maîtrise complexe. Sons, photographies, vidéos et textes en couleurs sont d'une qualité audio visuelle parfaite, mais ils posent le problème de la pertinence des choix et de la justesse de leur emploi.

Ce chapitre débute par une vue d'ensemble de la communication : historique, clarification des concepts, obstacles à la communication interpersonnelle et collective. Des voies sont ensuite proposées pour élaborer une politique de communication et des plans d'action en interne et en externe. Quelques dispositifs seront également passés en revue, avant de conclure sur les nouvelles technologies et leur devenir.

1. LES MÉCANISMES DE LA COMMUNICATION

On a identifié les deux concepts interdépendants représentés par les mots ***information*** et ***communication***, même s'ils s'avèrent fondamentalement différents.

L'information est un aller simple qui fonctionne à sens unique et qui emprunte des directions différentes.

Trois grands types d'information circulent :

- Celle qui va de la hiérarchie vers la base (*convocations, notes, rapports, affiches*...),
- Celle qui emprunte la voie inverse (opinions des adhérents, rapport adressé au pouvoir subsidiant...),
- Celle qui circule entre ses pairs (*deux administrateurs, des arbitres*...).

Alors que l'information renseigne, explique, corrige et porte sur des faits passés, présents ou futurs, ***la communication*** elle-même signifie l'acte d'un aller-retour.

C'est par définition, « *la transmission d'un message à une personne ou à un groupe qui en accuse réception* ». Elle suppose au moins une réaction, et au mieux, un échange suivi entre deux ou plusieurs interlocuteurs.

> Le processus de communication représente donc la synthèse des deux éléments ci-dessous :
> - une information (*faire-savoir*) aux seules fins d'accroître les connaissances du destinataire. *Exemple* : dates, lieux, heures de rendez-vous des équipes du club.
> - une intention (*faire-faire*) afin de faire agir ou réagir le destinataire. *Exemple* : prise de contact téléphonique avec tous les athlètes.

Que les formes soient verbales ou non verbales, la signification du message est partagée entre les émetteurs et les récepteurs. Ce processus dynamique alterne la diffusion et le recueil d'informations ; il y a donc une interaction.

La communication a fait l'objet de plusieurs théories et de nombreux travaux de linguistique. Compte tenu de leur ampleur et de leur hétérogénéité, nous n'y ferons pas référence ici.

Nous nous limiterons à commenter un processus classique, à partir d'un schéma simplifié, qui donne une idée du circuit qu'emprunte la circulation d'une information-communication de terrain (figure 9.1).

Au stade initial, se trouve *l'émetteur* qui a l'intention ou se trouve dans l'obligation de s'exprimer. Le contenu du *message* est codé en fonction de multiples paramètres (personnalité, état d'esprit, perception de la personne/groupe…) et suit la voie par laquelle on le fait transiter (*le canal*) ou l'on espère ne pas avoir d'altérations (*le bruit*).

Le pôle dominant s'est progressivement déplacé de l'émetteur au média, puis du média au récepteur.

Figure 9.1
Schématisation de la communication associative.

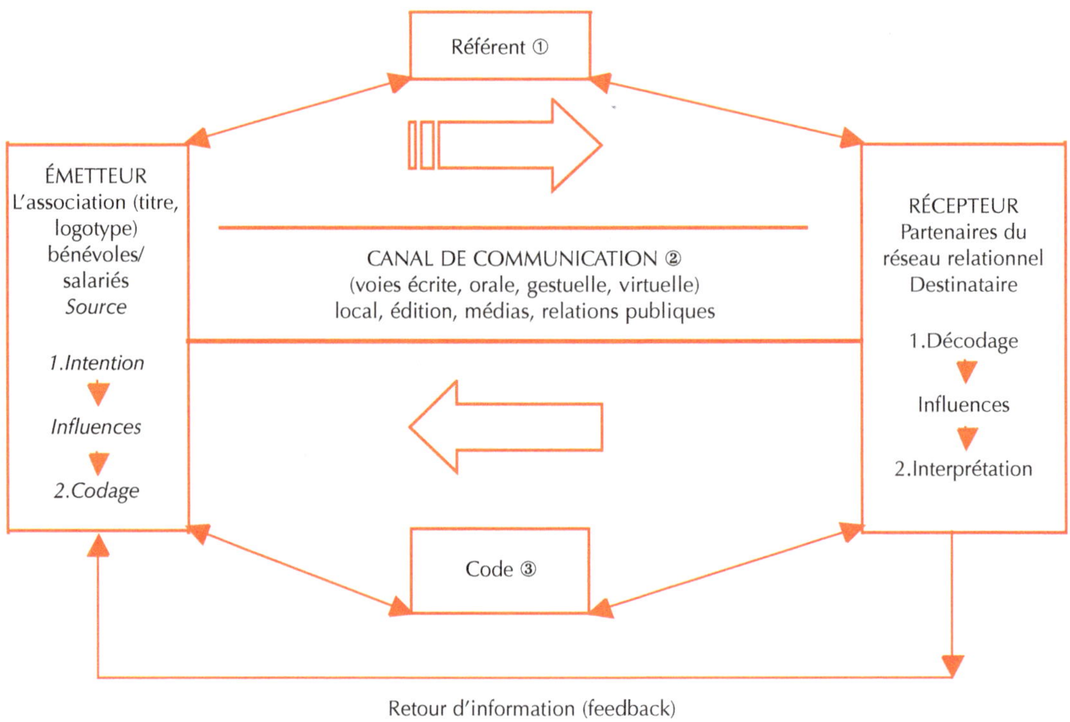

① Le ***référent*** est constitué par le contexte, les objectifs réels auxquels renvoie le message.
Exemple : référentiel situationnel, référent textuel.

② Le ***code*** est un ensemble de signes et de règles de combinaison de ces signes. L'émetteur y puise pour constituer son message (opération d'encodage). Le récepteur identifie le système de signes (opération de décodage).
Exemple : le langage technique des disciplines sportives.

③ Le ***bruit*** est un élément perturbateur, gênant, distrayant.
Exemple : consignes contrariées de l'entraîneur par les encouragements d'une foule de supporters.

Celui qui est destinataire en fait le *décodage* et interprète en acte le dit message.
En partie terminale, une rétroaction s'effectue (*le feedback*) ou le nouveau message prend sous différentes formes le sens contraire et les rôles sont inversés.

2. L'APPLICATION D'UN PENSE-BÊTE

Dans la compréhension d'un message, il s'agit principalement de répondre aux questions issues de la formule du politologue Harold Lasswell (1902 – 1978) énoncée à la fin des années quarante « ***Qui dit quoi ? Par quel canal ? À qui ? Et avec quels effets ?*** ».
Cette série de questions permet de décomposer les différents niveaux d'études de la communication associative. En effet, chacun de ces pronoms interrogatifs caractérise un champ d'analyse, qu'il s'agisse :

- De l'émetteur (l'association sportive) : ***Qui ?*** : pourquoi et comment communique-t-elle ? (*objectif de reconnaissance et de notoriété par voie de presse écrite*).
- Du contenu du message (ex : l'organisation d'un tournoi sportif de prestige) : ***Quoi ?*** : quelle signification attribuer à un message ? Quelles sont les formes de messages utilisées ? (*renseignements généraux de participation, inscription sous la forme d'un communiqué de presse*).
- Du canal de transmission (choix de journaux locaux et régionaux) : ***Par quel canal ?*** : comment fonctionnent les médias ? À quoi servent-ils ? Assurent-ils leur rôle d'information ? (*sélection d'un organe d'information quotidienne*).
- Du récepteur (le grand public) : ***À qui ?*** : le message reçu a-t-il été compris ? N'est-il pas mal interprété ? Comment analyser l'audience des médias de masse (presse, audiovisuel ?) (*sondage des participants, contrôle des entrées*).
- Des effets de la communication : ***Avec quels effets ?*** : qu'est-ce qu'une communication réussie ? Quelle est l'efficacité de la communication entre deux interlocuteurs ? Quelles en sont les conditions ? (*le nombre et la qualité de spectateurs, supporters présents).*

En résumé, les préoccupations des décideurs associatifs seront celles-ci :

- Que veut-on faire savoir ou communiquer ?
- À qui ?
- Que dire et comment le dire ?
- Où et quand le dire ?

En général, les managers connaissent et tentent de s'approprier ce type d'aide-questionnaire et, bien intentionnés, ils réagissent alors au coup par coup. Ils réagissent en imaginant de nouveaux dispositifs, en recherchant des moyens d'améliorer les relations, sans pour autant enregistrer des progrès significatifs. Le point de passage obligé est l'élaboration d'une politique globale, adaptée aux spécificités de l'association et cohérente avec les autres composantes du système (objectifs, organisation, planification, culture, ressources…) sur lesquelles la communication a un impact transversal mais dont elle subit les influences.

3. UNE POLITIQUE DE COMMUNICATION

Le diagnostic du réseau de la communication inclut, d'une part, un inventaire des personnes qui interviennent dans l'émission et dans la réception de l'information, des lieux et des modalités d'échanges et, d'autre part, une interrogation sur la pertinence de ces éléments, par rapport aux facteurs qui facilitent ou freinent la communication. Il faut donc s'enquérir des perceptions, des attentes et des besoins, des frustrations éventuelles au niveau interne, mais ausculter aussi l'environnement externe.
Les types de questions utiles à se poser doivent tenir compte des facteurs humains (1re série), des faisceaux de communication (2e série), des aspects du management (3e série), et des rigueurs budgétaires (4e série) :

1re série

Quels sont les acteurs qui, au sein de l'association, jouent un rôle dans l'émission, le recueil, la diffusion de l'information ?
Le président, le secrétaire général, la secrétaire administrative, le comité directeur, l'éducateur spor-

tif, la commission communication, le groupe-pilote projet, un ou plusieurs cabinets de consultants…
Quelles sont leurs attitudes vis-à-vis de la diffusion ?
« Branchée », favorable, neutre, indifférente, réservée, défavorable, allergique

2e série

Quels sont les types d'informations jugés indispensables, utiles, superflus : pour l'ensemble des acteurs, pour chaque segment, en direction du grand public, de la presse ?
Des choix statutaires (indispensable), *lieux et heures du calendrier* (utile), *faits divers* (superflu).
Quelle est l'importance relative des informations descendantes et ascendantes, du formel et de l'informel ?
Concertation/non concertation des adhérents ou groupes d'influence (formel), *de la réalité à la rumeur* (informel).
Quel est l'impact des procédures et des supports existants ?
Entre dirigeants, entre dirigeants et salariés, entre dirigeants et futurs membres, entre dirigeants, salariés et licenciés…
Les exigences légales et réglementaires en matière d'information sont-elles respectées ?
Diffusion écrite/orale, panneaux d'affichage, parution réglementaire de journaux associatifs.
Les décisions prises par le Conseil d'administration sont-elles communiquées aux membres ? Si oui, comment ? Si non, pourquoi ?
Assemblées générales, rencontres, fêtes, bals, sorties, visites portes ouvertes, campagne d'adhésion.
Quelles sont les sources d'information intéressantes, fiables ?
Communication publique (État, collectivités locales et territoriales), communication privée (mouvement fédéral, olympique), presse écrite/parlée…

3e série

Une coordination est-elle prévue ? Si oui, quels en sont les résultats ?
Le responsable bénévole de la communication, le chargé de mission, un professionnel des relations publiques…
Résultats positifs, de nature équilibrée, négatifs, catastrophiques…

4e série

Peut-on déterminer le pourcentage du budget consacré à l'information et à la communication au cours d'un exercice d'activité ?
La nature et la taille déterminent les moyens financiers adéquats : en général de 5 à 7 % dans le milieu associatif, beaucoup plus dans le secteur marchand professionnel.

4. LA STRATÉGIE DE COMMUNICATION

La stratégie de communication est assujettie à des directions précises qu'elle contribue à exprimer et à réaliser. Inspirée de la stratégie marketing (technique de vente), elle franchit une dizaine d'obstacles à respecter en phases différenciées et coordonnées.
Une phase de **conception** comprenant :
A. La détermination des objectifs,
B. Une définition des cibles,
C. L'élaboration des messages.

Une phase de **réalisation** tenant compte :
D. Des contraintes,
E. Du choix des médias,
F. Du montant du budget alloué,
G. De la planification des périodes de communication.

Une phase **d'évaluation** indispensable précédée tout au long de l'opération d'une incontournable **coordination** générale.

Cette stratégie de communication peut être illustrée par la figure 9.2.

A. Les objectifs

Les réponses aux questions utiles, les enseignements retirés du diagnostic, devraient permettre logiquement d'entreprendre la construction ou la reconstruction de la politique de la communication sur de nouvelles bases.

Figure 9.2
Le cercle de la stratégie de communication.

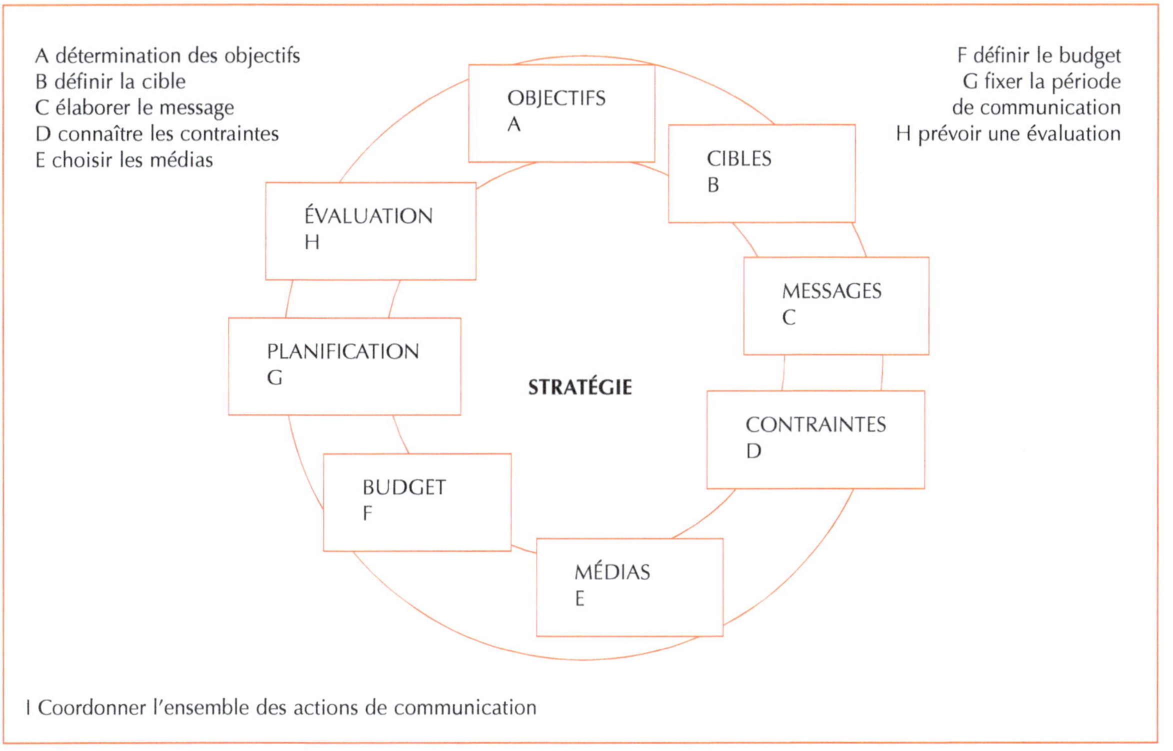

La méthode ne diffère pas des autres politiques : elle implique d'abord la fixation d'objectifs généraux. Il n'existe pas de projet associatif crédible sans objectifs réels et mesurables.

Que veut-on exprimer, faire savoir, avec quels partenaires ?
Dans leur globalité, les objectifs communs des associations se regroupent selon **trois grandes démarches** :
– diffuser des informations générales et en recevoir,
– promouvoir une ou plusieurs activités/produits,
– étendre la renommée de l'association.
En matière de diffusion des informations, les animateurs veilleront à ce que les informations soient comprises et assimilées.
Pour cela, le style des messages doit être adapté au public choisi. Ces signatures et logos, reconnus entre tous, différeront en fonction d'une large diffusion (courte, simple, accessible) ou d'une opération segmentée visant une population donnée (techniques de vente, marketing-mix, souci du détail).

La seconde démarche-promotion des activités requiert des compétences professionnelles dans ce domaine pour réussir.
Il s'agit, dans ce cas, de faire adhérer à de nouveaux produits, d'optimiser l'utilisation des services du club, et au final d'attirer un public de plus en plus nombreux aux réunions et manifestations organisées à son initiative.
La troisième et dernière démarche sera d'étendre la renommée de l'association.
Afin de la construire et de la développer, il faudra soigner particulièrement l'identification d'un club ayant « pignon sur rue » de par sa respectabilité, le bon management de sa direction et la qualité de son encadrement ; si les locaux et les activités se trouvent en concordance, alors on pourra argumenter, sans problème, sur son excellente *image de marque*.

Mais attention ! Entre l'image voulue par le Conseil d'administration, celle diffusée par et sur l'association, et l'image déposée auprès des différents partenaires, l'écart doit être le plus mince possible.
C'est à ce prix que l'on verra les inscriptions se bousculer, les nouveaux membres grossir les rangs des adhérents et, au bout du compte c'est sûrement un des meilleurs moyens de se garantir un soutien institutionnel constant.

B. Les cibles

Les activités sportives offertes s'adressent à une vaste population d'une part (âges, sexe, catégories socioprofessionnelles, revenus), et ciblent des zones géographiques délimitées d'autre part, où l'approche du client se fait à partir de cercles concentriques élargis, en fonction de la notoriété des associations qui les proposent.
À côté de ces paramètres de base, on ne peut négliger les dimensions physiques qui influencent largement le choix des disciplines et du public concerné (zone rurale, citadine, pays de campagne, de mer ou de montagne…).
D'autres facteurs vont interférer sur le choix des cibles ; il s'agit du mode et du niveau de pratique. La structure est-elle identifiée comme un club scolaire, de sport – santé, sport-loisir, de compétition voire de haut niveau, quand il n'offre pas toutes les palettes précédentes et dans chacune les strates de niveau adéquates.
Enfin, de façon manichéenne, la recherche du prospect se détermine à partir de deux critères :

- Ceux qui possèdent une licence et dont il faut renforcer le degré d'adhésion,
- Tous les autres qui sont susceptibles de s'inscrire et qu'il faut convaincre.

C. Les messages

Aller à l'essentiel reste prioritaire dans le contenu des messages. En la matière, les professionnels de la communication usent pour cela des deux procédés suivants :

- Une formulation claire de l'information en tête du texte et/ou du communiqué,
- La présentation d'une idée-force à la fois.

Comment trouver le ton juste, la méthode de communication ni publicitaire, ni propagandiste ?
À chacun son style et le slogan qui percute et évolue dans le temps.
Si 50 % du message produit tient au fond, les 50 % autres tiennent à son interprétation. Afin de faciliter cette dernière, il va falloir « habiller » les messages en étant clair, concis et concret.
Les procédés les plus divers concourent à leur mémorisation comme les chartes graphiques, codes de couleur/noir et blanc, logos, pin's, messages vocaux et musicaux, etc.
Pour conclure, trois règles simples seront retenues :

- N'ennuyez pas le public,
- Ne mentez jamais,
- Colorez votre message.

D. Les contraintes

Traduire en dessin ou en image une promesse de satisfaction reste une démarche toujours subtile, car il faut *séduire sans contraindre, proposer sans s'imposer, suggérer sans manipuler*.
Réussir cet amalgame est l'apanage des « communicants » avec leurs techniques, règles, astuces et parfois leur marge d'erreur.
L'idéal serait, bien sûr, de confier le dossier à un ou plusieurs « experts » de la commission communication – éducateurs sportifs, adhérents ou sympathisants de l'association – car ils connaissent les façons de faire de ces différents corps de métier.
Au respect des délais demandés par les journalistes pour publier des articles et au « professionnalisme » réclamé par les organismes qui subventionnent les contrats, les responsables de clubs devront rendre, en amont ou en aval, un travail propre et soigné en temps et en heure.
Certains termes techniques de l'imprimerie (grammage, ronéo, offset, tramé, photogravure, photocomposition, image numérique, PAO) devront être maîtrisés par le groupe chargé de la communication.
Enfin, la réglementation sur la presse exige, pour la diffusion des ***bulletins-club***, des mentions légales obligatoires, parfois un dépôt à la bibliothèque nationale ; les associations peuvent bénéficier d'avantages fiscaux et postaux en s'inscrivant à la commission paritaire des publications et des agences de presse.

On l'a compris, c'est un secteur qui réclame de l'imagination et de la créativité. Si ces deux éléments s'avèrent indispensables, communiquer efficacement demande également du temps, et du labeur pour attirer l'attention et convaincre.

E. Les médias

Ici, le mot média est compris en tant que moyen d'expression et dans la signification d'un intermédiaire pour transmettre un message.
La liste ci-dessous illustre l'atomisation des moyens de communication :

- Le mode écrit (de la presse nationale à la locale, qu'elle soit payante ou gratuite),
- L'éclatement des ondes nationales et internationales (radios publiques, privées, bandes FM),
- Le bouleversement des nouvelles techniques d'information de communication (télévisions de toutes natures, réseaux multimédias, cinéma de différentes dimensions),
- Le foisonnement des supports d'images visuelles (affiches sous des formes variées, panneaux lumineux, écrans plasma).

Néanmoins, ce catalogue est loin d'être exhaustif car on peut faire l'usage d'outils complémentaires, tels que le téléphone mobile, l'ordinateur, le magnétoscope, le lecteur DVD, le caméscope et pourquoi pas la vidéophonie.
La seule énumération des supports et des procédures est déjà impressionnante, alors comment s'y retrouver pour les bénévoles/professionnels dans les choix à effectuer dans la panoplie d'outils cités précédemment ?
Leur étude détaillée (caractéristiques techniques, intérêt et limites) nécessiterait de longs développements. Nous survolerons quelques-uns d'entre eux, souvent utilisés dans les différents types d'associations.

Mode écrit

Dans la première catégorie, répertorions les *moyens en propre* qui sont nombreux, rarement sophistiqués, et pas forcément coûteux. En voici, parmi les plus usités :

- panneaux d'affichage : libres,
- journal interne : d'information et non d'auto-satisfaction,
- vidéo : pour accueillir les nouveaux,
- site internet/intranet.

Cette communication interne n'est tributaire ni de problèmes techniques insurmontables, ni de question de budget insuffisant.
Un coup de fil au moment opportun a plus d'effet qu'un dépliant en quadrichromie !

Médias

Dans la seconde catégorie, il s'agit d'utiliser *les moyens des autres* ; cela revient à s'orienter vers l'usage des médias de proximité et lors d'événements d'importance, des « grands » médias.
La première démarche de prospection consiste à faire l'inventaire des médias qui ont des raisons particulières d'être intéressés par vos informations et par vos principales manifestations.
Un tri judicieux ayant été effectué, l'association va susciter la communication sur l'événement qui témoigne de son action et attire les projecteurs.
La première chose qui intéresse les médias dans l'événement c'est du *neuf, des faits, du vécu et de la vie*.
En associant temporairement une entreprise médiatique à une manifestation-club, voire à un sportif de haut niveau, les deux protagonistes jouent la partie du *gagnant-gagnant*.
Le panel de propositions d'actions visuelles (aménagement de stands), publicitaires (campagne de presse), relationnelles (communication par l'événement) ouvre des perspectives d'utilisation intéressantes.
Médias et associations jouent tous deux un rôle social essentiel, mais chacun le joue à sa façon.
Au final, trouver un écho médiatique c'est répondre à ce que les médias viennent chercher, à savoir : « ***la presse aime les photos, la radio veut du son, la télévision recherche des images***... ».
Un point de précision concerne l'utilisation des médias de forte audience qui nécessitent souvent le recours à des partenaires spécialisés.
Agences de publicité, sociétés spécialisées en marketing direct, agences de relations publiques sont capables de donner du relief à une campagne de promotion sportive.

En revanche, le coût élevé des services reste réservé à une élite financière de clubs.

Quel choix ?

Lorsque deux ou plusieurs possibilités se présentent, le choix s'opère en fonction de la nature du message, du public auquel il est destiné, des ressources disponibles, du caractère du message et du contexte. Voici en l'état, quelques exemples significatifs :

- Un affichage va-t-il s'effectuer au gré des opportunités ou par une répartition systématique par secteur ?
- Une mini-conférence téléphonique ou quelques entretiens bilatéraux ne permettraient-ils pas de résoudre un problème plus aisément qu'une réunion ?
- Pour créer un logo, est-il préférable de s'adresser à l'école des arts locale (éventuellement sous la forme d'un concours), à un membre graphiste, à une agence de publicité ?

F. Le budget

La communication étant un investissement non négligeable pour la pérennité d'une association sportive (environ 5 % du budget total), elle doit rapporter plus qu'elle ne coûte. Communication et argent sont entièrement liés, et pas seulement du côté *charges* du budget.

Communiquer devenant un acte de gestion, il faut penser en termes de « communication – développement » et se défaire de l'image d'Épinal « communication = publicité » même si la ligne budgétaire dégagée va servir, dans un premier temps, à se renseigner sur les moyens de propagande.

D'entrée, il est possible de consulter *Tarif média* par minitel 3615 code TDM.

Il existe également en vente, des annuaires de la presse qui renseignent sur les différents montants des formes d'espaces publicitaires.

En parallèle, d'autres annuaires rendent de grands services comme celui du *Nouvel Économiste,* de *l'Expansion* ou encore le *Kompass* que l'on trouve dans les chambres de commerce. Des noms de sponsors et des adresses de mécènes peuvent générer de fructueux contacts.

Les dénicher, c'est aussi les intéresser à des événements de prestige qui aboutiraient à des relations suivies. Il faut savoir que pour ce type de soutien à des manifestations sportives ou des équipes, les entreprises ont la possibilité de déduire de leur bénéfice imposable les dépenses afférentes, assimilées à des frais de publicité (loi sur le développement du mécénat du 1er août 1987).

Mais attention ! L'alliance entre l'entreprise mécène ou sponsor et l'association doit être compréhensible par les adhérents et même pour le public. En disposant d'un capital de notoriété et d'image, il ne s'agit pas de le dilapider par des contradictions d'image. *Ex : la promotion de boissons alcoolisées par un club sportif de jeunes.*

La commission chargée de la communication imagine les nombreuses formes de collecte de fonds, ce qui a pour effet de couvrir les frais techniques des documents promotionnels, certaines grosses associations n'hésitent pas à recourir aux techniques modernes du marketing direct en collectant de l'argent auprès du grand public.

L'établissement du budget respectera, en fin de compte, une démarche rationnelle et cohérente. Il est impératif de suivre les indicateurs de gestion, de se comparer avec la concurrence et de se fixer des objectifs raisonnables que l'on affinera avec l'expérience.

G. La planification

Une politique efficiente de communication commence par établir, au minimum, un plan annuel (pour un club) ou au maximum quadriennal (pour une fédération et organismes délégataires) à respecter.

Ces programmes ayant été définis par les commissions *ad hoc* et entérinés par les comités directeurs, voire par les assemblées générales, les responsables ont tâche de les faire connaître et de les mettre en valeur.

Quelle que soit la place de ces manifestations dans la saison ou l'olympiade, cela impliquera une communication anté, in et post-événement, qui se servira dans une panoplie d'outils de planification pour être efficiente :

- La phase antérieure triera le contenu des messages tout en retenant les supports adéquats,

- La phase en soi de réalisation s'appuiera sur des choix de communication ayant une cohérence,
- La phase postérieure fera appel à des instruments de mesure, notamment dans l'efficacité du suivi des opérations.

En donnant à chacune d'entre elles sa place dans le temps, il faudra prévoir les délais nécessaires à l'opération tout entière en assurant la pérennité des messages véhiculés.

H. L'évaluation

Évaluer la communication associative conduit à formuler un jugement de valeurs sur ses aspects quantitatifs/qualitatifs et à mesurer son efficacité en termes de coûts – délais-rapports.

Quel que soit le statut des utilisateurs (licenciés, adhérents, supporters, sympathisants) ou les relations nouées avec des partenaires extérieurs de toutes natures, la structure d'accueil doit analyser la justesse de sa politique en la matière.

À des questions judicieuses, des réponses que l'on souhaite adéquates, surtout s'il y va de la notoriété de la structure.

Toutes ces questions doivent aboutir aux résultats de mémorisation d'une part, et de persuasion d'autre part ou les deux associées.

I. La coordination

Si la communication reste l'affaire de tous, elle appartient en propre à la cellule chargée de son développement et en particulier au dirigeant qui sera missionné à la coordination de toutes les opérations de ce type.

Véritable chef de projet, cette personne qui peut être **l'éducateur sportif**, a un rôle majeur à jouer en termes de mobilisation des membres de l'équipe et de garant de l'efficacité de la communication au sein et hors du groupe.

À l'image du président d'association, il doit être le catalyseur des forces vives du domaine concerné et favoriser les prises de responsabilités et l'autonomie contrôlée de chaque secteur d'intervention.

En plaçant son groupe dans une situation de motivation forte et de réel engagement, il peut faire émerger des circuits « naturels » d'information et de communication.

Ces atouts réunis lui permettront de déléguer en matière de temps, en compétences spécifiques, en capacité d'animation et en autonomie logistique (*ex* : achats ou locations d'appareils de reproduction et/ou de vidéo).

Ce leader du projet-communication marque son style de direction par le désir qu'il communique pour favoriser la coopération entre ses membres et par la manière dont il donne le virus de l'information sur la totalité des activités de la structure dans laquelle il s'est investi.

Il sera finalement évalué ainsi que son équipe par la qualité du son qui sortira de leurs trompettes d'**Aïda :** « l'**A**ttention éveille l'**I**ntérêt qui fait naître le **D**ésir incitant à l'acte d'**A**chat ».

En effet, la communication associative doit être une musique (intelligible), jouée sur une partition (la stratégie de développement), selon un mode défini (les valeurs de l'association), une mesure précise (le timing) et dirigée par un chef d'orchestre (le président, l'éducateur sportif, un responsable unique bénévole ou salarié) de la communication.

5. LA COMMUNICATION INTERNE

Le premier public à conquérir est « interne » : il s'agit des adhérents et des bénévoles, salariés ou militants. Cette adhésion passe par une communication interne efficace, gage de la cohésion de toutes les énergies, moteur du développement de l'association.

Voici, la liste des services qu'apporte une bonne communication interne :

- elle informe adhérents, salariés et amis en diffusant l'information au sein du club,
- elle permet un recentrage sur le projet du club en renforçant la cohérence du travail de chacun des membres,
- elle relance la motivation des licenciés,
- elle est l'assurance d'être informé des objectifs poursuivis, tout au long de la saison,
- elle augmente le sentiment d'appartenance au club car chacun sait ce qui s'y passe,

– elle fait remonter les idées de la base vers les dirigeants.

Mettre en actes ces mécanismes relationnels c'est faire les choix de supports médiatiques mûrement réfléchis. Les moyens habituellement utilisés sont les nombreux outils, à tous les prix, répertoriés dans le tableau 9.1.

Plus l'information sera rapide, concise et exacte, meilleur sera le climat de l'association, ce qui évitera les écueils d'un rythme trop élevé de nouveautés à incorporer.

La communication interne devrait être la communication la plus facile, la plus naturelle, puisqu'intervenant entre personnes partageant des valeurs communes, sinon le même projet, du moins quelques besoins identiques. Il n'en est rien. C'est la plus délicate.

En réalité, elle n'est pas un acte neutre et soulève plusieurs problèmes tout à fait particuliers.

Premièrement, les questions autour de ce sujet, sont avant tout des problèmes d'organisation interne, et donc de pouvoir.

Deuxièmement, la communication descendante tend à écraser la communication montante. Il est plus facile de faire descendre la communication (*« pondre »* des notes, distribuer des circulaires), router un journal *« voix de son maître »*, que de la faire remonter.

Troisièmement, l'augmentation de la quantité d'information échangée conduit à la contre-productivité et à l'insatisfaction.

Les choses se compliquent encore parce que nous traversons une vraie crise des organisations, où un mode d'organisation (et donc de communication) traditionnel et hiérarchique paraît comme dépassé, décalé par rapport aux besoins.

En revanche, les nouveaux modes d'organisation polycellulaire, en réseaux, ne sont pas encore à même de prendre complètement la relève.

Toutefois, la gestion de la communication interne implique un minimum de désorganisation : nous communiquons mieux dans des espaces de liberté, au sein d'une organisation qui sait préserver une part de non-directivité.

Cet état de fait, induit toujours une dose d'inconfort pour les dirigeants.

Favoriser l'expression de la base, organiser des échanges, informer clairement sur les objectifs et

Moyens oraux	Moyens écrits
réunions statutaires, techniques secrétariat, téléphone discours fêtes-club circuit informel relations interpersonnelles	lettres d'information, de félicitations journal-club livret d'accueil presse book, articles, photographies cartes de vœux, d'anniversaire invitations rapports d'assemblée générale enquêtes, sondages boîtes à idées
Moyens visuels	**Moyens technologiques**
panneaux d'affichage présentoir journal lumineux exposition photographique magnétoscope + cassette + TV lecteur DVD + CD-ROM + TV caméscope + film vidéo diaporama	interphonie messagerie minitel : 3615 + code… télécopie télex Intranet/Internet alphapage eurosignal

Tableau 9.1
Les outils de la communication.

moyens ; tout cela implique une certaine dose de partage du pouvoir !
À ce niveau de problème, **l'éducateur sportif** peut apporter des solutions dans un rôle d'interface où il joue les rôles de facilitateur et de régulateur des circuits d'information interne.
La volonté politique des dirigeants de faire participer tous les acteurs de la structure sera déterminante, d'autant que cette participation pourra amener de nouveaux membres qui, à leur tour, pourront faire connaître les *vertus* associatives.
À tout cela, une seule recette : l'application d'une communication régulière, spontanée, organisée tout en restant naturelle.
En définitive, la qualité de la communication interne est la condition première de la qualité de la communication externe. Ensuite, il sera nécessaire de se tourner vers l'extérieur en larges cercles concentriques.

6. LA COMMUNICATION EXTERNE

Les buts assignés à une communication externe remplissent, pour chacun, une fonction spécifique, tout en fonctionnant de façon combinée :
- elle crée une identité,
- elle promeut le club à l'extérieur,
- elle conquiert de nouveaux adhérents,
- elle augmente le réseau relationnel,
- elle développe la notoriété de l'association,
- elle implante et véhicule l'image de marque.

A. Création d'une identité

Être connu représente l'aspiration légitime de chacune des 230 000 associations sportives hexagonales ; encore faut-il faire le nécessaire pour bâtir son image.
Si la structure apporte les informations nécessaires sur son objet, ses structures, son encadrement, son fonctionnement, ses prestations, alors on peut arguer qu'un début de promotion est sur la bonne voie.
Être reconnu dans sa ville, son département, sa région, voire sur le plan national, va demander du temps et du labeur, tout en faisant preuve en permanence d'énormes qualités.
Une gestion saine, un cadre animé, un lieu convivial inhérent à une bonne entente entre toute la population-club symbolisent les atouts majeurs d'une association communicante.

L'***identité*** du club a un rôle éminemment social, car à travers l'engagement d'individus appartenant à un groupe, elle repose sur le sentiment de faire partie d'une même communauté culturelle : celle du sport et de ses disciplines en particulier.
Certains clubs huppés et la majorité des fédérations sportives françaises iront au bout de l'excellence, en postulant à la reconnaissance du statut *d'association reconnue d'utilité publique* (attribué, avec parcimonie, par le Conseil d'État).

B. Promotion externe

Une fois identifié, il s'agit de ***faire connaître*** le club à son environnement et d'engager tout azimut, une communication multimédia tenant compte, au préalable, de choix adaptés en termes de méthodes et de vecteurs.
Pour trier et sélectionner le(s) bon(s) faisceau(x), le tableau 9.2 compare cinq grands moyens en communication externe, présentés avec leurs atouts mais aussi leurs limites. Sur les lignes figurent les moyens de diffusion et, dans les colonnes, les dix items quantitatifs/qualitatifs retenus.
Dans ce tableau, on peut coupler les outils. Par exemple, le couple « publicité et relations publiques », permet d'accroître l'efficacité des actions.
Bien connaître sa cible et l'objectif poursuivi en communication permet de choisir le bon outil.
D'autres supports pourraient faire partie du tableau ci-dessus, notamment ceux du marketing direct s'adressant aux clients potentiels. Il s'agit de la distribution de tracts, l'utilisation du publipostage, une qualité d'accueil au standard, participant à réussir des opérations promotionnelles.

C. Conquête de nouvelles adhésions

Un autre but poursuivi consiste en un recrutement de ***nouveaux publics***.

Tableau 9.2
Critères de choix des moyens - outils en communication externe.

Les outils de communication	Délai de réalisation	Maîtrise du message	Volume d'information diffusée	Répétition du message	Coût de production	Coût de diffusion	Taille de la cible touchée	Précision de la cible touchée	Rapidité de diffusion	Relationnel établi
La publicité	-	+	-	+	-	-	+	+/-	+	-
Les relations publiques	+/-	+	+/-	-	+/-	+/-	+/-	+	+/-	+
Les relations presse	+	-	-	-	+	+	-	+/-	+/-	+
L'édition	+/-	+	+	+/-	+/-	+/-	+/-	+	+/-	-
L'audiovisuel	-	+	-	-	+/-	+	+/-	+	-	-

+ : bon, +/-: moyen, -: médiocre

La population de proximité constitue la première cible. Il faut convaincre les clients potentiels de devenir consommateurs, et amener les spectateurs à se transformer en sympathisants. Le démarchage par courrier (*mailing*), l'accroche ou la relance téléphonique finalisent de telles démarches.
L'encadrement apportera tous ses soins pour offrir un accueil chaleureux à l'occasion d'*opérations portes ouvertes*, lors desquelles dépliants, calendriers et catalogues attrayants seront distribués aux visiteurs et membres de comités d'entreprises.
Cette politique d'ouverture sera démonstrative et prendra la forme d'exhibitions, de montages vidéo sur les activités au cours de forums d'associations, tremplin pour distribuer des affichettes-couleur invitant le public, à des prix réduits, à participer notamment à des moments festifs (bal annuel…).
Ces adhérents potentiels peuvent rejoindre ou créer le futur club de supporters.

D. Augmentation du réseau relationnel

Dans le présent chapitre, nous avons déjà soulevé le pan du ***tissu relationnel*** établi entre les institutions publiques, les instances fédérales-olympiques, les partenaires privés et les clubs.

Une participation active aux commissions municipales ou aux manifestations publiques, des dossiers de subvention bien préparés remis auprès des services des sports des différents échelons ou des lettres de remerciements personnalisées pour des aides des ministères de tutelle, sont autant d'exemples de liens de relations publiques avec les « notables ».
La structure de la publicité et l'engagement des supports traditionnels font que les responsables associatifs suscitent la communication à partir de divers vecteurs imaginés par eux-mêmes : un événement calendaire, un ensemble d'opérations, la création d'un coup médiatique aimantent les soutiens du sponsoring.
Le sponsor attend de sa participation des retombées en termes d'image, de notoriété et d'augmentation des ventes. Le club qui a préparé ces manifestations de prestige pendant six mois, parfois une saison, reçoit en échange des aides techniques, financières et humaines.

E. Développement de la notoriété

Si rien ne vaut le relais médiatique pour obtenir une ***notoriété***, encore faut-il réussir à en faire partie !

Il existe, en France, 70 quotidiens, 15 000 périodiques, 22 000 journalistes, plusieurs stations de radios publiques et plus de 1 500 radios privées, 6 chaînes de TV hertziennes et de nombreux canaux câblés, des centaines de réseaux télématiques et une variété étonnante de supports médias.

Parmi eux, des supports d'information appropriés vont forcément toucher le public associatif, seront sensibles aux préoccupations du milieu sportif, correspondent à leurs façons de voir. D'autres mettent à disposition des rubriques ou émissions couvrant leur champ d'action; dont l'audience rejoint ce territoire d'action donné.

Aussi, la constitution d'une banque de données avec les coordonnées des journalistes et des médias susceptibles d'être intéressés par les activités de l'association, est le point de départ d'un répertoire plus qu'utile.

Un plan médias complète l'arsenal communicatif. Il s'agit d'obtenir des rédactionnels gratuits dans les supports-presse ou des annonces dans les supports audiovisuels.

Il faut fournir aux hommes de presse écrite ou parlée les arguments qui justifient qu'ils en fassent un événement pour les lecteurs, auditeurs et téléspectateurs. N'est-ce pas le rôle de l'éducateur sportif de se documenter et de préparer les éléments d'information pour les médias à partir des nouvelles technologies de communication?

Un *communiqué de presse* doit aller à l'essentiel et être envoyé dans les délais (7 jours/pour un quotidien, 30 jours/pour un hebdomadaire, 2 mois/pour un mensuel).

Le *dossier de presse* – plus substantiel – concerne des événements ou des projets d'envergure; sa qualité de présentation influencera sans doute l'exploitation par les destinataires.

La conférence de presse ne peut être envisagée que dans des circonstances exceptionnelles.

D'autres formules ont fait leurs preuves comme le *petit-déjeuner de presse* ou le *dîner-débat* qui ouvrent sur *l'interview* soigneusement préparée à l'aide de fiches pratiques.

Ultime règle à connaître: lorsque l'on communique avec la presse, c'est que l'on accepte des règles simples où informations objectives et intérêt du lecteur donnent au journaliste *la liberté de choisir son information*, sans avoir de compte à rendre, car les relations avec la presse ne sont pas contractuelles.

F. L'IMAGE DE MARQUE

Dernière vertu de la communication externe, elle constitue un excellent véhicule de ***l'image de marque*** qui, par ricochet, rejaillit sur le sérieux et l'efficacité de l'émetteur.

Une association sportive peut donner dans l'excellence communicative à partir d'une vision stratégique passant par une perception précise de son identité, une cohérence et une durée de ses discours; c'est la dimension sérieuse.

Enfin, une bonne connaissance de ses interlocuteurs, l'utilisation de supports adaptés, tout en essayant de mesurer l'impact de ces actions, voilà un ultime triptyque contenant les ingrédients de la réussite; c'est l'aspect efficacité.

7. CONCLUSION

Mieux communiquer n'équivaut pas à communiquer plus. Améliorer la communication, c'est d'abord remettre de l'ordre, harmoniser. Les associations revendiquent une vraie communication, dynamique et interactive où l'on réinvente la communication conviviale.

En effet, nous sommes à l'ère de la communication de masse, mais un constat s'impose, la communication interpersonnelle s'appauvrit dans les organisations.

Jamais les associations n'ont été aussi bien dotées en matériel de communication et, paradoxalement, les sportifs entendent les voix mais ne s'écoutent plus réellement.

Il y a danger! car pour « changer » il faut « échanger ».

Lectures conseillées

Ouvrages généraux

BOURE R.,PAILLEAUT I., *Les théories de la communication*, Cinémaction n° 63, 1992

BONNET F., DEGRYSE O., *Le management associatif*, Éditions De Bock Université, 1997

CHARLES R., WILLIAM C., *La communication orale*, Nathan, 1998

DI SCIULLO J., *Marketing et Communication des associations* Éditions Juris association, 1988

FLIPO J.P., MAYAUX F., *Associations : réussir votre développement*, Les éditions d'Organisation, 1988

GABORIT P., *Associations et Communications*, La Documentation française, 1988

VIRIOT E., HAMON J., *L'association est un média. Manuel pratique des techniques de communication écrite et audiovisuelle*, Juris Service, 1989

WILKINSON D.G, *Le Marketing du sport*, Éditions Revue EPS, 1989

Sur la communication interne

BARDOUT J.C., *Développer la communication de votre association*, Guide pratique, Crédit Mutuel, 1994

DETRIE P., *La communication interne au service du management*, Éditions Liaisons, 1995

DUPUY E., DEVERS T., RAYNAUD I., *La communication interne* Les Éditions d'Organisation, 1991

LEBEL F., *Organiser la communication interne*, Les Éditions d'Organisation, 1989

Sur la communication externe

COLLET H., CRAMAIX J., DESJONQUERES P., *Éditer une revue, Guide pratique de la presse associative*, Juris Service, 1989

DOMINITZ J.C., TOCHON S., *La communication promotionnelle. De 13 à la douzaine*, Les Éditions d'Organisation, 1988

FONDA, *Associations et médias, le choc de deux logiques,* Lettre d'info, FONDA, mars 1988

LAHANQUE S., SOLATGES F., *Les relations publiques,* Les Éditions d'Organisation, 1991

VACCARO A., *Communication et collecte de fonds*. Guide pratique à l'usage d'associations et fondations, Chopin, 1987

DEUXIÈME PARTIE

SCIENCES BIOLOGIQUES APPLIQUÉES

1. SUPPORT ANATOMIQUE DE LA MOTRICITÉ

Chapitre 10

ANATOMIE FONCTIONNELLE

Jean-Paul Doutreloux

INTRODUCTION

Ce chapitre a pour objectif de donner les principales informations sur la constitution de l'appareil locomoteur et sur ses différentes fonctions. La première partie concerne l'étude des principaux constituants de cet appareil (les os, les articulations et les muscles) ; elle s'attache également à expliquer comment ces différents éléments fonctionnent et s'adaptent aux contraintes mécaniques liées à l'entraînement sportif et à l'effort. La seconde partie, volontairement plus fonctionnelle, passe en revue successivement les fonctions et les muscles moteurs des membres inférieurs, du tronc et du rachis et des membres supérieurs. L'étude de la mécanique de la main, très complexe, n'a pas été développée.

Les informations rassemblées correspondent aux programmes des brevets d'État (formation commune), des concours d'éducateur de la fonction territoriale, des DEUST et des DEUG en Sciences du sport.

1. L'APPAREIL LOCOMOTEUR

A. Position anatomique de référence, axes du mouvement

Avant de développer les caractéristiques de l'appareil locomoteur, il est nécessaire, afin de ne pas gêner l'étudiant dans sa lecture, de donner quelques informations clefs.

Nous avons besoin, avant toute description, de référencer le sujet, la partie du squelette ou de l'organe, dans l'espace. La position de référence dans laquelle se trouve l'appareil locomoteur est définie par une convention internationale : « corps humain, vivant, debout, les membres supérieurs pendant le long du corps, la paume des mains tournée vers l'avant, le regard horizontal et droit. » Il est alors possible de situer l'avant, l'arrière, l'extérieur ou le dehors et l'intérieur ou le dedans, le distal et le proximal, le crânial et de caudal (figure 10.1).

L'étude du corps se fait en fonction de trois plans fondamentaux de l'espace :

- les *plans sagittaux* (verticaux et orientés dans le sens antéro-postérieur : plan sagittal médian, plans paramédians),
- les *plans frontaux* (verticaux mais perpendiculaires aux plans précédents),
- les *plans horizontaux* (perpendiculaires aux plans sagittaux et frontaux, ils coupent transversalement le corps).

Il est également nécessaire de référencer le positionnement corporel lors de l'étude du geste sportif afin de pouvoir définir le sens et la direction des mouvements, les points de fixation. Sans ces références, il n'est pas possible de définir le geste, ni de déterminer les actions musculaires (fixatrices, antagonistes, rotatoires, etc.).

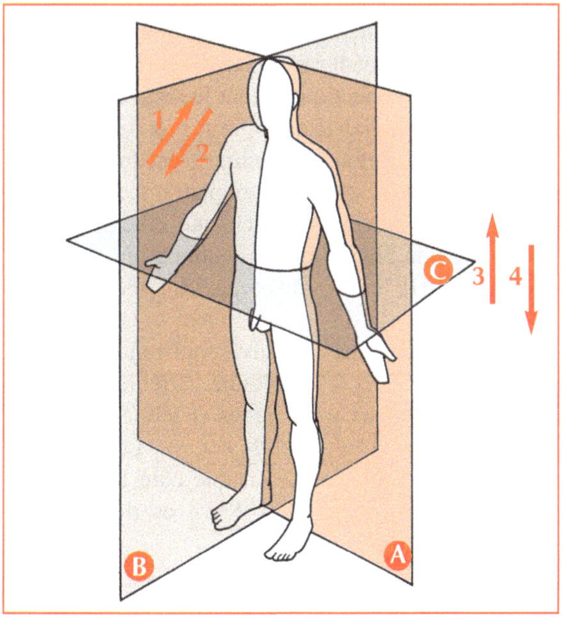

Figure 10.1
Plans fondamentaux de références (d'après Kamina).

A - plan frontal	*1 - distal*
B - plan sagittal	*2 - proximal*
C - plan horizontal	*3 - crânial*
	4 - caudal

B. Le squelette

Le squelette représente le support structural de l'organisme (figure 10.2). Il permet le maintien du corps en position érigée et les mouvements. C'est sur lui que s'attachent directement ou indirectement l'ensemble des organes (notamment les muscles squelettiques) et des systèmes. Sa composition évolue sous l'effet des contraintes répétées (entraînement), et de l'avancée en âge. Il est composé de 206 os qui sont regroupés pour former des entités fonctionnelles complémentaires. Le squelette axial, centre et pilier du corps, sert de support et de point d'attache au squelette appendiculaire.

Le squelette axial comprend les os de la tête (20 os et 3 paires d'osselets), de la colonne vertébrale (24 vertèbres mobiles) qui repose sur le sacrum (5 vertèbres soudées) et le coccyx (3 ou 4 vertèbres incomplètes), et de la cage thoracique (12 paires de côtes et le sternum).

Le squelette appendiculaire comprend les os des membres supérieurs et les os des membres inférieurs. Le terme appendiculaire (qui pend ou qui est suspendu à –) est adéquat pour les membres supérieurs. Il ne l'est pas pour les membres inférieurs qui, dans notre position bipédique « naturelle », ne pendent pas, mais soutiennent ou portent le reste du corps.

La ceinture scapulaire, qui relie les os des membres supérieurs à la colonne vertébrale, est formée de la clavicule et de la scapula (omoplate). Les membres supérieurs comprennent de chaque côté l'humérus qui est l'os du bras, l'ulna ou cubitus (en DD) et le radius (en DH), les 8 os du carpe, les 5 métacarpes et les phalanges.

La ceinture pelvienne ou pelvis, qui relie les os des membres inférieurs à la colonne vertébrale, est formée des os coxaux ou iliaques (latéralement et en AV), du sacrum (en AR) et du coccyx. Les membres inférieurs comprennent de chaque côté le fémur, le tibia, la fibula (ou péroné), les 8 os du tarse, les 5 métatarses et les phalanges.

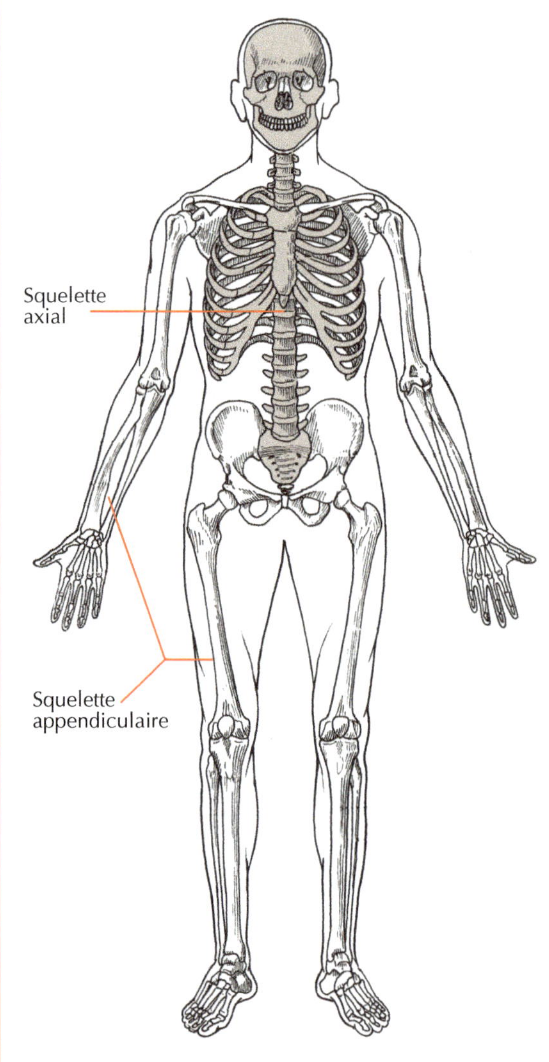

Figure 10.2
Le squelette humain. Les zones grises représentent le squelette axial (tête, colonne vertébrale, sacrum). Vue de face. (D'après Kamina).

a) Centre de gravité du corps

Le maintien du corps en position debout est conditionné par le respect d'un équilibre physique. La position respective des parties du corps, l'existence ou non d'appui au sol vont induire une condition d'équilibre (absence de mouvement) ou de déséquilibre (création d'un mouvement). Dans les pratiques sportives, la connaissance de la position du centre de gravité est intéressante car elle peut faciliter la performance. En effet, dans les pratiques sportives où l'objectif est de déséquilibrer son adversaire, comme dans certains sports de combat, l'attitude des 2 adversaires est caractéristique d'une recherche d'abaissement du centre de gravité et d'une augmentation de la surface d'appui au sol (surface de sustentation). De même, il est rare de voir un joueur de tennis droit comme un « I » lors d'un retour de service : la position adoptée consiste à concilier un bon équilibre et une bonne capacité d'explosion sur ses appuis. Enfin, dans plusieurs sports comme la gymnastique sportive ou le plongeon, tout l'art consiste à utiliser les déséquilibres afin de créer des rotations.

b) Morphologie

Le squelette est composé d'os dont les formes sont différentes. On retrouve classiquement :

- les *os longs* (figure 10.3 a). Ils composent principalement le squelette appendiculaire. Ce sont de grands leviers mobilisés par les muscles squelettiques lors des déplacements ou bien lors des gestes sportifs. Ils sont composés de deux extrémités (les épiphyses) et d'un corps (la diaphyse) ;
- les *os courts*. Ils composent les os de la main et du pied ;
- les *os plats*. Ils composent les ceintures scapulaire (scapula) et pelvienne (os coxal ou iliaque) ;
- les *os irréguliers*. Ils composent la colonne vertébrale.

c) Structure

Un os adulte est formé de cellules osseuses (ostéocytes) entourées par du tissu conjonctif (collagène) très résistant aux efforts de traction. Ce tissu osseux est formé de sels minéraux (qui rendent l'os dur) et de sels organiques (qui rendent l'os « plastique »). La quantité de ces deux types de composants est équivalente à la naissance. Avec le temps, le rapport se modifie avec l'augmentation de la quantité des sels minéraux. C'est une des raisons qui permettent d'expliquer pourquoi l'os d'une personne âgée est plus fragile (plus friable et moins élastique) que celui d'un enfant.

La périphérie de l'os est rigide, alors que le centre est « souple » (figure 10.3 b).

La périphérie (corticale) est recouverte de périoste, membrane conjonctivo-élastique richement vascularisée et innervée (et d'autant mieux irrigée qu'elle est soumise à des contraintes mécaniques). Le périoste, qui ne recouvre pas les surfaces cartilagineuses, permet l'insertion des muscles et des tendons.

Sous le périoste se trouve l'os compact (dur et dense)

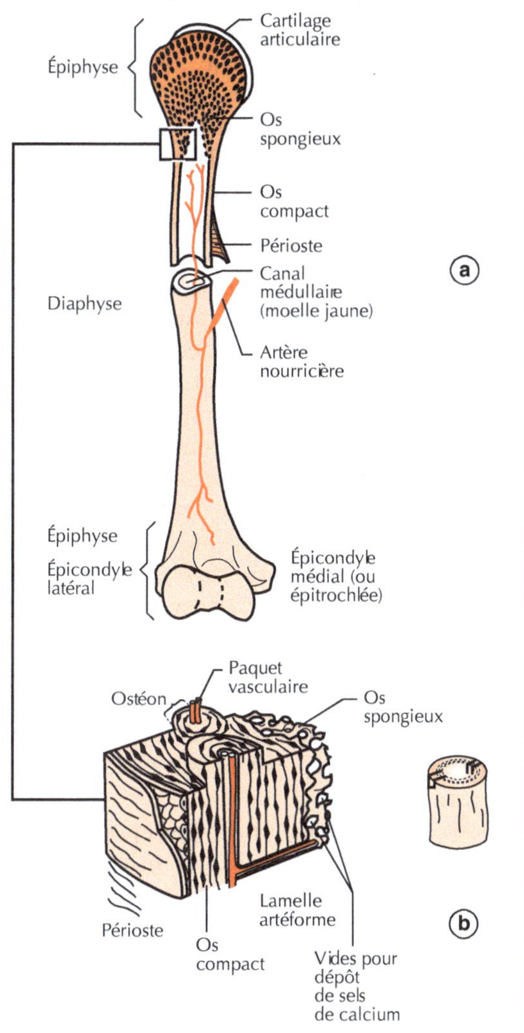

Figure 10.3
Constitution des os longs, exemple : l'humérus.

qui est formé d'ostéons séparés les uns des autres par les lamelles arciformes.

Sous l'os compact se trouve l'os spongieux organisé en lamelles osseuses ou trabécules. Cette différence de consistance permet à l'os de posséder une résistance importante pour une masse relativement réduite.

d) Mécanique de l'os

Les os représentent des segments rigides sur lesquels s'insèrent des muscles qui les mettent en mouvement.

Ce sont des organes vivants qui adaptent leur structure en fonction des contraintes mécaniques permanentes qu'ils subissent : soit l'action de forces externes comme la pesanteur, les frottements, les pressions et les tractions, soit l'action de forces internes par l'activité musculaire. Ces contraintes vont stimuler les processus de renouvellement de l'os, contribuer à son développement (dans certaines limites) et à l'organisation de sa structure interne.

Il est possible de noter l'épaississement des surfaces cartilagineuses à l'issue d'un exercice physique, et des épaisseurs différentes de la corticale en fonction de leur position sur l'os. L'adaptation la plus spectaculaire correspond à celle des travées d'os spongieux (dont les lacunes sont remplies de cristaux de phosphate ou de carbonate de calcium) qui s'alignent selon les directions du passage des forces sur l'os. La figure 10.4 montre ces adaptations aux niveaux de la ceinture pelvienne (figure 10.4 a), d'une vertèbre (figure 10.4 b) et de la cheville et du pied (figure 10.4 c). La disposition et la distribution de ces trabéculations permet de repérer des zones de forte et de faible résistance aux contraintes (sur une vertèbre, la partie antérieure du corps vertébral présente une faiblesse relative aux pressions, par absence de lignes de force).

Le tissu osseux est relativement élastique. Ainsi, lorsqu'il est soumis à des charges mécaniques trop importantes et répétées, il peut présenter des déformations irréversibles, en particulier chez l'enfant en pleine croissance qui possède un squelette particulièrement malléable.

C. Les articulations

Les différents os du squelette sont reliés entre eux par des articulations qui selon leur type permettent une plus ou moins grande liberté de mouvement. Selon leur origine, on classe 3 types principaux : les articulations fibreuses, les articulations cartilagineuses et les articulations synoviales.

a) Les articulations fibreuses sont sans mobilité et sans cartilage articulaire (figures 10.5 a et b)

On peut citer les syndesmoses (articulation tibio-fibulaire distale) (figure 10.5 a) et les sutures (articulations entre les os du crâne) (figure 10.5 b).

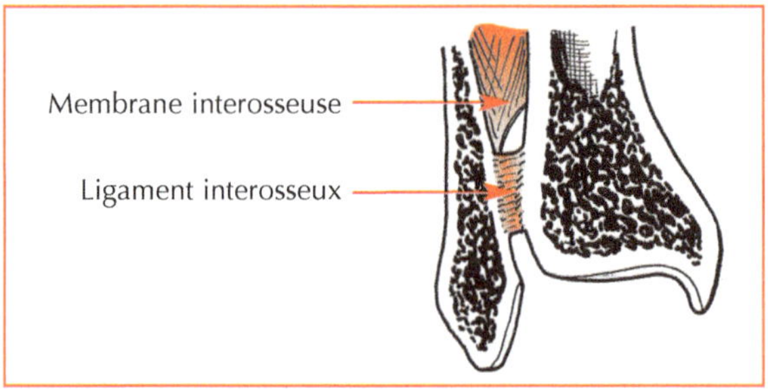

Figure 10.5 a
Syndesmose tibio-fibulaire (*coupe frontale*). (D'après Kamina).

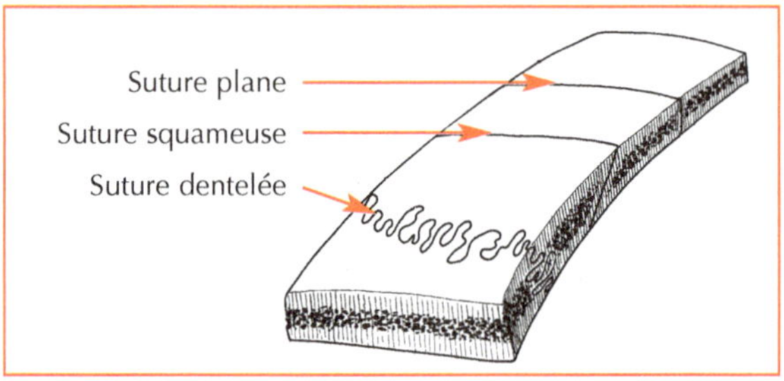

Figure 10.5 b
Sutures (d'après Kamina).

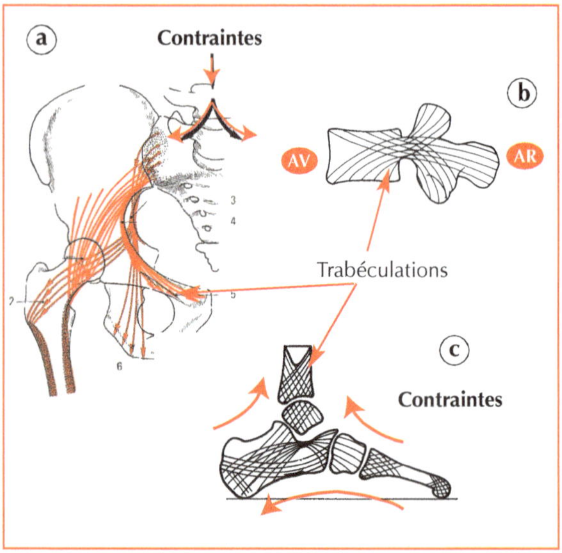

Figure 10.4
Adaptations de l'os spongieux aux contraintes mécaniques (schémas de radiographies révélant des trabéculations).
a) Articulation de la hanche (d'après Kamina).
b) Coupe transversale d'une vertèbre (d'après Kapandji).
c) Schéma de contraintes agissant sur le pied (d'après Kamina).

Figure 10.6 (D'après Kamina).

a) Synchondrose.
1 - cartilage hyalin
2 - os
3 - périoste

b) Symphyse.
1 - périoste
2 - os
3 - cartilage hyalin
4 - membrane fibreuse de la capsule articulaire
5 - fibro-cartilage

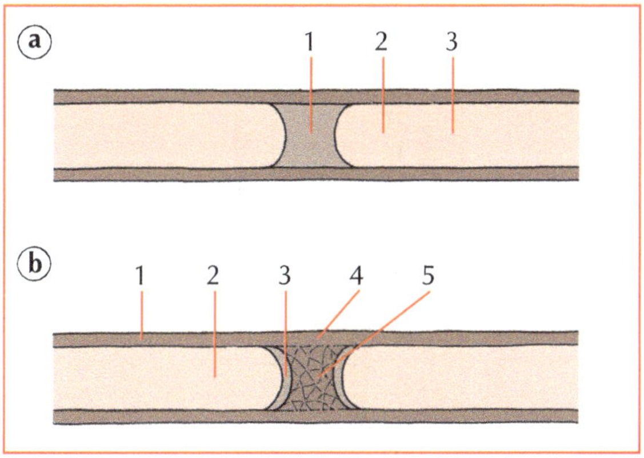

b) Les articulations cartilagineuses sont à mobilité réduite (amphiarthrose)

Elles possèdent un cartilage articulaire (ou bien des éléments fibro-cartilagineux comme le disque intervertébral), mais pas de cavité articulaire (figure 10.6 a et b).

On peut citer les synchondroses (cartilage de croissance des os longs, figure 10.6 a), les symphyses (symphyse pubienne, articulations entre les corps vertébraux, figure 10.6 b).

c) Les articulations synoviales sont mobiles (diarthrose)

Elles possèdent l'ensemble des structures qui permettent les mouvements : des surfaces articulaires (cartilage à la surface des extrémités osseuses), une cavité articulaire, des moyens d'unions (capsule articulaire et ligaments).

Les articulations synoviales sont disposées dans l'ensemble du squelette et surtout dans sa partie appendue. Elles possèdent des noms spécifiques en fonction de la forme de leurs surfaces articulaires. La figure 10.7 permet de situer les articulations et de repérer leur nom. Les caractéristiques de ces articulations sont rassemblées dans le tableau 10.1 pages suivantes.

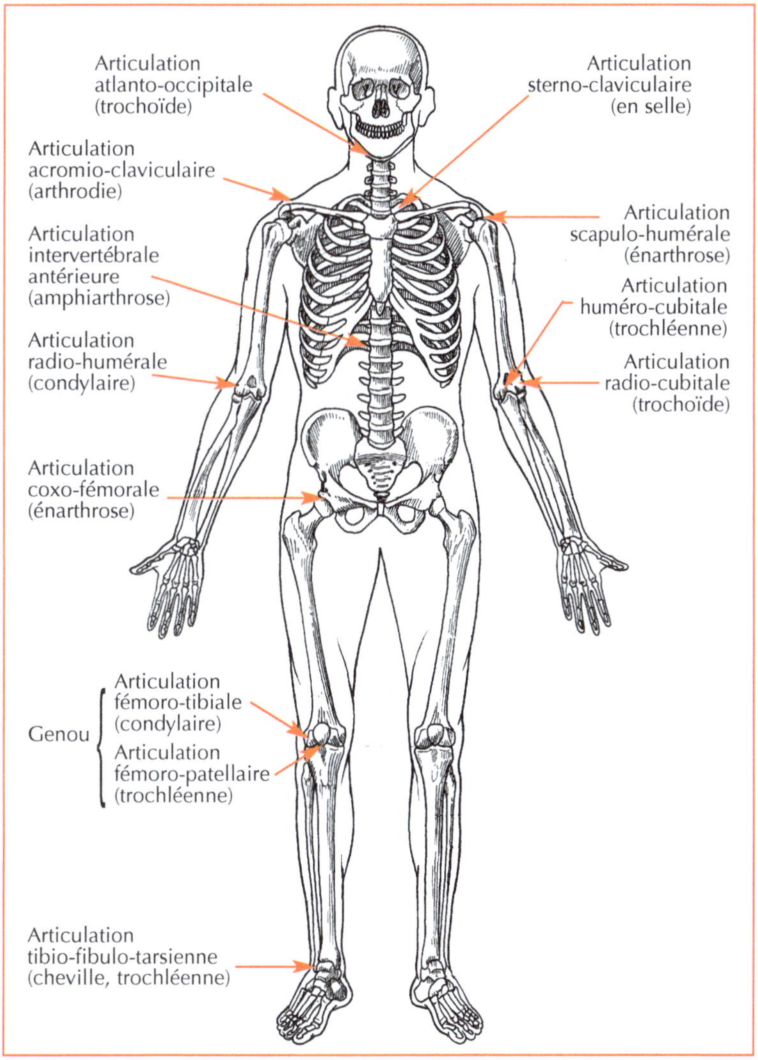

Figure 10.7
Localisation des articulations et types articulaires. (D'après Kamina).

Tableau 10.1
Les différents types d'articulations. (D'après Kamina).

Nom	Forme de la surface articulaire	DDL ou axes de mouvements	Noms des mouvements	Schémas	Amplitude des mouvements	Exemples anatomiques
Plane (ou arthrodie)	1. plane 2. plane	dans tous les sens	glissements dans tous les sens	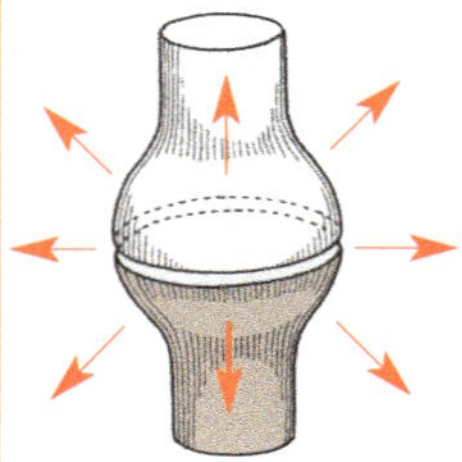	très réduite	acromio -claviculaire
Trochoïde	2 segments de cylindre : 1 creux et 1 plein	1	pronation -supination ou rotation axiale	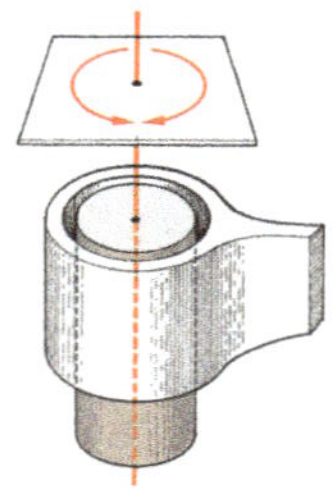	++	radio-ulnaire (cubitale) proximale axo-atloïdienne
En selle (emboîtement réciproque)	1. concave et convexe (selle) 2. convexe et concave (assise d'un cavalier)	2	flexion-extension et abduction -adduction	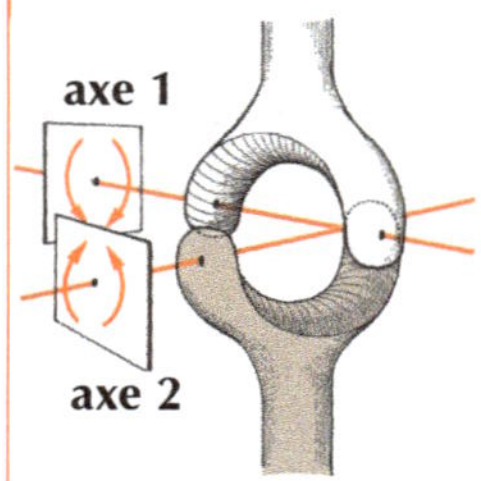	+	carpo -métacarpienne sterno -claviculaire

Condylaire ou ellipsoïde ou condylienne ou ovoïde	2 surfaces taillées dans une ellipsoïde : 1. concave 2. convexe	2	flexion-extension et abduction -adduction	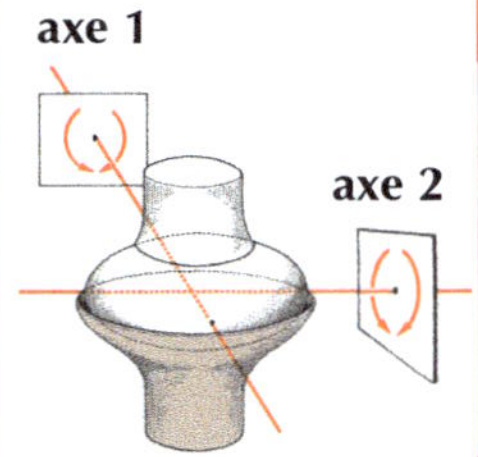	++	poignet radio-humérale
Bicondylaire ou bicondylienne	2 paires de condyles : 1 paire convexe 1 paire plane ou légèrement concave	1,5	1 axe principal flexion- extension axes accessoires rotations		++	genou
Ginglyme ou trochléenne	surfaces en forme de charnière	1	flexion-extension	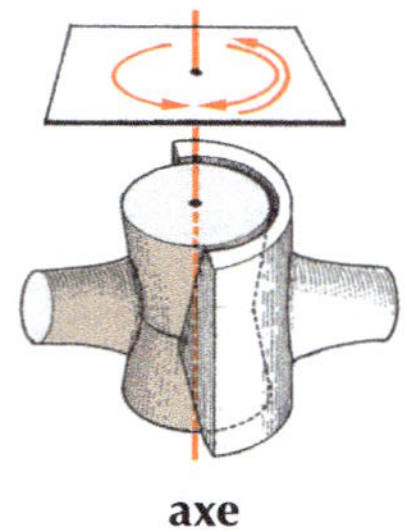	++	fémoro-patellaire cheville huméro-ulnaire
Sphéroïde ou énarthrose	2 segments de sphère : 1 plein 1 creux	3	flexion-extension abduction -adduction rotation axiale	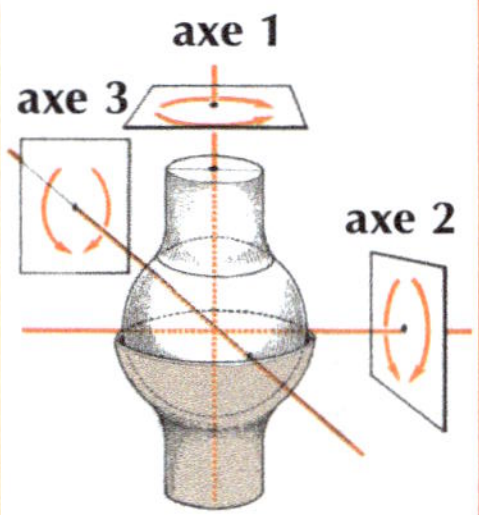	+++	scapulo-humérale coxo-fémorale

Les structures articulaires

Les articulations synoviales sont constituées d'un certain nombre de composants dont les rôles sont complémentaires (figure 10.8). On note la présence de structures de protection (les membranes externes et internes de la capsule articulaire), de structures d'amortissement des contraintes mécaniques et notamment des pressions (le cartilage, la synovie), de structures d'adaptation des surfaces articulaires (le bourrelet, le ménisque, le disque), de structures de maintien (la membrane externe de la capsule, les ligaments et les tendons péri-articulaires) et de structures de glissement (le cartilage, la synovie, le bourrelet, le disque et le ménisque).

Les structures de protection (tableau 10.2)

C'est la capsule articulaire qui assure cette fonction (figures 10.8 et 10.9). Elle est composée de deux membranes externe (fibreuse) et interne (synoviale) qui sont séparées l'une de l'autre par une mince couche adipeuse, et qui assurent des rôles différents.

Les structures d'amortissement des pressions (tableau 10.3)

Ces éléments ont pour rôle essentiel d'amortir, de répartir et donc de réduire les contraintes de pressions qui s'exercent sur l'articulation (figure 10.8).

Les structures d'adaptation des surfaces articulaires (SA) (tableau 10.4)

Les os qui sont en présence dans une articulation sont en général bien adaptés l'un à l'autre (figures 10.10 a et 10.10 b). Si les os ne s'adaptent pas bien entre eux, cette inadaptation est compensée par l'interposition d'un ou de plusieurs fragments fibro-cartilagineux. Ce sont des éléments qui assurent ou améliorent la congruence (emboîtement) des surfaces articulaires entre elles.

Les structures de maintien (tableau 10.7)

Elles assurent la stabilité mécanique passive de l'articulation (figures 10.9 et 10.10) et s'opposent à sa dislocation (luxation par exemple). Les muscles squelettiques, quant à eux, assurent un maintien dynamique par les forces qu'ils créent.

Les structures de glissement (tableau 10.6)

Elles favorisent le déplacement (figures 10.8 et 10.10) des surfaces articulaires directement (lubrification des surfaces) ou indirectement (étalement de la synovie).

Tableau 10.2

Constituants de la capsule	Particularités et fonctions
La membrane externe (fibreuse)	Manchon fibreux très résistant aux efforts de traction (fibres de collagène). C'est le prolongement du périoste des os. Les fibres de collagène ont des orientations différentes selon les articulations. Cette disposition permet la protection mécanique de l'articulation. Plus son insertion osseuse est éloignée du cartilage, plus l'articulation est mobile.
La membrane interne (synoviale)	Elle sécrète un liquide albumineux (la synovie) qui lubrifie l'articulation et nourrit les cellules cartilagineuses. Elle assure la défense contre les germes infectieux et entretient les tissus articulaires.

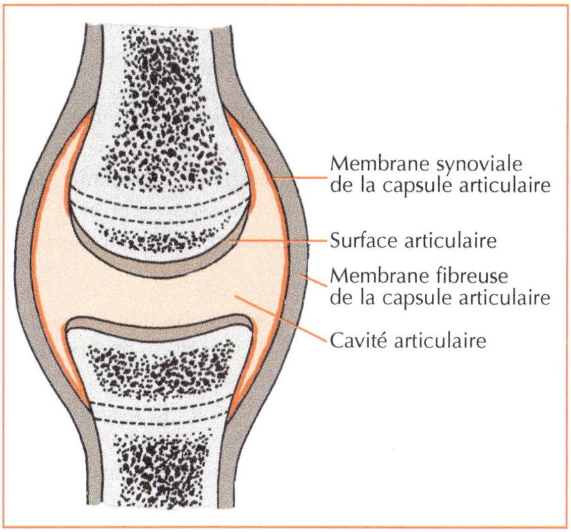

Figure 10.8
Articulation synoviale (d'après Kamina).

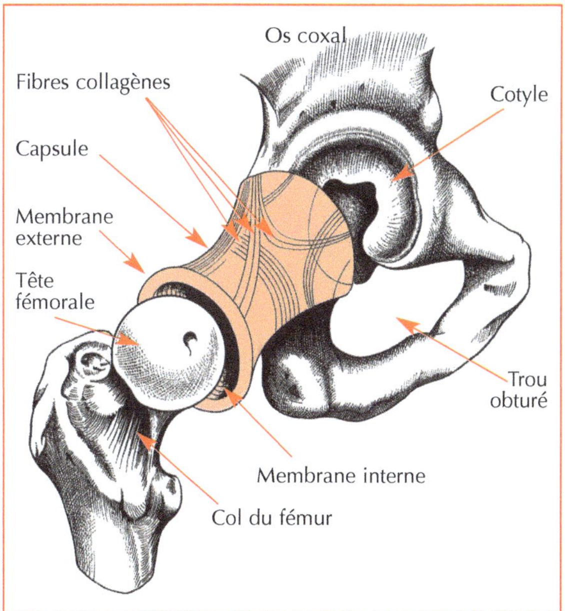

Figure 10.9
Articulation coxo-fémorale montrant la position de la capsule articulaire (d'après Kapandji).

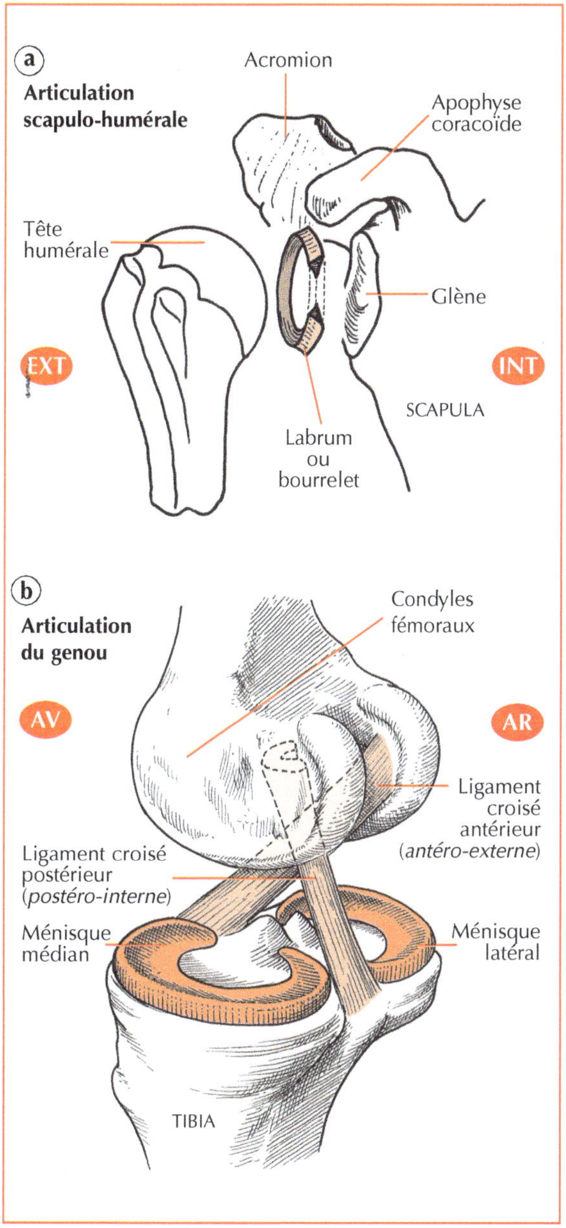

Figure 10.10
Constituants des articulations. Visualisation du labrum (**a**) (d'après Kapandji), des ligaments et des ménisques (**b**) (d'après Kamina).

Structures d'amortissement	Particularités et fonctions
La synovie : liquide transparent, visqueux	La viscosité de la synovie dépend des pressions qu'elle subit. Elle diminue lors de mouvements rapides. En nourrissant le cartilage articulaire par imbibition, elle permet son épaississement et donc l'augmentation de sa résistance aux contraintes mécaniques (pressions).
Le cartilage articulaire Il est avasculaire et se nourrit par imbibition par l'intermédiaire du liquide synovial. Cette imbibition est facilitée par les mouvements articulaires qui permettent un phénomène de pompage de la synovie de la membrane vers la cavité articulaire.	Le cartilage réduit le coefficient de friction de l'articulation. Déformable dans tous les sens, il peut perdre la moitié de son épaisseur sous les pressions. Le cartilage a une épaisseur qui dépend de la contrainte à laquelle l'articulation est soumise. L'échauffement permet, par exemple, de préparer les articulations à subir des contraintes importantes par épaississement du cartilage articulaire. Il a été montré que le cartilage de la face postérieure de la rotule double d'épaisseur à l'issue d'un footing de 5 minutes. Des contraintes asymétriques (effort unilatéral répété comme dans les sports de raquette) ou trop importantes peuvent user le cartilage (arthrose) et limiter la mobilité articulaire.

Tableau 10.3

Tableau 10.4

Structures d'adaptation des surfaces articulaires	Particularités et fonctions
Le disque : son centre est formé de cartilage qui se nourrit par imbibition. Sa périphérie est fibreuse. Les disques sont présents entre les vertèbres et dans l'articulation sterno-claviculaire.	Le disque s'interpose totalement entre les surfaces articulaires. Il sépare la cavité articulaire en deux parties. Cette organisation permet d'amortir et de répartir efficacement les contraintes de pression et de traction qui agissent sur l'articulation.
Le ménisque : il a une forme de croissant de lune plus ou moins fermé. Il est triangulaire à la coupe et est disposé en périphérie de la cavité articulaire de telle sorte que son bord latéral adhère à la membrane interne de la capsule. Le ménisque est présent au niveau des genoux et de l'articulation acromio-claviculaire.	Le ménisque ne s'interpose pas complètement entre les surfaces articulaires. Il n'occupe qu'une partie des SA. Il participe partiellement à l'amortissement et à la répartition des contraintes mécaniques. Il améliore la congruence des SA.
Le bourrelet ou labrum : il a la forme d'un anneau fermé qui est disposé à la périphérie des SA et adhère à la fois à une surface articulaire et à la membrane interne de la capsule.	Sa fonction principale est d'augmenter la congruence articulaire

Structures de maintien	Particularités et fonctions
La membrane fibreuse (externe) de la capsule articulaire : son élongation et/ou sa rupture est responsable des entorses.	Elle constitue un moyen d'union important entre les pièces articulaires. Elle est constituée de fibres de collagène, disposées en une ou plusieurs couches et dont les orientations sont différentes. Cette organisation permet de stabiliser passivement l'articulation selon les axes principaux de contraintes mécaniques.
Les ligaments : ce sont des lames fibreuses qui unissent les pièces articulaires. Il existe des ligaments capsulaires (qui adhèrent à la capsule), des ligaments extra-capsulaires (indépendants de la capsule) et des ligaments intracapsulaires (comme le ligament rond de la tête fémorale).	Les ligaments capsulaires complètent l'action de la membrane externe de la capsule en se plaquant sur sa face externe (ligaments gléno-humoraux). Les vides laissés entre eux représentent des points faibles au travers desquels la tête humérale s'engage lors de la luxation de l'épaule (après une chute à terre sur la main ou le coude).
Les tendons péri-articulaires	Ils assurent un rôle de contention contre les forces de traction qui tendent à disloquer l'articulation.

Tableau 10.5

Tableau 10.6

Structures de glissement	Particularités et fonctions
La synovie	Elle joue le rôle d'un lubrifiant qui gomme les aspérités des cartilages. L'irritation infectieuse ou mécanique de la membrane synoviale augmente sa production (phénomène d'hydrarthrose).
Le cartilage articulaire	Il réduit le coefficient de friction articulaire en raison de sa surface exceptionnellement lisse.
Le ménisque, le bourrrelet ou le disque	Il favorise l'étalement de la synovie au cours des mouvements.

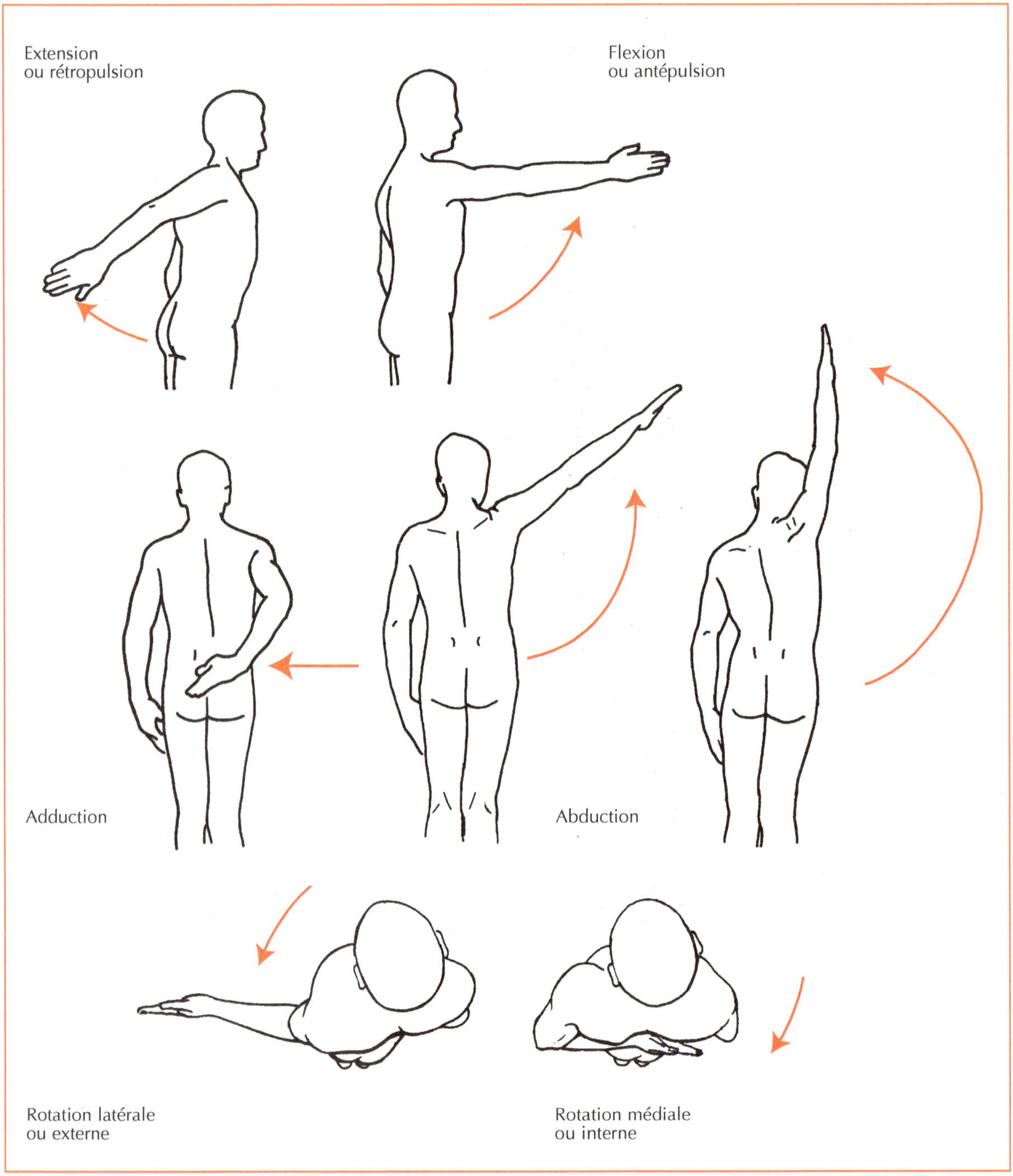

Figure 10.11
Mouvements élémentaires : exemple de l'épaule (d'après Kapandji).

d) Mécanique articulaire

Statique

En situation statique, les articulations sont soumises à des contraintes de pression, de torsion et de traction.

Les articulations de la colonne vertébrale et du train porteur (membres inférieurs), vu leur position dans le squelette, sont principalement soumises à des pressions (poids du corps dont la valeur augmente à mesure que l'on se rapproche des articulations distales des membres inférieurs). La colonne vertébrale seule est également soumise à des efforts de torsions : la colonne tourne sur elle dans l'axe vertical notamment lors de la pratique de sports qui engagent l'appareil locomoteur de façon asymétrique (sports de raquette). On retrouve également ce type de déviation vertébrale dans des sports de balle (passe en rugby, tir au handball, coup de pied au football, etc.).

Les articulations des membres supérieurs, puisque les segments osseux sont suspendus à la ceinture scapulaire, sont principalement soumis à des contraintes de traction. Les ligaments, la capsule et les muscles péri-articulaires luttent donc en permanence contre ces contraintes fatigantes (ce qui impose des recherches d'appui des membres supérieurs lors de certains gestes et certaines postures de travail).

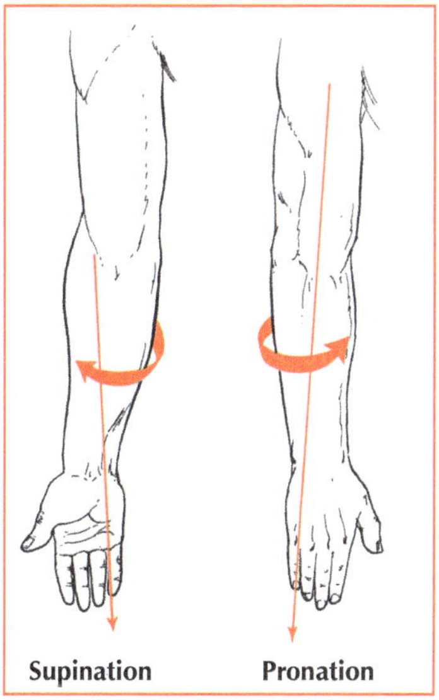

Figure 10.12 Mouvements élémentaires (*suite*). (D'après Kamina).

Dynamique

En situation dynamique, une articulation correspond à une charnière spéciale qui permet, selon la forme des surfaces articulaires, de réaliser des mouvements autour d'un (uni-axiale) ou de plusieurs axes (bi- ou tri-axiale).

La figure 10.11 donne l'exemple des mouvements élémentaires réalisés par l'épaule. Les rotations réalisées autour d'un axe transversal sont la flexion (qui ferme l'articulation) et l'extension (qui ouvre l'articulation). Les rotations réalisées autour d'un axe sagittal sont l'adduction (qui approche le segment mobilisé sur plan médian) et l'abduction (qui éloigne le segment mobilisé du plan médian).

Les rotations réalisées autour d'un axe vertical (celui du segment osseux en général) sont la rotation latérale ou externe (dans le sens des aiguilles d'une montre pour le membre droit) et la rotation médiale ou interne (dans le sens inverse des aiguilles d'une montre pour le membre droit).

Il existe également des mouvements combinés (figures 10.12 et 10.13). Au niveau du pied, l'ensemble des articulations (tibio-tarsienne, sous-astragalienne et tarso-métartarsiennes) permet l'éversion (association de l'abduction et de la rotation latérale) et l'inversion (association de l'adduction et de la rotation médiale).

Au niveau de l'épaule et de la hanche, les articulations sphéroïdes permettent de réaliser la circumduction (association de mouvements élémentaires).

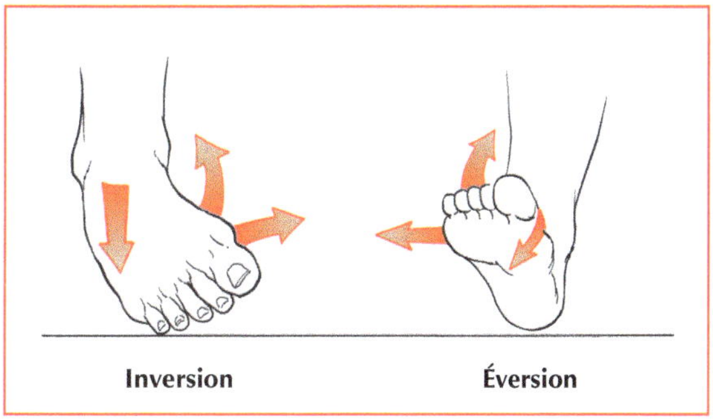

Figure 10.13 Mouvements combinés du pied (d'après Kamina).

e) Mobilité du squelette

Les mouvements simples que nous réalisons chaque jour mettent en jeu plusieurs articulations. Notre redressement en position érigée, bipédique a induit un certain nombre de modifications au cours du temps (évolution de l'homme).

Les membres inférieurs (figure 10.7), qui ont pour rôle le maintien en position debout, le support du poids du corps, la locomotion marchée, courue, les sauts, l'orientation du pied afin qu'il se présente de façon adaptée quel que soit l'état du sol, etc. À ce titre, ils doivent présenter un facteur de stabilité (qui est nécessaire afin de diriger les pieds) au détriment de leur mobilité. Ainsi, la chaîne articulaire formée par le train porteur (ceinture pelvienne et membres) comporte 6 degrés de liberté (6 DDL : 3 pour la hanche, 2 pour le genou, 1 pour la cheville). Les diverses possibilités d'orientation du pied correspondent à la somme des 6 DDL du membre inférieur.

Les membres supérieurs sont essentiellement tournés vers la préhension, donnant la possibilité à la main d'être orientée dans toutes les directions de l'espace et de se présenter dans la position la plus favorable pour une action donnée (la main est « l'instrument des instruments » selon Aristote). La chaîne articulaire formée par les membres supérieurs comporte 15 degrés de liberté (3 pour la scapulo-humérale, 3 pour l'acromio-claviculaire, 3 pour la sterno-claviculaire, 2 pour la scapulo-thoracique, 2 pour le coude et 2 pour le poignet).

D. Les muscles

Il existe 3 types de muscles dans le corps : le muscle squelettique, le muscle cardiaque et le muscle lisse (dans le tube digestif). Seuls les muscles squelettiques intéressent l'étude fonctionnelle du mouvement.

Les muscles (et leurs fibres musculaires) sont directement reliés au SNC par des neurones moteurs qui transmettent les ordres de notre volonté ou par des neurones sensitifs qui renseignent le SNC sur l'état dans lequel se trouve l'organe.

Les muscles sont des effecteurs, des réalisateurs, des producteurs de forces.

À la différence des os, ils sont capables de changer de longueur lors des contractions. Comme ils s'insèrent sur les os, leur modification de longueur provoque, à l'aide des articulations autour desquelles ils agissent, le rapprochement (fermeture), l'éloignement (ouverture) ou la rotation des segments osseux entre eux.

Généralement, les muscles squelettiques ne peuvent produire de force que sous certaines conditions : il leur faut un point d'appui. Ainsi, lorsque l'on veut réaliser un mouvement aussi simple qu'une flexion de l'avant-bras sur le bras, le point d'appui (appelé « point fixe » dans le jargon sportif) est réalisé par l'ensemble des muscles fixateurs de la scapula afin de bloquer l'épaule et de permettre un mouvement normal de flexion du coude.

Lorsqu'un muscle est impliqué dans un mouvement, il est rare que les deux segments sur lesquels il s'insère soient libres. Si c'est le cas, cela présente deux types d'écueils. D'une part, lorsqu'il n'existe pas de point fixe solide, une grande partie de la force produite est perdue, ce qui réduit fortement les mouvements des segments osseux. D'autre part, l'absence de point fixe péri-articulaire augmente le nombre de DDL mis en jeu, ce qui limite à la fois les possibilités de contrôle du mouvement en cours d'exécution, de contrôle de l'orientation et de la portée du geste.

L'étude biomécanique de gestes effectués par des sportifs de haut-niveau a montré un nombre significativement plus réduit de DDL engagés dans le mouvement par rapport au même geste effectué par un débutant. Cette limitation des DDL par création de points fixes stables est donc à la fois économique et efficace.

a) Constitution des muscles squelettiques

Les muscles squelettiques sont des organes composés de différents types de tissus qui assurent des fonctions complémentaires (figure 10.14). Le tissu musculaire produit la force, le tissu conjonctif se charge de la transmettre vers les segments osseux. Le tissu nerveux transmet les ordres de contraction et informe le SNC sur l'état de l'organe (longueur, vitesse de changement de longueur, tension). Le tissu vasculaire sert à approvisionner le muscle en énergie et en oxygène et à évacuer les déchets de son travail (acide lactique, organites abîmés).

Le tissu musculaire

Le tissu musculaire correspond à l'ensemble des cellules ou fibres musculaires présentes dans chaque organe (figure 10.14). Les cellules musculaires ont une forme allongée, cylindrique. Elles contiennent l'ensemble du matériel protéique sur lequel repose le mécanisme de la contraction musculaire. Sur toute leur longueur, elles développent des myofibrilles qui sont composées de sarcomères alignés d'un bout à l'autre de la fibre. Le sarcomère est l'unité contractile de base. Il est principalement formé de deux grands types de protéines: l'actine et la myosine. Pendant la contraction, les filaments d'actine glissent sur les filaments de myosine, ce qui permet de raccourcir ou d'allonger chaque sarcomère (l'amplitude est d'environ 1,5 µm). Les variations de longueur des unités de base s'additionnent, ce qui permet de comprendre qu'une fibre peut réduire sa longueur de 50 % de sa longueur de repos.

Le tissu conjonctif

Le tissu conjonctif correspond au tissu qui charpente le muscle et organise les cellules musculaires les unes par rapport aux autres. Il est présent à la fois au niveau du ventre musculaire, aux extrémités, et en superficie du muscle par de longs prolongements tendineux.
Le tissu conjonctif aréolaire entoure chaque fibre musculaire (endomysium). Il entoure également des groupes de fibres musculaires dont il forme des fascias (périmysium) et entoure le muscle dans sa totalité (épimysium).
Le tissu conjonctif dense se situe à la fois aux extrémités du muscle (il sert de lien entre l'os et le muscle), et à l'intérieur ou en superficie des organes sous forme de lames tendineuses (elles servent de surface d'insertion pour les fibres musculaires).

Figure 10.14
Constitution du muscle squelettique.

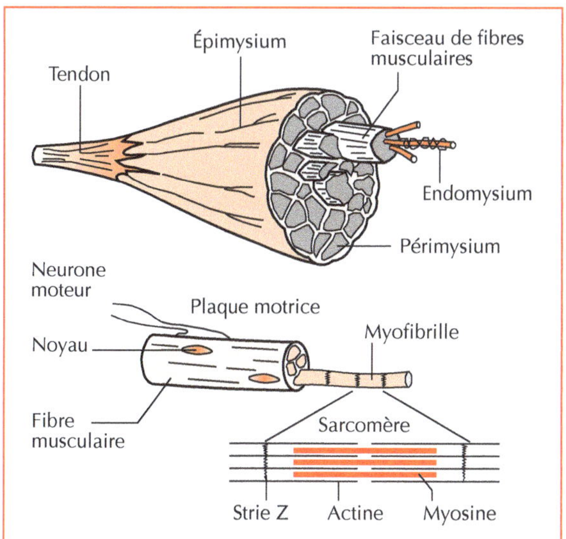

Le tissu nerveux

Pour pouvoir être mis en jeu au bon moment et dans une situation mécanique convenable, les muscles sont dotés de capteurs nerveux (figure 10.15) et sont mis en jeu par des neurones moteurs.

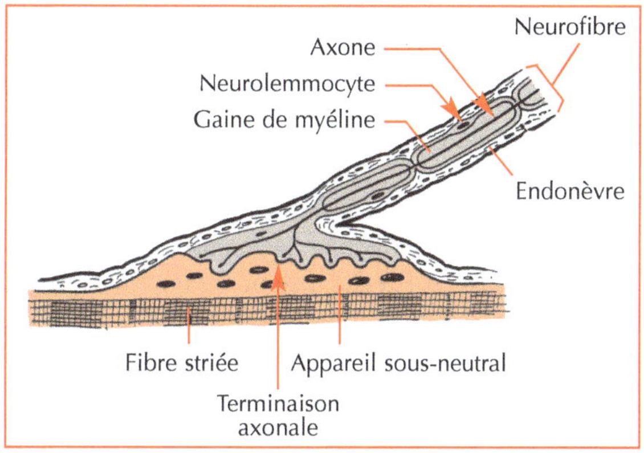

Figure 10.15a
Plaque motrice (d'après Hamilton et Kamina).

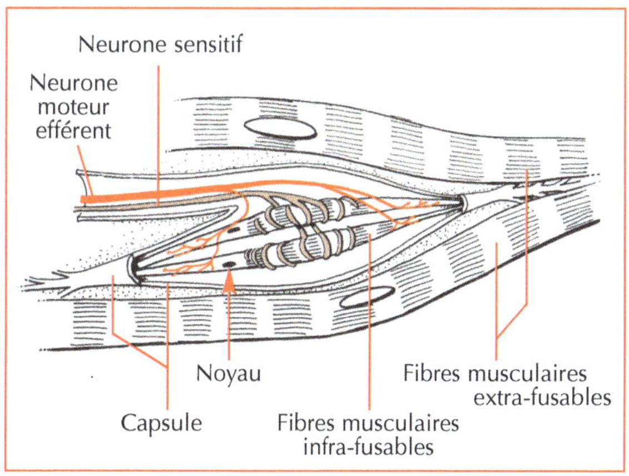

Figure 10.15b
Fuseau neuro-musculaire (d'après Spence et Masson, Kamina).

Les capteurs nerveux, qui sont tous reliés aux centres nerveux par des neurones sensitifs, sont de plusieurs types : les fuseaux neuro-musculaires, disposés à l'intérieur du ventre musculaire, renseignent sur l'état de longueur et de changement de longueur des muscles. Les organes tendineux de Golgi, situés dans les tendons, renseignent sur l'état de tension du muscle et préviennent contre les trop fortes raideurs.

Par ailleurs, chaque fibre musculaire est reliée à la moelle épinière par des neurones moteurs qui envoient les ordres de contraction qui contiennent les modalités de production de force (intensité, durée).

La présence de capteurs, de fibres nerveuses sensitives, de centres nerveux et de fibres motrices est à l'origine de la mise en jeu possible de réflexes qui protègent les muscles contre les blessures. Les connections nerveuses sont telles que les fuseaux neuro-musculaires sont en fait placés en parallèle avec les fibres musculaires, et suivent leurs mouvements. Si les fibres musculaires sont étirées, les fuseaux le sont également. S'il y a risque de déchirure, les fuseaux envoient des signaux qui amènent le SNC à ordonner la contraction pour réduire la longueur du muscle : c'est le réflexe d'extension dont l'exemple type est représenté par le médecin qui frappe le tendon rotulien avec un marteau en caoutchouc. Lorsque l'on s'endort assis en cours, la tête chute brutalement vers l'avant par relâchement des muscles de la nuque. Leur étirement est capté et un ordre de contraction permet de « relever » la tête. Les mouvements lents, sans saccade et conduits, qui sont réalisés par les sportifs lors des étirements musculaires de l'échauffement ou de la récupération, permettent d'éviter la mise en jeu (trop importante) du réflexe d'étirement et donc d'allonger le muscle afin de mieux le préparer ou de mieux de faire « récupérer ».

Les organes tendineux de Golgi permettent, à l'aide d'une autre organisation nerveuse, de limiter ou d'empêcher le muscle de se contracter lorsqu'il est soumis à une tension importante risquant la rupture de l'organe.

Le tissu vasculaire

Pour produire des forces, le muscle transforme de l'énergie chimique, provenant des aliments en énergie mécanique. Ce sont des artères qui permettent d'approvisionner les muscles en énergie, en eau et en oxygène par l'intermédiaire du sang qu'elles transportent. Au niveau des organes, elles présentent un calibre réduit (artérioles) et se divisent afin d'atteindre l'ensemble des parties de l'organe.

Les veines qui leur font suite après l'anastomose capillaire, sont chargées de libérer le muscle d'une partie de ses déchets en ramenant le sang chargé de ces produits vers le coeur, puis les poumons, le foie et les reins.

b) Mécanique musculaire

Pour pouvoir comprendre l'action des muscles sur les segments du corps, il faut connaître la nature des forces musculaires (figure 10.16). Dans un système simple formé par deux segments articulés entre eux et mobilisés par un muscle dont les insertions se réalisent sur chacun des segments, les caractéristiques de la force musculaire (Fm) développée lors d'une flexion de l'avant-bras sur le bras sont les suivantes :

- le point d'application (A) de la force se situe sur le segment mobile (ici l'avant-bras),
- la direction de la force est donnée par celle des fibres musculaires,
- le sens de la force est donné par celui du mouvement réalisé,
- l'intensité de la force est arbitrairement proportionnelle à la longueur de la flèche représentant la force.

Si l'avant-bras a une masse de 3 kg (1 kg = 10 N), il pèse 30 N (R = 30 N), la force à développer est au moins égale à cette valeur.

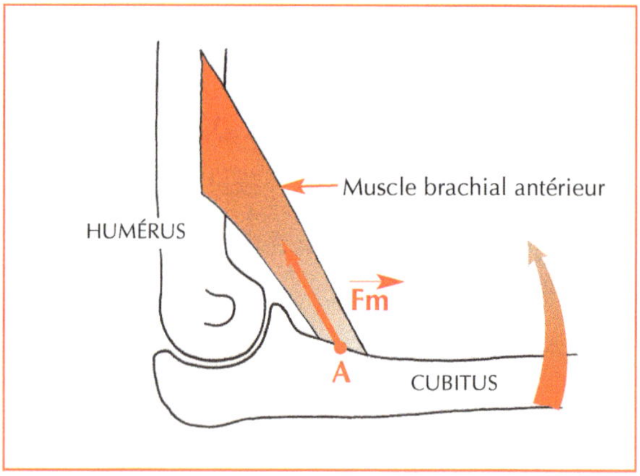

Figure 10.16
Mécanique musculaire caractéristique de la force musculaire (d'après Kamina).

Architecture et mécanique musculaire

Si les principales propriétés qui consistent à transformer de l'énergie chimique en énergie mécanique (mouvement) et de la transmettre sont communes à tous les muscles, ces derniers présentent des particularités morphologiques et histologiques qui influencent la façon dont ils produisent les forces. Si l'on observe attentivement les différents muscles du corps, on se rend compte de la variété des morphologies possibles (figure 10.17).

Ces facteurs morphologiques influencent les caractéristiques fonctionnelles des muscles squelettiques. Il est possible, pour simplifier, de réduire la diversité des morphologies par deux grands types de formes : les muscles à architecture fusiforme (figure 10.18) qui sont des organes qui présentent un ventre central et deux (ou plus) extrémités. La proportion de tissu conjonctif dense est réduite, et les fibres musculaires, en général longues, vont d'une extrémité tendineuse à l'autre. Les muscles penniformes (figure 10.18) sont des organes dont les fibres musculaires, généralement courtes, s'insèrent sur des expansions des tendons (lames tendineuses ou aponévroses) avec un angle de pennation par rapport à l'axe de l'organe.

Figure 10.17
Différentes formes et textures du muscle (d'après Kamina).

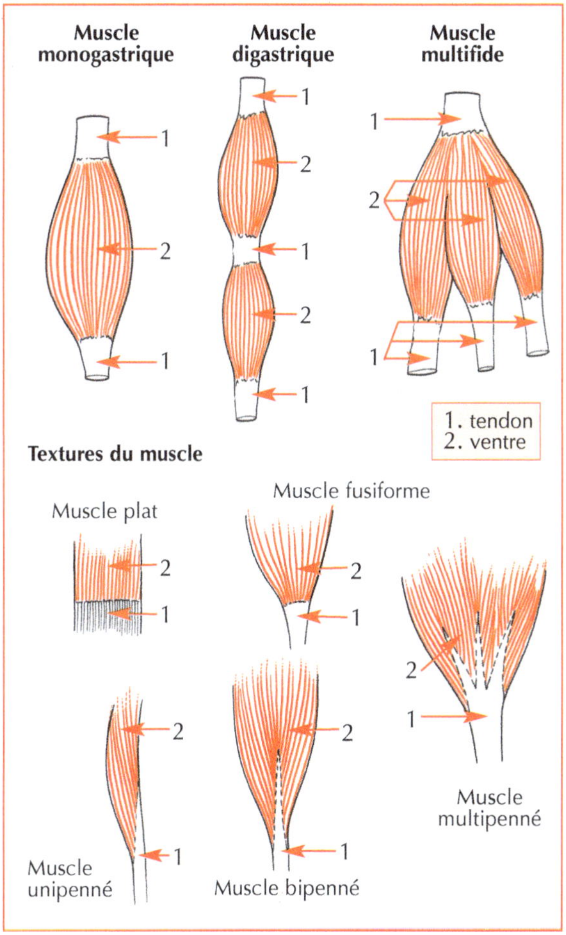

La disposition des fibres musculaires dans chaque type de muscle a une répercussion importante sur l'**intensité** de la force produite et l'**amplitude** du mouvement produit.

Il a été montré qu'il existe une relation entre la surface de section d'un muscle et la valeur de la force produite (la valeur moyenne par unité de surface est environ de 6 $kg.cm^{-2}$). Comme cela est montré dans la figure 10.19, la surface (S) de section physiologique (coupe perpendiculaire à la direction des fibres musculaires correspondant à la somme de l'ensemble du matériel contractile) est plus grande dans un muscle penné (12 × 6 = 72 kg) que dans un muscle fusiforme (6 × 6 = 36 kg). Les muscles pennés sont donc plus puissants que les muscles fusiformes.

Les muscles pennés possèdent des fibres musculaires relativement courtes, alors que celles des muscles

Figure 10.18
Architecture musculaire.
Muscle fusiforme.

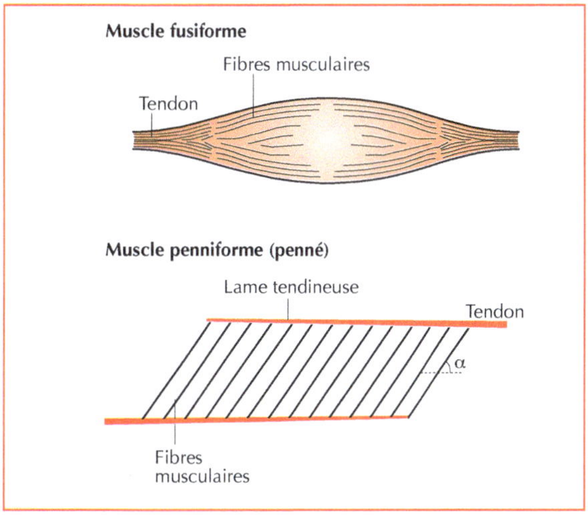

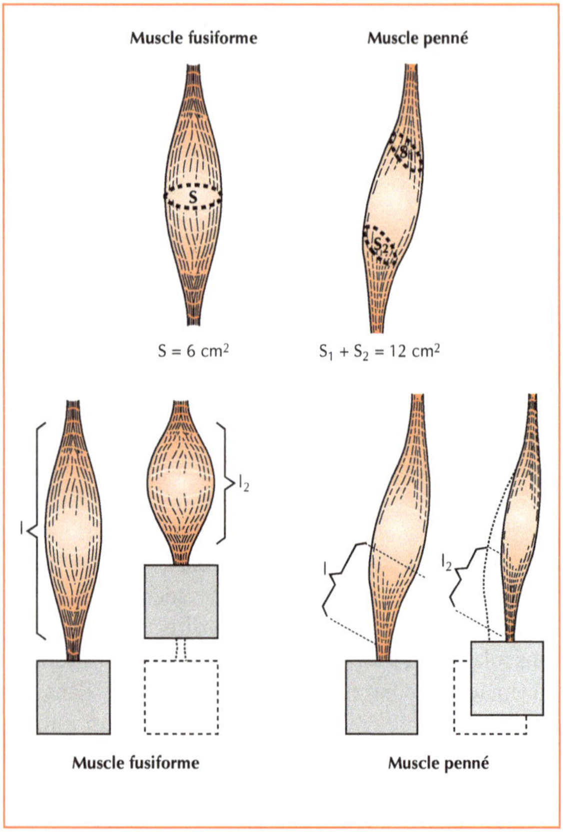

Figure 10.19
Influence de l'architecture musculaire sur les capacités de production de force et sur l'amplitude du mouvement produit.

fusiformes sont longues. Cela a une influence sur la variation maximale de longueur des organes lors de la contraction. Sachant qu'une fibre musculaire a la possibilité de réduire sa longueur de 50 % environ : 50 % de 10 cm sont supérieurs à 50 % de 5 cm.
Il est montré que les muscles pennés permettent des mouvements puissants et de petite amplitude. Les muscles fusiformes quant à eux réalisent des mouvements de grande amplitude à vitesse élevée.

Position des insertions et systèmes de leviers

L'aptitude d'un muscle à développer une force dépend aussi de sa situation par rapport à l'articulation. Il est ici question du type de levier en présence, de la valeur du bras de levier en jeu et de la position de l'insertion du muscle par rapport au centre articulaire.
Il faut mentionner, avant de proposer quelques exemples, que l'organisme présente 3 types de leviers qui rendent la force plus ou moins efficace.
Pour réaliser un levier, il faut un point d'appui (A), des forces qui s'opposent [la force musculaire (F) et la résistance à vaincre (R)] et deux bras de leviers (de la force [a = d(AF)] et de la résistance [b = d(AR)].
Le bras de levier est défini comme la longueur de la perpendiculaire abaissée du point d'appui (A) sur la

Figure 10.20
Principaux leviers chez l'homme (d'après Kamina).
1 - levier de 1er genre — *A - point d'appui*
2 - levier de 2e genre — *F - puissance*
3 - levier de 3e genre — *R - résistance*

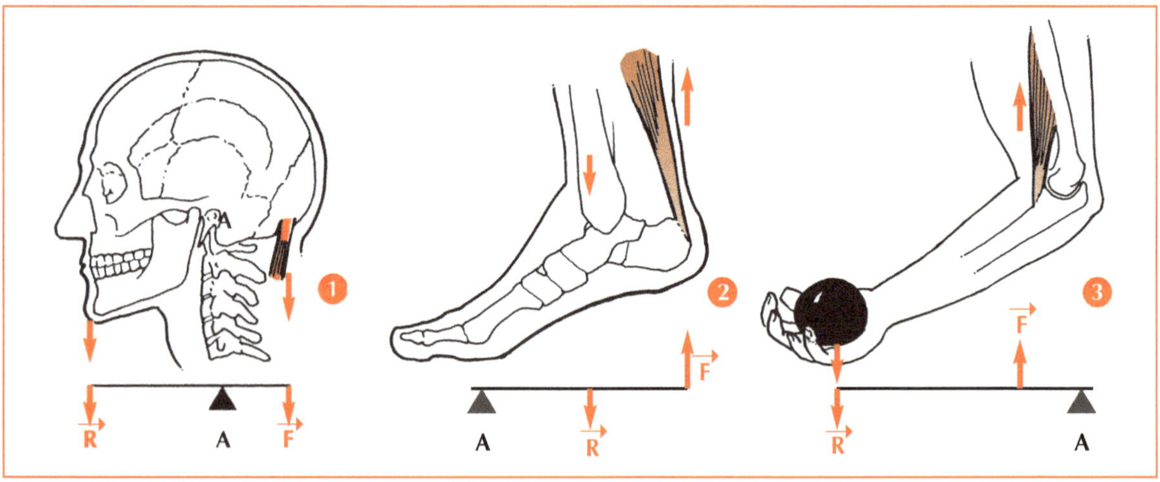

direction de $\vec{F}$ et de $\vec{R}$). Pour connaître la force à développer pour vaincre la résistance il faut appliquer la formule : $\vec{F} \times a = \vec{R} \times b$, d'où $\vec{F} = (\vec{R} \times b) / a$. Donc, si $a > b$, alors $\vec{F} < \vec{R}$: la force à développer est inférieure à la valeur de R.

La variation de la position de chacun de ces paramètres permet de définir les trois types de leviers (figure 10.20).

Lorsque le point d'appui (A) est situé entre la force ($\vec{F}$) et la résistance ($\vec{R}$), c'est un levier inter-appui (premier genre). C'est celui que l'on trouve à la base du crâne (rappelez-vous, c'est le relâchement de F qui provoque la chute de la tête en avant lorsque vous vous endormez en cours).

Lorsque la résistance ($\vec{R}$) est située entre A et $\vec{F}$, c'est un levier inter-résistant (second genre), économique puisque a est systématiquement plus grand que b. Ce type de levier se trouve par exemple au niveau du système de la cheville.

Lorsque la puissance ($\vec{F}$) est située entre A et $\vec{R}$, c'est un levier inter-puissant (du troisième genre), peu économique puisque b est systématiquement plus grand que a. Ce type de levier se trouve au niveau du système bras/avant-bras, de l'abduction de l'épaule, de l'extension du genou, etc.

Sur la figure 10.21, nous sommes en présence d'un levier interpuissant. Ainsi, si b est plus grand que a. La force à développer par le muscle brachial antérieur est donc supérieure à 30 N.

Figure 10.21
Articulation entre le bras et l'avant-bras, levier interpuissant. Détermination de la longueur des bras de leviers.
(D'après Kamina).

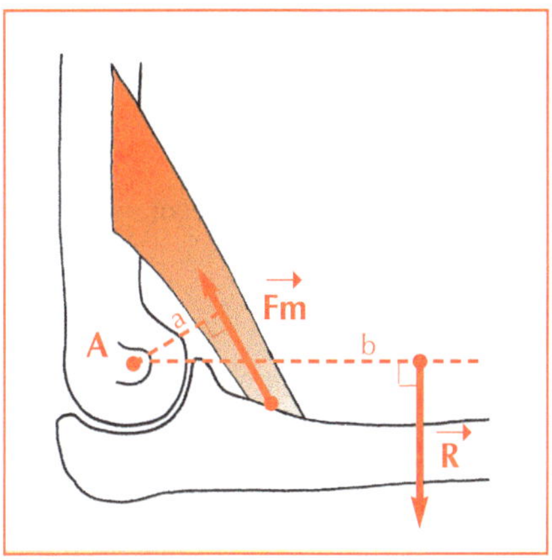

La connaissance de ce principe (levier ou moment cinétique) est utile autant dans le cadre de l'étude de la mécanique et des contraintes articulaires (étude des maux lombaires par exemple), que dans le cadre de la préparation physique.

La figure 10.22 représente une vue latérale du tronc d'individus en posture bipédique. L'importance des courbures lombaires induit une avancée du centre de gravité du corps, ce qui augmente la longueur de b ; en conséquence les muscles paravertébraux développent une force qui annule la chute du tronc vers l'avant en pinçant la partie postérieure des vertèbres. La figure 10.23 représente deux manières de soulever un objet : l'une est bonne (b), l'autre est mauvaise (a) et impose aux muscles paravertébraux de développer une force susceptible de léser le disque intervertébral et le cartilage articulaire, avec les répétitions. La connaissance des leviers donne également la possibi-

Figure 10.22
Comparaison de la force développée par les muscles paravertébraux lors de 2 postures différentes.
D'après Kapandji.

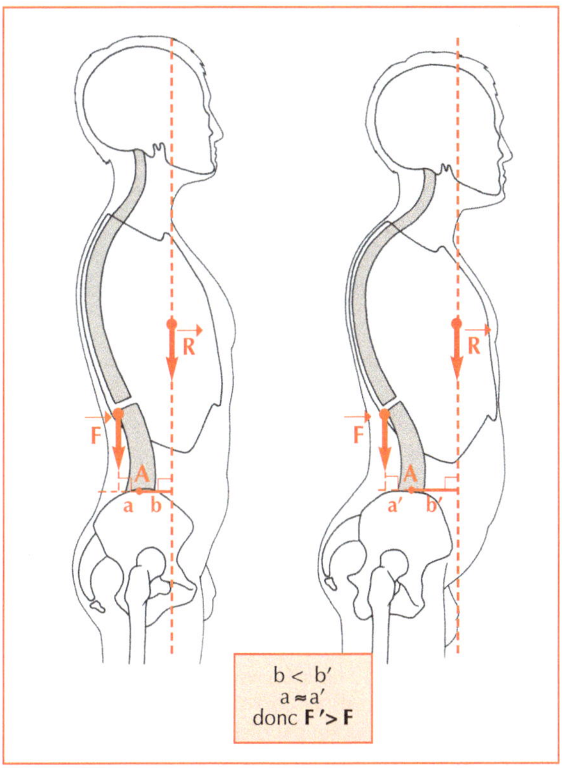

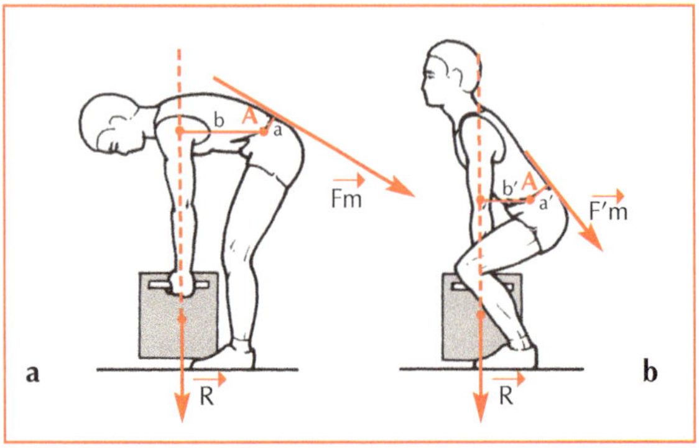

Figure 10.23
Deux manières de soulever des charges. Une façon correcte (**b**), et une mauvaise (**a**). (D'après Whired).
b' < b, a ≈ a' donc F'm < Fm

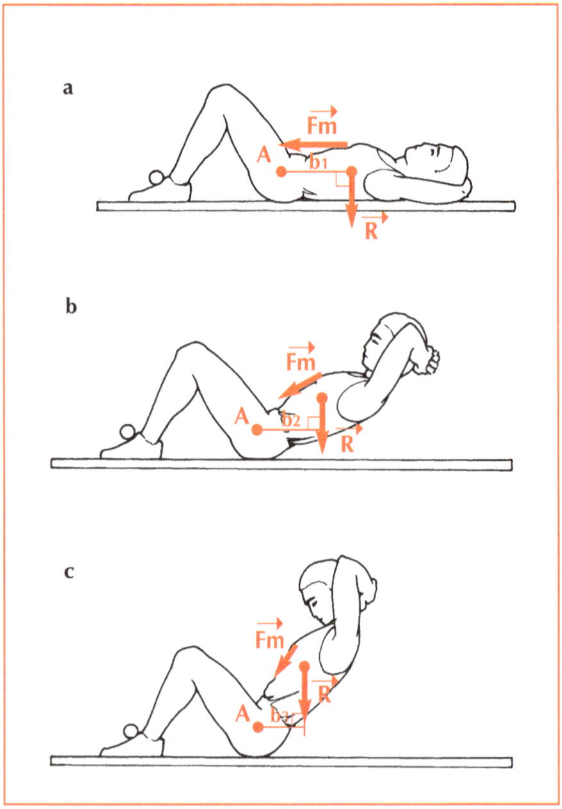

Figure 10.24
Renforcement des muscles abdominaux.
Bras de leviers de la résistance $b_3 < b_2 < b_1$. La force (Fm) des muscles fléchisseurs du tronc sur les cuisses diminue au cours du mouvement.

lité de faire varier la difficulté des exercices de musculation et donc de contrôler, en fonction du niveau du sportif, les tensions imposées à l'appareil locomoteur. Lors d'un exercice d'abdominaux à point fixe bas (figure 10.24) que l'on propose à un débutant (éviter les abdominaux à point fixe haut pour ce niveau), il est possible de proposer des situations avec changement de leviers. À mesure que le tronc réalise sa flexion sur les cuisses et avant que le bassin ne bascule (et que le travail soit alors réalisé par un muscle de la cuisse) b diminue, ce qui rend l'exercice de plus en plus aisé. Il est également souhaitable de proposer le même mouvement, mais en sens inverse. Dans ce cas, les muscles abdominaux travaillent en excentrique (*cf.* le travail musculaire) et l'exercice, puisque b augmente peu a peu, devient de plus en plus difficile (il faut toutefois veiller à ce que l'exercice se déroule dans un cône angulaire qui ne met pas en jeu la bascule du bassin). Pour les sportifs bien entraînés et possédant une ceinture abdominale satisfaisante, il est possible de leur proposer les mêmes situations, mais sur un plan incliné. L'angle d'inclinaison permet de limiter la diminution de la longueur de b, ce qui rend l'exercice difficile sur toute sa course (figure 10.25).

La distance de la position du point d'insertion musculaire par rapport au centre de rotation articulaire, vu les propos précédents, a des conséquences sur l'intensité de la force à développer et aussi sur la valeur de la composante efficace de cette même force.

Il est en plus nécessaire de tenir compte d'un dernier facteur. Il concerne la décomposition de la force développée par un muscle en fonction du mouvement à réaliser (figure 10.26), ce qui peut, selon le cas, amener à être contradictoire par rapport aux informations du paragraphe précédent. L'exemple de la force développée par le muscle brachial dans la flexion de l'avant-bras sur le bras sert de référence. Le muscle s'insère en oblique sur le cubitus. La force développée par la contraction peut se décomposer selon deux composantes partant du point d'insertion.

La composante longitudinale (S) ou articulaire – droite qui suit le grand axe de l'os, passant par l'insertion et le centre articulaire (O) – compense la tendance à la dislocation (luxation) liée à la force centrifuge du mouvement. Elle a un rôle statique, stabilisateur, coapteur.

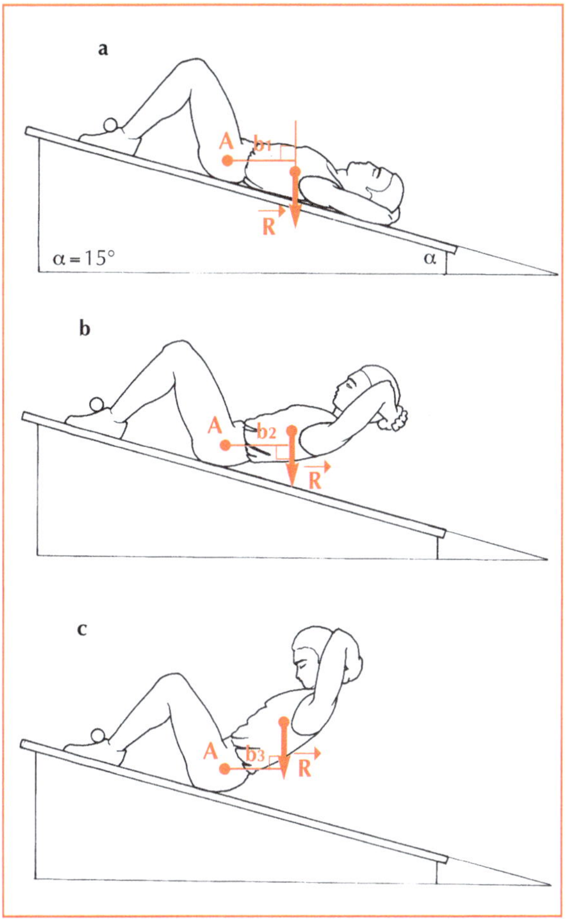

Figure 10.25
Renforcement des muscles abdominaux sur banc suédois. b diminue très peu au cours du mouvement de flexion du tronc sur les cuisses.

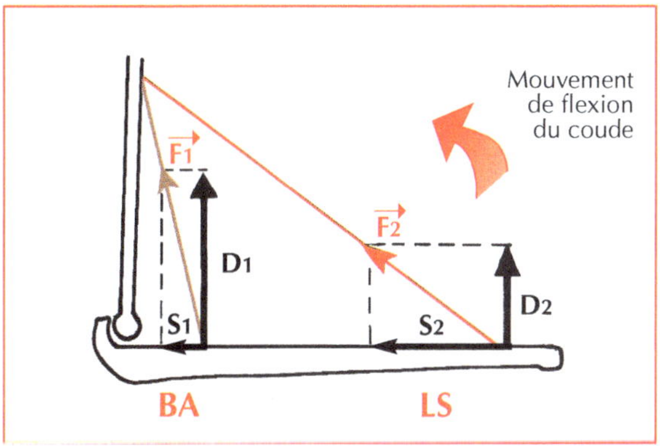

La composante verticale (D) est perpendiculaire à la précédente. Elle provoque la rotation du bras. Elle a un rôle dynamique et accélérateur.

Les deux muscles présentés sur la figure 10.26 – brachial antérieur (BA) et long supinateur (LS) – sont insérés sur le segment mobile près et loin du centre articulaire. Le muscle à insertion proche (BA) développe une force presque verticale où la composante accélératrice est importante, ce qui le rend le moteur principal du mouvement. Le muscle à insertion plus lointaine du centre articulaire (LS) développe une force plus oblique où la composante articulaire ou captatrice est importante. Ce muscle est donc stabilisateur.

Lors des mouvements réels de flexion de l'avant-bras sur le bras à point fixe haut (épaule), ces deux muscles ont une action complémentaire : le BA est le moteur principal du mouvement, alors que le LS est coapteur. Par contre, lors du mouvement inverse de flexion du bras sur l'avant-bras à point fixe bas (traction du corps sur une barre fixe), le LS devient le muscle principal du mouvement, alors que le BA est stabilisateur.

Il faut donc faire attention au sens d'exécution d'un mouvement : selon le cas, les muscles mobilisés sont différents. La connaissance des régions d'insertion des muscles squelettiques permet d'identifier leurs rôles dans les différents types de mouvement.

Notons enfin qu'il est extrêmement rare qu'un seul muscle soit sollicité lors d'un mouvement sportif. Les muscles (qui composent des chaînes musculaires) agissent de façon complémentaire ou opposée. Dans un mouvement, les muscles congénères concourent au même mouvement (biceps brachial et brachial antérieur lors de la flexion de l'avant-bras sur le bras), les muscles synergiques aident à l'action d'un muscle en limitant ou supprimant l'action indésirable d'un autre muscle lors de l'exécution du mouvement (lorsqu'on serre le poing, les muscles extenseurs du poignet suppriment la flexion du poignet afin que les fléchisseurs des doigts agissent efficacement), les muscles antagonistes s'opposent à l'action des

Figure 10.26
Décomposition de la force musculaire en composantes stabilisatrice (S) et dynamique (D).
Force développée par les muscle brachial antérieur (BA) et long supinateur (LS). (D'après Kamina).

muscles agonistes, ce qui permet de contrôler la vitesse et d'augmenter la précision du mouvement.

c) Le travail musculaire

Un muscle peut travailler de façon statique ou dynamique (figure 10.27).

Lors du travail statique, le muscle développe une force sans qu'aucun mouvement ne se produise au niveau de la ou des articulations sur la (les) quelle(s) il agit : on dit que la contraction est isométrique (figure 10.27 a).

Le muscle réalise un travail dynamique lorsqu'il développe une force qui provoque la variation de longueur de l'organe et le mouvement des segments sur lesquels il s'insère. La variation de longueur peut être l'allongement ou le raccourcissement.

Lorsque le muscle travaille en s'allongeant, on parle de contraction excentrique. On observe ce phénomène lorsque le muscle tente de freiner le mouvement d'une articulation sous l'effet d'une force extérieure (dans la figure, les fléchisseurs du coude en se contractant freinent la descente du corps, figure 10.27 c).

Lorsque le muscle travaille en se raccourcissant (contraction concentrique) cela provoque le rapprochement de ses insertions. C'est ce type de travail des fléchisseurs du coude qui est présenté dans la figure 10.27 b.

Figure 10.27
Différentes situations de travail musculaire.

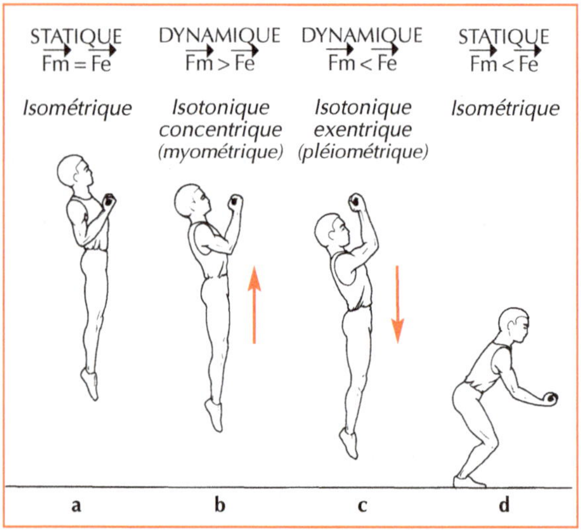

L'efficacité du travail musculaire dynamique dépend, en plus des facteurs cités dans les paragraphes précédents, de la longueur du muscle au moment de la contraction. Ce fait a une incidence importante sur le positionnement corporel lors de la réalisation d'un geste technique. Si le muscle est trop court, c'est-à-dire déjà contracté, il ne peut pas développer sa force maximale.

Figure 10.28
Comportement d'un muscle et force développée en fonction de sa longueur au moment de la stimulation.
Courbe d'évolution de la force développée en fonction de la longueur du muscle.
(D'après Whired).

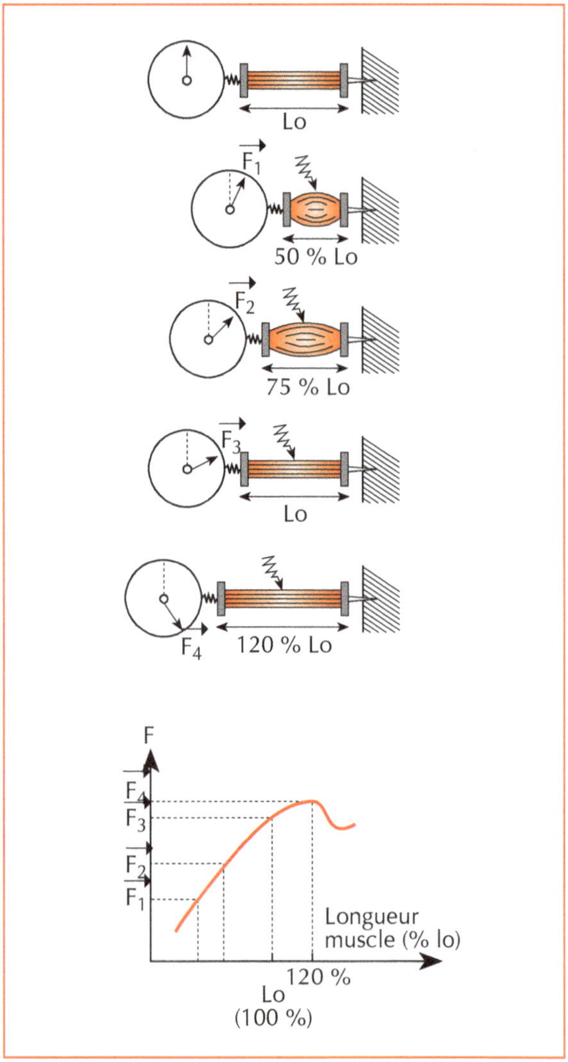

Il en est de même si le muscle est trop allongé (étiré). L'utilisation optimale des muscles et des chaînes musculaires qui est recherchée lors de l'apprentissage des techniques gestuelles est conditionné par la connaissance de la relation force-longueur. La figure 10.28 montre la relation qui existe entre la longueur du muscle et la valeur de la force développée. Au repos, le muscle a une longueur appelée l_0 ou longueur de repos. Dans cette situation, le muscle ne développe pas de force (figure 10.28). Si l'on stimule un muscle lorsqu'il se situe à 50 % de l_0, la force développée est quasiment nulle. $\vec{F2}$, $\vec{F3}$ et $\vec{F4}$ représentent les forces développées à 75 %, 100 % et 120 % de l_0 respectivement. On observe que la force maximale est développée par un muscle légèrement étiré (120 % de l_0). Dans le lancer de javelot, la technique vise à allonger préalablement le groupe musculaire moteur du mouvement (deltoïde et grand pectoral). Au cours d'un service au tennis, d'un tir au handball ou d'un smash au volley-ball, ce sont les mêmes muscles et le triceps brachial qui sont étirés lors de la phase « d'armer » du geste ; le même phénomène se produit lors des courses durant lesquelles la flexion du genou lors de la phase aérienne du membre inférieur libre étire le muscle quadriceps qui se trouve alors dans les meilleures conditions pour réaliser une extension efficace du genou.

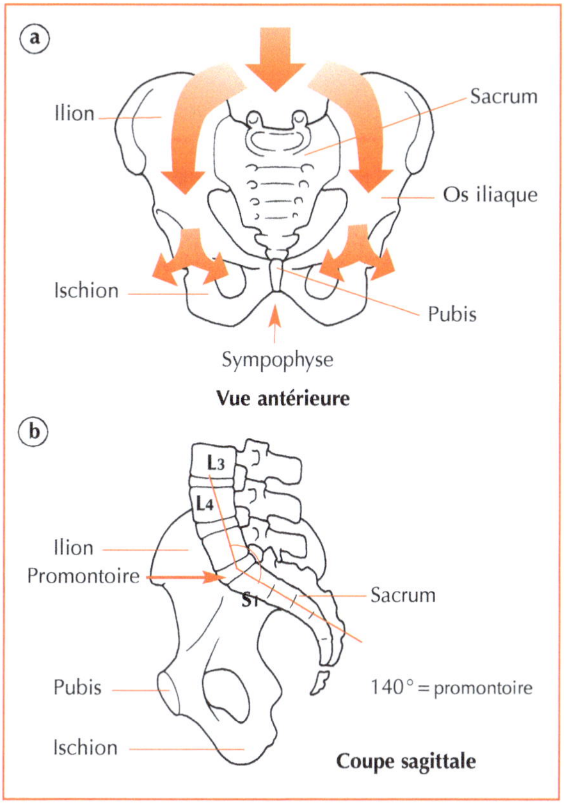

Figure 10.29
Le socle pelvien.
a) Vue antérieure montrant sa fonction de répartiteur de contraintes.
b) Coupe sagittale montrant l'angle sacro-lombaire et le promontoire.

2. FONCTIONS ET MOUVEMENTS DE L'APPAREIL LOCOMOTEUR

A. Les membres inférieurs et le socle pelvien : train porteur de l'appareil locomoteur

Cette partie de l'appareil locomoteur est essentiellement tournée vers le soutien du corps et la locomotion. Elle est constituée par des os robustes, par un système articulaire permettant 6 DDL, et par des muscles puissants qui permettent la marche, la course, les sauts, etc.

a) La ceinture pelvienne

L'unité de liaison entre le tronc et les membres inférieurs s'appelle la ceinture pelvienne (figure 10.29) : elle représente le socle sur lequel repose la colonne vertébrale et elle sert de point d'ancrage aux membres inférieurs. D'un point de vue mécanique, la ceinture pelvienne est une zone carrefour où se croisent les forces provenant du sol et de la partie haute du corps. En position érigée, le socle pelvien doit répartir équitablement (il divise en deux parties) les contraintes qui proviennent des parties hautes du corps vers le bassin et les deux membres inférieurs (figure 10.29, en haut). Pour que la transmission des forces soit efficace, le socle pelvien doit répondre à deux conditions : il faut qu'il soit, quel que soit le geste en cours, placé et « gainé ». Ces deux états sont considérés comme les garants de la performance dans toutes les pratiques physiques qui mettent en jeu la ceinture pelvienne.
Le placement en rétroversion du bassin permet de limiter la lordose lombaire, et par conséquent les risques de lésion de cette région lors de l'entraînement

intensif. Le gainage, c'est-à-dire la mise en tension isométrique des muscles fixateurs du bassin (abdominaux, paravertébraux, ischio-jambiers, fessiers, adducteurs et quadriceps), permet de stabiliser les articulations (charnière lombo-sacrée, sacro-iliaques et hanches) ce qui permet de limiter les pertes de force lors de leur passage au niveau de la ceinture.

La ceinture pelvienne est formée de trois os : 2 os iliaques (coxaux) qui s'articulent entre eux en AV par la symphyse pubienne (à mobilité limitée) et en AR avec le sacrum. L'ensemble forme un anneau fermé relié en AR et en haut à la colonne vertébrale (amphiarthrose et arthrodies entre L5 et S1) et latéralement et en bas aux fémurs (articulations coxo-fémorales ou hanches).

b) Le membre inférieur

Le membre inférieur, décrit en début de chapitre est formé de deux segments longs (cuisse et jambe) et du pied. Le fonctionnement de cet ensemble est présenté à partir de l'étude des articulations intersegmentaires et des muscles qui les mobilisent.

La hanche

C'est après l'épaule, l'articulation la plus mobile du corps (figures 10.30 et 10.31). Elle est de type sphéroïde et permet 3 DDL (flexion-extension, abduction adduction, rotations axiales). Sa capsule est relativement épaisse et tendue ; elle est renforcée par des ligaments (figure 10.32) qui permettent de stabiliser passivement l'articulation et notamment de limiter les oscillations de la cuisse vers l'extérieur (ligament pubo-fémoral), vers l'arrière (ligament ilio-fémoral) et vers l'avant (ligament ischio-fémoral).

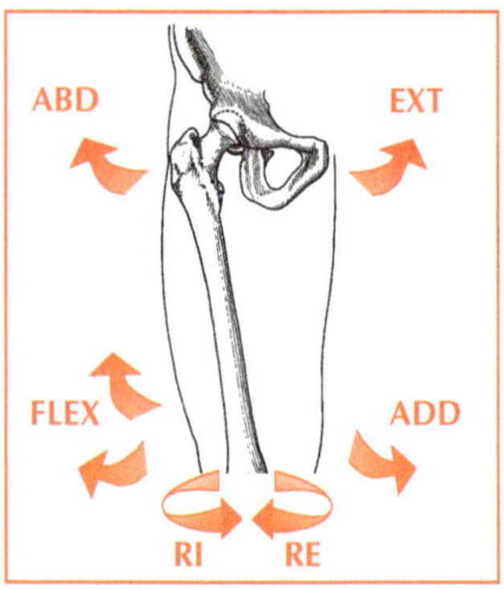

Figure 10.30
Les mouvements de la hanche.

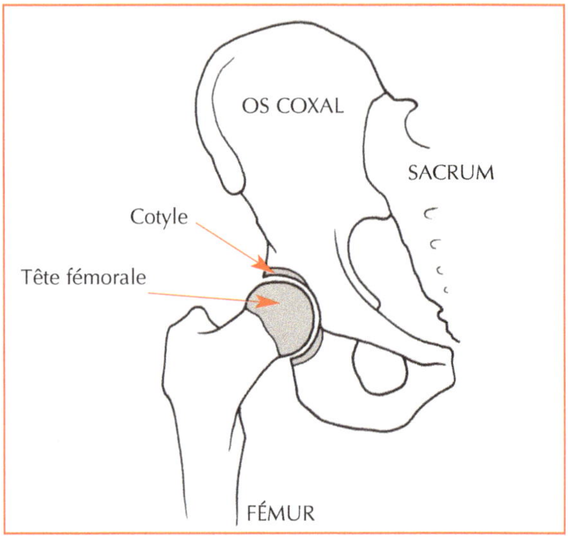

Figure 10.31
Articulation coxo-fémorale. Surfaces articulaires.

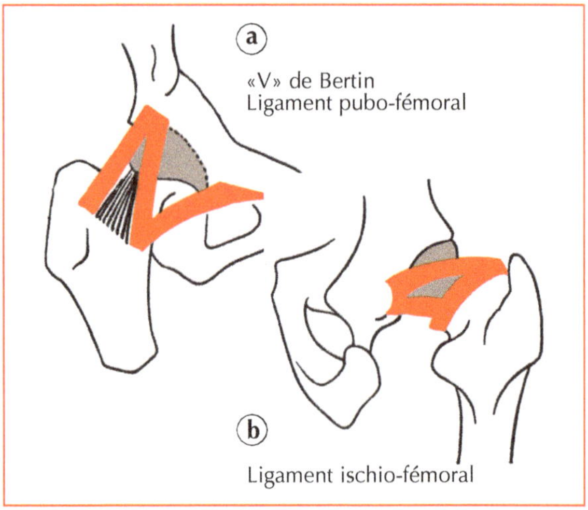

Figure 10.32
Les ligaments de la hanche (d'après Kapandji).
a) Vue antérieure.
b) Vue postérieure.

Parmi les muscles responsables des mouvements de la hanche, certains sont insérés sur la colonne vertébrale, mais la plupart viennent du bassin, du fémur (et du tibia).

Les principaux muscles de la hanche sont les muscles fléchisseurs, les muscles adducteurs et les muscles fessiers.

Les muscles de la flexion de la hanche

Les muscles qui assurent la flexion de la hanche sont le muscle ilio-psoas, le muscle couturier, le muscle droit antérieur et le muscle tenseur du fascia lata.

Le psoas et l'iliaque (muscle ilio-psoas), qui sont les fléchisseurs de la hanche les plus importants, ont au départ des insertions différentes, mais leur terminaison est commune sur le petit trochanter du fémur (figure 10.33).

Si le point fixe est bas (les cuisses qui sont fixées servent de point d'appui), ce groupe musculaire permet le rapprochement du tronc sur les cuisses. Si le point fixe est haut (le tronc est fixe), ce groupe musculaire permet aux cuisses de se rapprocher du tronc. Ce muscle, qui est le plus puissant des fléchisseurs de la hanche, est fortement sollicité lors de la course plate, la course de haies, le saut en hauteur ou le shoot. Ce groupe musculaire est sollicité lors de la marche, de façon unilatérale, à chaque pas. Autant dire qu'il est constamment entraîné par nos déplacements quotidiens. Son renforcement n'est donc pas nécessaire. C'est même un muscle qu'il faudrait étirer afin de lui redonner une longueur qui ne provoque pas d'hyperlordose lombaire.

Les muscles antagonistes sont les muscles droits de l'abdomen. Puisque ces derniers s'insèrent sur le pubis, ils permettent, lors de leur contraction de réaliser une rétroversion du bassin, et de réduire la courbure lombaire (délordose).

Figure 10.33
Vue antérieure de la région pelvienne et abdominale.
Insertions des muscles psoas et iliaque. (D'après Kamina).

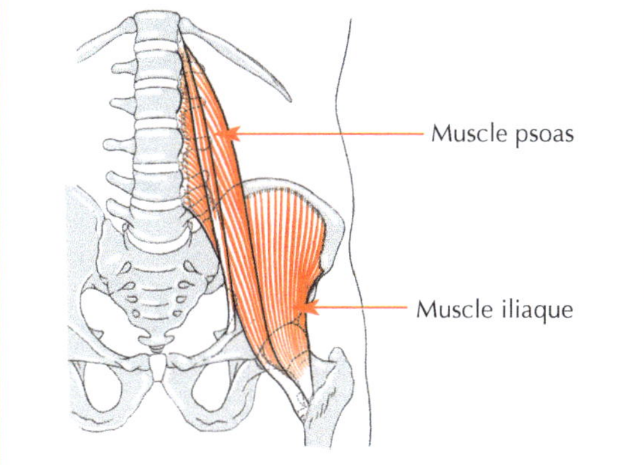

Des exemples d'étirement de l'ilio-psoas sont présentés sur la figure 10.34.

Les muscles de l'adduction de la hanche

Comme leur nom l'indique, ces muscles assurent l'adduction de la hanche. Ils sont nombreux et puissants. Leurs points de départ se situent au niveau du pubis et de la branche ischio-pubienne ; leur terminaison se fait en éventail sur toute la longueur du fémur (figure 10.35).

On peut citer le grand adducteur, le long adducteur, le court adducteur comme adducteurs principaux.

Figure 10.34
Deux situations d'étirement du muscle psoas-iliaque.
Penser à garder le bassin en rétroversion (mise en tension des muscles abdominaux afin de limiter l'hyperlordose).

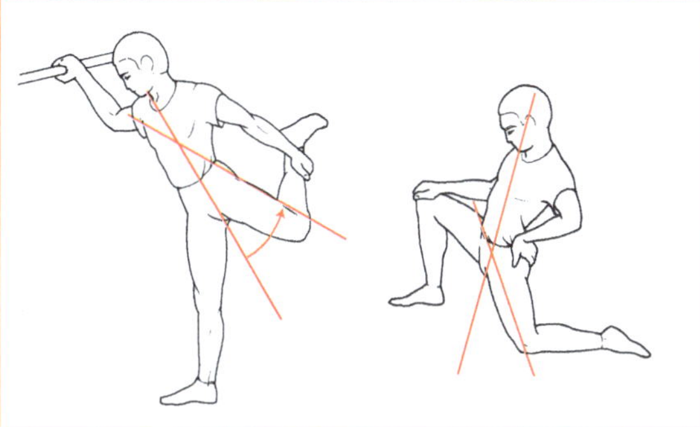

Figure 10.35
Les principaux muscles adducteurs de la hanche.
(D'après Kamina).

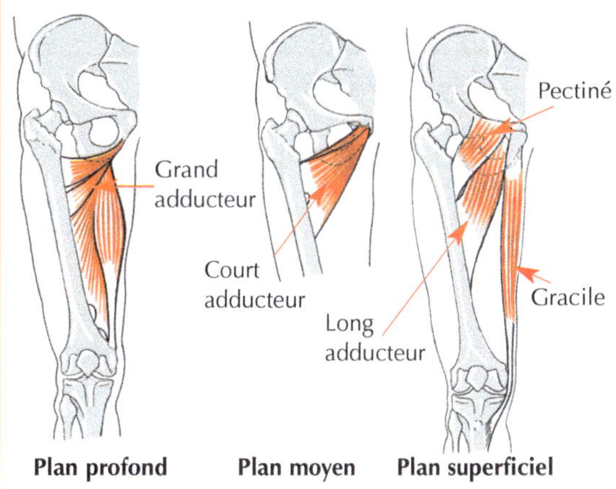

Interviennent également le gracile (droit interne), le demi-tendineux, le demi-membraneux, le long biceps, le pectiné, l'obturateur interne et l'obturateur externe.

Ces muscles assurent, en collaboration avec les abducteurs, la stabilité latérale (transversale) du bassin (figure 10.36). Ils servent à guider les mouvements des cuisses lors de la locomotion marchée ou courue. Ils sont mis en jeu avec puissance dans les sauts lors des phases d'appel, lors des shoots en football et en rugby. Ces muscles, qui ne sont pas les moteurs principaux des gestes sportifs, agissent en synergie avec les autres, et sont pour cette raison oubliés par la plupart des sportifs. Or, la répétition des contraintes entraîne souvent des douleurs, au niveau de l'aine et/ou du pubis, qu'il est possible de limiter ou d'éviter en préparant ces organes par un renforcement et des étirements appropriés lors des échauffements et de la récupération.

Les muscles de l'abduction de la hanche

Pour pouvoir agir, ces muscles sont disposés entre la face externe de l'os iliaque et la face externe du fémur. Le principal muscle abducteur de la hanche est le moyen fessier (il possède une grande efficacité car sa direction est presque perpendiculaire à son bras de levier). Les autres muscles de l'abduction sont le petit fessier, le tenseur du fascia lata, le pyramidal et les fibres supérieures du grand fessier (figure 10.37).

Ces muscles jouent un rôle essentiel dans la stabilisation latérale du bassin. Ils sont sollicités à chaque pas puisque les abducteurs du côté de l'appui développent une force qui évite au bassin de basculer vers le côté libre (figure 10.36). Ils interviennent lors des élévations ou abaissements du côté opposé en équilibre sur un membre inférieur, et lors d'exercices d'abduction de la hanche à point fixe haut (figure 10.37 a) ou d'abduction de la hanche à point fixe bas (figure 10.37 b).

Les muscles de l'extension de la hanche

Ils sont situés dans la partie arrière du bassin et constituent deux groupes selon qu'ils sont mono- ou bi-articulaires.

Dans le premier groupe de muscles qui s'insèrent au niveau de l'extrémité supérieure du fémur, le plus important est le grand fessier (qui est le muscle le plus puissant du corps). Les autres muscles sont les faisceaux postérieurs du moyen et du petit fessier (figure 10.38).

Dans le second groupe de muscles qui s'insèrent au voisinage du genou (bi-articulaire), figurent essen-

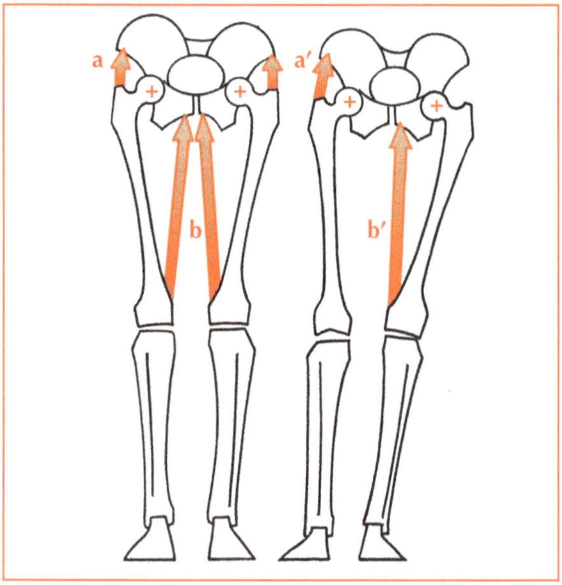

Figure 10.36
Équilibre transversal du bassin par le jeu synergique des muscles abducteurs (**a** et **a′**) et des muscles adducteurs (**b** et **b′**). D'après Kapandji.

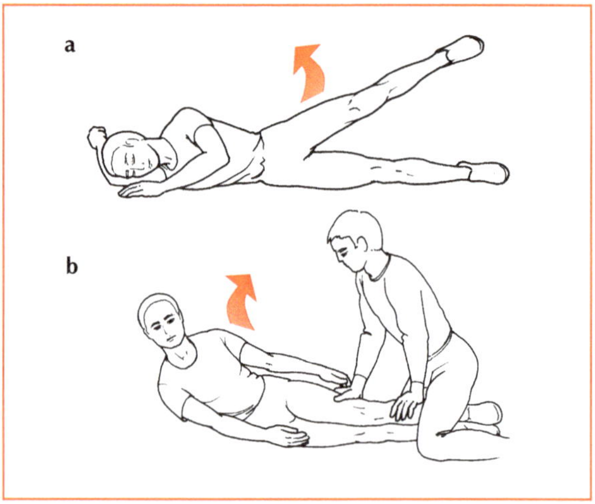

Figure 10.37
Renforcement des abducteurs.
Mouvement à point fixe haut en **a**, et à point fixe bas en **b**.

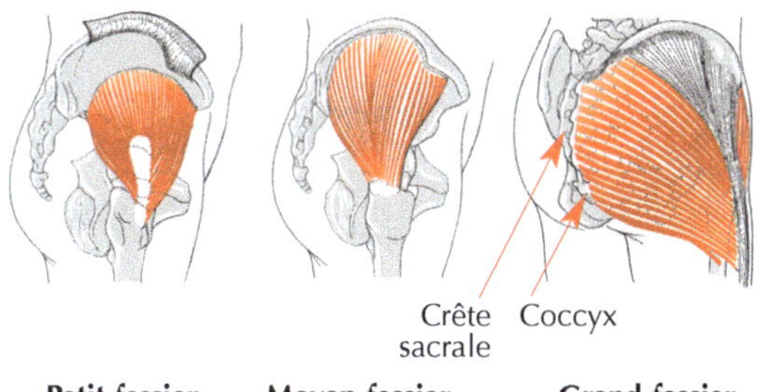

Figure 10.38
Les muscles fessiers (d'après Kamina).

tiellement les muscles ischio-jambiers (long biceps, demi-tendineux, demi-membraneux ; figure 10.39). Leur efficacité dépend de la position du genou : le verrouillage du genou en extension favorise leur action.
Les fessiers jouent un rôle important lors des courses, des sauts, de la marche en montée (escaliers, montagne) et en descente. Par contre, le grand fessier n'intervient pas dans la marche sur terrain plat qui est assurée par les muscles ischio-jambiers.
Les extenseurs de la hanche jouent un rôle essentiel dans la stabilisation antéro-postérieure du bassin.

Figure 10.39
Muscles ischio-jambiers (d'après Kamina).

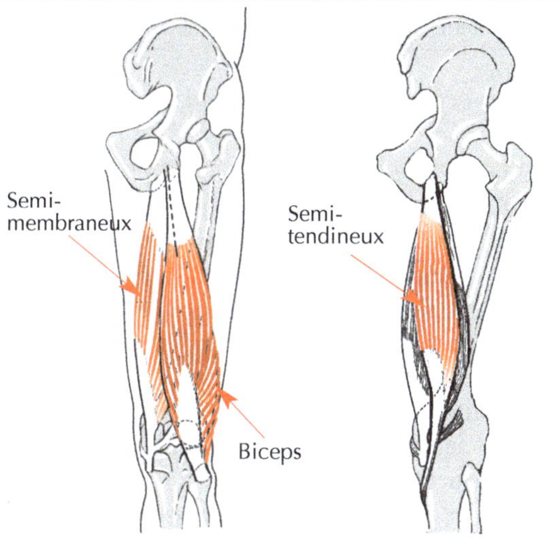

Les muscles rotateurs de la hanche
La rotation externe est le mouvement de la hanche qui amène les orteils en dehors lorsque le genou est en extension, et qui amène le pied en dedans lorsque le genou est en flexion.
Les muscles de la rotation externe sont nombreux et puissants. Ce sont les pelvi-trochantériens, (pyramidal, obturateur interne, obturateur externe), les muscles fessiers (petit et grand), les muscles adducteurs (carré crural, pectiné).
La rotation interne est le mouvement qui amène les orteils en dedans lorsque le genou est en extension, et qui amène le pied en dehors lorsque le genou est en flexion.
Les muscles de la rotation interne sont beaucoup moins nombreux et puissants. Il y a le tenseur du fascia lata et le petit fessier.
Ces muscles sont fortement sollicités afin d'orienter le pied lors de la marche ou de la course avec changement de direction, lors de dribbles au football, et lors de la réalisation des contre-pieds.

c) Le genou

L'articulation du genou est souvent l'objet de maux dont se plaignent les sportifs. Elle est complexe (figure 10.40) et représente une gageure du point de vue mécanique. C'est une articulation bicondylienne (figure 10.41) relativement peu emboîtée (la partie inférieure du fémur a une forme d'ellipse tandis que la partie supérieure du tibia est plane) où des ménisques sont interposés entre les surfaces articulaires (le ménisque interne est également lié au ligament latéral interne) ce qui permet d'augmenter la surface de contact entre les surfaces articulaires, et permet de répartir les pressions sur une surface plus grande lors des mouvements. En effet, lors de la flexion et de l'extension du genou, les ménisques glissent pour s'adapter le mieux possible à la forme des condyles fémoraux (figure 10.41). À titre d'exemple, le ménisque interne est lié au ligament latéral interne, ceci l'amène à être souvent lésé dans des positions anormales avec contraintes importantes (chute lors d'une marche en canard, ou lors de sauts de grenouille). Elle possède une capsule articulaire relativement lâche, qui présente des culs-de-sacs postérieurs (en flexion) et antérieur (en extension) qui permet des mouvements de flexion-extension de très grande amplitude (théori-

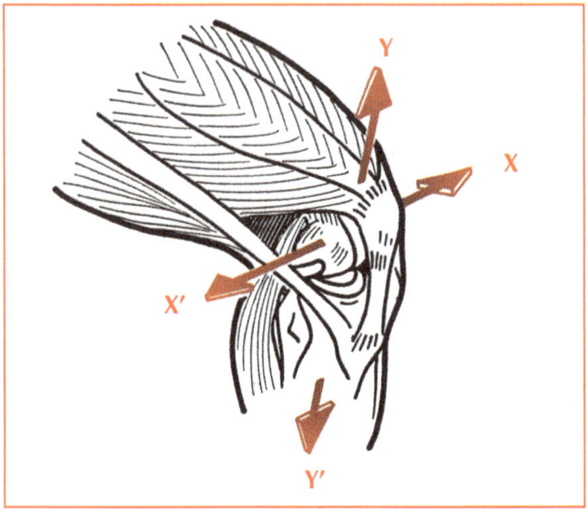

Figure 10.40
Les degrés de liberté du genou.
XX′, axe de la flexion-extention. **YY′**, axe de la rotation.
(D'après Kapandji).

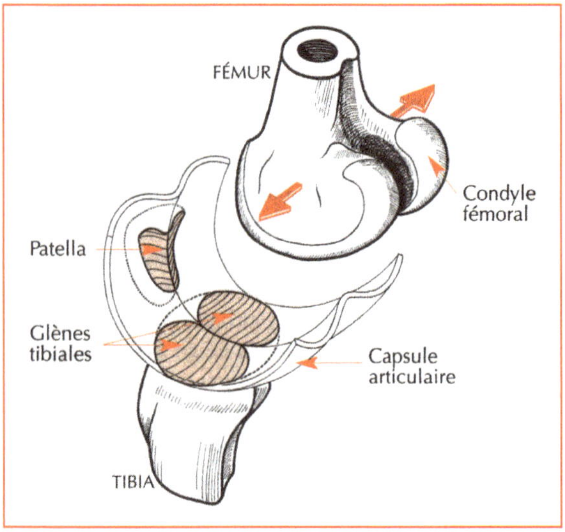

Figure 10.41
Les surfaces articulaires. Exemple du genou.
(D'après Kapandji).

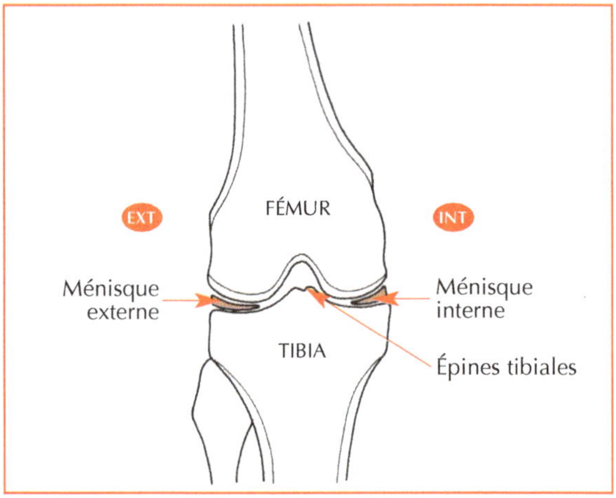

Figure 10.42
Coupe transversale au niveau du genou permettant de visualiser la position des ménisques entre les surfaces articulaires.

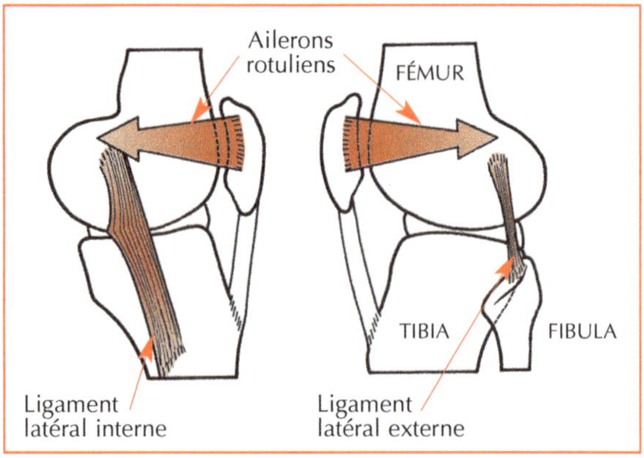

Figure 10.43
Les ligaments latéraux du genou (d'après Kapandji).

quement l'extension du genou est nulle à partir de la position de référence anatomique). En flexion, le genou permet de réaliser des rotations axiales. L'instabilité mécanique et la laxité relative sont compensées par la présence de ligaments puissants : 2 latéraux (qui sont tendus en extension et détendus en flexion, figure 10.43) et 2 ligaments croisés (le postéro-interne est tendu en flexion, c'est même le seul ; alors que l'antéro-externe est tendu en extension, figure 10.10). Ainsi, c'est en flexion que le genou est le plus instable du point de vue mécanique puisque sa stabilité n'est assurée que par un ligament unique. C'est d'ailleurs dans cet état associé à des rotations axiales qu'il est le plus soumis aux lésions ligamentaires. En rotation externe, l'enroulement des ligaments latéraux l'un sur l'autre limite l'amplitude du mouvement.

Ces sont les muscles péri-articulaires qui assurent la majeure partie de la stabilisation du genou. Ils sont nombreux et encerclent l'articulation, ce qui permet

de maintenir de façon dynamique les surfaces articulaires en place. Le genou est mobilisé par une majorité de muscles biarticulaires (insérés sur le bassin ou le pied) qui agissent également sur la hanche et sur la cheville.
Parmi les muscles importants, on note les fléchisseurs, les extenseurs et les rotateurs (qui agissent lorsque le genou est en flexion).

Les muscles de la flexion du genou
Parmi les fléchisseurs du genou, tous sont biarticulaires (ischio-jambiers : longue portion du biceps crural, demi-tendineux, demi-membraneux ; les muscles de la patte-d'oie : gracile, couturier, demi-tendineux et les jumeaux) sauf 2 muscles mono-articulaires : le poplité et le court biceps. Leurs ventres sont situés dans la partie postérieure de la cuisse et de la jambe (figure 10.39).
Les muscles les plus importants sont les ischio-jambiers qui sont extenseurs de la hanche et fléchisseurs du genou, et leur efficacité est conditionnée par la position de la hanche.
Ces trois muscles viennent de la tubérosité ischiatique (figure 10.39). Le demi-membraneux et le demi-tendineux se terminent sur la face interne du tibia (ils sont aussi rotateurs internes du genou), alors que le biceps crural se termine sur la tête du péroné (il permet aussi la rotation externe du genou).
Ces muscles sont très souvent sollicités lors de la marche, de la course. Le maintien de leur mobilité est important afin de réduire les maux lombaires. Leur étirement est donc recommandé avant et après les séances composées de courses et de sauts.
Ils sont efficaces lorsque le genou est en extension et perdent de leur puissance à mesure que la flexion du genou augmente.

Les muscles de la rotation du genou
Les muscles de la rotation externe du genou sont situés sur la face externe de la cuisse. Ils interviennent lorsque le genou est fléchi. Ce sont la courte portion du biceps crural et le tenseur du fascia lata.
Les muscles de la rotation interne du genou sont situés sur la face interne de la cuisse. Ce sont le couturier, le demi-membraneux, le demi-tendineux, le gracile et le poplité. Ils jouent un rôle de frein à la rotation externe lors de la flexion du genou.

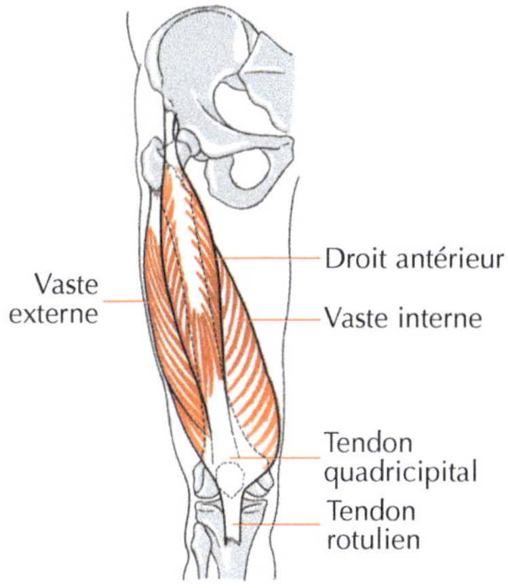

Figure 10.44
Les muscles extenseurs du genou (d'après Kamina).

Les muscles de l'extension du genou
Les muscles extenseurs du genou appartiennent au groupe musculaire du quadriceps (4 chefs) qui est 3 fois plus puissant que l'ensemble des fléchisseurs (figure 10.44). Ils sont situés sur la face antérieure de la cuisse. Le quadriceps est composé d'un muscle biarticulaire (le droit antérieur qui part du bassin et se termine au niveau du tibia. Il est donc fléchisseur de la hanche et extenseur du genou) et de trois muscles mono-articulaires (le vaste interne, le vaste externe et le crural qui sont uniquement extenseurs du genou). Parmi ces trois derniers muscles, le vaste interne intervient fortement en fin d'extension, permet de stabiliser le genou et de guider la rotule en fin de course (ce qui est essentiel afin de limiter les trop fortes contraintes qui agissent sur le cartilage articulaire de la trochlée fémorale et surtout de la face postérieure de la rotule).

c) La cheville, la jambe et le pied

La cheville et le pied
La cheville est l'articulation qui relie le pied au membre inférieur (figure 10.45 a et b). C'est une articulation importante au sens où c'est le premier maillon de l'équilibre bipédique. C'est une trochléenne qui possède un DDL : la flexion-extension (entre l'astragale et la mortaise fibulo-tibiale), et dont les mouvements sont complétés par ceux permis par les nombreuses articulations du pied et notamment

l'articulation sous-astragalienne (astragale-scaphoïde et calcanéum). Les mouvements de ces deux articulations sont toutefois réalisés de façon indépendante. En fin de compte, le pied peut se mouvoir autour de deux axes : la flexion-extension et la pronation-supination (sous-astragalienne).

La cheville est stabilisée passivement par des ligaments latéraux. Le ligament latéral interne est résistant et vu sa position, il est constamment en tension (il est rarement lésé). Par contre le ligament externe (figure 10.46), qui est disposé en éventail, est moins résistant. Il est plus soumis aux entorses externes de la cheville que l'on rencontre lors d'un faux pas ou lors de la réception d'un saut où le pied rencontre un obstacle. De même, les chaussures de sport usées sur la partie externe du talon, les sols antidérapants qui provoquent des blocages sont une cause très fréquente d'accidents de la cheville.

Le pied est constitué par les os du tarse, les métatarses et les phalanges qui sont liés entre eux par de nombreuses articulations très serrées par des ligaments, les tendons terminaux des muscles de la motricité du pied et les muscles pédieux. Les tensions sont telles qu'elles forment 3 voûtes : une voûte interne (arche du mouvement), une voûte externe (arche d'appui) et une voûte transversale (figure 10.4 c). Lors d'une foulée, le poids du corps suit l'arche externe : le pied roule sur le sol de la partie externe du talon jusqu'au gros orteil. La souplesse est donnée par les autres arches.

Les muscles de la cheville et du pied

Les muscles de l'extension de la cheville

Le groupe musculaire principal des extenseurs est situé dans la loge postérieure de la jambe (figure 10.47). Il est composé de trois muscles : les jumeaux (ou gastrocnéniens qui s'insèrent chacun sur la face postérieure des condyles fémoraux) et le soléaire (qui s'insère sur la face postérieure du tibia) qui se terminent sur le calcanéum par un tendon commun (le tendon d'Achille). Les jumeaux qui sont biarticulaires assurent à la fois la flexion du genou et l'extension de la cheville (montée sur la pointe des pieds) ; le soléaire agit uniquement sur la cheville.

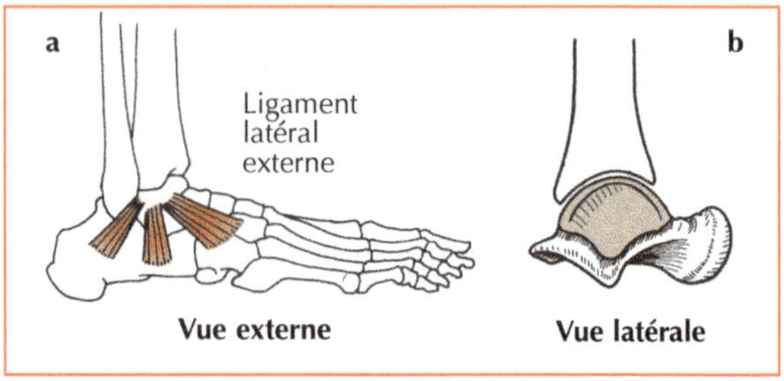

Figure 10.45
La cheville et le pied (d'après Kapandji).

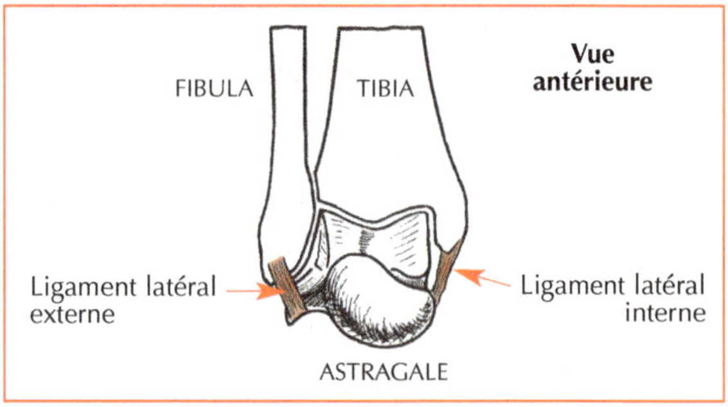

Figure 10.46
Les ligaments latéraux de la cheville (d'après Kapandji).

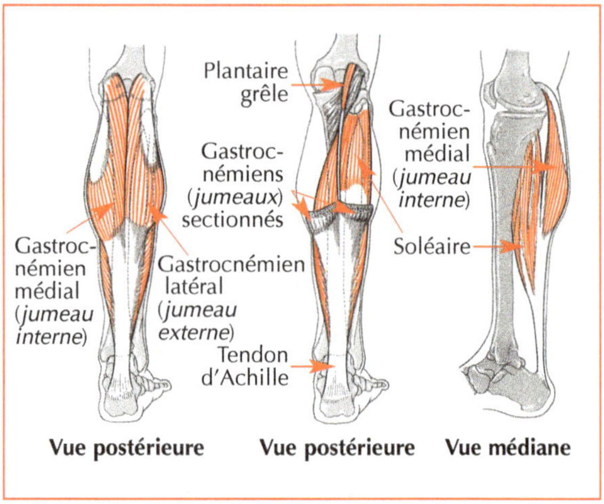

Figure 10.47
Les muscles extenseurs de la cheville : triceps sural, gastrocnémiens médial et latéral (*jumeaux externe et interne*), soléaire. (D'après Kamina).

Ces muscles interviennent vigoureusement dans le saut et la course. Ils sont constamment sollicités lors du maintien postural.

Il est possible de les renforcer en maintenant la pointe de pieds surélevée par rapport au talon, et en réalisant des mouvements de montée sur la pointe (travail concentrique), suivis de mouvements de descente (travail excentrique), soit rapidement, soit en ajoutant des charges sur les épaules (et en réduisant les répétitions à 5 ou 6, figure 10.48). Il est également nécessaire de les étirer afin de limiter leur raideur.

Les autres muscles qui ont une action sur l'extension de la cheville (figure 10.51) sont : le court (court fibulaire) et le long péronier latéral (long fibulaire), le jambier postérieur (ou tibial postérieur), le fléchisseur commun des orteils et le fléchisseur propre du gros orteil (hallux). Ces muscles, par leur mise en tension, permettent de maintenir l'arche interne de la voûte plantaire.

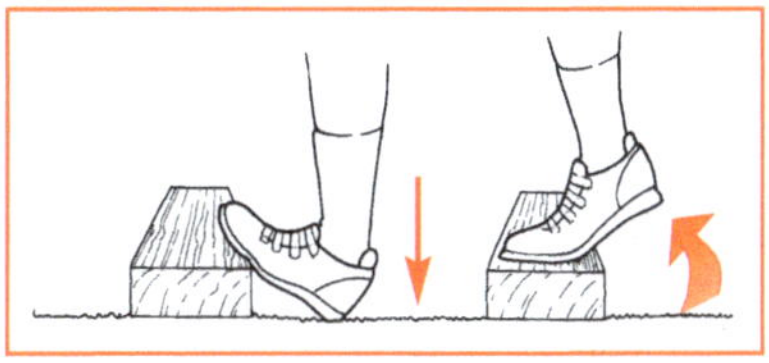

Figure 10.48
Renforcement des extenseurs de la cheville.

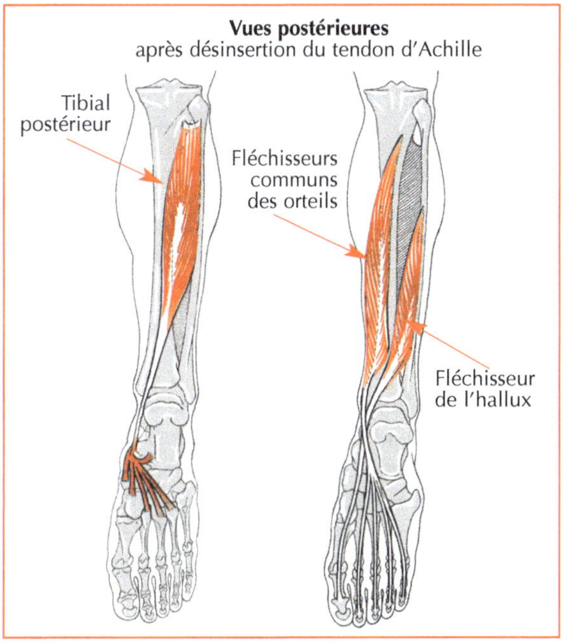

Figure 10.49
Les autres muscles extenseurs de la cheville. (D'après Kamina).

Les muscles de la flexion de la cheville

Les fléchisseurs de la cheville (figure 10.49) se trouvent sur la face antérieure de la jambe, entre le tibia et la fibula (péroné). Ces muscles sont le jambier antérieur, l'extenseur propre du gros orteil et l'extenseur commun des orteils. Ces muscles s'insèrent sur le tibia et sur la membrane interosseuse entre le tibia et le péroné. Lors de fortes contraintes, le périoste du tibia est susceptible de se décoller de l'os et de produire des inflammations et petites hémorragies que l'on appelle des périostites. Elles surviennent chez les coureurs de distances longues sur terrain dur.

Les muscles de la pronation-supination du pied

Les muscles de la pronation du pied (figure 10.51) s'appellent les péroniers (long et court). Ce sont des muscles dont le ventre est situé dans la partie latérale (externe) de la jambe et qui se terminent (comme tous les muscles de la loge antérieure et latérale) par de longs tendons au niveau du pied. Les tendons des péroniers s'insèrent sous le pied, le court sur le 5e métatarse et le long sur le 1er métatarse après avoir croisé sous la plante des pieds.

Les muscles de la supination du pied sont les jambier antérieur, jambier postérieur et l'extenseur propre de l'hallux (figures 10.49 et 10.50).

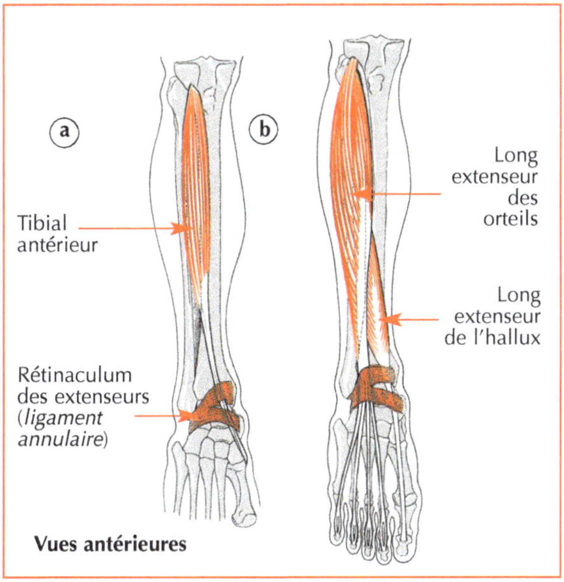

Figure 10.50
Les muscles de la flexion de la cheville (et de l'extension des orteils en **b**). (D'après Kamina).

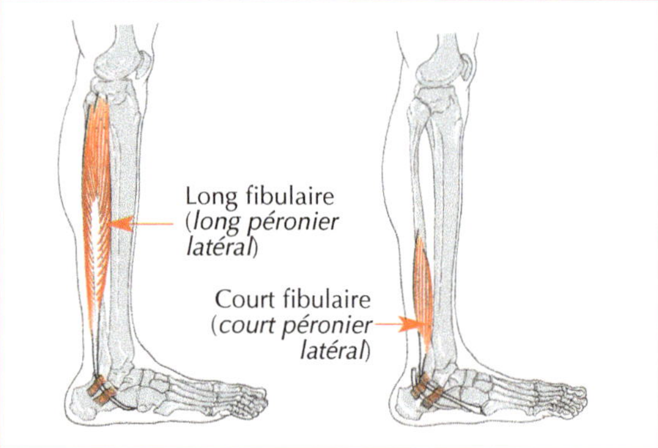

Figure 10.51
Les muscles de l'éversion du pied : les muscles fibulaires (ou péroniers). (D'après Kamina).

B. LE TRONC

Le rachis est une des parties du squelette les plus importantes pour le sportif. C'est le pilier du corps, à la fois mobile et rigide, sur lequel s'insèrent de nombreux muscles qui assurent des fonctions posturales et motrices. Son utilisation au cours des gestes sportifs influence largement l'efficacité des actions et la longévité de la carrière des sujets au plus haut niveau. De nombreux exemples présentés dans ce chapitre auront pour fonction d'expliquer la nécessité d'entretenir, de renforcer et d'équilibrer les tensions qui agissent sur lui. Le maintien ou l'accession au meilleur niveau de pratique, quel que soit le sport, ne peut être réalisé qu'en respectant l'intégrité de ce secteur de l'appareil locomoteur. D'un point de vue fonctionnel, la colonne vertébrale (prise dans son ensemble) est le principal moyen permettant aux forces motrices ou aux contraintes d'être transmises aux parties hautes (phases d'impulsions lors d'un saut ou lors de la poussée en mêlée ordonnée au rugby) ou aux parties inférieures du corps (phases de réception lors d'un saut). En conséquence, la colonne vertébrale représente à la fois, quelle que soit la pratique physique, un des éléments de la réussite et un des objets principaux de traumatisme. Le sportif, pour perdurer, doit donc la respecter et l'entretenir.

La colonne vertébrale fait partie du squelette axial. Elle forme véritablement le pilier central du tronc. Elle est le support des os de la boîte crânienne et s'étend jusqu'au niveau du coccyx.

Le rachis est composé de deux parties (figure 10.52) aux fonctions différentes :

- une base d'implantation (B) : le socle pelvien, constitué par 5 vertèbres sacrées soudées entre elles qui forment le sacrum, puis de 4 à 6 vertèbres coccygiennes,
- un mât (A) : la colonne vertébrale mobile est constituée par 24 vertèbres (séparées les unes des autres par un disque fibro-cartilagineux) qui sont réparties en 3 segments : de haut en bas le segment cervical, le segment dorsal ou thoracique et le segment lombaire. 7 vertèbres cervicales (notées communément Cn, où n représente le numéro de la vertèbre à partir du haut du mât) forment le cou (de C1 à C7), 12 vertèbres dorsales (de Th1 ou D1 à Th12 ou D12) et 5 vertèbres lombaires (de L1 à L5).

Selon Kapandji (1975), le rachis est confronté à deux exigences mécaniques contradictoires : il doit être à la fois mobile et rigide. La colonne vertébrale répond à ces deux impératifs grâce à sa structure étagée et haubanée.

La rigidité du rachis est due à la présence de tendeurs ligamentaires et musculaires disposés à la manière de haubans (figure 10.53). Deux systèmes complètent leurs actions afin d'assurer le verrouillage des différentes parties du rachis, quels que soient les mouvements de la colonne vertébrale. Le premier système en forme de losange part de la ceinture scapulaire et tend ses étais en haut vers la boîte crânienne et en bas vers la base du rachis et le socle pelvien. Le second système en forme de triangle à base pelvienne s'étend jusqu'aux dernières vertèbres dorsales (D12, D11 et D10).

La souplesse du rachis est due à la superposition de multiples pièces superposées et reliées entre elles par des éléments fibro-cartilagineux, ligamentaires et musculaires. Cette souplesse permet d'amplifier les mouvements réalisés par la hanche et par l'épaule.

Ces différents éléments donnent la possibilité au rachis de se déformer tout en restant rigide grâce aux tendeurs musculaires.

La colonne vertébrale prise dans son ensemble est rectiligne lorsqu'elle est vue de dos ou de face. Chez certains individus, il peut exister quelque légère courbure transversale sans qu'on puisse parler là de courbure pathologique de type scoliose (voussure est le terme générique) lorsqu'elle reste, bien entendu à l'intérieur d'étroites limites. Les attitudes scoliotiques se

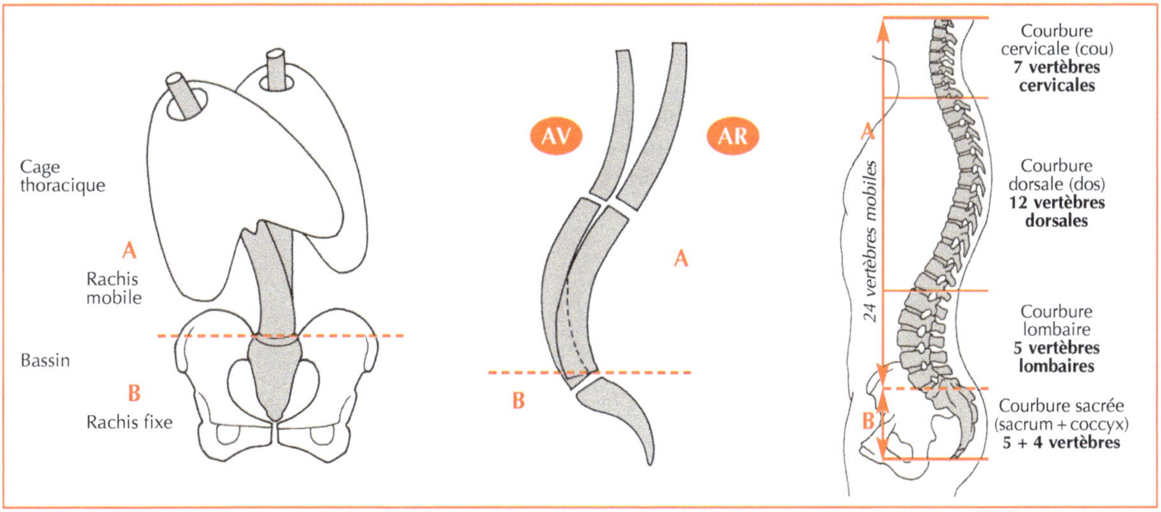

Figure 10.52 — Décomposition fonctionnelle de la colonne vertébrale. (D'après Kapandji).
La partie supérieure (**A**) est mobile (24 vertèbres). La partie inférieure (**B**) est fixe (5 vertèbres soudées et le coccyx).

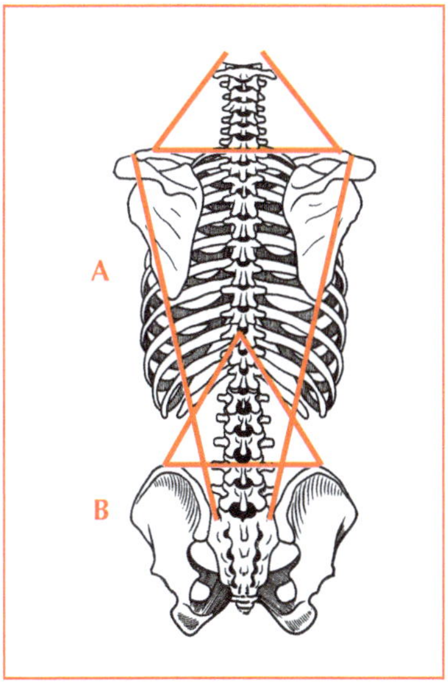

Figure 10.53
Disposition haubannée de la musculature vertébrale.
En **A**, le système cervico-dorsal.
En **B**, le système lombo-sacré.

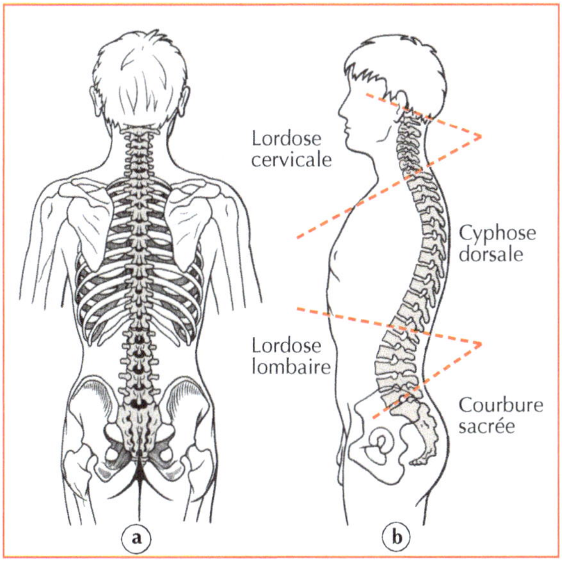

Figure 10.54 — État de la colonne vertébrale.
En vue dorsale (**a**), la colonne est rectiligne (en situation normale, bipédique et hors pathologie).
En vue latérale (**b**), la colonne présente 4 courbures.
(D'après Kapandji).

développent principalement sous l'influence de facteurs génétiques (ascendance présentant des facteurs de risque) et de la pratique d'activités physiques asymétriques (sports de raquette en particulier). Elles peuvent être en partie compensées par le renforcement musculaire contrôlé de la partie du tronc située du côté du membre non-dominant et aussi par un renforcement musculaire symétrique.

Par contre, dans le plan sagittal la colonne vertébrale comporte 4 courbures qui sont de haut en bas (figure 10.54):

- la lordose cervicale (concave en arrière),

- la cyphose dorsale (concave en avant),
- la lordose lombaire (concave en arrière),
- la courbure sacrée (concave en avant).

La valeur des courbures s'accentue avec l'âge et sous l'influence des contraintes liées aux postures individuelles et à certaines formes d'entraînements sportifs (sprints, course de haie, javelot, etc.).

a) Constitution d'une vertèbre type

Les vertèbres sont formées de deux parties principales (figure 10.55), le corps vertébral en avant et l'arc postérieur en arrière.

Le corps vertébral est la partie la plus massive de la vertèbre : il a une forme cylindrique avec un pan coupé postérieur. Les faces inférieures et supérieures sont relativement planes et de forme circulaire. Il a une structure en « coque », c'est-à-dire avec une corticale d'os compact qui entoure du tissu spongieux. La périphérie des plateaux vertébraux est surélevée par un bourrelet, le listel marginal, qui ne se soude au reste du corps qu'au moment de la puberté vers 14 ou 15 ans.

Dans le centre du corps vertébral, des travées d'os spongieux (figure 10.4 b) se répartissent suivant les lignes de force. Il existe des lignes verticales (entre les plateaux), horizontales et latérales. Il existe également des systèmes obliques et en éventail qui unissent le corps vertébral et l'arc postérieur. L'entrecroisement de ces 3 systèmes trabéculaires constitue des points de forte résistance (pédicule, figure 10.55) mais aussi des points de moindre résistance comme la partie antérieure du corps qui est l'objet de fractures par tassement (figure 10.55).

L'arc postérieur (figure 10.55) a une forme de fer à cheval sur lequel viennent se fixer de part et d'autre le massif des apophyses articulaires. En avant du massif on trouve les pédicules, en arrière on trouve les lames. L'apophyse épineuse vient se fixer en arrière sur la ligne médiane. L'arc postérieur se soude sur la face postérieure du corps vertébral par l'intermédiaire des pédicules. La vertèbre complète comporte en plus 2 apophyses transverses qui se soudent au niveau du massif des articulaires.

Ces différentes parties constitutives se correspondent dans le sens vertical. Le rachis forme donc 3 colonnes verticales (figure 10.55, en bas) : 1 colonne principale, correspondant à l'empilement des corps vertébraux, et 2 colonnes secondaires, postérieures formées par l'empilement des massifs articulaires.

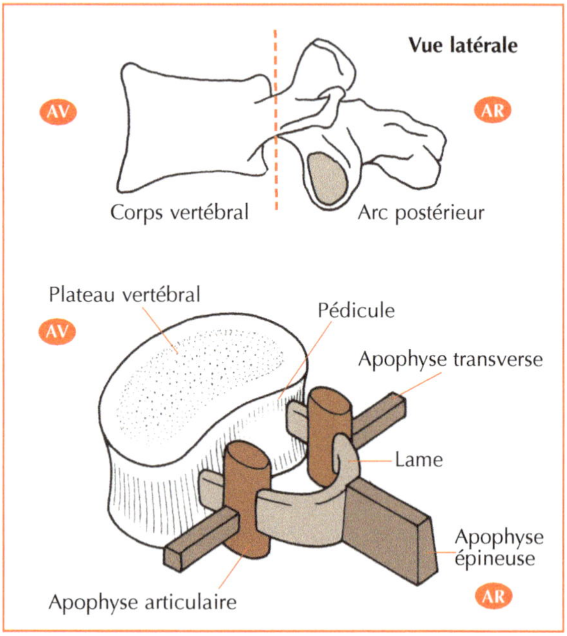

Figure 10.55
Constitution d'une vertèbre type (d'après Kapandji).

Au centre de ces colonnes, la succession des orifices vertébraux constitue le canal rachidien forme alternativement de parties osseuses et de parties ligamentaires entre les vertèbres.

Entre chaque vertèbre existe également un trou transversaire (foramen intervertébral) d'où sortent les racines ventrales et dorsales qui forment en se rejoignant les nerfs rachidiens.

Les vertèbres n'ont pas la même forme tout au long du segment mobile. Ces variations morphologiques ont des incidences fonctionnelles (types de mouvements et amplitudes des mouvements) et correspondent à des adaptations de la forme à la fonction (locomotion bipédique par exemple).

b) Les systèmes articulaires

Chaque vertèbre est unie à la vertèbre sus- ou sousjacente par 3 points articulaires (mise à part l'articulation occipito-atloïdienne qui ne possède que 2 points postérieurs). Un système articulaire antérieur (de type amphiarthrose) et 2 articulations postérieures (diarthroses de type arthrodies) figure 10.56.

Le système antérieur : amphiarthrose

D'un point de vue fonctionnel, le pilier antérieur réalisé par l'empilement des vertèbres joue un rôle passif d'amortissement direct des contraintes qui agissent sur le rachis.

Le système articulaire antérieur du rachis est composé par un empilement d'amphiarthroses (articulations semi-mobiles) et donc de 24 disques intervertébraux (DIV).

Dans ce système, un disque intervertébral s'intercale entre chaque vertèbre (sauf au niveau de l'articulation occipito-atloïdienne). Le DIV se compose d'une partie périphérique dure, l'anneau fibreux (annulus fibrosus) et d'une partie centrale molle, le noyau (nucleus pulposus). Les lamelles périphériques sont constituées de fibres de collagène et de fibrocartilage disposées en couches fibreuses concentriques et maintenues sous tension par le noyau central. La disposition oblique des fibres est croisée lorsqu'on passe d'une couche à la voisine. De plus, les fibres sont verticales à la périphérie, elles s'inclinent à mesure que l'on se rapproche du noyau.

Le noyau est une substance gélatineuse cloisonnée par des fibres de collagène, transparente, très hydrophile, composée de plus de 80 % d'eau et de substance fondamentale (muco-polisaccharides). Dans l'ensemble, l'épaisseur des DIV va en augmentant à mesure que l'on descend le long du rachis. Elle est en moyenne de 3 mm au niveau cervical, de 5 mm au niveau dorsal et de 9 mm au niveau lombaire (Kapandji, 1975). Cette variation de hauteur est compréhensible puisque le poids du corps supporté s'accroît avec la hauteur sus-jacente. Les efforts de compression sur le disque sont d'autant plus importants qu'on se rapproche du sacrum.

La pression à l'intérieur du disque inter-vertébral varie en fonction de la position du corps et de la charge extérieure. La plus faible pression dans le rachis lombaire, est obtenue par exemple en s'allongeant sur le dos avec les jambes surélevées (table basse) et les hanches légèrement fléchies : dans cette position en effet le muscle psoas iliaque n'est plus étiré et n'augmente pas la pression inter-discale par hyperlordose lombaire. La plus forte pression de repos est réalisée en position assise, le buste légèrement incliné vers l'avant. Dans cette attitude, que nous adoptons très (trop) souvent, les pressions correspondent à 4 fois la valeur d'une position

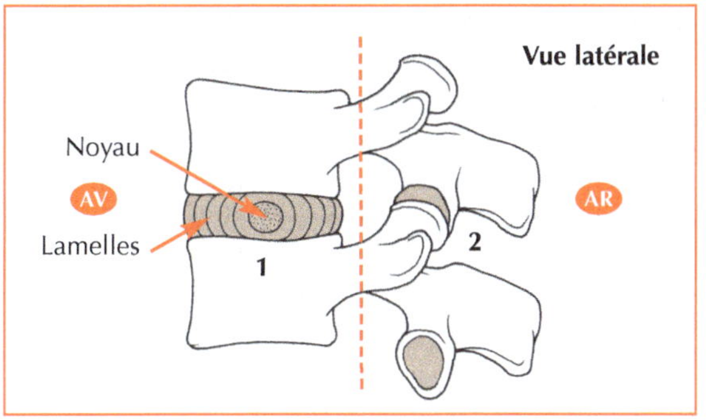

Figure 10.56
Les systèmes articulaires intervertébraux.
Amphiarthrose en avant (**1**).
Arthrodie en arrière (**2**).

bipédique. D'autres actions telles que le ratissage de l'herbe, le fauchage, le pelletage qui conjuguent levers de charges et rotations du rachis entraînent de fortes augmentations des contraintes sur la partie postérieure du DIV ; ces contraintes sont particulièrement dangereuses chez les personnes qui ont déjà des problèmes avec leur dos. À ce propos, ces sujets « à risque » cherchent souvent à soulager leur rachis et se suspendent à des barres placées dans l'encadrement de portes. Il faut savoir que le meilleur effet est réalisé si l'on se suspend par les mains en restant en appui sur les pieds avec les hanches fléchies et en gardant un dos plat.

Les surfaces supérieures et inférieures du DIV sont unies aux corps vertébraux par du cartilage hyalin, c'est-à-dire sous forme de synchondrose.

Les DIV sont maintenus en place par des ligaments vertébraux communs (figure 10.57). L'ensemble DIV et ligaments constitue une unité fonctionnelle et forme la symphyse intervertébrale. Les deux ligaments communs s'étendent en avant et en arrière des corps vertébraux. Le ligament vertébral commun antérieur (LVCA) commence au niveau de l'os occipital et sur l'atlas (C1). Il descend le long des faces antérieures des corps vertébraux jusqu'au sacrum. Il s'élargit graduellement de haut en bas et adhère toujours fortement aux corps vertébraux, mais pas avec des DIV.

Le ligament vertébral commun postérieur (LVCP) débute au niveau de l'axis (C2). Il est disposé en continuité du ligament occipito-axoïdien. Il descend le long des faces postérieures des corps vertébraux et se termine au niveau du sacrum à l'intérieur du canal sacré. Entre le ligament et le reste de la face de chaque corps vertébral existe un espace interstitiel pour les veines qui sortent des corps vertébraux. Ce ligament adhère fortement à la face postérieure des DIV. Des fibres latérales y forment, dans le secteur dorsal et lombaire, des plaques losangiques de tissus conjonctif qui maintiennent fermement les DIV en arrière. Ces deux ligaments renforcent la solidité de la colonne vertébrale, notamment lors de la flexion ou de l'extension. Ils ont un rôle double : renforcer et protéger.

Le système postérieur : arthrodie

D'un point de vue fonctionnel, le système articulaire postérieur joue un rôle actif dans la motricité du rachis et participe de façon indirecte à l'amortissement des contraintes mécaniques qui agissent sur le rachis (figure 10.56).

Les articulations postérieures du rachis sont de petite taille. Les surfaces articulaires sont relativement planes de telle sorte qu'elles sont classées dans la catégories des arthrodies. Leur orientation change en fonction de l'étage. Les orientations des surfaces articulaires qui se correspondent conditionnent les possibilités de mouvement de la section du rachis considérée.

Plusieurs ligaments renforcent la stabilité passive du système postérieur (figure 10.57). Le ligament cervical postérieur, le ligament interépineux, le ligament sus-épineux. Dans l'étage thoracique existent également les ligaments costo-transversaires supérieurs et inférieurs et le ligament costo-vertébral antérieur.

Figure 10.57
Les ligaments vertébraux (d'après Kapandji).

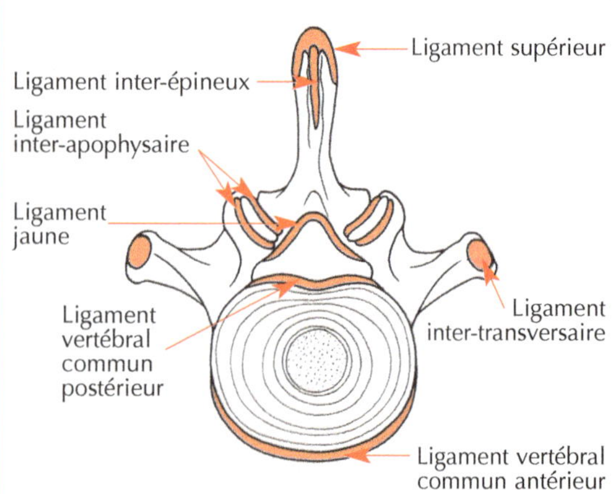

Il existe également des ligaments jaunes (coloration due aux fibres élastiques) qui ferment l'arc neural postérieur.

c) La cage thoracique

Les paires de côtes circonscrivent la cavité thoracique qui possède un orifice supérieur relativement étroit constitué par la première paire de côtes, D1 et le sternum, et un orifice inférieur qui est une vaste ouverture délimitée latéralement par les arc costaux et en avant par l'appendice xiphoïde du sternum (figure 10.58).

La cage thoracique se compose de 12 paires de côtes. Les dix paires supérieures partent de la partie latérale des corps vertébraux des 10 premières vertèbres dorsales (de D1 à D10) et se rattachent en avant sur les encoches costales du corps du sternum. Les paires 11 et 12 sont flottantes. Elles partent des bords latéraux des corps vertébraux et se terminent avant d'arriver au sternum.

Constitution

Les côtes sont constituées de deux parties (figure 10.58) : un segment osseux proprement dit et une extrémité cartilagineuse, le cartilage costal. Le segment osseux possède une tête, un col et un corps. La limite entre la tête et le col est marquée par la tubérosité costale. La tête et le corps possèdent une facette articulaire (union avec le corps vertébral et l'apophyse transverse des vertèbres thoraciques).

Seules les sept premières côtes sont unies directement au sternum (côtes vraies). Les cinq paires inférieures ou côtes asternales ne sont reliées qu'indirectement (8, 9 et 10 sont des fausses côtes et s'insèrent ensemble sur le sternum par l'intermédiaire du même cartilage costal) ou pas du tout au sternum (côtes 11 et 12).

Les articulations

La mobilité des côtes est nécessaire à la respiration. Les côtes sont unies au rachis et au sternum par des diarthroses et des synchondroses. Les unions articulaires des têtes des côtes avec la colonne vertébrale (articulations costo-vertébrales) sont (mis à part la 1re, la 11e et la 12e paire de côtes), des arthrodies doubles (chaque côte s'articule avec le bord supérieur et le bord inférieur des deux vertèbres voisines). La mobilité des côtes est principalement assurée par les muscles intercostaux.

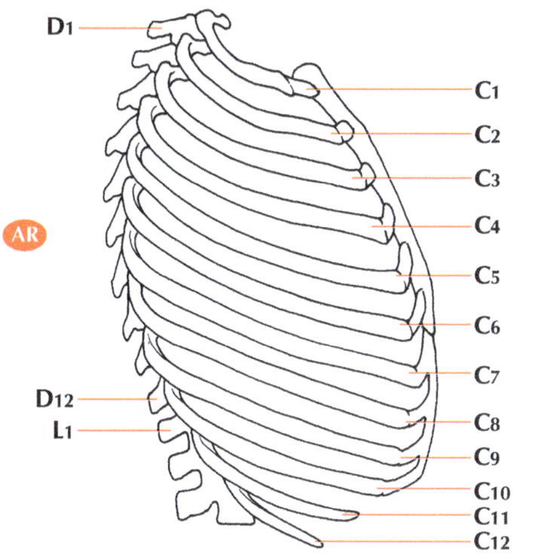

Figure 10.58
Vue latérale de la cage thoracique.

d) Les mouvements du rachis

Les mouvements réalisés par le rachis peuvent être résumés autour des 3 degrés de liberté élémentaires (DDL1, DDL2, DDL3) : la flexion-extension, l'inclinaison latérale et la rotation. L'amplitude de chacun de ces mouvements varie selon l'étage sous l'influence de facteurs constitutionnels, de l'âge et de l'entretien qui est fait de cette partie du corps.

Influences des facteurs constitutionnels

Les différences d'amplitudes des mouvements dans les différents segments du rachis peuvent être expliquées par les variations morphologiques des vertèbres, la position qu'elles occupent dans chacune des courbures rachidiennes.

Les flexions sont limitées par le ligament jaune (élastique), par les muscles rachidiens et aussi par le LVCP. Les extensions du rachis sont limitées (notamment au niveau dorsal) par les AE qui butent les unes sur les autres et par la tension du LVCA. Les rotations quant à elles sont largement déterminées par l'orientation des apophyses articulaires, qui limitent à 5° au maximum ce mouvement au niveau du rachis lombaire.

Influence de l'âge (figure 10.59)

Les travaux portent principalement sur l'amplitude de la flexion du rachis. Il est considéré comme normal pour l'enfant ou l'adolescent d'atteindre ses orteils du bout des doigts. Néanmoins, de nombreux sujets âgés de 11 à 14 ans en sont incapables bien qu'ils ne présentent aucune raideur articulaire ni rétraction musculaire. L'explication de cette incapacité tient à la variation, durant cette période, du rapport entre la longueur des membres inférieurs et celle du tronc.

Figure 10.59
Évolution de l'amplitude de la flexion du rachis au cours de la croissance (d'après Kendall et coll.).

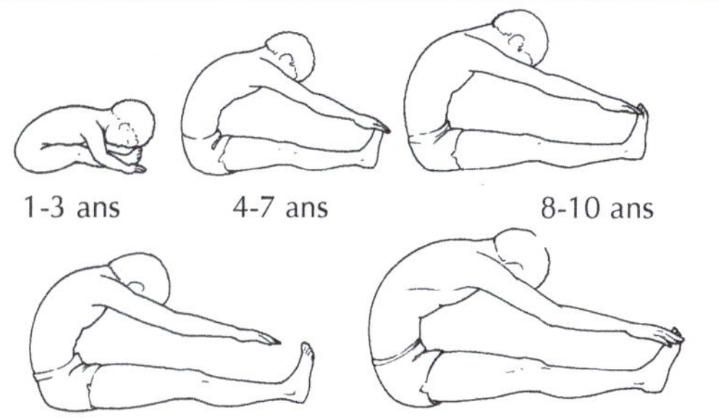

Tableau 10.6
Variation des amplitudes articulaires selon l'étage (valeurs exprimées en degré, sujettes à de fortes variations inter-individuelles, d'après Kapandji, 1975).

	DDL1		DDL2	DDL3
	Flexion	**Extension**	**Inclinaison**	**Rotation**
Rachis cervical	40	75	40	50
Rachis dorsal	105	60	20	35
Rachis lombaire	60	35	20	5
Total	110	140	80	90

À l'âge adulte, en l'absence de tout entretien de la mobilité rachidienne, l'amplitude de chaque degré de liberté diminue, en raison de l'augmentation de la raideur de la musculature.

e) Muscles moteurs du rachis et gestes sportifs

De nombreux muscles interviennent dans la mobilisation du rachis : les muscles spinaux bien sûr, mais aussi les muscles des membres supérieurs et inférieurs.
Les muscles qui assurent la mobilité de la colonne vertébrale sont très complexes car ils présentent de nombreuses origines et insertions, et se chevauchent fréquemment. Les fonctions musculaires sont liées à leur localisation. La musculature de la colonne vertébrale et du tronc est disposée en plusieurs couches superposées entre elles, comme le montre la figure 10.60 à partir d'une coupe transversale du tronc passant par L1. Les couches profondes sont souvent composées de muscles courts qui passent de vertèbre à vertèbre sur toute la longueur de la colonne vertébrale, dont le rôle est avant tout postural. Ces muscles ajustent leur longueur et leur tension selon nos attitudes ou bien selon nos activités quotidiennes. C'est principalement sur eux que repose le maintien de la rectitude du rachis dans le plan frontal (absence de scoliose). De mauvaises habitudes posturales (assises ou debout), de même que l'utilisation quasi exclusive de la moitié du corps correspondant à la main dominante entraîne l'apparition de voussures associées à une mise en torsion de la colonne qui modifie l'équilibre des tensions musculaires.
Les couches moyennes et superficielles sont avant tout composées par des muscles qui prennent appui sur la colonne vertébrale pour agir sur les ceintures (scapulaire et pelvienne) et les membres.

46 paires de muscles mobilisent le rachis.
On les regroupe de la façon suivante :
- les muscles qui agissent sur la mobilité du rachis cervical et de la tête (tableaux 10.7, à 10.10),
- les muscles de la fixation de la ceinture scapulaire sur le rachis (tableau 10.11),
- les muscles qui agissent sur la cage thoracique et lors de la respiration (tableau 10.12),
- les muscles de la paroi abdominale et de la fixation de la ceinture pelvienne (tableaux 10.13, 10.14),

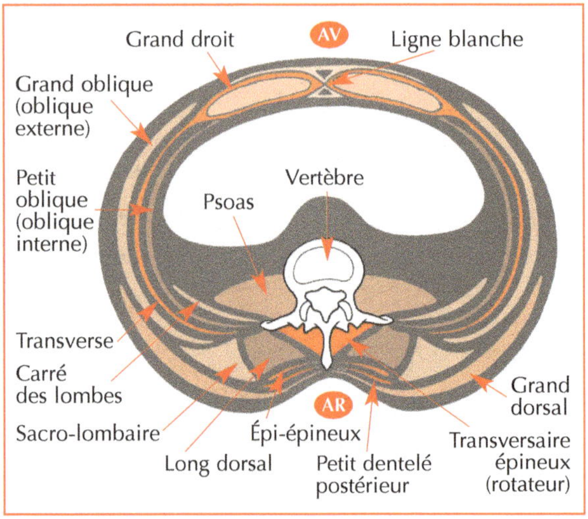

Figure 10.60
Coupe transversale du tronc passant par L1.
(D'après Kapandji.)

- les muscles qui assurent la posture érigée et la mobilité de la colonne vertébrale (tableau 10.15).

Mobilité du rachis cervical et de la tête

Les muscles (tableaux 10.7 à 10.10) qui agissent sur la mobilité de la tête sont nombreux et disposés selon plusieurs couches. Ils assurent des fonctions posturales et dynamiques, ce qui permet de réduire les pressions qui s'exercent sur le rachis cervical et de déplacer la tête.
Les différents organes qui composent la musculature rachidienne doivent être entretenus et renforcés, notamment dans les pratiques sportives où :
- les contacts physiques entre adversaires sont nombreux (sports de combat, sports collectifs),
- les contraintes mécaniques sont prégnantes (athlétisme, sports de glisse),
- les efforts sont unilatéraux (sports de raquette, golf).

Le rachis cervical du rugbyman doit recevoir un traitement spécial, notamment lorsqu'il occupe un poste dans la première ligne. Les efforts au niveau du cou et de la nuque y sont énormes. La musculature prévertébrale, sous-occipitale, les muscles scalènes, SCM et trapèze permettent par leur action combinée de préserver l'intégrité de ce segment.

Muscles à action directe au niveau du cou
Grand droit antérieur de la tête, petit droit antérieur de la tête, droit latéral de la tête, SCM.

Muscles à action indirecte au niveau du cou
Long du cou, scalène antérieur, scalène moyen, scalène postérieur.

Muscles à action directe au niveau de la nuque
Grand droit postérieur de la tête, petit droit postérieur de la tête, petit oblique de la tête, splénius de la tête, Longissimus de la tête, semi-épineux de la tête ou grand complexus, épineux de la tête, trapèze.

Muscles à action indirecte au niveau de la nuque
Grand oblique de la tête, inter-épineux, longissimus du cou, transversaire épineux, intertransversaire, élévateur de l'omoplate ou angulaire, semi-épineux du cou ou petit complexus.
L'ensemble de ces 23 paires de muscles, que l'on renforce par l'intermédiaire d'exercices de flexion, d'extension, d'inclinaison et de rotation de la tête sont très importants dans les sports de combats.
Leur développement harmonieux, à partir de mouvements symétriques permet de restaurer ou de préserver un segment cervical qui a tendance à se mettre en torsion sous l'effet de nos habitus journaliers, notamment avec la sur-utilisation du membre supérieur dominant.

Muscles de la fixation de la ceinture scapulaire sur le rachis

Ces muscles (tableau 10.11) ont leur origine sur le squelette axial et s'insèrent sur la clavicule et l'omoplate.
Leur rôle principal est de stabiliser l'omoplate afin qu'elle serve de point fixe ou stable à la plupart des muscles qui assurent la mobilité de l'humérus. Les muscles sont répartis en un groupe antérieur (subclavier, petit pectoral et dentelé antérieur) et un groupe postérieur (trapèze, élévateur de l'omoplate ou angulaire, grand rhomboïde, petit rhomboïde).

Tableau 10.7

Muscle	Origine	Terminaison	Innervation	Action(s)
Grand droit antérieur de la tête (GDA) (court)	Apophyse basilaire de l'occipital (en avant du trou)	AT des 3e à 6e cervicales		Les 2 muscles fléchissent la tête et redressent la lordose cervicale. Un seul provoque la flexion et l'inclinaison de la tête du même côté
Petit droit antérieur de la tête (PDA) (court)	Apophyse basilaire de l'occipital	Masse latérale et AT de l'atlas		Les deux muscles fléchissent la tête (C1-C2) Un seul muscle provoque à la fois flexion-rotation et inclinaison du même côté
Droit latéral de la tête (DL) (court)	Apophyse jugulaire de l'occipital	AT de l'atlas		Les deux muscles fléchissent la tête. Un seul provoque l'inclinaison de la tête du même côté
Sterno-cléido-mastoïdien (SCM)	Clavicule et sternum	Apophyse mastoïde du temporal	Nerf accessoire XI et nerfs cervicaux 2 et 3	Les 2 muscles fléchissent la colonne cervicale. Un seul provoque la rotation de la tête dans le sens opposé au muscle qui se contracte

Muscles de la respiration (muscles de la cage thoracique)

Les différents muscles (tableau 10.12) qui composent ce groupe s'insèrent sur les côtes (diaphragme, intercostaux externes, intercostaux internes). Leur mobilisation modifie la dimension de la cage thoracique durant la respiration normale.

Lors d'une respiration forcée, d'autres muscles entrent en jeu. On peut trouver le petit pectoral (muscle de la ceinture scapulaire) lors d'une inspiration forcée; le carré des lombes et le grand droit de l'abdomen participent à l'expiration forcée.

Muscles de la paroi abdominale et de la fixation de la ceinture pelvienne

La paroi abdominale est constituée de la peau, d'aponévroses et de paires de muscles organisés en deux groupes (tableau 10.13). Le groupe superficiel antéro-latéral (les « abdos ») est composé des muscles grand oblique, petit oblique, transverse de l'abdomen, grand droit et pyramidal de l'abdomen. Ces muscles sont antagonistes du groupe postérieur et des muscles érecteurs du rachis. Ils participent à la fixation antérieure de la ceinture (et donc à son « gainage »), protègent les viscères.

Le groupe profond et postérieur est composé par les muscles carré des lombes et ilio-psoas. Le muscle

Tableau 10.8

Muscle	Origine	Terminaison	Innervation	Action(s)
Grand droit postérieur de la tête (court)	Ligne courbe inférieure de l'os occipital	AE de l'axis (C2)		Les deux muscles étendent la tête. Un seul provoque l'inclinaison latérale
Petit droit postérieur de la tête (court)	Ligne courbe inférieure de l'os occipital	Arc postérieur de l'atlas (C1)		Les deux muscles étendent la tête. Un seul provoque l'inclinaison latérale
Petit oblique de la tête (court)	Ligne courbe inférieure de l'os occipital	AT de l'atlas (C1)		Les deux muscles étendent la tête. Un seul provoque l'inclinaison latérale
Splénius de la tête (court)	Os occipital et apophyse mastoïde de l'os temporal	Ligament cervical, AE de C7 à D4	Branches dorsales des nerfs cervicaux moyens	Les deux muscles assurent l'extension de la tête et du cou; un seul provoque la flexion latérale et la rotation de la tête du même côté
Longissimus de la tête (moyen)	Apophyse mastoïde de l'os temporal	AA de C3 à C7 et AT de D1 à D4	Branches dorsales des nerfs cervicaux moyens et inférieurs	Extension de la tête et rotation du côté opposé
Semi-épineux de la tête ou grand complexus (moyen)	Os occipital	AA de C4 à C6 et AT de C7 à D7	Branches dorsales des nerfs rachidiens	Extension de la colonne cervicale
Épineux de la tête (moyen)	Os occipital (sur le semi-épineux)	(sur le semi-épineux)	Branches dorsales des nerfs rachidiens	Extension de la colonne cervicale
Trapèze	Os occipital, ligament cervical postérieur et AE de C7 à D12	Clavicule, acromion et épine de l'omoplate	Nerf accessoire (XI) et nerfs cervicaux (C3-C4)	À point fixe haut, il élève l'omoplate et provoque son adduction. À point fixe bas, il étend la tête.

Tableau 10.9

Muscle	Origine	Terminaison	Innervation	Action(s)
Long du cou (le plus profond des prévertébraux)	Arc antérieur de C1	D3		Les deux muscles redressent la lordose cervicale et entraînent la flexion du cou. Un seul incline le rachis et provoque sa rotation du même côté
Scalène antérieur	AT de C3 à C6	Première côte	Branches ventrales des 5 et 6e nerfs cervicaux	Flexion et rotation du cou. Participe à l'inspiration
Scalène moyen	AT de C2 à C7	Première côte	Branches ventrales des 3, 4, 5, 6, 7 et 8e nerfs cervicaux	Flexion et rotation du cou. Participe à l'inspiration
Scalène postérieur	AT de C4 à C6	Deuxième côte	Branches ventrales des 3 derniers nerfs cervicaux	Flexion et rotation du cou; participe à l'inspiration.

Tableau 10.10

Muscle	Origine	Terminaison	Innervation	Action(s)
Grand oblique de la tête (court)	AT atlas (C1)	AE axis (C2)		
Inter-épineux (court)	Face inférieure des AE de toutes les vertèbres	Face supérieure de l'AE de la vertèbre sous-jacente	Branches dorsales des nerfs rachidiens	Extension de la colonne vertébrale
Longissimus du cou (moyen)	AT de C2 à C6	AT de D4 à D5	Branches dorsales des nerfs rachidiens	Extension de la colonne cervicale
Transversaire épineux (court)	AT de toutes des vertèbres	AE des vertèbres sous-jacentes	Branches dorsales des nerfs rachidiens	Extension de la colonne et rotation du côté opposé
Intertransversaire (court)	AT de toutes les vertèbres	AT de la vertèbre sus-jacente	Branches dorsales et ventrales des nerfs rachidiens	Inclinaison latérale de la colonne vertébrale
Élévateur de l'omoplate ou angulaire	C1 à C5	Bord vertébral de l'omoplate	Nerf accessoire (XI) et nerfs cervicaux (C3-C4)	Élève l'omoplate à point fixe haut. Incline le rachis cervical lorsque l'omoplate est fixée
Semi-épineux du cou ou petit complexus (moyen)	AE de C1 à C5	AT de D1 à D6	Branches dorsales des nerfs cervicaux et thoraciques	Extension de la colonne cervicale et dorsale et rotation du côté opposé

Tableau 10.11

Muscle	Origine	Terminaison	Innervation	Action(s)
Subclavier	Face intérieure de la clavicule	Première côte	Nerf subclavier	Abaisse la clavicule
Petit pectoral	Apophyse coracoïde de l'omoplate	3e à 5e côtes	Nerf pectoral médial	Abaisse l'omoplate quand la cage thoracique est fixée. Élève les 3 paires de côtes durant l'inspiration lorsque l'omoplate est fixée
Dentelé antérieur	Bord interne de l'omoplate	Première à 8e côtes Nerf thoracique		Provoque la bascule de l'omoplate lorsque les côtes sont fixées ou élève les côtes lorsque l'omoplate est fixée
Trapèze	voir plus haut			
Élévateur de l'omoplate ou angulaire	voir plus haut			
Grand rhomboïde	AE de D2 à D5	Bord vertébral de l'omoplate	Nerf dorsal de l'omoplate	Bascule interne de l'omoplate lorsque le rachis est fixé
Petit rhomboïde	AE de C7 à D1	Bord vertébral de l'omoplate	Nerf dorsal de l'omoplate	Bascule interne de l'omoplate lorsque le rachis est fixé

Tableau 10.12

Muscle	Origine	Terminaison	Innervation	Action(s)
Diaphragme	Appendice xiphoïde, cartilages costaux et vertèbres lombaires	Centre tendineux	Nerf phrénique	Abaisse le centre phrénique lors de l'inspiration
Intercostaux externes	Bord supérieur de la côte sus-jacente	Bord inférieur de la côte sous-jacente	Nerfs intercostaux	Soulèvent les côtes durant l'inspiration (augmentent les dimensions latérales et antéro-postérieures du thorax)
Intercostaux internes	Bord inférieur de la côte sus-jacente	Bord supérieur de la côte sous-jacente	Nerfs intercostaux	Rapprochent les côtes adjacentes durant l'expiration forcée (réduisent les dimensions augmentées par les intercostaux externes)

Tableau 10.13

Muscle	Origine	Terminaison	Innervation	Action(s)
Transverse de l'abdomen (le plus profond)	Appendice xyphoïde, ligne blanche et pubis	Crête iliaque, fascia lombaire, cartilage des 6 dernières côtes.	Branches des nerfs thoraciques de D8 à D12 et nerf iliohypogastrique et ilio-inguinal	Compression de l'abdomen. Facilite la défécation
Petit oblique ou oblique interne de l'abdomen	Crête iliaque et EIAS	Bord inférieur des 3 dernières côtes et ligne blanche	Branches des nerfs thoraciques de D8 à D12 et nerf iliohypogastrique et ilio-inguinal	Les 2 muscles provoquent la compression de l'abdomen. Un seul produit la flexion et la rotation de la colonne vertébrale à point fixe bas
Grand oblique ou oblique externe de l'abdomen	Face externe des 5e à 12e côtes	Lèvre externe de la crête iliaque et ligne blanche (rencontre avec les fibres du muscle opposé).	Branches des nerfs thoraciques de D7 à D12 et nerf iliohypogastrique	Les 2 muscles provoquent la compression de l'abdomen. Un seul produit la flexion et la rotation de la colonne vertébrale à point fixe bas
Grand droit de l'abdomen	Cartilage des côtes 5 à 7 et appendice xyphoïde	Crête pubienne et symphyse pubienne	Branches des nerfs thoraciques de D7 à D12	Les 2 muscles provoquent la compression de l'abdomen, facilitent la défécation, la miction, l'expiration forcée. Ils assurent la flexion de la CV à point fixe bas

Tableau 10.14

Muscle	Origine	Terminaison	Innervation	Action(s)
Psoas	AT des vertèbres lombaires	Petit trochanter du fémur	Nerfs lombaires L2 et L3	Flexion de la colonne vertébrale à point fixe bas. Flexion de la cuisse à point fixe haut
Iliaque	Fosse iliaque interne	Tendon du psoas	Nerf fémoral	Flexion de la colonne vertébrale à point fixe bas. Flexion de la cuisse à point fixe haut
Carré des lombes	Bord inférieur de la 12e côte et AT de L1 à L4	Crête iliaque	Branches du nerf thoracique (D1) et des nerfs lombaires L1-L3 et L1-L4	Les 2 muscles abaissent la 12e côte lors de l'expiration forcée, l'immobilisent lors de l'inspiration profonde. Un seul muscle provoque l'inclinaison latérale du rachis à point fixe bas

psoas est également le fléchisseur de la hanche le plus puissant. Il est très fortement sollicité dans les courses, les sauts de haies, les sauts en longueur et en hauteur, les lancers.

Les muscles abdominaux, positionnés en avant du rachis sont les antagonistes des muscles érecteurs du rachis. Leur renforcement permanent est une nécessité car, s'ils interviennent directement ou indirectement dans la respiration, et limitent l'émergence des viscères en avant, ils ne sont pas sollicités lors des postures bipédiques. Il en résulte la plupart du temps une faiblesse, un déséquilibre par rapport aux muscles spinaux et au psoas, qui par leur fonction posturale permanente, compriment les DIV et sont donc en permanence sous tension (ces muscles sont sollicités lorsqu'on se tient debout, lorsqu'on est assis, lorsque l'on soulève des charges, etc.).

Une bonne musculature abdominale réduit la charge postérieure et stabilise la colonne vertébrale. Ce renforcement ne peut se faire dans n'importe quelle condition. En effet, un renforcement mal conçu peut avoir des effets très néfastes sur le rachis. Si nous avons proposé, lors d'un travail antérieur (Doutreloux et coll., 1992) des situations différentes en fonction du niveau de pratique et d'entraînement, il est nécessaire de s'attarder sur ce secteur pour préciser quelques principes qui conditionnent un entraînement abdominal convenable. Ces principes s'adressent aux personnes sédentaires et aux débutants.

Le premier principe se fonde sur le relâchement préalable du muscle psoas. Pour ce faire, il faut fléchir les hanches ce qui permet de « délordoser ».

Le second principe concerne l'amplitude des mouvements. En effet, la flexion totale du tronc sur les cuisses se compose de 2 phases (figure 10.61). Une phase abdominale puis à partir du redressement du dos d'une phase pelvienne où c'est le psoas qui réalise le travail pour assurer la flexion des hanches.

Il est donc recommandé d'effectuer les exercices de renforcement des abdominaux à point fixe bas, hanches fléchies et sur des amplitudes faibles.

Par la suite, il est possible d'utiliser des bancs inclinés afin de conserver une charge importante sur toute la durée du mouvement, et d'alterner des phases de contractions concentriques avec des phases de contractions excentriques.

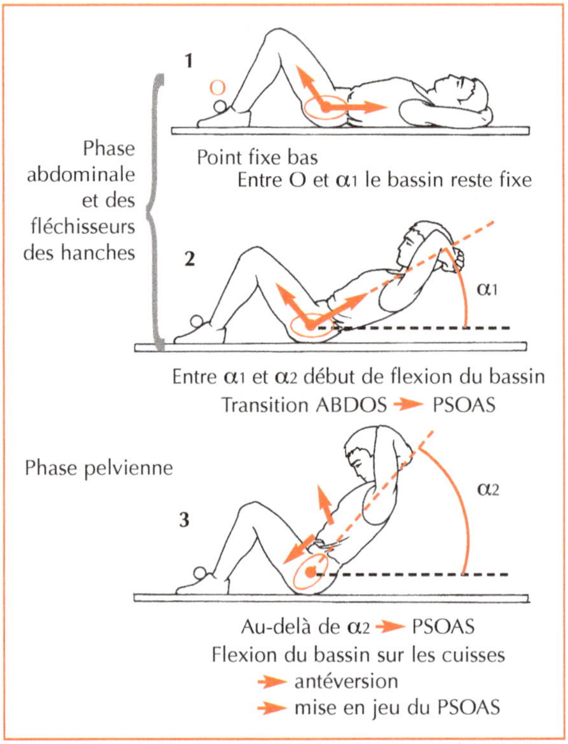

Figure 10.61
Détermination de la transition dans l'intervention des abdominaux superficiels et du psoas dans la flexion du tronc sur les cuisses à point fixe bas.
L'exercice doit se limiter au secteur angulaire sol - α_1 pour ne pas faire intervenir le psoas.

Les muscles de l'érection du rachis

Les muscles (tableau 10.14) du groupe postérieur travaillent ensemble et forment une entité fonctionnelle. On retrouve des muscles longs (ces muscles sont étalés sur une grande partie du dos, ils franchissent 7 vertèbres au moins) : muscle ilio-costal du cou, ilio-costal du thorax, ilio-costal des lombes, muscles longissimus de la tête, longissimus du cou, longissimus du thorax ; des muscles courts (présents d'une vertèbre à l'autre) : intertransversaire, interépineux, et transversaire-épineux ; des muscles moyens (ils franchissent au moins 2 vertèbres) : muscle épineux de la tête, épineux du cou, épineux du thorax, muscles semi-épineux de la tête, semi-épineux du cou, semi-épineux du thorax et multifide. Les organes du groupe médial oblique sont très sollicités dans tous les mouvements de lancers de projectiles (avec ou sans engin intermédiaire). Dans ce cadre, l'ilio-costal et les rotateurs sont les muscles les plus sollicités. En effet, dans toutes les formes de lancers, l'inclinaison latérale et la torsion du rachis correspondent à la phase d'armer et à la phase de déclenchement du tir (détorsion).

Ces muscles, dans leur ensemble sont souvent très entraînés, et imposent des pressions fortes aux parties postérieures des DIV. Les efforts doivent, mise à part lorsque les caractéristiques de la pratique physique l'imposent, s'orienter vers le maintien de la mobilité dorsale par des étirements ou mise en tension des muscles spinaux.

Toutes les situations d'enroulement par flexion du rachis vers l'avant en l'absence de charge permettent de relâcher la musculature dorsale.

Tableau 10.15

Muscle	Origine	Terminaison	Innervation	Action(s)
Ilio-costal du cou (position latérale)	AT de C4 à C6	Six premières côtes	Branches dorsales des nerfs cervicaux	Extension de la colonne cervicale lorsque les côtes sont fixées
Ilio-costal du thorax	Six premières côtes	Six dernières côtes	Branches dorsales des nerfs thoraciques	Érecteur du rachis
Ilio-costal des lombes	Six dernières côtes	Crête iliaque	Branches dorsales des nerfs lombaires	Extension de la colonne lombaire
Longissimus de la tête (position intermédiaire)	voir plus haut			
Longissimus du cou	voir plus haut			
Longissimus du thorax	AT de D1 à D12, de L1 à L3 et des côters 9 et 10	AT de L1 à L5	Branches dorsales des nerfs rachidiens	Extension de la colonne dorsale
Épineux de la tête	voir plus haut			
Épineux du cou	voir plus haut			
Épineux du thorax	AE de D2 à D8	AE de D10 à L3	Branches dorsales des nerfs rachidiens	Extension de la colonne dorsale et lombaire
Semi-épineux de la tête	voir plus haut			
Semi-épineux du cou	voir plus haut			
Semi-épineux du thorax	AE de C5 à D4	AT de D6 à D10	Branches dorsales des nerfs rachidiens thoraciques et cervicaux	Extension de la colonne dorsale et rotation du côté opposé
Multifide	AE de chaque vertèbre à partir de C2	Sacrum en sautant 2 à 4 vertèbres, insertion sur les AT des cervicales, dorsales et des lombaires	Branches dorsales des nerfs rachidiens	Extension de la colonne vertébrale
Rotateurs (transversaire-épineux)	Tout le long de la colonne sur l'AE de chaque vertèbre supérieure	AT des vertèbres sous-jacentes	Branches dorsales des nerfs rachidiens	Extension de la colonne vertébrale et rotation du côté opposé
Inter-épineux	voir plus haut			
Inter-transversaires	voir plus haut			

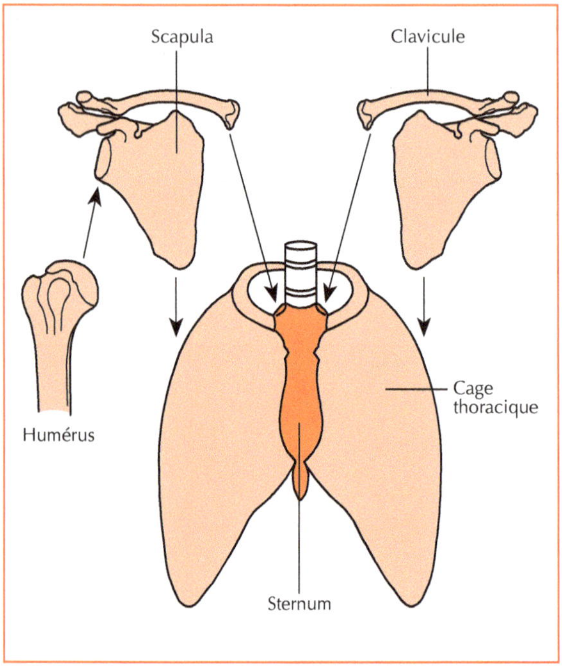

Figure 10.62
La ceinture scapulaire en pièces détachées.

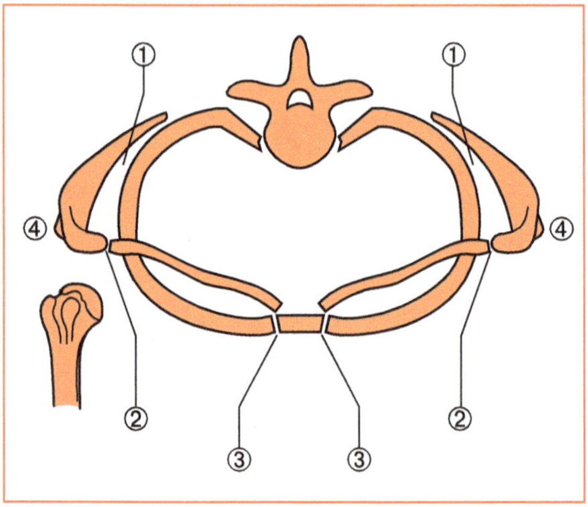

Figure 10.63
Les articulations de la ceinture scapulaire.
1. Articulation scapulo-thoracique.
2. Articulation acromio-claviculaire.
3. Articulation sterno-costo-claviculaire.
4. Articulation scapulo-humérale.

C. Les unités de préhension et d'équilibration : ceinture scapulaire et membres supérieurs

Les membres supérieurs s'accrochent au squelette axial par le biais de la ceinture scapulaire. D'un point de vue global, les articulations sont plus laxes que celles qui composent le membre inférieur. En fait, tout est mis en œuvre pour que les possibilités de mouvements soient importantes afin de pouvoir orienter la main dans toutes les directions de l'espace. Les fonctions du membre supérieur peuvent se résumer à une superfonction qui est la préhension. Nous ajouterons à cela d'autres fonctions ou qualités, largement nécessaires dans le cadre des activités physiques et sportives : celle de l'équilibration, celle de la propulsion en natation ou dans les lancers, celle d'appui, de support et de réaction en gymnastique.

a) La ceinture scapulaire

La ceinture scapulaire a la forme d'un anneau incomplet qui n'est pas fermé en arrière (contrairement à son homologue pelvienne). Elle est composée (figure 10.62) en avant par les clavicules et le sternum, et en arrière par les omoplates (scapula). Dans cet ensemble, l'omoplate et la clavicule sont indépendantes de la colonne vertébrale. Le cadre scapulaire est posé sur la cage thoracique à la hauteur des premières côtes. Il est doté d'un système musculaire capable de le stabiliser et de mouvoir les membres supérieurs dans toutes les directions de l'espace.
Cette ceinture comporte 8 articulations (4 de chaque côté, figure 10.63) qui sont liées de telle façon qu'elles fonctionnent toutes en même temps : 2 articulations scapulo-thoraciques, 2 articulations acromio-claviculaires, 2 articulations sterno-costo-claviculaires et 2 articulations scapulo-humérales (figure 10.63).

L'articulation scapulo-thoracique

Elle ne présente pas de surface cartilagineuse. C'est un plan de glissement entre la face postérieure de la cage thoracique et la face antérieure de la scapula (ces deux faces étant recouvertes par un « matelas » musculaire). Les mouvements possibles sont les translations latérale et verticale et les rotations (mouvement de sonnette) de l'omoplate sur la cage. Ces mouvements ont automatiquement des répercussions sur la clavicule. Ils ont pour but d'orienter les surfaces articulaires de l'omoplate (acromion, glène) de telle sorte que le bras ait la meilleure position d'exécution.

L'articulation acromio-claviculaire

Elle est plane et possède un ménisque qui permet d'améliorer la congruence articulaire. La capsule articulaire est renforcée par 3 ligaments puissants qui permettent de maintenir les surfaces en contact et limitent les mouvements de la clavicule par rapport à la scapula : le ligament acromio-coracoïdien, les ligaments conoïde et coracoïde, le ligament coraco-claviculaire.

L'articulation sterno-costo-claviculaire

C'est une articulation en selle qui possède un disque fibro-cartilagineux qui répartit les contraintes. La capsule articulaire est renforcée par 3 ligaments : le ligament sterno-claviculaire, le ligament interclaviculaire et le ligament costo-claviculaire.

L'articulation scapulo-humérale est l'articulation la plus mobile du corps. C'est une sphéroïde (énarthrose) qui permet 3 DDL. C'est l'articulation de l'épaule.

b) L'épaule

C'est l'union entre la scapula et l'os du bras (l'humérus). L'emboîtement des surfaces articulaires est relativement faible (figure 10.64) en raison de la différence de taille qui existe entre la tête fémorale (grosse) et la glène scapulaire (dont la surface est réduite). Cela ne permet pas une grande stabilité mécanique, mais permet une plus grande amplitude de mouvement de l'humérus sur son réceptacle. La congruence articulaire est améliorée par la présence d'un labrum. La capsule articulaire, relativement lâche (ce qui augmente encore l'instabilité) est renforcée par des ligaments et par le tendon d'insertion du long biceps.

Les ligaments couvrent en partie la tête humérale. Ils sont disposés en dessus et en avant de la tête. Il y a le ligament coraco-huméral qui va de l'apophyse coracoïde de la scapula au trochiter (en haut et à l'extérieur de l'humérus) et le ligament gléno-huméral (qui est composé de 3 faisceaux : supérieur, moyen et inférieur) qui part du pourtour de la glène et s'insère sur le pourtour du col de la tête humérale. Ces ligaments, relativement puissants, laissent toutefois des vides par lesquels la tête fémorale peut s'engager lors des luxations de l'épaule.

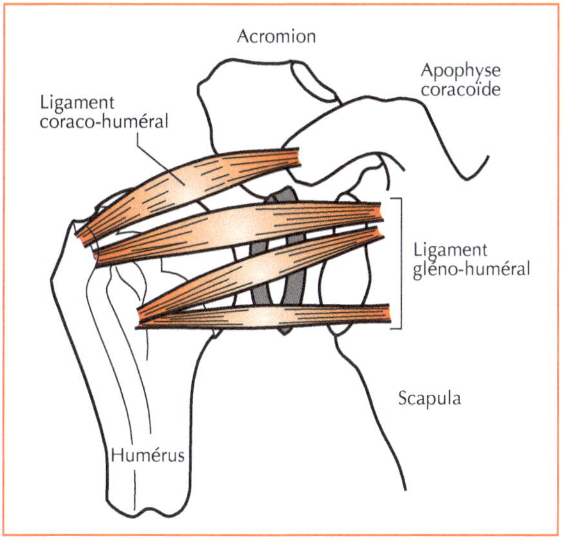

Figure 10.64
Les ligaments de l'articulation scapulo-humérale.

Le tendon du long biceps passe sur la tête humérale. Il a une position intra-articulaire (c'est une particularité anatomique) et s'insère sur le tubercule sus-glénoïdien. Ce tendon permet, en collaboration avec l'autre chef du biceps, d'assurer la coaptation de l'épaule, notamment lors de l'abduction : la courte portion empêche la luxation de la tête humérale vers le bas, la longue portion et son tendon terminal applique la tête humérale dans la glène.

Les muscles de la ceinture scapulaire et des membres supérieurs

Les muscles de la motricité de la ceinture et du bras sont rassemblés dans le même paragraphe en raison de l'unité fonctionnelle de ces deux parties de l'appareil locomoteur.

Ils participent, selon les situations, à la mobilité ou à la fixation de la scapula et du bras.

Selon leurs insertions, il est possible de réaliser 3 groupes fonctionnels différents :

- les muscles qui unissent le tronc et la scapula,

- les muscles qui unissent la scapula et le bras,
- les muscles qui unissent le tronc et le bras.

Les muscles qui unissent le tronc et la ceinture

Ce sont des muscles qui permettent de bloquer l'omoplate et donc ses surfaces articulaires afin de créer un point fixe et/ou de la déplacer afin de favoriser l'action des muscles du bras.

Ces muscles (figure 10.65) sont en arrière et en avant de la cage thoracique. En arrière, il y a l'angulaire de l'omoplate, le rhomboïde (qui s'étendent entre la colonne vertébrale et le bord interne de la scapula) et le muscle trapèze (superficiel) qui va de l'occiput jusqu'aux dernières vertèbres dorsales. En avant, il y a le petit pectoral (qui relie la clavicule aux 3e, 4e et 5e côtes) qui abaisse le moignon de l'épaule, fixe la clavicule sur la cage thoracique et le sous-clavier (qui relie la clavicule au sternum) qui est coapteur de l'articulation sterno-costo-claviculaire.

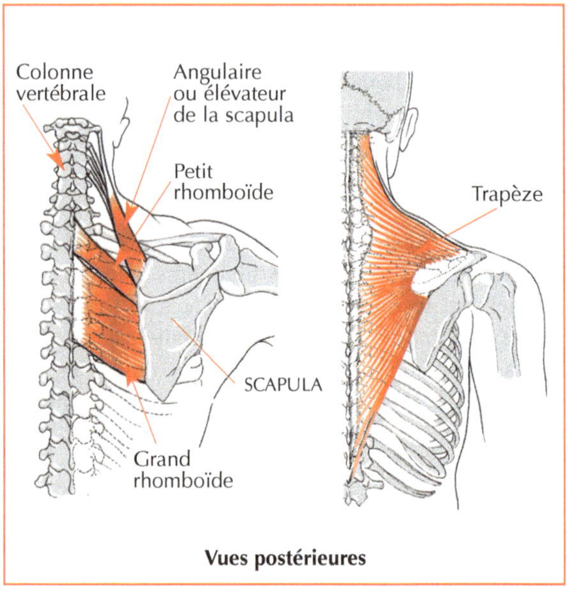

Figure 10.65
Muscles qui unissent le tronc à la ceinture scapulaire (d'après Kamina).

Les muscles qui unissent la scapula et le bras

Leur action se réalise en synergie avec ceux qui composent le groupe précédent. Pour que les mouvements du bras soient efficaces et puissants, les muscles du groupe précédent placent et fixent la scapula (figure 10.66). Ils sont situés en avant, en dehors et en arrière de la cage thoracique. En arrière, il y a le supra-épineux (abducteur du bras), l'infra-épineux et le petit rond (adducteurs et rotateurs externe du bras), le grand rond (adducteur et rotateur interne) et le sous-scapulaire (seul muscle inséré sur la face antérieure de la scapula, il est adducteur et rotateur interne). En avant, il y a le muscle coraco-brachial (tendu entre l'apophyse coracoïde et la face antérieure de l'humérus) qui est fixateur de l'omoplate. Enfin, disposé en superficie, le muscle deltoïde coiffe les muscles précédents. Il part de la partie externe de la clavicule et de tout le bord postérieur de l'omoplate et se termine sur la partie externe de l'humérus. Ses fibres sont orientées dans des directions très différentes, ce qui lui permet d'être l'abducteur le plus puissant du bras, mais aussi de participer à l'antépulsion et la rotation interne, la rétropulsion et la rotation externe du bras.

Les muscles qui unissent le tronc et le bras

Ces muscles (figure 10.67) partent de la cage thoracique ou de la colonne vertébrale. Ils sont positionnés en superficie du corps et représentent des moteurs puissants du bras. On retrouve en avant de la cage, le muscle grand pectoral (paroi antérieure de la poitrine) qui va de la partie interne de la clavicule, du sternum et des cartilages costaux vers la face externe de l'humérus (coulisse du biceps). Ce muscle est adducteur et antépulseur. En arrière, il y a le muscle grand dorsal qui est tendu de la colonne vertébrale (entre D7 et le sacrum) et la face externe de l'humérus (coulisse bicipitale). Il est adducteur et rotateur interne du bras.

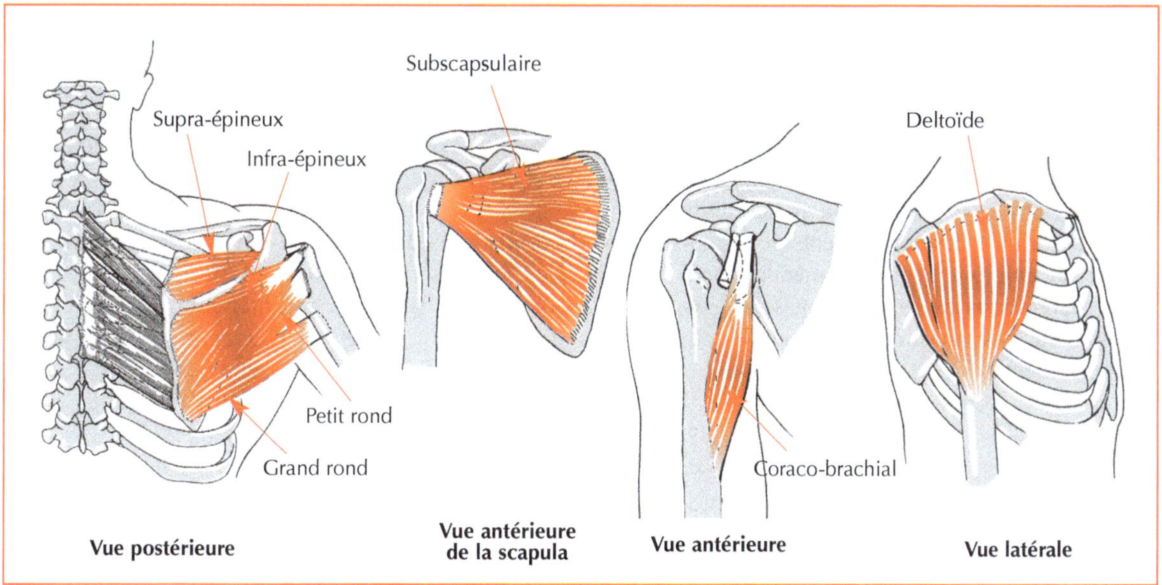

Figure 10.66
Muscles qui unissent la ceinture scapulaire et le bras (d'après Kamina).

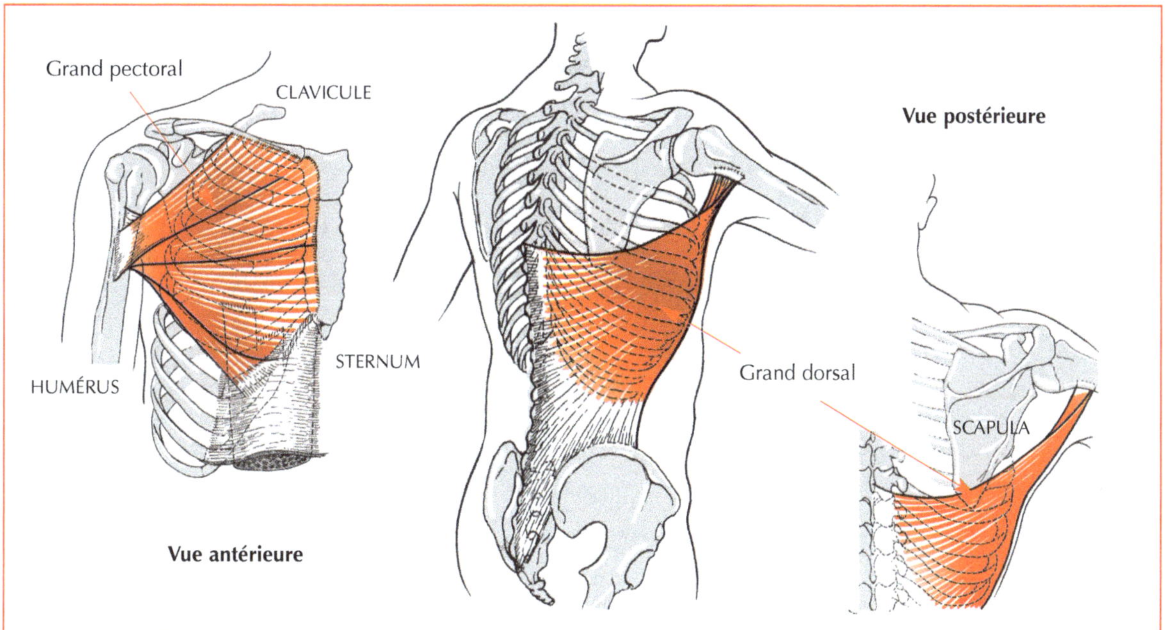

Figure 10.67
Muscles qui unissent le tronc et le bras (d'après Kamina).

c) Le coude

Le coude est en fait un complexe articulaire composé de 3 articulations dont les mouvements (2 DDL) vont permettre d'augmenter la mobilité de la main. Les trois articulations (figure 10.68) sont l'huméro-cubitale (ginglyme ou trochléenne à l'origine des mouvements de flexion-extension), la radio-cubitale (trochoïde à l'origine des mouvements de prono-supination de l'avant-bras), la radio-humérale (condylienne, qui décharge en partie les contraintes qui agissent sur l'huméro-cubitale, mais ne permet pas en elle-même de mouvement).

La capsule de l'ensemble articulaire est renforcée par deux ligaments latéraux. La stabilité postérieure, qui empêche l'extension du coude à partir de la position de référence anatomique, est réalisée par une excroissance de la partie supérieure du cubitus, appelée l'olécrane.

Les muscles de la flexion-extension du coude

Les muscles (figure 10.69) de la flexion du coude sont situés dans la loge antérieure du bras. Deux d'entre eux sont monoarticulaires : ce sont les muscles brachial antérieur (tendu entre la face antérieure de l'humérus et la tubérosité du cubitus, il flé-

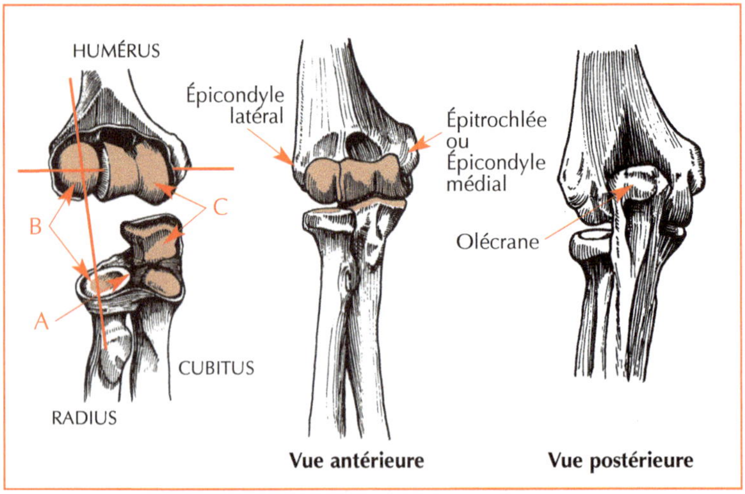

Figure 10.68
Le coude en pièces détachées montrant les trois articulations radio-cubitale (**A**), radio-humérale (**B**) et huméro-cubitale (**C**). Les deux DDL du coude sont définies selon les axes XX′ (flexion-extention) et YY′ (pronation-supination). (D'après Kapandji).

Figure 10.69
Les muscles de la flexion du coude. (D'après Kamina).

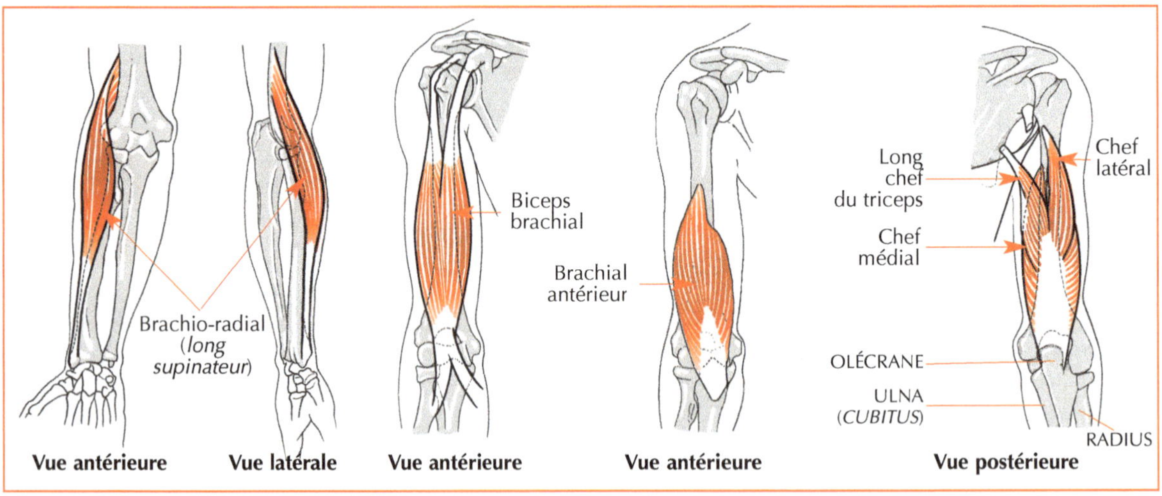

chit le coude) et le muscle long supinateur (tendu entre la face antérieure de l'humérus et la tubérosité du radius, son ventre se situe dans l'avant-bras, il fléchit le coude, il est supinateur lorsque l'avant-bras est en pronation et pronateur lorsque l'avant-bras est en supination).
Un muscle est bi-articulaire et agit sur l'épaule et sur le coude. C'est le muscle biceps brachial [il est tendu entre l'apophyse coracoïde de la scapula (courte portion)], la tubérosité supra-glénoïdienne (longue portion) et la tubérosité du radius. Lorsque l'épaule est fixée, il fléchit le coude et permet la supination de l'avant-bras. Lorsque le coude est fixé en extension, il est antépulseur de l'épaule. À noter que le biceps ne développe sa force maximale lors de la flexion de l'avant-bras sur le bras que lorsque les mains sont en supination. Si la main est en pronation, ce sont les autres muscles fléchisseurs du coude qui sont les moteurs principaux du mouvement.
Les muscles de l'extension du coude sont situés dans la loge postérieure du bras. Ce sont trois chefs musculaires qui se rejoignent dans leur parcours pour se terminer sur une insertion commune: l'olécrane du cubitus. Ce groupe musculaire, appelé triceps brachial, est composé d'un chef bi-articulaire (il vient du bord externe de la scapula) et de 2 chefs mono-articulaires (qui naissent de la face postérieure de l'humérus). Ce muscle est extenseur du coude et par son chef scapulaire il participe à la rétropulsion de l'épaule.

Les muscles de la prono-supination de l'avant-bras

Le plus puissant des supinateurs est le muscle biceps brachial que nous venons de décrire. Interviennent toutefois le supinateur (qui part de l'épicondyle huméral pour gagner la face externe du radius) et le long supinateur (figure 10.70).
Notons que dans l'ensemble les supinateurs, situés dans la loge externe de l'avant-bras, par leur disposition par rapport au centre de rotation de la prono-supination (articulation radio-humérale), ont un bras de levier plus grand que les pronateurs et sont donc plus efficaces.
La pronation est assurée par des muscles situés dans la loge antérieure de l'avant-bras. Ce sont les muscles rond et carré pronateur (figure 10.69).

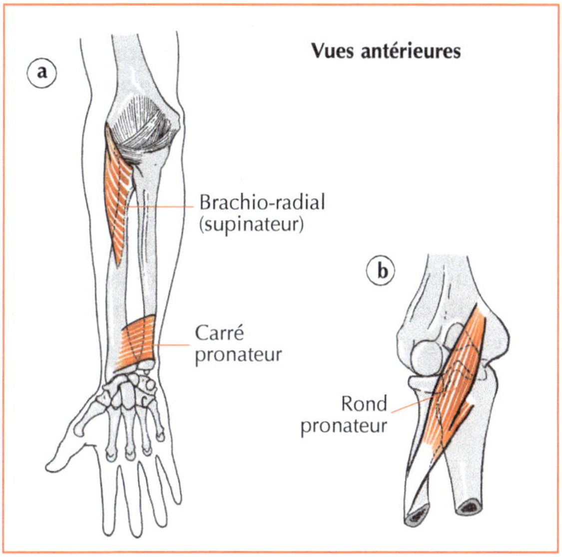

Figure 10.70
Les muscles de la supination (**a**) et de la pronation (**a** et **b**). (D'après Kamina).

d) L'avant-bras, le poignet et la main

L'avant-bras est composé de 21 muscles, répartis en 3 loges qui agissent sur le coude, le poignet et la main. Les muscles de la loge antérieure sont principalement fléchisseurs du poignet, des doigts et pronateurs de l'avant-bras (ils naissent de l'épitrochlée humérale et vont jusqu'au niveau des os du carpe et des métacarpes, face palmaire). Les muscles de la loge externe sont supinateurs et fléchisseurs du poignet et des doigts. Les muscles de la loge postérieure sont extenseurs du poignet et des doigts (ils naissent de l'épicondyle de humérus et vont jusqu'au niveau des os du carpe ou des métacarpes, face dorsale).
La musculature de l'avant-bras, plus riche et diversifiée que celle de la jambe est composée d'organes dont le ventre se situe dans l'avant-bras et dont les terminaisons ne se font que par de longs tendons qui entourent le poignet et s'insèrent sur les os du carpe, les métacarpes et les phalanges. Les chefs qui n'agissent que sur l'avant-bras ou sur la motricité du pouce sont entiers. Par contre, les muscles qui interviennent sur la motricité des 4 autres doigts ont une origine unique réalisée par la superposition de lames tendi-

neuses indépendantes qui, au cours du trajet du muscle, se séparent et permettent à un contingent de fibres musculaires d'agir sur une lame distale unique (figure 10.71). Cette architecture permet a priori un fonctionnement indépendant des doigts entre eux. Or, on sait bien que le jeune enfant, dont la coordination motrice est très globale est incapable de réaliser des mouvements d'un doigt par rapport aux autres. Cela signifie que l'entraînement de la motricité fine des doigts a des conséquences sur l'innervation de chaque zone contingent de fibres musculaires.

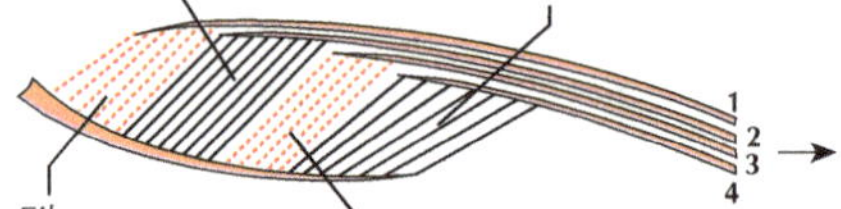

Figure 10.71
Relations entre les tendons terminaux et les contingents de fibres musculaires correspondants.

Lectures conseillées

Doutreloux (J.-P.), Masseglia (M.), Robert (P.) : *Le Muscle, de l'entretien à la performance*, Éditions Amphora, 1992.

Kamina (P.) : *Anatomie générale*, Éditions Maloine, 1997.

Kamina (P.) : *Myologie des membres*, Éditions Maloine, 1997.

Kapandji (P.) : *Physiologie articulaire*, T1, T2, T3, Éditions Maloine, 1975.

Whired (Y.) : *Anatomie et Sciences du geste sportif*, Éditions Vigot, 1985.

Chapitre 11

EXERCICES DE MUSCULATION

Jean-Paul Doutreloux

INTRODUCTION

L'objectif de ce paragraphe est de montrer les diverses façons que l'on a de solliciter un muscle de façon globale (à l'intérieur d'un groupe ou d'une chaîne musculaire), ou bien de façon plus analytique et isolée, en présence ou non d'un appareil, d'un haltère ou de tout autre outil.

Il s'agit également de faire un inventaire des mouvements les plus utilisés. Par contre, il ne s'agit pas de réfléchir à la planification du renforcement musculaire à l'intérieur d'un programme de préparation à la performance, car ces aspects concernent davantage le BEES2, et seront donc développés dans le livre II.

Comme nous l'avons proposé dans le chapitre 10, un des objectifs primordiaux du renforcement musculaire est de protéger l'appareil locomoteur. Il ne s'agit pas uniquement de devenir plus fort, il faut permettre au système ostéo-articulaire d'assumer l'augmentation des contraintes liées aux gains de force.

Dans ce cadre, le rachis et les ceintures (pelvienne et scapulaire) sont les clefs de voûte de la transmission des forces entre les parties basse et haute du corps. Ce sont donc 2 secteurs qu'il faut entretenir et/ou développer en permanence. C'est la raison pour laquelle nous débutons l'inventaire par cette partie de la musculature.

1. EXERCICES DE RENFORCEMENT DE LA SANGLE ABDOMINALE

Les muscles abdominaux sont avant tout des muscles de la posture. Ils ont une action de maintien de la colonne vertébrale en complément de l'action des muscles du dos. Ce ne sont donc pas des fléchisseurs du tronc sur les cuisses comme on l'a longtemps pensé. Ils sont uniquement fléchisseurs du rachis sur le bassin. C'est un autre muscle, le psoas iliaque qui est le véritable fléchisseur du tronc sur les cuisses ou des cuisses sur le tronc. C'est lui qui assure la flexion de la cuisse lors de l'initiation de chaque pas ou de chaque foulée en course.

Les muscles abdominaux ne participent qu'indirectement à ces mouvements de flexion en maintenant le bassin en rétroversion.

Si l'on veut faire travailler les abdominaux de façon isolée, il est donc impératif de neutraliser le psoas. Pour cela, il était nécessaire d'opérer avant le début des mouvements une réflexion des cuisses sur le tronc afin de libérer la tension de ce muscle. La série d'exercices compris entre 1 et 6 sollicite principalement le muscle grand droit de l'abdomen. Les principales différences d'un exercice à l'autre résident dans le changement du point fixe (haut ou bas) afin de faire travailler des parties différentes de ce muscle (partie haute ou partie basse).

L'exercice 1 correspond à une réflexion du tronc sur le bassin et sur les cuisses. Les exercices 2, 3 et 4 correspondent à une flexion du tronc sur le bassin et sur les cuisses à point fixe bas. Les exercices 5 et 6 correspondent au renforcement du grand droit avec un exercice à point fixe haut (i.e. le point fixe est situé dans la partie haute du corps).

La série d'exercices compris entre 7 et 9 correspond au renforcement des muscles abdominaux obliques et principalement du muscle grand oblique (ou oblique externe).

On considère généralement que lors d'une série d'abdominaux, il faut consacrer deux tiers du temps au renforcement des obliques, et un tiers du temps au renforcement du muscle grand droit de l'abdomen.

Une séance composée de 120 répétitions dont 40 consacrées au muscle grand droit, et 80 consacrées au grand (40) et au petit oblique (40), représente une bonne répartition du travail. L'entretien des abdominaux est un labeur de tous les jours, pour lequel il faut consacrer quelques minutes. La stabilité antéro-postérieure passive et dynamique du bassin en dépend.

Les muscles abdominaux sont suffisamment renforcés lorsque le sportif est capable de réaliser à partir de la position couchée sur le dos (hanches et genoux en flexion, pieds en appui), une flexion du tronc sur les cuisses, sans à-coups et d'un seul mouvement. Cela montre que lors d'un mouvement qui utilise simultanément le psoas et les abdominaux, ces derniers sont capables de le neutraliser, et sont donc suffisamment forts pour permettre la maîtrise de la position du bassin, même lorsque le muscle psoas est sollicité. Les exercices compris entre 10 et 14 sont des situations où le muscle psoas est renforcé. De 10 à 12, le point fixe est haut, les exercices 13 et 14 correspondent à des flexions du muscle sur les membres inférieurs à point fixe bas. À l'issue d'une séance où le muscle psoas est sollicité, il est important de l'étirer, comme cela est proposé dans l'exercice 15.

Liste des exercices proposés dans cette partie :

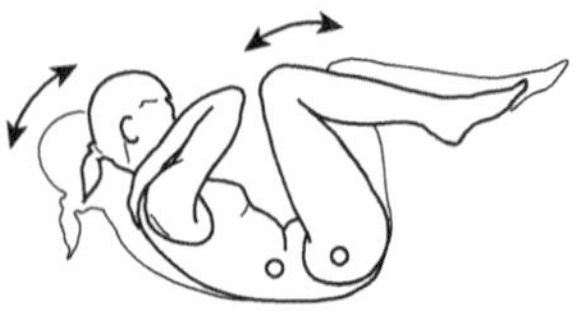

1 : Abdominaux – Grand droit de l'abdomen

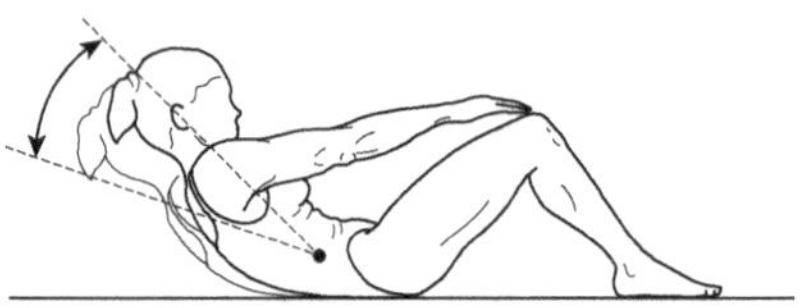

2 : Abdominaux à point fixe bas – Grand droit de l'abdomen et obliques

3 : Abdominaux à point fixe bas - Grand droit de l'abdomen et obliques

4 : Abdominaux à point fixe bas - Grand droit de l'abdomen et obliques

5 : Abdominaux à point fixe haut - Grand droit de l'abdomen et obliques

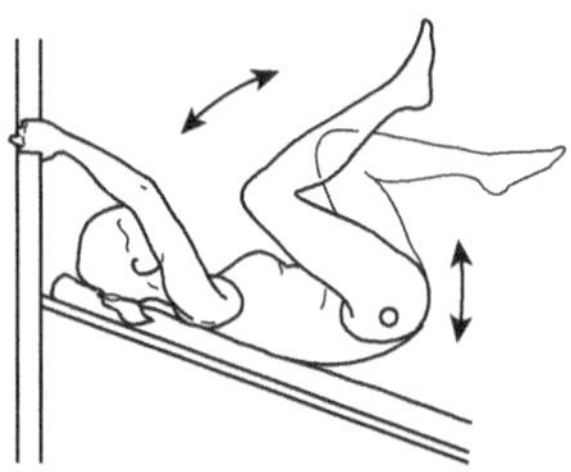

6 : Abdominaux à point fixe haut - Grand droit de l'abdomen et obliques

7 : Abdominaux à point fixe haut - Grand oblique

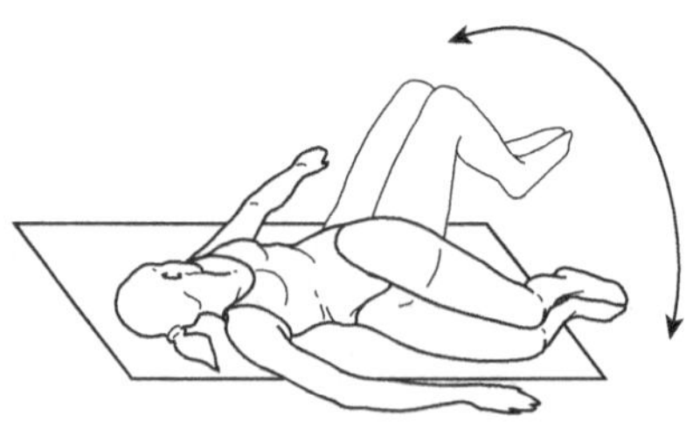

8 : Abdominaux à point fixe haut - Grand oblique

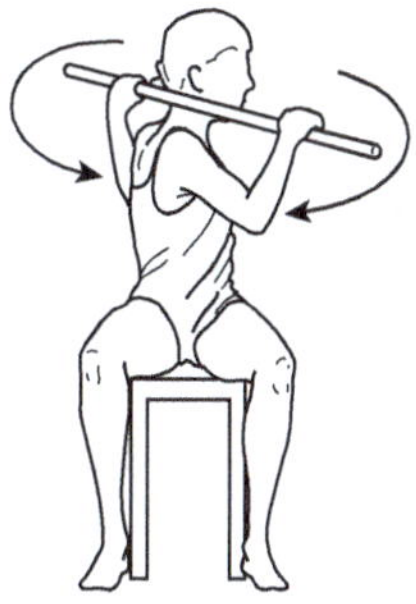

9 : Abdominaux à point fixe bas - Grand et petit obliques

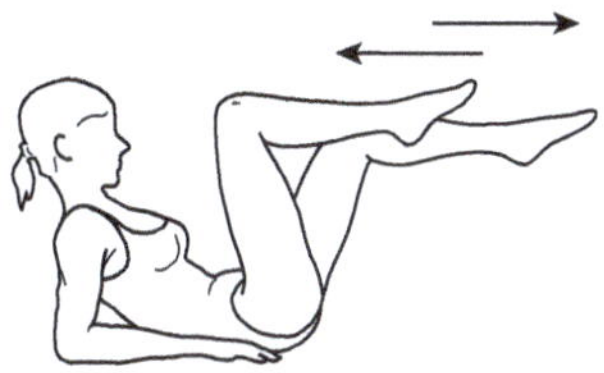

10 : Ilio-psoas en dynamique et abdominaux en isométrique

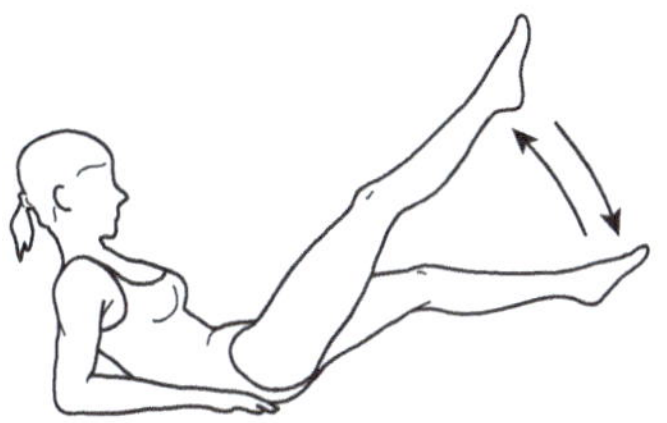

11 : Ilio-psoas en dynamique et abdominaux en isométrique

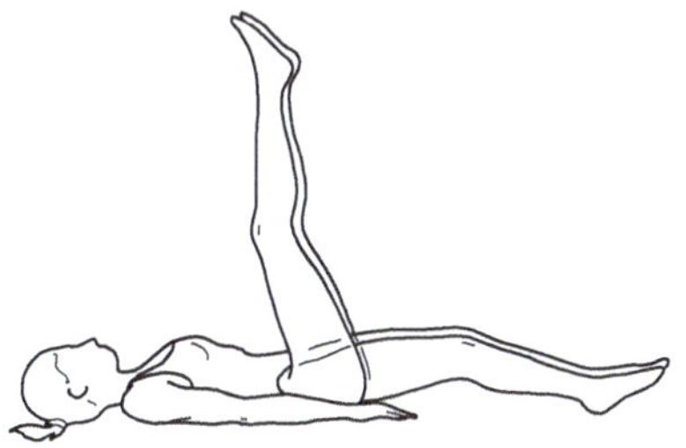

12 : Ilio-psoas en dynamique et abdominaux en isométrique

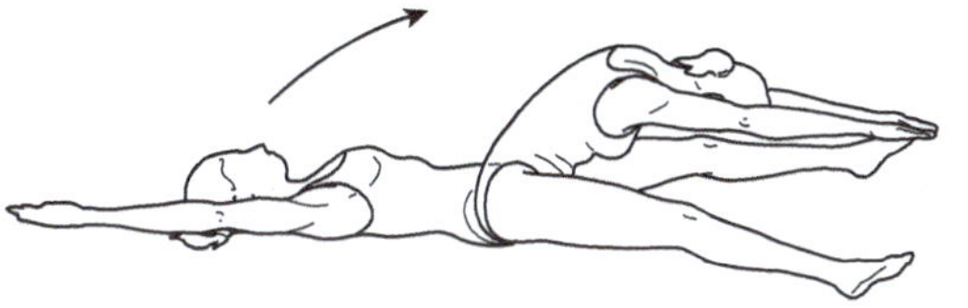

14 : Ilio-psoas en dynamique et abdominaux en isométrique

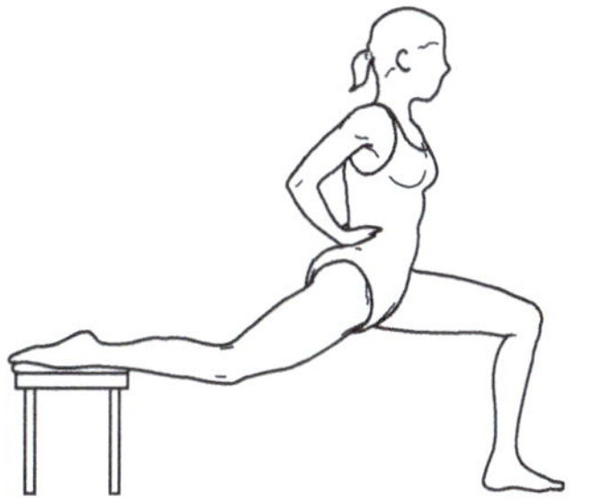

15 : Étirement du muscle ilio-psoas

2. EXERCICES DE RENFORCEMENT DES MUSCLES FESSIERS

Les muscles fessiers ont des extenseurs et des abducteurs de la hanche. Ils sont monoarticulaires et très puissants. Les exercices n° 16 et 17 correspondent à un mouvement d'abduction de la hanche (genou fléchi ou en extension) qui sollicite principalement le muscle moyen fessier. Dans l'exercice n° 18, il s'agit d'une ruade avec projection du talon vers le haut.
Les exercices 19 à 22 sollicitent essentiellement le muscle quadriceps, soit de façon isolée (n° 19), soit de façon associée à d'autres extenseurs du membre inférieur comme les fessiers (n° 20). Lorsque l'on veut développer la force des extenseurs du membre inférieur, il est important de débuter par des exercices simples réalisés sur des machines qui isolent le travail du muscle quadriceps (comme dans l'exercice n° 19). Ensuite, il est possible de réaliser des mouvements sur une presse oblique (exercice n° 20), en l'absence de masse ajoutée dans l'axe du corps. Enfin, dans un registre plus complexe, mais qui utilise l'ensemble des extenseurs du membre inférieur, on retrouve le squat (exercice n° 21), ou le squat avec fente (exer-

cice n° 22). Pour débuter, le squat doit se pratiquer sans charges, le geste en lui-même étant une difficulté. De la position debout barre ou bâton sur les épaules, exécuter une flexion des hanches en évitant de fléchir le buste en avant. Il faut fléchir les hanches et genoux jusqu'à ce que le fémur ait une position parallèle au sol : dans ce cas, on parle de demi-squat. Si la flexion est totale, cela correspond à un squat entier durant lequel les fesses viennent s'appuyer sur les talons.

Il faut ici insister sur la maîtrise du placement du bassin qui bascule en antéversion.

Liste des exercices proposés dans cette partie :

16 : Moyen fessier et petit fessier

17 : Moyen fessier et petit fessier

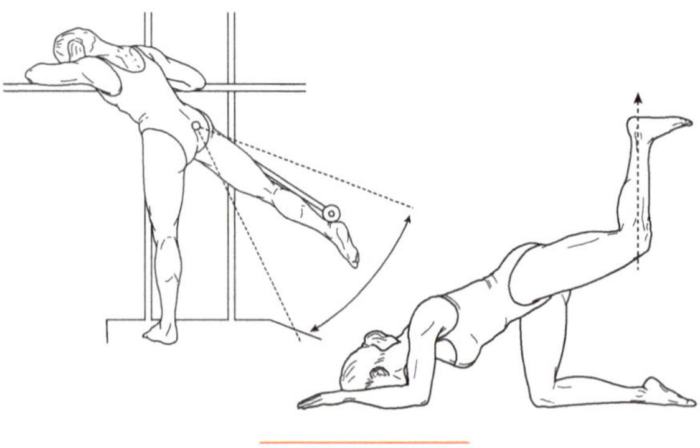

18a : Grand fessier

3. EXERCICES DE RENFORCEMENT DES MUSCLES DE LA CUISSE

L'exercice n° 23 correspond au renforcement des abducteurs de la hanche. L'exercice n° 24 quant à lui, correspond au renforcement des muscles adducteurs de la hanche. Enfin, les exercices n° 25 et 26 correspondent au renforcement des muscles lisses du jambier soit dans une position couchée, soit dans une position debout. Le travail des muscles issus du jambier en flexion est important car il permet de rééquilibrer les puissances musculaires développées par les muscles des loges antérieures et postérieures de la cuisse. Cet équilibre permet de prévenir des claquages au niveau des ischio-jambiers.

Il faut rappeler que les surfaces articulaires de l'articulation du genou sont peu concordantes. Du point de vue mécanique, cette articulation est donc très instable. La stabilité active est assurée principalement par les muscles quadriceps et issus du jambier d'où l'importance de l'entretien de ces muscles sans lesquels le genou ne pourrait pas faire face aux contraintes auxquelles il est soumis en permanence.

Liste des exercices proposés dans cette partie :

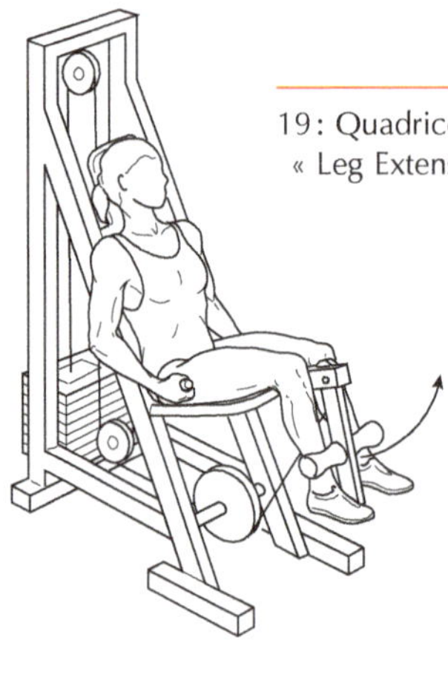

19 : Quadriceps sur « Leg Extension »

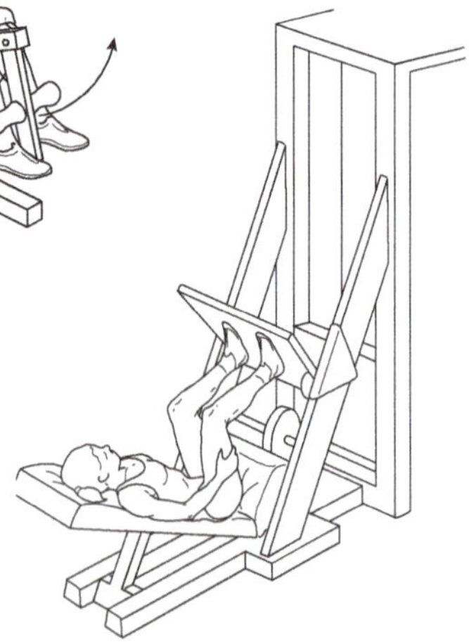

20 : Quadriceps sur presse oblique

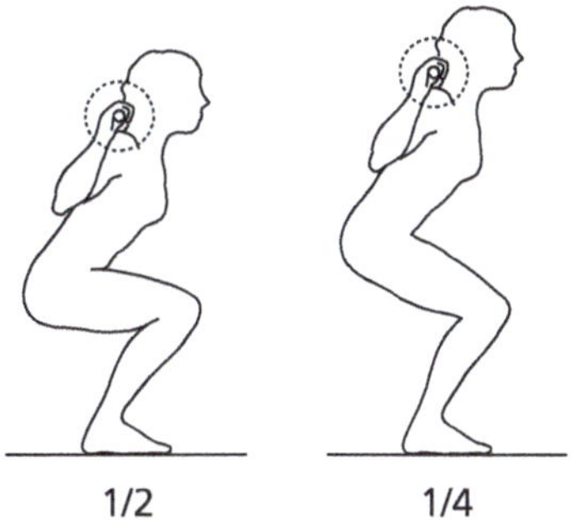

21 : Quadriceps en 1/2 et 1/4 de squat

22 : Quadriceps sur squat en fente

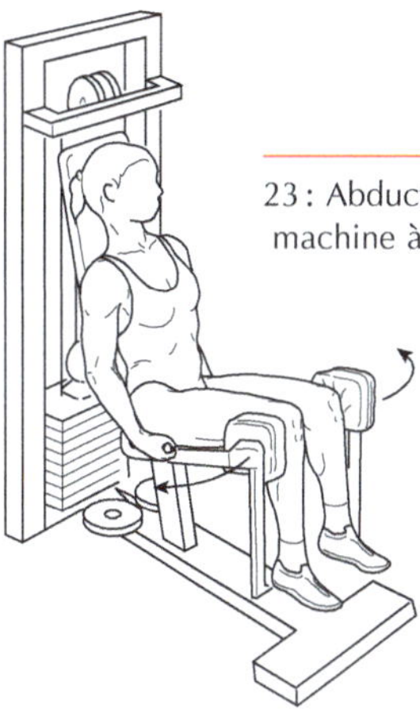

23 : Abducteurs sur machine à écarter

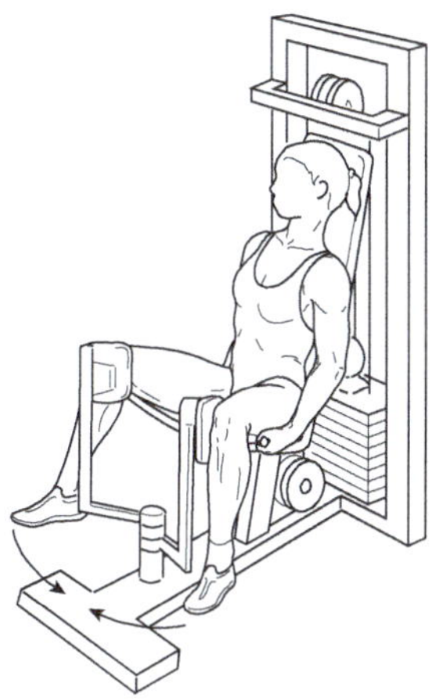

24 : Adducteur sur machine à rapprocher

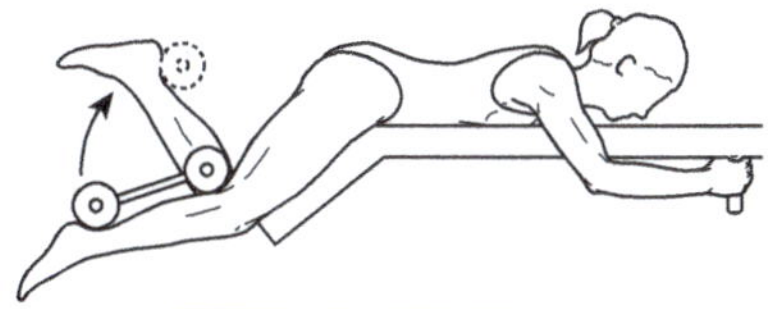

25 : Ischio-jambiers couché

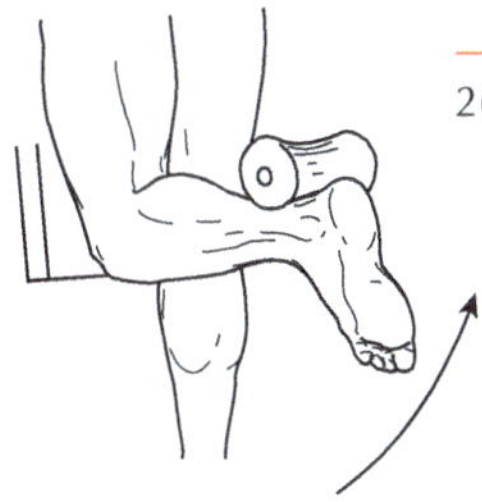

26 : Ischio-jambiers debout

4. EXERCICES DE RENFORCEMENT DES MUSCLES DE LA JAMBE

Généralement, le renforcement musculaire des muscles de cette partie du corps se limite au travail des muscles qui composent le mollet. Ces muscles sont au nombre de trois : le soléaire en profondeur et les muscles jumeaux en superficie, qui se rejoignent tous les trois sur le tendon d'Achille.

Les exercices qui renforcent ces muscles sont compris entre les exercices nº 27 et 30. Souvent, à partir de la position debout, on utilise une cale posée au sol afin d'exécuter des mouvements de flexion-extension de la cheville (exercices 27 et 28). Il est également possible d'utiliser une presse oblique sur laquelle il faut pousser par l'intermédiaire de la pointe des pieds.

Liste des exercices proposés dans cette partie :

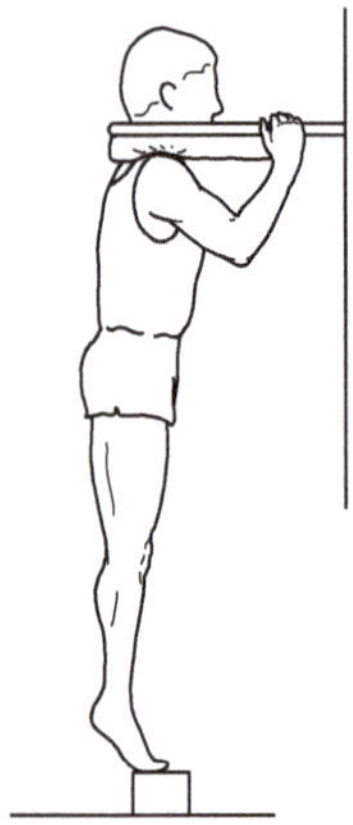

27 : Triceps sural debout

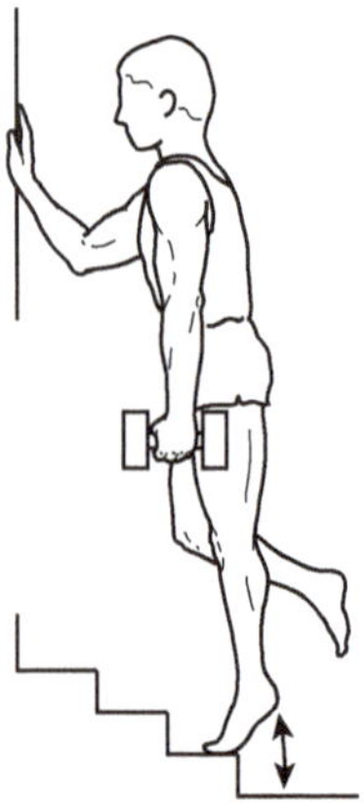

28 : Triceps sural debout

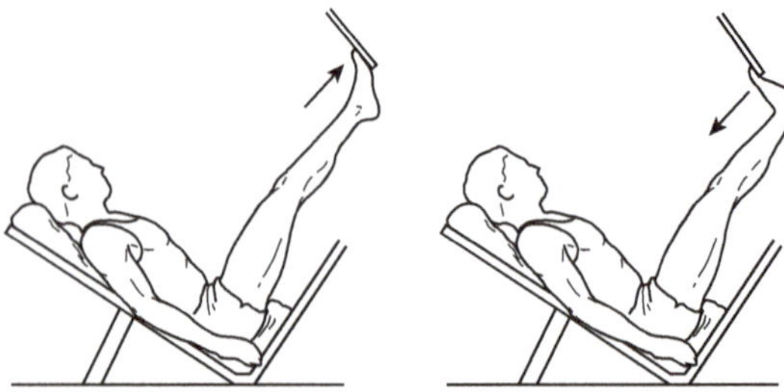

29 : Triceps sural sur presse oblique

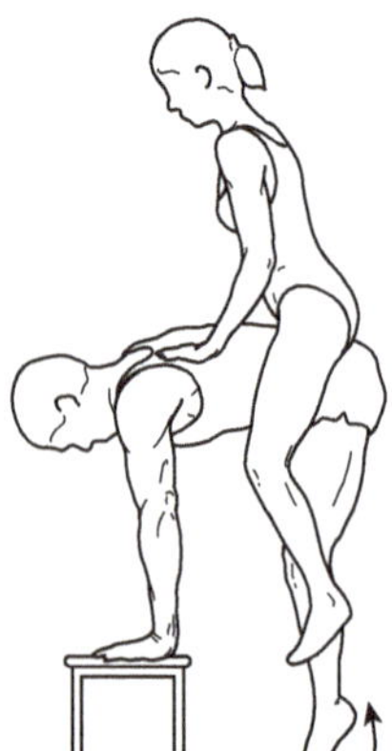

30 : Triceps sural debout

5. EXERCICES DE RENFORCEMENT DES MUSCLES DU DOS

Il existe, selon Caravano (1997), 4 catégories de mouvements :

- l'adduction des coudes vers les côtes (travail du muscle grand dorsal), exercices n° 31 et n° 32,
- l'adduction des omoplates (rapprocher les omoplates de la colonne vertébrale), mouvement qui efface les épaules et redresse la cage thoracique (travail des rhomboïdes et du faisceau moyen du trapèze), exercices n° 33a avec prise serrée, 33b avec prise large, exercice n° 34,
- l'élévation des épaules ou haussement des épaules (travail du faisceau supérieur du trapèze et angulaire de l'omoplate), exercice n° 35 a,
- et enfin, l'extension du rachis (travail des muscles autochtones du dos, profonds et au contact du rachis du sacrum à C1), exercice sur banc à lombaires.

Liste des exercices proposés dans cette partie :

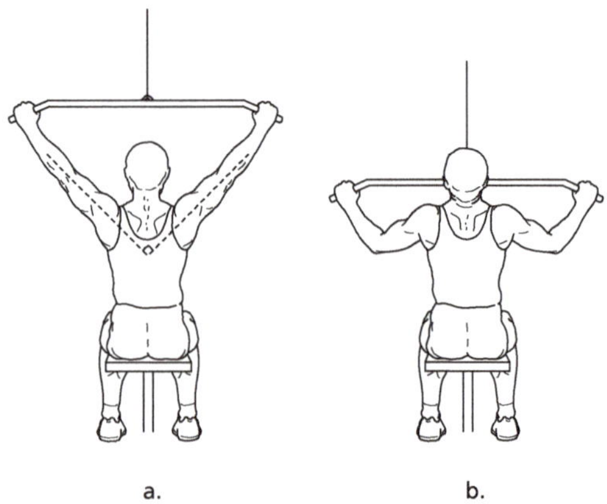

31 : Dorsaux, partie haute – Tirage poulie haute au menton

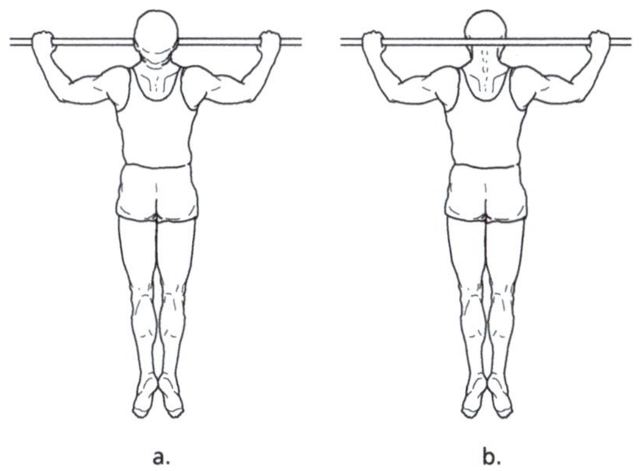

32a : Dorsaux, partie haute – Tirage, prise large au menton
32b : Dorsaux, partie haute – Tirage, prise large à la nuque

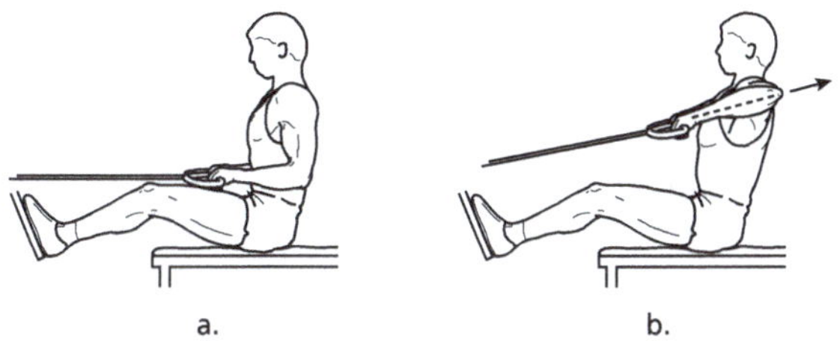

33a : Dorsaux, fixateurs de l'omoplate – Grand dorsal – Tirage poulie basse, prise serrée
33b : Dorsaux partie haute, fixateurs de l'omoplate – Tirage poulie basse, prise large

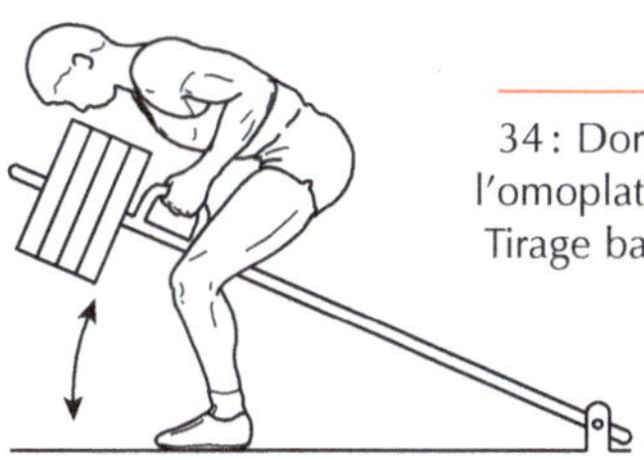

34 : Dorsaux, fixateurs de l'omoplate – Grand dorsal – Tirage barre en prise serrée

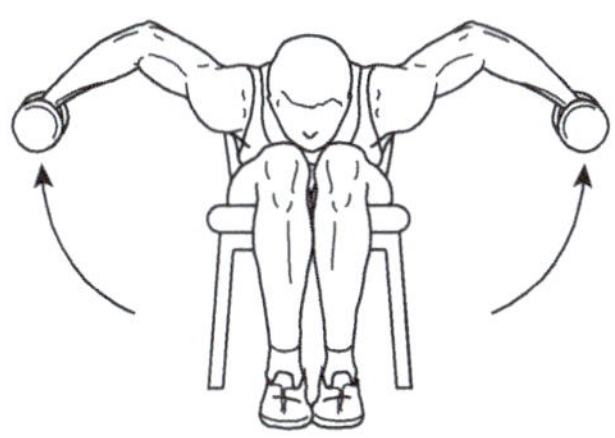

35 : Dorsaux, fixateurs omoplate – Grand dorsal – L'oiseau

6. EXERCICES DE RENFORCEMENT DES MUSCLES DE L'ÉPAULE

L'épaule ne se résume pas à l'articulation scapulo-humérale. C'est en fait de l'ensemble de la ceinture scapulaire dont il est question dans ce paragraphe, tant ses différentes parties sont coordonnées les unes aux autres de façon indissociable. Il est donc nécessaire de prendre en compte l'ensemble scapulaire, afin de réaliser un travail de qualité sur cette partie de la musculature.

Plusieurs muscles maintiennent l'omoplate sur la face postérieure de l'omoplate. Les muscles trapèze, rhomboïde et grand dentelé empêchent l'omoplate de monter, de descendre ou de s'écarter lors des tractions exercées par les bras. Ces muscles sont sollicités dans les exercices n° 36, n° 37a, n° 38a et n° 38b.

Sur cette même face, le sous-scapulaire et le grand rond (accompagnés par le grand pectoral) ont un rôle de rotateurs internes.

Sur le bord latéral, le deltoïde suspend le bras à la ceinture scapulaire (clavicule et scapula). Associé au sus-épineux, il assure l'abduction de l'épaule (exercices n° 37a, n° 37b, n° 38).

Sur la face antérieure, le sous-clavier et le petit pectoral fixent respectivement la clavicule et l'omoplate à la cage thoracique.

Le sous-épineux et le petit rond agissent comme rotateurs externes de l'humérus.

Liste des exercices proposés dans cette partie :

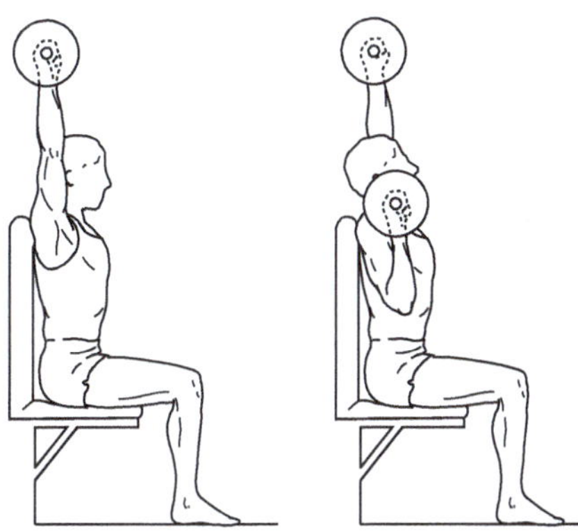

36 : Épaule – Deltoïde et trapèze - Développé assis devant

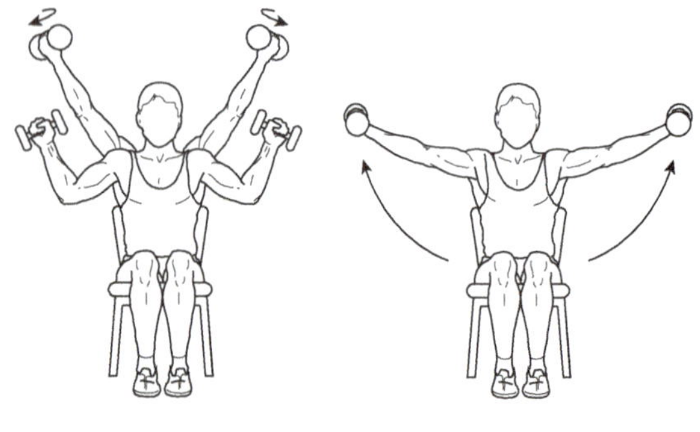

37a : Épaule – Deltoïde et trapèze – Développé aux haltères
37b : Épaule – Deltoïde - Élévation latérale aux haltères

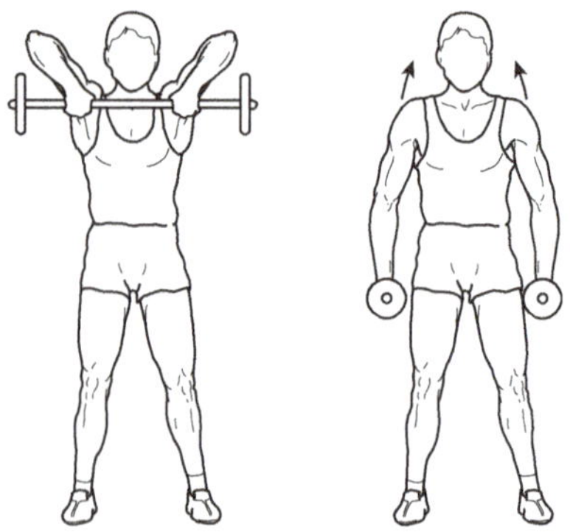

38a : Épaule – Deltoïde et trapèze - Rowing au menton
38b : Épaule Trapèze – Haussement d'épaules

7. EXERCICES DE RENFORCEMENT DES MUSCLES PECTORAUX

Les 2 muscles principaux de ce groupe sont le grand pectoral et le grand dentelé.

Le muscle grand pectoral est sollicité de façon isolée dans l'exercice n° 39 (sur la machine à pectoraux, où il s'agit de réaliser une adduction des bras en rapprochant les coudes fléchis), dans l'exercice n° 40 (écarté-couché), et dans l'exercice n° 42. Il est également utilisé, en association avec le deltoïde antérieur, dans l'exercice n° 41. On le retrouve enfin dans le « pull-over » et dans les « dips ».

Liste des exercices proposés dans cette partie :

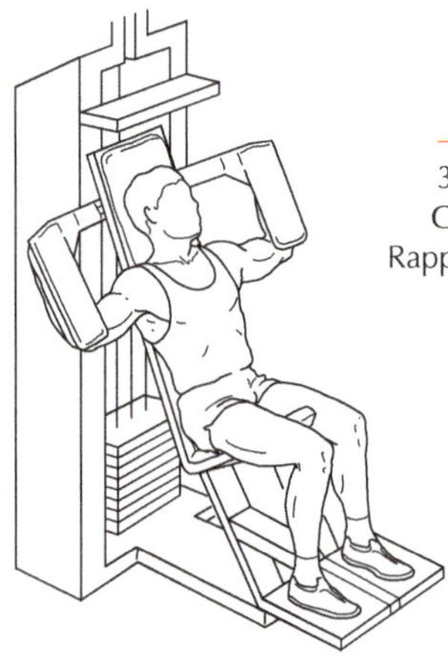

39 : Pectoraux – Grand pectoral – Rapproché à la « pec » machine

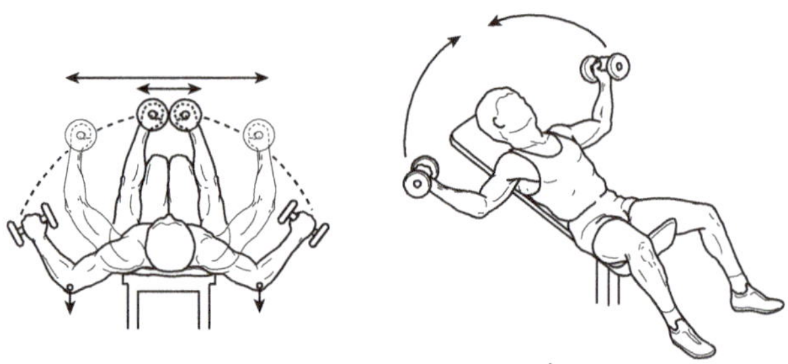

40a : Pectoraux – Grand pectoral (et deltoïde et triceps) – Écarté-couché
40b : Pectoraux – Grand pectoral (et deltoïde et triceps) – Écarté-incliné

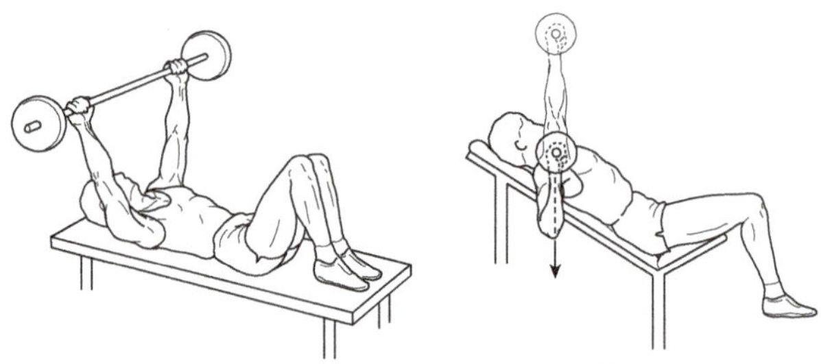

41a : Pectoraux – Grand pectoral (et deltoïde et triceps) – Développé-couché
41b : Pectoraux – Grand pectoral (et deltoïde et triceps) – Développé-incliné

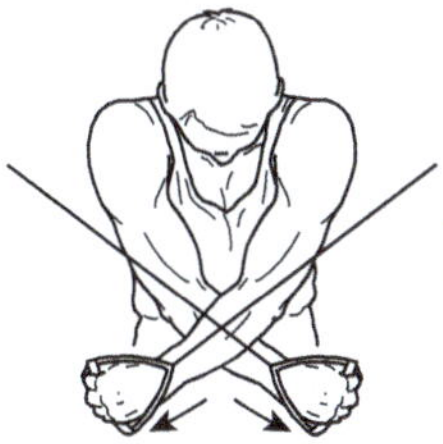

42 : Pectoraux – Grand pectoral
(et deltoïde et triceps) –
Poulie vis-à-vis.

8. EXERCICES DE RENFORCEMENT DES MUSCLES DU BRAS

Les muscles de la mobilité du bras sont des muscles de petit volume. Ils assurent soit la flexion, soit l'extension du coude. La flexion est assurée par 3 muscles : le biceps, le brachial antérieur et le long supinateur. Généralement, les 3 muscles sont sollicités lors de prises serrées (exercice n° 43a : Flexion à la barre coudée en prises rapprochées), alors que le biceps et le brachial peuvent être isolés lors d'une prise en supination (exercice n° 43b : Curls à la barre en prises larges).

Liste des exercices proposés dans cette partie :

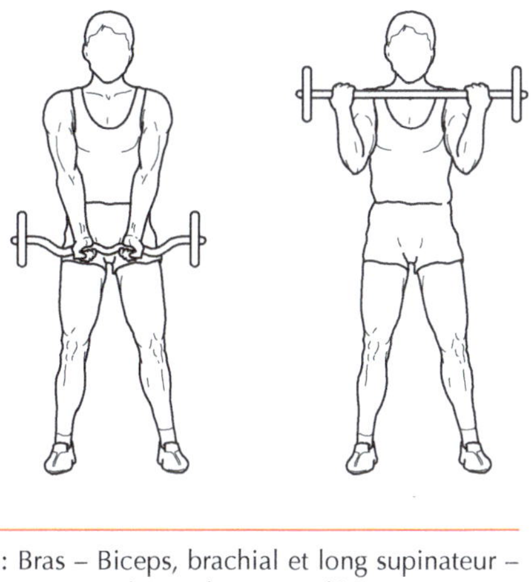

43a : Bras – Biceps, brachial et long supinateur –
Flexion barre coudée
43b : Bras – Biceps et brachial – Curls barre en prise large

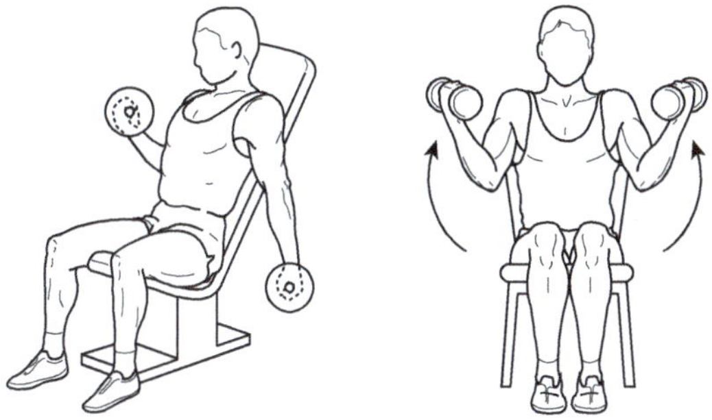

a. b.

44a : Bras – Biceps – Curls aux haltères
44b : Bras – Biceps – Curls aux haltères en supination forcée

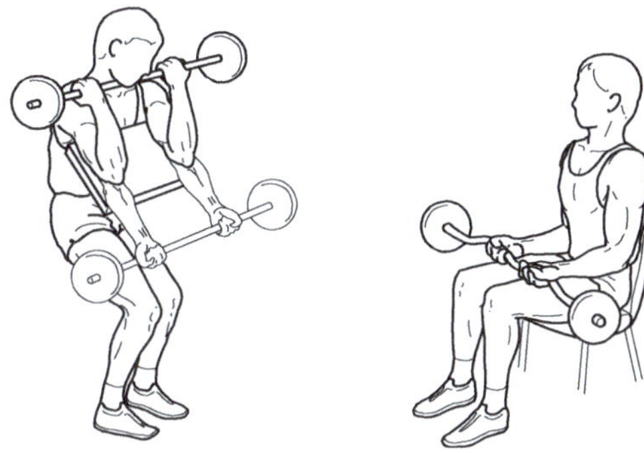

a. b.

45a : Bras – Biceps – Curls au banc Larry Scott
45b : Bras – Biceps – Curls barre assis

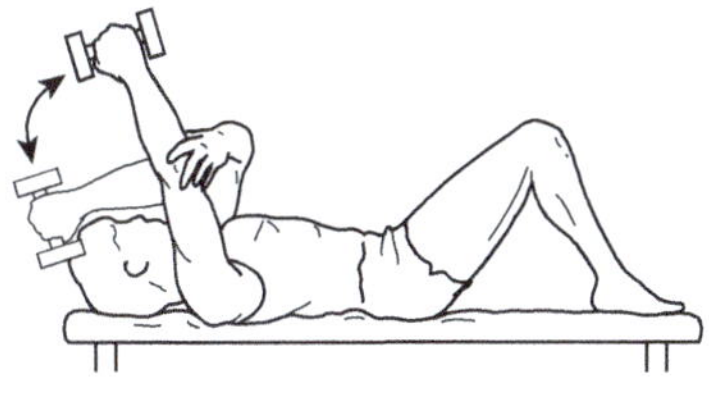

46 : Bras – Triceps – Extension coude couché un bras

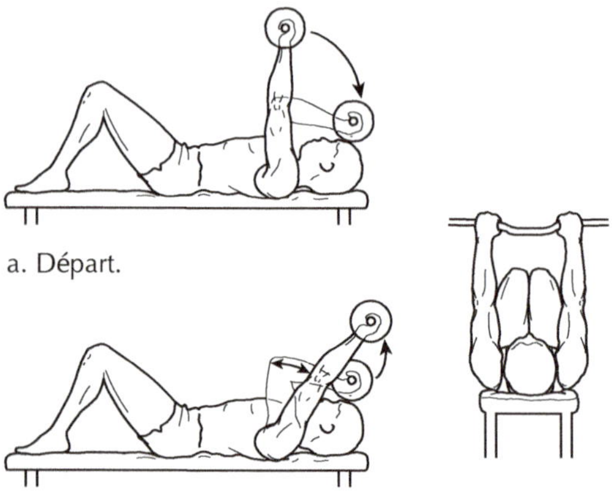

a. Départ.

b. Exécution.

47 : Bras – Triceps – Extension coude couché barre

48 : Bras – Triceps – Extension coude assis un bras

9. EXERCICES DE RENFORCEMENT DES MUSCLES DE L'AVANT-BRAS

Ces différents muscles sont généralement sollicités et donc développés lors de l'exécution des exercices des muscles du bras et du dos. De plus, les fléchisseurs des doigts travaillent en permanence en isométrie à chaque maniement de barre ou d'haltère.

Ces muscles peuvent être entraînés isolément à l'aide de poignées à ressort (exercice n° 51), mais d'après plusieurs auteurs, vu les tensions subies par les gaines du carpe, ces exercices potentialiseraient des tendinites.

Le premier exercice proposé concerne la flexion palmaire (exercices n° 49 et n° 50), le second réalise des curls aux haltères, debout et avant-bras en pronation (exercice n° 52).

Liste des exercices proposés dans cette partie :

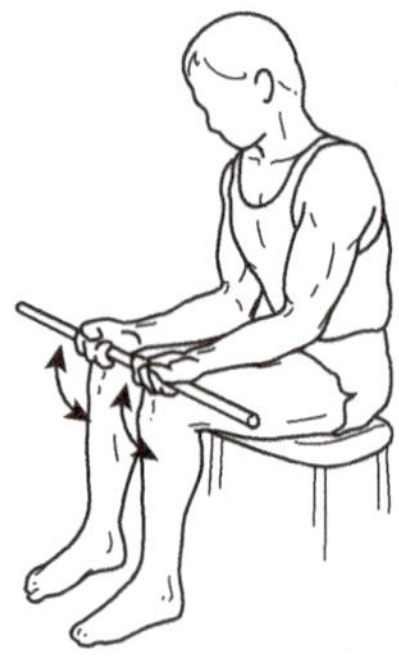

49 : Avant-bras – Palmaires et fléchisseurs des doigts – Flexion palmaire

50 : Avant-bras – Palmaires et fléchisseurs des doigts – Curls debout en pronation.

Lectures conseillées

Caravano P., *Pratique de la culture physique et de la musculation*, Éditions Vigot, 1977

Doutreloux J.-P., Masseglia M., Robert P., *Le Muscle, de l'entretien à la performance*, Éditions Amphora, 1992

Kamina P., *Anatomie générale*, Éditions Maloine, 1997

Kamina P., *Myologie des membres*, Éditions Maloine, 1997

Kapandji P., *Physiologie articulaire, T1, T2, T3*, Éditions Maloine, 1975

Whired Y., *Anatomie et Sciences du geste sportif*, Éditions Vigot, 1985

2. SUPPORT PHYSIOLOGIQUE DE LA MOTRICITÉ

INTRODUCTION GÉNÉRALE

Si nous voulions procéder à l'analyse des phénomènes biologiques mis en jeu au cours d'exercices apparemment aussi simples qu'un départ de vitesse, un saut en hauteur ou en longueur, une passe ou une réception en sport collectif ou encore une course de longue durée, nous serions surpris par le nombre et l'extrême complexité des actions et interactions physiologiques que nécessite leur réalisation.

Cependant, en schématisant à l'extrême, il est possible de mettre en évidence une chronologie d'évènements qui, quelle que soit l'activité motrice considérée, s'enchaînent, se coordonnent et peuvent mutuellement se contrôler. Comme l'indique la figure 12.1, la logique retenue est celle de toute action motrice caractérisée par:

1) Une prise d'informations et/ou une représentation mentale initiale; 2) un décodage et une intégration des informations, une commande nerveuse de l'organe effecteur: le muscle, ensemble d'opérations sous dépendance du système nerveux central; 3) et 4) l'exécution du mouvement contrôlé par des contractions musculaires coordonnées; 5) la mobilisation des réserves énergétiques musculaires ou transportées par voie sanguine requises par tout travail biologique, ce qui nécessite l'adaptation de la circulation et de la ventilation aux nouveaux besoins induits par le travail musculaire; 6) et 7) des régulations nerveuses et hormonales corrigeant le mouvement lui-même ainsi que les perturbations organiques qu'entraîne sa réalisation.

Chacune de ces particularités correspond généralement à la sollicitation d'un des grands systèmes (cf. encadré 12.1) de notre organisme (figure 12.1).

L'unité fonctionnelle de base de l'organisme humain est la ***cellule****. Les colonies de cellules ayant même origine, même structure et même fonction, sont souvent réunies en* ***tissus*** *(tissus musculaire, nerveux, conjonctif, épithélial...). Le tissu constitue la trame d'ensembles fonctionnels les plus importants appelés* ***organes*** *(cœur, foie, reins, poumons, estomac...). Plusieurs organes et tissus peuvent participer à la même fonction et déterminent ensemble les différents* ***systèmes*** *de l'organisme humain. Par exemple, le cœur, les vaisseaux et le sang constituent le système cardiovasculaire ou circulatoire).*

CE QU'IL FAUT RETENIR

À l'origine de toute action motrice, les milliers de capteurs que possède le corps humain sont à « l'écoute » ou vont au-devant des informations que nécessite l'action (1 : figure 12.1). Comment se situe le corps dans l'espace? Où en sont sa posture et son équilibre? Quel est l'état de tension des muscles qui vont être sollicités? Où sont situées les composantes de l'environnement: obstacles, matériel, partenaires, adversaires? Toutes les informations utiles à la réalisation de l'action sont détectées à la fois dans l'environnement extérieur du sujet, dans la relation qu'il établit avec son espace extérieur immédiat ou plus éloigné (ou ***extéroception***) et dans l'intimité des sensations propres à son corps (ou ***proprioception*** et ***intéroception***).

Par l'intermédiaire d'un réseau complexe de transmissions (les ***voies sensitives*** ou ***voies afférentes***) et sous la forme de « salves » d'impulsions électro-chimiques (les ***influx nerveux*** encore appelés ***potentiels d'action)*** émises par les multiples capteurs, un nombre extraordinaire d'informations « bombardent » les différents organes du système nerveux central (***moelle épinière et encéphale***).

Au niveau de chacun des organes du système nerveux central, les informations sont décodées, triées, intégrées, analysées et comparées (2 et 3 : figure 12.1), ce qui permet d'élaborer des réponses motrices, des prises de décision, des programmes d'action et des ordres, destinés aux effecteurs du mouvement: les muscles (4 : figure 12.1).

À nouveau par l'intermédiaire des potentiels d'action, la commande élaborée par le système nerveux central est transmise aux muscles choisis, grâce à la sélection et à la connexion entre elles des cellules nerveuses : ***les neurones***. Partant du système nerveux central pour aller vers le muscle, l'effecteur de la motricité, ces voies sont appelées ***voies motrices*** ou ***voies efférentes.***
Au niveau du muscle, les influx nerveux déclenchent une véritable cascade de réactions dans le but de mettre à la disposition des éléments qui vont engendrer la contraction : les ***myofilaments contractiles***, le seul « carburant » qui permet de les actionner : l'***adénosine triphosphate ou ATP.***
Les contractions qui en résultent entraînent la production d'une force. Cette force détermine l'apparition de tensions destinées, soit à fixer les articulations comme celles du bassin lors de la course, des sauts ou des lancers, soit au contraire, à rapprocher ou éloigner deux ou plusieurs segments osseux et ainsi, créer le mouvement proprement dit.
Les actions complémentaires et coordonnées de fixations articulaires (ou travail statique) et de mobilisation de deux segments osseux (ou travail dynamique) sont à l'origine de l'infinie richesse de mouvements dont l'être humain est capable.
Au cours de ces mouvements, de très nombreux « capteurs sensoriels » renseignent à tout moment le système nerveux central, lui signalant en retour (ou ***feedback***) les éventuels écarts par rapport au programme moteur qu'il avait initialement élaboré. De nouvelles commandes nerveuses permettent alors leur correction immédiate. Ce système de rétrocontrôle, essentiel à tout apprentissage moteur, à la manière de petits coups de volant donnés par le conducteur pour maintenir son véhicule dans la direction choisie, permet non seulement d'éventuelles corrections, mais autorise une anticipation et une adaptation aux événements imprévus par le déroulement de l'action.
Selon l'intensité et la durée de cette action, la baisse très rapide des faibles réserves en ATP de l'organisme enclenche la ***mise en jeu immédiate*** de mécanismes chargés de son renouvellement. Les deux plus importants d'entre eux sont l'augmentation de l'apport de l'oxygène par le sang aux muscles activés et l'utilisation de substances énergétiques (ou ***substrats énergétiques***) en réserve dans le muscle, dans le foie et dans le tissu adipeux, donc transportées aussi par voie sanguine. Ces deux mécanismes constituent le système bioénergétique chargé du renouvellement continuel de l'ATP au cours de l'exercice.
Leur mise en jeu s'accompagne de la production de chaleur, de ***métabolites*** (substances comme le lactate qui provient de la dégradation des substrats comme le glycogène) et de déchets comme le CO_2 et l'H_2O qui sont, soit recyclés dans l'organisme, soit éliminés par le système d'entretien (circulation sanguine, poumons, foie, reins, peau…).
Enfin, la perturbation des différents équilibres internes de l'organisme, appelées ***homéostasie***, due à l'utilisation et au renouvellement des réserves énergétiques, à l'augmentation et à l'élimination de la chaleur et des déchets produits, à la perte de liquide, entraîne de nouvelles adaptations dont les régulations sont assumées par l'action conjuguée du système nerveux et du ***système hormonal***.
Rares sont donc les systèmes qui ne sont pas sollicités par l'apprentissage moteur, par l'entraînement, la compétition ou plus généralement par la motricité. Bien que leurs actions soient très interdépendantes, par souci pédagogique c'est la chronologie que nous venons de décrire qui présidera à l'organisation entre eux des différents chapitres de cette partie du présent manuel.

Figure 12.1
Représentation schématique des différents systèmes mis en jeu par une activité motrice.

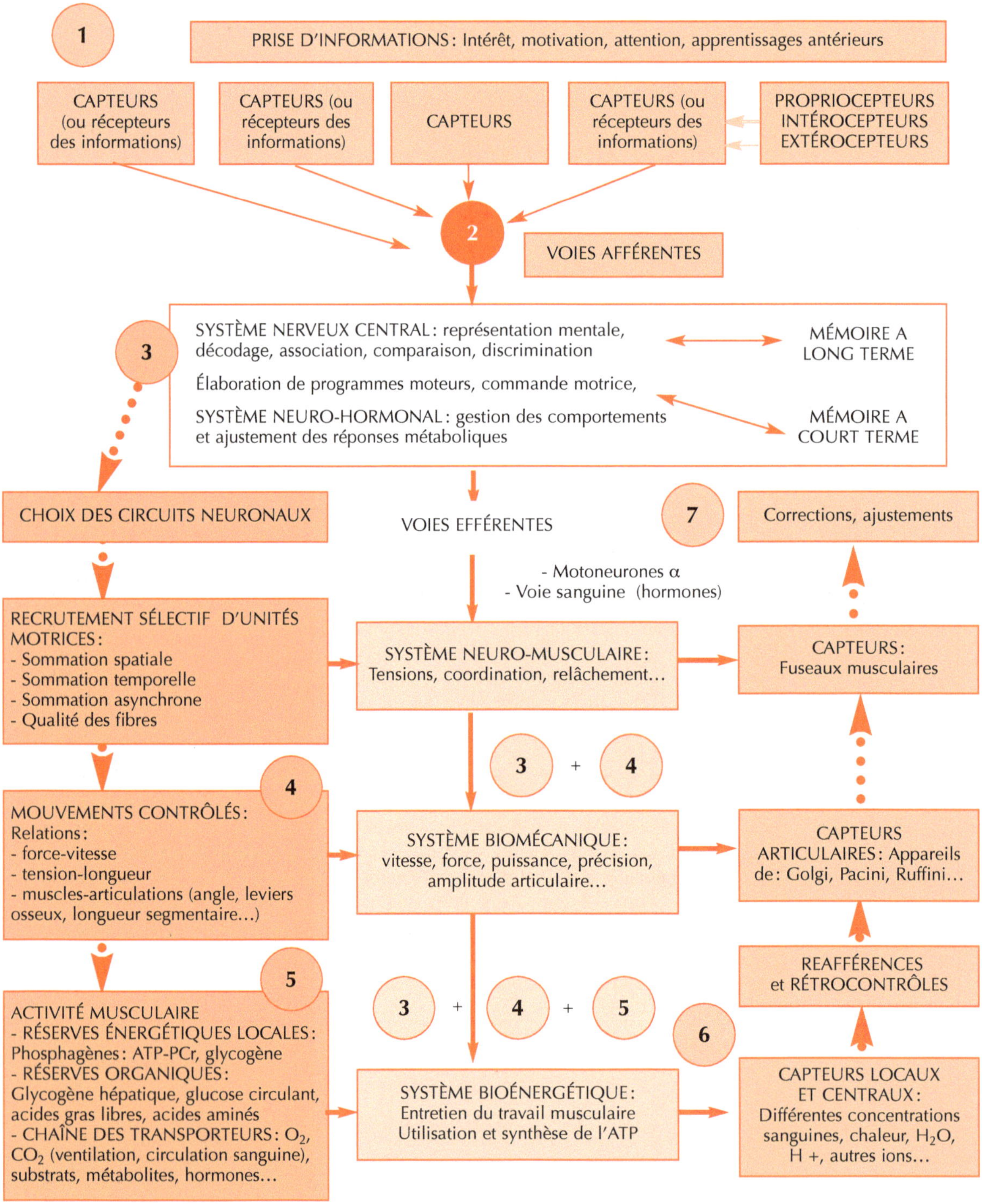

Chapitre 12

LE SYSTÈME DE COMMANDE : RÔLE DU SYSTÈME NERVEUX CENTRAL DANS LA MOTRICITÉ

Georges Cazorla

INTRODUCTION

Sur un terrain de sport collectif, sur un court de tennis, sur une poutre de gymnastique, sur un tatami ou tout simplement pour agir ou réagir aux différentes situations motrices qu'impose son milieu, le sportif ou l'Homme en général, a besoin de prendre et de traiter l'énorme quantité d'informations fournies à la fois par son propre corps et par l'environnement dans lequel il se meut.

Par quels moyens les informations sont-elles captées, véhiculées, décodées et traitées ? Comment une décision est-elle prise ? Comment et par quels moyens les ordres moteurs sont-ils donnés aux systèmes musculaire et ostéo-articulaire pour produire un mouvement, un geste ou une technique adaptée à une situation ? Autant de questions qui résument l'implication biologique du ***système nerveux*** dans la réalisation de tout mouvement, de tout acte moteur, de toute conduite motrice, voire de tout comportement moteur.

Pour en comprendre le schéma directeur et les différentes phases qui la constituent, examinons le comportement d'un sportif au cours d'une séquence de son activité motrice.

D'une manière continue, les prises de décisions qui déterminent les orientations de ses actions sont subordonnées à une prise initiale d'informations qui constitue la phase ***bio-informationnelle***, suivie du décodage et du traitement instantanés de ces informations ou phase ***d'intégration,*** puis d'une phase de commande aux effecteurs que constituent muscles et système ostéo-articulaire ou ***phase effectrice*** *(*ou encore ***biomécanique****)* et enfin de multiples ***rétro-contrôles*** qui renseignent en retour et en permanence le système nerveux central des éventuelles adaptations à réaliser ou ***phase du feedback*** (figure 12.1).

Associé au ***système hormonal*** encore appelé ***système endocrinien***, le système nerveux est donc l'élément fondamental qui assure le fonctionnement des organismes vivants tant dans leur vie de relation avec leur environnement, qu'au niveau des régulations de ses propres activités internes.

En résumé, deux fonctions essentielles sont dévolues au système nerveux : 1) développer au maximum les possibilités de communications et d'échanges entre l'organisme et le monde qui l'entoure, 2) coordonner les activités internes de l'organisme de façon à lui permettre de satisfaire ses besoins et de s'adapter aux modifications qui surviennent dans son milieu environnant.

1. ORGANISATION FONCTIONNELLE DU SYSTÈME NERVEUX

CE QU'IL FAUT RETENIR

Le système nerveux est constitué de l'ensemble des cellules nerveuses : les **neurones**, et de leurs prolongements, rassemblés respectivement en organes massifs : les **ganglions** et les **centres nerveux,** et en organes allongés : les **nerfs**. Cette organisation assure les fonctions de transmission de l'information vers les centres nerveux (**nerfs sensitifs**) qui commandent les réactions souhaitées (**nerfs effecteurs, sécréteurs ou moteurs**) pour permettre à l'organisme de s'adapter aux variations du milieu intérieur et du milieu extérieur. Bien que le système nerveux constitue une unité, en fonction de ses différentes implications, on peut distinguer (figure 12.2) :

- les **systèmes totalement autonomes** qui assurent de façon isolée la réactivité d'un certain nombre d'organes comme les contractions du cœur et celles des intestins par exemple.
- le système **neurovégétatif** propre aux viscères. Lui-même se subdivise en **système sympathique** (encore appelé **orthosympathique**) et en système **parasympathique**. Lorsque leurs cellules nerveuses sont activées, elles libèrent à leur extrémité des médiateurs chimiques, de l'**adrénaline** ou de la **noradrénaline** pour le système sympathique (qui accélère la fréquence cardiaque par exemple) et de **l'acétylcholine** pour le système parasympathique (qui, à l'opposé, freine la fréquence cardiaque).
- le système **cérébro-spinal ou système nerveux central**, dont les deux centres : l'**encéphale** (qui comprend le cerveau, le cervelet et le tronc cérébral) et la **moelle épinière**, se logent dans la **boîte crânienne** pour le premier et dans le **canal rachidien** déterminé par l'empilement des vertèbres qui forme la colonne vertébrale, pour le second.
- le **système nerveux périphérique** qui, en continuité avec le système nerveux central, est essentiellement constitué des **nerfs crâniens** et des **nerfs rachidiens.**

Figure 12.2
Organisation et fonctions principales du système nerveux.

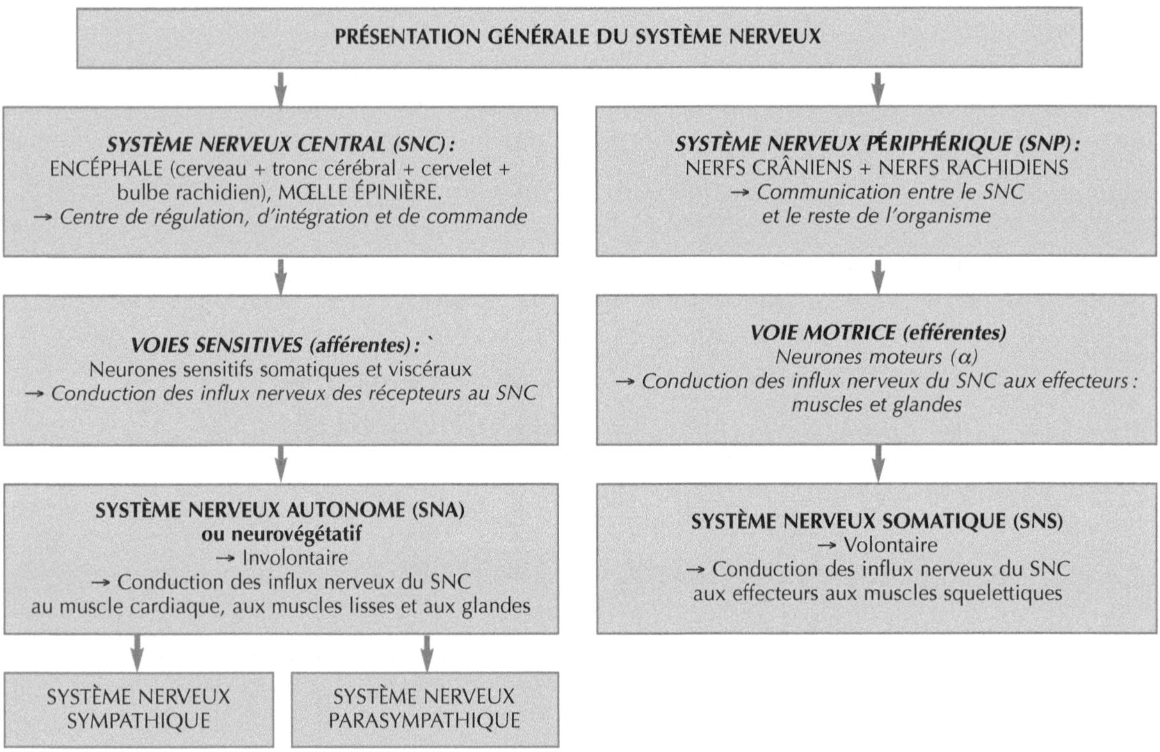

A. Le tissu nerveux : le neurone, les substances grise et blanche

a) Le neurone (figure 12.3)

La cellule nerveuse ou neurone, constitue l'unité fonctionnelle du tissu nerveux. Le neurone est une cellule sophistiquée, fragile et qui ne se reproduit pas. Toute lésion affectant l'une de ces précieuses unités risque donc de causer sa perte définitive.

Le neurone comporte ***un corps cellulaire*** et des prolongements : ***les dendrites***, courtes et le plus souvent nombreuses, l'***axone***, plus long et unique. Les dendrites et le corps cellulaire assurent la réception des messages en provenance des autres neurones. L'axone est enveloppé d'une ***gaine de myéline*** qui joue un rôle « d'isolant électrique » et qui facilite la conduction des messages nerveux. En outre, d'une manière générale, les « gros » axones qui conduisent l'information à distance présentent une double gaine de ***myéline*** dont la plus externe, la ***gaine de Schwann***, renforce sa protection et permettrait sa régénération en cas de lésion. La gaine de myéline est discontinue : elle est régulièrement interrompue par d'étroits espaces appelés ***étranglements de Ranvier***. Cette configuration permet d'augmenter la vitesse de conduction des influx nerveux. À son extrémité, l'axone se subdivise en plusieurs branches (***ou arborisation terminale***) dont chacune présente un renflement terminal où sont stockés ***des médiateurs chimiques,*** les neurotransmetteurs, utilisés pour transmettre le message à d'autres neurones ou aux fibres musculaires auxquelles ils sont associés figure 12.4).

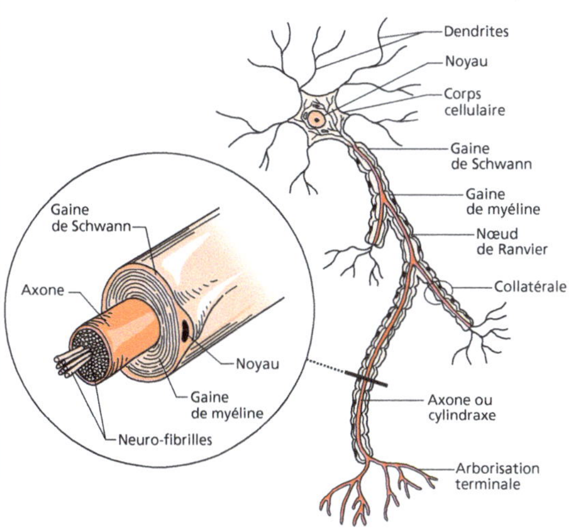

Figure 12.3
Le neurone et détail grossi des gaines qui enveloppent son axone. Quatre parties constituent le neurone : le corps cellulaire qui comprend le noyau et où sont intégrées les informations données par les influx nerveux, les dendrites qui reçoivent et transmettent les influx nerveux, l'axone qui les transmet à distance et les arborisations terminales. On remarquera les branches collatérales qui naissent de l'axone.

Le neurone a pour propriétés fondamentales : d'être excitable (il réagit aux stimulations), de capter, d'intégrer, de coder, et de transmettre les informations sous forme de messages électrochimiques que sont ***les influx nerveux*** encore définis ***potentiels d'action***[1]***,*** de s'articuler à d'autres cellules nerveuses pour leur transmettre l'excitation au moyen de jonctions spéciales appelées ***synapses*** (figure 12.4). La jonction entre le neurone et le muscle ou ***jonction neuromusculaire*** est une synapse spéciale formant ***la plaque motrice*** (voir chapitre 13).

Le neurone s'alimente essentiellement du glucose utilisé de façon aérobie (grâce à l'oxygène). Toute insuffisance d'approvisionnement en glucose (hypoglycémie) ou/et en oxygène (hypoxie) entraîne des troubles graves pouvant entraîner la mort des cellules nerveuses dans le cas de l'absence d'oxygène pendant une durée de l'ordre de 4 à 5 minutes (cas de la noyade par exemple).

(1) Le potentiel d'action résulte d'une dépolarisation des membranes enveloppant nerfs et fibres. Au repos, les membranes présentent des charges électriques différentes entre leurs faces internes et externes. On dit qu'elles sont polarisées. La polarisation de la membrane au repos tient à la distribution qu'elle réalise entre les ions potassium (K +) et sodium (Na +) qui sont respectivement maintenus à l'intérieur et à l'extérieur de sa surface, et à sa perméabilité sélective à chacun d'eux. La modification de cette perméabilité (entrée massive des ions sodium) provoque une décharge électrique brève, appelée potentiel d'action (figure 12.6).

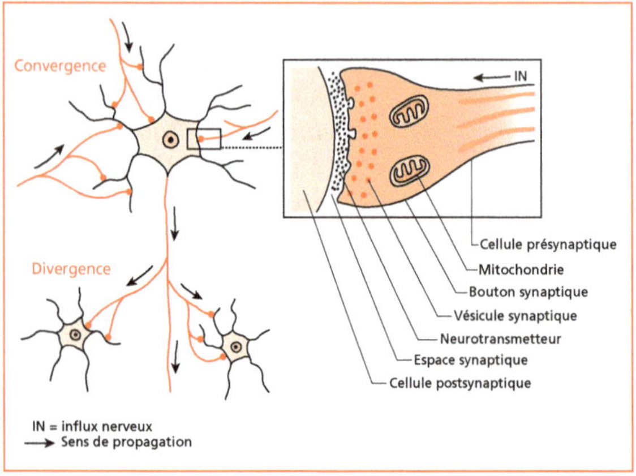

Figure 12.4
La synapse entre les neurones. Les influx nerveux peuvent converger vers les dendrites et le corps cellulaire d'un neurone où ils établissent des synapses ou diverger depuis un neurone vers d'autres neurones par l'intermédiaire de l'axone. Un même neurone peut compter plusieurs centaines de synapses dans le même temps.

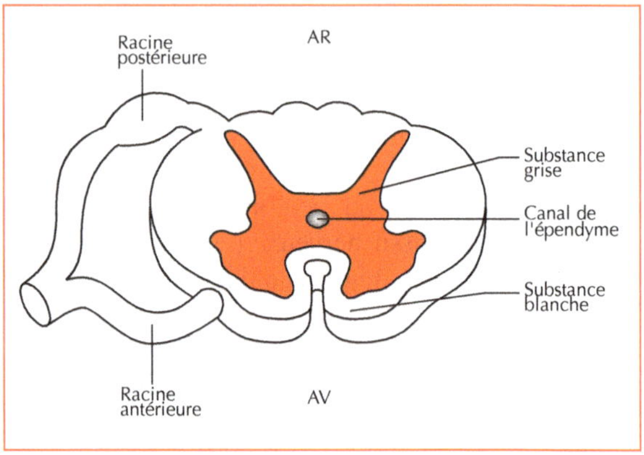

Figure 12.5
Substance grise et substance blanche. Coupe tranversale de la moelle épinière faisant apparaître les deux substances ainsi que les différentes régions médullaires. Au niveau de l'encéphale la configuration est inversée : la substance grise se situe en périphérie (cortex) et dans les noyaux sous-corticaux et la substance blanche est plus centrale. La substance grise est constituée des corps des neurones, c'est le site de l'intégration des influx nerveux. La substance blanche est formée de l'assemblage des axones entourés de leur gaine blanchâtre de myéline, elle est le lieu de la transmission des influx nerveux.

b) Substance grise et substance blanche (figure 12.5)

Dans les centres nerveux, les corps cellulaires des neurones sont regroupés et constituent la ***substance grise*** : c'est à ce niveau qu'ont lieu les diverses opérations du système nerveux : réceptions des informations, synapses, intégration, aiguillages et commandes. Les axones de ces neurones se rassemblent pour former des ***faisceaux*** qui constituent la ***substance blanche***. L'aspect blanchâtre est dû à la présence de ***la myéline*** qui entoure les axones de la plupart des neurones. L'ensemble des faisceaux de la substance blanche a pour rôle de transmettre les messages nerveux.

c) Autres formations

Autour des cellules nerveuses existe un réseau très dense de capillaires sanguins spécifiquement équipés pour constituer une barrière interdisant le contact de certaines substances nocives avec les cellules nerveuses du cerveau (***barrière hémato-encéphalique***) ainsi que de nombreuses cellules spécialisées : les ***cellules gliales*** composant ***la névroglie*** (signifiant littéralement « colle nerveuse ») protègent, nourrissent et assistent les neurones dans leur fonction.

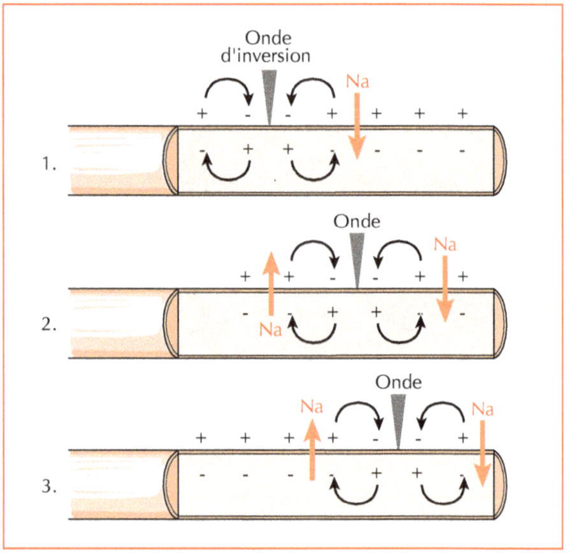

Figure 12.6
Propagation de l'influx nerveux. L'influx nerveux encore appelé potentiel d'action est un phénomène électrique et chimique qui résulte d'une dépolarisation de la membrane des neuro-fibrilles par pénétration massive des ions sodium qui, à l'état de repos, sont maintenus à l'extérieur.

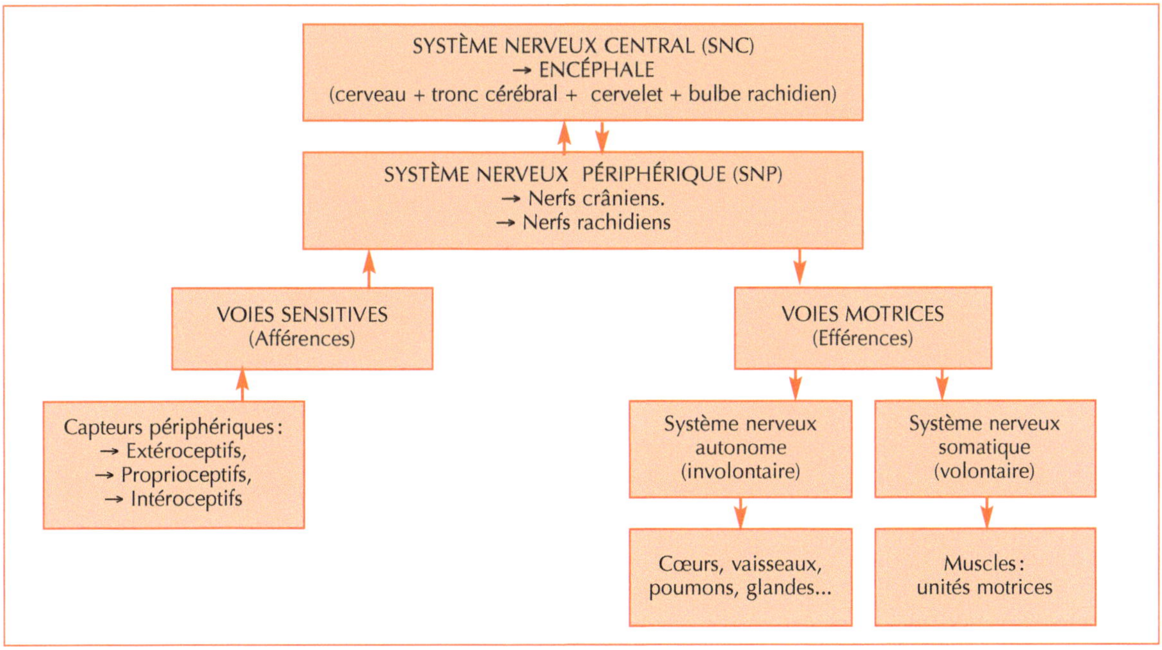

Figure 12.7
Organigramme fonctionnel du système nerveux central et ses relations avec les autres parties du système nerveux.

B. Système nerveux central (SNC) (figure 12.7)

Le SNC comprend l'encéphale et la moelle épinière. L'encéphale comprend lui-même le cerveau, le cervelet, et le tronc cérébral. Le SNC est organisé autour de cavités, ***les ventricules*** pour l'encéphale et le ***canal de l'épendyme*** pour la moelle épinière. Dans ces cavités circule un liquide nutritif et protecteur du tissu nerveux : ***le liquide céphalo-rachidien***.
Au cours de l'évolution des espèces (***phylogenèse***), le SNC n'a cessé de se perfectionner. S'ajoutant aux formations déjà existantes, de nouvelles structures plus performantes sont apparues. ***En règle générale, les formations plus récentes contrôlent les formations plus anciennes, plus primitives*** : il existe ainsi dans les centres nerveux, une hiérarchie fondée sur l'ordre d'apparition des structures nerveuses. Suivant le degré d'ancienneté des formations, cette hiérarchie s'établit schématiquement comme suit : la moelle épinière, le tronc cérébral puis le cerveau dont le cortex cérébral est la partie la plus élaborée, capable de contrôler tous les autres étages du système nerveux central. Ces formations sont respectivement le siège des mouvements réflexes, automatiques et volontaires.

a) La moelle épinière

Présentation

La moelle épinière se présente sous la forme d'un cordon blanchâtre enfermé dans la colonne vertébrale qui la protège (figure 12.8). Elle s'étend du trou occipital situé à la base de la boîte crânienne, jusqu'à la première vertèbre lombaire. Une coupe transversale fait apparaître deux parties très distinctes, l'une centrale, la substance grise en forme de H ou de papillon, elle-même entourée par la substance blanche.
La substance grise est constituée d'un mélange de corps cellulaires de neurones, de leurs dendrites et de cellules de la névroglie. Les « ailes » de ce « papillon » sont respectivement appelées ***cornes postérieures et antérieures***. Sur toute la longueur de la moelle épinière et entre chaque vertèbre, les cornes postérieures reçoivent les axones des neurones sensitifs alors que, des cornes antérieures partent ceux des neurones moteurs (figure 12.9).

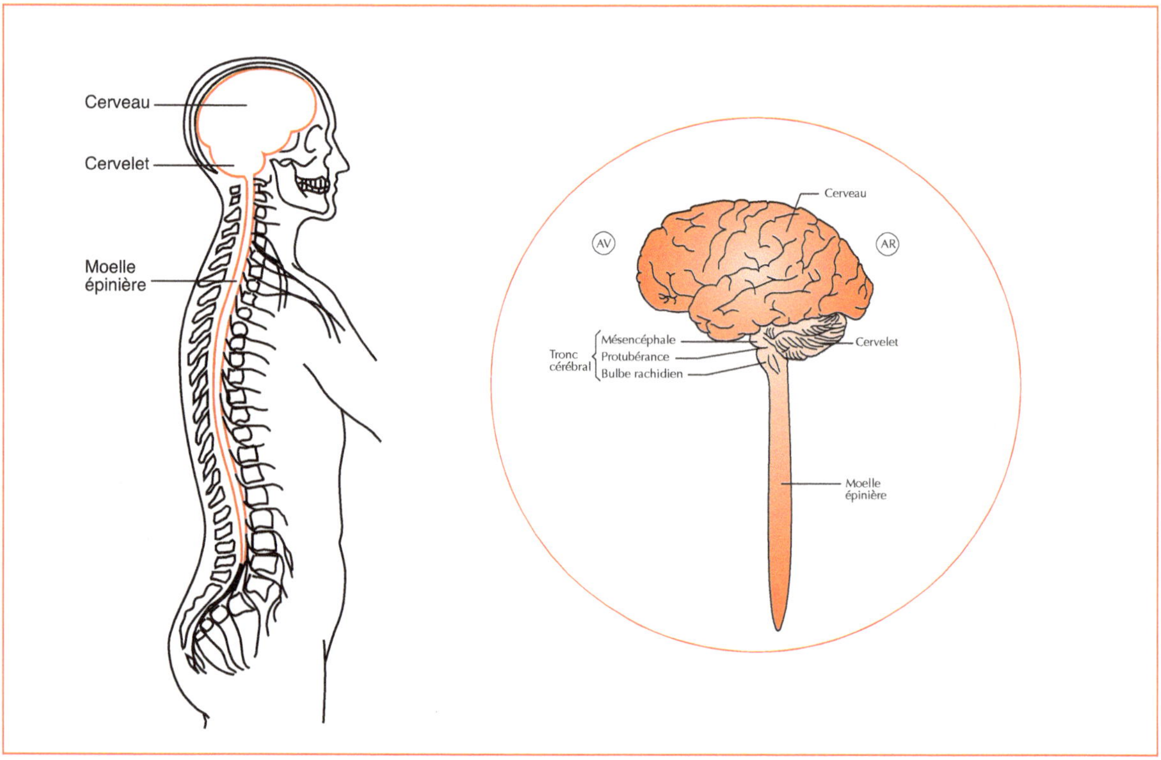

Figure 12.8
Les différentes parties fonctionnelles du système nerveux central (SNC) et leurs localisations anatomiques.

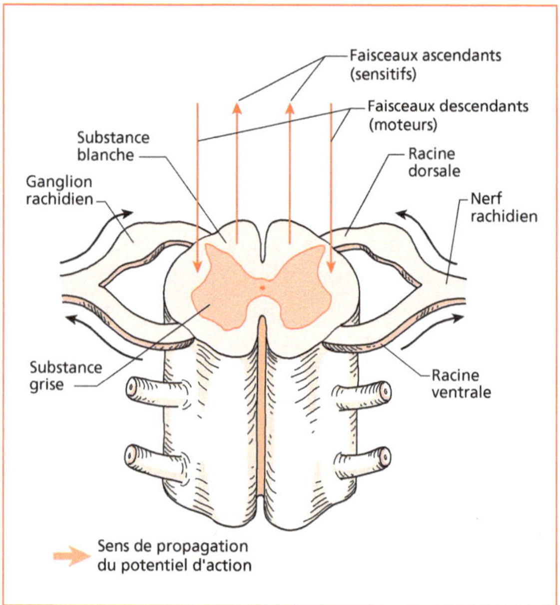

La substance blanche est constituée de faisceaux formés de plusieurs milliers d'axones myélinisés qui lui confèrent sa couleur blanche. On distingue deux types de faisceaux : les ***faisceaux ascendants (sensitifs)*** qui véhiculent les informations nerveuses depuis les différents récepteurs où elles ont pris naissance vers les diverses régions de l'encéphale où elles sont intégrées, et les ***faisceaux descendants (moteurs)*** qui

Figure 12.9
Vue antérieure de la section de la moelle épinière. Outre les substances grise et blanche, on distingue de chaque côté l'entrée et la sortie respectives des racines dorsales et des racines ventrales des nerfs rachidiens. On remarque aussi les faisceaux ascendants (sensitifs) et descendants (moteurs) qui constituent la substance blanche et montrent bien la voie de communication entre les étages supérieurs du SNC et les territoires périphériques, dont les muscles, que représente la moelle épinière.

acheminent les commandes motrices du cerveau à la moelle épinière puis aux différents effecteurs notamment musculaires.

Fonctions

Les fonctions de la moelle épinière se caractérisent surtout par le transport des influx nerveux provenant de l'encéphale et ceux qui se dirigent vers lui, par une ***activité réflexe*** importante, par une certaine capacité à ***organiser*** des réponses motrices adaptées, par une régulation de la motricité et par le ***contrôle*** de certains messages sensitifs, ceux de la douleur par exemple. On peut souligner la richesse de ces circuits nerveux aussi bien sous-jacents que sus-jacents, et de ce point de vue, on peut comparer la moelle épinière à un immeuble dont chacun des étages est capable de fonctionner de façon autonome mais est aussi relié aux étages sus-jacents auxquels il donne des informations sur son activité propre. Ainsi, à tout moment l'ensemble du SNC peut être informé de l'activité de ses différents étages.

b) L'encéphale

L'encéphale comprend essentiellement quatre régions présentées par les figures 12.10 et 12.11 : le tronc cérébral, le cervelet, le diencéphale qui peut être considéré comme faisant partie du cerveau et le cerveau lui-même.

Le tronc cérébral

Présentation

Situé entre le cerveau et la moelle épinière, en avant du cervelet, le tronc cérébral est constitué de trois parties : le ***mésencéphale*** en continuité avec le cer-

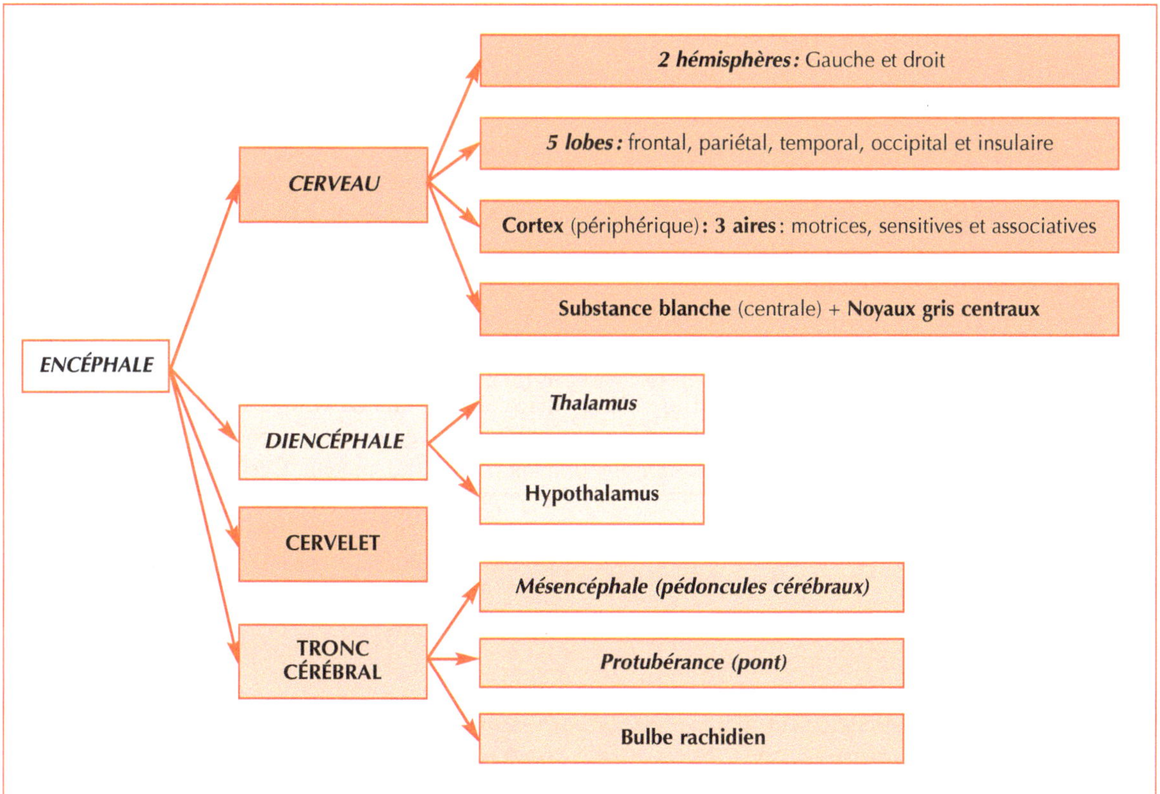

Figure 12.10
Les quatre régions principales de l'encéphale : le cerveau, le diencéphale qui lui-même contient le thalamus (centre important d'intégration sensorielle) et l'hypotalamus (centre de maintien de l'homéostasie), le cervelet et le tronc cérébral.

veau, la ***protubérance*** ou partie intermédiaire encore appelée ***pont*** et, ***le bulbe rachidien*** qui se prolonge par la moelle épinière.

Fonctions

Le tronc cérébral est le lieu de passage des grandes voies des informations sensorielles, sensitives et motrices constituées par les faisceaux de substance blanche. Les deux voies motrices: la ***voie motrice principale*** encore appelée ***voie pyramidale*** et la ***voie motrice secondaire*** ou ***voie extrapyramidale*** se croisent au niveau du bulbe rachidien de telle sorte que les commandes données par la partie gauche du cerveau entraînent les réactions de la partie droite du corps et vice versa.

La voie motrice principale régit surtout les mouvements volontaires fins et complexes alors que la voie secondaire, d'organisation beaucoup plus complexe, contribue au maintien de la posture, du tonus musculaire et coopère avec la voie principale pour produire des mouvements coordonnés.

Malgré sa petite taille, le bulbe rachidien constitue un important centre de régulation de la fréquence cardiaque, de la pression artérielle et des mouvements respiratoires.

C'est également dans le tronc cérébral qu'est localisée une formation très importante: ***la substance réticulée***. Reliée par ses neurones à plusieurs centres importants de l'encéphale (hypothalamus et thalamus), du cervelet et de la moelle épinière, la substance réticulée joue un rôle important dans la régulation du tonus musculaire, comme filtre des afflux d'informations sensorielles et intervient de façon fondamentale dans le fonctionnement de l'ensemble du système nerveux.

Le cervelet

Présentation

Composé de deux hémisphères: les ***hémisphères cérébelleux*** réunis par une structure médiane: ***le vermis***, le cervelet se situe en arrière de la partie postérieure du cerveau et parallèlement à l'axe de la moelle épinière et du cerveau. Chaque hémisphère présente de l'extérieur vers l'intérieur, un ***cortex de substance grise***, une masse de substance blanche dans laquelle se situent des masses jumelles de substance grise: ***les noyaux du cervelet***.

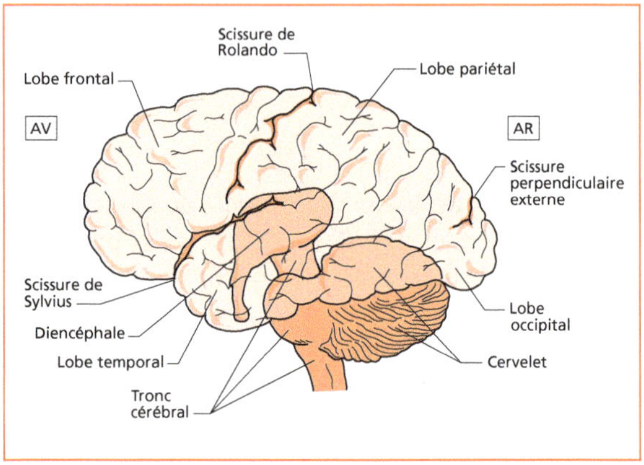

Figure 12.11
Vue latérale de l'encéphale et des différentes régions associées.

Fonctions

Ses interconnexions extrêmement riches, avec d'une part le cortex et plusieurs autres formations du cerveau et d'autre part la moelle épinière, explique que le cervelet reçoit en permanence à la fois les influx des commandes motrices venant du cerveau, et les informations sensitives surtout proprioceptives venant de la moelle épinière. Ce carrefour d'informations sensitives et motrices lui permet dans un premier temps d'affiner la commande motrice et de mieux coordonner les mouvements en fonction de la posture et de l'état musculaire et articulaire dans lesquels se trouve le sujet, et dans un second temps de détecter si le mouvement exécuté est conforme ou non au mouvement prévu pour signaler cette information au cortex moteur. Ces fonctions de ***comparateur permanent*** expliquent le rôle important du cervelet dans la coordination de la motricité et dans celle de la régulation du tonus et de l'équilibration du corps quelles que soient ses positions et son activité motrice en cours.

Le cerveau

Présentation

Situé et protégé par la boîte crânienne, le cerveau comprend ***deux hémisphères cérébraux*** et ***le diencéphale***. Les hémisphères cérébraux couvrent le diencéphale. La surface des hémisphères cérébraux se caractérise par de nombreuses circonvolutions appelées ***gyrus*** délimitées par des sillons dont les plus profonds d'entre eux, les ***scissures***, divisent chacun des hémisphères en ***cinq lobes*** : ***frontal, pariétal, temporal, occipital et insulaire***. Une coupe frontale du cerveau met en évidence deux régions distinctes : le ***cortex cérébral*** et le ***sous-cortex.***

Le ***cortex cérébral*** se situe à la périphérie et est constitué de substance grise. C'est à partir de cette structure que s'exerce le contrôle le plus important du fonctionnement des autres formations du système nerveux central. Le cortex comporte des zones plus ou moins spécialisées, appelées ***aires cérébrales*** où sont effectuées des opérations précises :

- les informations sensitives et sensorielles parviennent ***aux aires sensitives,***
- les mouvements et la motricité en général sont commandés à partir ***des aires motrices,***
- ***les aires associatives*** occupent chez l'homme la plus grande surface du cortex. C'est à ce niveau que sont comparées et exploitées les informations, donnant à l'homme la faculté d'accéder aux fonctions supérieures : prise de conscience, pensée, mémorisation, langage, prise de décision, élaboration des programmes moteurs et bien d'autres fonctions.

Le ***sous-cortex*** qui occupe une position centrale, comprend ***les noyaux gris centraux*** organisés autour du ***thalamus*** et de ***l'hypothalamus***.

Fonctions

Noyaux gris centraux et thalamus possèdent des connexions nerveuses étroites qui les associent fonctionnellement dans la réalisation d'activités motrices automatiques de la vie courante. Ces activités que le sujet exécute sans en avoir réellement conscience, comme par exemple marcher ou conduire son véhicule, demeurent cependant sous une vigilance corticale discrète qui, à tout moment (coup de klaxon ou autres dangers) peut reprendre son contrôle. Les noyaux gris centraux, non seulement contrôlent la motricité automatique, mais jouent aussi un rôle essentiel à de nombreuses étapes de l'acte moteur. Le sous-cortex assure aussi l'accomplissement des ***fonctions vitales*** (soif, faim, reproduction). Il intervient également dans l'adoption des postures nécessaires au déroulement correct des mouvements.

L'ensemble fonctionnel associant des structures corticales et des structures sous-corticales constitue ***le système limbique*** qui intervient de façon importante au cours des réactions émotionnelles et des processus de mémorisation.

En définitive, c'est à partir de ces formations que vont partir les messages ordonnant aux muscles d'effectuer tel ou tel mouvement. La coordination des diverses séquences constituant tout mouvement aura été préalablement réalisée par le ***cervelet***.

Bien que les centres nerveux soient hiérarchisés, leurs diverses structures coopèrent. En effet, de multiples connexions réciproques les relient entre elles (figure 12.12). C'est finalement la simplicité ou au contraire la complexité des situations rencontrées qui détermine le niveau de contrôle des opérations. Les situations habituelles sont traitées par le sous-cortex alors que les situations nouvelles ou inhabituelles le sont par le cortex.

C. Le système nerveux périphérique (SNP) : les nerfs

Les nerfs, situés à l'extérieur du système nerveux central, sont formés par le rassemblement de très nombreuses fibres nerveuses sensitives et motrices (figure 12.13). Ces fibres ***ou axones*** assurent la liaison entre la périphérie (récepteurs et muscles) et les centres nerveux. On dénombre ainsi :

- ***31 paires de nerfs rachidiens*** (appelés aussi nerfs spinaux) qui, selon leurs neurones sensitifs (périphérie → moelle épinière) ou moteurs (moelle épinière → effecteurs) aboutissent ou naissent de la moelle épinière pour innerver l'ensemble de l'organisme. Ces nerfs présentent deux racines près de la moelle. La ***racine dorsale*** ou postérieure qui est sensitive et la ***racine ventrale*** ou antérieure qui est motrice.
- ***12 paires de nerfs crâniens***, en relation avec le cerveau, qui sont responsables de l'innervation du segment céphalique.

Ces nerfs constituent le ***système nerveux périphérique***. Systèmes nerveux central et périphérique forment un tout en parfaite continuité.

Figure 12.12

Communications essentielles lors de la réalisation d'un mouvement. La voie pyramidale conduit directement les programmes moteurs du cortex à la moelle épinière qui elle-même les achemine jusqu'aux muscles par l'intermédiaire des nerfs rachidiens moteurs. Deux autres voies permettent, d'une part, d'affiner leur coordination et, d'autre part, de comparer et de réajuster la qualité des mouvements réalisés par rapport à ceux programmés. Ces opérations sont réalisées grâce à des voies collatérales partant de la voie pyramidale jusqu'au cervelet et par la voie extrapyramidale qui emprunte plusieurs relais.

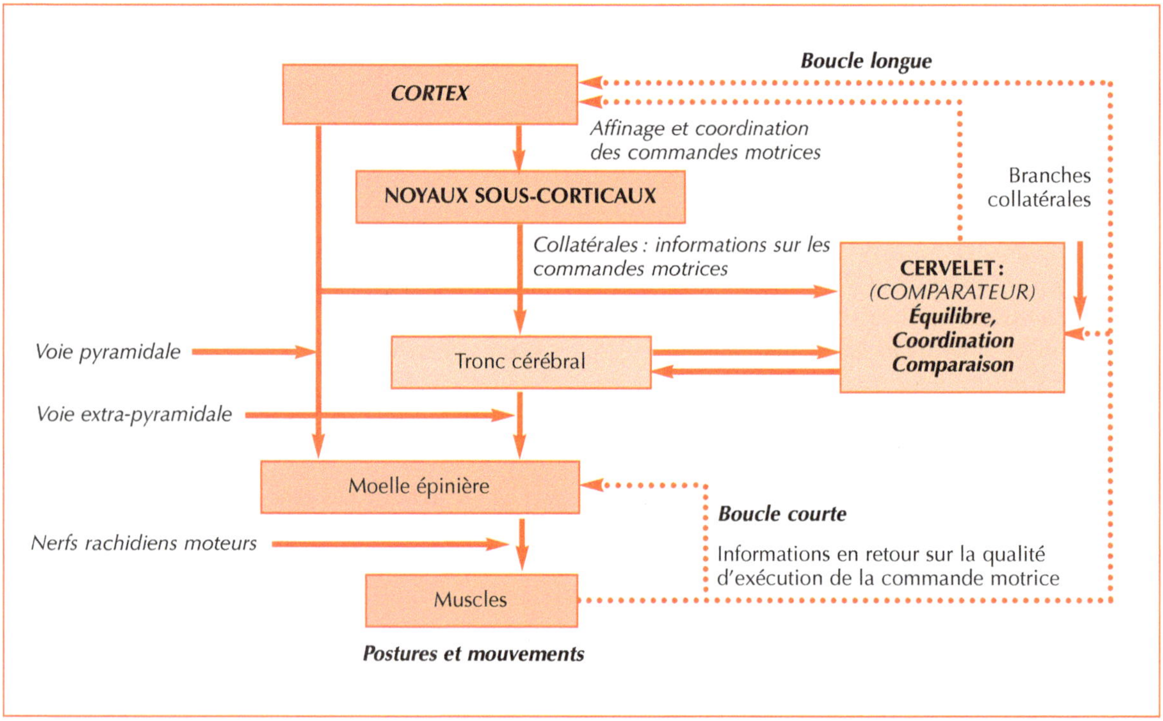

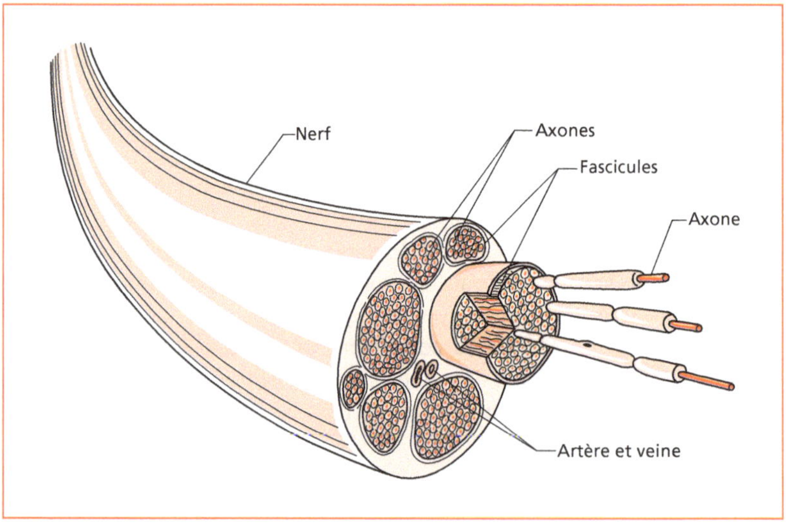

Figure 12.13

Vue tridimensionnelle de la structure d'un nerf. Selon la nature des axones qui le constituent les influx nerveux peuvent être véhiculés depuis le système nerveux central vers les muscles ou le contraire.

2. FONCTIONNEMENT DU SYSTÈME NERVEUX

Comme pour tout système complexe, le fonctionnement du système nerveux devrait être étudié au niveau des multiples interactions et coordinations des éléments qui le constituent et qui lui donnent du sens. Cependant, par souci didactique, nous nous en tiendrons à la chronologie des évènements précédemment décrits qui, de façon schématique, les fait apparaître dans l'ordre suivant :

- la prise initiale d'informations est réalisée grâce à de multiples ***capteurs*** ou ***récepteurs*** internes et périphériques,
- la transmission de ces informations aux différents étages des centres nerveux utilise ***les voies sensitives*** ou ***afférentes***,
- ces informations parviennent alors au niveau des ***centres nerveux*** (moelle épinière, tronc cérébral et cerveau) où elles sont ***intégrées,***
- enfin, la transmission aux muscles des commandes motrices issues des centres nerveux emprunte les ***voies motrices,*** ou ***efférentes***. Sous forme de contractions et de relâchement, la réponse musculaire permet de mobiliser les pièces osseuses du squelette et ainsi de produire le mouvement,
- la ***vérification*** des résultats de l'action, leur ***comparaison*** au programme prévu et la ***correction*** de celui-ci en cas d'erreur, bénéficient de ***systèmes de rétrocontrôle*** dont le rôle prend toute son importance dans toutes les procédures d'apprentissage moteur.

A. Réception de l'information

Les récepteurs sont des formations spécialisées pour recueillir des informations. Celles-ci permettent d'une part d'identifier les êtres et les objets qui nous entourent, d'autre part de nous localiser, de repérer la position de notre corps et de nous diriger dans l'espace environnant. On distingue ainsi :

- ***les extérocepteurs*** dont les principaux sont :
  - les ***télérécepteurs*** qui avertissent des événements qui se produisent à distance du corps tout en nous situant par rapport à ces évènements (vision, ouïe, odorat, goût),
  - les ***récepteurs cutanés*** : nombreux et très sensibles (toucher, pression, vibration, température et douleur, constituent en quelque sorte une « frontière » entre le corps et le milieu extérieur),
- ***les propriocepteurs*** : situés dans les muscles squelettiques (***fuseaux neuromusculaires***), les tendons (***organes tendineux de Golgi***), les articulations (***organes de Ruffini et de Pacini***) et dans l'oreille interne (***canaux semi-circulaires***), les propriocepteurs renseignent sur la position du corps dans l'espace, la tension musculaire, la longueur et la variation des muscles, le déplacement et sur la vitesse de ces déplacements.
- ***les intérocepteurs*** : situés dans les parois des vaisseaux sanguins et des viscères. Habituellement « muets », les intérocepteurs fournissent en permanence au système nerveux central des informations sur le milieu intérieur et sur l'état de fonctionnement des viscères qui est ainsi continuellement régulé.

L'ensemble de ces multiples renseignements est transmis à divers niveaux du système nerveux central pour y être ***intégré*** et concourt éventuellement à l'élaboration d'une réponse motrice adaptée.

Les récepteurs sensoriels ou organes des sens réagissent à certaines intensités de stimulation appelées ***seuil absolu***. Ils sont capables de discriminer jusqu'à un certain seuil défini ***seuil différentiel***, deux nuances de stimuli très proches l'une de l'autre.

Les récepteurs sont aussi des ***transducteurs*** c'est-à-dire qu'ils sont capables de transformer une énergie physique ou chimique, appelée ***stimulus,*** en signaux électrochimiques utilisables par le système nerveux : ***les potentiels d'action ou influx nerveux.***

Enfin, une autre des propriétés des récepteurs est d'être ***adaptables***. À mesure qu'ils sont sollicités, ils « apprennent » à ne sélectionner que les informations utiles et ainsi constituent un premier filtre aux multiples stimuli dont ils sont « bombardés » en permanence.

Dans la plupart des cas, les contacts avec le milieu ne sont pas passifs mais actifs : ils sont provoqués par l'activité du sujet lui-même. Il est désormais admis que cette attitude d'exploration de l'environnement favorise l'organisation et l'affinement de la motricité.

B. Transmission de l'information

Si des stimuli atteignent une intensité égale ou supérieure au ***seuil d'excitabilité*** des récepteurs (seuil à partir duquel peut se produire une réaction), ils donnent naissance à un ***influx nerveux*** qui, sous la forme d'une onde électrochimique (courant à faible voltage) se propage immédiatement dans les circuits nerveux. Selon la nature et la structure des neurones, cette onde se déplace à une vitesse variant de 10 m/sec (ou 36 km/h pour les axones non myélinisés) à 150 m/sec (540 km/h pour les axones myélinisés de gros diamètre). À ce stade, l'influx nerveux est dit ***sensitif*** puisqu'il transmet des sensations de la périphérie vers le système nerveux central.

Parcourant très rapidement toute la longueur des fibres nerveuses, l'influx sensitif arrive dans les centres les plus proches (moelle épinière pour les nerfs rachidiens, encéphale pour les nerfs crâniens). Dans ces centres, l'extrémité des axones des neurones sensitifs prend contact avec les dendrites ou le soma d'autres neurones en relais. Ce contact est appelé ***synapse***. Selon la nature de l'information, l'influx nerveux atteint le système nerveux central dans lequel l'importance du nombre de neurones (environ entre 40 et 50 milliards, dont 30 milliards pour le seul encéphale), autorise une infinie richesse de relais possibles.

Transmission de l'influx nerveux entre deux neurones : la synapse

Dans le système nerveux, les neurones ne sont pas en contact direct, mais sont en contiguïté. Le passage de l'influx nerveux de l'un à l'autre nécessite la mise en action d'un mécanisme appelé ***transmission synaptique***. Les rôles de la synapse sont non seulement de transmettre mais aussi de guider l'influx nerveux. Les points de contact sont multiples et sont définis par les parties de deux neurones directement mises en liaison.

Lorsque l'on envisage le nombre de neurones du système nerveux (entre 40 et 50 milliards) et le nombre de boutons synaptiques assurant un contact potentiel (entre 90 000 et 100 000 par neurone !), on parvient à un chiffre si élevé qu'il faudrait « entre 3 000 et 30 000 ans pour les compter à raison de 1 000 par seconde » (Changeux, 1983). Potentiellement, le neurone possède une possibilité de contacts infinie, ce qui est à l'origine de l'extraordinaire ***plasticité*** (pouvoir d'adaptation) du système nerveux, mais ce qui, en contrepartie, montre à l'évidence la nécessité de coordinations très affinées pour gérer le fonctionnement de cette extraordinaire complexité, rôles dévolus au système nerveux central. Les aiguillages que constituent les synapses, ou passages d'un neurone à l'autre, contribuent à ces coordinations.

La synapse

Chaque contact entre deux neurones comporte trois parties : une ***pré-synaptique*** ou ***bouton*** appartenant au neurone émetteur, une ***post-synaptique*** appartenant au neurone récepteur, et une ***fente synaptique*** placée entre les deux. Cette fente indique qu'il n'y a pas de contact direct entre les deux surfaces. La transmission est réalisée par l'intermédiaire de transmetteurs chimiques (d'où leur nom de ***neurotransmetteurs***) contenus dans de petites vésicules surtout concentrées dans le bouton synaptique. Ces transmetteurs se présentent sous plusieurs formes, certains sont excitateurs alors que d'autres sont inhibiteurs. Cet antagonisme constitue une première forme de guidage sélectif de l'influx nerveux entre les différents neurones.

Lorsque l'influx nerveux arrive à l'extrémité présynaptique, il entraîne un mouvement des vésicules contenant les neurotransmetteurs vers la fente synaptique. À ce niveau, membrane pré-synaptique et membrane des vésicules fusionnent de telle sorte que ceux-ci s'ouvrent sur la fente où ils déversent leur contenu. Cette action est connue sous le nom d'***exocytose***.

Selon la nature du neurotransmetteur déversé, il s'en suit soit une inhibition (l'influx nerveux s'arrête à cet endroit), soit une excitation (l'influx nerveux est transmis et propagé par un ou des neurones relais).

C. Intégration du signal et réponses motrices

Selon la nature du stimulus, de la simplicité ou de la complexité de la réaction motrice, du circuit nerveux emprunté, et de l'étage du système nerveux central (SNC) atteint, le niveau de contrôle s'élève de la moelle vers le cortex cérébral pour provoquer trois types de réponses motrices possibles : 1) la plus simple ou ***réponse réflexe*** répond directement à un stimulus sans intervention du cerveau ; 2) une réponse apprise et produite sans intervention du cortex ou ***réponse automatique*** et 3) ***une réponse volontaire*** nécessitant l'intervention des processus cognitifs. Ces réponses sont transmises du SNC aux muscles par les ***nerfs moteurs*** dont la commande active les fibres musculaires qui en dépendent.

a) L'activité réflexe

À tout moment des récepteurs internes peuvent réagir à certaines variations comme par exemple les variations chimiques du sang (pH, O_2, CO_2...), de la température corporelle... qui entraînent la modification de l'activité cardio-respiratoire. Ceci est d'autant plus évident au cours de l'activité physique. La stimulation peut aussi avoir comme origine interne un étirement brusque ou une contraction trop importante d'un muscle. Pour protéger ce muscle, la réponse est soit sa contraction soit son relâchement. Un autre exemple de l'activité réflexe est la réaction à une piqûre d'un doigt ou le contact de ce dernier avec un objet brûlant (ou stimulation périphérique), qui entraîne la rétraction instantanée de la main et de l'avant-bras et ce, indépendamment de toute commande volontaire.

Quelle que soit l'origine du stimulus, le réflexe permet donc de protéger l'organisme contre la douleur ou tout autre danger susceptible de menacer son intégrité.

Ce type de mouvements en réponse aux stimulations peut être encore observé chez l'animal dont la moelle épinière a été séparée de l'encéphale (appelé animal spinal). Ceci montre que ces mouvements, définis comme ***réflexes***, dépendent : 1) de la stimulation de récepteurs, 2) de sa conduction par un ***neurone afférent*** jusqu'à la ***moelle épinière*** où 3) s'établit le contact (ou synapse) avec le ***neurone efférent*** (appelé aussi ***motoneurone***) qui 4) commande la contraction musculaire. Cet ensemble constitue ***un arc réflexe*** (figure 12.14). Selon le nombre de synapses mises en jeu dans la moelle épinière pour établir le contact entre neurones afférent et efférent, on distingue les ***arcs réflexes monosynaptiques*** (une seule synapse), les plus simples, des ***arcs réflexes polysynaptiques*** (plusieurs synapses). Ces derniers permettent d'activer à la fois les motoneurones qui vont commander la contraction des muscles agonistes, d'inhiber les motoneurones des muscles antagonistes, engager la contraction ou le relâchement des muscles du membre opposé et de rendre compte aux étages supérieurs de la moelle épinière de l'activité en cours. Ainsi, lors de la piqûre du doigt, pour obtenir le mouvement de retrait de la main et de l'avant-bras du même côté, les muscles fléchisseurs (agonistes) du bras sur l'avant-bras se contractent, les muscles extenseurs (antagonistes) se relâchent et la sensation de douleur peut être transmise aux étages supérieurs de la moelle ce qui entraîne par exemple un mouvement du tronc.

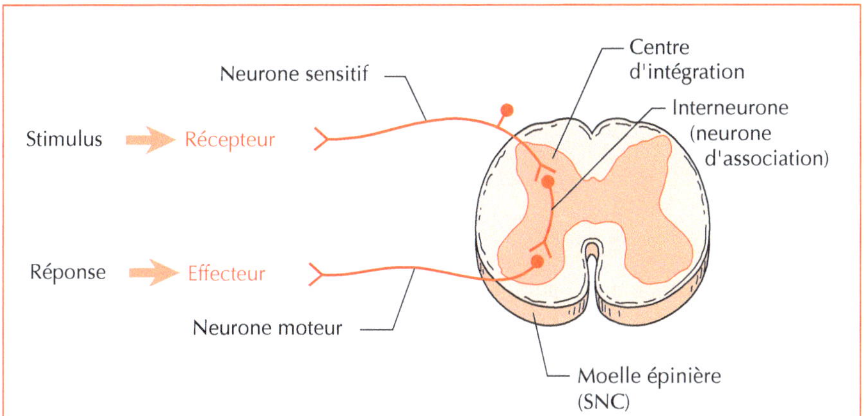

Figure 12.14
Arc réflexe simple. Éléments essentiels intervenant dans un arc réflexe : un récepteur qui émet l'information, un neurone sensitif qui la transmet à la moelle épinière où elle est intégrée, un neurone moteur qui transmet la réaction élaborée par la moelle épinière à un effecteur qui y répond spécifiquement.

Notion de réflexes myotatique et myotatique inverse

À un étirement musculaire brusque, capté par les ***fuseaux neuromusculaires*** (récepteurs proprioceptifs inclus dans le muscle), celui-ci répond immédiatement par une contraction destinée à le ramener à sa longueur initiale. Cet arc réflexe monosynaptique est défini comme ***réflexe myotatique*** (figure 12.15). Le réflexe myotatique intervient pour maintenir le tonus musculaire (état de tension permanent des muscles facilitant l'engagement de toute activité motrice) et contribue au maintien de la station érigée. Le seuil à partir duquel le réflexe de contraction est déclenché peut être modifié par l'entraînement aux étirements qui permet ainsi une amplitude plus importante de mouvement.

À l'inverse, lorsqu'une tension trop importante est exercée par la contraction du muscle, la stimulation des ***récepteurs tendineux de Golgi*** entraîne le relâchement de ce muscle, cette boucle réflexe est définie comme ***réflexe myotatique inverse*** (figure 12.15). C'est ce type de réflexe qui est mis à profit dans les techniques de stretching utilisant le relâchement musculaire post-contraction intense pour augmenter l'amplitude de l'étirement.

Du réflexe aux réponses motrices simples. Grâce à l'organisation des neurones de sa substance grise, la moelle épinière présente aussi une activité propre servant de support à de nombreux réflexes coordonnés. L'enchaînement de ces réflexes peut apparaître comme de véritables programmes d'action adaptés et finalisés ayant une utilité fonctionnelle comme par exemple l'activité locomotrice. Dans certaines circonstances, l'encéphale utilise ces circuits nerveux préexistants de la moelle. Par contre, les circuits trop rigides de ces programmes deviennent des entraves à l'apprentissage de nouveaux mouvements. L'encéphale devra les remanier, ce qui peut constituer un des problèmes rencontrés au cours des apprentissages moteurs.

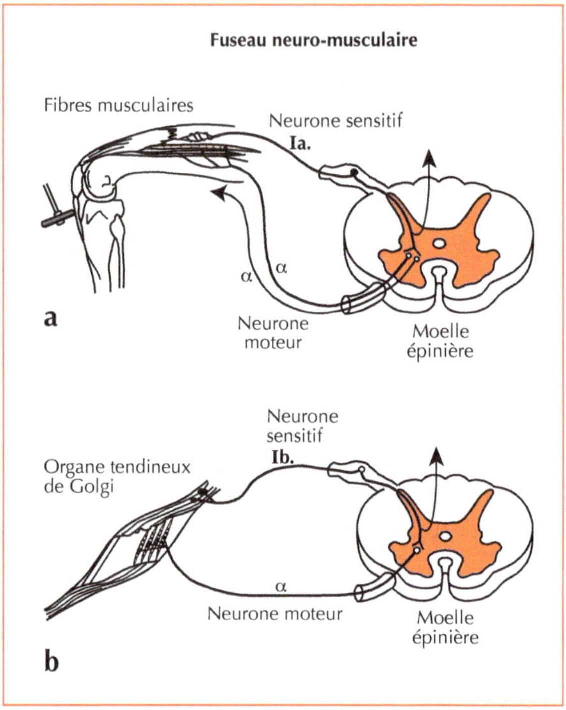

Figure 12.15
Activités réflexes.
a) Réflexe myotatique ou réflexe d'extension consécutif à une contraction brutale captée par les fuseaux neuro-musculaires. C'est par exemple l'extension de la jambe consécutive à la percussion du tendon rotulien par un marteau à réflexe.
b) Réflexe myotatique inverse ou réflexe de relâchement de la tension musculaire consécutif à son étirement capté par les organes tendineux de Golgi.

b) Le mouvement volontaire

Le simple geste intentionnel engagé pour saisir un objet comme un stylo et le replacer plus loin s'avère le résultat d'un nombre considérable d'actions, d'interactions, de mise en œuvre de programmes moteurs, de contrôles et de rétrocontrôles nerveux. La réalisation de ce mouvement fait suite à la prise de décision préalable : « je veux saisir ou non ce stylo » située au niveau des aires associatives du cortex. S'enchaînent alors les différentes étapes de l'acte moteur (figure 12.12) :

1) Mise en jeu du programme d'exécution qui, au niveau de l'aire motrice et des aires associatives, paramètre la séquence élémentaire pour réaliser l'acte : étendre le membre supérieur, former la pince pouce index de la largeur correspondant à celle du stylo, saisir le stylo, le transporter jusqu'à l'endroit choisi, le poser à cet endroit…

2) Activation des aires motrices qui commandent les différentes sollicitations musculaires requises (posture, tonus, degré des contractions musculaires correspondant à la force nécessaire, sélection des unités motrices, inhibition des muscles antagonistes...).

3) Contrôle par le cervelet de la coordination générale des mouvements successifs et simultanés.

4) Contrôle par les noyaux gris centraux de la coordination de chacun des mouvements élémentaires, tant au niveau de leur déroulement que de leur enchaînement harmonieux.

5) Rétrocontrôle aussi par le cervelet de l'adéquation de l'acte moteur réalisé à l'intention motrice initiale.

Ces mêmes actions sont mises en œuvre lorsqu'un sujet veut apprendre à réaliser un geste sportif ou une technique sportive. Il est évident que plus ce geste et cette technique sont complexes, plus importants seront leurs contrôles, rétrocontrôles et les informations données aux différents centres nerveux chargés de leur réalisation et de leur coordination.

c) Mouvement volontaire et mouvement automatique

Il convient de dissocier les mouvements automatiques inscrits dans notre patrimoine génétique comme la marche et autres locomotions par exemple qui relèvent de programmes moteurs contrôlés par la moelle épinière, des mouvements automatiques acquis après apprentissages issus eux-mêmes des différentes étapes mises en œuvre par le mouvement volontaire, comme monter à vélo, conduire son véhicule...

La répétition de ces séquences, leurs corrections et leurs ajustements progressifs pour que l'acte moteur réalisé corresponde à l'acte moteur programmé permettent de l'inscrire en mémoire de façon à l'utiliser de façon courante. Une fois automatisé, le geste mémorisé passe sous commande sous-corticale, le cortex cérébral étant alors libéré pour se consacrer à d'autres tâches nécessitant ses capacités attentionnelles. Ainsi, les mouvements automatisés sont énergétiquement et nerveusement plus économes, ce qui permet leurs multiples utilisations qui font le quotidien de notre motricité. Remarquons toutefois que le mouvement automatisé demeure sous la dépendance « discrète » de la volonté qui à tout moment peut reprendre ses droits. Si le mouvement automatisé présente des carences motrices, le sujet peut reprendre le contrôle de son exécution grâce à l'attention recentrée sur de nouveaux projets moteurs élaborés au niveau du cortex. Autrement dit, les processus attentionnels ne sont jamais absents du mouvement automatisé, ils fonctionnent simplement « à bas régime » et peuvent être réactivés en cas de besoin.

Concernant la motricité, en tout point le système nerveux central peut être comparé à un chef d'orchestre de génie, toujours à l'écoute de la moindre fausse note pour corriger et coordonner entre eux chacun des musiciens (les muscles et leurs unités motrices) de ce formidable orchestre (notre organisme), afin d'obtenir de lui la meilleure harmonie cinétique possible.

Lectures conseillées

Changeux J.-P, *L'Homme neuronal*, Éditions Fayard, Le temps des Sciences, 1983

Latash M.L., *Bases neurophysiologiques du mouvement*, Éditions De Boeck Université (Sciences et pratiques du sport), 2002

Collet C., *Mouvements et Cerveau : Neurophysiologie des activités physiques et sportives*, Éditions De Boeck Université (Sciences et pratiques du sport), 2002

Chapitre 13

L'EFFECTEUR DU MOUVEMENT : LE MUSCLE

Georges Cazorla

INTRODUCTION

L'activité musculaire permet les mouvements puissants de l'haltérophile ou du lanceur, rapides du sprinter, précis de l'escrimeur ou du basketteur...

Dans certains sports, telles les courses de longue durée, le cyclisme ou la natation, c'est la durée pendant laquelle l'activité musculaire peut être maintenue à son niveau optimal, donc à la fois la quantité d'énergie disponible et le meilleur rendement possible de son utilisation, qui importe. Dans les mouvements très complexes de la gymnastique ou de la danse, le rôle du système nerveux devient prévalent pour contrôler et coordonner la mise en jeu des différents groupes musculaires entre eux.

Ces exemples montrent à l'évidence la richesse mais aussi la très grande complexité des circuits nerveux utilisés et des influx qui les parcourent pour assurer toutes les modulations de contractions nécessaires à la réalisation d'un mouvement, d'un geste, d'un exercice, d'une activité physique ou d'un sport.

Cependant, malgré cette complexité, il est possible de distinguer deux grandes phases :

- La première qui, quelle que soit la nature de l'activité musculaire : volontaire, automatique ou réflexe, met en jeu les mêmes événements dont l'enchaînement constitue les mécanismes communs de l'activité musculaire.
- La deuxième, qui par la constante interaction du système nerveux central et du système musculaire, permet de répondre aux besoins de finesse, de précision, de vitesse, de force, de puissance et de coordination requis par l'activité musculaire. Selon la nature du mouvement, cette phase résulte des mécanismes neuromusculaires très complexes dont l'ensemble représente les mécanismes spécifiques de l'activité musculaire.

1. MÉCANISMES COMMUNS

A. STRUCTURES ANATOMIQUES ET FONCTIONNELLES

Le corps humain comporte trois types de muscles : les muscles lisses, le muscle cardiaque et les muscles du squelette encore appelés ***muscles striés squelettiques***. Alors que les muscles lisses et le muscle cardiaque reçoivent leur innervation du système nerveux autonome, les muscles squelettiques sont innervés par le système nerveux somatique. Seule l'étude des muscles striés squelettiques fait l'objet de ce chapitre.

Le muscle strié squelettique est constitué d'un corps musculaire (ventre ou chef) qui se termine à chaque extrémité par un ou plusieurs tendons (figure 13.1). Les tendons s'insèrent le plus souvent sur des segments osseux du squelette reliés entre eux par une ou plusieurs articulations. Le corps musculaire est formé de plusieurs centaines ou plusieurs milliers de

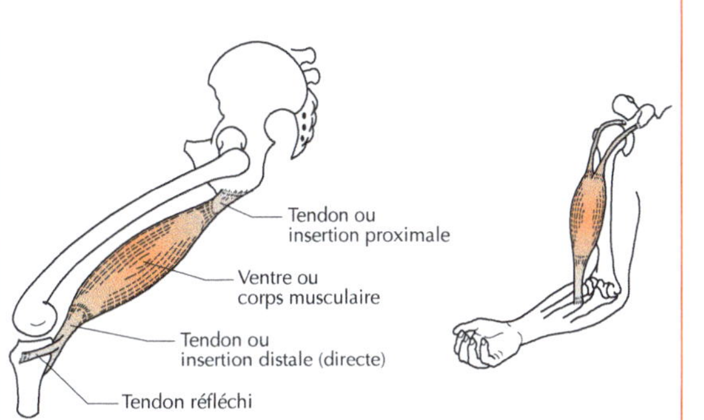

Figure 13.1
Le muscle strié squelettique peut présenter un ou plusieurs ventres, une ou plusieurs insertions tendineuses susceptibles de mobiliser une ou plusieurs articulations.

cellules appelées fibres musculaires, elles-mêmes regroupées en faisceaux par des gaines de tissu conjonctif élastique. Les fibres sont parcourues par de nombreux capillaires sanguins, nerfs et terminaisons nerveuses. Ces fibres ont un diamètre de 10 à 100 microns et leur longueur peut atteindre 30 centimètres. La présence de bandes transversales claires et sombres régulièrement alternées tout le long de chaque fibre confère au muscle entier un aspect strié qui explique son nom de ***muscle strié squelettique.***

La conduction des influx nerveux du SNC aux muscles est assurée par les ***motoneurones α.*** Le motoneurone α est un neurone dont le corps cellulaire (ou soma) est situé dans la corne antérieure de la moelle épinière et dont l'axone se termine sur la membrane qui enveloppe chacune des fibres musculaires (figure 13.2).

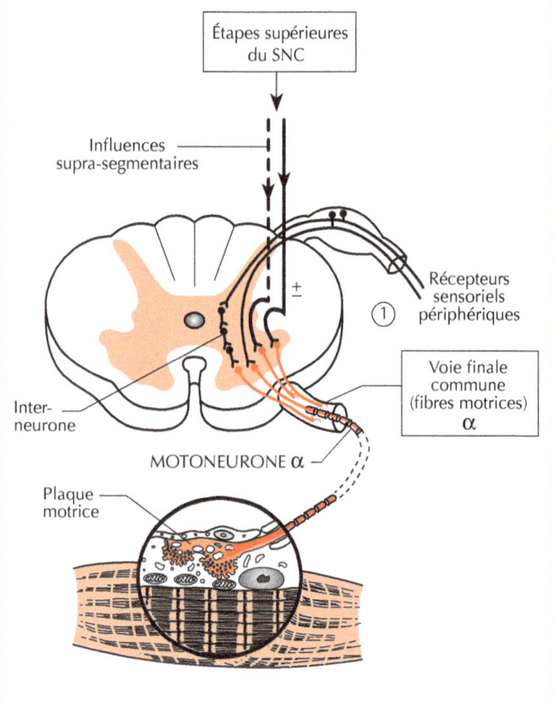

Figure 13.2
Voie finale commune de la commande motrice. Jonction entre les axones moteurs et les axones sensitifs au niveau de la moelle épinière.
En haut: coupe transversale de la moelle épinière comprenant les corps cellulaires des motoneurones α et leurs connexions dans la partie grise de sa corne antérieure.
En bas: la jonction entre une des extrémités d'un axone et la fibre musculaire. Cette jonction constitue la plaque motrice.

Malgré la grande variété de formes et de fonctions des muscles squelettiques, leur caractéristique commune est de se contracter ou de se relâcher afin d'effectuer de façon spécifique le mouvement commandé par le système nerveux central.

Comme tout organe effecteur, le muscle comprend:
– *des mécanismes communs*:
1. de réception et de conduction de la commande motrice à travers tout le muscle;
2. d'un ensemble de réactions qui aboutissent à la contraction du muscle;
– et des *mécanismes spécifiques*:
3. de transmission des tensions produites par la contraction aux segments osseux sur lesquels s'insèrent ses extrémités;
4. de contrôle des tensions produites par la contraction ou rétrocontrôle;
5. et d'entretien, permettant d'assumer l'apport des nutriments nécessaires au fonctionnement du muscle et de le débarrasser des métabolites et des déchets produits.

Les différents points de ce schéma résument la chronologie des événements qui se déroulent lorsque le muscle prend le relais du système nerveux pour effectuer le mouvement commandé.

Liaisons entre le système nerveux et les muscles

Arrivé au niveau du muscle, chaque axone du motoneurone α situé dans les nerfs du système nerveux périphérique, pénètre sous l'enveloppe conjonctive qui enveloppe le muscle, se subdivise en plusieurs branches (d'où le nom ***de première arborisation***) ou filets nerveux. Chacun des filets nerveux prend contact avec une seule fibre musculaire à l'intérieur du même muscle (figure 13.3). Un motoneurone α et les fibres musculaires qu'il innerve forment ensemble une unité fonctionnelle ***ou unité motrice*** (figure 13.4).

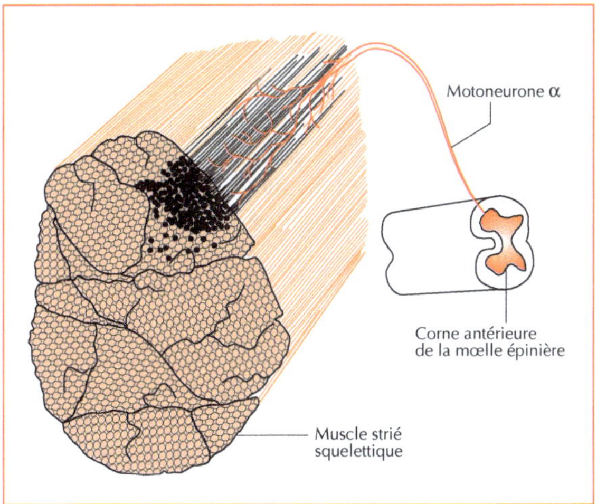

Figure 13.3
Répartition des fibres d'une unité motrice et intrication avec les fibres d'autres unités motrices au sein d'un même muscle.

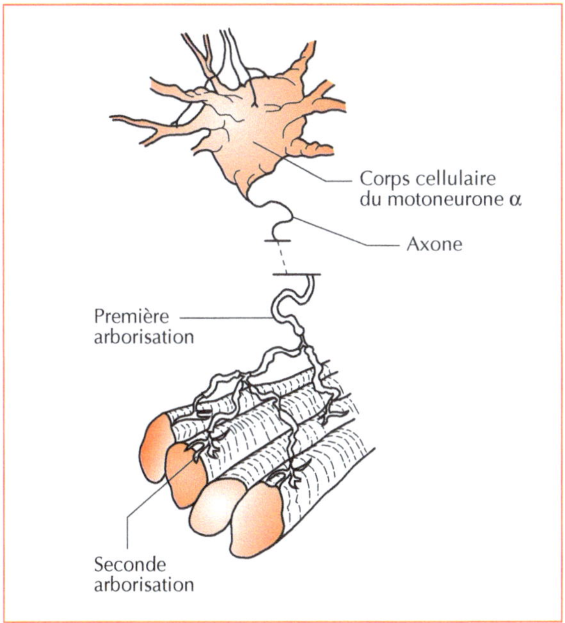

Figure 13.4
Représentation schématique d'unité motrice. Celle-ci est constituée d'un motoneurone α et des fibres musculaires qu'il innerve. Toutes les fibres musculaires d'une même unité motrice présentent des caractéristiques identiques. Au sein du muscle elles sont intriquées avec d'autres fibres provenant d'unités motrices voisines (d'après Edington et Edgerton, *The Biology of Physical Activity*, 1976).

L'unité motrice

L'organisation du muscle en unités motrices indépendantes les unes des autres permet de comprendre la grande variété des tensions dont le système musculaire est capable pour répondre aux nécessités des mouvements les plus diversifiés.
Le nombre de fibres musculaires contenues dans chaque unité motrice varie considérablement avec la taille du muscle, la force ou la finesse des actions auxquelles il doit répondre. Par exemple, les petits muscles oculomoteurs et les muscles des doigts qui doivent se contracter très rapidement et avec beaucoup de précision ne comprennent que peu de fibres par motoneurone α (respectivement de 4 à 5 et de 100 à 300), alors que les muscles puissants des cuisses, des jambes et du dos peuvent en comprendre de 1000 à 2000.
Une autre particularité des unités motrices est liée à la contraction de chacune des fibres qui la constituent. Lorsque les influx nerveux arrivent au niveau de leur plaque motrice et atteignent le seuil d'exitabilité des fibres sollicitées, celles-ci répondent en se contractant selon une loi définie comme ***« loi du tout ou rien »***. Puisqu'un même motoneurone α innerve toutes les fibres musculaires d'une seule unité motrice, toute l'unité motrice répond aussi par la loi du tout ou rien. Comme dans un large secteur musculaire, les fibres d'une même unité motrice peuvent se trouver dispersées et imbriquées avec les fibres d'autres unités motrices, cette répartition permet de moduler les tensions qu'un muscle peut exercer et de donner à la contraction du muscle entier un caractère plus homogène.

B. Systèmes de réception de la commande motrice

a) Présentation

Au niveau de chaque fibre musculaire, la jonction entre l'extrémité d'un filet nerveux et la fibre qui lui correspond est réalisée par l'intermédiaire d'une structure particulière : ***la plaque motrice*** (figure 13.5 et photo 13.1).

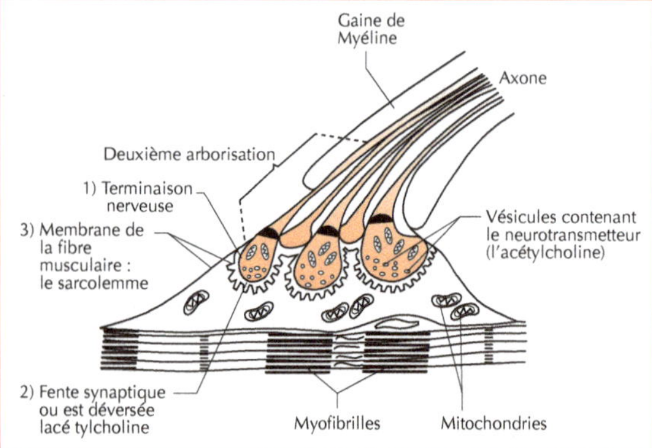

Figure 13.5
Représentation schématisée d'une plaque motrice. La terminaison nerveuse et la membrane de la fibre musculaire sont séparées par une fente synaptique.

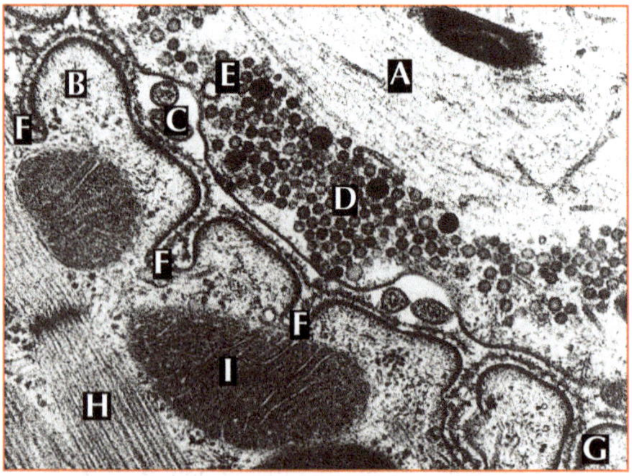

Photo 13.1
Jonction entre l'extrémité d'un motoneurone α (**A**) et la surface d'une fibre musculaire (**B**). Extrémité de l'axone et surface de la fibre sont séparées par une fente jonctionnelle ou fente synaptique (**C**).
- Côté extrémité de l'axone on peut distinguer :
  1. les vésicules (**D**) contenant le neuromédiateur : l'acétylcholine (ACh) ;
  2. une d'entre elle (**E**) qui s'ouvre (exocytose) sur la fente jonctionnelle pour y libérer son contenu en ACh.
- La fente jonctionnelle (**C**) présente un petit espace avec de nombreux replis formés par la membrane de la fibre musculaire (**F**).
- Côté fibre musculaire, les nombreux replis sont tapissés par la membrane ou sarcolemme (**G**) équipée à ce niveau de nombreuses protéines réceptrices de l'ACh ou protéines cholinergiques. On peut distinguer aussi les myofilaments contractiles (**H**) ainsi que les usines énergétiques présentes dans la plupart des cellules de l'organisme : les mitochondries (**I**).

La plaque motrice

La plaque motrice est le lieu où la fibre musculaire reçoit la commande nerveuse. Située à la partie moyenne de la fibre musculaire, la plaque motrice présente elle-même trois parties anatomiquement et fonctionnellement bien distinctes :
- une terminaison nerveuse pré-jonctionnelle ;
- une fente jonctionnelle ;
- et une surface musculaire post-jonctionnelle.

L'extrémité nerveuse pré-jonctionnelle présente de petits renflements qui viennent se loger dans les gouttières que forme à leur niveau la surface de la fibre musculaire. Chaque renflement contient une forte concentration de poches microscopiques de forme sphérique : ***les vésicules***. Chaque vésicule renferme une très grande quantité de molécules d'une substance chimique : ***l'acétylcholine (ACh).***

La fente jonctionnelle sépare l'extrémité nerveuse pré-jonctionnelle de la membrane qui enveloppe la fibre musculaire. Cette absence de contact direct entre l'axone et la fibre musculaire indique que l'influx nerveux ne peut passer entre les deux surfaces sans la présence d'un intermédiaire. C'est l'acétylcholine (ACh) qui assure cette fonction de neurotransmetteur. La fente jonctionnelle présente aussi une forte concentration d'une enzyme : ***l'acétylcholinestérase*** qui dégrade rapidement l'ACh. Cette rapide dégradation laisse deviner la brièveté de l'action d'intermédiaire de l'ACh.

La surface de contact musculaire post-jonctionnelle est formée de nombreux plis à l'intérieur même du muscle, ce qui augmente d'autant sa surface de contact et de réaction à l'acétylcholine. De plus, au niveau de la plaque motrice, la structure de la membrane musculaire contient de nombreux récepteurs qui réagissent spécifiquement au contact de l'ACh, ce sont les ***protéines réceptrices cholinergiques***.

b) Fonctionnement (figure 13.6)

Bien que dans la réalité toute commande motrice se manifeste essentiellement par des « salves » de potentiels d'action qui parcourent le nerf moteur du système nerveux aux muscles, par souci d'une meilleure compréhension, nous n'envisagerons que les effets d'un seul influx nerveux.

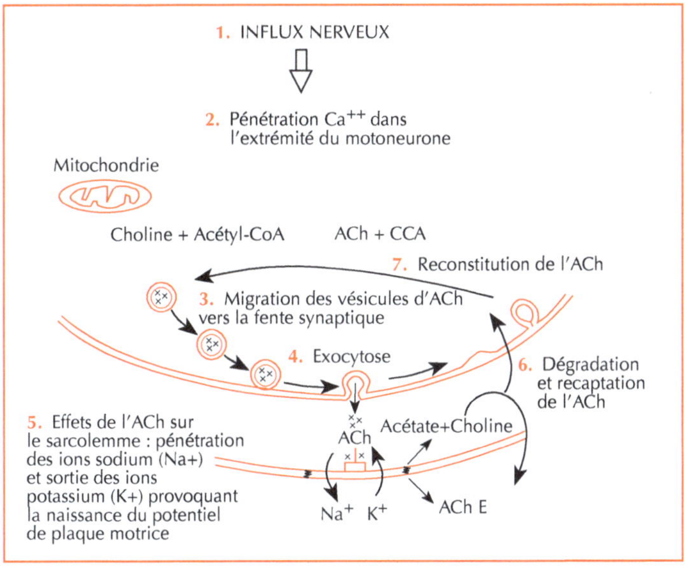

Figure 13.6
Mécanismes mis en jeu par la survenue d'un influx nerveux et rôle de l'acétylcholine (ACh) dans la transmission de la communication motrice entre le système nerveux et le muscle.

Au niveau de l'extrémité du nerf

Arrivé à la jonction entre le nerf et le muscle, le potentiel d'action disparaît après avoir provoqué plusieurs événements. Son effet principal est de provoquer un mouvement des vésicules d'ACh vers la fente jonctionnelle. Par un phénomène appelé ***exocytose***, les vésicules s'ouvrent et libèrent leur contenu en ACh dans la fente jonctionnelle. Dès lors, le rôle du système nerveux est provisoirement terminé. Les phénomènes qui suivent se déroulent d'une manière autonome au sein de chaque fibre musculaire.

Au niveau de la fente jonctionnelle et de la membrane musculaire

Déversée dans la fente jonctionnelle, l'ACh provoque sur la partie de la membrane musculaire située sous la plaque motrice, un nouveau potentiel appelé ***potentiel de plaque motrice*** (ou ***PPM***). En se liant aux protéines réceptrices cholinergiques, l'ACh rend cette partie de la membrane musculaire perméable aux ions sodium et potassium. Leur passage massif à travers la membrane entraîne sur chacune de ses faces, une inversion de ses charges positives et négatives liées à la présence de sodium et potassium, ce qui crée un nouveau courant électrique : le PPM, au voltage plus élevé que l'influx nerveux qui l'a déclenché (voir figure 12.6).

CE QU'IL FAUT RETENIR

Les influx nerveux ne sont pas directement transmis au muscle car, d'une part, le « courant » développé ne serait pas assez puissant pour faire réagir toute la fibre musculaire et, d'autre part, la constitution de la plaque motrice en deux parties séparées entre elles empêcherait le courant de passer. C'est un neurotransmetteur, l'acétylcholine (ACh), qui joue le rôle d'intermédiaire entre les deux parties.

La plaque motrice comprend donc trois parties :

– La terminaison nerveuse pré-jonctionnelle qui contient des vésicules renfermant l'acétylcholine grâce à laquelle le « message » nerveux peut être transmis au muscle ;

- *La fente jonctionnelle est située entre la terminaison nerveuse et la membrane qui enveloppe le muscle. Elle forme un espace dans lequel est déversée l'ACh. C'est à ce niveau, qu'après avoir rempli sa fonction excitatrice de la membrane musculaire, que l'ACh est immédiatement détruite par une enzyme spécialisée : l'acétylcholinestérase.*
- *La membrane musculaire post-jonctionnelle qui contient des protéines spécialisées dans la réception de l'ACh, ou protéines cholinergiques. La liaison ACh-protéines cholinergiques donne naissance à un nouvel influx uniquement situé sous la plaque motrice d'où son nom de potentiel de plaque motrice, ou PPM.*

À son tour, le PPM donne naissance à un potentiel d'action membranaire qui parcourt toute la surface de la membrane de la fibre musculaire et met « le feu aux poudres » des différents événements qui vont conduire aux phénomènes mécaniques de la contraction.

C. Systèmes de conduction musculaire de la commande motrice

a) Présentation

En dehors de la surface musculaire correspondant à la plaque motrice, la membrane qui enveloppe le muscle, appelée ***sarcolemme,*** va permettre de véhiculer dans toute la fibre musculaire les phénomènes électrochimiques déclenchés par le PPM. À espaces réguliers, le sarcolemme présente de petits orifices s'ouvrant sur des tubules : ***les tubules transverses*** (figure 13.7). Comme leur nom l'indique, les ***tubules transverses*** pénètrent transversalement l'intérieur de la fibre. À la façon de doigts de gant retournés, ces tubules sont tapissés par le sarcolemme. À l'intérieur de la fibre, à chaque tubule s'accolent deux petites citernes contenant du calcium. Un tubule et ses deux citernes forment un ensemble appelé ***triade***. Les citernes à calcium s'anastomosent (se dissocient) pour former une espèce de manchon de dentelle qui relie deux citernes appartenant à deux triades diffé-

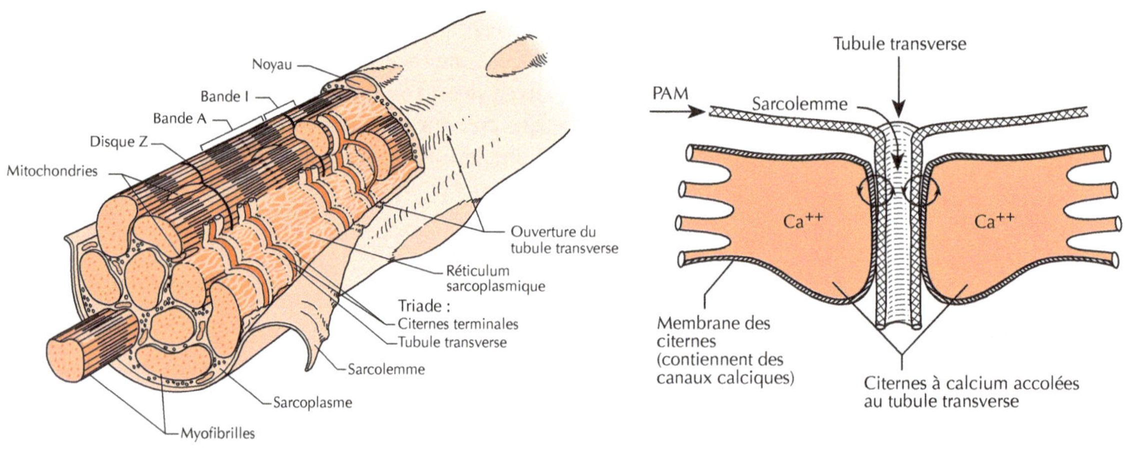

Figure 13.7
Une triade est constituée de deux citernes contenant du calcium, accolés à un tubule transverse qui pénètre à l'intérieur de la fibre musculaire. Tapissés par la membrane de la fibre musculaire, les tubules transverses véhiculent le potentiel d'action membranaire (PAM) à l'intérieur de la fibre où il déclenche l'ouverture des canaux calciques des membranes des citernes à calcium.

rentes et forme une continuité appelée ***réticulum sarcoplasmique*** où sont stockées les réserves à calcium de la fibre musculaire.

b) Fonctionnement

À la manière d'une onde, le potentiel de plaque motrice entraîne de proche en proche l'ouverture de petits canaux que contient le sarcolemme, ce qui permet le passage massif à l'intérieur de la fibre du sodium qui, au repos, y était maintenu à l'extérieur. Ce passage induit une dépolarisation (inversion des charges électriques maintenues au repos) du sarcolemme qui donne naissance à un ***potentiel d'action membranaire (PAM)*** similaire à celui déjà précédemment étudié (cf. chapitre 12 figure 12.6). Par un phénomène de recrutement de nouveaux canaux membranaires, le PAM se déplace de proche en proche tout le long de la membrane qui entoure et pénètre dans la fibre musculaire par l'intermédiaire des tubules transverses. Cette phase permet de conduire le potentiel d'action à travers toute la fibre. Au niveau des tubules transverses, le PAM entraîne l'ouverture de canaux à calcium contenus dans les membranes des citernes. Le calcium qu'elles contiennent est alors libéré dans tout le milieu interne de la fibre.

En présence du calcium, les événements qui font suite aboutissent à la contraction de la fibre musculaire tout entière. Ils se déroulent d'une manière identique et autonome au sein de toutes les fibres musculaires appartenant à la même unité motrice lorsque l'influx nerveux est véhiculé par son motoneurone α.

D. Réponse du muscle : la contraction

a) Présentation des éléments anatomiques de la contraction musculaire

Chaque fibre contient un grand nombre d'éléments cylindriques : ***les myofibrilles*** (figure 13.8 D). Au repos, l'alternance de bandes et d'anneaux noirs, blancs, sombres et gris que présentent ces dernières, correspond aux différentes structures intervenant dans la contraction :

- Deux stries noires ou ***stries Z*** délimitent l'unité fonctionnelle de la contraction : ***le sarcomère.***

CE QU'IL FAUT RETENIR

Le potentiel de plaque motrice donne lui-même naissance à un nouveau potentiel défini comme potentiel d'action membranaire (ou PAM), qui parcourt toutes la surface de la fibre musculaire tapissée par une membrane appelée sarcolemme qui présente des propriétés électrochimiques proches de celles de la myéline (cf. chapitre 12). Comme le sarcolemme tapisse aussi la surface de tubules qui pénètrent dans la fibre (les tubules transverses), le PAM y est véhiculé. Le contact du PAM avec les deux citernes à calcium accolées à chaque tubule a pour effet de perméabiliser leur enveloppe et ainsi d'entraîner la libération de leur contenu en calcium dans toute la fibre musculaire. Ce nouveau relais musculaire, ou conduction musculaire de la commande motrice, peut être assimilé à une « gâchette qui mettrait le feu aux poudres » de la contraction.

  Chaque sarcomère comprend deux bandes blanches ou ***bandes I*** (de isotrope : longueur égale) voisines de chaque strie Z. Elles correspondent à la présence des ***filaments fins d'actine*** fixés directement sur la strie Z (figure 13.8 E).

  Les bandes sombres centrales ou ***bandes A*** (de anisotrope ou longueur variable) se subdivisent elles-mêmes en deux anneaux très sombres correspondant à la zone de chevauchement des ***filaments épais de myosine*** et des filaments fins d'actine et en un anneau gris central ou ***bande H*** correspondant à la seule présence des filaments de myosine.

Reliés entre eux par l'intermédiaire de leurs stries Z, les sarcomères se répètent à l'identique tout le long de la myofibrille (figure 13.8 D).

Sur une coupe transversale de la zone de chevauchement des myofilaments (figure 13.8 F), chaque filament de myosine est entouré par six filaments d'actine et chacun de ceux-ci par trois filaments de myosine.

Les filaments épais de myosine (figure 13.9 a) sont constitués de l'assemblage de molécules de myosine. En forme de « club de golf » chaque molécule de

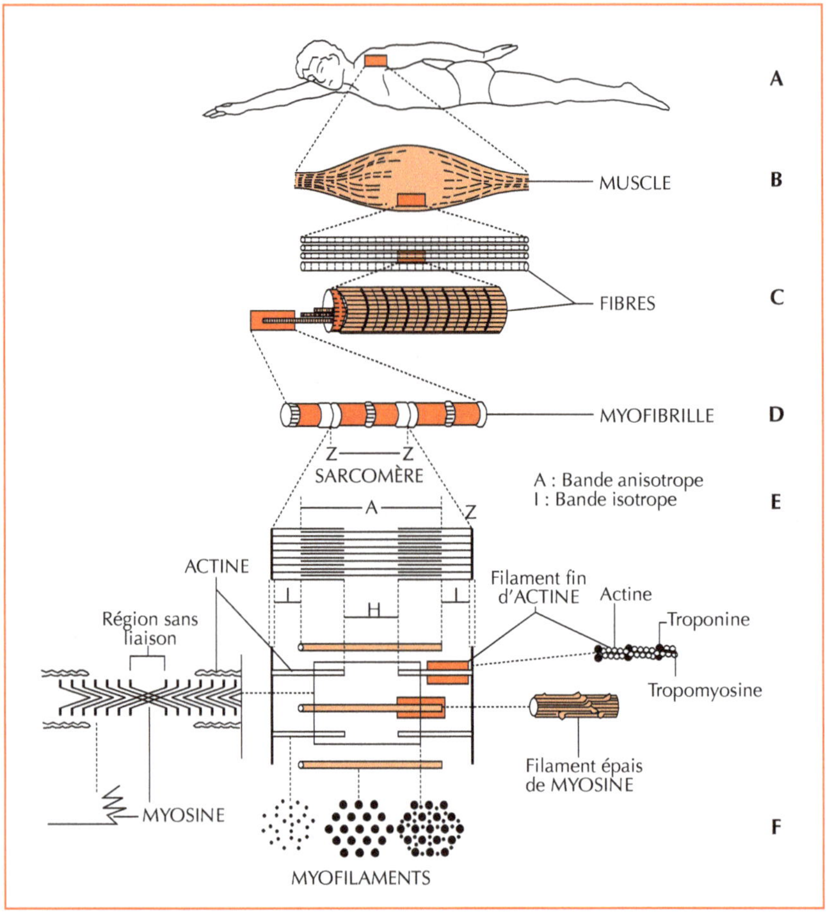

Figure 13.8
Vue d'ensemble des structures contractiles du muscle strié squelettique.

myosine présente deux parties bien distinctes : une fixe formant la queue de la myosine (ou ***méromyosine légère***), l'autre ou tête de la myosine (ou ***méromyosine lourde***) est rendue mobile grâce à la présence d'une zone intermédiaire élastique qui permet l'articulation de la tête et de la queue de la myosine.

Ensemble, les queues des molécules de myosine s'entrelacent pour constituer un tronc rigide sur lequel s'articulent les méromyosines lourdes (figure 13.9 c). Chaque méromyosine lourde est constituée de deux protubérances globulaires présentant respectivement un site ***capable de se combiner à de l'actine*** et un autre riche en ***enzyme ATPasique***. Grâce à la présence de cette enzyme, de l'ATP peut être hydrolysée[1] en adénosine-diphosphate (ADP) et en phosphate inorganique (Pi) pour en extraire l'énergie nécessaire à la contraction. Notons que l'activité enzymatique ATPasique de la tête de la myosine est fortement renforcée en présence de l'actine.

Les filaments fins d'actine (figures 13.9 b et c) présentent une double chaîne en forme de colliers de perles torsadés. Chacune de ces « perles » est équipée d'un site à forte affinité pour la myosine (figures 13.10 et 13.11). Lors du relâchement muscu-

(1) **Hydrolyse** : au sens strict du terme, l'hydrolyse est une réaction qui implique la présence d'une molécule d'eau : ATP + $H_2O \rightarrow$ ADP + P + H_+ (+ énergie). En biologie, l'hydrolyse signifie souvent aussi la dégradation d'une grosse molécule (ou macromolécule) donnée en molécule(s) moins importante(s) avec ou sans la présence d'eau : l'hydrolyse d'une molécule de glucose en deux molécules d'acide lactique par exemple. En ce qui concerne l'ATP, son hydrolyse libère une grande quantité d'énergie dont une partie est utilisée pour le travail biologique, ici la contraction musculaire.

laire, grâce à une torsion exercée sur la double chaîne des filaments d'actine par deux protéines : la ***troponine*** et la ***tropomyosine***, les sites de la méromyosine et de l'actine qui présentent naturellement une grande affinité l'un pour l'autre sont maintenus éloignés.

La troponine et la tropomyosine sont deux protéines régulatrices qui jouent un rôle important dans les mécanismes de la contraction et du relâchement. Enroulées de façon hélicoïdale autour de la double chaîne des filaments d'actine, ces deux protéines lui sont totalement solidaires, de telle sorte que tout mouvement de l'une entraîne le mouvement des autres. Au repos musculaire, la longue chaîne que constitue la tropomyosine, s'intercale entre l'actine et la myosine empêchant ainsi leur interaction spontanée (figures 13.10 et 13.11). En quelque sorte, les protéines régulatrices jouent le rôle de « ***verrous*** » placés entre les filaments d'actine et de myosine.

Situées à intervalles réguliers le long de la chaîne de la tropomyosine, les molécules de troponine présentent individuellement un site de grande affinité pour le calcium.

b) Fonctionnement

La contraction

Lorsque le calcium est libéré dans la fibre, les événements qui font suite et qui, selon la loi du « tout ou rien », aboutissent à la contraction de la fibre musculaire tout entière, se déroulent d'une manière autonome au sein même de la fibre.

Le calcium libéré dans le cytoplasme[2] de la fibre se fixe électivement sur les sites récepteurs de la troponine. Cette liaison a pour effet de déclencher une légère rotation de la troponine qui elle-même impose une rotation aux deux autres protéines dont elle est solidaire. Déplacé, le long filament que forme la tro-

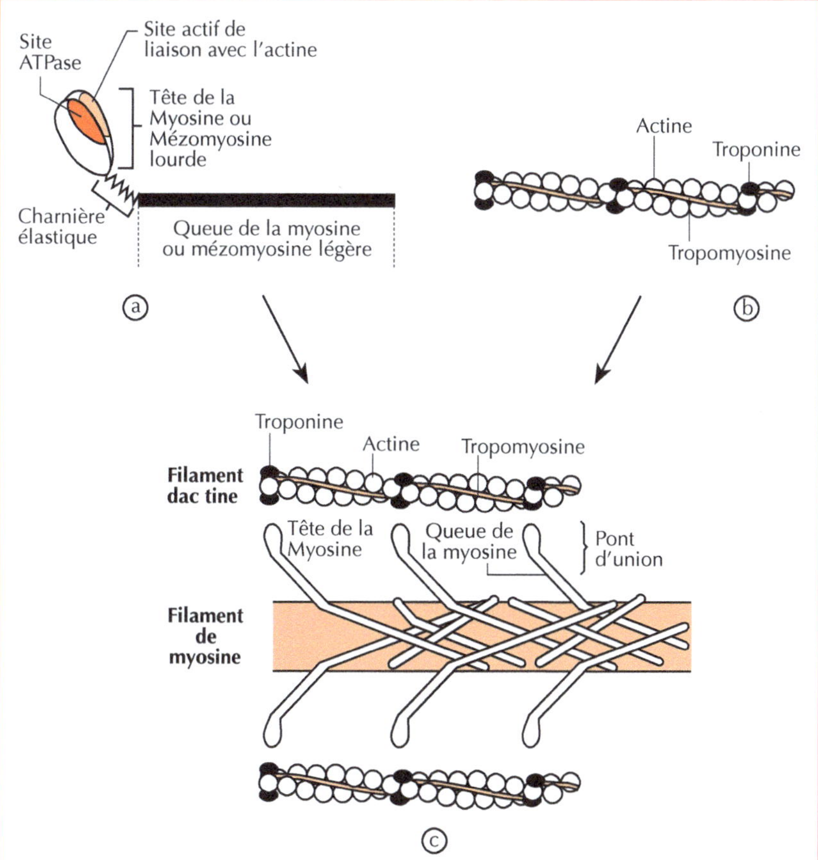

Figure 13.9
a) Représentation d'une molécule de myosine. En forme de club de golf, la molécule de myosine est constituée d'une partie fine (la queue de la myosine ou méromyosine légère), une partie intermédiaire (ou charnière élastique) et de deux renflements globulaires (formant la tête de la myosine ou méromyosine lourde). La méromyosine lourde est susceptible de se lier à la molécule d'actine et de dégrader des molécules d'ATP (site actif de liaison et site ATPasique).
b) Représentation d'une molécule d'actine formée de deux chaînes d'unités globulaires qui s'enroulent de façon torsadée l'une autour de l'autre. Elles sont intimement liées au complexe formé par les deux protéines régulatrices : la tropomyosine et la troponine.
c) Agencement entre eux du complexe : filament fin d'actine-tropomyosine-troponine et du filament épais de myosine.

pomyosine glisse pour se loger dans le fond de la gorge définie par la double chaîne hélicoïdale de l'actine (figures 13.10 et 13.11). Plus rien ne s'intercale alors entre les molécules d'actine et de myosine : les « verrous » sont ainsi levés !

Comme cette rotation met aussi l'actine directement en contact avec les sites spécifiques de la tête de la myosine, de puissants ponts entre l'actine et la myosine, habituellement définis ***pontages d'acto-myosine,*** sont créés (figure 13.12 c).

Ces premiers pontages permettent à l'actine de se combiner avec l'ATP de la myosine :

Actine + Myosine ATP ⇒ Acto-Myosine ATP

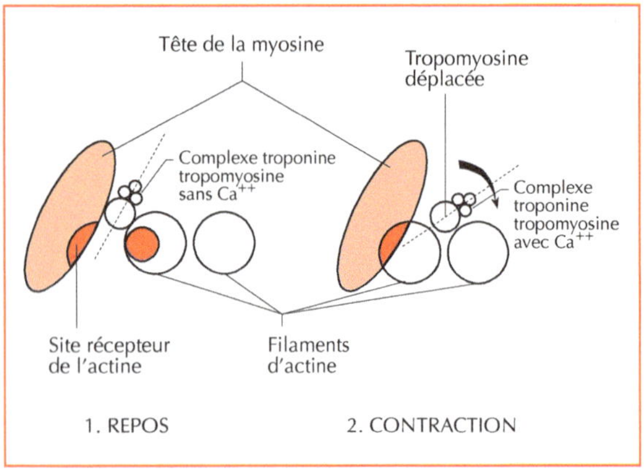

Figure 13.10
Coupe frontale montrant la rotation du complexe troponine-tropomyosine-actine en présence du calcium ainsi que sa conséquence : le pontage des myofilaments d'actine et de myosine.

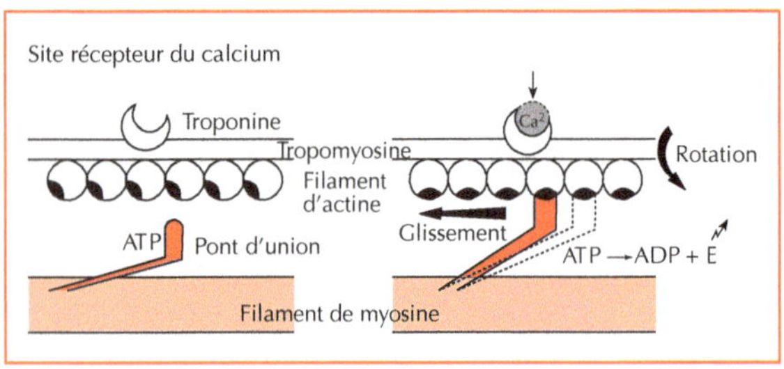

Figure 13.11
Action du calcium sur la troponine et phénomènes induits : rotation du complexe troponine-tropomyosine-actine, pontage des myofilaments d'actine et de myosine, et glissement de l'actine entre les filaments de myosine conduisant à la contraction musculaire.

Le composé acto-myosine-ATP active l'enzyme ATPasique contenue dans le site spécifique de la méromyosine lourde, entraînant l'hydrolyse de l'ATP et la libération d'énergie :

Acto-Myosine ATP ⇒ Acto-Myosine + ADP + Pi + énergie

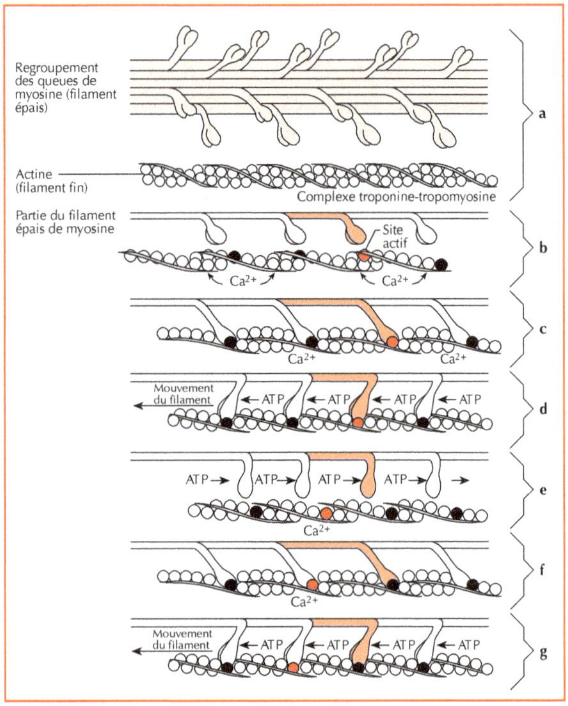

Figure 13.12
Selon le modèle proposé par Huxley, mécanisme de la formation des ponts d'acto-myosine et des glissements des filaments fins d'actine entre les filaments épais de myosine entraînant la contraction musculaire.

Selon la théorie des filaments glissants de H.E. Huxley, grâce à l'articulation de la tête de la myosine, à la façon d'un coup d'aviron, une partie de cette énergie est utilisée pour permettre à chaque tête de

(2) Le cytoplasme est l'élément liquide renfermé dans la cellule. La constitution de ce liquide, proche de celle de l'eau de mer, renferme un certain nombre de structures qui ont chacune une fonction propre : le noyau et les organites. C'est dans le cytoplasme que se déroule l'essentiel des réactions chimiques nécessaires au fonctionnement de la cellule.

myosine de « tirer » et de faire glisser les filaments fins d'actine entre les filaments épais de myosine (figures 13.11 et 13.12 d). Arrivée à la limite du mouvement autorisé par l'élasticité de son articulation, pour se dissocier de son pontage avec l'actine et entreprendre un nouveau mouvement, la tête de la myosine a encore besoin d'énergie obtenue par une nouvelle hydrolyse d'ATP (figure 13.12 e) :

Acto-Myosine ATP ⇒ ADP + Pi + énergie ⇒ Actine + Myosine

De l'ordre du millième de seconde, cette suite d'événements élémentaires se produit de multiple fois au cours de la contraction (figures 13.12 f et g ; 13.13). Lorsque plusieurs têtes de myosine appartenant au même filament épais sont observées, cette suite d'événements s'apparente au mouvement d'ensemble des rameurs d'un huit d'aviron. Cependant, au sein de chaque sarcomère ce sont les filaments épais de myosine qui restent fixes alors que les filaments fins d'actine sont déplacés. Ce déplacement entraîne celui des lignes Z sur lesquelles ils sont ancrés et explique le raccourcissement du sarcomère. Comme tout le long de la fibre les sarcomères sont solidairement reliés entre eux par leurs lignes Z, c'est toute la fibre qui répond d'une façon identique. Enfin, comme toutes les fibres d'une unité motrice répondent de la même façon à un potentiel d'action, c'est donc l'unité motrice entière qui se raccourcit ou est étirée au sein du muscle sollicité.

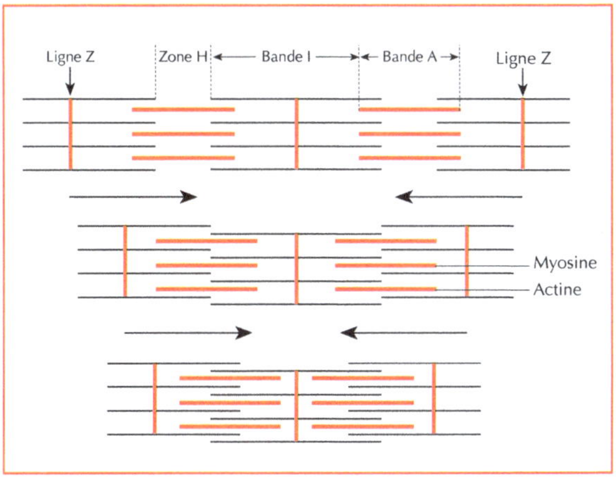

Figure 13.13
Représentation schématique des glissements des myofilaments d'actine entre les myofilaments de myosine entraînant le raccourcissement des sarcomères.

Le relâchement

Dès que cesse l'influx nerveux, l'acétylcholine contenue dans la fente jonctionnelle est immédiatement détruite par *l'acétylcholinestérase* (figure 13.6). En l'absence de nouveaux PPM et PAM, la fibre se relâche grâce à un ***phénomène actif*** (qui consomme de l'ATP) de repompage du calcium à l'intérieur du réticulum sarcoplasmique et ensuite dans les citernes d'où il avait été libéré. Ce repompage résulte de l'activation de ***pompes à calcium*** situées dans la membrane du réticulum sarcoplasmique. Privée de calcium, la troponine retrouve sa position initiale (figure 13.12 a). Le pouvoir inhibiteur des protéines régulatrices est ainsi restauré : actine et myosine se dissocient, ce qui entraîne le relâchement. De même, le retour du sodium et du potassium dans la fibre à travers la membrane nécessite la mise en jeu de pompes dont le fonctionnement consomme lui aussi de l'ATP.

CE QU'IL FAUT RETENIR

Le calcium est l'élément clé du couplage entre l'excitation de la fibre musculaire (commande nerveuse) et la contraction (réponse motrice). Le potentiel d'action membranaire, lui-même initié par le potentiel de plaque motrice (ou phénomène électrique), est à l'origine de la libération dans le cytoplasme cellulaire du calcium contenu au repos dans les citernes situées de part et d'autre des tubules transverses. La liaison calcium-troponine (ou phénomène chimique) permet aux deux protéines régulatrices : la troponine et la tropomyosine de lever l'inhibition qu'elles exercent sur la combinaison spontanée de l'actine et de la myosine (pontage acto-myosine). Les mouvements de la tête de la myosine entraînent alors les glissements des filaments fins de l'actine entre les filaments épais de myosine, rapprochant ainsi les deux lignes Z des sarcomères auxquels elles appartiennent. Le raccourcissement des sarcomères ainsi obtenu explique la contraction (ou phénomène mécanique). La succession des différentes étapes précédentes, pontage acto-myosine et mouvement des têtes de myosine, nécessite de l'énergie. De l'énergie est aussi requise par le repompage du calcium dans les citernes et donc par le relâchement (ou phénomène énergétique). C'est l'hydrolyse de l'ATP qui fournit cette énergie. L'ATP est donc l'élément central de la contraction du muscle, élément qui devra être sans cesse renouvelé pour faire face aux besoins de l'activité physique.

E. Résumé général (figure 13.14)

a) Transmission de l'influx nerveux du système nerveux central (SNC) aux muscles

Depuis le système nerveux central et, plus particulièrement, depuis la moelle épinière, la commande motrice est conduite jusqu'aux muscles du tronc et des membres par l'intermédiaire des nerfs moteurs ou **motoneurones alpha (α).**

- **Au niveau du muscle,** chaque motoneurone α se subdivise en plusieurs filets nerveux formant une première arborisation. Chacun des filets nerveux prend contact avec une seule fibre musculaire. Un motoneurone α et les fibres musculaires qu'il innerve forment ensemble une unité fonctionnelle ou **unité motrice**.

Sous forme d'influx nerveux ou *potentiels d'action*, la commande motrice parcourt les motoneurones α

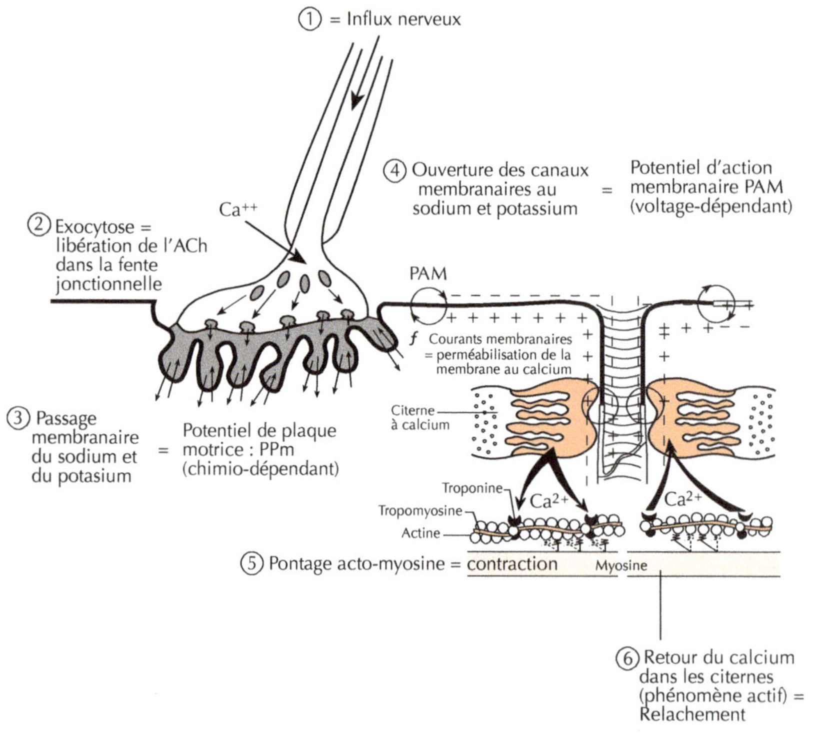

Figure 13.14
Schéma de la chronologie des séquences déclenchées par la survenue de l'influx nerveux au niveau de la plaque motrice : contraction et relâchement musculaires.
© G. Cazorla

des unités motrices sélectionnées par le SNC, jusqu'aux fibres musculaires qui leur correspondent.

- **Au niveau de chaque fibre musculaire,** la jonction entre l'extrémité d'un filet nerveux et la fibre qui lui correspond est réalisée par l'intermédiaire d'une structure particulière : **la plaque motrice.**

La plaque motrice est formée de trois parties différentes :

- l'extrémité du filet nerveux, elle-même subdivisée en plusieurs branches ou deuxième arborisation ;
- la surface sous-jacente de la membrane enveloppant la fibre musculaire ;
- et, entre ces deux parties, une séparation ou fente jonctionnelle.

La présence de cette séparation indique que les influx nerveux ne pourraient être transmis du motoneurone aux fibres musculaires sans la présence d'un intermédiaire, ou neurotransmetteur : c'est l'acétylcholine contenue au repos dans l'extrémité des motoneurones α qui remplit cette fonction.

Lorsque survient l'influx nerveux, l'acétylcholine est libérée dans la fente jonctionnelle. La liaison de l'acétylcholine avec la surface de la membrane musculaire sous-jacente entraîne une dépolarisation de la partie se situant au niveau de la plaque motrice, ou **potentiel de plaque motrice (PPM).** À partir de cet instant, cesse le rôle du système nerveux.

b) Conduction musculaire de la commande motrice

L'ensemble des séquences précédentes constitue la transmission neuromotrice proprement dite. Le PPM donne lui-même naissance à un potentiel qui se déplace de proche en proche, tout le long de la membrane entourant la fibre musculaire, d'où le nom de **potentiel d'action membranaire** (PAM) donné à ce nouvel influx. Cette phase constitue le phénomène de conduction musculaire de la commande motrice. Elle permet de conduire le potentiel d'action à travers toute la fibre.

c) Effets induits : libération du calcium dans la fibre et contraction

Les événements qui font suite et qui, selon la loi du tout ou rien, aboutissent à la contraction maximum de la fibre musculaire tout entière, se déroulent d'une manière autonome au sein même de la fibre. Par l'intermédiaire des tubules transverses, le PAM pénètre dans la fibre, dépolarise et rend perméable la membrane des citernes à calcium. Leur contenu en calcium est libéré dans le cytoplasme de la fibre où il se lie au site calcique de la troponine. Cette liaison provoque un mouvement de rotation du complexe troponine-tropmyosine-actine entraînant la liaison des myofilaments d'actine et de myosine. Grâce à l'enzyme ATPase présente sur la tête de la myosine, cette liaison ou pontage acto-myosine, permet elle-même l'hydrolyse de l'ATP. Une partie de l'énergie ainsi dégagée est utilisée pour tracter et faire glisser les filaments fins d'actine entre les filaments épais de myosine et donc pour modifier la longueur des sarcomères, l'autre partie est dégagée sous forme de chaleur.

Dès que cesse l'influx nerveux, l'acétylcholine contenue dans la fente jonctionnelle est immédiatement détruite par une enzyme spécialisée : l'acétylcholinestérase. En l'absence de tous nouveaux PPM et PAM, grâce à un phénomène actif (qui consomme de l'ATP), le calcium est repompé dans le réticulum sarcoplasmique et dans les citernes qui l'avaient libéré : la fibre se relâche.

2. RÉPONSES SPÉCIFIQUES DU MUSCLE

La contraction musculaire est à l'origine d'une tension que le muscle exerce pour immobiliser ou mobiliser une ou plusieurs articulations afin de réaliser un geste ou un mouvement particulier. Les tensions développées dépendent de différents paramètres : fréquence des influx nerveux, type de fibres musculaires, angle des articulations sollicitées, état de contraction ou d'étirement du muscle… Par exemple, dans le grimper de corde, pour que les mouvements de traction de la main, de l'avant-bras et du bras soient efficaces, la ceinture scapulaire doit être fixée, sans quoi l'épaule se rapprocherait de la main. Les muscles de soutien : le trapèze, l'angulaire de l'omoplate, le rhomboïde, le grand dentelé, le grand pectoral, le grand dorsal et le deltoïde fixent la ceinture scapulaire. Les muscles moteurs qui, par leurs extrémités distales rapprochent alternativement chacune des deux mains de l'épaule dans l'action du grimper, sont par contre les muscles des bras, des avant-bras et des mains.

À chaque instant, les muscles se contractent ou se relâchent pour harmoniser les jeux des différentes articulations sollicitées dans un mouvement. De façon générale, le muscle peut faire varier les tensions qu'il exerce en fonction du type de mouvement nécessaire, de la force, de la puissance et de l'amplitude que requiert ce mouvement.

3. UNITÉS MOTRICES, FIBRES MUSCULAIRES ET ACTIVITÉ PHYSIQUE

Afin de faciliter la compréhension des mécanismes mis en jeu pour synthétiser les molécules d'ATP nécessaires à la contraction, nous avons considéré jusqu'ici le muscle comme un système au fonctionnement homogène. Les techniques de biopsie musculaire et les analyses anatomiques, histochimiques et enzymatiques des échantillons prélevés (photos 13.2 et 13.3) ont montré que ce n'est pas le cas. Le muscle est constitué d'un grand nombre de fibres dont les caractéristiques spécifiques sont : la taille, le pouvoir contractile, les réserves en substrats, l'équipement et l'activité enzymatique, le nombre et la taille des mitochondries qu'elles contiennent et le nombre de capillaires sanguins qui les irriguent (figure 13.15 et tableau 13.1). Les fibres musculaires constituent autant de petits sous-ensembles distincts dont le fonctionnement dépend directement des sollicitations nerveuses auxquelles ils sont soumis (figure 13.16).

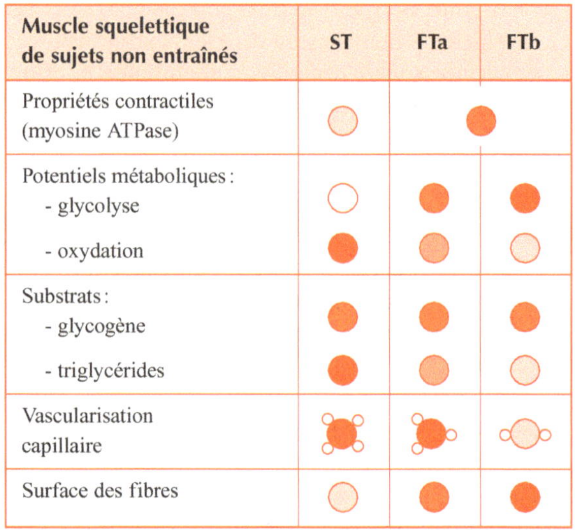

Figure 13.15
Synthèse des caractéristiques anatomiques, histochimiques et enzymatiques des trois principaux types de fibres trouvés dans le muscle squelettique de sujets sédentaires.

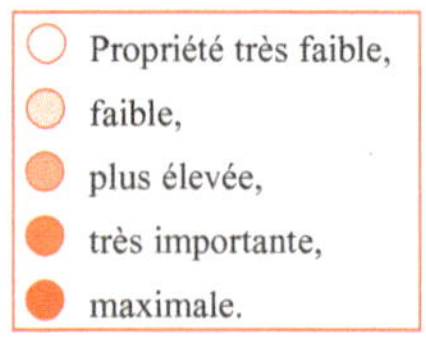

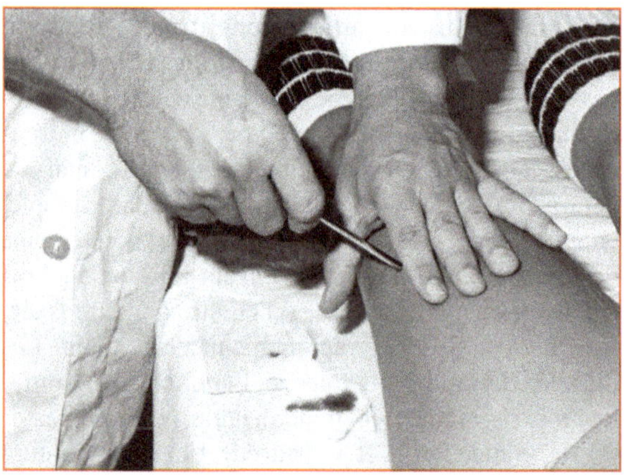

Photo 13.2
Prélèvement d'un échantillon musculaire par biopsie.

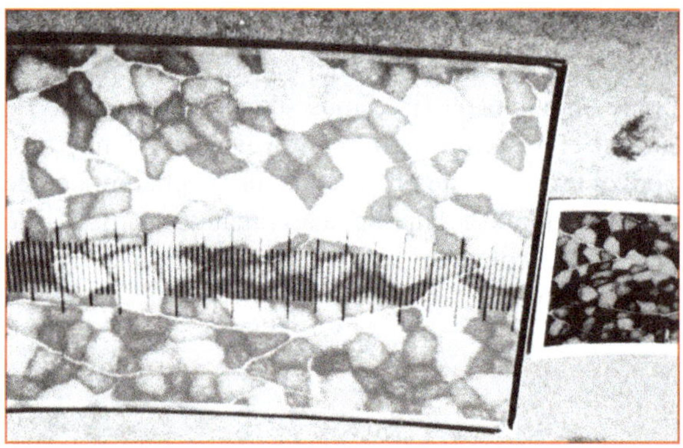

Photo 13.3
Mosaïque musculaire (petite photo 100 x ; grande photo 260 x). Étalon servant à déterminer la surface et le pourcentage des différentes fibres musculaires.

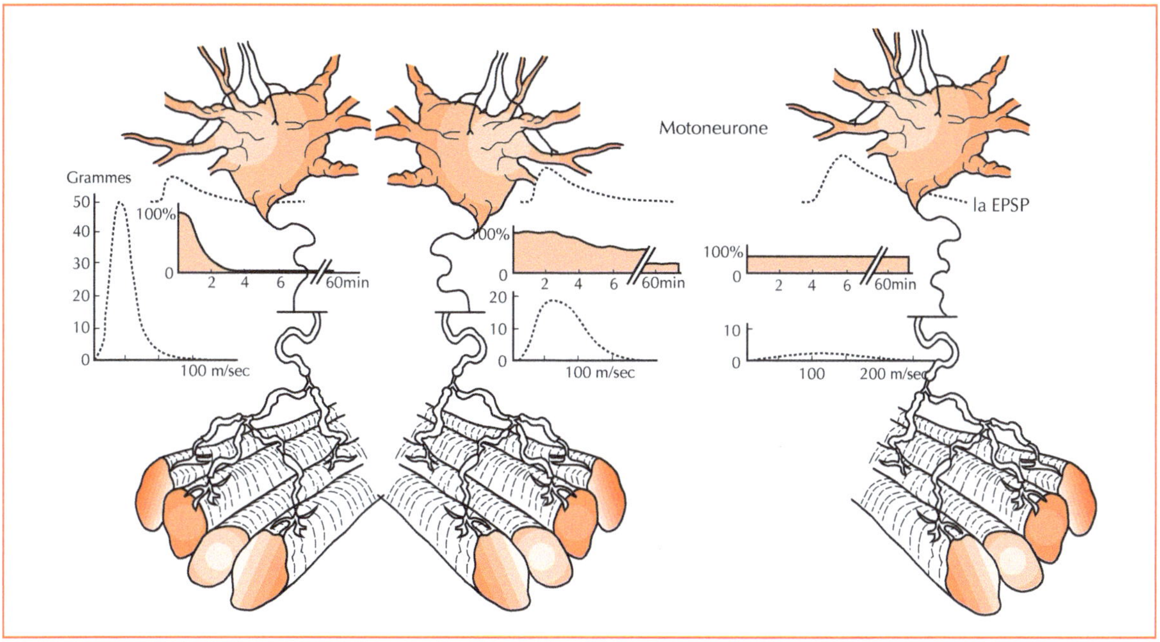

Figure 13.16
Spécificités des différentes unités motrices. Chaque unité motrice est caractérisée par la spécificité de son motoneurone α et des fibres musculaires que ce dernier innerve. À gauche : unité motrice à motoneurone α2 ou phasique et fibres musculaires à contraction rapide (FTb). À droite : unité motrice à motoneurone α1 ou tonique et fibres musculaires à contraction lente (ST). Au centre : unité motrice intermédiaire. (D'après Edington et Edgerton, *The Biology of Physical Activity*, 1976).

Autrement dit, selon la nature, la durée et l'intensité d'un mouvement, d'un exercice ou d'une activité physique, toutes les fibres d'un même muscle ne sont pas sollicitées d'une égale façon. Pour autant, on ne peut non plus considérer chaque fibre isolément. En effet, pour comprendre le fonctionnement physiologique du muscle, il est fondamental de replacer les fibres dans le cadre de l'unité motrice à laquelle elles appartiennent et de bien se souvenir qu'un muscle inclut généralement des unités motrices de types différents (figure 13.3 ; photos 13.4 et 13.5). C'est par la combinaison des actions des unités motrices entre elles que sont effectués, modulés et harmonisés les différents mouvements à l'origine de l'activité musculaire.

A. Relations motoneurone α - fibres musculaires

a) Trois types de motoneurones

L'ordre dans lequel se contractent les différentes unités motrices d'un même muscle dépend essentiellement de la taille de leur motoneurone α respectif.

– Les motoneurones *aux diamètres les plus faibles sont les* plus rapidement excitables mais les moins bons conducteurs. Ils sont essentiellement parcourus par des influx à fréquence[3] basse et continue dont la vitesse est la plus faible : 60 à 80 m/s. Appelés ***alpha 1 ou toniques***, ces motoneurones innervent des fibres musculaires spécialisées dans la contraction de longue durée et de faible intensité.

(3) Fréquence = nombre de stimuli par unité de temps. L'unité de mesure de la fréquence est le hertz.

Tableau 13.1
Récapitulatif des caractéristiques les plus importantes des différentes fibres musculaires (G. Cazorla).

Nomenclature / Base d'identification	Fibre à contraction lente type = I ou ST	Fibre à contraction rapide type = IIa ou FTa	Fibre à contraction rapide type = IIb ou FTb
Diamètre	⌀ faible	⌀ important	⌀ important
Couleur liée au contenu en myoglobine	rouge élevé	rose intermédiaire	blanche faible
Vascularisation (nombre de capillaires)	 importante	 intermédiaire	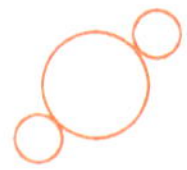 faible
Innervation	motoneurone α 1 tonique (décharges à basse fréquence mais continue)	motoneurone α 1 ou α 2	motoneurone α 2 phasique (décharges haute fréquence mais intermittentes)
Propriétés contractiles (secousse)	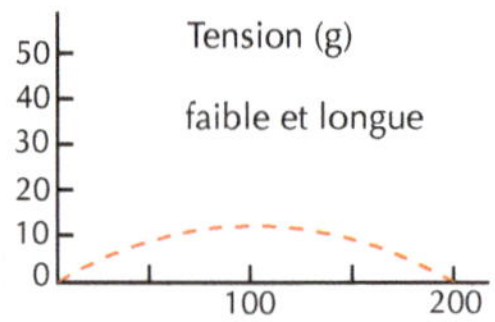 Durée (ms)	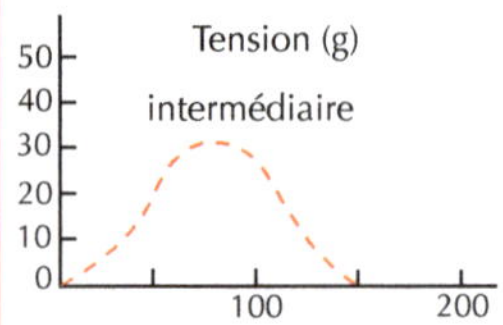 Durée (ms)	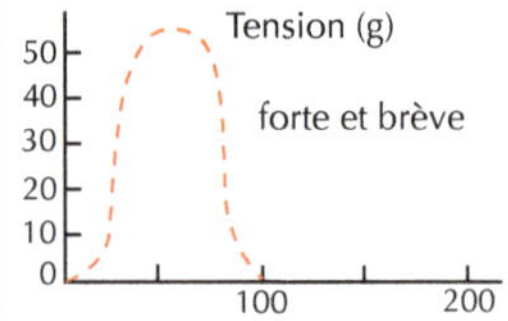 Durée (ms)
Lacticodéshydrogénase (LDH)	LDH type « cardiaque » (utilisation du lactate) lactate → pyruvate		LDH type « musculaire » consommation du lactate pyruvate → lactate
Activité ATPasique de la tête de la myosine	faible	forte	forte
Source de la production d'ATP	oxydation (mitochondrie)	glycolyse anaérobie + oxydation	glycolyse anaérobie
Activité des enzymes de la glycolyse anaérobie	faible	intermédiaire	forte
Fatigabilité (à sollicitation maximale)	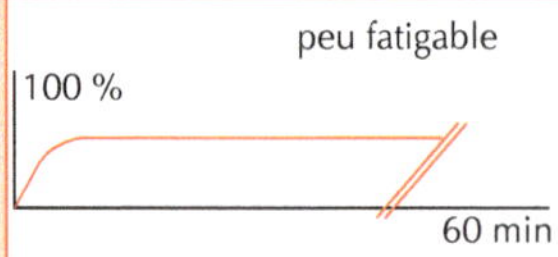	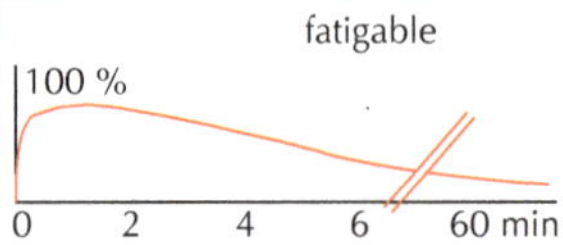	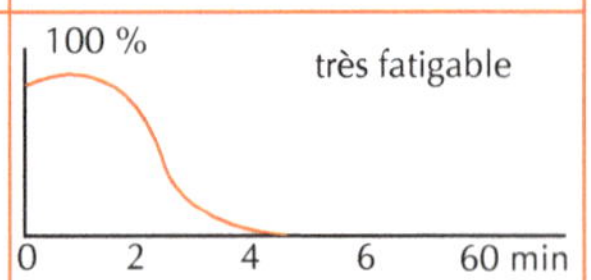
Activité des enzymes aérobies (cycle Krebs)	très élevée	intermédiaire	faible
Nombre et taille des mitochondries	élevés	intermédiaires	faibles

- À l'opposé, des motoneurones de *grand diamètre : **les motoneurones alpha 2 ou phasiques***, les moins excitables, sont parcourus par des influx à fréquence très élevée dont la vitesse est la plus rapide : 80 à 130 m/s. Ces motoneurones innervent des fibres à fort diamètre spécialisées dans la contraction intense et de durée brève.
- Enfin, entre les deux extrêmes précédents, se situent les ***motoneurones tonico-phasiques*** aux caractéristiques intermédiaires (vitesse de conduction de l'influx nerveux : 80 à 100 m/s). À ces motoneurones correspondent des fibres qui, selon leur niveau habituel d'activité, peuvent maintenir une contraction relativement intense et de plus ou moins longue durée.

Cette première classification permet de comprendre que, selon la fréquence des influx nerveux distribués au niveau du système nerveux central, toutes les unités motrices d'un même muscle ne se contractent pas en même temps. La force et la durée de contraction exercées par le muscle peuvent ainsi être réglées selon la quantité et la qualité des unités motrices recrutées. Cette possibilité de faire varier de façon très sélective la force et la durée de la contraction au sein du même muscle, permet d'accomplir de nombreux mouvements qui, autrement, seraient impossibles à réaliser.

b) Les fibres sont adaptables

Aux trois types de motoneurones : tonique, phasique et tonico-phasique, correspondent respectivement trois grandes familles de fibres musculaires et, au sein de chaque unité motrice, toutes les fibres musculaires sont du même type.

Au cours de la vie d'un individu, cette situation n'est pas immuable car les fibres musculaires possèdent des potentialités adaptatives tant au niveau des structures qui les constituent qu'à celui de leurs propres fonctions biochimiques et contractiles (ou biomécaniques). L'évolution ou non de ces potentialités va dépendre de l'importance des stimulations nerveuses auxquelles elles seront soumises.

Il est donc bien difficile d'indiquer actuellement qui, du patrimoine génétique ou du niveau d'entraînement, influe le plus sur la répartition des fibres au sein d'un même muscle.

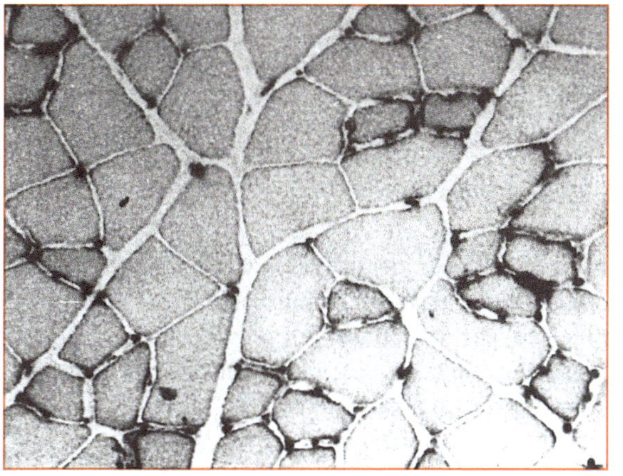

Photo 13.4
Vascularisation des fibres musculaires au sein d'un même muscle. Les fibres ST de petit diamètre (fibres de type I) sont alimentées par un nombre plus élevé de capillaires sanguins (les points foncés périphériques).

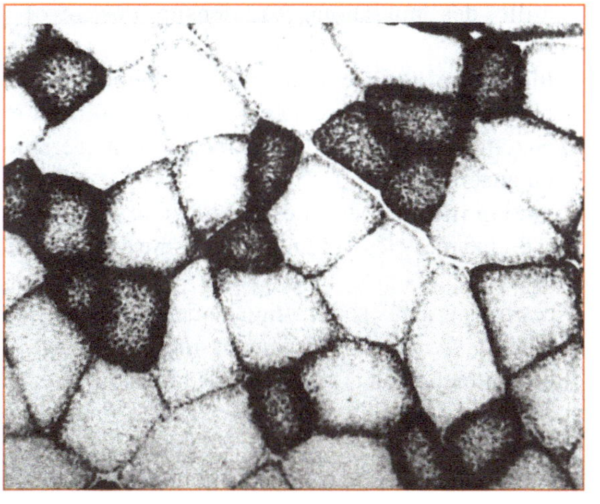

Photo 13.5
Les fibres ST (fibres de type I) présentent la plus petite surface de coupe frontale et renferment de l'hémoglobine qui permet de capter et de maintenir l'oxygène dans la fibre musculaire. Capillaires plus nombreux, surface de diffusion plus faible et fortes concentrations de myoglobine permettent à ces fibres une moindre fatigabilité et donc une activité prolongée. En revanche, leur faible surface de section n'incluant qu'un nombre limité de myofilaments contractiles, ne leur permet que des contractions peu intenses.
Les fibres FT (de type II), à contraction rapide présentent des caractéristiques diamétralement opposées : grande surface de section donc plus d'éléments contractiles autorisant des contractions plus puissantes. En revanche, leur plus faible capillarisation les expose à une fatigue plus précoce.

Pour ces raisons, il est indispensable de bien connaître le niveau d'activité, de spécialisation et d'entraînement d'un sujet avant d'étudier les caractéristiques de ses fibres musculaires.

B. Les fibres musculaires

La connaissance des caractéristiques qualitatives et quantitatives des fibres musculaires a surtout été précisée par la remise à l'honneur de la biopsie musculaire au cours des années soixante (photo 13.3). La biopsie musculaire permet de prélever des échantillons de différents muscles. Les échantillons prélevés selon cette technique permettent une classification associant trois critères (figures 13.15 et 13.17 et tableau 13.1):

- **anatomique:** diamètre plus ou moins grand, réseau de capillaires périphériques plus ou moins dense, couleur rouge, rosée ou blanche, nombre et taille des mitochondries, densité des myofibrilles...
- **histochimique:** contenu en glycogène et en réserve lipidique, concentration de plusieurs enzymes intervenant dans le métabolisme aérobie ou anaérobie.
- **enzymatique:** activité de plusieurs groupes « d'enzymes clés » d'un métabolisme énergétique donné.

À ces trois critères sont habituellement associées *les qualités fonctionnelles* des unités motrices, c'est-à-dire: contraction lente ou rapide, de faible ou de forte puissance, fatigabilité rapide ou peu importante.

En se fondant sur la vitesse à laquelle l'enzyme ATPase de la tête des myofilaments de myosine hydrolyse des molécules d'ATP pour fournir l'énergie nécessaire à la contraction et, celle à laquelle est « repompé » le calcium libéré lors de l'arrivée de l'influx nerveux, il est toutefois classique d'identifier deux grands groupes de fibres aux pouvoirs contractiles très différents:

- les fibres de type I à contraction lente;
- les fibres de type II à contraction rapide.

a) Les fibres à contraction lente de type I ou ST (slow twitch)

Vitesse et puissance contractile

Comme le pouvoir ATPasique de la tête de la myosine des fibres de type I est faible et que le nombre de leurs myofibrilles par mm^2 est le moins élevé, leur vitesse et leur puissance contractile sont peu importantes. De plus, ces fibres sont activées par des motoneurones α[1] à seuil d'activation très bas, ces fibres sont surtout sollicitées lors d'activités musculaires de faible puissance.

Durée de la contraction et fatigabilité

Non seulement la consommation en molécules d'ATP des fibres de type 1 est relativement peu élevée, mais toutes leurs structures: anatomiques, fonctionnelles et biochimiques, concourent à leur rapide renouvellement, ce qui permet le maintien prolongé de l'activité de ces fibres. L'essentiel du renouvellement des molécules d'ATP repose sur l'approvisionnement adéquat de ce type de fibres en substrats énergétiques (glucose, acides gras libres) et surtout, en oxygène, d'où le nom de fibres oxydatives qui leur est souvent donné.

Du point de vue de leurs structures (photo 13.4), leur faible diamètre et le réseau très dense de capillaires qui les entoure (6 à 8 capillaires par fibre) favorisent la diffusion des substrats énergétiques (glucose et acides gras libres) et de l'oxygène. La surface d'échange entre les compartiments sanguins et musculaires peut atteindre jusqu'à 1 m^2 pour 100 g de ce type de fibres !

La diffusion de l'oxygène à travers toute la fibre ST est aussi facilitée par la présence d'un pigment rouge***: la myoglobine***, véritable « éponge » à oxygène qui, non seulement en assure le stockage, mais le transfère jusqu'aux mitochondries dans lesquelles son utilisation est indispensable au renouvellement des molécules d'ATP. Le nombre et la taille des mitochondries, véritables « usines » énergétiques de la fibre, grandes consommatrices d'oxygène et productrices d'ATP, sont beaucoup plus importants dans ce type de fibres (photo 13.6).

L'utilisation élevée de l'oxygène intracellulaire lié à la myoglobine accentue le déséquilibre de concentration de ce dernier entre le sang et la fibre ST, ce qui a pour effet d'en augmenter la diffusion dans le sens : Capillaire ⇒ milieu interstitiel ⇒ fibre.

Caractéristiques enzymatiques

Outre leur faible concentration en enzyme ATPase, les fibres à contraction lente de type I présentent une activité faible des enzymes intervenant dans la glycolyse anaérobie mais, par contre, de fortes concentrations et une activité élevée des enzymes intervenant dans la glycolyse aérobie et dans la lipolyse (enzymes intervenant dans l'oxydation totale en CO_2 et H_2O des substrats énergétiques pour reformer les molécules d'ATP : enzymes du cycle de Krebs et de la chaîne respiratoire : cf. chapitre 14). L'essentiel de l'activité enzymatique des fibres ST se déroule dans les mitochondries où le catabolisme du glycogène et des triglycérides en réserve intracellulaire, du glucose et des acides gras libres transportés par voie sanguine, se poursuit jusqu'à son terme, permettant ainsi progressivement de libérer l'énergie nécessaire à la resynthèse des molécules d'ATP. L'importance de l'activité oxydative des fibres ST est aussi directement liée à la concentration (nombre et taille) des mitochondries qui peut considérablement augmenter avec l'entraînement en endurance aérobie (photos 13.5 et 13.6).

Photo 13.6
La concentration des mitochondries au sein des fibres ST (de type I), mais aussi des fibres FTa peut considérablement augmenter avec l'entraînement d'endurance.
1. Mitochondries d'une fibre musculaire d'un marathonien.
2. Sarcomères avec leurs différentes caractéristiques.
3. Goutelettes lipidiques et concentration de glycogène (points noirs) immédiatement à proximité ou intercalés entre les différentes mitochondries.

CE QU'IL FAUT RETENIR

Grâce à l'ensemble des facteurs qui les caractérisent : petit diamètre, grand nombre de capillaires sanguins, forte teneur en myoglobine, diffusion facilitée, taille et nombre importants de mitochondries, auxquels on peut ajouter : forte activité des enzymes intervenant dans les métabolismes aérobies, concentration élevée de triglycérides, les fibres à contraction lente ST ou de type I peuvent maintenir très longtemps leur activité.
Les fibres de type I se caractérisent par une puissance de contraction modérée, mais aussi par une capacité oxydative (capacité à utiliser l'oxygène) élevée ce qui les rend peu fatigables. Ces fibres sont surtout sollicitées lors d'exercices prolongés d'intensité modérée (marathon, triathlon, course de fond…) et se rencontrent en plus fort pourcentage chez les sujets pratiquant des activités de longue durée.

b) Les fibres à contraction rapide de type IIb ou FTb (fast twitch b)

Vitesse et puissance contractile (figures 13.15, 13.16 et 13.17)

À l'opposé des fibres à contraction lente, les fibres de type IIb (photos 13.4 et 13.5) présentent un pouvoir ATPasique élevé, une forte densité de myofibrilles contractiles par mm^2 de section et une surface de section élevée qui les rendent spécialisées dans les contractions puissantes.
En outre, ces fibres sont activées par des motoneurones α^2 phasiques à fort diamètre, à seuil d'activation élevé, elles sont donc surtout sollicitées lors d'activités musculaires de grande puissance.

Durée de la contraction et fatigabilité
Les fibres FTb sont de grandes consommatrices de molécules d'ATP. Comme leur équipement n'est pas adapté au renouvellement de ces molécules, ces fibres sont très rapidement fatigables.

Du point de vue de leur structure
La densité des myofibrilles par mm^2 de surface et l'absence de myoglobine confèrent une couleur claire à ce type de fibre (appelée souvent aussi: fibre blanche). De plus, une surface de section importante, une densité de capillaires très faible, une concentration en mitochondries très peu élevée, l'absence de myoglobine et de réserves en triglycérides, induisent un fonctionnement essentiellement anaérobie avec production importante d'acide lactique.

Du point de vue biochimique
Deux voies métaboliques caractérisent l'essentiel du fonctionnement de ces fibres:
- la forte dégradation de l'ATP par l'enzyme myosine-ATPase,
- et la libération immédiate ou très rapide des quantités d'énergie requises par le renouvellement des molécules d'ATP (turn over de l'ATP), grâce au catabolisme de la phosphocréatine (PCr) en forte concentration dans ce type de fibres, et à celui du glycogène en réserve intracellulaire.

CE QU'IL FAUT RETENIR

Grâce à l'aptitude de leur myosine à dégrader les molécules d'ATP et grâce au nombre élevé de leurs myofibrilles, les fibres de type II présentent le plus grand débit d'utilisation des molécules d'ATP permettant des tensions musculaires de puissance très élevée.
À cause de l'épuisement rapide de leur réserve en phosphagènes, de la difficulté à entretenir le renouvellement des molécules d'ATP et de l'importance de leur production d'acide lactique, ces fibres sont très rapidement fatigables.
Grande vitesse, puissance de contraction élevée et fatigabilité précoce prédisposent ce type de fibres à une sollicitation élective dans les exercices, entraînements et activités de courtes durées nécessitant une intensité élevée.
Ces caractéristiques ne permettent leur sollicitation que lors d'exercices, d'entraînements et d'activités de courtes durées nécessitant une intensité élevée (sprints, sauts, lancers par exemple).

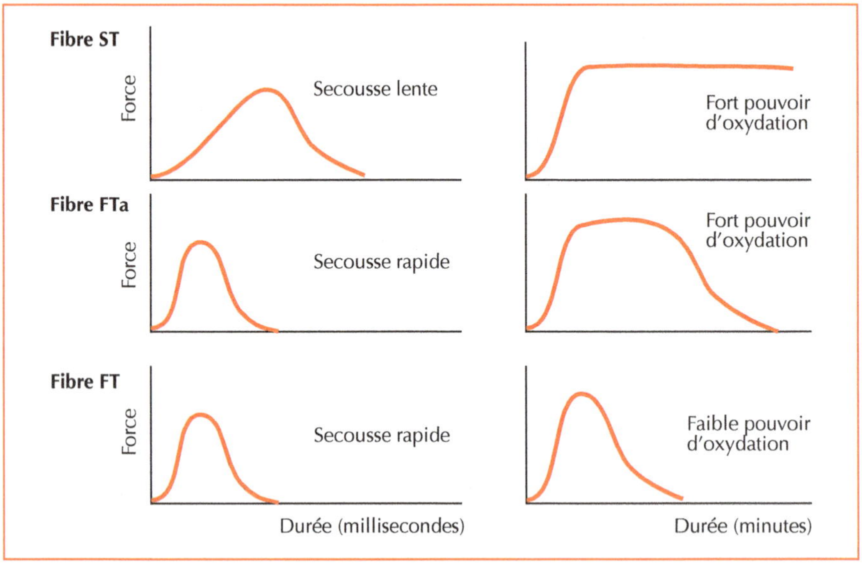

Figure 13.17
Caractéristiques des trois variétés de fibres de muscles squelettiques.

c) Les fibres intermédiaires type IIa ou FTa

Dans la gamme des fibres à contraction rapide du type II, la précision des analyses morphologiques, histologiques et biochimiques a conduit à distinguer un deuxième sous-groupe de fibres de type II : les fibres IIa.

Les fibres IIa présentent une situation intermédiaire entre les fibres de type I et IIb. Comme elles présentent un fort pouvoir oxydatif et un pouvoir contractile rapide et puissant, ces fibres sont souvent définies aussi comme ***fibres oxydatives à contraction rapide***.

D'une couleur légèrement rosée, dénotant la présence de myoglobine, et d'une surface de section moyenne, les fibres FTa présentent des propriétés intermédiaires par rapport aux deux types décrits précédemment :

- leur vascularisation est assez semblable à celle des fibres de type I ;
- leur concentration en glycogène est sensiblement identique mais leur réserve en triglycérides est nettement moins élevée ;
- leur potentiel aérobie et leur glycolyse anaérobie se situent entre ceux des fibres I et IIb ;
- enfin, malgré la rapidité de leur contraction, la tension qu'elles développent est moindre que celles des fibres IIb, mais leur résistance à la fatigue est meilleure.

> **CE QU'IL FAUT RETENIR**
>
> Les caractéristiques et le fonctionnement des fibres IIa meublent la gamme des intermédiaires entre les fibres I et IIb. Ce sont des fibres à contraction rapide et relativement puissante, à potentiel oxydatif important et présentant une bonne résistance à la fatigue. Ces fibres sont surtout sollicitées lors d'exercices de forte intensité et de durée prolongée. La spécificité de l'entraînement agit surtout sur ce type de fibres qui peuvent devenir franchement oxydatives mais ne peuvent pas ou très difficilement se rapprocher des caractéristiques des fibres de type II b.

d) Fibres de types transitoires

Le perfectionnement des techniques de laboratoire permet actuellement de compléter la classification précédente en proposant deux nouveaux types de fibres : les FTab et les FTc. Il semble que ces fibres traduisent une forme de passage d'un type de fibre à l'autre, résultant d'un état d'entraînement ou de désentraînement. Cette transition pourrait remettre en question le caractère génétiquement déterminé et généralement admis concernant le patrimoine musculaire.

Les fibres FTab, comme leur classification l'indique, se situent entre les fibres FTa et FTb et présentent une myosine ATPase intermédiaire. Selon le type d'entraînement, ces fibres seraient susceptibles d'évoluer vers un type ou l'autre : les entraînements à base d'exercices de forte puissance et de courte durée pourraient orienter la tendance vers les fibres FTb, alors que l'entraînement aux exercices de longue durée l'orienterait vers le type FTa.

Les fibres FTc correspondent à une transition entre les fibres ST et FTa. On ignore encore la signification exacte de ces fibres. Comme pour le type FTab, on suppose qu'elles sont une forme transitoire entre les fibres à contraction lente et celles à contraction rapide. On les rencontre chez le nourrisson quelques jours après sa naissance et, après une disparition précoce, ce type de fibres peut réapparaître chez les athlètes de haut niveau, spécialisés dans les activités de longue durée.

Il est fort probable que dans l'avenir, d'autres fibres de types intermédiaires soient encore répertoriées. En enrichissant la gamme des étapes transitoires, elles reposeront sans doute le problème de l'actuelle classification (tableau 13.1).

C. Répartition des différents types de fibres

Les mouvements les plus habituels de la vie quotidienne nécessitent de très grandes variations d'amplitude, de vitesse, de force et de précision, auxquelles doivent répondre la grande majorité des groupes musculaires de notre organisme. Ces variations peuvent être extrémisées dans la pratique de certains sports. Rien d'étonnant alors de constater la grande hétérogénéité de répartition des fibres musculaires au sein d'un même muscle, entre les muscles de notre organisme et entre les mêmes muscles d'individus différents.

a) Au sein d'un même muscle

Une coupe transversale d'un muscle présente une véritable mosaïque de fibres dans laquelle les différents types sont diversement répartis (photos 13.4 et 13.5). En prenant en compte le nombre respectif de chacun d'entre eux, les proportions le plus souvent citées chez l'homme sédentaire, adulte, jeune, en bonne santé et sans spécialisation particulière dans une activité physique sont :

- 52 % de l'ensemble pour les fibres de type I ;
- 33 % de type IIa ;
- 15 % de type IIb.

Ce ne sont là que des valeurs moyennes enregistrées à partir d'échantillons prélevés dans le vaste externe du quadriceps. Elles sont donc susceptibles de variations aussi bien interindividuelles qu'entre les groupes musculaires d'un même individu.

Ces valeurs sont sensiblement les mêmes chez la femme et chez l'homme, mais montrent, chez ce dernier, les répartitions les plus extrêmes.

b) Entre les muscles d'un même sujet

L'activité contractile varie en fonction des muscles et selon la rapidité, la précision, la force et la fatigabilité des mouvements ou des ajustements qu'imposent les circonstances de la vie de tous les jours ou la pratique de certaines activités physiques.

- Les muscles qui supportent le poids du corps, les muscles posturaux et notamment ceux qui permettent la station debout (muscles vertébraux et paravertébraux, muscles profonds du bassin et des membres inférieurs), doivent être capables de maintenir une activité de base prolongée accompagnée de constants ajustements sans apparition précoce de la fatigue. C'est dans ces muscles que le pourcentage de fibres à fort pouvoir oxydatif de type I est le plus important.
- À l'opposé, d'autres groupes musculaires doivent être capables d'engendrer des mouvements rapides et puissants. Ils présentent pour cela un profil plus riche en fibres à contraction rapide de type II. Par exemple, des prélèvements réalisés au même niveau mais à des profondeurs variables du mollet d'un même sujet montrent un pourcentage de fibres à contraction lente nettement plus élevé dans le soléaire par rapport aux jumeaux. Le soléaire, muscle profond de la jambe, intervient plus dans le maintien de certaines postures et de la station debout que les jumeaux dont la contraction permet des activités plus dynamiques, comme la marche, la course et le saut.
- La précision du geste dépend non pas de la qualité de la fibre mais du nombre de fibres innervées par motoneurone α au sein de chaque unité motrice. Plus ce nombre est faible, ce qui est le cas par exemple des muscles oculomoteurs et ceux des doigts, plus les mouvements dont ils sont responsables peuvent être commandés avec précision.
- À l'opposé, les muscles dont les unités motrices comprennent chacune plusieurs centaines, voire milliers, de fibres innervées par un même motoneurone (muscles fessiers ou des cuisses par exemple), sont surtout capables de mouvements puissants et d'un travail plus grossier.

c) Entre sportifs de spécialités différentes

Certains sportifs qui appartiennent à l'élite présentent des prédominances très marquées d'un type de fibres donné dans les groupes musculaires répondant aux contraintes habituelles de leur pratique (figures 13.18 et 13.19). En effet, de nombreuses études ont mis en évidence la relation existant entre la pratique sportive et le profil des différentes fibres spécifiquement sollicitées. Les muscles des membres inférieurs des sprinters comprennent jusqu'à 80 % de fibres à contraction rapide (type IIb) alors que chez certains marathoniens, on a pu relever des pourcentages encore plus élevés : 90 à 95 % de fibres de type I. En moyenne, ces pourcentages se situent respectivement aux environs de 75 %.

D. Recrutement des différentes unités motrices dans un même muscle

Il convient de toujours se souvenir que les fibres musculaires ne sont rien sans leurs motoneurones, ni les muscles sans leur innervation.

C'est le système nerveux central qui sélectionne les unités motrices qui doivent se contracter pour guider

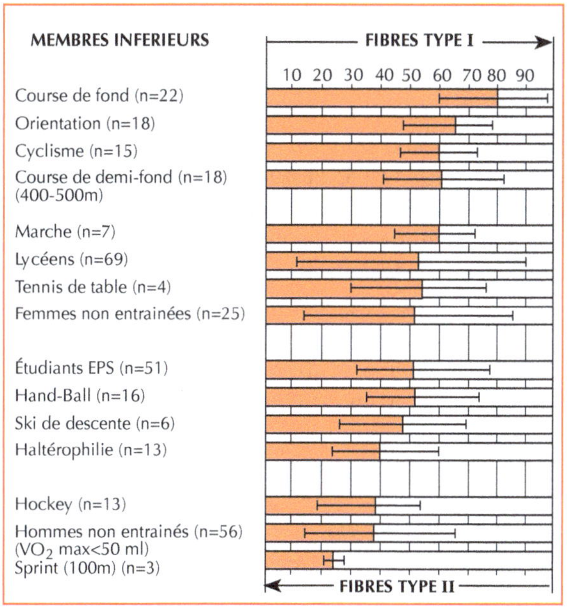

Figure 13.18
Répartition des fibres musculaires selon les pratiques sportives et entre sujets entraînés ou non entraînés.

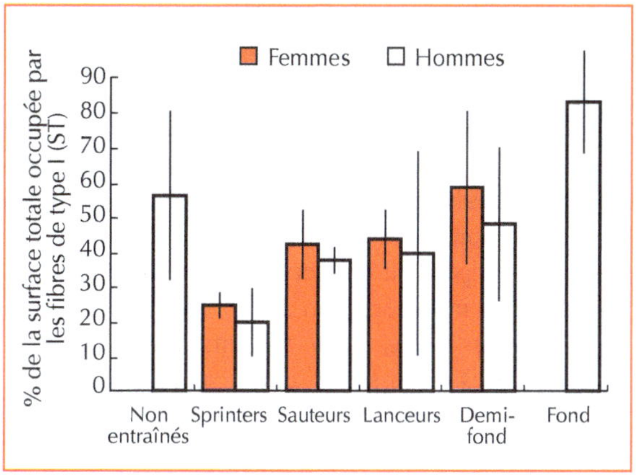

Figure 13.19
Pourcentage de la surface totale occupée par les fibres ST (fibres de type I) dans des échantillons de muscles prélevés chez des athlètes de différentes disciplines (d'après Costill, 1977).

la réalisation de tels ou tels mouvements. D'une manière générale, à différents types de stimulations nerveuses correspondent différents types de contractions. L'aiguillage des stimulations nerveuses dépend des deux caractéristiques liées aux diamètres des motoneurones : **du seuil de leur excitabilité et de leur vitesse de transmission de l'influx nerveux.** D'un point de vue physique, ces deux caractéristiques s'expliquent par la **fréquence** des stimulations nerveuses, c'est-à-dire du nombre de potentiels d'action par milliseconde à l'origine de l'activation des motoneurones α, selon un mécanisme appelé **recrutement.**

a) Recrutement asynchrone

À faibles fréquences, seuls les motoneurones α de petit diamètre (les plus excitables) et les fibres de type I (ST) qu'ils innervent, sont recrutés. Cependant, toutes les unités motrices de ce type ne sont pas recrutées au même moment dans un muscle faiblement actif. Seule une fraction de la totalité d'entre elles est engagée dans le processus contractile. Pour leurs besoins énergétiques, ces fibres utilisent les molécules d'ATP disponibles. Pendant ce même temps, les autres fibres du même type se relâchent et sont le siège de la resynthèse de l'ATP utilisé grâce à l'apport largement suffisant de l'oxygène véhiculé par voie sanguine.

Ce fonctionnement défini comme ***recrutement asynchrone*** des unités motrices est particulièrement économique. Il permet notamment aux exercices d'intensité sous-maximale de se prolonger sans fatigue excessive. L'entraînement semble augmenter la synchronisation des unités motrices entre elles, ce qui expliquerait en partie, la moindre dépense d'énergie et donc, la moindre fatigue des sujets entraînés lors de la réalisation d'un exercice infra-maximal donné.

Par ordre croissant, la station debout, la marche normale, la course à allure modérée, la marche sportive, le marathon, les courses de fond et les activités physiques de longue durée utilisent ce fonctionnement et mettent surtout à contribution les fibres oxydatives de type I.

b) Recrutement spatial

Lorsque la fréquence des potentiels d'action augmente, de plus en plus d'unités motrices sont recrutées. Ce fonctionnement est défini comme ***recrutement spatial***. Il permet de développer des tensions progressivement croissantes et, à mesure de l'augmentation de la fréquence des potentiels d'action, s'accompagne d'un recrutement sélectif des unités motrices innervées par des motoneurones α au diamètre plus élevé. Leur sollicitation correspond aux exercices nécessitant une tension importante (figure 13.20). Par ordre croissant de l'intensité contractile, les exercices les plus caractéristiques suivants font appel à ce type de recrutement : les courses de demi-fond, le 400 m, la gymnastique, la lutte, le judo, le 200 m et le 100 m sprint, les lancers et les sauts…

Dans les activités nécessitant une très haute fréquence d'influx nerveux : sauts, lancers, haltérophilie, sprints courts…, les fibres FTb sont essentiellement recrutées. L'épuisement précoce de leurs réserves en phosphagènes (ATP-PCr) limite rapidement dans le temps leur puissance contractile.

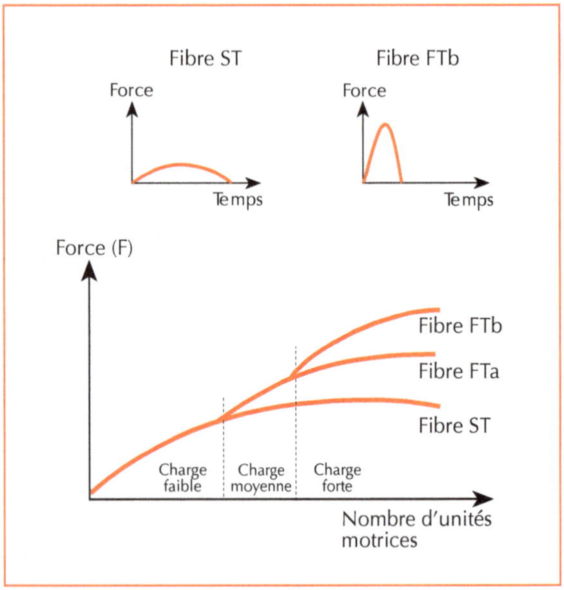

Figure 13.20
Force développée et recrutement des unités motrices en fonction de l'importance de la charge. À mesure que la charge augmente, chronologiquement sont recrutées les unités motrices des fibres de type ST puis FTa et enfin FTb. Conséquence : pour solliciter leurs fibres rapides IIb, les sprinters doivent utiliser des charges lourdes à soulever de façon « explosive ».

La conséquence pour la musculation est que des charges lourdes (> 85 % d'une charge maximale susceptible de n'être mobilisée qu'une seule fois définie comme répétition maximale RM) développées avec le maximum de vitesse possible sont nécessaires pour solliciter les fibres à contraction rapide.

Entre les exercices courts qui nécessitent une force, une puissance ou une vitesse élevées, il faut toutefois distinguer deux formes de recrutement : la vitesse qui met essentiellement en jeu les fibres FT des muscles sollicités, alors que la force fait appel à la contraction synchrone du plus grand nombre de toutes les fibres des muscles considérés (ST, FTa et FTb).

c) Relation force – vitesse

Entre les deux qualités de recrutement précédentes, il existe une relation qui s'exprime de la manière suivante : la force maximale développée par un muscle décroît à mesure que la vitesse du mouvement augmente, et inversement, la force maximale n'est atteinte qu'à la vitesse la plus lente (figures 13.21 et 13.22).

Cette relation dépend des pourcentages respectifs des fibres qui constituent les muscles mis en jeu : plus le pourcentage de fibres FT est élevé, plus importante est la force développée à une vitesse donnée. De même, pour une force donnée, plus le pourcentage de fibres à contraction rapide est élevé, plus importante est la vitesse développée.

d) Relation : puissance – force – vitesse

Le produit de la force par la vitesse détermine *la puissance*. La puissance s'exprime donc par l'équation : Puissance = force x vitesse.

Pour une force donnée, la puissance développée par un mouvement augmente rapidement lorsque la vitesse est lente, atteint un sommet pour un pourcentage donné de la vitesse maximale, et décroît ensuite lorsque la vitesse s'approche de son maximum.

Il en est de même lorsque la vitesse d'un mouvement est fixe : la puissance augmente, atteint un sommet et décroît à mesure que la force augmente (figure 13.21).

Il existe donc un pourcentage optimal de la force et de la vitesse maximales auquel la plus grande puissance peut être atteinte. C'est ce rapport optimal, force - vitesse, qui prévaut dans de nombreuses activités sportives : lancers, sauts, lutte, judo. Le développement de la puissance doit être recherché à l'entraînement en harmonisant le développement de la force et de la vitesse. Un déséquilibre en faveur de l'une ou de l'autre n'est donc pas une garantie de l'amélioration de la puissance.

Quelle que soit la vitesse du mouvement, plus le pourcentage de fibres FT recrutées est élevé, plus la puissance maximale produite l'est aussi. C'est le cas des lanceurs, des sauteurs et des sprinters qui présentent une prédominance de fibres FT dans les muscles sollicités par leur activité respective. À l'opposé, ce sont les fibres ST (oxydatives) qui prédominent chez le marathonien et les coureurs de fond. Il faut toutefois noter que certains lanceurs, et surtout les haltérophiles, ne présentent pas une prédominance aussi marquée de fibres FT que les sprinters.

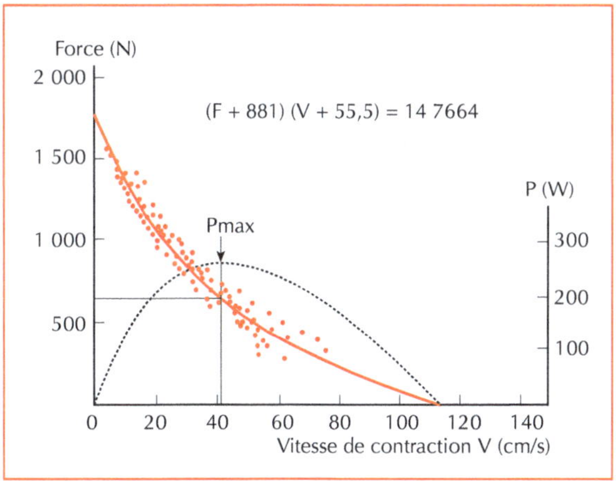

Figure 13.21
Relations entre la force (F) et la vitesse instantanée (V). Plus la charge est lourde plus la vitesse est faible. À charge maximale, la vitesse est nulle. Inversement, à charge faible ou nulle la vitesse est la plus élevée. La puissance (P), calculée à partir de la force et de la vitesse, est représentée en pointillés (d'après Pertuzon et Bouisset, Biomechanics II, Karger Éd., 1971, vol. 1).

Il est probable que le lancer et les soulever de charges lourdes font appel à la contraction synchrone de la plus grande partie de toutes les fibres des muscles sollicités. Les fibres ST pourraient donc aussi apporter leur contribution dans ce type d'activité.

e) Recrutement, apprentissage et entraînement

Au niveau du système nerveux central sont élaborées les différentes caractéristiques des potentiels d'action dont la fréquence permet le recrutement sélectif des unités motrices des muscles à activer. La tension produite par le muscle dépend, par conséquent, des interconnexions des corps des motoneurones dans l'encéphale et la moelle épinière. Plus de 15 000 terminaisons synaptiques, provenant d'origines diverses, peuvent converger sur un même motoneurone α. C'est alors du rapport entre activités synaptiques activatrices et inhibitrices que dépend l'éventuel recrutement des unités motrices.

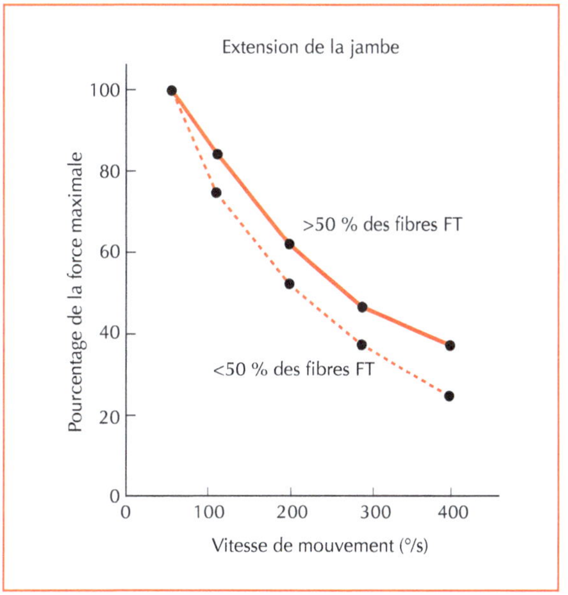

Figure 13.22
Influence des pourcentages de fibres à contractions lentes et rapides sur les relations force-vitesse (d'après Coyle et al., Bases physiologiques de l'activité physique, Fox et Mathews, éditions Vigot, 1984).

Au début de l'apprentissage d'une technique, de nombreuses unités motrices « inutiles » sont sollicitées, entraînant une dépense d'énergie importante et une fatigue musculaire précoce. Le système nerveux central, renseigné en retour de la plus ou moins bonne réalisation de la tâche motrice programmée, « sculpte » progressivement le réseau synaptique permettant l'amélioration de son utilisation.

L'amélioration de l'apprentissage correspond à une sélection de plus en plus fine des unités motrices « utiles », c'est-à-dire celles à partir desquelles pourront être développées et modulées uniquement les tensions nécessaires pour réaliser tel ou tel geste précis.

La réalisation optimale d'un geste ou d'une technique utilise en conséquence de moins en moins d'énergie au fur et à mesure que leur apprentissage s'affine. La qualité de la synchronisation du recrutement des unités motrices au sein même du muscle est aussi améliorée par la répétition d'un geste juste et donc par l'entraînement. Ceci contribue à une économie de la dépense énergétique et donc à une moindre fatigue. Ce rapport du travail réalisé pour une dépense d'énergie moindre correspond à l'amélioration *du rendement* quelquefois appelé *économie du geste ou d'une activité* comme la course, la natation ou le cyclisme. Cette économie d'énergie pour une vitesse ou une intensité donnée caractérise l'amélioration de l'apprentissage et du niveau d'entraînement.

CE QU'IL FAUT RETENIR

L'activité nerveuse peut se manifester par de brèves décharges à haute fréquence destinées à la plupart des unités motrices lors d'exercices intenses de courte durée (sprints courts, sauts, haltérophilie) ou à l'opposé par des décharges prolongées de basses fréquences destinées aux unités motrices à fort pouvoir oxydatif lors d'exercices de longue durée. Dans le premier cas, la force et la puissance maximales exercées dépendent du pourcentage de fibres à contraction rapide qui équipent le muscle ; dans le deuxième, l'intensité et la durée limites du travail musculaire sont en relation avec le nombre de fibres oxydatives des muscles mis en jeu. Entre ces deux extrêmes existent toutes les modulations possibles utilisant des modes de recrutements synchrones et spatiaux des unités motrices en fonction des caractéristiques d'une activité musculaire donnée. L'apprentissage et l'entraînement vont permettre de sélectionner les unités motrices utiles, ce qui s'accompagnera d'une amélioration du rendement : moindre coût énergétique pour une intensité donnée d'exercice.

RÉSUMÉ GÉNÉRAL

Tous les mouvements sont commandés par le système nerveux. Leur exécution est réalisée par l'intermédiaire des **motoneurones α et l'ensemble des fibres musculaires qu'ils innervent**. Ensemble, motoneurone α et fibres innervées constituent une **unité motrice.**

Par la coordination de leur action, ce sont donc les unités motrices qui effectuent le mouvement volontaire, et non telles ou telles fibres isolées.

Au sein du même muscle, les fibres appartenant à des unités motrices différentes cohabitent les unes avec les autres, sont imbriquées et réparties sur un large secteur, ce qui confère au muscle une contraction homogène lors de la survenue de la commande du système nerveux central.

Actuellement, on distingue trois types de fibres musculaires :

- **Les fibres I ou ST** (*slow twitch* = contraction lente) qui sont des fibres à contraction lente et peu fatigables, développant essentiellement un métabolisme aérobie. Ces fibres sont particulièrement sollicitées dans les exercices de faible intensité et de longue durée, type marathon, course et marche de longue durée…
- **Les fibres IIb ou FTb** (*fast twitch* de type b = contraction rapide) qui sont des fibres aux caractéristiques opposées aux précédentes : contraction intense et rapide et grande fatigabilité. Grâce à l'importance des métabolismes anaérobies alactique et lactique dont elles sont le siège, ces fibres sont essentiellement sollicitées lors d'exercices de forte intensité et de durée brève, tel le sprint.
- **Les fibres IIa ou FTa** (*fast twitch* de type a) qui, par rapport aux deux types précédents, présentent des caractéristiques intermédiaires. Elles peuvent être aussi bien sollicitées lors d'exercices rapides d'intensité élevée, que dans ceux de longue durée d'intensité modérée.

D'autres formes de fibres enrichissent cette classification la plus classique, il s'agit **des fibres IIab** et **des fibres IIc**. Ces fibres pourraient constituer une forme de passage d'un type de fibre à l'autre, ce qui témoigne des potentialités d'évolution des fibres en fonction de l'activité nerveuse à laquelle elles sont soumises.

Pour étudier les caractéristiques des fibres musculaires, il est donc indispensable de bien connaître les niveaux d'activité, de spécialisation et d'entraînement du muscle dont elles dépendent.

Chapitre 14

D'OÙ PROVIENT L'ÉNERGIE DONT LE MUSCLE A BESOIN ?

Georges Cazorla

Comme toutes les cellules de notre organisme, la fibre musculaire :

- consomme du « carburant » pour produire de l'énergie,
- utilise une partie de cette énergie pour fournir du travail,
- dissipe l'autre partie sous forme de chaleur,
- et transforme ou évacue les déchets résultants des combustions dont elle est le siège.

Le seul « carburant » utilisable par la cellule est **l'adénosine triphosphate** (figure 12.1) ou plus simplement l'**ATP** dont la dégradation[1] permet de fournir l'énergie nécessaire aux différentes formes de travail biologique (figure 14.2). Dans le cas de la fibre musculaire, la consommation des molécules[2] d'ATP peut être considérablement augmentée au cours d'exercices intenses, or leur concentration est très faible : 4 à 6 millimoles[3] par kilogramme de muscle frais (ce qui s'écrit 4 à 6 mmol/kg ou 4 à 6 $mmol.kg^{-1}$ ou encore 4 à 6 $mM.kg^{-1}$). L'utilisation physiologiquement maximale de l'ATP ne permettrait de couvrir qu'une distance de 1 m à 2 m à des vitesses de course allant de 8,4 à 10 m/s, soit 10 à 12 secondes au 100 m, et pourtant à ces vitesses il est possible de parcourir des distances beaucoup plus importantes ! Donc, bien que l'ATP soit la seule molécule capable de fournir directement au muscle l'énergie dont il a besoin pour se contracter et se relâcher, ses réserves s'avèrent totalement insuffisantes pour répondre aux différents besoins du travail musculaire. Comme au cours d'activités physiques, même très intenses, le niveau des réserves en ATP n'accuse qu'une discrète diminution en début d'exercice et tend à se stabiliser par la suite à des valeurs proches de la moitié de celle du repos, ceci implique que les molécules d'ATP sont synthétisées à mesure qu'elles sont dégradées.

Le fait que l'organisme ne dispose que de quelques dizaines de grammes d'adénosine pour fabriquer des dizaines de kilogrammes d'ATP par jour signifie que le taux de renouvellement (encore appelé turn over par les Anglo-Saxons) est très important. Par comparaison, nous sommes dans le cas d'un circuit fermé qui ne contient que quelques litres d'eau mais qui peut en débiter des milliers par heure.

1. RÔLE CENTRAL DE L'ATP DANS LES ÉCHANGES D'ÉNERGIE DE LA CELLULE

L'adénosine triphosphate ou ATP est constituée par la combinaison d'une molécule organique d'adénine et d'une chaîne de 3 molécules d'acide phosphorique dont les deux dernières renferment des liaisons riches en énergie (figure 14.1). Seule sa dégradation en adénosine-diphosphate (perte d'un ion phosphate) et en adénosine mono-phosphate (perte de deux ions phosphate), peut libérer l'énergie nécessaire aux glissements des myofilaments d'actine et de myosine (réaction 1) donc à la contraction, ce qui permet de fournir un travail musculaire encore appelé ***travail mécanique***.

(1) **Dégradation** : les termes de **catabolisme** et **d'hydrolyse** sont souvent utilisés aussi pour désigner la dégradation d'une substance en ses produits.

(2) **La molécule** est une particule résultant de la réunion par des liaisons chimiques de plusieurs atomes. Elle représente la plus petite quantité d'un corps pur pouvant exister à l'état libre. Toutes les cellules de notre organisme sont constituées de l'assemblage entre elles d'un plus ou moins grand nombre de molécules.

(3) **Une millimole** (mmol ou mM) correspond à 1/1 000 de mole d'un composé. La mole est l'unité de masse d'un composé chimique et sa valeur dépend du nombre et du type d'atomes constituant le composé. Par exemple, une mole de glucose qui est constituée de 6 atomes de carbone, de 12 atomes d'hydrogène et 6 atomes d'oxygène ($C_6 H_{12} O_6$) dont la masse atomique respective est 12, 1 et 16, correspond à 180 grammes : (12 x 6) + (1 x 12) + (16 x 6).

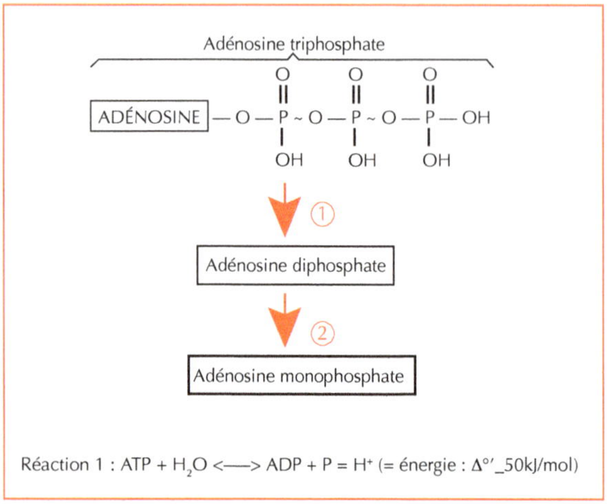

Figure 14.1
Structure biochimique de l'ATP. Le symbole ~ représente les liaisons riches en énergie. La perte d'un ion phosphate (= ADP ou adénosine diphosphate) ou de deux ions (= AMP ou adénosine monophosphate) permet de libérer l'énergie indispensable au travail biologique.

La consommation d'ATP est directement proportionnelle à la quantité d'énergie mécanique produite par le muscle. Pourtant, seul le quart environ de l'énergie totale libérée par le catabolisme de la molécule est utilisé dans l'action mécanique. Le reste est dissipé en chaleur. Au niveau cellulaire, l'énergie libérée par la dégradation de l'ATP peut être utilisée aussi à d'autres fins (figure 14.2), pour permettre notamment :

- le « pompage » des ions Na+, K+, Ca++… et le transport actif (qui consomme de l'énergie) de certaines grosses molécules à travers les membranes cellulaires, transport membranaire appelé par extension : travail osmotique,
- la dégradation des grosses molécules[4] complexes (ou macromolécules) comme les glucides, les protéines et les lipides permettant l'activité, l'entretien ou/et la croissance cellulaires et, en sens contraire, la synthèse de nouvelles macromolécules de glucides, lipides et protéines à partir de leurs produits. Dégradation et synthèse utilisent l'énergie sous forme de travail chimique ainsi que de nombreuses autres formes de travail à l'échelle de l'organisme entier.

Cette opération qui consiste à dégrader une molécule (l'ATP par exemple) en ses produits (ADP, AMP et Pi) est désignée sous le nom de ***catabolisme*** ou d'hydrolyse. Inversement, la resynthèse encore appelée ***anabolisme*** de la molécule d'ATP a besoin d'énergie afin de reconstituer ses liaisons avec le ou les phosphate(s) antérieurement libéré(s). L'opération qui consiste à incorporer un radical phosphate à une molécule organique est désignée sous le nom de ***phosphorylation*** (figure 14.3). L'ATP joue donc un rôle d'intermédiaire énergétique essentiel dans les différents systèmes de notre organisme. Énergie dont il convient de bien connaître les grandes lois qui la régissent afin de mieux comprendre son rôle fondamental à l'échelle de notre organisme au cours de l'exercice musculaire.

(4) Par exemple, comme nous l'étudierons ultérieurement, à partir de l'acide lactique, des acides gras libres et des acides aminés obtenus respectivement par dégradation des glucides, des lipides et des protéines, peuvent être reconstituées de nouvelles molécules de glucides, de lipides et de protéines.

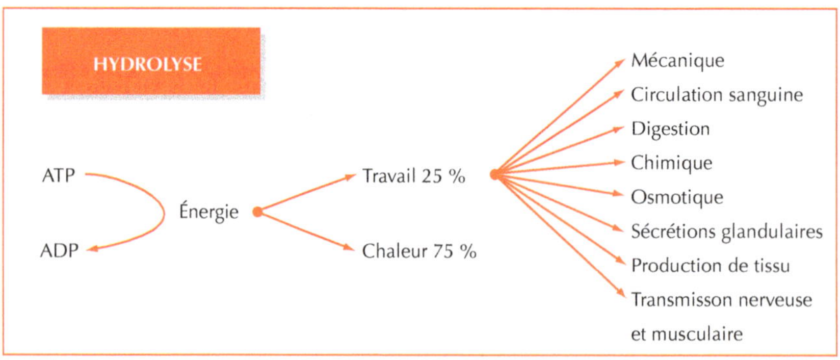

Figure 14.2
Différentes formes de travail biologique que permet l'énergie libérée par l'hydrolyse de l'ATP.

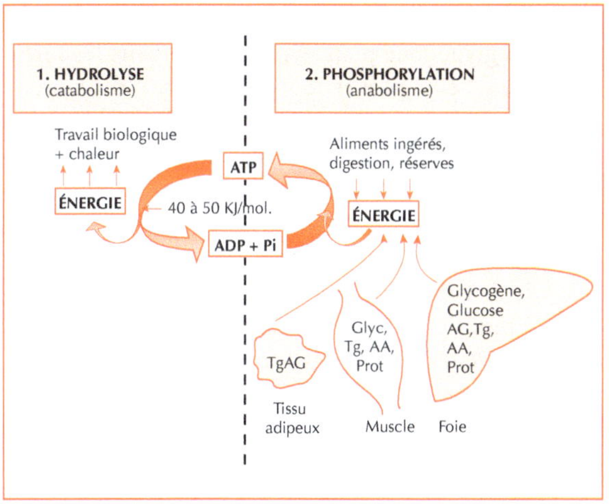

Figure 14.3
Hydrolyse (= dégradation ou catabolisme) et phosphorylation (= resynthèse ou anabolisme) de la molécule d'ATP. Au cours de ces deux phases inverses et complémentaires, de l'énergie est fournie pour permettre le travail biologique et est récupérée pour permettre la resynthèse ou « turn over » constant de la molécule d'ATP. Tg : triglycérides ; AG : acides gras ; Glyc : glycogène, AA : acides aminés ; Prot : protéines ; Gluc : glucose (principaux substrats énergétiques dont la dégradation libère l'énergie nécessaire pour reconstituer les molécules d'ATP.

2. TRANSFORMATION DE L'ÉNERGIE EN MILIEU VIVANT (IN VIVO)

Pour que la chaleur soit partiellement convertie en travail mécanique, il faut qu'elle soit transmise d'un corps chaud à un corps froid. C'est ce principe qui est utilisé pour transformer l'énergie dans les machines construites par l'homme. Par contre, dans les systèmes biologiques, ce principe ne peut être envisagé car il n'y a pas de différences de température sensibles entre les diverses parties d'une cellule ou entre les diverses cellules d'un tissu. Les organismes vivants étant essentiellement *isothermes* (la température de l'homme ne varie que très peu autour de 37 °C) il y a nécessité de coupler la chaleur produite à un autre système énergétique. C'est le système ATP-ADP qui joue ce rôle d'intermédiaire indispensable pour fournir les différentes formes de travail biologique. Pour récupérer sa liaison riche en énergie avec le phosphate inorganique (Pi) précédemment perdu et former à nouveau de l'ATP, la molécule d'ADP a besoin d'énergie. Cette énergie lui est fournie par le catabolisme de quatre des molécules présentes directement dans la fibre musculaire : la ***phosphocréatine***, le ***glycogène***, les ***triglycérides*** et les acides aminés. Il y a donc couplage d'une réaction qui nécessite de l'énergie (on dit qu'elle est ***endergonique***) : la synthèse de l'ATP, à une suite de réactions qui fournissent de l'énergie (ou réactions ***exergoniques***) : le catabolisme (ou dégradation) de la phosphorylcréatine (PCr), du glycogène, du glucose, des triglycérides, des acides aminés, substrats énergétiques essentiels du travail musculaire.

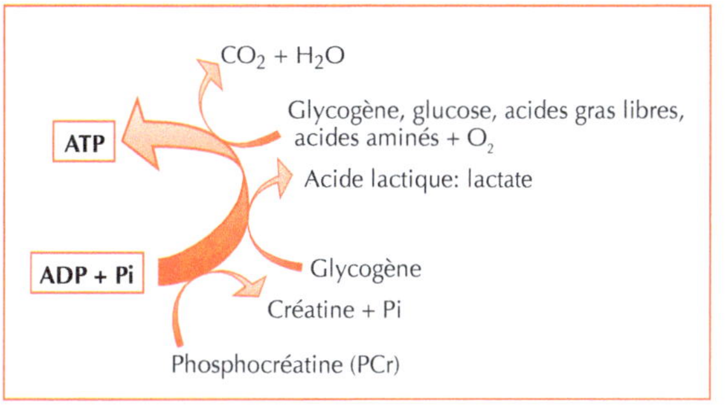

Figure 14.4
Rôle des réserves énergétiques dans la phosphorylation de la molécule d'ADP permettant la reconstitution constante de la molécule d'ATP.

À l'état de repos, ce couplage fonctionne en sens opposé. Les réserves énergétiques sont reconstituées à partir des intermédiaires résultant du catabolisme des substrats qui ont été utilisés. C'est le cas notamment du pyruvate, du lactate, de l'alaline (dont les rôles seront étudiés au chapitre suivant)... qui permettent de reconstituer du glycogène, ou bien ces réserves se reconstituent à partir des produits de la digestion. Cette opération de synthèse nécessite aussi de l'énergie, elle-même fournie par l'hydrolyse de l'ATP.
Un dernier aspect important caractérise aussi le transfert d'énergie en milieu vivant. Il s'agit du catabolisme progressif des macromolécules (grosses molécules) en leurs produits. En effet, comme la synthèse d'une molécule d'ATP n'a besoin que d'une quantité d'énergie déterminée (9,6 kcal ou 40 kJ dans des conditions standard in vitro et environ 50 kJ dans les conditions cellulaires, in vivo), d'importants gas-

pillages se produiraient si l'énergie potentielle d'une molécule était libérée en une seule réaction. Dans la cellule, le catabolisme des molécules se décompose en de nombreuses réactions intermédiaires avant d'obtenir les produits finaux. Ce mécanisme progressif améliore considérablement le rendement : d'avantage de molécules d'ATP peuvent être ainsi synthétisées par macromolécules énergétiques dégradées. Ce mécanisme permet aussi de mieux ajuster et réguler l'offre en énergie en fonction des besoins fluctuants de la vie de tous les jours.

CE QU'IL FAUT RETENIR

Le **catabolisme** (synonyme de dégradation ou d'hydrolyse) de macromolécules en leurs produits plus simples est généralement **exergonique** (qui libère de l'énergie). Il permet ainsi de fournir l'énergie nécessaire à l'**anabolisme** (synonyme : synthèse) de nouvelles molécules d'ATP. À l'opposé, l'anabolisme de grosses molécules à partir d'éléments plus simples est **endergonique** (qui demande de l'énergie). Dans ce cas, l'énergie est fournie par l'**hydrolyse** (dégradation) de l'ATP.

3. ORIGINE DE LA PRODUCTION D'ÉNERGIE

Quelle est l'origine de cette énergie et par quels mécanismes peut-elle être transférée pour permettre cette constante et très fluctuante formation de l'ATP ? Au sein de la fibre musculaire, les moindres variations du rapport ATP/ADP + AMP enclenchent et régulent dans le sens de leur ***catabolisme***, ou de leur ***anabolisme*** les trois principales sources énergétiques que représentent les réserves de phosphorylcréatine (PCr), de glycogène et d'acides gras[5]. Le catabolisme de ces molécules libère l'énergie requise. Elles sont donc exergoniques. Alors que le catabolisme de la PCr libère immédiatement son énergie potentielle, plusieurs étapes sont nécessaires pour le glycogène et les acides gras. Les premières étapes du catabolisme du glycogène (glycolyse ; lyse = fragmentation) se déroulent dans le cytoplasme cellulaire et ne nécessitent pas d'oxygène (glycolyse anaérobie). Le catabolisme du glycogène peut se poursuivre dans les ***mitochondries*** en présence obligatoire d'oxygène (glycolyse aérobie). Le catabolisme des acides gras (lipolyse) est également réalisé dans les mitochondries en présence d'oxygène. Dans les mitochondries, le catabolisme des différentes molécules aboutit toujours à la libération d'énergie et à la formation de dioxyde de carbone (CO_2) et d'eau (H_2O). Ainsi, glucides, lipides et secondairement protéines constituent les ***substrats énergétiques*** (ou « carburants »), alors que l'oxygène représente le « comburant » des combustions cellulaires appelées en biologie : ***oxydation (ou respiration cellulaire)***. Les différentes réactions biochimiques intermédiaires de ces catabolismes nécessitent la présence ***d'enzymes*** spécifiques qui catalysent (orientent sans être modifiées ou détruites) les réactions et permettent ainsi de libérer « à petit feu » et sans gaspillages excessifs, l'énergie nécessaire à la synthèse de l'ATP.

Comment sont constituées les réserves énergétiques que représentent les glucides, les lipides, et les protéines ?

Il faut se souvenir que l'essentiel de l'énergie provient du soleil et parvient jusqu'à la Terre sous forme d'énergie lumineuse. Sur la Terre, par une série de réactions chimiques appelées ***photosynthèse***, les plantes transforment l'énergie lumineuse en énergie chimique (figure 14.5). L'énergie chimique est elle-même utilisée par les plantes vertes dites chlorophylliennes pour synthétiser les molécules organiques : glucides, lipides, protéines à partir du dioxyde du carbone (CO_2), de l'eau (H_2O) et de l'azote (N). En d'autres termes, ce processus est exactement l'inverse et est complémentaire de celui de la respiration cellulaire. Comme l'homme se nourrit de plantes et de la viande d'animaux qui eux-mêmes consomment ces plantes, il récupère ainsi l'énergie potentielle contenue dans les molécules organiques synthétisées. La digestion réduit les grosses molécules absorbées en leurs unités les plus simples : amidon et autres glu-

---

(5) **Les acides gras** sont libérés par la dégradation des triglycérides en glycérol qui est métabolisé en glucose dans le foie et en trois acides gras directement utilisables par le travail musculaire.

cides en glucose, les graisses en acides gras, les protéines en acides aminés, qui peuvent alors diffuser dans la circulation sanguine. À ce niveau leur destinée est multiple : soit elles sont directement utilisées par les tissus qui en ont besoin, soit elles sont mises en réserve sous forme de glycogène (molécules de glucose agglomérées, synonyme : ***polymérisés***) dans les muscles et le foie, de gouttelettes lipidiques dans les muscles et de triglycérides (trois acides gras associés à une molécule de glycérol) dans les cellules adipeuses aussi appelées ***adipocytes*** (figure 14.3). Ceux-ci peuvent s'accumuler surtout dans le tissu sous-cutané dont les sujets obèses témoignent des excès. Ensemble ces molécules constituent les réserves énergétiques de l'organisme, énergie libérée quand les besoins s'en font sentir pour permettre la reconstitution de l'ATP.

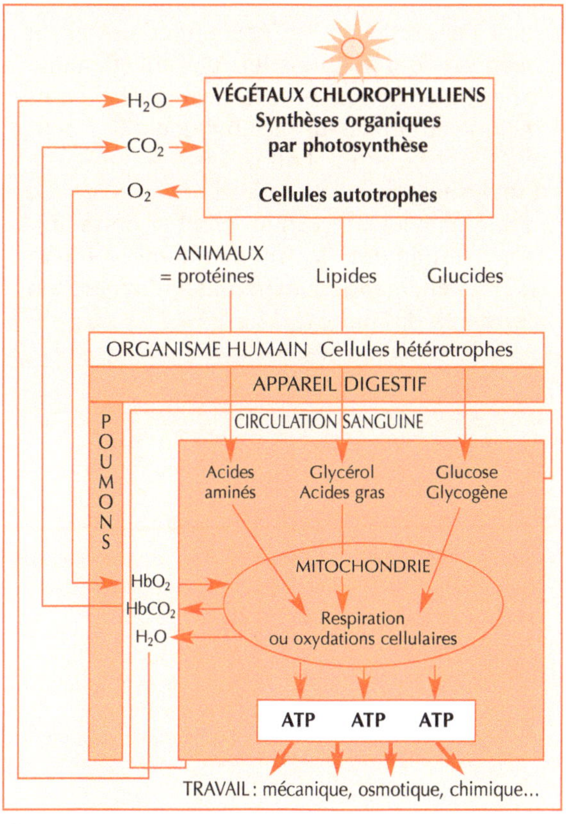

Figure 14.5
Les grands cycles de l'énergie et son utilisation par l'organisme pour la réalisation des différentes formes de travail biologique. *Cellules autotrophes* : cellules capables de se nourrir des seuls éléments minéraux. *Cellules hétérotrophes* : cellules qui se nourrissent de protéines, de lipides et de glucides. *Hb* : hémoglobine. *HbO_2* : oxyhémoglobine ; *$HbCO_2$* : carboxyhémoglobine.

4. LES SOURCES ÉNERGÉTIQUES DE L'ACTIVITÉ MUSCULAIRE

Lorsque l'on comptabilise le nombre et la durée des opérations nécessaires à la complète dégradation des glucides et des lipides, il est évident que ces substances ne sont pas adaptées aux besoins requis par un travail musculaire urgent. Pour parer à ces éventualités, un autre composé phosphoré contenu essentiellement dans la cellule musculaire, la phosphorylcréatine (PCr), encore appelée soit phosphocréatine, soit créatine phosphate, constitue un réservoir riche en énergie immédiatement et massivement utilisable pour produire de l'ATP.

En somme, ***selon l'urgence et l'intensité d'un exercice, le muscle peut faire appel à plusieurs sources énergétiques*** (figure 14.6) :

- une est immédiatement disponible et permet de libérer une très grande quantité d'énergie grâce au catabolisme de ses deux composés : l'ATP et la PCr dont les liaisons phosphates sont riches en énergie,
- les autres sources sont retardées par les nombreuses étapes que nécessite le catabolisme des substrats utilisés : glycogène, glucose, acides gras libres, acides aminés. Elles peuvent elles-mêmes être subdivisées en deux groupes :
  - la source qui utilise le catabolisme du glycogène sans intervention de l'oxygène et produit de l'acide lactique, souvent définie comme ***anaérobie lactique*** ou ***glycolyse lactique,***
  - et les sources qui utilisent l'oxygène pour extraire l'énergie des molécules de glycogène, d'acide gras et d'acides aminés. Définies comme ***aérobies,*** ces sources nécessitent non seulement de nombreuses réactions biochimiques intermédiaires mais aussi une adaptation de chacun des éléments qui interviennent dans la chaîne qui transporte les molécules d'oxygène depuis l'air ambiant jusqu'aux fibres musculaires qui les consomment. Les nombreuses adaptations qu'elles requièrent expliquent les délais plus longs de leur intervention efficace au cours de l'exercice musculaire.

Des révisions qui s'imposent

En fonction des données actuelles, la séparation de façon aussi arbitraire des trois sources : anaérobie alactique, anaérobie lactique, et aérobie ne correspond pas à une réalité physiologique. La source **a**naérobie (anaérobie = sans air donc sans oxygène) **a**lactique (sans production d'acide lactique) signifierait qu'aucune molécule d'oxygène ne serait utilisée et qu'aucune molécule d'acide lactique ne serait formée. Or, des travaux réalisés en 1993 et 1998[6] ont montré que, même dans des exercices très courts (6 secondes) et très intenses, 7,5 % et 41 % de l'énergie utilisée pour produire les molécules d'ATP requises, résultaient respectivement de l'apport en oxygène et de la glycolyse lactique. Avec l'apport de quantités aussi importantes d'oxygène et de participation de la glycolyse (dégradation du glycogène) lactique, il est donc difficile de maintenir le concept « anaérobie alactique ». Les pourcentages d'oxygène utilisé augmentent avec la durée des exercices très intenses, passant à 14 % à 10 secondes, 27 % à 20 secondes et à 37 % à la minute. Avec la participation de quantités aussi importantes d'oxygène, il est donc aussi abusif d'employer le concept « **a**naérobie lactique » ! Enfin, au cours d'exercices intenses de longue durée : 3 000, 5 000 et 10 000 m de course, des quantités non négligeables de lactate peuvent être mesurées, ce qui témoigne de la participation de la glycolyse) lactique, donc, le concept « aérobie » strict ne correspond pas non plus à une réalité physiologique !

CE QU'IL FAUT RETENIR

Réserves glucidiques, lipidiques, accessoirement protidiques et pool des phosphagènes constituent les sources énergétiques dans lesquelles, selon les circonstances, l'organisme peut puiser pour reconstituer les molécules d'ATP à mesure de leur hydrolyse. À l'échelle de l'organisme et du travail musculaire, il n'est plus possible aujourd'hui de soutenir le concept d'**anaérobie** (sans air donc sans oxygène) car même les exercices très courts et très intenses bénéficient d'un apport en O_2 [1]. Comme dès le début de l'exercice musculaire la glycolyse est mise en jeu, il est donc difficile aussi de soutenir le concept d'**alactique !** Il n'est plus possible non plus d'affirmer l'intervention unique d'une filière énergétique dans l'apport total de l'énergie requis par un exercice donné. On parlera d'avantage d'une contribution relative de chaque filière énergétique au processus métabolique d'une activité musculaire. Enfin, en fonction de l'intensité et de la durée d'un exercice ou d'une activité il est indispensable de définir non seulement la prédominance d'une source énergétique mais aussi l'interaction constante des autres.

(6) Travaux de Gaitanos et al., J. *Appl. Physiol*, 1993 ; 75 : 712 – 719 et Bogdanis et al., *Acta physiol Scand*, 1998 ; 163 : 261-272

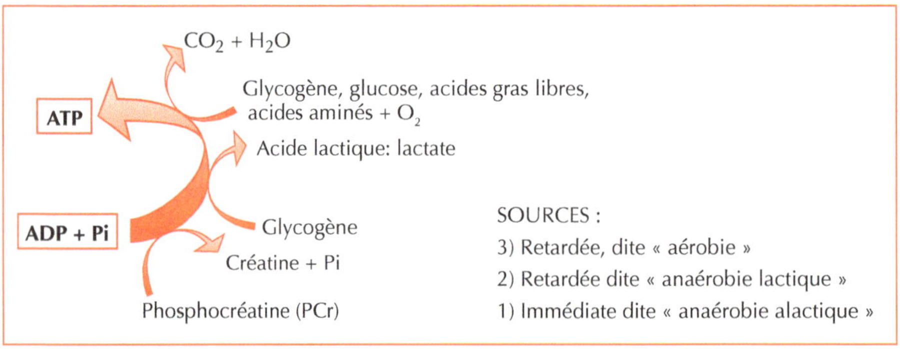

Figure 14.6
Rôle des réserves énergétiques dans la phosphorylation de la molécule d'ADP permettant le turn over constant de l'ATP.

A. Caractéristiques des sources énergétiques

Dès le début de la contraction musculaire, la diminution de la concentration d'ATP et l'élévation de celles de l'ADP et de l'AMP ou précisément du rapport ATP/ADP-AMP dans la fibre, enclenchent la mise en jeu des réactions biochimiques aussi bien des sources immédiates que des sources retardées. Les variations de ce rapport peuvent être considérées à la fois comme la « gâchette » de la mise en jeu des différents métabolismes en début d'exercice et comme les régulateurs des flux de production d'énergie ajustés aux besoins de la fibre musculaire au cours de l'exercice. Il est donc important de noter que, dès le début de l'exercice, toutes les sources susceptibles de produire de l'énergie sont mises en jeu pratiquement en même temps mais n'interviennent de façon optimale que selon un délai qui leur est propre et selon l'intensité de l'exercice. Ce délai dépend du nombre de réactions intermédiaires et d'adaptations biologiques que chacune de ces sources requiert.

Une classification des différentes sources énergétiques peut être proposée en tenant compte :

- des réserves énergétiques ou substrats qu'elles utilisent,
- du **délai** ou temps de latence qui leur est nécessaire pour permettre la synthèse des quantités d'ATP requises par le travail musculaire,
- de la quantité totale d'ATP susceptible d'être produite à partir des réserves en substrat ou **capacité énergétique,**
- du débit maximal de production d'ATP ou **puissance énergétique,** défini aussi comme la quantité maximale d'énergie produite par unité de temps. L'unité de mesure de la puissance est le joule par seconde (J/s) ou le Watt,
- de son **endurance** ou durée pendant laquelle, à un pourcentage donné de sa puissance, elle est capable de fournir l'énergie nécessaire à la contraction,
- de son ou ses **facteurs limitant** sa production d'ATP,
- et de la durée nécessaire pour reconstituer les réserves énergétiques utilisées, métaboliser ou éliminer les déchets produits.

CE QU'IL FAUT RETENIR

Les trois sources de production de l'ATP : source des phosphagènes (dite « anaérobie alactique »), glycolyse anaérobie (ou glycolyse lactique ou encore dite « anaérobie lactique ») et aérobie se distinguent par les substrats qu'elles utilisent, leur délai d'intervention, leur capacité, leur puissance, leur endurance, les facteurs qui les limitent et la durée qui leur est nécessaire pour reconstituer leurs réserves, éliminer ou transformer les métabolites et déchets produits. Ces trois sources sont mises en jeu ensemble et immédiatement après les premières secondes de l'activité musculaire par la baisse du rapport ATP/ADP + AMP + P. Celui-ci joue le double rôle de véritable gâchette de mise à feu et de régulation des flux métaboliques des différentes sources énergétiques. Leur pleine efficacité de synthèse de nouvelles molécules d'ATP n'étant atteinte qu'après un délai qui leur est propre, on peut déjà supposer que, selon la durée d'un exercice, l'une d'elles intervient de façon préférentielle.

B. Réaction immédiate (source des phosphagènes, filière dite « anaérobie alactique »)

a) Une réaction adaptée à l'urgence

Le processus dit « anaérobie alactique » est directement et immédiatement impliqué lors de toute contraction grâce à la présence d'un autre composé riche en phosphore : la phosphorylcréatine : PCr (ou créatine phosphate : CP).

La phosphorylcréatine qui libère son énergie presque aussi rapidement que l'ATP, ne peut cependant pas la mettre directement à la disposition des filaments contractiles. Pour ce faire, elle a besoin d'une enzyme : la ***créatine phosphokinase*** (CPK) qui lui permet de céder un phosphate à l'ADP (figure 14.7) pour reformer l'ATP.

Ensemble, ATP et PCr constituent les composés phosphates à haute énergie, encore appelés ***pool des phosphagènes.***

Le catabolisme des phosphagènes est immédiat et libère une très grande quantité d'énergie (figure 14.7 et tableau 14.1). Il permet de répondre aux situations d'urgence dans l'attente du relais énergétique des glucides puis des lipides. Il intervient dans la réalisation d'exercices musculaires les plus intenses. L'épuisement rapide des très faibles réserves d'ATP et PCr limite leur utilisation à des durées très brèves (7 à 8 secondes pour un exercice exécuté à la puissance maximale du processus).

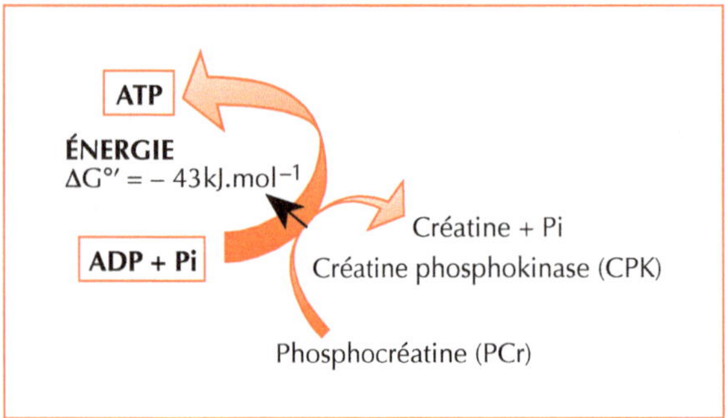

Figure 14.7
Caractéristique de la source énergétique immédiate constituée par le pool des phosphagènes (ATP + Pcr) ou source dite « anaérobie alactique ».

b) Reconstitution des réserves en phosphagènes

À l'issue d'un exercice intense et de courte durée, les produits du catabolisme des phosphagènes sont l'ADP, la créatine (Cr) et des Pi. En présence d'énergie, la réversibilité des réactions du catabolisme des phosphagènes permet leur synthèse.

ADP + Pi + Énergie → ATP Réaction 2

La synthèse de l'ATP peut aussi être réalisée par la condensation de deux molécules d'ADP. Cette réaction se produit en présence de l'enzyme ***myokinase*** (MK). Pour cette raison, elle est appelée ***réaction myokinase.***

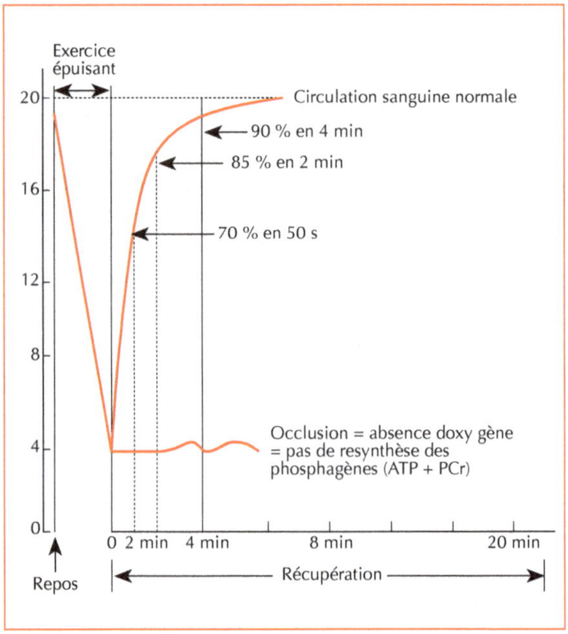

Figure 14.8
Synthèse des phosphagènes après un exercice court et intense. L'apport d'oxygène est indispensable pour permettre la resynthèse de l'ATP dans les mitochondries. Les molécules d'ATP ainsi formées permettent elles-mêmes la resynthèse de la PCr.

	ATP	PCr	Phosphagènes totaux (ATP + PCr)
Concentration musculaire			
mM.kg^{-1} de muscle	4-6	16-24	20-30
mM (masse musculaire totale)	128-192	512-768	640-960
Énergie disponible			
kJ.kg^{-1} de muscle	0,16-0,25	0,67-1,00	0,84-1,25
kJ (masse musculaire totale)	5,36-8,04	21,43-32,15	27,13-40,19

Tableau 14.1
Les réserves moyennes d'ATP et de phosphocréatine de l'organisme humain et leur potentiel énergétique. Notons toutefois qu'au cours d'exercices même les plus intenses, les réserves en ATP ne peuvent s'abaisser au-dessous de 50 % des réserves initiales, ce qui limite d'autant leur potentiel énergétique.

$ADP + ADP \xrightarrow{MK} ATP + AMP$
(adénosine monophosphate) Réaction 3

Cette réaction n'apparaît cependant que lorsque la concentration locale en ATP est très abaissée et par conséquent, celle de l'ADP très élevée.

Cr + Pi + Énergie → Pcr Réaction 4

La resynthèse complète des réserves en ATP-PCr est très rapide au début de la récupération : 70 % sont restaurés au cours de la première minute, 85 % après 2 minutes, 90 % après 4 minutes et la totalité en 5 à 6 minutes (figure 14.8).
La resynthèse des phosphagènes à partir de leurs produits dégradés nécessite de l'énergie. C'est à nouveau l'hydrolyse de l'ATP qui fournit cette énergie, ce qui implique la présence de nouvelles molécules d'ATP. On peut alors se demander d'où proviennent ces nouvelles molécules d'ATP. Au cours de la récupération, l'apport d'oxygène aux mitochondries permet en effet de synthétiser de l'ATP (voir « glycolyse aérobie ») dont une partie peut être utilisée dans de nombreux processus nécessitant de l'énergie pour mieux récupérer.
De plus, de récentes études ont montré qu'il est possible d'augmenter la vitesse de resynthèse de la PCr lorsque les fibres musculaires sollicitées ont pu bénéficier préalablement d'un programme d'entraînement aérobie. Comme l'efficacité des répétitions d'exercices courts et intenses (sports collectifs, sports de raquettes…) dépend de la vitesse d'utilisation et de

Tableau 14.2 Ce qu'il faut retenir
Principales caractéristiques de la source immédiate des phospagènes, dite : « filière anaéobie alactique ».

Lieu des réserves utilisables	Dans le cytoplasme, immédiatement à proximité des éléments contractiles de la myofibrille
Renouvellement (turn over)	Dans le cytoplasme, à partir de la glycolyse lactique. Dans la mitochondrie, au cours de la récupération ou lorsque l'intensité de l'exercice est modérée : apport d'oxygène indispensable
Substrats utilisés	Les phosphagènes : adénosine triphosphate (ATP), adénosine diphosphate (ADP), et phosphorylcréatine (PCr)
Délai d'intervention	Réactions immédiates, délai nul
Capacité	Très faible, 20 à 50 kJ chez le jeune adulte moyen et jusqu'à 90 kJ pour le sportif spécialisé. Les réserves respectives d'ATP et de PCr s'inscrivent dans un ordre de grandeur de 1 à 4 : 5 mMol/kg de muscle pour l'ATP, 18 à 20 mMoles/kg pour la PCr
Puissance et durée de son maintien	Puissance très élevée (300 à 450 $kJ.min^{-1}$: jeune adulte, jusqu'à 850 $kJ.min^{-1}$: sportif de haut niveau et spécialiste : sprinter par exemple) : puissance utilisée dans les sauts, les départs sprints, les smatchs et tout autre activité à caractère « explosif ». Peut-être maintenue entre 5 à 7 s
Endurance	De courte durée : dépend du % utilisé de la puissance. Certains sportifs de haut niveau (coureurs de 200 m) sont capables de maintenir pendant 20 s entre 98 et 100 % de leur puissance maximale
Facteurs limitants	Baisse des réserves, baisse du pH, fatigue neuromusculaire…
Durée de reconstitution des réserves initiales	70 % en 50 s, 85 % en 2 min, 90 % en 4 min et la totalité entre 6 et 8 min

synthèse des phosphagènes, il y a donc nécessité de développer le pouvoir oxydatif des fibres musculaires avant d'aborder ce type d'activités.
Notons encore qu'une petite partie de l'énergie requise par la resynthèse de l'ATP-PCr peut résulter en outre de la glycolyse anaérobie mise en jeu aussi dès le début d'un exercice intense.

C. Les réactions retardées

Les réactions retardées sont caractérisées par les nombreuses étapes liées au catabolisme (ou dégradation) des substrats utilisés : glycogène, glucose, acides gras libres, acides aminés. Ces réactions énergétiques ne deviennent donc optimales que plus tardivement après le début de l'exercice. Elles se subdivisent elles-mêmes en deux types de réaction : ***la glycolyse lactique***, la plus précoce, et les réactions qui utilisent l'oxygène (ou ***réactions aérobies***).

a) La glycolyse lactique

La glycolyse (du Grec *glykys* qui signifie « doux », et *lysis* qui signifie « couper ») est une succession de réactions au cours desquelles une molécule de glucose ($C_6H_{12}O_6$) est dégradée en deux molécules d'acide pyruvique ($C_3H_4O_3$). La glycolyse se déroule en trois phases (figure 14.9) : une ***phase d'amorçage*** au cours de laquelle une molécule d'ATP est consommée lorsque le glucose est utilisé, une ***phase préparatoire*** au cours de laquelle une molécule d'ATP est aussi consommée et une phase ***de remboursement*** qui fournit 4 ATP. Le but final de la glycolyse est la production d'ATP et l'ajustement de cette production aux besoins de la cellule. Par exemple, lorsque le muscle se contracte plus vigoureusement ou plus fréquemment, nécessitant donc plus d'ATP, la vitesse de la glycolyse augmente.

Lieu de production

Dans la fibre musculaire (figure 14.10), la glycolyse lactique a lieu dans le cytoplasme en dehors des mitochondries (extra-mitochondrial) et n'a pas besoin d'oxygène (anaérobie). Elle peut utiliser deux substrats : le glucose et le glycogène et se déroule selon un processus complexe nécessitant dix réactions biochimiques. Chacune d'elles est orientée et accélérée par une enzyme spécifique. Nous ne retiendrons que les réactions essentielles (figure 14.9).

Substrats utilisés

Le glycogène et secondairement le glucose sont les deux substrats de la glycolyse lactique. Le catabolisme du glycogène est appelé ***glycogénolyse*** alors que la ***glycolyse*** correspond au catabolisme de molécules de glucose. Les premières étapes du catabolisme respectif du glucose et du glycogène aboutissent à une étape commune : la formation de ***glucose-6-phosphate (G-6-P).***

- Le glycogène (qui est une forme de stockage du glucose, on dit un polymère du glucose) doit libérer une à une les unités glucose qui le constituent pour arriver au même carrefour G-6-P.

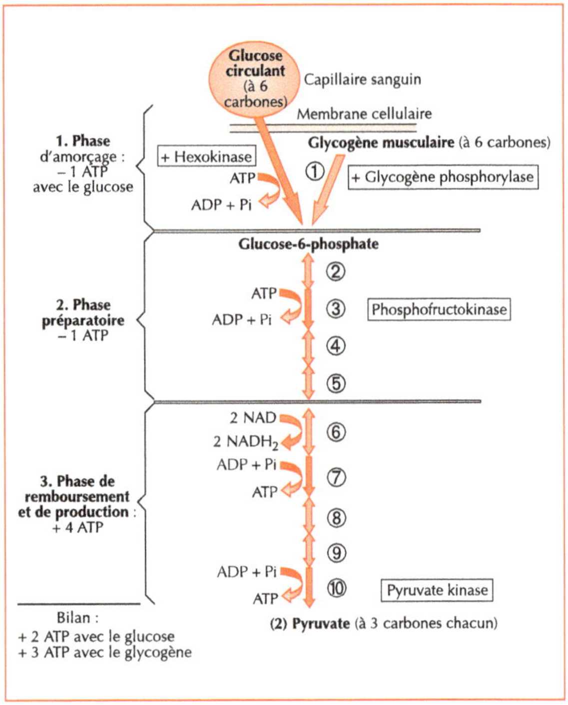

Figure 14.9
Les trois phases anaérobies de la glycolyse. En encadré, les quatre enzymes clés de la glycolyse. Les deux premières permettent d'amorcer l'utilisation du glucose et du glycogène. Les deux autres régulent le flux de la glycolyse en fonction des besoins énergétiques de la fibre musculaire. Les doubles flèches signifient que les réactions sont réversibles. Les chiffres entourés représentent les différentes étapes biochimiques.

– Le glucose provient du foie qui le libère dans le sang, ou directement de la digestion et est transporté par le sang (glycémie) jusqu'aux muscles actifs. Grâce à des transporteurs membranaires spécifiques, il pénètre dans la fibre musculaire pour être transformé en G-6-P. Cette opération nécessite l'utilisation d'un ATP.

Lors d'exercices intenses c'est surtout la glycogénolyse qui est activée en priorité alors que la glycolyse prend le relais lorsque les réserves musculaires de glycogène baissent au cours d'exercices de plus longue durée.

Activation de la glycogénolyse

Plusieurs conditions se potentialisent pour enclencher de façon plus ou moins importante la glycogénolyse. Immédiatement avant le début d'un exercice de forte intensité, départ de sprint par exemple, notre système hormonal produit de l'adrénaline qui déjà active la glycogénolyse en la faisant en quelque sorte « tourner à vide » pour la préparer à être efficace très rapidement. La deuxième condition est la concentration importante de calcium libéré dans la fibre lors de la contraction musculaire. Enfin, dès la chute du rapport ATP/ADP, c'est-à-dire pratiquement dès le début d'un exercice intense, le catabolisme du glycogène intramusculaire est enclenché, permettant aussi la libération rapide d'énergie nécessaire à la resynthèse de nouvelles molécules d'ATP. Plus la chute du rapport ATP/ADP est importante (exercice très intense), plus le flux de la glycolyse sera important et plus la production d'ATP le sera aussi.

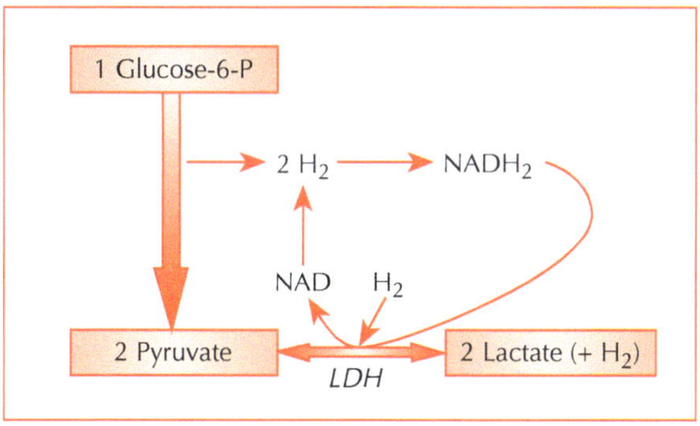

Figure 14.10
Rôle de la navette NAD dans le transport de l'hydrogène (H_2) produit par la glycolyse. Lorsque les capacités oxydatives de la fibre musculaire sont dépassées (début d'exercice ou exercice très intense type 400 m sprint) le NAD transporte H_2 jusqu'au pyruvate qui, en présence de l'enzyme lactate déshydrogénase (LDH) joue le rôle d'accepteur de H_2 et donne du lactate. Le lactate constitue donc un réservoir provisoire et réversible de H_2.

Déroulement de la glycogénolyse

À partir du « carrefour G-6-P », les étapes biochimiques suivies par le glycogène et le glucose sont communes. Chaque unité glucose ainsi formée est catabolisée (dégradée), en deux molécules ***d'acide pyruvique*** et libère deux hydrogènes. L'hydrogène qui ne peut rester à l'état libre dans la cellule, est accepté par un « transporteur » spécifique, le ***coenzyme nicotinamide adénine dinucléotide*** mieux connu sous son sigle : NAD (figure 14.10).

NAD (forme oxydée = donneur d'H_2) + 2H ↔ $NADH_2$ (forme réduite = accepteur d'H_2)

La concentration cellulaire du NAD étant limitée, la poursuite de la glycolyse nécessite son « recyclage ». Le $NADH_2$ doit céder son hydrogène pour être à nouveau disponible.

En anaérobiose (sans oxygène) ou lorsque les capacités oxydatives de la fibre sont dépassées, l'acide pyruvique joue le rôle d'accepteur d'hydrogène et, grâce à la présence d'une enzyme spéciale : la ***lactate déshydrogénase (LDH),*** forme de l'acide lactique, d'où le nom de glycolyse lactique donné à cette source énergétique. L'acide lactique forme donc le « réservoir » provisoire et réversible de l'hydrogène.

Le glycogène musculaire est le seul substrat énergétique susceptible d'être catabolisé en absence d'oxygène (anaérobiose) ou en présence d'oxygène (aérobiose). Dans le premier cas, à partir d'une molécule de glycogène initiale dont l'énergie potentielle est de 2 880 kJ et après dix réactions biochimiques successives qui libèrent au total 197 kJ, trois molécules d'ATP sont formées. Leur formation s'accompagne de la production de deux molécules d'acide lactique, d'où le nom de glycolyse anaérobie lactique donné à cette source énergétique. Notons qu'une forte production d'acide lactique signifie qu'une importante quantité d'ATP a été formée.

Retenons que, outre la formation d'ATP, la glycolyse forme donc aussi des atomes d'hydrogène qui jouent un rôle important dans la fourniture d'énergie.

Cependant, en excès, les atomes d'hydrogène peuvent induire une baisse du pH et donc une acidose néfaste au fonctionnement biochimique du milieu cellulaire (figure 14.11).

Dès le début d'un exercice, l'énergie que la glycolyse libère permet la resynthèse très rapide de nouvelles molécules d'ATP qui s'ajoutent à celles produites par le métabolisme des phosphagènes (ATP-PCr). Cependant, la pleine efficacité et l'intervention prépondérante de la glycolyse lactique s'exercent surtout entre les limites : 20 secondes – 3 minutes lorsque :

- les réserves en PCr sont très nettement réduites (à environ 80 % de leur niveau initial),
- le système aérobie n'a pas encore eu le temps de fonctionner à son plein régime,
- ou/et lorsque l'intensité de l'exercice musculaire dépasse les capacités du système aérobie.

Remarque : Contrairement à ce qu'il a été longtemps affirmé, il est donc important de noter que, même lors d'exercices de courte durée comme le 100 m sprint, la contribution de la glycolyse lactique est loin d'être négligeable (figure 14.12). Elle devient prépondérante entre 15 secondes (150 m course ou 30 m nage libre) et 3 minutes (400, 800 et 1 500 m course ou 100, 200 et 400 m nage).

Facteur limitant

Nous savons que la condition de la vie cellulaire nécessite des ***conditions d'homéostasie*** ou maintien entre certaines limites de la stabilité du milieu intracellulaire (acidité, température, masse liquidienne…). L'ensemble des réactions biochimiques en dépend.

L'accumulation de l'acide lactique induit une élévation de la concentration en protons H^+, donc augmente l'acidité du milieu, traduite par une baisse du pH qui, dans des cas extrêmes peut chuter de 7,03 à 6,3. Cette accumulation pourrait avoir un effet inhibiteur à la fois sur les enzymes clés de la glycolyse, entraînant une chute de la production d'ATP, et sur la liaison du calcium avec la troponine (voir contraction musculaire) induisant une incapacité fonctionnelle des pontages d'actomyosine (figure 14.13). Ces deux actions pourraient expliquer en partie la fatigue ressentie à l'issue par exemple d'une course de 400 m ainsi que la baisse de performance lors d'exercices d'intensité supra-maximale d'une minute ou plus et plusieurs fois répétés. Dans tous les cas, une trop forte accumulation d'acide lactique intracellulaire dont la concentration dépend du niveau d'entraînement du sujet (à l'issue d'un exercice épuisant, elle peut atteindre entre 30 à 40 mmol par kg de muscle

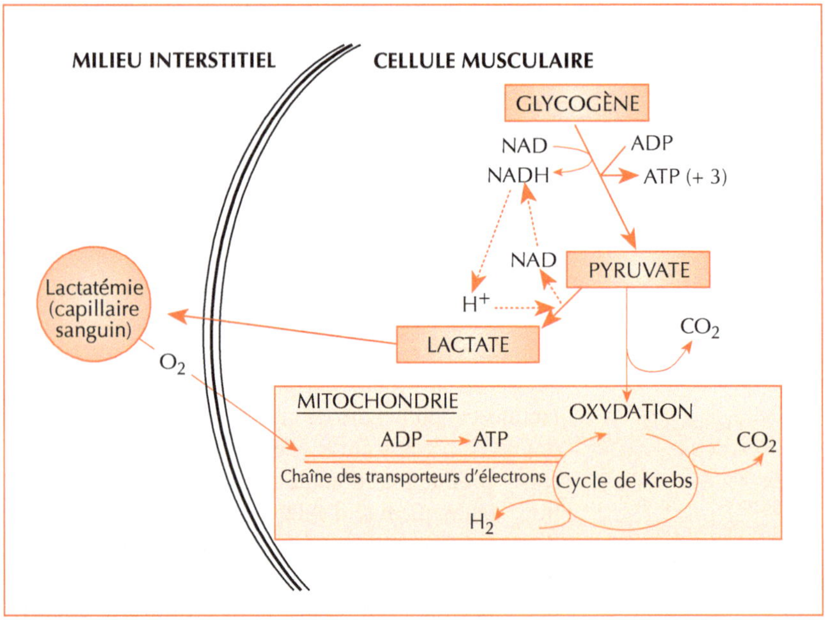

Figure 14.11
À partir d'une molécule de glycogène deux molécules de pyruvate sont formées, permettant la synthèse de trois ATP et s'accompagnant de la production d'hydrogène. L'hydrogène est transporté par le NAD jusqu'au pyruvate avec lequel il forme du lactate. Une petite partie du lactate est oxydée dans la mitochondrie alors que le reste s'accumule dans le cytoplasme de la fibre ou est transféré dans le milieu interstitiel et dans la circulation sanguine.

frais), s'accompagne d'une baisse de l'intensité ou de l'arrêt de l'exercice alors que les réserves en glycogène sont encore importantes. Actuellement, l'unanimité n'est pas faite pour désigner l'acidose comme seule responsable de ce type de fatigue aiguë.

Devenir de l'acide lactique

Dès sa production, l'acide lactique se dissocie en un proton H^+ et un anion : le lactate. C'est l'accumulation des protons H^+, qui seule, est responsable de l'augmentation de l'acidité du milieu (ou acidose). Le lactate n'est donc que le témoin de la présence des protons H^+, mais n'est pas lui-même la cause unique de l'acidose musculaire. Notons en effet que l'hydro-

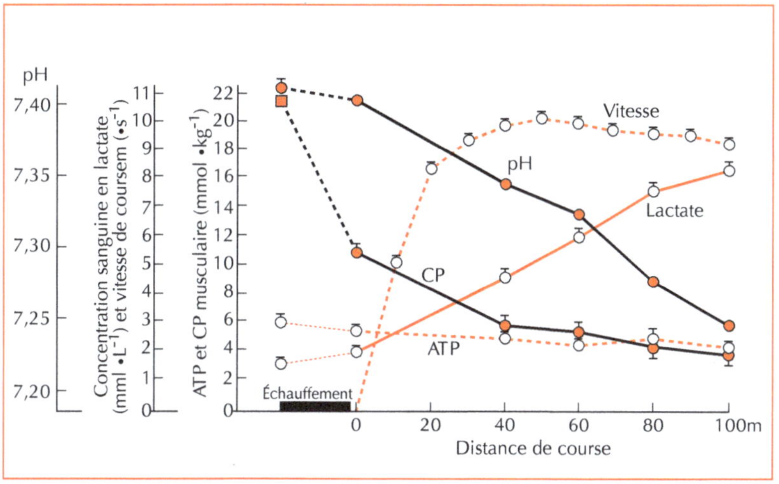

Figure 14.12
Mise en évidence de la contribution non négligeable, voire prépondérante, de la glycolyse anaérobie lactique (pH, lactate) au cours d'un exercice intense de courte durée : le 100 m sprint. Évolution des concentrations musculaires en ATP et en phosphocréatine (CP), des valeurs sanguines du pH, de la concentration sanguine en lactate, en relation avec la durée et la vitesse de course lors d'un sprint sur 100 m. Les athlètes ont effectué plusieurs sprints sur des distances de 40, 60, 80 et 100 m (Hirvonen et al., *Eur. J. Appl. Physiol.*, 1987, 56, 253-259 in : Lacour J.R. ; *Biologie de l'exercice musculaire* (Masson, Paris) 1992, 23-57).

Tableau 14.3 Ce qu'il faut retenir
Synthèse des principales caractéristiques du métabolisme anaérobie lactique.

Lieu de production	Cytoplasme extra-mitochondrial des fibres musculaires
Substrats utilisés	Glycogène, glucose
Délai d'intervention optimale	Mise en jeu immédiate mais flux maximal à partir de 10 s
Production finale	Lactate. Production musculaire maximale : > 30 $mmol.l^{-1}$, concentration sanguine maximale > 25 $mmol.l^{-1}$, valeurs relevées chez des athlètes spécialisés
Puissance	Puissance élevée : de 200 à 450 $kJ.min^{-1}$, soit environ 3 300 à 7 500 W respectivement chez un homme jeune moyen et chez un sportif spécialisé de haut niveau
Capacité et endurance	Dépend du % utilisé de la puissance lactique et de la capacité individuelle à supporter des pH faibles. En général à 100 %, durée de maintien : entre 30 s et 1 min, à 95 % : de deux à trois minutes
Facteur limitant	Acidose cellulaire par production de protons H+ (hydrolyse ATP + glycolyse)
Récupération	Métabolisme du lactate produit : oxydation + néoglycogenèse. Récupération passive : 1 h 30, récupération active : 20 min

lyse de l'ATP libère aussi des quantités non négligeables de protons H^+ dans la cellule. La glycolyse lactique n'en est donc pas la seule source de production. L'acidose mesurée au cours d'exercices épuisants de courte durée résulte de ces deux sources (figure 14.13) ; cependant, grâce à la présence de substances qui se trouvent dans la cellule (composés phosphates, protéines, acides aminés…) ou dans le sang (protéines plasmatiques, hémoglobine, bicarbonate…) les protons H^+ sont tamponnés[7]. Ce système tampon permet au pH de demeurer dans des limites compatibles avec la vie cellulaire. Le lactate connaît alors au moins cinq destinées différentes (figure 14.14) :

– trois d'entre elles se passent directement dans la fibre où il a été produit. Il s'agit de sa complète oxydation en dioxyde de carbone (CO_2) et en eau (H_2O) dans la mitochondrie où il permet la synthèse de l'ATP, de sa conversion en acide aminé et plus particulièrement en ***alanine*** (un des 20 acides aminés nécessaires à notre organisme) et, peut-être en glycogène.

(7) Tampon : substance chimique ou système qui réduit les variations du pH en acceptant ou en libérant des ions hydrogène. Les tampons se lient à un acide fort pour donner un acide faible = Tampon + H^+ ↔ H. tampon (acide faible).

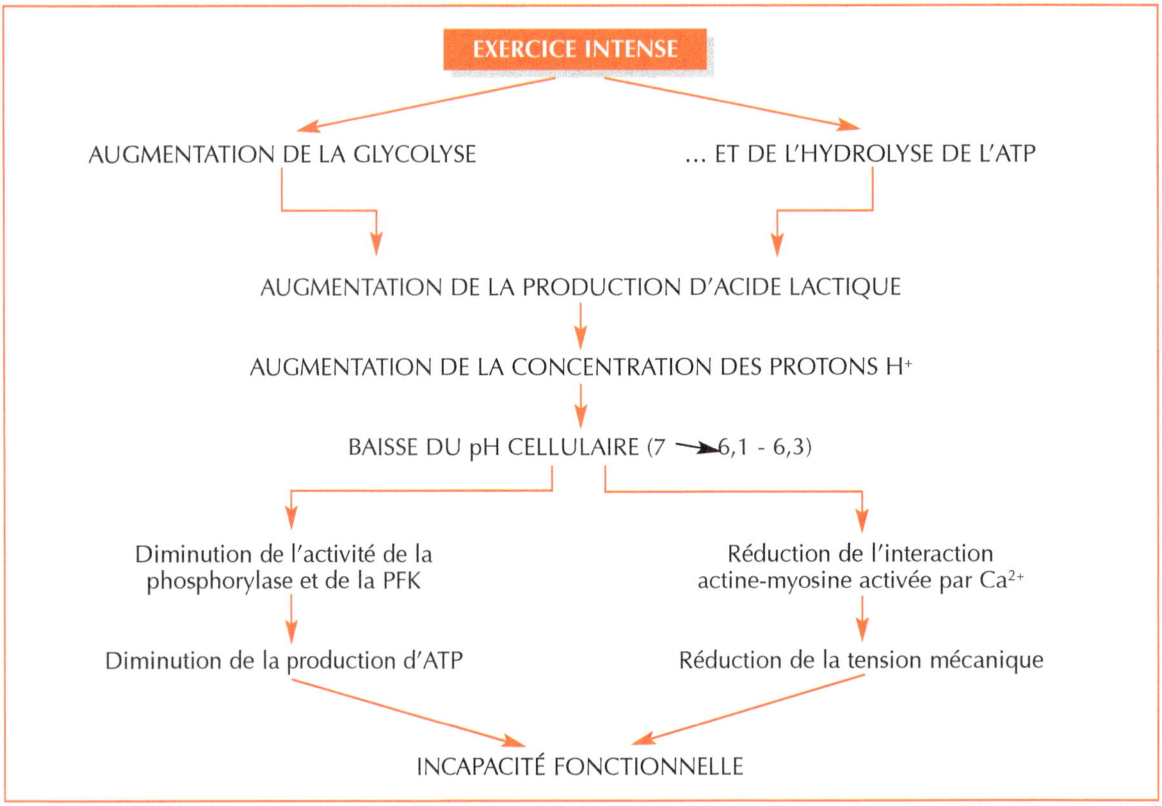

Figure 14.13
Les effets de l'acidose induite par l'acide lactique sur l'activité musculaire. D'après le modèle d'Hermansen 1977 modifié (1999). *L'hydrolyse de l'ATP et la glycolyse sont les deux sources principales de production de protons H+. À cause de l'acidose musculaire qu'ils induisent, ils apparaissent donc comme le facteur limitant de la glycolyse anaérobie sans toutefois avoir encore actuellement la preuve formelle que cette cause serait unique.*

– les deux autres ont lieu hors de la fibre musculaire et résultent de son transport à travers la membrane de la fibre, dans le milieu interstitiel d'où il rejoint la circulation sanguine. À ce niveau il est véhiculé jusqu'au foie pour être transformé en glucose et en glycogène (c'est ce qui est désigné : ***néoglucogenèse hépatique***, de néo : nouveau et de genèse : élaboration) et jusqu'au cœur et aux reins où il est oxydé pour redonner de l'ATP (figure 14.14). Notons encore qu'une partie négligeable est aussi éliminée par la sueur et par les reins.

L'ensemble des utilisations du lactate met en évidence trois aspects importants :

- Il démontre bien que l'acide lactique ne peut être considéré comme un « déchet » mais bien comme un ***métabolite intermédiaire*** encore riche en énergie potentielle. En effet, l'énergie potentielle des deux molécules d'acide lactique produites demeure très élevée : 2 880 kJ (énergie renfermée dans une molécule de glucose) – 197 kJ (énergie utilisée jusqu'à la formation de 2 molécules d'acide lactique) = 2 683 kJ (énergie potentielle restante). Cette énergie est essentiellement utilisée par l'oxydation dans la mitochondrie (voir paragraphe suivant) amenant à la synthèse de nouvelles molécules d'ATP et par plusieurs étapes de la néoglycogenèse permettant la reconstitution des réserves en glycogène de l'organisme.
- En outre, comme la formation de 2 molécules de lactate a permis à la glycolyse de synthétiser 3 molécules d'ATP, une forte production de lactate est tout simplement le témoin d'une importante production d'ATP nécessaire à la performance de haut niveau dans des activités intenses de courte durée dont les meilleurs exemples sont les courses de 400 et 800 m. Ce n'est donc pas un hasard si les meilleurs coureurs de 400 m sont ceux chez qui on mesure les plus fortes concentrations de lactate aussi bien au niveau musculaire que sanguin.
- Enfin, la lactatémie (ou concentration du lactate dans le sang), souvent utilisée pour apprécier l'intensité d'un exercice chez le sportif, n'est que le reflet indirect et très incomplet du lactate produit par le muscle. Ses résultats doivent donc toujours être interprétés avec prudence.

La capacité de la glycolyse lactique

La capacité énergétique de la glycolyse lactique dépend des possibilités individuelles d'accumulation de lactate. Elle dépend donc de la qualité des systèmes tampon du sujet. En ce sens, la capacité peut-être confondue avec l'endurance lactique qui dépend aussi de ces mêmes possibilités. Elle se situe en moyenne entre 95 kJ chez le sédentaire et 120 kJ chez le sportif entraîné, mais son estimation est entachée par l'intervention de l'utilisation des phosphagènes surtout au cours des 20 premières secondes d'un exercice très intense. Ceci se traduit par exemple par une baisse de la vitesse de course aux 200 m généralement observée lors d'un 400 m. La capacité de la glycolyse lactique permet de couvrir en majeure partie les besoins énergétiques des exercices de forte intensité compris entre 20 secondes et 2 à 3 minutes selon le niveau de spécialisation et d'entraînement du sportif.

La puissance énergétique

Le débit important de synthèse d'ATP rapidement utilisables permet de réaliser des exercices nécessitant de fortes puissances. La puissance métabolique de la glycolyse anaérobie lactique est difficile à mesurer car, dans tout exercice, même de courte durée, les trois métabolismes interviennent de façon complémentaire. Par exemple, pour le record du monde du 400 m course dont le coût énergétique estimé est de 372 kJ, environ 70 % de la puissance mécanique dépendent du métabolisme anaérobie (phosphagènes + glycolyse lactique) et 30 % de la puissance aérobie maximale. On estime généralement la puissance métabolique de la glycolyse lactique entre 200 et 500 kJ/min (soit 3 333 et 8 333 W) respectivement pour le sportif non entraîné et très entraîné. Remarquons que seul le quart est utilisé dans la course dont le rendement n'est environ que de 25 %.

Récupération après un exercice lactique : diminution des concentrations en lactate

En ce qui concerne la glycolyse anaérobie, les réserves en glycogène n'étant que peu entamées par des exercices épuisants de 1 à 3 minutes, la récupération porte surtout sur le métabolisme du lactate et donc sur le retour du pH à la normale, c'est-à-dire à des valeurs proches de 7,1, 7,2.

Au cours d'une récupération passive (sujet à l'arrêt complet), après un exercice épuisant d'une durée de 1 à 2 minutes, en fonction de sa concentration sanguine maximale, le lactate décroît de la façon suivante :
- 50 % en ≈ 25 minutes ;
- 75 % en ≈ 50 minutes ;
- 88 % en ≈ 1 h 15 min ;
- 100 % en ≈ 1 h 30 min.

Au cours d'une récupération active à intensité faible (50 à 60 % de $\dot{V}O_2max$) ces durées sont très nettement plus courtes :
- 50 % en ≈ 6 minutes ;
- 75 % en ≈ 12 minutes ;
- et 100 % en ≈ 20 minutes.

Ceci signifie que, si aucun autre exercice épuisant ou autre compétition ne se déroule dans une durée inférieure à 1 h 30 min après un tel exercice, la récupération active ne se justifie pas pour débarrasser la fibre du lactate produit. Par ailleurs, on ne connaît pas actuellement la concentration lactique à partir de laquelle la performance commence à être altérée. En tout état de cause, il n'est pas utile de chercher à retrouver impérativement une lactatémie de repos pour renouveler une bonne performance.

b) La filière aérobie

La filière aérobie est constituée par l'ensemble des processus qui produisent l'ATP dans lesquels intervient l'oxygène.

Les glucides (glucose et glycogène), les lipides (acides gras) et secondairement les protéines (acides aminés) sont les substrats dont le catabolisme permet, en présence d'oxygène, de libérer l'énergie nécessaire à la synthèse de l'ATP. Les processus par lesquels, en présence d'oxygène, la cellule dégrade ces substrats en CO_2 et H_2O constituent la ***respiration cellulaire.*** La respiration cellulaire se déroule dans la mitochondrie. Sa fonction principale est d'utiliser l'énergie de la dégradation des substrats pour synthé-

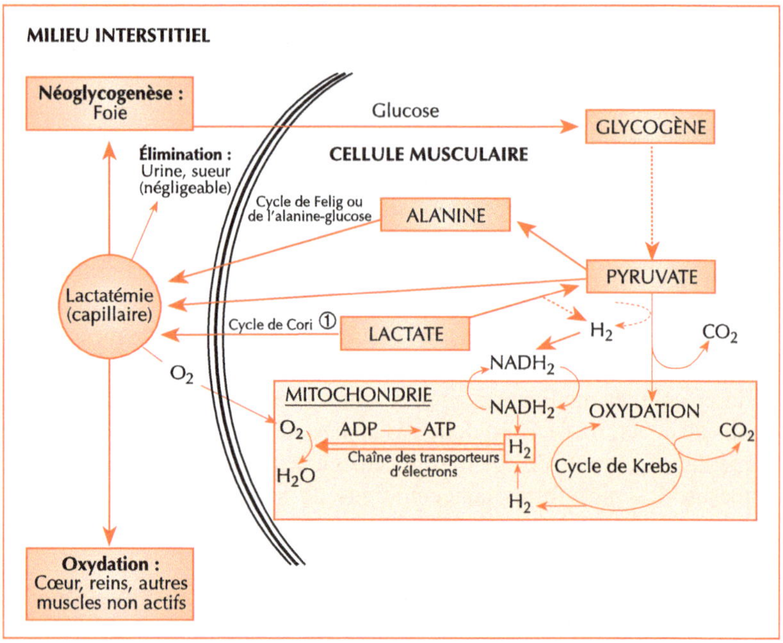

Figure 14.14
Les grands cycles du devenir du lactate après un exercice épuisant d'une à deux minutes.
1) Une partie du lactate est transférée hors de la fibre dans le milieu interstitiel et dans le sang où sa destinée est à nouveau multiple : une partie est oxydée par le cœur, les reins et les autres muscles laissés au repos, une partie négligeable est éliminée dans l'urine et la sueur, et enfin une partie importante est retransformée en glucose dans le foie (néoglucogenèse hépatique). En fonction des besoins de l'organisme, le foie le libère dans la circulation sanguine. Ce glucose est utilisé par les différents tissus qui en ont besoin, surtout par les cellules nerveuses et les fibres musculaires. À ce niveau, il peut être utilisé soit directement par la glycolyse, soit pour reconstituer les réserves en glycogène. La boucle est ainsi bouclée et est définie : cycle de Cori.
2) Dans la fibre, le lactate libère un hydrogène et retrouve son état de pyruvate. Le pyruvate présente lui-même trois destinées : une partie (limitée) est directement transférée dans la circulation sanguine, une autre suit la même voie, mais est préalablement transformée en un acide aminé (on dit transaminée) : l'alanine, enfin une troisième partie est oxydée dans la mitochondrie. Notons que lactate, pyruvate et alanine sont transportés jusqu'au foie où leur présence déclenche la néoglucogenèse. Ils sont définis pour cela comme « précurseurs de la néoglucogenèse hépatique ».

tiser de nouvelles molécules d'ATP à partir de l'ADP et des Pi résultant du travail musculaire.

Les étapes de la respiration cellulaire

La respiration cellulaire s'effectue en trois étapes principales (figure 14.15).

Dans la première étape, les molécules résultant des premières dégradations du glucose, des acides gras et des acides aminés doivent présenter une structure ne comprenant que deux atomes de carbone pour se combiner au ***coenzyme A*** et former de ***l'acétyl-coenzyme A (Acétyl-CoA).*** L'acétyl-CoA est la voie principale d'accès à la deuxième étape constituée par l'enchaînement de réactions connues sous les noms de ***cycle de l'acide citrique ou cycle de Krebs***.

Dans la seconde étape, l'acétyl-CoA (à 2 carbones) se combine à ***l'oxaloacétate*** (à 4 carbones) pour former du ***citrate*** (à 6 carbones) puis par une série complexe de huit réactions biochimiques, le cycle de Krebs dégrade la molécule de citrate ce qui permet de libérer 2 molécules de CO_2 (perte de 2 carbones) et 4 paires d'atomes d'hydrogène, de redonner l'oxaloacétate et ainsi de suite… d'où le nom de cycle de l'acide citrique donné aussi au cycle de Krebs. Notons en outre que, seule une molécule d'ATP est constituée au cours d'un tour de cycle. Le CO_2 libéré diffuse aisément hors de la cellule et est transporté par le sang vers les poumons. Les atomes d'hydrogène se combinent à deux coenzymes : le NAD et le FAD (ou flavine adénine dinucléotide) présents dans la mitochondrie, pour être transportés jusqu'à la ***chaîne des cytochromes encore appelée chaîne respiratoire ou chaîne de transport de l'hydrogène (ou des électrons).***

La fonction essentielle du cycle de Krebs est de libérer des atomes d'hydrogène et l'énergie potentielle que renferment leurs électrons.

La troisième étape est constituée par la synthèse des molécules d'ATP dans la chaîne des transporteurs d'électrons. À ce niveau, le NADH et le $FADH_2$ libèrent leurs ions hydrogène qui sont divisés en protons H^+ et en électrons e^-. Ces électrons passent par une cascade de 7 réactions (d'où le nom de ***chaîne des transporteurs d'électrons***) dont le but est d'extraire progressivement leur énergie pour permettre la synthèse de nouvelles molécules d'ATP. En fin de chaîne, les protons H^+ se combinent à l'oxygène qui provient des poumons, a été transporté par le sang d'où il a diffusé dans la fibre et dans la mitochondrie, pour former de l'eau : H_2O. Cette eau synthétisée

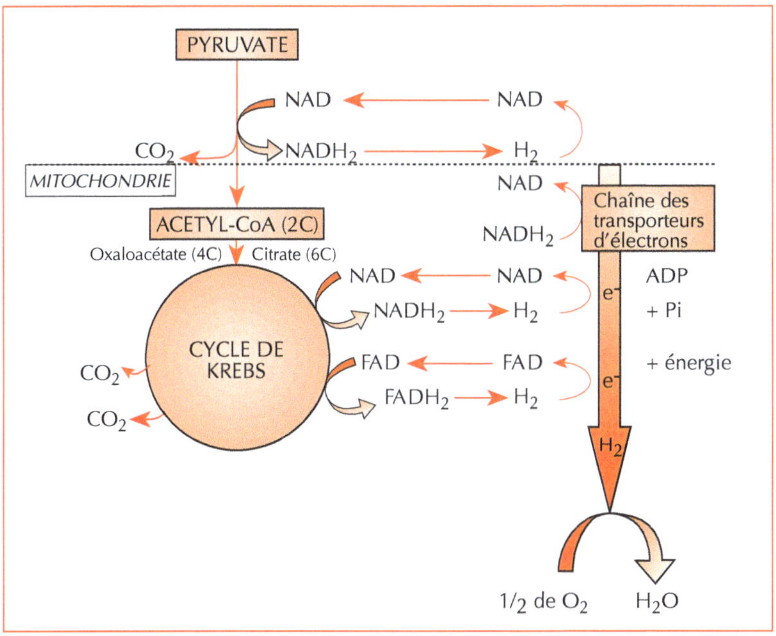

Figure 14.15
Métabolisme aérobie du glucose. Le pyruvate doit libérer un de ses trois atomes de carbone pour se combiner avec le coenzyme A et donner de l'acétyl-coenzyme A, seule voie d'accès dans le cycle de Krebs. À partir d'un composé présentant 6 atomes de carbone : l'acétate, l'objectif du cycle de Krebs est de libérer 2 atomes de carbone sous forme de CO_2 et de former de l'oxaloacétate à 2 carbones qui accepte à nouveau les 2 carbones de l'acétyl-coenzyme A et ainsi de suite… À chaque cycle, 4 paires d'hydrogène riches en énergie potentielle sont formées. Les électrons (e^-) des atomes d'hydrogène sont libérés dans la chaîne des transporteurs d'électrons dans laquelle leur énergie permet la synthèse de 36 molécules d'ATP. L'hydrogène se combine alors avec l'oxygène pour former de l'eau métabolique.

dans la mitochondrie est appelée eau métabolique. Parce que la formation dans la mitochondrie d'ATP à partir de l'ADP et de Pi nécessite la présence d'oxygène, cette opération est appelée ***phosphorylation oxydative.***

La glycolyse aérobie

Lorsque la capacité oxydative de la fibre musculaire est suffisante pour produire l'énergie dont le travail musculaire a besoin, le pyruvate résultant de la dégradation anaérobie du glucose est totalement oxydé en CO_2 et en H_2O dans la mitochondrie. Avant d'entrer dans le cycle de Krebs, l'acide pyruvique ($C_3H_4O_3$) perd un atome de carbone sous forme de CO_2 ainsi qu'un nouvel hydrogène. Pris en charge par le NAD, l'hydrogène est transporté jusqu'à la chaîne respiratoire. Son « squelette carboné » à deux carbones est alors immédiatement dégradé en groupements acétyles de l'acétyl-CoA, ce qui l'autorise à entrer dans le cycle de Krebs. À l'issue des deux grandes étapes suivantes (cycle de Krebs et chaîne des transporteurs d'électrons), 18 molécules d'ATP sont synthétisées par molécules de pyruvate, soit 36 ATP par unité de glucose.

Comme 2 molécules d'ATP ont été synthétisées lors de la phase anaérobie (cytoplasmique extra-mitochondriale) de la dégradation d'une molécule de glucose (ou 3 à partir du glycogène), le bilan final de la glycolyse aérobie est donc de 38 ATP avec le glucose et 39 ATP avec le glycogène:

Glucose ($C_6H_{12}O_6$) + 38 ADP + 38 Pi + $6O_2$ $\rightarrow$ 38 ATP + $6CO_2$ + $6H_2O$ + chaleur

Les substrats de la glycolyse

Le glucose du travail musculaire provient de cinq sources principales: du glycogène en réserve dans le muscle, du glucose sanguin ou *glucose circulant*, des réserves hépatiques (hépatique = du foie), de la néoglycogenèse hépatique (cycles de Cori et de l'analine-glucose) et bien sûr de notre alimentation.

Notre alimentation et nos boissons apportent trois types de glucides:

- les sucres simples ou monosaccharides: le glucose, le fructose et le galactose,
- les disaccharides formés de deux sucres simples associés: le maltose, le sucrose et le lactose,
- et les polysaccharides: l'amidon formé comme le glycogène de longues chaînes de glucose.

La digestion transforme les glucides ingérés en sucres simples qui sont absorbés par l'intestin et transférés dans la circulation sanguine. Ceci permet de percevoir la signification des concepts populaires de « sucres rapides et de sucres lents ».

Le sang véhicule le glucose qui devient le *glucose circulant*, soit vers les lieux de sa consommation: de façon permanente par les fibres du système nerveux et de façon occasionnelle par les muscles actifs, soit vers les lieux de son stockage sous forme de glycogène: les muscles et le foie. La concentration du glucose dans le sang apelée *glycémie* est maintenue aux environs de 0,9 g/L principalement par l'action permanente de deux hormones pancréatiques aux effets antagonistes: l'insuline et le glucagon.

Dans l'organisme, les réserves en glycogène se répartissent entre le foie (50 g/kg soit entre 80 et 90 g) et les muscles (10 à 20 g/kg chez le sujet sédentaire et de 30 à 45 g/kg chez le sportif très entraîné). La totalité des réserves chez un sportif entraîné de 70 kg présentant 30 kg de muscle se situe donc entre 1 kg et 1,4 kg alors qu'elles ne sont que de 400 à 600 g chez le sédentaire. L'entraînement et l'alimentation peuvent donc considérablement améliorer les réserves en glycogène de l'organisme.

Utilisation des unités glucose au cours de l'exercice de longue durée

Au cours de l'exercice de longue durée, l'utilisation du glucose peut bénéficier de la complémentarité de plusieurs sources: des réserves musculaires en glycogène puis, quand celles-ci baissent, du glucose circulant, des réserves hépatiques et du glucose issu de la néoglycogenèse. La baisse des réserves est directement dépendante de la durée, de l'intensité de l'exercice et de la nature des fibres qui constituent le muscle.

À haute intensité d'exercice, les fibres à contraction rapide sont de grandes consommatrices de glycogène. La qualité de la performance de longue durée dépend donc, d'une part, des réserves en glycogène de l'organisme et, d'autre part, de la bonne gestion de son utilisation. On peut estimer que la déplétion totale des réserves en glycogène (concomitante de la sensation d'épuisement) peut être obtenue chez un sujet moyennement entraîné en une heure lorsque l'intensité du travail se situe entre 80 et 85 % de sa puissance aérobie maximale (PAM) ou de sa vitesse aérobie maximale (VAM) et en une heure trente à deux heures, entre 70 et 75 % de PAM, de VAM ou de $\dot{V}O_2$ max (figure 14.16). Ces valeurs dépendent du niveau d'entraînement du sujet.

Notons encore que l'importance de la glycolyse aérobie dépend aussi des possibilités de consommation d'oxygène du sujet et surtout du pouvoir oxydatif de ses fibres musculaires, pouvoir oxydatif qui peut être considérablement amélioré par l'entraînement. En outre, plus la durée de l'exercice augmente, plus les lipides contribuent de façon complémentaire à l'apport énergétique du travail musculaire.

Reconstitution des réserves en glycogène après un exercice de longue durée

Comme nous l'avons étudié, les deux principales sources utilisées pour reconstituer les réserves en glycogène sont la néoglycogenèse hépatique et le régime alimentaire. Chez un sujet non entraîné, la cinétique de leur reconstitution après un exercice épuisant de longue durée varie entre 48 et 72 heures. Avec un régime riche en glucides, cette durée peut être ramenée à 24 heures chez des sujets très entraînés. Par ailleurs, on observe une augmentation de ces réserves appelée ***surcompensation*** 48 heures à 72 heures après une forte déplétion. Ce phénomène peut s'avérer très utile pour planifier au bon moment les entraînements ou les compétitions.

Catabolisme des lipides

Le pourcentage d'utilisation du glycogène augmente avec l'intensité de l'exercice (figure 14.17). Au contraire, plus l'exercice est de longue durée et de moindre intensité (figure 14.18), plus la contribution des lipides devient importante dans l'apport énergétique. L'intérêt de cette contribution est évident pour économiser le glycogène dont les réserves sont relativement limitées. Par contre, les réserves en lipides de l'organisme sont très importantes et peuvent être très variables d'un individu à l'autre. Elles se situent en moyenne entre 10 et 12 % de la masse corporelle chez les sportifs hommes, et 18 et 20 % chez les femmes sportives. Elles se concentrent surtout dans les cellules adipeuses ou ***adipocytes*** du tissu adipeux souscutané mais également entre et dans les fibres musculaires où elles se présentent

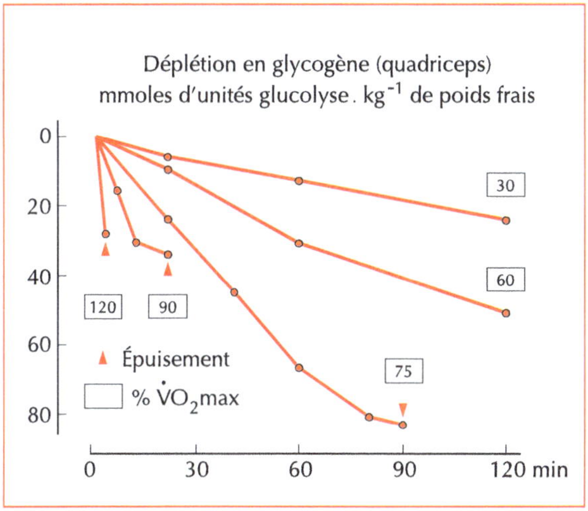

Figure 14.16
Déplétion en glycogène dans le quadriceps humain durant des exercices réalisés à différentes intensités. Les charges à 75, 90 et 120 % de $\dot{V}O_2$max sont maintenues jusqu'à épuisement. D'après Saltin et Karlsson, 1971.

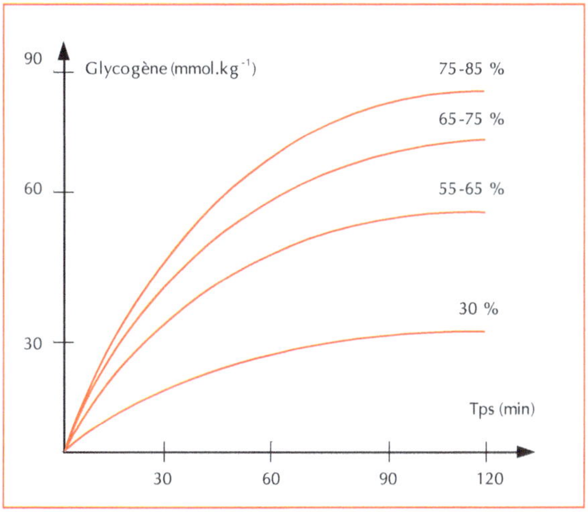

Figure 14.17
Quantité de glycogène utilisée en deux heures au niveau du quadriceps, en fonction de l'intensité de l'exercice, exprimée en % de $\dot{V}O_2$ max.

sous la forme de vacuoles lipidiques. À la condition de disposer de l'oxygène nécessaire, ces réserves sont très supérieures à l'énergie que pourrait utiliser un organisme même soumis à l'exercice le plus long. Parmi les différents lipides, le muscle en activité utilise surtout les ***triglycérides***. Comme son nom l'indique, la molécule de triglycéride est formée de trois (***tri***) molécules d'acides gras fixées à une molécule de glycérol (***glycéride***). Comme le glucose, la molécule de triglycéride est constituée de carbone, d'hydrogène et d'oxygène. Cependant, le rapport hydrogène/oxygène est beaucoup plus élevé avec les lipides. Par exemple, ***l'acide oléique***, l'acide gras le plus abondant dans notre organisme, présente la formule : $C_{18}H_{34}O_2$. Le déséquilibre de ce rapport montre aussi que le catabolisme des triglycérides nécessite la présence de beaucoup plus d'oxygène que le glucose pour être transformé en H_2O et en CO_2 (environ entre 10 et 15 % en plus).

Ce catabolisme est étroitement lié au métabolisme du glucose et emprunte des intermédiaires communs. Pour contribuer à l'apport énergétique, la première étape du catabolisme d'une molécule de triglycéride est la séparation de la molécule de glycérol et des trois molécules d'acides gras libres (AGL). Cette opération qui dépend de l'action d'une enzyme : la ***triglycéride lipase***, est connue sous le nom de *lipolyse*. Une fois séparées, ces molécules passent dans le sang à partir duquel leurs destinées vont être différentes.

Sort du glycérol : En majorité les molécules de glycérol sont captées par le foie pour y jouer aussi le rôle de précurseur de la néoglycogenèse hépatique. Une petite partie est intégrée dans la glycolyse anaérobie pour y subir le même sort que le catabolisme du glucose.

Sort des acides gras : Par contre, les trois acides gras libres pénètrent par simple diffusion dans les fibres musculaires dans lesquelles, au sein des mitochondries, par un enchaînement d'actions enzymatiques appelées ***bêta-oxydation (β-oxydation)***, ils sont transformés en autant de molécules ne présentant que 2 atomes de carbone pour entrer dans le cycle de Krebs. Par exemple, l'acide oléique fournit 9 acides acétiques (18 carbones : 2). Chaque acide acétique est alors converti en acétyl-CoA pour entrer dans le cycle de Krebs et suivre toutes les autres réactions de la respiration cellulaire.

Triglycérides et acides gras : Comme il existe sept acides gras principaux dans notre organisme et que chacun peut entrer dans une combinaison avec le glycérol, il existe par conséquent 343 molécules différentes de triglycéride.

Une molécule d'acide gras fournit beaucoup plus d'énergie qu'une molécule de glucose. En moyenne, son potentiel énergétique est de 40 kJ par gramme alors que celui du glucose n'est que de 17 kJ par gramme. En outre, sa production d'ATP est nettement supérieure. Par exemple, l'oxydation d'une molécule d'acide palmitique (deuxième acide gras le plus important de notre organisme) permet la synthèse de 131 ATP. Et pourtant l'intensité des exercices dépendant du métabolisme aérobie des AGL ne représente dans le meilleur des cas que 70 à 75 % de la puissance obtenue avec l'oxydation du glucose. Ce paradoxe tient d'une part au moins bon rendement énergétique de la lipolyse aérobie (environ 47 %) et d'autre part à la nécessité de consommer plus d'oxygène par gramme d'AGL dégradé : 2,009 litres d'O_2 par gramme d'AGL alors le glucose n'en nécessite que 0,746 l/g.

Sources de production des triglycérides : Les réserves de triglycérides sont constituées à partir du glycérol, des acides gras et du glucose provenant de notre alimentation. Par une opération appelée ***lipogenèse***, le glycérol et les acides gras se combinent pour former des triglycérides.

Lorsque les réserves en glycogène ont été reconstituées, le glucose supplémentaire continue d'être mis en réserve sous forme de triglycérides, opération appelée ***néolipogenèse***. Une partie du glucose est convertie en glycérol alors que l'autre est transformée en acides gras.

Catabolisme aérobie des protéines

L'apport énergétique nécessaire à la synthèse de l'ATP par la voie du catabolisme des protéines ou de leurs constituants, les acides aminés, n'est que très secondaire comparé à celui de la dégradation des glucides et des lipides. Dans les conditions normales, hormis l'alanine, les acides aminés n'interviennent que modestement dans le métabolisme énergétique (environ 4 à 5 % de l'apport total). Ils constituent avant tout les matériaux de construction dans l'édification de nouveaux tissus ou dans l'entretien des cellules déjà formées, d'où leur rôle très important lors de la croissance et lors de programmes de musculation.

Lorsqu'ils sont catabolisés à des fins énergétiques, eux aussi empruntent des intermédiaires communs de la glycolyse aérobie.

Il faut toutefois limiter leur fonction énergétique à certaines conditions particulières comme le jeûne prolongé ou à l'occasion d'exercices de très longue durée (ultra marathon) ou d'exercices accompagnés d'une alimentation carencée en glucides et en lipides.

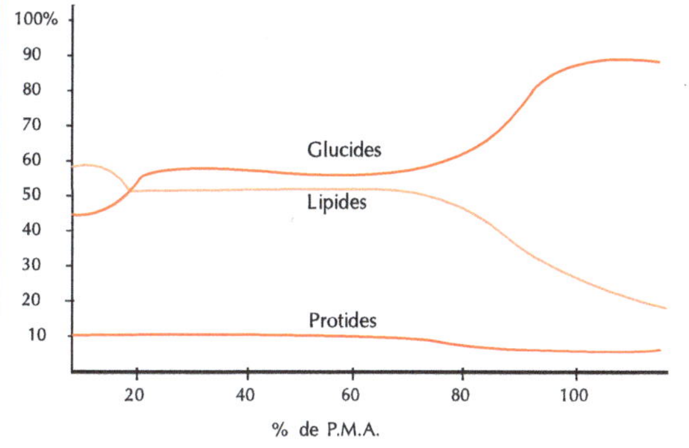

Figure 14.18
Influence de la puissance relative de l'exercice (% de la puissance aérobie maximale : PAM) sur la contribution des substrats à l'apport d'énergie. (D'après Lacour, 1982).

Tableau 14.4 Ce qu'il faut retenir
Synthèse des principales caractéristiques du métabolisme aérobie.

Lieu de production	Uniquement dans les mitochondries des fibres musculaires
Substrats utilisés	***Glucides*** : glucose et glycogène (exercices intenses et prolongés) ***Lipides*** : acides gras libres des triglycérides (exercices moins intenses et de longue durée) ***Acides aminés*** : surtout lors d'exercices de très longue durée et lors de régimes carencés en glucides et lipides
Délai d'intervention prépondérante	Pour les exercices de forte intensité : de trois à quatre minutes chez le sédentaire mais sensiblement moindre chez l'enfant et le sportif entraîné Ces délais résultent de l'adaptation de la chaîne des transporteurs de l'O_2 : diffusion alvéolo-capillaire des poumons, débit cardiaque, recrutement des capillaires périphériques, diffusion et transport cellulaire jusqu'aux mitochondries
Production finale obtenue	CO_2 + H_2O (eau métabolique) + énergie pour la synthèse de l'ATP
Puissance maximale	En moyenne de 45 à 50 $ml.min^{-1}.kg^{-1}$ pour les adultes masculins non sportifs et jusqu'à 90 $ml.min^{-1}.kg^{-1}$ chez les sportifs de très haut niveau spécialistes de sports de durée : skieurs de fond, rameurs, cyclistes, coureurs En moyenne de 45 à 45 $ml.min^{-1}.kg^{-1}$ pour les femmes adultes et jusqu'à 70 à 75 $ml.min^{-1}.kg^{-1}$ chez les sportives spécialistes de sports de longue durée. Puissance susceptible d'être maintenue en moyenne entre 6 et 7 min
Endurance	Dépend du % utilisé de la puissance aérobie maximale ($\dot{V}O_2max$) Susceptible d'être maintenue très longtemps : marathoniens, triathlète, cyclistes…

Facteurs limitants	$\dot{V}O_2$ max pour les exercices d'intensité élevée, épuisement des réserves en glycogène pour les exercices intenses et prolongés, thermorégulation et déshydratation pour les exercices de très longue durée et d'intensité moins élevée.
Récupération	Comme les réserves lipidiques de notre organisme permettraient théoriquement de courir une distance équivalente à neuf marathons, seule la reconstitution des réserves en glycogène s'avère importante. Selon les régimes et le niveau d'entraînement, les réserves totalement épuisées se reconstituent entre 36 et 72 heures

CE QU'IL FAUT RETENIR DE L'ENSEMBLE DES « FILIÈRES ÉNERGÉTIQUES »

Réserves glucidiques, lipidiques, accessoirement protidiques et pool des phosphagènes constituent les sources dans lesquelles, selon les circonstances, l'organisme peut puiser pour reconstituer les molécules d'ATP à partir de la phosphorylation des molécules d'ADP, d'AMP et de créatine. Les trois processus permettant la production de l'ATP sont : l'hydrolyse des phosphagènes (ou processus habituellement défini comme anaérobie alactique), la glycolyse anaérobie (définie comme processus anaérobie lactique) et le processus aérobie par lequel glucides, lipides et protides sont oxydés pour libérer l'énergie requise.

Ces trois processus se distinguent par les substrats qu'ils utilisent, leur délai d'intervention, leur capacité, leur puissance, leur endurance, les facteurs qui les limitent et la durée qui leur est nécessaire pour reconstituer leurs réserves, éliminer ou transformer les métabolites et les déchets produits (tableau de synthèse14.5). Ces trois processus sont mis en jeu ensemble et immédiatement après les premières secondes de l'activité musculaire, en réponse à une baisse du rapport ATP/ADP et à une augmentation des concentrations cellulaires en noradrénaline et en calcium de début de contraction musculaire. Leur pleine efficacité de synthèse de nouvelles molécules d'ATP n'étant atteinte qu'après un délai qui leur est propre, il est évident que selon la durée et l'intensité d'un exercice, un de ces processus intervient de façon préférentielle.

Tableau 14.5 Ce qu'il faut retenir
Synthèse récapitulative des principales caractéristiques des sources de production de l'énergie de l'activité physique.

Métabolismes			
Caractéristiques	**Anaérobie alactique**	**Anaérobie lactique**	**Aérobie**
Substrats utilisés	ATP + créatine phosphate (CP)	Glycogène	Glycogène + glucose + acides gras libres + acides aminés
Délai d'intervention Prépondérante	Nul	De 15 à 20 s	De 1 à 3 min
Capacité ou quantité totale d'énergie disponible	Très faible (*) : de 25 à 46 kJ (1)	Faible (*) : de 95 à 120 kJ (1)	Très élevée (*) : dépend du $\dot{V}O_2max$ et du niveau d'endurance du sujet
Puissance ou débit maximal de production d'énergie	Très élevée (*) : de 300 à 750 $kJ.min^{-1}$	Élevée (*) : de 200 à 500 $kJ.min^{-1}$	Dépend de $\dot{V}O_2max$ (*) : de 60 à 120 $kJ.min^{-1}$ou de 15,5 $w.kg^{-1}$ à 17,5 $w.kg^{-1}$ chez l'homme et 12,75 à 14 $w.kg^{-1}$ chez la femme
Durée limite du maintien de la puissance (endurance)	De 4 à 7 s (*) : dépend du niveau d'endurance spécifique du sujet	De 20 à 50 s (*) : dépend du niveau d'endurance spécifique du sujet	De 3 à 8 min (*) : dépend du niveau d'endurance spécifique du sujet
Lieu de la production d'énergie dans la cellule	Cytoplasme cellulaire au niveau des filaments d'actine et de myosine	Cytoplasme cellulaire (extramitochondrial)	Dans la mitochondrie
Produit final du catabolisme	ADP, AMP, Pi et créatine	Acide lactique	H_2O métabolique + CO_2
Facteurs limitants	Utilisation presque totale (80 %) des réserves en créatine phosphate	Acidose cellulaire	VO_2max, épuisement des réserves en glucide + thermolyse
Durée nécessaire de la récupération après une sollicitation maximale	Reconstitution totale des réserves en ATP et CP : de 6 à 8 min (*)	Métabolisme totale (oxydation et néoglycogenèse) du lactate produit : 1 h 30 (*)	Reconstitution des réserves en glucide (glycogène et glucose : muscle et foie) : de 24 à 72 h (*)

(*) Dépend des caractéristiques individuelles, du niveau d'entraînement et de l'état nutritionnel du sujet.

Chapitre 15

LES ÉCHANGES AU NIVEAU DE L'APPAREIL CARDIO-PULMONAIRE

Georges Cazorla

INTRODUCTION

Afin de répondre aux besoins accrus de l'exercice musculaire, une grande quantité de « sang régénéré » est nécessaire pour alimenter la cellule en oxygène et en substances nutritives et pour la débarrasser rapidement des déchets relatifs à son fonctionnement.
Ce sont les systèmes respiratoires et cardio-vasculaires qui assurent ces fonctions.
Une cohésion parfaite existe entre les ajustements respiratoires et cardio-vasculaires et les besoins des territoires en activité tels que les muscles.

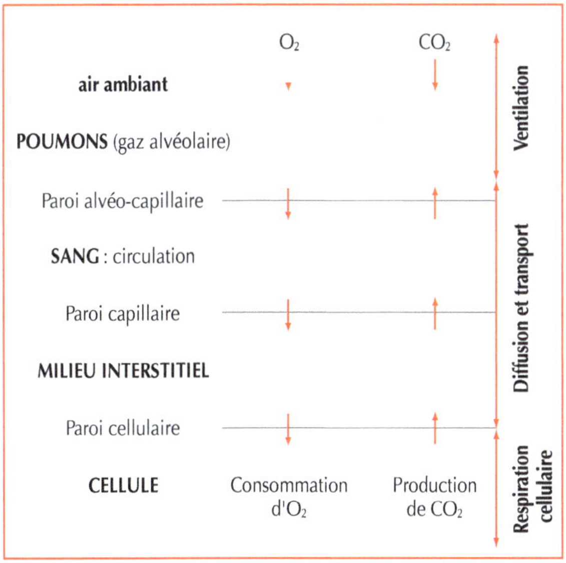

Figure 15.1
Les phénomènes respiratoires.

1. LA RESPIRATION

La respiration ou échanges de l'oxygène (O_2) et du dioxyde de carbone (CO_2) entre les cellules et le milieu extérieur, est assurée par l'enchaînement de deux étapes :

- *la ventilation* qui mobilise les volumes gazeux ;
- *la diffusion* qui est la propriété qu'ont les gaz O_2 et CO_2 de traverser les membranes des poumons, des vaisseaux sanguins et des cellules (figure 15.1).

A. Anatomie de l'appareil ventilatoire (figure 15.2)

La ventilation est réalisée par les voies aériennes et les poumons.

Les voies aériennes

Les voies aériennes sont formées par l'ensemble des conduits qui amènent l'air jusqu'au lieu de leur échange. Leur rôle est d'assurer le conditionnement (humification et réchauffement), l'épuration et la filtration de l'air inspiré. Elles sont composées par :

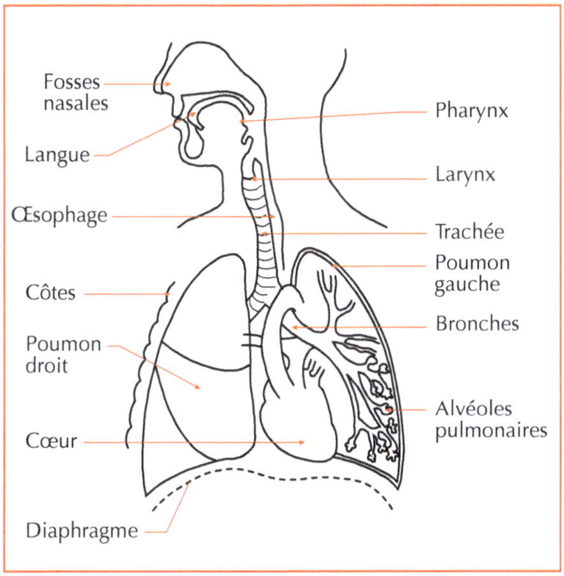

Figure 15.2
Les voies respiratoires.

– les fosses nasales,
– le pharynx, carrefour des voies respiratoires et digestives,
– le larynx, siège des cordes vocales,
– la trachée artère et les bronches. La trachée artère se divise en deux bronches souches droite et gauche qui se prolongent et se ramifient dans les poumons.

Les poumons

Situés dans la cage thoracique, les deux poumons droit et gauche sont séparés par le cœur et les gros vaisseaux. Après avoir pénétré dans les poumons, les bronches se divisent en bronchioles de plus en plus fines. Les bronchioles terminales donnent naissance à de petits sacs : les alvéoles pulmonaires. Les alvéoles sont tapissées de multiples vaisseaux sanguins très fins : les capillaires. Cette organisation permet un contact très étroit et une vaste surface d'échanges entre le sang et l'air.
Les capillaires sont issus de la ramification des artères pulmonaires droite et gauche qui s'engagent dans les poumons avec les bronches, suivent les ramifications bronchiques en se subdivisant en artérioles et capillaires puis se réunissent en veinules et en veines. Veinules et veines vont former les quatre veines pulmonaires qui ramènent le sang oxygéné vers le cœur.
Les poumons sont recouverts d'une membrane, la plèvre qui, en se repliant, forme deux sacs clos qui tapissent la surface interne de la cage thoracique. L'espace entre les deux feuillets, la cavité pleurale, sans air, est occupée par un liquide incompressible, le liquide intrapleural. La cavité pleurale joue un rôle important dans la mécanique ventilatoire en maintenant, de façon permanente, le poumon contre la paroi thoracique.

B. La mécanique ventilatoire

La mobilisation de l'air dans l'appareil respiratoire est permise par l'action des muscles respiratoires et par la solidarité des poumons avec la cage thoracique.
La ventilation est la succession de phases inspiratoires et expiratoires. Au repos, la fréquence ventilatoire est d'environ douze cycles par minute et peut s'élever jusqu'à 25 cycles par minute au cours de l'exercice intense.

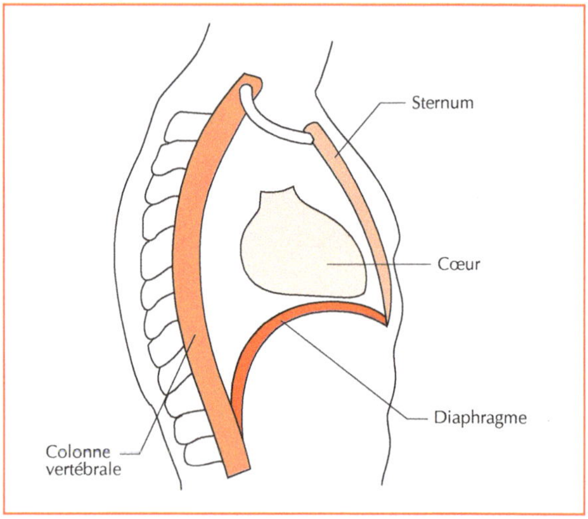

Figure 15.3
Les insertions du diaphragme.

L'inspiration

L'inspiration est produite par l'action du diaphragme, muscle large en forme de coupole, séparant le thorax et l'abdomen (figure 15.3), et par certains muscles intercostaux. Leur action entraîne :
– une augmentation du volume intrathoracique par abaissement du diaphragme, par projection du sternum vers l'avant et élévation des côtes ;
– une baisse de la pression, qui assure l'entrée de l'air dans les poumons.
D'autres muscles interviennent lors de l'inspiration forcée.

L'expiration

Au repos, l'expiration utilise l'élasticité des poumons, sans aucune action musculaire et s'accompagne d'une baisse de la pression intra-alvéolaire qui assure la sortie de l'air des poumons. L'expiration forcée est produite par les muscles de la paroi abdominale (figure 15.4).

Les volumes pulmonaires (figure 15.5)

La capacité et les volumes respiratoires, mesurés par un spiromètre, se décomposent en :
– le volume courant (VT), environ 0,5 l : représente le volume d'air qui entre et sort des poumons à chaque respiration de repos ;

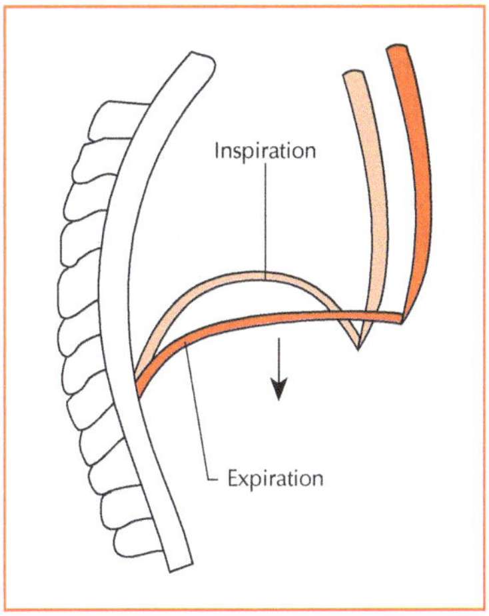

Figure 15.4
Les mouvements respiratoires.

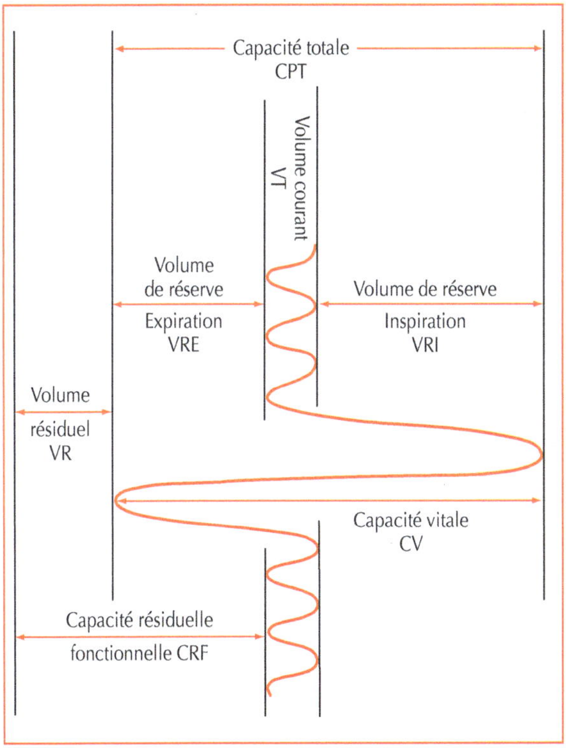

Figure 15.5
Volumes et capacités pulmonaires.

- le volume de réserve inspiratoire (VRI), environ 2,5 l: représente le plus grand volume d'air qu'un sujet peut inspirer après une inspiration normale de repos;
- le volume de réserve expiratoire (VRE), environ 1,5 l: représente le plus grand volume d'air qu'un sujet peut expirer après une expiration normale de repos;
- la capacité vitale (CV), environ 4,5 l (VT + VRI + VRE) représente le volume maximal d'air qui peut être expiré (expiration forcée) après une inspiration forcée.

Le spiromètre ne peut mesurer:

- le volume résiduel (VR), environ 1,5 l: représente la quantité d'air qui reste dans les poumons après expiration forcée;
- la capacité pulmonaire totale (CPT), environ 6 l: représente le volume total d'air contenu dans les poumons après une inspiration forcée maximale. C'est la somme de la capacité vitale et du volume résiduel (CV + VR);
- la capacité résiduelle fonctionnelle (CRF) : représente le volume de gaz qui reste dans les poumons après une expiration normale.

Le débit ventilatoire global

Il est déterminé par le volume courant (VT) multiplié par la fréquence (f) exprimée en cycles par minute.

$$V = VT \times f.$$

Application
À titre d'exemple:
$V = 0{,}5 \times 12 = 6\ l.min^{-1}$

L'espace mort anatomique

Dans les poumons, les échanges de gaz avec le sang ne se font que dans les alvéoles. Les voies conductrices aériennes dont le volume total est d'environ 150 ml, ne participent pas à ces échanges, c'est pourquoi elles sont appelées espace mort anatomique. Ainsi, sur 500 ml d'air ambiant qui entrent dans les poumons (volume courant), seuls 350 ml atteignent les alvéoles et permettent les échanges.

Ce volume représente la ventilation alvéolaire.

Volume courant – Espace mort anatomique
= 500 ml – 150 ml = 350 ml

Le volume alvéolaire représente environ 350 ml.

La conséquence pratique est que, pour un même débit ventilatoire, plus la fréquence (f) est élevée, moins la ventilation alvéolaire est importante et plus les mouvements ventilatoires sont amples et lents, meilleur est le débit alvéolaire.

C. La diffusion

Mécanismes de la diffusion

La diffusion est le déplacement des molécules de gaz d'une région où sa concentration est forte vers une région où sa concentration est faible. Le nombre de molécules d'un gaz est représenté par la *pression partielle* (Pa) de ce gaz dans le milieu.
Ainsi, PaO_2 est la pression partielle de l'oxygène et $PaCO_2$ est la pression partielle du dioxyde de carbone. Plus le nombre de molécules d'un gaz est élevé, plus sa pression partielle est importante.

Les échanges gazeux (figure 15.6)

> Dans l'organisme, la diffusion permet les échanges gazeux, d'une part, entre les alvéoles et le sang contenu dans les capillaires, d'autre part, entre les capillaires et les cellules.

La pression partielle de l'oxygène (PO_2) étant plus élevée dans les alvéoles (105 mmHg) que dans les capillaires (40 mmHg), de l'oxygène diffuse dans ces derniers jusqu'à atteindre la même PO_2 (105 mmHg). La diffusion s'effectue dans un temps très court au niveau de l'immense surface d'échanges alvéoles-capillaires.

Arrivé au niveau des cellules où la PO_2 intracellulaire est inférieure à 40 mmHg, l'oxygène diffuse des capillaires vers la cellule. La cellule utilise alors l'O_2 pour son fonctionnement.
Le dioxyde de carbone, déchet des cellules, suit le chemin inverse : il diffuse des cellules vers le sang des capillaires. Transporté par le sang jusqu'aux alvéoles pulmonaires, il est rejeté du sang vers le milieu extérieur aérien.

D. Adaptation de la respiration à l'exercice

Au cours de l'exercice intense, la ventilation alvéolaire peut augmenter de dix à vingt fois, et ceci afin d'apporter l'oxygène supplémentaire dans l'organisme et d'éliminer le dioxyde de carbone produit.
Dès le début de l'exercice, il y a une brutale augmentation de la ventilation ou accrochage ventilatoire (figure 15.7), suivie d'un accroissement secondaire plus progressif. De la même façon, il y a une baisse brutale de la ventilation lorsque l'exercice est arrêté : décrochage ventilatoire, suivi d'un retour progressif à la normale.
L'adaptation du débit ventilatoire est assurée par l'augmentation :

- de la fréquence des mouvements ventilatoires qui peut passer de 12 cycles par minute à 40, voire 50 cycles par minute ;
- de l'amplitude des mouvements.

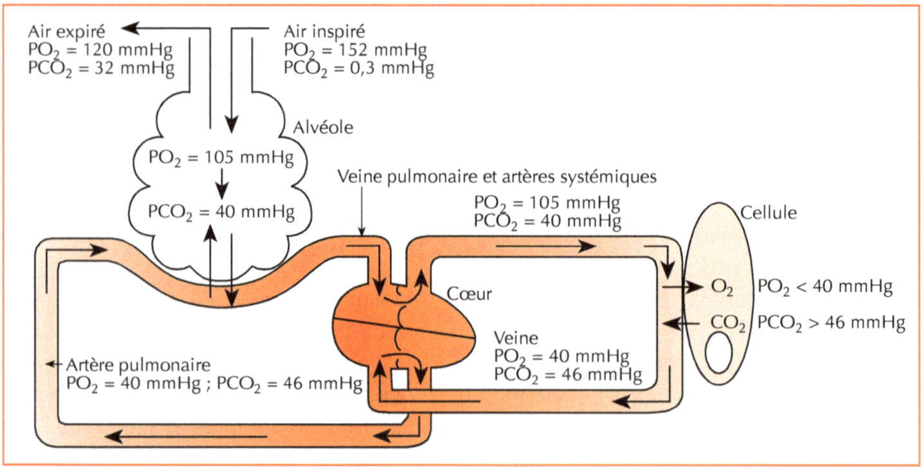

Figure 15.6
Les différentes pressions partielles d'O_2 et de CO_2 entre alvéoles, sang et cellule qui expliquent le phénomène de diffusion.

Au cours de l'exercice, la pression partielle pulmonaire augmente, des territoires non fonctionnels au repos sont mis en service, ce qui entraîne une augmentation de la ventilation alvéolaire et une ouverture de capillaires qui étaient collabés. *Une meilleure diffusion est ainsi assurée.*

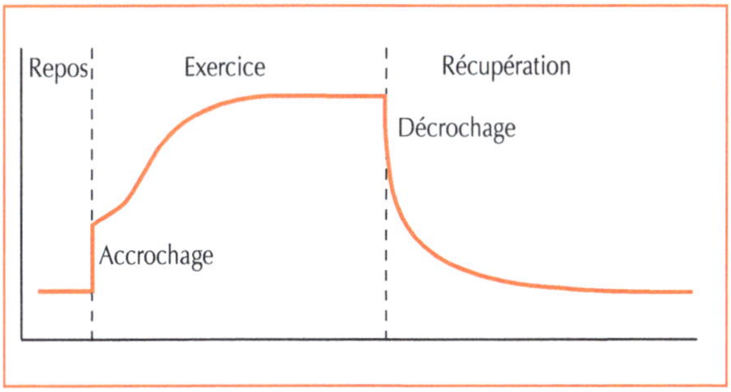

Figure 15.7
Les modifications ventilatoires de l'exercice.

E. Régulation de la ventilation

L'activité rythmique de la respiration est entretenue par des centres nerveux centraux : le bulbe et la protubérance annulaire. Les muscles respiratoires sont en relation avec ces centres grâce à des voies nerveuses efférentes.
Des messages nerveux en provenance de récepteurs divers (sensibles à la variation de CO_2 ou d'O_2 du sang ou sensibles à la distension des voies aériennes supérieures), arrivent aux centres nerveux par des voies afférentes et modulent leur activité. En réponse à ces messages, les centres nerveux coordonnent une augmentation ou une diminution de la fréquence respiratoire correspondant aux besoins de l'organisme.

2. LA CIRCULATION

A. L'appareil circulatoire

La fonction de l'appareil circulatoire est de mobiliser le sang et de favoriser son écoulement. L'appareil circulatoire est composé du cœur et des vaisseaux sanguins, il fonctionne en circuit fermé.

Le cœur (figures 15.8 et 15.9)

Le cœur est une pompe qui propulse le sang dans l'organisme et les vaisseaux sanguins qui véhiculent le sang.
Le cœur est un muscle creux, le myocarde, constitué de fibres striées innervées. Il est divisé en deux parties totalement séparées par une cloison :
- le cœur droit pour la circulation pulmonaire ;
- le cœur gauche pour la grande circulation ou circulation systémique.

Chaque partie se subdivise en deux cavités : les oreillettes et les ventricules :
- l'oreillette droite qui reçoit le sang périphérique par les deux veines caves ;
- l'oreillette gauche qui reçoit le sang en provenance des poumons par les quatre veines pulmonaires ;
- le ventricule gauche qui propulse le sang dans l'aorte ;
- le ventricule droit qui propulse le sang dans l'artère pulmonaire.

La pression sanguine représente la force avec laquelle le sang sort du ventricule gauche.

Fonctionnement du cœur

Le cœur se contracte (systole) et se relâche (diastole) périodiquement suivant une fréquence d'environ 70 à 80 cycles par minute au repos (fréquence cardiaque).

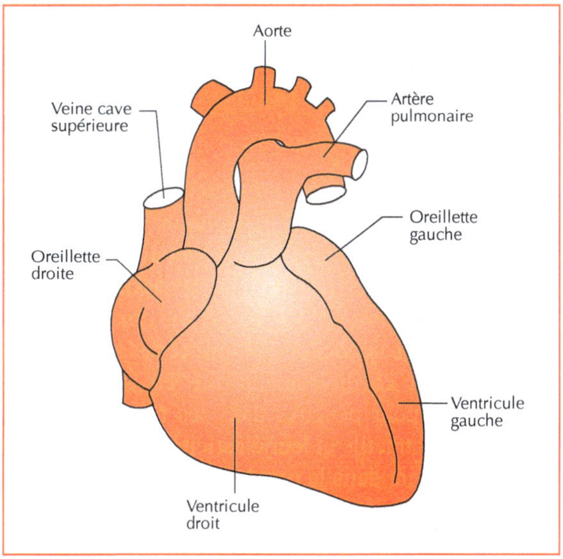

Figure 15.8
Le cœur : face antérieure.

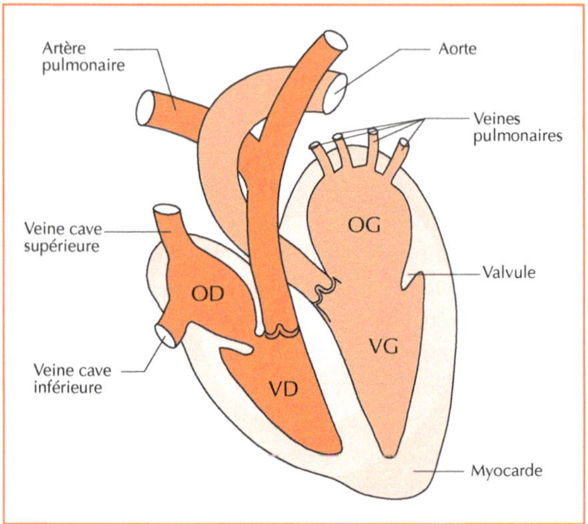

Figure 15.9
Le cœur en coupe.

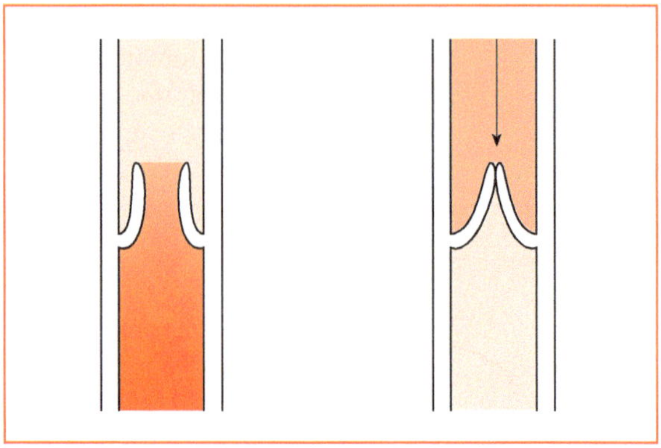

Figure 15.10
Coupe d'une veine : les valvules.

Pendant la diastole, le cœur se remplit ; pendant la systole, il se vide. La quantité de sang éjecté par le ventricule à chaque systole, appelé volume systolique, est d'environ 100 ml au repos.

Le débit cardiaque (Q) représente la quantité de sang éjecté par le cœur par unité de temps. Il est déterminé par le produit de la fréquence cardiaque (f) par le volume d'éjection systolique (VES).

$$Q = f \times VES$$

Dans les conditions de repos, la valeur du débit cardiaque est de 5 à 7 litres par minute.

Les vaisseaux sanguins

Les vaisseaux sanguins présentent des diamètres variés : artères et veines, artérioles et veinules ; les capillaires sont de très fins vaisseaux qui sont le lieu des échanges se produisant dans l'organisme.

- *Les artères* conduisent le sang du cœur vers les organes. Elles naissent de l'aorte et des artères pulmonaires et se divisent ensuite en artérioles et capillaires pour pénétrer dans les tissus. Par leur pouvoir contractile et leur élasticité, elles jouent un rôle important dans la régulation du débit sanguin.
- *Les veines* ramènent le sang des organes vers le cœur. Elles sont pour la plupart dépourvues de fibres élastiques et présentent, surtout au niveau des membres inférieurs, des valvules qui aident la progression du sang et empêchent son retour en arrière (figure 15.10).
- *Les capillaires* assurent la continuité entre les artères et les veines. C'est un réseau très dense qui permet au sang d'irriguer complètement les tissus. Au repos, une partie des capillaires est collabé et ne s'ouvre que dans certaines conditions (exercice, température, massages).

Le trajet du sang (figure 15.11)

La grande circulation : depuis le ventricule gauche, le sang riche en oxygène part par l'aorte et ses multiples arborisations vers les tissus. Le circuit se poursuit par les capillaires : à ce niveau, l'O_2 diffuse dans les cellules qui se débarrassent du CO_2. Le réseau veineux ramène ensuite le sang appauvri en oxygène au niveau des veines caves qui débouchent dans l'oreillette droite.

La petite circulation : elle part du ventricule droit et se poursuit dans l'artère pulmonaire et ses branches qui se divisent en capillaires pulmonaires tapissant les alvéoles. Le sang pauvre en O_2 arrive au niveau des alvéoles. Le sang se débarrasse alors du dioxyde de carbone et s'enrichit en O_2. Le sang retourne ensuite au cœur dans l'oreillette gauche par les quatre veines pulmonaires.

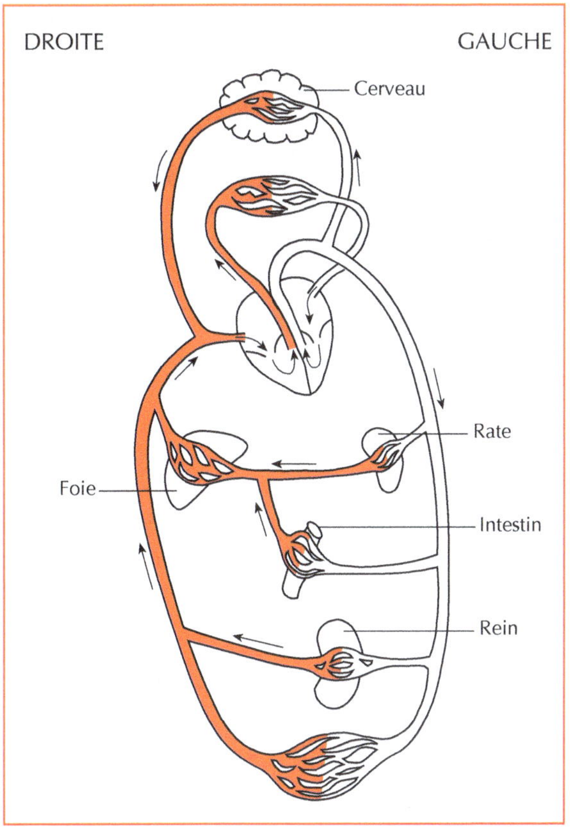

Figure 15.11
La circulation.

B. Le sang

Le sang est un tissu constitué de cellules en suspension dans un liquide : le plasma.

- *Le plasma* est un liquide complexe constitué de sels minéraux, de substances organiques diverses (glucose, protéines, acides gras libres, acides aminés, déchets variés tels que l'acide lactique).
- *Les principales cellules sanguines* sont :
  1. les globules rouges ou hématies, qui contiennent un pigment : l'hémoglobine ;
  2. les globules blancs ou leucocytes qui jouent un rôle fondamental dans les défenses de l'organisme contre les attaques des micro-organismes.

Une grande partie de l'O_2 est liée à l'hémoglobine du sang :

$$O_2 + Hb \leftarrow \rightarrow HbO_2$$

La réversibilité de la réaction permet la fixation de l'O_2 au niveau des alvéoles et sa libération au niveau des cellules. C'est la pression partielle de l'O_2 qui détermine la quantité d'O_2 fixé à l'hémoglobine (figures 15.12 et 15.13).

La plus grande partie du CO_2 est présente dans les globules rouges sous forme d'ions bicarbonates HCO^{3-}.

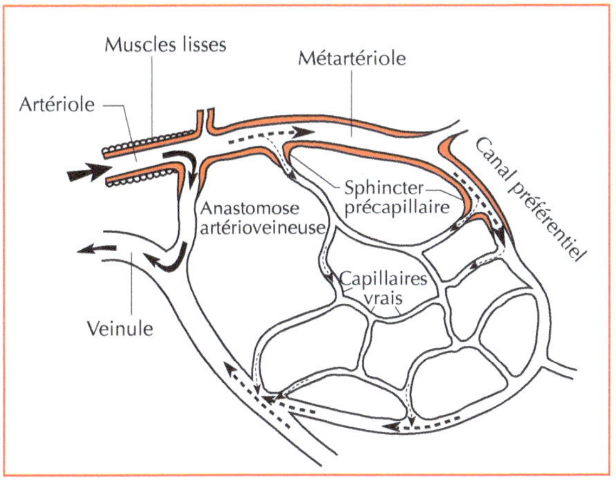

Figure 15.12
Complémentarité de la diffusion et du transport de l'O_2 grâce à sa forme dissoute dans le plasma et liée avec l'hémoglobine.

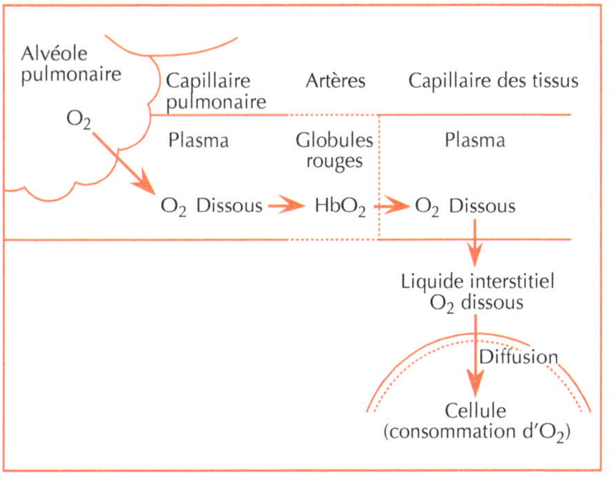

Figure 15.13

C. Les réponses circulatoires à l'exercice

Dès le début de l'exercice, pour répondre aux besoins nouveaux de l'organisme, apparaissent des modifications circulatoires :

– *au niveau local* : une vasodilatation des artérioles et un relâchement des sphincters précapillaires qui entraîne l'ouverture des capillaires qui étaient collabés au repos ;
– *au niveau de la pompe cardiaque* : une élévation du débit par augmentation de la fréquence cardiaque et du volume d'éjection systolique ;
– *au niveau général* : une redistribution compensatrice de la masse sanguine avec nouvelle répartition des débits de l'organisme en faveur de la zone en activité et augmentation de la vitesse du retour veineux du sang vers le cœur ;
– *au niveau pulmonaire* : l'élévation parallèle du débit cardiaque et du débit sanguin pulmonaire, permet une augmentation des échanges gazeux.

CE QU'IL FAUT RETENIR

La respiration est constituée de l'ensemble des processus responsables du transport de l'O_2 et du CO_2. Elle permet notamment à ces deux gaz d'être véhiculés, ce qui assure, à distance, les échanges gazeux entre les cellules et l'air atmosphérique. On distingue deux étapes :

– *la ventilation* qui amène les volumes gazeux au niveau des alvéoles où peuvent avoir lieu les échanges ;
– *la diffusion* qui permet les échanges gazeux. Le sang est le transporteur des gaz des alvéoles à la cellule et inversement.

L'écoulement du sang dans l'appareil circulatoire permet le transport rapide des gaz du milieu aérien ambiant jusqu'aux cellules et inversement.

À chaque instant, une adaptation coordonnée des fonctions respiratoires et cardio-vasculaires est responsable d'une diffusion en rapport avec les besoins de l'organisme.

LIVRE II

BREVET D'ÉTAT DU 2E DEGRÉ D'ÉDUCATEUR SPORTIF ET BREVET D'ANIMATEUR PROFESSIONNEL

PREMIÈRE PARTIE

SCIENCES HUMAINES APPLIQUÉES

Les sciences humaines, comme les sciences de la vie, correspondent à des stratégies qui visent l'explication des phénomènes.

Les spécialistes en sciences humaines, plus particulièrement, se préoccupent de savoir *pourquoi* les organismes se comportent comme ils le font, et *comment* ils fonctionnent. À cette fin, ils s'efforcent de *décrire*, *d'expliquer* et de *prédire* les mécanismes et les processus qui régissent le comportement humain individuel ou social.

INTRODUCTION

1. Bon sens et expérimentation

La majorité des entraîneurs a longtemps soutenu que le bon sens et l'expérience suffisent pour faire évoluer les connaissances et la compréhension des mécanismes qui régissent l'action motrice ou la réussite sportive. « Dans le meilleur des cas, les chercheurs ne font que confirmer dans leurs bureaux ce que nous savons déjà ! ». « Nos anciens avaient une bonne connaissance de la glisse, et n'avaient pas besoin de tous ces chercheurs en biomécanique ou en psychologie pour faire gagner nos spécialistes de descente ou de slalom ! ».

On peut certes apprendre beaucoup de l'observation d'entraîneurs efficaces et, du reste, une branche de la psychologie analyse le processus *d'expertise* en sport. Par exemple, ce type d'observation systématique montre que les entraîneurs les plus efficaces ne relèvent pas systématiquement les mauvaises réalisations de leurs élèves. Ils commentent les productions de leurs sportifs de façon « positive négative positive » : 1) ils mettent d'abord l'accent sur un aspect correct de la réalisation (« ton rythme était parfait ») ; 2) font état de l'erreur constatée (« cependant, ta trajectoire de club est intérieure-extérieure »), et 3) proposent une mesure rectificative (« si tu écartes davantage tes bras du corps à la montée du club, ton coup sera parfait ! ». De telles méthodes d'évaluation, fondées sur le bon sens et l'intuition, et qui visent à rendre positive l'erreur, ont des effets motivationnels très puissants. On ne peut donc que recommander aux éducateurs de procéder toujours ainsi.

Considérons à présent les affirmations suivantes :

- « Lorsque plusieurs personnes assistent à un accident, il existe plus de chances qu'un témoin porte assistance à la victime que s'il y a un seul observateur ».
- « Plus une personne se donne des objectifs de victoire, et plus grande sera sa chance de succès ».
- « Les sportives manquent de motivation en sport ».

Ces affirmations, parmi d'autres, semblent tellement évidentes, que chercher à les vérifier par la recherche apparaîtrait comme une perte de temps. Et pourtant, toutes se sont avérées fausses. Pour ce qui concerne la dernière proposition par exemple, on a vu au livre I que les sportives mettent l'accent sur les aspects expressifs du sport, mais ne dénotent pas moins de sérieux et de motivation que les garçons. Il apparaît donc qu'une approche intuitive du comportement est parfois erronée. C'est pourquoi, la psychologie et la psychologie sociale ont pour objet l'étude scientifique du comportement, pour l'expliquer dans toute sa complexité et, surtout, pour proposer des moyens d'action fondés.

2. La première expérience de psychologie sociale

La première expérimentation de psychologie sociale a été réalisée en 1887 et 1888 par Norman Triplett (encadré 1.1).

Encadré 1.1 Les effets stimulants de la coaction

Amateur de courses cyclistes, Norman Triplett avait remarqué que les coureurs faisaient de meilleurs temps en présence d'autres cyclistes. Pour vérifier cette hypothèse, il a mené deux études.

Dans une première étude, il a analysé les archives de courses impliquant plus de 2 000 cyclistes de bon niveau. Il a procédé à cette analyse, en prenant en compte trois catégories d'épreuves : course contre la montre en solitaire, course contre la montre avec un lièvre, et course contre la montre avec d'autres coureurs. Puis il a noté leur temps pour des courses de 2,5 milles (4 kilomètres environ) :

Course en solitaire : 2 minutes 29,9 secondes

Course avec lièvre : 1 minute 55,5 secondes

Course avec d'autres cyclistes : 1 minute 50,35 secondes

À première vue, courir avec d'autres cyclistes semble donc avoir un effet stimulant sur les performances. Mais Triplett n'en était pas sûr, car les mêmes coureurs ne participaient pas aux trois types d'épreuves ; il se pouvait donc que les cyclistes effectuant l'épreuve avec d'autres coureurs soient de meilleurs performeurs que les autres.

Pour vérifier les effets de la présence de coparticipants sur la performance, Triplett mena une expérience en laboratoire sur 225 sujets.

L'épreuve consistait à enrouler le plus rapidement possible un moulinet, pour ramener un drapeau accroché en bout de ligne d'une sorte de canne à pêche. Pour éviter les insuffisances de sa première étude, il demanda à ses sujets de réaliser en alternance six essais chronométrés : trois en solitaire, et trois en présence d'un autre coureur. Les résultats obtenus confirmèrent ceux de la première étude, à savoir la supériorité du groupe de coparticipants.

3. L'élaboration des théories

Pour élaborer une théorie comme la « facilitation sociale », c'est-à-dire proposer une explication du fait que les sportifs réalisent de plus grandes performances en présence d'autrui, les psychologues peuvent utiliser au moins deux méthodes : la méthode inductive ou la méthode hypothético-déductive.

Triplett a utilisé la méthode inductive. Il a concrètement abordé l'objet d'étude en question en laissant les faits suggérer les variables importantes, en l'occurrence une loi : les individus réalisent de meilleures performances en présence d'autrui que lorsqu'ils agissent en l'absence d'autrui. De même, McIntyre et Teevan (1972) ont montré dans une enquête portant sur les habitudes télévisuelles de 2 300 collégiens, que plus les programmes de télévision que ces adolescents regardaient étaient violents, plus ces mêmes sujets se montraient violents dans différents milieux, comme l'école, la rue ou dans leur famille. Les auteurs en ont conclu que l'exposition à des programmes de violence induit des comportements d'agressivité chez les spectateurs. En utilisant la méthode inductive, ces chercheurs vont donc du particulier au général, c'est-à-dire élaborent une théorie à partir de faits particuliers.

Dans d'autres cas, les chercheurs utilisent la méthode déductive. Ils considèrent d'abord ce que les autres chercheurs ont dit à propos du sujet en question afin d'intégrer des faits nouveaux ou non conformes aux explications précédemment fournies. La méthode déductive constitue alors le raisonnement par lequel on ramène une proposition générale à des implications plus particulières. Cette démarche est généralement utilisée dans un domaine qui a déjà fait l'objet de nombreuses recherches.

Quel que soit le moyen retenu, élaborer une théorie ne consiste pas seulement à décrire un comportement, mais à l'expliquer : donner le *pourquoi* des événements, fournir les raisons pour lesquelles ils se produisent.

4. La vérification des hypothèses

Une fois que le chercheur a formulé une explication de façon satisfaisante, il cherche à savoir jusqu'à quel point ses explications sont valables. Le critère essentiel de la validité d'une théorie correspond à l'efficacité avec laquelle elle nous permet de *prédire* des phénomènes. Il s'agit donc de déterminer jusqu'à quel point nos observations de faits et d'événements réels sont conformes à ce que la théorie prédit. En plus de son objectif, qui est de décrire, ou mieux, d'expliquer les événements ou des phénomènes, le chercheur doit donc chercher à fonder ses propositions théoriques sur des faits : il doit soumettre les hypothèses - qui sont tirées de la théorie à laquelle il se réfère - à la vérification empirique.

5. La théorie doit conduire à l'action

Une fois qu'un chercheur a élaboré une théorie et que certaines de ses implications (les hypothèses) ont été vérifiées, il est en mesure de prédire des conduites et de proposer des modalités de contrôle de celles-ci. Ainsi, s'il a été démontré que l'exposition à des scènes de violence conduit à la manifestation de conduites agressives, on peut prédire dans quelles conditions de tels programmes exacerbent l'agressivité des spectateurs et dans quelles conditions on peut les limiter.

De fait, les sciences humaines donnent lieu à de nombreuses applications dans notre vie quotidienne (les enquêtes d'opinion, la communication, la modification des attitudes ou des préjugés, l'évaluation psychométrique, etc.) et, comme nous l'avons vu dans la première partie de cet ouvrage (Livre I), proposent des applications dûment fondées dans le domaine du sport.

Dans les chapitres suivants, nous allons tenter de répondre à la question suivante : *Par quels moyens l'entraîneur peut-il optimiser les performances individuelles et collectives ?*

Pour répondre à cette question, nous allons traiter les thèmes suivants dans une première section :

- Chapitre 1 : Les habiletés psychologiques des sportifs et leur exercice ;
- Chapitre 2 : L'interaction dans les groupes ;
- Chapitre 3 : Diriger des sportifs, des groupes ou des équipes ;
- Chapitre 4 : La communication sociale.

Pour chacun de ces thèmes, nous ferons d'abord un point rapide sur les explications qui ont été proposées. Dans le chapitre 2, par exemple, on se demandera pourquoi se produit la facilitation sociale et dans quelles conditions. Ce n'est qu'ensuite qu'on proposera des repères pour l'action éducative, c'est-à-dire que nous suggérerons des moyens d'action qui tiennent compte du pourquoi et du comment du comportement étudié.

Dans une seconde section, nous verrons dans quelle mesure l'optimisation des performances s'avère compatible avec « l'esprit sportif ». À cet effet, nous procéderons à l'étude des thèmes suivants :

- Chapitre 5 : La lutte contre le dopage ;
- Chapitre 6 : La lutte contre l'agressivité et la violence ;
- Chapitre 7 : Arbitrage et éthique sportive.

1. L'OPTIMISATION DES PERFORMANCES INDIVIDUELLES ET DE GROUPE

Chapitre 1

LES HABILETÉS PSYCHOLOGIQUES DES SPORTIFS ET LEUR EXERCICE

Edgar Thill

Des enquêtes réalisées sur des médaillés aux jeux Olympiques montrent de façon consistante qu'ils se sont préparés mentalement à la compétition, et cela, de façon systématique. Leur réussite sportive semble donc pour partie déterminée par des habiletés psychologiques.

Lorsqu'on interroge ces sportifs, ils soulignent que la préparation psychologique à la compétition est devenue chez eux une partie intégrante de l'entraînement. Non seulement ces sportifs de haut niveau s'entraînent dans des conditions similaires à celles de la compétition de manière à augmenter la qualité de leur travail, mais ils se fixent des buts précis d'entraînement, évaluent de façon constante leurs accomplissements et leurs performances de manière à voir si leurs buts ont été atteints, répètent mentalement leurs gestes sportifs, essayent constamment d'améliorer leur concentration et, finalement, tentent de se donner des habitudes de travail qu'ils maintiennent en compétition, quelles que soient les circonstances.

Est-il possible d'améliorer des capacités ou des habiletés psychologiques, de la même manière qu'on améliore les capacités physiques ou les habiletés techniques à l'entraînement ?

Les sportifs efficaces arrivent, de par leur expérience, à développer progressivement des habiletés psychologiques pour reproduire en compétition leurs performances d'entraînement. À cet effet, certains utilisent la méthode des « essais et des erreurs », c'est-à-dire rectifient leurs erreurs à mesure qu'elles se produisent et progressent lentement en conséquence. Mais tous ne se montrent pas capables d'entreprendre une préparation psychologique qui peut durer des années, faute parfois d'avoir diagnostiqué avec précision leurs « problèmes » psychologiques.

Une autre façon d'améliorer les habiletés psychologiques consiste à fournir aux éducateurs sportifs des connaissances de base, de manière à ce que la préparation mentale fasse partie intégrante du système de formation et de préparation du sportif. Par voie de conséquence, les entraîneurs doivent être en mesure d'éduquer les sportifs de manière à ce que ces derniers exploitent pleinement leurs ressources dans les situations de compétition. S'ils se prennent en charge, les sportifs eux-mêmes devraient ensuite améliorer systématiquement ces habiletés grâce à des entraînements finalisés, structurés, et conduisant à des pratiques mentales usuelles.

Mais quelles sont ces habiletés psychologiques qui permettent d'améliorer les performances et qui pourraient faire l'objet d'un entraînement systématisé ? C'est ce que nous proposons d'examiner dans un premier temps.

1. LES QUATRE HABILETÉS MENTALES DE BASE

Les principales habiletés mentales qui conditionnent la performance sportive sont les suivantes : les capacités de gérer le stress lié à la compétition, de former des images mentales aux fins de répétition mentale des activités, de focaliser l'attention et de gérer les buts motivationnels. Ces habiletés sont fortement reliées entre elles, car le développement de l'une facilite grandement le développement d'autres (figure 1.1).

1. La gestion efficace du stress précompétitif et compétitif facilite les performances. À son tour, la réalisation d'une bonne performance réduit le stress.
2. La relaxation utilisée aux fins de gestion de stress s'avère également favorable à la formation d'images mentales. En retour, la répétition mentale réduit le stress lié à la compétition, améliore les apprentissages et accroît les performances.

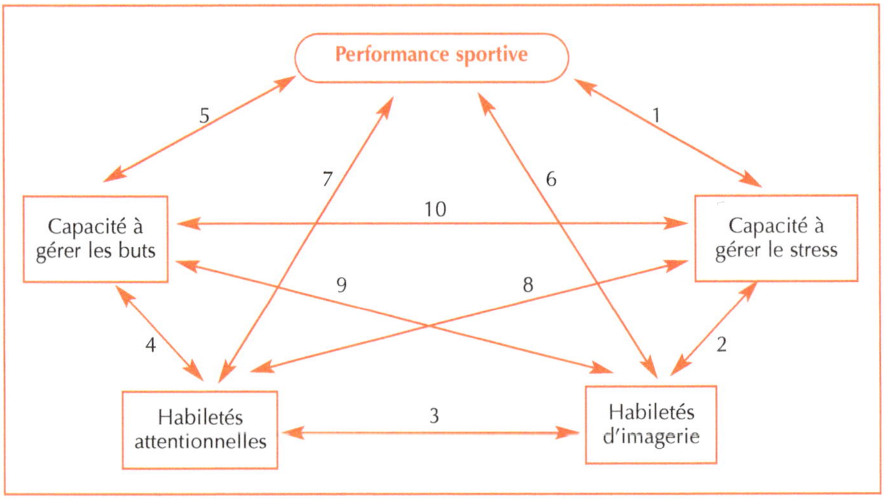

Figure 1.1
Les habiletés psychologiques qui conditionnent la performance sportive (adapté de Martens, 1987).

3. La répétition mentale focalise l'attention sur la tâche et la concentration. Inversement, une meilleure concentration permet de former des images vivaces et contrôlées.
4. La focalisation de l'attention sur des buts précis permet de mieux planifier et d'évaluer ces buts. Des buts précis focalisent l'attention et favorisent la concentration.
5. Des buts motivationnels stimulants sont à la base de performances sportives. L'accès à un certain niveau de performance suscite la redéfinition des buts.
6. Des performances inadéquates génèrent des images mentales inexactes. Des images mentales riches en détails, bien organisées et exactes, améliorent les performances.
7. Le niveau d'activation de l'organisme et des capacités d'attention dépend des performances sportives. La capacité de se concentrer permet en retour d'induire un niveau optimal d'activation et d'atteindre des performances maximales.
8. La réduction du stress favorise la flexibilité de l'attention et la concentration. Inversement, le contrôle de l'attention évite que les sportifs se focalisent sur des événements négatifs et stressants.
9. Des buts de maîtrise créent des conditions favorables à la formation d'images mentales. La répétition mentale de buts d'accomplissement facilite la concrétisation des buts.
10. Des buts référés à soi réduisent la pression de la compétition et de l'environnement. Le contrôle des stresseurs de l'environnement permet aux sportifs de mieux gérer leurs buts d'accomplissement.

Dans les paragraphes qui suivent, nous allons analyser plus en détail les habiletés relatives à la gestion du stress, à l'imagerie mentale et au contrôle de l'attention. Le lecteur pourra se reporter à la préparation du 1er degré pour une présentation de travaux relatifs à la gestion des buts (chapitre 2) et aux moyens permettant d'assurer une meilleure implication motivationnelle des sportifs (chapitre 4).

2. LA GESTION DU STRESS

Plus que tout autre facteur, le stress se trouve à l'origine de maints échecs sportifs, de perte de confiance, de sensations de mal-être et d'épuisement émotionnel. De même, le stress peut engendrer des conflits interpersonnels, des accidents corporels et, dans les cas extrêmes, l'abandon de la pratique sportive.
Le but de ce paragraphe est d'aider l'éducateur à comprendre la nature du stress, de manière à ce qu'il puisse aider le sportif à faire face aux « stresseurs » de l'environnement.

A. Le stress et ses caractéristiques

Le stress psychologique correspond à un rapport particulier qu'établit le sportif avec son environnement lorsqu'il perçoit que les contraintes de celui-ci excèdent ses possibilités d'adaptation. Le stress survient lorsque le sportif se sent en situation d'incertitude parce qu'il a des doutes sur sa capacité à faire face à une situation importante pour lui. Cet état psychologique résulte donc de la façon dont le sujet perçoit l'événement ou la situation. Plus précisément, le stress psychologique dépend de trois éléments: 1) les contraintes de l'environnement, 2) l'évaluation de ces contraintes et des ressources disponibles, ainsi que 3) les réponses à l'état d'activation somatique, cognitive et comportementale induit.

Les mécanismes qui conduisent à l'état de stress

L'état de stress trouve sa source dans l'environnement, lorsque celui-ci exerce sur le sportif des contraintes excessives. Parmi les stresseurs de l'environnement, on peut mentionner la pression qu'exerce un entraîneur autoritaire ou des supporters trop exigeants, l'enjeu de la compétition, l'incertitude du résultat... De même, des sportifs peuvent craindre de commettre des fautes s'ils se mesurent à des adversaires coriaces supportés par un stade comble. Cependant, une même situation est perçue de façon différente par les sportifs. L'un peut redouter de rencontrer des adversaires sur terrain adverse, alors qu'un autre peut y trouver une opportunité d'exceller. Lorsqu'un sportif se trouve confronté à des stresseurs de l'environnement, son « stress perçu » dépend donc de la façon dont il *perçoit* les contraintes de la situation, en l'occurrence ici, la présence du public. De plus, le sportif évalue également les ressources dont il dispose pour faire face à la situation. Ce « contrôle perçu » dépend de son degré de confiance, de son niveau d'anxiété, et de son habileté à surmonter des situations similaires.

Dans l'attente d'une compétition, le sportif se livre donc à deux évaluations. La première porte sur la situation qui est plus ou moins perçue comme menaçante. La seconde correspond à une appréciation des ressources dont il dispose pour faire face à ces exigences de l'environnement. Selon Lazarus et Folkman (1984) qui se trouvent à l'origine de cette conception actuelle du stress, ces deux évaluations s'influencent mutuellement.

Finalement, selon la balance qui existe entre les contraintes perçues de l'environnement et les ressources perçues, apparaissent des réponses somatiques, cognitives et comportementales caractéristiques de l'état de stress. Si les ressources personnelles permettent de faire face aux demandes de l'environnement, les réactions émotionnelles

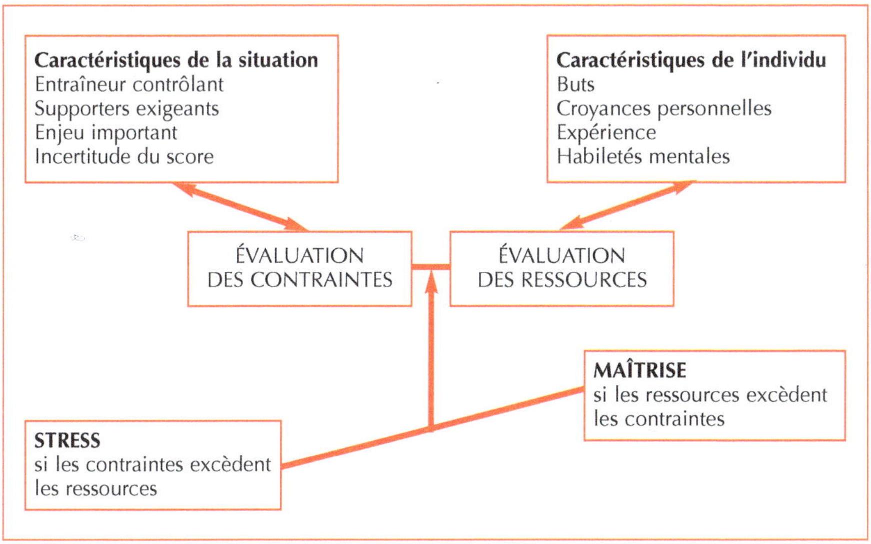

Figure 1.2
Le rapport, entre les ressources perçues et les contraintes perçues de la tâche, a pour résultat soit un état de stress, soit un état de maîtrise.

deviennent positives, et le potentiel sportif est maintenu. À l'inverse, si les contraintes perçues de l'environnement excèdent les perceptions de contrôle, apparaissent des réponses inadaptées: de l'anxiété, un sentiment d'incompétence, et des performances détériorées.

Les trois composantes de l'état de stress

L'état de stress comporte donc trois composantes dont le sportif doit prendre conscience afin de clairement l'identifier. Ces composantes - de nature somatique, cognitivo-affective et comportementale - sont pour partie répertoriées au tableau 1.1.

Parmi les indicateurs cognitivo affectifs relevés ci-dessus, nous avons mentionné l'anxiété. En effet, l'anxiété correspond à un état émotionnel souvent associé à l'état de stress: on parle de "stress émotionnel."

À la différence de l'état de stress cependant, qui peut présenter une certaine permanence, les émotions sont généralement très intenses, mais temporaires. De plus, l'anxiété-trait qui caractérise un sportif donné peut amplifier la menace que ressent celui-ci, et donc se trouver à l'origine de l'état de stress. En somme, l'anxiété peut être un facteur déclenchant de l'état de stress ou une composante de celui-ci.

B. L'évaluation et la gestion du stress

Après avoir présenté les mécanismes qui déclenchent et gouvernent l'état de stress, nous allons présenter succinctement les moyens permettant d'y faire face. Ils sont au nombre de quatre. **(a)** Il s'agit d'abord pour le sportif, comme pour l'entraîneur, d'identifier le stress à l'entraînement et en compétition. **(b)** L'un et l'autre peuvent ensuite tenter de rendre les événements extérieurs moins menaçants. Ces différents acteurs pourront finalement modifier **(c)** l'état de tension somatique et **(d)** agir sur la composante cognitive et affective du stress. La figure 1.3 permet de situer ces différentes formes de gestion de stress les unes par rapport aux autres.

a) L'évaluation du stress

L'évaluation par l'athlète de son niveau d'anxiété ou des émotions négatives qui surviennent à l'entraînement ou avant une compétition peut constituer un bon moyen d'identifier le stress en vue de le maîtriser. L'entraîneur peut également faire appel à un psycho-

Somatique	Cognitive et affective	Comportementale
Accélération cardiaque	Déconcentration	Muscles noués
Transpiration	Indécision	Tremblements
Dilatation pupillaire	Attention diffuse	Voix brisée
Respiration rapide	Attention trop étroite	Bâillements
Tension musculaire	Émotions fortes	Trépignements
Montée d'adrénaline	Émotions fréquentes	Besoins d'uriner
Vasoconstriction périphérique	Sensation de perte de contrôle	Se ronger les ongles
Suractivité mentale	Se sentir soucieux	Mouvements saccadés
Forte pression sanguine	Anxiété	Performances faibles

Tableau 1.1
Les trois composantes de l'état de stress et leurs indicateurs.

logue du sport afin que ce dernier procède à des mesures de l'état de stress du sportif à l'aide d'outils construits à cet effet. Le questionnaire de Lemyre et Tessier (1988) constitue à cet égard un outil dont la validité et la fidélité s'avèrent remarquables.

b) L'action sur les stresseurs de l'environnement

Une première façon de réduire le stress consiste à réduire l'incertitude inhérente à la compétition. Comme le sportif n'est pas en mesure de contrôler totalement le résultat d'une compétition, les spécialistes de la motivation préconisent de modifier les buts des sportifs. Les buts de maîtrise (voir chapitre 2 – 1er degré) centrent l'attention du sportif sur la façon de performer efficacement plutôt que sur la nécessité de battre des adversaires (voir chapitre 4 – 1er degré). La victoire est alors rendue plus accessible dans un second temps. Ainsi, l'éducateur peut demander à un joueur de rugby de garder son sang-froid en dépit des provocations des adversaires, ou fournir comme objectif à des basketteurs d'augmenter leur temps de concentration dans le jeu. Il donne alors aux sportifs des objectifs :

- maîtrisables et contrôlables,
- qui détournent leur attention des stresseurs de l'environnement,
- et qui favorisent le succès sportif.

L'éducateur dispose ainsi de multiples moyens pour réduire l'incertitude inhérente au contexte sportif. Dans les sports collectifs, par exemple, il convient de signifier à l'avance le rôle qu'on attend de chaque équipier - y compris des remplaçants ; de mettre en évidence les forces dont chacun dispose afin d'augmenter les perceptions de compétence ; d'analyser la façon de remédier aux lacunes précédemment constatées ; de prévenir les risques d'accident inhérents à un mauvais équipement ; de familiariser l'équipe avec le terrain adverse ; de rappeler clairement les règles de jeu ou de formes d'arbitrages, etc. Dans tous les cas, l'éducateur devra se montrer consistant dans ses conduites et maintenir des habitudes et des charges de travail qui ont démontré leur succès par le passé.

c) Gestion du stress somatique

L'éducateur peut également réduire l'état de stress en diminuant le niveau d'activation physiologique, c'est-à-dire l'état de tension du corps. Si l'état de tension somatique diminue, le pratiquant se focalise moins sur l'environnement pour y trouver des raisons susceptibles d'entretenir l'état de stress.

Les méthodes de relaxation s'avèrent de ce point de vue très efficaces, parce l'état de relaxation est incompatible avec l'état de stress. Parmi les nombreuses méthodes existantes, généralement bien connues des sportifs, on peut citer l'entraînement à la relaxation progressive de Jacobsen (1932). Cette

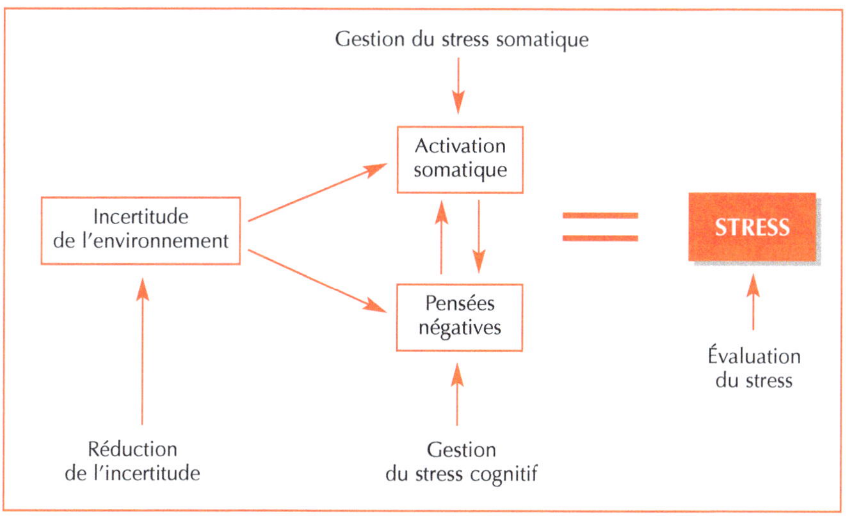

Figure 1.3
Les différentes possibilités de gestion du stress.

méthode de relaxation est particulièrement efficace si elle est utilisée dans le cadre d'une méthode élaborée par Wolpe (1958), appelée « désensibilisation systématique ». Appliquée aux sportifs, la méthode est la suivante (chapitre 1 – 1er degré). On invite les sportifs à se relaxer et à *imaginer* des situations stressantes (leur préparation et leur participation à des compétitions), tout en restant relaxés. Mais ces situations doivent être considérées en fonction du niveau d'anxiété qu'elles sont susceptibles de provoquer. On demande donc préalablement aux sportifs d'établir des « hiérarchies d'anxiétés », c'est-à-dire de graduer le niveau d'anxiété ressenti. Par exemple, il s'agit d'évaluer mentalement le niveau d'anxiété ressenti : deux jours avant la compétition, la veille de celle-ci, en entrant dans le gymnase, en se déplaçant vers l'appareil de gymnastique, etc. La « désensibilisation systématique » consiste donc à imaginer des situations génératrices de stress émotionnel (d'anxiété) tout en restant relaxé, en commençant par les situations les moins stressantes, et en finissant par celles qui sont perçues comme les plus perturbatrices. Initialement conçue pour traiter des névroses, cette méthode de préparation donne de très bons résultats en contexte sportif.

Les techniques de relaxation sont efficaces pour les raisons suivantes : si elles sont bien dosées, elles permettent de réduire l'état de tension somatique, donc de réduire le stress psychologique. Mais en réduisant l'état de tension somatique, les techniques de relaxation permettent de mieux diriger l'attention, de former des buts plus précis, d'engager un travail de préparation (répétition) mentale. Ainsi, le sportif peut *s'imaginer* dans un contexte de compétition tout en arrivant progressivement à se sentir relaxé et moins stressé. L'association des techniques de répétition mentale et d'un état de relaxation somatique a pour effet de modifier « mentalement » l'environnement du sportif, à défaut de pouvoir le faire dans la réalité. Toutefois, la répétition mentale ne sera totalement efficace que si elle intervient dans un état de relaxation somatique.

d) La gestion du stress cognitivo-affectif

Quand surgissent des pensées ou des images négatives de type, « Je ne me sens pas bien aujourd'hui », « J'ai peur de manquer cette porte de slalom », « Mon slice va déporter ma balle de golf vers l'obstacle d'eau », la première chose à faire consiste à les stopper. La méthode d'arrêt des pensées ou des images négatives a pour objet d'interrompre celles-ci par la formulation d'un « Stop ! » ou par la visualisation d'une bannière rouge, voire d'un feu rouge.

L'auto-arrêt d'un flot de pensées négatives n'est cependant possible qu'à certaines conditions. Il faut d'abord que le sportif puisse rapidement reconnaître de telles pensées négatives et se montrer apte à y réagir. À cet effet, l'éducateur l'aidera à identifier et à recenser les situations précises qui déclenchent des pensées ou des images négatives. Ensuite, le sportif doit savoir qu'on peut les interrompre par l'utilisation d'un signal fort, comme la visualisation d'une bannière. Finalement, le sportif doit se montrer capable de remplacer les images négatives par des images positives. Dans le cas d'un drive de golf par exemple, le golfeur pourra imaginer le déplacement précis de la balle qui va de son point de chute (le lie de la balle) jusqu'au coup qui a déclenché son envol, en passant par une trajectoire aérienne tenant compte des conditions de vent, par exemple. Un athlète doit donc remplacer des perceptions négatives, génératrices de stress, par des images ou des pensées positives qui recentrent ses pensées sur le geste à maîtriser et lui procurent un bien-être émotionnel et cognitif.

Une stratégie alternative ou complémentaire de gestion des émotions ou des pensées génératrices de stress consiste à utiliser un langage intérieur. Dans notre vie quotidienne, nous utilisons souvent un tel langage : pour commenter nos activités (« J'ai manqué d'esprit de décision »), pour nous encourager (« Il faut que je me tienne prêt ! ») et pour nous récompenser psychologiquement lorsque l'issue s'avère favorable (« Bien ! J'ai fait fort, cette fois-ci ! »). Les mots clés qu'utilisera l'athlète seront non seulement positifs, mais personnels, et reliés à l'état présent (« Je me relâche maintenant... »).

Cependant, il apparaît souvent difficile d'éliminer complètement des émotions et des pensées négatives de la conscience. L'éducateur devra donc aider le sportif à les accepter par un langage de type : « Tout le monde peut faire des erreurs ». « Les erreurs peuvent aider à progresser si l'on multiplie les efforts, plutôt que d'imputer les mauvais résultats à un manque de capacité ».

En résumé, les techniques que nous venons de présenter prennent en compte, en vue de les contrôler, les divers facteurs qui sont à l'origine de l'état de stress. Certaines techniques, comme l'arrêt de pensées négatives, sont simples à utiliser et extrêmement efficaces. Pourtant, elles doivent faire l'objet d'un entraînement systématique afin qu'elles soient utilisées de façon automatique en compétition. D'autres, comme la méthode de désensibilisation systématique de Wolpe ou celle d'inoculation du stress de Meichenbaum (1977), qui toutes deux font appel à des hiérarchies d'anxiété, requièrent des compétences plus élaborées.

3. LA RÉPÉTITION MENTALE

A. Qu'est-ce que la répétition mentale ?

Lorsqu'un athlète visualise son saut avant de l'exécuter, ou qu'un patineur pense à tous les détails du programme libre qu'il présentera lors d'une prochaine compétition, ces sportifs se livrent à une répétition mentale. Répéter mentalement une activité sportive consiste à l'imaginer en l'absence de mouvements réels. Les sportifs, et surtout ceux qui ont atteint un haut niveau, sont capables de former des images mentales précises des différentes composantes de leur activité, tout en essayant de ressentir les sensations qui y correspondent.

Vous-même devez être capable de vous représenter le lieu d'entraînement qui vous est familier, de « voir » l'entraîneur dans sa tenue habituelle vous donner des directives, d'entendre l'intonation précise de sa voix, et de reconnaître ses postures ou ses déplacements caractéristiques. De même, vous êtes certainement en mesure de revivre en pensée un geste sportif que vous avez l'habitude de répéter à l'entraînement, et de ressentir physiquement un certain nombre de sensations comme si vous réalisiez ce geste effectivement.

Deux formes d'images mentales

Comme le montrent les exemples précédents, les sportifs *visualisent* à l'avance leurs sauts ou leurs programmes de patinage, comme s'ils se voyaient sur un écran. Quand ils procèdent ainsi, ils utilisent une forme de répétition mentale « visuelle » parce qu'ils se placent dans la perspective d'un observateur. Ils se voient performer comme s'ils étaient sur un écran, de la même façon que le feraient les spectateurs ou l'entraîneur.

Par opposition, certains sportifs préfèrent *ressentir* toutes les sensations associées au déroulement d'une action. Quand ils procèdent ainsi, ils mobilisent des représentations « kinesthésiques ». Ils se situent dans la perspective du pratiquant et ressentent les sensations qui accompagnent le mouvement. Une telle forme d'imagerie interne est généralement associée à des réponses physiologiques plus intenses.

Qu'il s'agisse d'images visuelles ou kinesthésiques, celles-ci doivent présenter un certain nombre de qualités pour que la répétition mentale trouve sa pleine efficacité (encadré 1.1). S'il est difficile de dire quelle forme de répétition mentale (visuelle ou kinesthésique) conduit à de meilleurs apprentissages ou aux plus hautes performances, on sait en revanche que les sportifs privilégient l'un ou l'autre de ces modes de répétition mentale.

La mesure des capacités d'imagerie

C'est pourquoi les psychologues ont élaboré des instruments de mesure destinés à évaluer les capacités d'imagerie, et notamment celles des sportifs. Il s'agit généralement de questionnaires standardisés, qui proposent aux individus d'évaluer par eux-mêmes la vivacité et le caractère organisé des images mentales. L'application de ces questionnaires permet généralement de classer les individus comme disposant de bonnes ou de faibles capacités d'imagerie mentale.

Les individus qui disposent de bonnes capacités d'imagerie mentale s'avèrent capables de former rapidement des images mentales et de les conserver plus longuement en mémoire. Comme ils sont en mesure de garder plus longuement en mémoire des images mentales, ils sont également capables de se livrer à un certain nombre d'activités mentales : imaginer la conséquence d'une frappe de balle donnée dans certaines conditions, imaginer toutes sortes de contre-attaques en basket-ball en tenant compte des adversaires, enchaîner des séquences de mouvement en plongeon, gymnastique, natation synchronisée, patinage ou judo, etc. À l'inverse, si les sportifs dénotent de faibles capacités d'imagerie, ils sont en position moins favorable pour améliorer leurs apprentissages moteurs ou répéter mentalement une action pour s'y préparer.

Encadré 1.1 Caractéristiques générales des images mentales

Les images mentales doivent présenter trois propriétés fondamentales afin que la répétition mentale soit efficace.

Vivacité Les images mentales doivent être riches en détails de toutes sortes.

Contrôlabilité Une image doit être contrôlable, c'est-à-dire utilisable pendant une certaine durée afin que le sujet puisse les manier, les combiner et les utiliser comme support à d'autres opérations mentales.

Exactitude Les images doivent refléter avec une grande précision la réalité qu'elles sont censées refléter.

Pourquoi l'imagerie mentale est-elle efficace ?

De nombreuses études ont pu montrer que la répétition mentale d'une activité entraîne les mêmes conséquences que la répétition réelle de celle-ci. Ainsi, s'imaginer marcher ou courir sur un tapis roulant à des vitesses variables, suscite des conséquences physiologiques analogues à celles d'un déplacement réel : une augmentation proportionnelle de la fréquence cardiaque ou de la ventilation pulmonaire, par exemple. De même, le fait d'imaginer des contractions musculaires maximales du poignet, en l'absence de toute activité musculaire ou électromyographique, développe la force musculaire dans les mêmes proportions que les contractions réelles maximales du poignet !

Comme les effets de la répétition mentale interviennent en l'absence de tout mouvement ou activité nerveuse périphérique, l'imagerie mentale engage les mêmes mécanismes neurologiques que ceux responsables de la programmation motrice (cortex pré frontal et pré moteur, notamment). La répétition mentale permet donc d'anticiper les besoins énergétiques de l'organisme ainsi que les conséquences au niveau de l'environnement d'un mouvement réel.

B. Entraînement à la répétition mentale

La répétition mentale correspond donc bien à une véritable préparation à l'activité et aux performances motrices. À ce titre, elle peut être utilisée avec profit au cours de l'entraînement, avant une épreuve sportive, ou à l'issue de celle-ci. Si elle peut être utilisée dans de nombreuses circonstances, la répétition mentale peut également s'améliorer grâce à l'entraînement.

Dans quelles circonstances faut-il l'utiliser ?

La répétition mentale devrait être systématiquement travaillée et utilisée lors de l'entraînement. Elle favorise alors l'acquisition de nouvelles techniques si les sujets disposent d'une expérience préalable. En effet, comme les apprenants doivent former des images vivaces et exactes, une connaissance minimale et précise des gestes à acquérir s'avère indispensable. Aussi, pour permettre au jeune athlète de former facilement des images vivaces et exactes, l'éducateur devrait utiliser un langage concret portant sur la réalité technique à assimiler, en se servant si nécessaire de la démonstration.

Mais la répétition mentale aide également au perfectionnement des habiletés motrices les plus diverses : la précision de gestes techniques comme un service de tennis ou un lancer franc de basket-ball, l'exécution d'habiletés motrices complexes comme un plongeon, la réalisation imaginée d'un enchaînement gymnique, le positionnement au sein d'une organisation collective tenant compte des déplacements des partenaires et des adversaires, etc. Comme on peut le constater, la répétition mentale trouve sa pleine justification dans des activités motrices dont les composantes cognitives s'avèrent importantes. Dans tous les cas, elle interviendra aussi bien avant l'exécution motrice effective, qu'à l'issue de celle-ci, afin de réajuster les images mentales en fonction des informations immédiatement disponibles.

La répétition mentale trouve également sa place avant une compétition. Se voir mentalement bien performer, accomplir en pensées et avec aisance des activités motrices complexes, renforce la confiance en soi, focalise l'attention sur les composantes de la tâche, et permet d'anticiper dans une certaine mesure les événements. La préparation mentale à la compétition pourra se faire aussi bien à domicile que sur le stade, la veille de la compétition ou immédiatement avant l'épreuve. Elle pourra prendre appui sur l'observation de modèles particulièrement performants à imiter (tableau 1.2).

Tableau 1.2
À quels moments un golfeur doit-il se livrer à la répétition mentale ?

- Avant l'entraînement, pour visualiser et ressentir les coups à rectifier et à travailler. Ces séances ne dureront pas plus de dix minutes.
- Au cours de tout entraînement qui met l'accent sur la *qualité du travail*. Pendant les routines (coups d'essai, visualisation des trajectoires) et après chaque coup de golf pour, soit restaurer un mauvais coup, soit mémoriser un coup réussi.
- Après l'entraînement. Pour visualiser les bons gestes techniques, mieux les conserver en mémoire, et pour augmenter la confiance. Restaurer les mauvais coups pour « positiver » les échecs.
- Après une reconnaissance de parcours, réaliser un parcours mental de tous les coups joués, des clubs joués. Visualiser les fairways à partir des greens.
- Avant une compétition : construire un plan de jeu et visualiser un parcours en prenant uniquement en compte les coups joués. Visualiser les cibles, les trajectoires, les coups. Ressentir les sensations liées à la marche sur le fairway et sur les greens, et les sensations liées aux coups. Ces répétitions d'une trentaine de minutes pour un joueur confirmé peuvent durer jusqu'à trois heures pour les golfeurs de haut niveau.
- Après les compétitions. Pour rendre plus robustes les programmes moteurs.
- Lors d'un arrêt de la compétition (blessure, terrain impraticable). Cet entraînement permet non seulement de conserver une bonne gestuelle, mais parfois de l'améliorer !

Lorsqu'il forme des images mentales de mouvements, le sportif peut utiliser la forme d'imagerie qui lui convient le mieux : l'imagerie interne ou kinesthésique, par opposition à l'imagerie externe ou visuelle. Cependant, au fur et à mesure que les images apparaîtront plus vivaces, mieux organisées et moins statiques, le sportif aura intérêt à alterner ces deux modalités d'imagerie mentale. De même, il conviendra de faire appel à différentes modalités sensorielles pour former des images mentales vivaces : visuelles (se voir de dos armer sa frappe de balle, par exemple), auditives (entendre le sifflement d'air provoqué par la raquette, par exemple), olfactives (liées à un contexte particulier) et kinesthésiques (sensations liées au déplacement du corps, à la mobilisation des articulations, aux étirements et contractions des muscles).

Lors de l'apprentissage de techniques de répétition mentale, le sportif pourra successivement imaginer en pensées un mouvement réel qu'il vient d'accomplir (rappel du mouvement). À la suite des confrontations successives de mouvements réels et d'images de rappel, on pourra anticiper mentalement un mouvement, c'est-à-dire le visualiser avant son exécution réelle. Par la suite, les mêmes étapes de progression porteront sur des actions de plus en plus complexes et de moins en moins statiques. Dans tous les cas de figure, le sportif pourra se « voir » ou se « sentir » performer mentalement dans un nombre infini de positions : de face, de dos, des trois-quarts arrière, de la tribune, etc.

La multiplication des perspectives de travail mental, comme la prise en compte de la complexité des séquences motrices à imaginer, offre donc un champ infini d'entraînement qui permettra de développer et de perfectionner largement cette habileté mentale et, par voie de conséquences, les habiletés physiques.

Quels sont les grands principes de l'entraînement mental ?

Comme indiqué au début de ce chapitre, l'éducateur doit d'abord familiariser le sportif avec une technique simple de relaxation. L'état de relaxation s'avère en effet favorable à la formation d'images mentales et, de surcroît, favorise la concentration.

4. ATTENTION ET CONCENTRATION

L'attention et la concentration constituent d'autres facteurs psychologiques essentiels à la réussite sportive. Des enquêtes menées auprès de sportifs qui venaient de réaliser des performances maximales révèlent que leur attention s'était totalement focalisée sur l'activité. Les athlètes avaient l'impression de former avec l'activité une unité indissociable, se sentaient comme coupés de leur environnement et avaient l'impression de se mouvoir au ralenti. Leur état de conscience s'était donc modifié. Comme des capacités d'attention illimitées mobilisaient toute leur énergie sur la tâche à accomplir, ils éprouvaient dans ces moments cruciaux un sentiment de toute-puissance. La concentration intense et constante tout au long d'une épreuve semble donc constituer une condition première de la réalisation de performances majeures. Les éducateurs le savent bien, puisqu'ils répètent souvent à leurs athlètes de « rester concentré ».

A. Qu'est-ce que l'attention et la concentration ?

L'attention est un processus par lequel sont activées les informations utiles à la réalisation de performances sportives, et qui rend inopérants les éléments distrayants de l'environnement. En langage sportif, attention et concentration sont souvent synonymes. Toutefois, la concentration correspond à un processus de focalisation de l'attention sur des stimuli choisis, pendant une période de temps donnée.

L'être humain est constamment bombardé d'informations qui proviennent de ses différents sens : les sensations visuelles, auditives, tactiles, etc. Quand nous devenons attentifs à ces sensations, nous les percevons et nous leur donnons une signification. La perception est le processus qui transforme les sensations en informations et grâce auquel nous connaissons les objets et les événements de notre environnement. Lorsque les objets et les événements sont perçus, nous mettons en œuvre une réponse (par exemple, motrice), et dirigeons notre attention sur les informations internes ou externes qui en découlent (figure 1.4). L'attention correspond donc à un processus cognitif (une activité intellectuelle) qui favorise les prises d'information perceptive et de décision, en vue d'apporter des réponses adaptées à un environnement caractérisé par une grande incertitude.

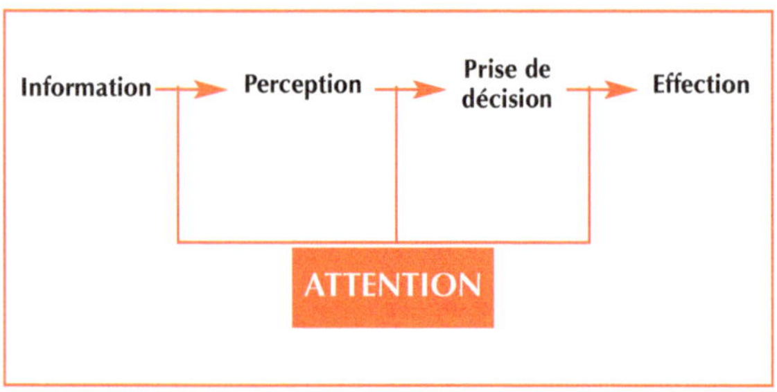

Figure 1.4
Le rôle de l'attention dans la prise d'information et de décision.

Dans les paragraphes qui vont suivre, nous allons analyser le processus d'attention selon ses caractéristiques d'intensité, de sélectivité et de flexibilité, avant de proposer quelques moyens destinés à améliorer l'attention et la concentration dans les pratiques sportives.

La capacité d'attention

Il s'agit de la quantité d'informations que le sportif peut traiter à un moment particulier, et dans une situation donnée. Or, la capacité d'attention demeure limitée. Dans un sport collectif par exemple, le joueur doit prendre en compte un grand nombre d'informations, comme la position des partenaires et adversaires par rapport au ballon, le schéma tactique retenu, les conditions climatiques de jeu, le respect des règles, etc. Quand la charge de l'attention devient trop forte, le joueur doit alors prendre une décision quant aux éléments sur lesquels son attention devra porter. Comme la totalité des informations disponibles excèdent souvent les possibilités de traitement et induisent de la distraction, le meilleur moyen d'y faire face est de rendre automatiques un grand nombre d'habiletés motrices. Des ressources additionnelles de l'attention seront alors disponibles en cas de circonstances nouvelles, inhabituelles, ou difficiles.

La sélectivité de l'attention

Elle correspond à la possibilité de sélectionner les stimuli corrects parmi d'innombrables stimuli, car certains apparaissent non pertinents par rapport à la réalisation d'une tâche. Pour un demi d'ouverture de rugby qui vient de recevoir le ballon, il s'agit de déceler parmi les stimuli disponibles dans le contexte actuel de jeu, ceux qui lui permettront d'apporter une réponse adaptée à la situation présente. En tenant compte du potentiel d'attaque actuel de ses partenaires, et en sélectionnant des indices lui permettant de déjouer le positionnement en cours de la défense adverse, ce joueur pourra : soit porter davantage le ballon, soit faire une passe, en « sautant » éventuellement un partenaire, soit chercher le contact pour créer un point de fixation. Comment un joueur de rugby en arrive-t-il à sélectionner les informations pertinentes lui permettant d'apporter une réponse correcte à des situations de jeu constamment changeantes ?

Cette capacité à sélectionner les informations opérantes parmi les innombrables stimuli de l'environnement est gouvernée par un mécanisme de régulation de l'attention, laquelle ne peut, de façon délibérée, se focaliser à la fois sur l'environnement et sur l'état sportif interne *au même moment*. De même, l'attention ne peut simultanément porter sur des éléments de la situation et sur les modalités d'exécution de la tâche. En compétition, par exemple, quand l'attention n'est pas focalisée entièrement sur l'accomplissement de la tâche, la « réponse d'orientation » pousse l'athlète à porter attention à des éléments distrayants de l'environnement, c'est-à-dire à des événements peu usuels, nouveaux, ou mobiles. C'est donc grâce à une pratique incessante que les sportifs arrivent à porter de façon automatique leur attention sur des stimuli pertinents, présents dans leur environnement sportif ou associés à leur état psychologique présent.

Deux dimensions caractérisent, selon Robert Nideffer (1976), la demande des pratiques sportives en matière d'attention (figure 1.5).

« L'amplitude » de l'attention se réfère à la quantité de stimuli que l'éducateur ou le sportif prennent en compte. Cette amplitude est évidemment régie par la capacité attentionnelle des individus. Il s'agit d'un continuum qui va d'une amplitude « large » à une amplitude « étroite ». Selon la spécialité sportive qu'il pratique, l'éducateur peut, à titre d'illustration, situer celle-ci à un niveau donné de ce continuum.

La « direction » de l'attention rend compte d'un mode de focalisation « interne » sur des pensées et des sentiments, ou « externe » sur les événements de l'environnement.

Pour analyser la « demande » des habiletés en matière d'attention, des pratiques, ou des conduites des acteurs, il conviendra de prendre simultanément en compte ces deux dimensions, comme illustré par la figure 1.5.

La flexibilité de l'attention

Si l'attention dénote un caractère sélectif parce qu'elle autorise le choix de stimuli adéquats, elle n'en est pas moins flexible. Elle peut successivement, et rapidement, se focaliser sur l'environnement (par exemple, la rapide montée du rideau défensif), puis sur la façon de protéger le ballon, puis sur un événement intérieur (par exemple, un sentiment diffus de peur), etc.

Si l'on prend simultanément en compte l'amplitude et la direction de l'attention (Nideffer, 1976), on peut repérer quatre styles d'attention des sportifs selon le quadrant dans lequel ils se situent (figure 1.5).

- Les sportifs dénotant un style « large et interne » planifient mentalement leurs activités et se montrent à l'aise pour anticiper les réponses adverses.

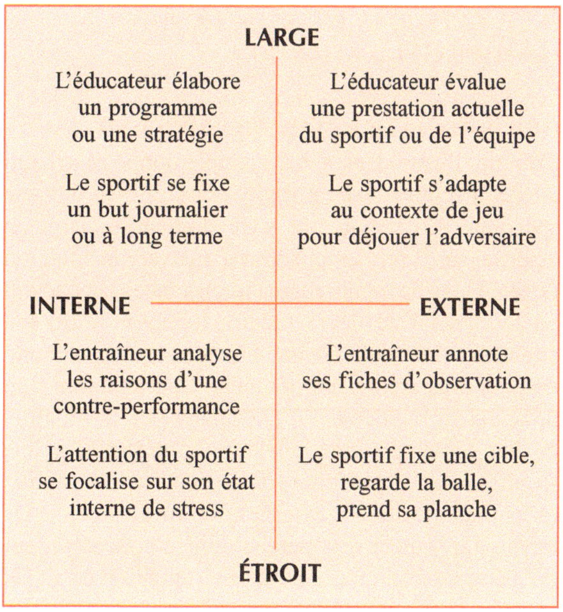

Figure 1.5
Le modèle de Nideffer propose d'analyser les modalités d'allocation de l'attention selon deux dimensions : 1) large/étroit et 2) interne/externe. Des exemples de sélectivité ou de flexibilité de l'attention du sportif et de l'entraîneur illustrent ce modèle.

- Ceux caractérisés par un style « large et externe » sont en mesure d'intégrer de nombreuses informations de l'environnement et de s'adapter rapidement aux situations changeantes.
- Les athlètes au style d'attention « étroit et externe » se concentrent sur la réalisation de gestes techniques (un revers de tennis, par exemple), mais éprouvent des difficultés à analyser le jeu dans ses aspects plus tactiques.
- Finalement, les individus qui présentent un style « étroit et interne » aiment analyser de façon détaillée leurs performances, mais tendent à se focaliser sur leurs erreurs.

Pour être efficaces, les sportifs doivent donc se montrer capables de changer rapidement la direction de leur attention et l'amplitude des stimuli qu'ils prennent en compte à un moment donné. Ils doivent apprendre *comment* modifier la direction et l'amplitude de leur attention, et *quand* ils doivent opérer de tels changements.

B. Suggestions pour améliorer les habiletés d'attention

Améliorer la flexibilité de l'attention

Comme illustré dans notre exemple donné plus haut, un demi d'ouverture en rugby réussira bien dans sa spécialité s'il dénote un style d'attention large et externe, car il sera en position d'analyser la situation de jeu. Dans de nombreuses circonstances cependant, un tel spécialiste devra réduire l'amplitude de son attention : pour délivrer une bonne passe ou un coup de pied à suivre au bon moment. Son attention doit donc passer rapidement d'une analyse de la situation de jeu présente (attention large et externe), à une focalisation de l'attention sur le décours d'une action (attention étroite et externe), et inversement. De même, un sauteur à la perche doit se concentrer sur les aspects techniques de son saut (attention étroite et externe), et sur les fluctuations du vent s'il effectue celui-ci en plein air (attention large et externe).

Les éducateurs doivent donc identifier les difficultés des sportifs à modifier leurs modalités d'allocation de l'attention et proposer des recommandations pour les surmonter. Les éducateurs doivent également apprendre aux sportifs à modifier rapidement leur forme d'attention. En situation de compétition, le sportif n'a pas le temps d'analyser la raison d'une erreur. Lorsque sa passe est interceptée ou que son coup de pied est contré, le demi d'ouverture doit immédiatement penser à se replacer (attention large et externe), plutôt que d'analyser son geste technique manqué (attention étroite et externe) ou ruminer des affects négatifs (attention étroite et interne). C'est grâce à des observations méticuleuses, à des discussions nourries et à des répétitions sur le terrain, que les sportifs et les entraîneurs arriveront progressivement à automatiser des réponses flexibles et adaptées de l'attention.

Cette flexibilité de l'attention sera grandement facilitée si les sportifs se montrent capables de gérer leur état de stress. Comme indiqué dans ce chapitre, les techniques de management du stress sont garantes d'une meilleure flexibilité de l'attention, de même que la concentration permet aux sportifs d'être imperméables aux stresseurs de l'environnement.

Le sportif pourra améliorer la flexibilité de son attention en se livrant sur le lieu d'entraînement ou à domicile, à des exercices tels qu'indiqués au tableau 1.3. Il s'agit d'imaginer le déroulement d'une action de jeu, d'un événement survenu en compétition, d'un exercice d'entraînement, ou la réalisation d'une routine, après relaxation du corps. Les exercices proposés au tableau 1.3 sont applicables à de nombreuses situations sportives.

Améliorer la sélectivité de l'attention

Nous avons vu que les sportifs ne peuvent penser dominer leurs opposants, comparer leurs prestations à celles d'autrui, analyser des écarts de performances, *et en même temps* focaliser leur attention sur l'accomplissement moteur. Les sportifs doivent par conséquent, et de façon prioritaire, se donner des buts de maîtrise de la tâche (chapitre 2 – 1er degré). La fixation de buts d'apprentissage et d'exécution motrice focalise l'attention sur des standards internes de réalisation auxquels les résultats de l'action seront comparés. Avant une compétition, on recommandera ensuite aux sportifs de fixer leur attention sur un élément précis du contexte actuel : une partie de la tribune, un ami qui bavarde, une silhouette qui s'estompe dans le lointain, etc.

Tableau 1.3
Exercices d'amélioration de la flexibilité de l'attention.

- Imaginez la prise d'informations nécessaires au choix du matériel et à la programmation motrice : distance de la cible, conditions de vent, état du terrain… (attention interne et large).
- Ouvrez les yeux et réalisez le même type de prise d'informations que si vous vous trouviez sur le terrain (attention externe et large) ;
- Imaginez l'état émotionnel dans lequel vous vous trouvez dans les conditions de match et en cas de score serré (attention interne et étroite).
- Ouvrez les yeux et, si l'exercice se réalise à domicile, fixez les yeux sur un objet comme la poignée de la porte (attention étroite et interne) ; si l'exercice se réalise sur le terrain, fixez un point très précis de l'environnement (attention externe et étroite).
- Imaginez, selon votre spécialité, une réception de balle, un lancer, un service, une prise de kimono, une passe, un arraché… (attention interne et large).
- Ouvrez les yeux et, si l'exercice se fait à domicile, explorez du regard la pièce (attention interne et large) ; si l'exercice se fait sur le terrain, explorez de façon minutieuse l'espace (attention externe et large).
- Imaginez, selon votre spécialité, la trajectoire précise d'un objet comme une balle, un javelot, un ballon, une flèche… (attention interne et étroite).
- Définissez un plan de jeu, un plan d'action (attention interne et large).
- Imaginez votre routine habituelle (attention interne et étroite). Réalisez effectivement cette routine (attention externe et étroite).
- Imaginez que vous écoutez les consignes de l'entraîneur (attention interne et large).

NB : On pourra ainsi multiplier les exercices visant à améliorer la flexibilité de l'attention, en alternant les exercices de perception et de visualisation et en prenant en compte les deux dimensions de l'attention : interne/externe et large/étroite.

De même, les sportifs doivent toujours se limiter à se fixer un but à la fois. Les golfeurs ou les joueurs de tennis efficaces sont ceux qui centrent leur attention sur l'action en cours, et non pas sur les coups suivants ! *Ils sont dans le présent*. Les patineurs ou les gymnastes performants focalisent leur attention sur les composantes successives de leur enchaînement, plutôt que sur une difficulté technique à venir, ou la sévérité du jury… Une bonne gestion de l'attention impose donc à l'athlète d'éliminer toute forme d'impatience et de se fixer des buts à très court terme, mais successifs.

Lorsque le sportif se donne des buts de maîtrise de la tâche et non des buts de compétition, il se trouve en position favorable pour recueillir les nombreuses sensations kinesthésiques liées à l'exécution des mouvements. Le fait de ressentir, et la possibilité d'analyser ces sensations kinesthésiques, représentent des moyens de rendre l'attention plus sélective. De même, la focalisation de l'attention sur des éléments kinesthésiques facilitera grandement la formation d'images mentales internes et la préparation psychologique ultérieure.

D'une manière générale, se fixer des buts précis et réalistes diminue l'incertitude inhérente aux conditions de compétition et rend le sportif moins vulnérable à la distraction. Ces possibilités de distraction doivent être minimisées lors de l'apprentissage de nouvelles habiletés sportives. Cependant, un sportif confirmé trouvera de nombreux avantages à s'entraîner dans les mêmes conditions qu'en compétition. S'entraîner dans une tenue de compétition, mettre l'accent sur la qualité de travail dans un environnement fortement perturbant, permet d'améliorer l'attention et la concentration de façon progressive.

Un bon moyen d'apprendre à se concentrer, ou de maintenir dans le temps une attention sélective, consiste à contrôler ses yeux (tableau 1.4). Les sportifs qui ont des difficultés de concentration sont généralement ceux qui recherchent constamment des yeux leurs partenaires, amis ou parents, scrutent la foule, cherchent l'approbation de leur entraîneur, ont des difficultés à s'isoler, ou encore s'agrègent à des camarades tout aussi peu attentifs qu'eux ! Le tableau 1.3 propose des moyens visant à rendre l'attention plus sélective.

Tableau 1.4
La concentration par le contrôle des yeux.

- Avant toute épreuve, s'isoler si possible et fixer du regard un point de l'environnement : une personne dans les tribunes, un sportif qui s'éloigne, la cime d'un arbre, un point précis du club-house. Fixez cet objet, détaillez certaines de ses caractéristiques et, surtout, maintenez votre regard.
- Entraînez-vous à fixer de façon précise un objet particulier ; ne laissez pas votre regard s'évader. Essayez de maintenir de plus en plus longuement les yeux sur un détail de cet objet (jusqu'à cinq minutes après entraînement).
- Avant une réalisation importante, fixez votre regard sur le sol, puis concentrez-vous sur un aspect du matériel (le cordage de la raquette, un nœud du panier de basket-ball, l'extrémité d'une ceinture de judo…) ou sur un point très précis de l'environnement (une marque de crampon devant le trou de golf, une lettre du panneau d'affichage…).
- Isolez-vous de toute source de distraction qui risque d'égarer vos yeux, comme des partenaires trop volubiles, qui contestent des décisions, qui ne gardent pas leur sang-froid, etc.
- Apprenez à scruter attentivement votre environnement.
- Effectuez des tâches intellectuelles dans des conditions d'environnement de plus en plus bruyantes (musique, fenêtre ouverte, présence d'autrui).

Conclusion

L'amélioration des capacités de l'attention répondra donc aux exigences suivantes : il s'agit d'abord de fournir aux sportifs des informations sur les mécanismes de l'attention, puis l'éducateur devra aider le sportif à identifier les exigences de l'attention dans sa spécialité sportive afin de faire ressortir éventuellement les points qui doivent faire l'objet d'une préparation particulière. Il conviendra finalement d'assurer une sélection active et pertinente des informations nécessaires à l'accomplissement des performances, et de faire preuve de flexibilité en matière d'attention pour faire face à l'incertitude inhérente aux compétitions.

5. L'ENTRAÎNEMENT DES CAPACITÉS MENTALES

De même qu'elle est dépendante du niveau de préparation physique ou technique, la réussite sportive exige la mise en œuvre d'habiletés psychologiques. Les capacités à gérer le stress, à former des buts pertinents, à s'engager dans la répétition mentale et à contrôler l'attention ou le niveau d'activation, peuvent faire l'objet d'un entraînement systématique. L'éducateur doit donc s'efforcer d'intégrer la préparation psychologique dans ses objectifs d'entraînement, de manière à ce que ces habiletés fassent l'objet d'un apprentissage continu et systématique.

A. Pourquoi l'entraînement mental est-il nécessaire ?

De nombreux sportifs et entraîneurs négligent l'entraînement mental par manque de connaissances ou de temps, ou parce qu'ils estiment qu'il ne s'applique qu'aux sportifs de haut niveau. Pourtant, tout sportif, débutant ou confirmé, est confronté à des difficultés telles, au cours des entraînements ou des compétitions, qu'il tend parfois à se décourager, à se résigner ou à manquer de ressources psychologiques nécessaires pour faire face aux défis que pose toute compétition.

Quel est le sportif qui, un jour, n'a pas été confronté aux difficultés suivantes :

- Il a échoué dans une compétition, réalisé une contre-performance, et a quitté le terrain en étant fortement découragé.
- Il a perdu ses moyens à un moment important de la compétition : en pensant au score, en étant incapable de réagir à la pression, ou en étant en proie à des pensées négatives.
- Il a manqué d'entrain et de motivation à l'entraînement, s'est débarrassé des exercices en faisant juste l'effort nécessaire, n'a pas mis l'accent sur la **qualité** de l'entraînement.
- Il s'est senti déprimé à la suite d'un surentraînement, d'un épuisement, ou d'une blessure.
- Il a été frustré par les interventions non justifiées d'un arbitre, par le manque d'implication des équipiers, ou encore a ressenti un sentiment d'im-

puissance par manque de contrôle d'une situation…

Un programme de préparation psychologique, intégré dans la préparation des sportifs, permettrait de surmonter la plupart de ces difficultés.

B. Quelles sont les habiletés mentales qui conditionnent le succès ?

Les psychologues ont interrogé des sportifs de haut niveau et des entraîneurs, pour leur demander quelles qualités ils jugeaient nécessaires pour réaliser des performances majeures, pour gagner des compétitions, pour faire face à des obstacles ou à des imprévus (Gould et ses collègues, 1989 ; Orlick et Partington, 1989). Leurs résultats sont résumés au tableau 1.5.

Tableau 1.5
Comportements et habiletés psychologiques mis en œuvre par les sportifs qui réussissent.

- Ils mettent l'accent sur la qualité des entraînements : réalisent les exercices à l'entraînement comme en compétition, se concentrent sur ses routines et les actions, recherchent la qualité davantage que le volume.
- Se fixent des buts d'entraînement quotidiens : stimulants, réalistes, et orientés vers la maîtrise et non sur la performance.
- Évaluent journellement leurs entraînements pour procéder à une analyse technique et une analyse du succès, et en vue de définir de nouveaux buts pour le lendemain.
- Répètent mentalement les exercices (jusqu'à 3 heures par jour) : à l'entraînement au moment des routines, au retour de l'entraînement, avant une compétition, avant un moment crucial de la compétition, après une réalisation très satisfaisante…
- Préparent une compétition par un plan d'action, un plan de jeu.
- Apprennent à se concentrer grâce à la fixation de l'attention, l'utilisation de routines, l'élimination de pensées négatives et des distractions, le langage interne…
- Stimulent leur motivation en privilégiant un climat de travail favorable.
- Cherchent à augmenter leur confiance.

Dans cet ouvrage, et particulièrement dans ce chapitre, nous avons présenté des exercices, des moyens, et des stratégies, qui visent à développer la plupart des habiletés mentionnées au tableau précédent.

C. Comment mettre en œuvre un programme de préparation mentale ?

L'entraînement mental exige du temps et, idéalement, il accompagne toute la carrière d'un sportif. Il s'agit d'une formation continue qui s'intègre dans le processus d'entraînement du sportif à raison de 10 à 15 minutes par jour : à la suite de l'entraînement, ou à domicile, en fonction des exercices demandés par le psychologue.

Ici, il convient de faire la distinction entre les « préparateurs mentaux » et les « psychologues », éducateurs ou cliniciens. Un préparateur mental est simplement formé, parfois rapidement, à une technique particulière : de relaxation, de sophrologie, de programmation dite « neurolinguistique », par exemple.

Un psychologue, de par sa formation et son titre (protégé par la loi), est en mesure de prendre en charge, et selon sa spécialisation, la préparation mentale proprement dite, l'adaptation du sportif à son environnement familial et sportif ; des troubles psychologiques comme le surentraînement, la dépression, la consommation de drogues, etc. Son action est donc beaucoup plus large et, surtout, présente des garanties liées à une formation longue.

Ainsi, une préparation mentale ne doit jamais débuter sans qu'une investigation psychologique ne soit réalisée, et qu'un bilan fasse ressortir les points faibles à travailler. Par exemple, la contre-performance systématique d'un golfeur en compétition vient-elle d'un mauvais swing, d'un mauvais choix de clubs, de l'absence d'un plan de jeu, ou de la récurrence de pensées négatives en cours de partie ?

Par l'entretien semi-structuré, et par l'application d'outils spécifiques, un psychologue du sport est en mesure d'apporter une réponse à ce type de questionnement, à condition toutefois qu'une collaboration confiante s'instaure entre ce spécialiste et l'éducateur au cours d'un suivi d'entraînement.

Seul un psychologue du sport est en mesure de choisir les outils d'évaluation appropriés au problème rencontré, présentant des qualités de fidélité et de validité satisfaisantes permettant de poser un diagnostic sûr et utile. Ainsi, le « Test des stratégies de performances » de Thomas, Murphy et Hardy (tableau 1.6) est-il en mesure de faire apparaître dans quel domaine se manifeste une déficience psychologique et à laquelle il conviendrait de remédier. L'application complémentaire d'un test de personnalité spécifique, tel que le QPS, ainsi que les données d'entretiens, permettrait de dresser un bilan complet pour un sportif donné.

Tableau 1.6
Stratégies mentales évaluées par le questionnaire de R. Thomas, S.H. Murphy et L. Hardy (1999).

Activation : se dynamiser avant et en cours d'entraînement et de compétition lorsqu'on se sent devenir passif, ou lors d'un arrêt momentané.

Relaxation : apprendre à se relaxer en situation d'entraînement et si l'on se sent trop tendu en compétition, mais se relaxer juste ce qu'il est nécessaire...

Imagerie mentale : visualiser les réalisations passées pour les consolider, répéter dans sa tête des mouvements avant une action cruciale, ressentir les sensations associées aux images, visualiser un enchaînement complet, une manche complète...

Se fixer des buts : précis, réalistes et stimulants, journaliers, à court et à moyen terme...

Contrôle émotionnel : contrôler ses émotions à l'entraînement comme en compétition, en cas d'insuccès, de contrariété, d'erreurs, de pression...

Contrôle de l'attention : apprendre à fixer son attention, à éliminer les pensées parasites et négatives (STOP), à gérer la flexibilité de son attention...

Discours interne : se parler à soi-même de façon positive, s'encourager, se donner des mots clés pour s'aider à réaliser des performances...

Pilotage automatique : laisser l'action ou le mouvement se dérouler naturellement, ne pas penser à des points techniques, réaliser de façon intuitive ce que l'on sait faire, faire confiance à son jeu !...

D. Compte rendu, planification et évaluation d'un programme de préparation

Une fois le bilan réalisé, il convient d'en communiquer le résultat à l'éducateur, au sportif lui-même, et parfois aux parents lorsqu'il s'agit de jeunes pratiquants. Pour des raisons éthiques, toutes les informations obtenues ne peuvent être communiquées, et seul un psychologue peut faire la part entre les renseignements confidentiels et ceux qui peuvent donner lieu à des interventions pratiques partagées.

Une fois les besoins évalués et les objectifs de travail fixés, vient le temps d'élaboration d'un programme de travail qui tient compte des principales échéances sportives et de la nature du travail technique effectué par l'éducateur. Ainsi, si un enseignant de golf veut consacrer le premier trimestre à travailler « l'attaque de green » - travail d'extrême précision - le psychologue doit-il conjointement amener les golfeurs à élaborer des images mentales exactes et riches en détails pour faciliter la visualisation des swings et des trajectoires de balles. Un point important du programme de préparation mentale est donc sa pertinence, sa durée et son contenu.

Périodiquement, se fera l'évaluation du programme, à partir de données quantifiées pour en évaluer l'efficacité :

- quelles techniques de préparation sont apparues les plus efficaces ?
- quels sont les points forts et les points faibles du programme ?
- le temps de préparation et le suivi ont-ils été suffisants ?

E. Conclusion

Même si les sportifs et les entraîneurs reconnaissent l'importance d'un entraînement mental – le mental intervenant selon eux pour 80 % dans la réussite dans des sports comme le golf, le tennis et le patinage – ils négligent le plus souvent cet aspect important de la préparation du sportif. Or les sportifs de tous âges et de tous niveaux peuvent tirer avantage de la préparation mentale ; lorsque des benjamins et des minimes s'y initient, cette forme de préparation devient rapidement habituelle pour eux, utile dans d'autres domaines que le sport, et ne requiert plus d'efforts particuliers.

Mais les principaux effets ne se manifestent qu'à la suite de nombreux mois d'un entraînement régulier, à condition qu'il se fasse sous la responsabilité d'un psychologue spécialisé, bien au fait des caractéristiques techniques et tactiques de la discipline, et travaillant en parfaite harmonie avec l'éducateur. Ce dernier pourra alors rapidement prendre en charge de nombreux aspects de cette préparation mentale. L'essentiel est que les uns et les autres prennent le temps nécessaire pour mener leur action de formation et, qui plus est, s'y investissent avec passion.

LECTURES CONSEILLÉES

Thill, E., & Fleurance, Ph. *Guide pratique de la préparation psychologique du sportif.* Paris, Éditions Vigot, 1998, chapitres I à VII, XI et XII.

Weinberg, R.S. et Gould, D. *Psychologie du sport et de l'activité physique.* Edisem et Vigot, 1997, chapitres XIII à XVIII.

Chapitre 2

L'INTERACTION DANS LES GROUPES

Edgar Thill

Nous traitons dans ce chapitre de questions essentielles pour un animateur ou pour un éducateur sportif: comment conduire un groupe et exploiter toutes ses potentialités ?

On parle de groupe dès lors que deux personnes au moins interagissent, se perçoivent comme formant une unité, et cherchent à atteindre un but commun. Ainsi, le choix de la pratique d'un sport collectif, par exemple, répond à la satisfaction de deux « besoins » :

a) le désir d'affiliation, c'est-à-dire la recherche d'amitiés, de relations sociales,
b) et la recherche de l'excellence. Pour atteindre l'excellence, l'individu doit donner son maximum et développer des habiletés collectives qui vont lui permettre d'avoir une estime de soi positive à travers la valeur personnelle manifestée et reconnue. L'animateur ou le coach doit donc faire accepter des normes collectives à ses participants, normes partagées qui participent à l'identité du groupe, tout en reconnaissant les demandes personnelles de chacun en matière d'affiliation, de reconnaissance et d'estime de soi.

La première question à laquelle nous allons tenter de répondre dans ce chapitre est de savoir si, conformément à l'étude de Triplett (1897-1898), un groupe a un effet stimulant sur la performance d'un individu. Il nous intéressera de connaître les conditions dans lesquelles se manifeste la *facilitation sociale* pour en tirer des conclusions pratiques pour un animateur ou pour un entraîneur.

La seconde question qui peut intéresser un animateur ou un éducateur est de savoir comment il peut créer une *motivation de groupe*, c'est-à-dire comment il peut orienter les motivations individuelles vers un objectif commun et partagé.

Or les groupes sont soumis à un certain nombre de forces d'attraction et d'entraves. Quels sont ces facteurs qui renforcent les sentiments positifs envers les membres d'un groupe ? Comment renforcer ce degré d'attraction appelé *cohésion* ? Quels sont les effets positifs et négatifs de la cohésion ? Comment constituer un groupe et renforcer sa cohésion ? Ce sont des questions auxquelles nous tenterons de répondre dans une troisième section.

Finalement, comme nous le verrons dans une quatrième section, le résultat d'une équipe ne correspond pas à la somme des productions individuelles. Comment faire pour tirer le meilleur parti des contributions de chacun ? Comment préserver les initiatives des membres d'un groupe ? Comment améliorer l'efficacité d'une équipe ?

En somme, l'objectif d'apprentissage de ce chapitre est de mieux comprendre le fonctionnement des groupes, de manière à mieux les conduire et à augmenter leur efficacité.

1. L'INFLUENCE DES GROUPES SUR LES INDIVIDUS : LES EFFETS DE LA FACILITATION SOCIALE

Les premiers travaux de Triplett (1897-1898) ont montré que les cyclistes qui couraient en présence d'autres coureurs dénotaient de meilleures performances que les cyclistes qui effectuaient des courses en solitaire. Cet effet de la présence des autres sur le comportement, qu'on a pu reproduire chez des êtres humains, fut appelé l'effet de la *facilitation sociale*. Cet effet se manifeste tout autant lors de la présence de spectateurs *(effet du public)*, que lors de la présence d'autres sportifs qui participent de façon indépendante ou concurrente à la même compétition *(effet de coaction)*.

A. Quelles sont les explications de ce phénomène ?

La présence d'autrui augmente le plus souvent les performances, alors que dans d'autres cas, les individus commettent plus d'erreurs. Comment peut-on expliquer ces résultats contradictoires ?

Selon Zajonc (1965), la présence d'autrui augmente le niveau d'activation d'un organisme, état qui se caractérise par l'apparition de la sudation et l'augmentation de l'activité cardio-pulmonaire. Ces réponses végétatives préparent à l'action. Dans ses expériences sur l'apprentissage, il observe également que l'augmentation du degré d'activation provoque l'apparition de réponses dominantes après un apprentissage. Si la réponse dominante constitue la bonne réponse, la performance s'améliore ; si la réponse dominante constitue une mauvaise réponse, la performance se détériore. Ainsi, si un joueur de basket-ball dénote un faible pourcentage de réussite dans ses tirs à trois points, ses réponses dominantes en présence du public le conduiraient à une piètre performance.

B. Facteurs qui influencent l'effet du public ou de la coaction

Caractéristiques individuelles ou interindividuelles

Un certain nombre de traits de personnalité, comme le niveau d'anxiété ou une faible résistance au stress, réduisent les performances en présence d'autrui. Il en est de même de l'expérience préalable. Un échec antérieur dans une activité, conduit à des performances encore plus faibles si l'individu renouvelle ses tentatives en présence d'un public.

Outre les caractéristiques de la personnalité et l'expérience préalable des participants, d'autres caractéristiques, comme l'âge et le genre, régissent l'effet de la présence d'autrui sur les performances. Le genre féminin, comme les enfants les plus jeunes, réagit moins favorablement en présence d'un public. Ils éprouvent alors des difficultés plus grandes à transformer l'activation grandissante, en performances.

Caractéristiques du public

En accord avec un phénomène bien connu en sport, la présence d'un public de supporters ou de pairs apparaît de nature à faciliter le succès. Un joueur de hockey jouera plus agressivement à domicile, et notamment devant un public agressif qui veut des contacts et applaudit au jeu dur. Un joueur prend donc en compte de multiples informations, et *s'ajuste* aux demandes du public. Son appréhension d'une évaluation négative pourra alors s'estomper puisqu'il répond aux attentes du public, et bien que la partie change de nature, son niveau de jeu sera rehaussé. Mais si la tâche ou les circonstances sont inhabituelles (accès à une finale, par exemple), l'appréhension de l'évaluation augmente davantage

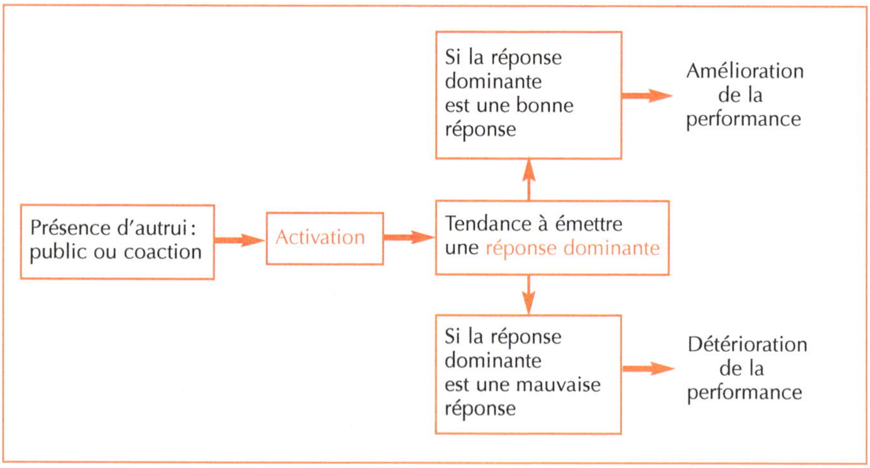

Figure 2.1
L'explication par Zajonc de la facilitation sociale.

en présence d'un public de supporters, qu'en présence d'un public d'étrangers.

C. Quelques implications pratiques

Comme l'appréhension de l'évaluation survient surtout au cours des phases d'apprentissages de nouvelles habiletés, un éducateur doit éliminer autant que possible les évaluations négatives, et travailler hors de la présence d'un public (par exemple, les parents). Il adoptera de préférence une approche de type « positive/négative/positive » et mettra l'accent sur les réussites plutôt que sur les échecs.

Par la suite, l'éducateur pourra introduire des conditions plus stressantes, en reproduisant à l'entraînement les conditions de la compétition : par sa manière de conduire l'échauffement, par le port de tenues de compétition, en organisant des jeux sous la forme de coactions... Autrement dit, il préparera mentalement les jeunes joueurs à la compétition en les amenant à faire face à des situations de stress et notamment *d'évaluation par des pairs à l'entraînement.*

Dans le cas de la préparation d'équipes de haut niveau évoluant en salles (handball, volley-ball, basket-ball), certains coaches utilisent des modèles d'entraînement qui, par le biais de la sonorisation des lieux de préparation, reproduisent les clameurs d'un public hostile, simulent l'intrusion d'une musique dérangeante, déclenchent l'intervention intempestive de speakers, ou encore font appel à des arbitres (des compères) qui multiplient les décisions litigieuses... L'aménagement de tels contextes d'entraînement a pour objet de familiariser les joueurs avec l'appréhension d'une évaluation, à communiquer dans des conditions extrêmes, de manière à se servir ensuite du public pour stimuler les performances en compétition réelle.

Un moyen plus économe en moyens matériels, mais au moins aussi efficace, consiste à apprendre aux sportifs à fixer leur attention pour éviter toute distraction, à se relaxer si la tension est trop forte (ou à se stimuler en cas de relâchement excessif), à répéter mentalement des actions réussies par le passé dans les situations critiques, à visualiser de façon précise la cible, à stopper les pensées négatives, ou à s'engager dans des routines qui engagent les réponses dominantes, etc. Bref, il convient d'apprendre aux joueurs des méthodes de préparation mentale aptes à contrôler les effets de l'appréhension d'évaluation (voir le chapitre 1 du livre II).

Finalement, un coach doit se montrer attentif à la façon dont il assume ses fonctions en toutes circonstances. Dans les situations critiques – comme lors d'un retard à la marque – qui suscitent une activation maximale chez les joueurs et réduisent encore les possibilités de concentration, l'éducateur devra être un modèle de calme ; aussi bien sur le bord de touche, que pendant les temps d'arrêt de jeu, en rassurant ses joueurs, plutôt qu'en sermonnant le groupe... En évitant de transmettre sa nervosité à ses joueurs, en s'appuyant sur des bases solides apprises à l'entraînement, l'éducateur pourra réduire l'appréhension de l'évaluation négative de ses joueurs, et utiliser l'état d'activation suscité par le public pour atteindre des performances sportives maximales.

2. COMMENT SUSCITER UNE MOTIVATION DE GROUPE

D'une manière générale, la motivation affecte les conduites des individus selon deux dimensions fondamentales : leur direction et leur intensité (livre I). D'une part, la motivation confère une direction aux conduites, parce qu'elle oriente les conduites vers certains objets (la pratique du hockey sur gazon, par exemple) et certains buts (améliorer prioritairement ses capacités de résistance au stress, par exemple). D'autre part, elle procure l'énergie nécessaire pour atteindre les buts fixés avec une certaine intensité et persistance.

Il en est de même pour ce qui concerne la motivation d'un groupe. Des forces internes (les buts, la satisfaction d'appartenir à un groupe d'amis, par exemple) et/ou des forces externes (les incitations de l'entraîneur, par exemple), orientent sélectivement les activités et production d'un groupe dans un sens particulier, et procurent l'énergie nécessaire.

Pour motiver collectivement un groupe, un éducateur pourra donc intervenir sur ces deux dimensions de la motivation.

A. Motiver un groupe par la formation de buts collectifs

En orientant les conduites des individus, les buts procurent l'énergie nécessaire à l'obtention de certains résultats et, en même temps, constituent des critères de référence par rapport auxquels ces résultats sont appréciés. Pour avoir de tels effets motivationnels, les buts collectifs, comme les buts individuels doivent présenter les caractéristiques suivantes.

Rappel des caractéristiques nécessaires des buts

Les buts collectifs précis, difficiles, mais réalistes, et librement acceptés par les sujets, mènent aux plus grandes performances. Comme l'a montré Zander (1978), spécialiste nord-américain des groupes, les équipes sportives qui possèdent un désir élevé de réussite se donnent des buts stimulants, mais réalistes.

La précision, ou la clarté d'un but, est elle-même déterminée par sa proximité dans le temps et la spécificité de son contenu. C'est la raison pour laquelle des buts collectifs journaliers, ou des buts à court terme, constituent des standards plus clairs et plus faciles à atteindre. Les buts à moyen terme et à long terme constituent des objectifs qui en eux-mêmes justifient l'existence d'un groupe et en constituent des principes de guidage (viser la montée en division supérieure dans les deux ou trois années suivantes, par exemple), alors que les buts à court terme permettent de concrétiser, pas après pas, des objectifs situés plus loin dans le temps.

Les buts collectifs sont également importants pour un groupe, car leur concrétisation procure des sentiments collectifs de fierté, d'accomplissement et de satisfaction (Bandura, 1982). En partageant l'expérience vécue d'une synergie commune et des sentiments positifs, le groupe en ressortira revitalisé et se sentira apte à se donner un challenge plus difficile.

Un protocole pour générer des buts collectifs

Sur la base d'interventions menées auprès d'équipes de hockey sur glace, Widmeyer et McGuire (1996) ont proposé une méthode simple et efficace pour former des buts collectifs réalistes, en préconisant de redéfinir périodiquement les buts en fonction des résultats sportifs.

Les auteurs ont d'abord présenté aux joueurs la liste des habiletés techniques et tactiques requises pour l'obtention d'un succès collectif. Puis ils ont demandé à chaque joueur de dresser la liste, parmi ces habiletés, des cinq mesures de performances qu'ils jugeaient nécessaires à l'obtention d'une performance collective. Les joueurs se sont ensuite réunis par petits groupes afin de se mettre d'accord sur une liste commune. Finalement, ils confrontèrent leurs points de vue lors d'une réunion générale, et se mirent d'accord pour fixer les cinq habiletés que le groupe devait respecter pour obtenir un succès. Le groupe est donc arrivé à se fixer des buts communs, après que les uns ou les autres aient pu s'exprimer individuellement, ainsi qu'en petits groupes et en session collective. Puis, au cours des six compétitions suivantes, un observateur a noté dans quelle mesure les différents objectifs de jeu avaient été respectés. À partir d'indicateurs chiffrés, pouvaient ainsi être mesurés les écarts entre les buts fixés et leur mise en œuvre effective.

Ces résultats furent communiqués à l'équipe à l'issue des six premières compétitions. À l'issue de cette présentation, les auteurs ont demandé aux joueurs de redéfinir suivant le même protocole cinq critères de performance, en tenant compte de l'expérience passée et des six équipes qu'ils devaient affronter pour la période du championnat à venir.

Pourquoi un tel protocole de formation de buts collectifs est-il efficace ?

En demandant d'abord aux joueurs de *choisir* individuellement les critères de performances à respecter, puis en les amenant progressivement à prendre une décision collective tout en garantissant la libre expression de chacun, les auteurs ont respecté un principe fondamental en matière de motivation : favoriser l'autonomie de joueurs et amener le groupe à s'autodéterminer (voir la théorie de Deci et Ryan au chapitre 4 – 1er degré).

Quand les enseignants donnent aux individus la possibilité de choisir, ils suscitent en eux une motivation intrinsèque, et cet état a des conséquences très positives au niveau des sentiments des sujets (ils éprouvent une forte satisfaction, par exemple), des conduites (ils persévèrent davantage dans leurs efforts, par exemple) et des performances (le succès s'avère pus probable, par exemple). Cet effet est tellement marqué, que le pseudo-choix (on fait croire aux sujets qu'ils choisissent), mène aux mêmes conséquences positives.

Un nombre considérable d'études conforte les avantages des interventions ou des environnements qui induisent un sens d'autonomie personnelle ou collective. Il y a donc de fortes chances pour que la mise en œuvre du protocole de Widmeyer et McGuire (1996) soit couronnée de succès.

La formation et la redéfinition périodique de buts communs, en créant les conditions d'une assistance mutuelle et d'un sentiment d'unité, renforcent également la cohésion du groupe, et, par voie de conséquence, les performances (voir la section III de ce chapitre).

B. Motiver un groupe par la formation d'expectations d'efficacité

Les expectations d'efficacité constituent les précurseurs des buts. On se rappelle (livre I), que les expectations d'efficacité – ou expectations de compétence - correspondent à des croyances qui se rapportent à la façon dont un sujet pense maîtriser une tâche en vue de concrétiser son but. Ces croyances sont dépendantes des accomplissements antérieurs. Ainsi, à la suite d'un succès, un sportif peut estimer qu'il sera en mesure d'atteindre un certain niveau de performance s'il exécute le comportement requis (Bandura, 1977). Ces expectations d'efficacité, relatives à un comportement spécifique, nourrissent par conséquent la *confiance* que le sujet a dans ses moyens pour atteindre l'objectif désiré. Si son expectation d'efficacité est élevée, on peut s'attendre à ce qu'il réalise des efforts importants et qu'il persiste dans ses efforts jusqu'à ce que le *but* soit atteint.

Les expectations collectives d'efficacité

Or les groupes se caractérisent également par des expectations d'efficacité : celles qui se rapportent à leur efficacité collective. Selon Bandura, l'expectation d'efficacité d'un groupe correspond à la conviction de ses membres de pouvoir atteindre un but commun, par un partage des tâches, et par un supplément d'effort consenti par chacun.

Comme elles finalisent les conduites individuelles et libèrent de l'énergie, les croyances d'efficacité collective ont des propriétés motivationnelles qui permettent de prévoir les performances futures d'un groupe. Mais ces croyances collectives se rapportent toujours à une situation donnée ; leur mesure devra donc se rapporter à l'ensemble des compétences qui doivent être mises en jeu par le groupe : physiques, techniques, stratégiques, etc. La formulation des items évaluant les expectations d'efficacité (de compétence) collective pourra donc prendre la forme suivante :

- *« Je crois que l'équipe s'est suffisamment préparée physiquement et techniquement pour remporter la série de matchs suivants ».*
- *« J'ai confiance dans la capacité du groupe à jouer de plus en plus efficacement en respectant des bases solides de jeu ».*
- *« J'estime que nous avons suffisamment fait de progrès en matière de discipline et de contrôle, pour pouvoir faire face à toutes sortes d'aléas et de pressions ».*

L'évaluation de l'efficacité du groupe par chaque équipier doit prendre en compte l'ensemble des compétences, moyens, règles de fonctionnement, normes ou stratégies, que le groupe sera capable de mobiliser pour atteindre les objectifs fixés.

Développer le sens de l'accomplissement individuel et collectif

Les sources d'une croyance en une efficacité collective sont les mêmes que les déterminants des expectations individuelles d'efficacité. En se référant au livre I, le lecteur pourra élaborer de nombreux moyens pratiques, lesquels, dans sa spécialité sportive, permettront d'élever les expectations spécifiques d'efficacité collective, en proposant des modèles d'accomplissement efficaces et en encourageant verbalement le groupe.

On se limitera, dans le cadre de ce chapitre, à exposer quelques principes visant à stimuler le sens des accomplissements individuels et collectifs, propres à induire des expectations d'efficacité, et à susciter, de façon subséquente, des buts partagés.

Principes de stimulation

- Si l'éducateur énonce clairement ce qui est important pour un groupe et ce qui l'est moins, il facilitera la planification des actions, la répartition des rôles et, surtout, donnera de la valeur aux actions menées. Si les stratégies du groupe sont claires, les équipiers coordonneront mieux leurs efforts et s'impliqueront davantage dans la poursuite d'un but commun.

  À partir de l'analyse périodique des forces et des faiblesses du groupe, il conviendra donc de définir les *rôles* de chacun, et de les valoriser. Dans une équipe, un rôle correspond à un certain nombre de règles intériorisées que suivent les équipiers, et de tâches spécifiques qu'ils remplissent dans un projet collectif. Les équipiers forment donc des *attentes* consécutives à l'adoption de rôles par leurs coéquipiers.
- On sait que ces rôles sont multiples dans une équipe, et qu'ils ne sont pas seulement d'ordre technique ou stratégique. Certains équipiers favorisent la communication dans le groupe, d'autres sont les garants du respect des règles, des joueurs assument un rôle de leader informel, alors que d'autres apaisent les tensions, tel joueur se montre capable d'analyser en cours de partie la stratégie adverse, tel autre maintient une saine ambiance après match, etc. Tous ces rôles sont importants pour l'équipe et doivent être reconnus. Les rôles des personnes influentes comme les leaders et les capitaines d'équipe seront plus particulièrement étudiés dans le chapitre qui suit.
- Tous les rôles des équipiers doivent être parfaitement définis par l'entraîneur après une analyse soigneuse des « demandes » de la tâche. Ils devraient être redéfinis au cours de séances périodiques d'évaluation. Mais surtout, les rôles devront être valorisés par l'éducateur au cours des séances d'entraînement et des analyses d'après matchs. À ces occasions, un formateur proscrira tout feedback négatif en insistant sur les erreurs, pour multiplier au contraire le feedback *positif* et *spécifique* (voir chapitre 3 – 1er degré).
- Le feedback positif relatif au rôle assumé par chaque équipier, par sa spécificité, augmentera le sentiment de *fierté* de chacun. La fierté est en effet associée à la perception d'efficacité, alors que la gratitude se manifeste en cas d'aide des équipiers. Or, de nombreux travaux menés dans ce domaine (voir Thill, 1989, chapitre 4) montrent que des sentiments positifs comme la fierté génèrent des expectations d'efficacité élevées et rehaussent les performances collectives.
- Dans une équipe sportive, les joueurs analysent et valorisent particulièrement les résultats collectifs. Ils font alors état de sentiments positifs de satisfaction ou de fierté qui dépendent des résultats obtenus, mais aussi du degré de cohésion de l'équipe. Dans une équipe non cohésive, les perdants attribuent le plus souvent leurs échecs à des facteurs externes, comme la malchance, le rôle néfaste de l'arbitre, ou encore les conditions météorologiques. À ces explications s'associent des sentiments négatifs comme la honte liée au manque d'efficacité, la culpabilité due au manque d'effort, et un sentiment d'impuissance lié à la perception d'un manque de contrôle de la situation. Dans une équipe cohésive, les perdants attribuent davantage leurs échecs à des facteurs internes, comme le manque de constance dans les efforts. Ils prennent en somme la responsabilité de leurs échecs, et c'est dans ce sens qu'un éducateur devra toujours intervenir pour augmenter le sens de la responsabilité collective et la cohésion.

Dans la section qui suit, nous allons analyser de plus près la cohésion d'un groupe.

3. COMMENT CONSTRUIRE ET SOUTENIR LA COHÉSION D'UN GROUPE

A. Qu'est-ce que la cohésion ?

Lorsque l'on fait état de la cohésion d'un groupe, on pense inévitablement à des équipes sportives dont les membres font état d'esprit d'équipe, se témoignent du respect mutuel, et qui se sont donné un objectif commun. Mais d'autres groupes, comme les congrégations religieuses, les orchestres ou les chorales, les bandes organisées d'adolescents ou de délinquants, ou encore les escadrilles de chasse, par exemple, se caractérisent également par l'assistance mutuelle que se portent les membres, et l'unité qu'elles revendiquent, c'est-à-dire la cohésion. De quoi s'agit-il plus précisément ?

L'attraction des groupes

Pour Festinger (1951), l'un des pères de la psychologie sociale, la cohésion correspond au degré d'attraction qui s'exerce entre les membres, et aussi le degré d'attraction qu'exerce le groupe sur les membres. Par exemple, si l'attraction pour le groupe est forte, et si les forces d'attraction entre les membres l'emportent largement sur les forces de rupture, on en conclura que le groupe se montre cohésif.

Les buts communs

Albert Carron, le psychologue canadien du sport, souligne d'autres caractéristiques de la cohésion. *Pour les équipes sportives, la cohésion correspond à un processus dynamique qui se reflète dans la manière du groupe d'adhérer, au cours de son évolution, à des buts et des objectifs communs* (Carron, 1984). Pour cet auteur, la notion de projet commun s'avère donc essentielle.

Très justement, cet auteur souligne également que la cohésion fluctue dans le temps, que la vie d'un groupe passe par des phases orageuses de conflits, de rébellion, de redéfinition des rôles, de renforcement de la coopération, de centration sur les performances. Un groupe passe par des phases cycliques, vit, et meurt.

Forces de cohésion sociale et forces de cohésion instrumentale

Selon Festinger, les forces attractives ou disruptives qui poussent les membres à adhérer plus ou moins fortement à leurs groupes, sont de deux ordres : a) les forces qui régissent la cohésion sociale (ou cohésion affective), c'est-à-dire la satisfaction d'être en groupe, de nouer des relations de camaraderie, de vivre en groupe des expériences uniques et, b) les forces qui régissent la cohésion instrumentale, c'est-à-dire le partage de rôles fonctionnels, la réalisation d'une tâche commune, la reconnaissance de la contribution de chacun.

Or, lorsqu'on l'évalue en pré saison sportive, la cohésion instrumentale permet de prédire la réussite sportive, et en particulier le rapport des succès et des échecs futurs. À l'inverse, l'évaluation en pré saison de la satisfaction des membres, et en particulier dans les groupes informels, permet de prédire la cohésion sociale ultérieure et la longévité d'un groupe.

La cohésion – qu'elle soit d'ordre social ou instrumental – apparaît donc essentielle pour l'existence d'un groupe et son efficacité. Comme elle résulte d'un certain nombre de forces plus ou moins antagonistes, il importe à présent de mieux repérer celles-ci, afin d'en tirer des conclusions pratiques ultérieures.

B. L'évaluation de la cohésion

Carron, Widmeyer et Brawley (1985) ont élaboré un questionnaire *(Group Environment Questionnaire)* destiné à mesurer la cohésion des groupes. Ils prennent en compte les deux facteurs susceptibles d'avoir une influence sur le processus dynamique que constitue la cohésion : a) l'attraction que manifestent les individus pour le groupe, et b) l'influence qu'exerce le groupe sur les individus (sa force d'intégration). Et comme l'attraction des individus pour le groupe et la force d'intégration du groupe peuvent se manifester sur le plan instrumental (la tâche du groupe) et sur le plan social (la dimension affective), les aspects suivants du processus d'interaction entre les membres d'une équipe sont mesurés par le questionnaire (tableau 2.1).

Les animateurs de groupes et les entraîneurs pourront analyser avec soin les onze aspects évalués par le questionnaire de Carron et de ses collègues, pour traduire dans leurs comportements les différentes façons de stimuler la cohésion des groupes qu'ils ont en charge.

C. Les facteurs qui régissent la cohésion d'un groupe

La taille du groupe

La cohésion diminue à mesure que la taille du groupe augmente en raison d'une distribution des rôles. Dans les sports collectifs, une équipe se divise en unités fonctionnelles diverses : attaquants, défenseurs, demis, arrières, intérieurs, pivots, etc. Certains membres prennent des décisions, d'autres remplissent des tâches spécifiques ; parfois s'effectuent des permutations de fonctions selon des plans de jeu précis, etc. Et à mesure que se définissent des hiérarchies entre les équipiers, les attractions entre les membres évoluent, se modifient, et parfois se figent dans le temps. Les anciens membres se veulent souvent les garants de la cohésion en s'attachant notamment à faire respecter les règles du groupe.

Les règles non écrites du groupe

Comme le souligne A. Zander (1977), spécialiste reconnu des groupes sportifs, l'existence de secrets, l'instauration de la loi du silence, la condamnation d'actions litigieuses d'une équipe adverse, la glorification de son propre groupe, représentent de bons moyens pour préserver la cohésion d'un groupe.

Le respect de règles communes strictes, implicites ou explicites, constitue aussi un moyen de fonder le groupe en tant que tel, par opposition à tout groupe extérieur. Si les secrets s'imposent pour limiter les désaccords entre les équipiers, leur existence irrite les personnes extérieures, ce qui explique les commentaires parfois un peu acides des journalistes qui se trouvent confrontés à la règle de « l'Omerta ».

Les affinités

Les relations de sympathie ne se distribuent pas de façon harmonieuse entre tous les membres d'un groupe. Il existe des attractions entre certains membres, comme des rejets ou des relations d'indifférence. L'exercice du pouvoir et la distribution de rôles conduisent à la formation de sous-groupes. Et plus la taille du groupe augmente, plus la probabilité de formation de sous-groupes augmente. Certains sous-groupes se forment sur la base de relations de sympathie, de contacts amicaux qui se prolongent généralement en dehors de l'équipe, et qui renvoient à une structure affective de l'équipe. D'autres sous-groupes se forment sur la base d'une organisation technique ou stratégique ; ils correspondent à une structure de type fonctionnel.

Les groupes dans lesquels les rôles fonctionnels des sous-groupes sont différenciés remplissent les conditions pour développer une bonne cohésion. Mais lorsque se forment des *clans*, dont les membres manifestent entre eux des affinités exclusives, il existe alors de fortes chances pour que la cohésion s'ef-

Tableau 2.1
Exemples d'items, des onze aspects de la cohésion évalués par le questionnaire de Carron, Widmeyer et Brawley (1985).

FACTEURS	EXEMPLES D'ITEMS
Clarté du rôle	Je sais tout à fait ce qu'on attend de moi dans l'équipe
Acceptation du rôle	Je suis tout à fait satisfait des responsabilités qu'on m'a confiées dans l'équipe
Leadership de l'entraîneur	Notre entraîneur a des attentes élevées, mais réalistes, à propos de chaque équipier
Support social de l'entraîneur	Notre entraîneur se sent vraiment concerné par le bien-être de l'équipe
Buts collectifs	Nos buts collectifs sont clairement énoncés
Communication	Tous les équipiers communiquent librement avec les autres membres
Environnement	Nos possibilités d'entraînement sont excellentes
Cohésion reliée à la tâche	Les équipiers se sentent unis lorsqu'il s'agit de travailler
Compétence des joueurs	Certains membres de l'équipe ne sont pas assez compétents par rapport à ce qu'on leur demande
Implication des joueurs	Certains équipiers sont davantage préoccupés par leurs propres objectifs que par ceux de l'équipe

fondre. Il en est de même si la recherche du pouvoir amène certains individus à créer des alliances ou des coalitions fondées sur des intérêts communs.

Les sous-groupes ne sont pas toujours facilement décelables. Il s'agit en général de relations cachées. Aussi, les psychologues ont-ils élaboré des moyens destinés à les révéler. L'outil de mesure le plus connu a été mis au point par Moreno (1941). Son « test sociométrique » permet de révéler les relations cachées, non officielles d'un groupe, c'est-à-dire sa *structure informelle*.

Principes de réalisation d'un test sociométrique

C'est en général un intervenant extérieur, formé, et garant de la confidentialité des réponses, qui a pour fonction de révéler la structure informelle du groupe. À cet effet, il procède selon les étapes suivantes.

1. **Les questions.** La première étape consiste à appliquer à un groupe des questions de type : a) « Quels sont vos meilleurs amis de l'équipe ? Nommez-les par ordre de préférence » ; b) « Quels sont les joueurs les plus indispensables au succès de l'équipe ? Nommez-les par ordre de préférence ». Les réponses à la première question permettent de révéler la structure sociale ou affective du groupe ; les réponses à la seconde question permettent de dévoiler la structure technique ou fonctionnelle du groupe.
2. **Le tableau des résultats.** Pour une question donnée, les réponses sont ensuite consignées sous la forme d'un tableau à double entrée. Dans les lignes, on note les choix émis par chaque membre, en donnant par exemple 3 points au premier choix, 2 points au second choix et 1 point au troisième choix. Par conséquence, on pourra relever en bas de chaque colonne le nombre de *choix recus* par chaque joueur. Ainsi, l'équipier D fait l'objet de quatre choix. Comme ce joueur est crédité du plus grand nombre de choix, on peut considérer qu'il s'agit du *leader* informel du groupe ; cela d'autant qu'il assure le lien avec l'autre sous-groupe de l'équipe (voir figure 2.2)
3. **Réalisation des sociogrammes.** Les sociogrammes permettent de représenter *graphiquement* les choix émis et reçus par chaque individu (figure 2.2). Différentes techniques sont possibles. Un exemple fictif est donné par les graphes ci-dessous. D'un point de vue affectif, l'équipe 1 fait état de choix bien distribués : l'attraction existe entre tous les membres, aucun membre n'est isolé (rejeté), le pouvoir semble également partagé. L'équipe 1 est donc hautement cohésive. Dans l'équipe 2, on note l'existence de deux sous-groupes. La cohésion y apparaît faible comparativement à celle qui prévaut dans l'équipe 1. La restauration de la cohésion pourrait être tentée par l'intermédiaire de l'individu G, qui manifeste des relations amicales avec D ; toutefois, leurs relations ne s'avèrent pas réciproques.

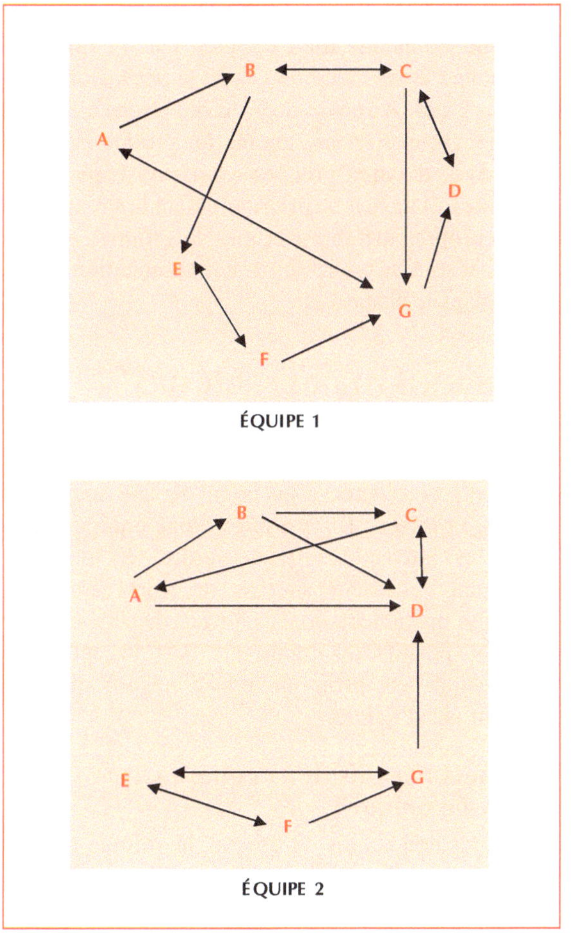

Figure 2.2
Sociogrammes de deux équipes. L'équipe 1 apparaît fortement cohésive d'un point de vue affectif, alors que l'équipe 2 se caractérise par une cohésion insuffisante.

Le faible niveau de cohésion de l'équipe 2 laisse présager des performances et un niveau de satisfaction de ses membres plus faibles, que ceux de l'équipe 1. Toutefois, l'éducateur pourra utiliser le lien entre les individus G et F pour asseoir une meilleure communication entre les deux sous-groupes, cela d'autant que G dispose dans son sous-groupe d'un statut de leader, puisqu'il fait l'objet de choix réciproques.

La communication

La cohésion d'un groupe dépend de l'adhésion à une distribution de tâches spécifiques collectives et individuelles qui renforcent les liens techniques et affectifs. La cohésion dépend également : a) des *structures de communication* à l'intérieur du groupe, comme les types de communication adoptés par l'animateur, l'entraîneur et les membres) et, b) la *perméabilité* du groupe, c'est-à-dire son degré d'ouverture à l'égard d'autres groupes. Ainsi, moins un groupe communique avec d'autres groupes extérieurs (faible perméabilité), et recherche prioritairement la satisfaction de ses propres membres, et plus le groupe se montrera cohésif. Ces processus de communication seront traités dans le chapitre 4.

D. Les effets positifs et négatifs de la cohésion

Dans l'exemple que nous venons de donner, la cohésion a été considérée d'un point de vue social, ou affectif. Et lorsque les membres d'une équipe multiplient les interactions de cet ordre, et lorsqu'ils apprécient l'efficacité sportive de leurs camarades (cohésion instrumentale), ces formes de cohésion ont des effets positifs très importants. Parfois cependant, la cohésion peut avoir un impact négatif qu'il ne convient pas d'ignorer.

Les effets négatifs de la cohésion : la pensée unique !

Les règles non écrites du groupe, la volonté de préserver à tout prix une discipline de fer, la recherche du consentement mutuel, limitent inévitablement l'esprit critique. Comme les membres d'un groupe cohésif sont davantage enclins à se conformer aux normes du groupe, il en résulte une intolérance à l'égard de tout contestataire ou « déviant », c'est-à-dire des personnes qui adoptent une position antagoniste à l'orientation prédominante du groupe. Mais en même temps, le désir du consensus dans un groupe hautement cohésif évite les remises en question des individus et de la stratégie de l'entraîneur, bride les initiatives individuelles et, par voie de conséquence, sclérose le groupe.

Une certaine marge de liberté s'avère donc nécessaire pour que l'équipe n'aille pas au désastre ! Aussi, certains psychologues proposent-ils des moyens visant à réduire le danger d'une pensée unique comme : l'assignation d'un rôle de critique à certaines personnes, la promulgation de la règle qui veut que chacun puisse exprimer ses doutes, et le fait que ces doutes soient soumis à un examen public. Mais la recherche d'un équilibre entre la nécessité d'une forte cohésion et la possibilité d'une remise en question de normes rigides exige du doigté et un indéniable savoir-faire.

La cohésion est-elle garante de performances ?

Il paraît logique de considérer que la cohésion d'une équipe est garante de performances. Sinon, pourquoi se donnerait-on la peine de renforcer la cohésion d'une équipe ? Pour vérifier les liens positifs entre la cohésion et les performances de groupe, les auteurs se sont servis des divers tests suivants pour mesurer la cohésion, comme « le questionnaire de cohésion sportive » de Martens, Landers et Loy (1972) ou le « questionnaire sur l'environnement de groupe » de Carron, Widmeyer et Brawley (1985) présenté plus haut (tableau 2.1).

Or, les nombreuses études sur la cohésion ne s'accordent guère dans leurs conclusions (pour revue, voir Widmeyer, Carron et Brawley, 1993). Dans certains cas, les auteurs font état d'une corrélation positive entre la cohésion et les performances ; dans d'autres cas, de telles relations ne sont pas observées. Comment expliquer ces relations contradictoires ?

Il convient d'abord de faire la différence, comme mentionné par Festinger (voir plus haut), entre la cohésion instrumentale et la cohésion sociale. En effet, si l'on mesure la cohésion instrumentale - relative à la tâche - on trouve des corrélations positives entre la cohésion et les performances : plus la cohésion est bonne, plus les performances sont élevées. En revanche, on note une absence de liens entre la cohésion affective et les performances. Cette première distinction permet déjà d'expliquer en grande partie la disparité des résultats observés dans le passé.

Mais il existe une autre raison à ces résultats contradictoires : il s'agit de la demande de la tâche. Les sports *d'interaction* forte, comme le volley-ball (figure 2.3), requièrent une coordination étroite entre les équipiers : en réception de service, en attaque comme en défense, etc. Dans ces sports, on observe précisément une corrélation forte entre la cohésion instrumentale et les performances. À l'inverse, dans les sports de *coaction* (figure 2.3), comme le golf ou le tir, les participants exécutent individuellement leurs coups de golf ou leurs tirs, même dans les compétitions d'équipe. Dans le cas de sports de coaction, on observe effectivement peu de rapports entre la cohésion instrumentale de l'équipe et les performances. La figure 2.3 fait apparaître le degré de cohésion requis en fonction des demandes de la tâche.

Ainsi, Widmeyer, Carron et Brawley (1993) rapportent-ils que 83 % des études font état d'une corrélation positive entre la cohésion relative à la tâche et les performances dans les *sports collectifs d'interactions* comme le basket-ball, le volley-ball, ou le hockey sur glace.

Mais une corrélation ne permet pas de dire si la cohésion mène au succès ou si, au contraire, le succès renforce la cohésion. D'autres études plus récentes ont donc été menées pour connaître le sens de cette relation causale entre la cohésion et le succès sportif. Or, lorsqu'on considère un certain nombre d'investigations de type expérimental menées en basket-ball et en hockey, il ressort que la performance induit davantage la cohésion, que la cohésion mène aux plus grandes performances. D'où l'importance de la spirale du succès, qui renforce la cohésion, qui améliore à son tour les performances, et ainsi de suite. La relation entre la cohésion instrumentale et les performances est donc de nature circulaire.

La satisfaction dans les groupes de travail et dans les équipes sportives

Des résultats concordants montrent que la cohésion accroît le moral des unités de travail en milieu d'entreprise ainsi que les sentiments de sécurité et de bien-être. Dans un tel climat de travail, la productivité augmente probablement en raison d'une meilleure coopération.

Il en est de même en sport. Il existe une relation indéniable entre la cohésion et la satisfaction des membres d'une équipe. L'adhésion à un projet commun génère des sentiments de satisfaction, qui eux-mêmes renforcent la cohésion et les performances.

La longévité des équipes

Plus les membres d'une équipe développent longtemps des relations d'amitié, maintiennent des relations confiantes en dépit de la diversité des rôles, et plus la cohésion se développera. Il en découle, comme dans les entreprises, un moindre absentéisme aux entraînements et une réduction des demandes de mutation (turn over).

Coaction forte	Coaction et interaction de niveau intermédiaire	Interaction élevée
Golf – ski Tir – tir à l'arc Sports de combat	Aviron – athlétisme Natation (relais) Base-ball	Basket-ball Volley-ball – hockey Football – handball

Faible ◄——— COHÉSION requise ———► Forte

Figure 2.3
Relations entre la cohésion relative à la tâche et les demandes de la tâche.

Des études menées sur le football, le base-ball et des sportifs de haut niveau, permettent de conclure à l'effet positif de la cohésion sur la stabilité (moindre turn over), la stabilité renforçant en retour la cohésion. *Procéder à un renouvellement trop fréquent de joueurs lors des phases de recrutement s'avère donc contre-productif.*

E. Principes visant à améliorer la cohésion

Fixation de buts collectifs partagés

La poursuite d'un but commun constitue, on l'a vu, la justification principale de l'existence d'un groupe. On a présenté au début de cet ouvrage (Livre I, chapitre 2) les caractéristiques des buts qui en font des éléments de motivation puissants. Les mêmes principes s'appliquent à la formulation de buts collectifs. La fixation de buts précis, stimulants, mais réalistes, et organisés en fonction d'un calendrier sportif (inter saison, pré saison, saison sportive), représente une condition nécessaire à l'émergence d'une cohésion. Ainsi, on évitera de fixer des buts trop ambitieux en début de saison sportive, en particulier si un départ chaotique lors des premières compétitions met à mal la cohésion naissante.

De même que les buts individuels, les buts collectifs doivent également être librement acceptés. Des interventions destinées à promouvoir des buts collectifs communs ont été élaborées par des psychologues ; on présentera dans la suite de ce chapitre une stratégie visant la promotion et l'acceptation de buts collectifs.

La clarté et la reconnaissance des rôles individuels

Dans un projet collectif, le rôle de chaque équipier doit être clairement défini et reconnu ! Plus les membres d'un groupe perçoivent clairement leurs fonctions dans l'équipe, acceptent ce rôle et s'efforcent de le tenir jusqu'au bout, et plus la cohésion se renforcera.

De ce point de vue, la gestion du banc de touche s'avère particulièrement cruciale ; et pas seulement pour des raisons de fraîcheur physique en fin de match. Si un entraîneur répugne à faire appel aux joueurs du banc de touche, soit il s'est trompé dans le choix de ses joueurs, soit il ne leur fait pas confiance. Il pourra donc s'attendre à la formation de sous-groupes à l'intérieur de l'équipe, sur la base de ressentiments, de jalousies, de perte d'estime et de manque de confiance. Pour faire face à la menace d'un affaiblissement de la cohésion, un formateur soucieux des intérêts de ses joueurs comme de l'efficacité de son groupe, veillera à définir et à clarifier des rôles multiples et à faire ressortir leur importance pour le succès de l'équipe. Ainsi, un entraîneur de volley-ball pourra momentanément faire appel au banc de touche pour renforcer la défense au filet, ou pour faire appel à un serveur réputé pour ses services.

L'élimination des clans et la résolution des conflits

Pour éliminer les clans, un moyen efficace consiste à promouvoir *l'identité du groupe*. Comment ? En opposant son équipe à d'autres équipes lors de rencontres amicales ou officielles, tout en mettant l'accent sur les objectifs. La simple anticipation d'une compétition suffit généralement pour augmenter le sentiment d'appartenance au groupe et pour générer des stéréotypes négatifs à l'égard des groupes concurrents. De plus, les buts communs produisent un effet de *catégorisation*, c'est-à-dire d'accentuation des ressemblances entre les membres du groupe, et de différenciation par rapport aux groupes concurrents (Tajfel et Wilkes, 1963 ; Doise, 1984).

L'entraîneur évitera toutefois d'exagérer le sentiment de menace extérieure en faisant état d'appréciations négatives à l'égard les adversaires. Car à trop vouloir opposer son équipe à des groupes extérieurs pour augmenter le sentiment d'appartenance au groupe, on risque de multiplier les différenciations à l'intérieur de l'équipe. En effet, un groupe tourné vers la compétition tend à se doter d'une organisation en accord avec le but qu'il se donne (Moscovici et Paichelier, 1972). Autrement dit, une équipe exclusivement vouée à la compétition, au détriment de relations plus affectives, tend à se différencier en sous-groupes moins enclins à la coopération. Or, la cohésion repose pour une grande part sur la coopération.

La communication dans les groupes

Une autre façon de renforcer la cohésion consiste à favoriser les processus de communication entre les membres. La communication accroît la coopération, la confiance entre les équipiers et, par conséquent, accroît la cohésion. On présentera au chapitre 4 des stratégies visant à favoriser la communication entre tous les membres d'une équipe. L'éducateur dispose toutefois d'une méthode simple pour stimuler la coopération intragroupe : il suffit de *renforcer* tous les comportements des équipiers qui vont dans le sens d'une plus grande coopération (voir Livre I, chapitre 1) !

La mobilisation des appartenances croisées et la création d'un sort commun

L'instauration *d'appartenances croisées* constitue une troisième façon de réduire les clivages entre les sous-groupes. Par cette méthode, l'éducateur s'attachera à rendre saillantes des appartenances communes : comme l'origine géographique commune à certains membres, leur même vécu sportif en matière de formation ou de sélection, ou encore leurs goûts musicaux partagés, etc. À l'occasion d'un déplacement ou d'un stage, l'éducateur pourra s'appuyer sur des appartenances communes pour constituer des groupes de travail qui transcendent les clivages actuels.

Les appartenances actuelles à des sous-groupes peuvent également être périodiquement redistribuées en demandant à des joueurs d'occuper, à l'entraînement, des postes différents de ceux qu'ils occupent habituellement dans l'équipe. Les différents équipiers prendront ainsi conscience des demandes et des exigences des divers postes de l'équipe. Mais surtout, ils découvriront, à travers l'organisation nouvelle et temporaire du jeu, la nécessité d'une coopération qui inclut tour à tour l'ensemble des partenaires au-delà de leurs clivages actuels.

Dans cet esprit, l'éducateur a également la possibilité de faire partager aux équipiers un *sort commun* (Rabbie et Horwitz, 1979). Les stages de préparation, de type « commando », dans des conditions difficiles, hors du cadre habituel, et impliquant la mise en œuvre de ressources exceptionnelles, amènent le groupe à percevoir de façon plus favorable ses caractéristiques propres et celles de ses membres. De même, le fait d'introduire des signes d'appartenance (maillots géants, bannières, supporters, bandas, chants, etc.), d'utiliser des modalités de défraiement ou de rémunération individuelle et collective préétablies et claires, de demander à un groupe de fixer des buts communs (voir plus haut), et de leur faire vivre des expériences collectives positives ou négatives, amènera une équipe à s'évaluer de façon favorable et à se différencier par rapport aux groupes extérieurs et concurrents.

Faut-il affronter les conflits ou feindre de les ignorer ?

Des études sur les conflits conjugaux montrent que les couples qui abordent franchement leurs problèmes arrivent mieux à les surmonter que les couples qui les évitent. Il en est de même dans les équipes dans lesquelles les conflits enveniment les relations entre les équipiers, ou entre entraîneurs et joueurs.

Il apparaît donc d'une extrême importance de prévoir des réunions périodiques durant la saison sportive, de manière à laisser s'exprimer les sentiments positifs et négatifs des membres du groupe. Un groupe bien structuré, qui a un vécu important, peut résoudre un certain nombre de conflits internes et mobiliser les ressources internes nécessaires à sa propre survie ou à son propre dépassement. Sous la conduite d'un éducateur qui dispose de rudiments de dynamique de groupe, le groupe peut redéfinir ses buts, apprendre à partir de ses erreurs, ou simplement évacuer ses doutes et ses tensions. Cependant, lorsque les conflits sont trop marqués, l'éducateur ne pourra pas faire l'économie d'une véritable dynamique de groupe, menée par un consultant extérieur spécialisé.

Dynamique de groupe ou dynamite de groupe ?

La dynamique de groupe correspond à l'organisation d'une situation de groupe qui permet aux membres d'exprimer leurs opinions, sentiments ou émotions, généralement réprimés. Cette libre expression du vécu crée parfois des situations explosives qui mettent en danger la vie d'un groupe. Ainsi, la centration du groupe sur son propre fonctionnement risque de remettre en cause l'autorité de l'entraîneur. Si besoin était, on recommandera donc à l'éducateur de faire appel à des spécialistes susceptibles de centrer le groupe sur son propre fonctionnement tout en étant capable d'en maîtriser les phases de progression.

L'intervention d'une tierce personne, neutre et spécialisée dans ce champ d'intervention, permettra la dissipation des tensions: par la reformulation de ce qui est exprimé, la synthèse des interventions, en montrant la nécessité de prendre en compte la diversité des points de vue, en faisant progresser le groupe jusqu'à la définition de règles de fonctionnement. La liquidation des conflits permettra aux participants de mûrir sur le plan affectif, d'émettre des propositions de fonctionnement tout en étant plus ouverts à la critique, et de participer pleinement à un projet commun réactualisé.

Synthèse des interventions éducatives centrées sur la cohésion

En se référant au tableau récapitulatif 2.2 fondé sur les travaux de Carron, Widmeyer et Brawley, l'éducateur sera en mesure de promouvoir de nombreux comportements qui stimulent la cohésion des groupes.
Certains moyens pratiques comme les principes de gestion de buts, de stimulation des perceptions de compétence, de création de contextes éducatifs favorables à l'implication des joueurs, ont déjà été présentés dans cet ouvrage (livre I, chapitres 1 à 4), D'autres moyens pratiques de renforcement de la cohésion sont présentés dans la section qui suit, ainsi que dans les chapitres dévolus à l'étude du leadership et de la communication dans les groupes (livre II, chapitres 3 et 4).
Le tableau 2.2, résume l'ensemble des propositions présentées plus haut, qui recoupent également celles de Weinbverg et Gould (1997).

4. LES PERFORMANCES INDIVIDUELLES ET DE GROUPE

Par définition, la performance d'un groupe est la résultante des productions des individus qui composent ce groupe. Or le degré d'interaction varie. Il va de la simple coaction, qui réfère à la présence d'autres sportifs agissant de façon indépendante ou parfois concurrente (ex., le cyclisme sur route), jusqu'au jeu d'interactions complexes qui caractérisent une équipe de basket-ball, en passant par la coordination (ex. l'aviron) ou l'addition (ex., un relais de natation) de performances individuelles.
On sait que la simple présence d'autrui affecte les performances individuelles: il s'agit de l'effet de la *facilitation sociale* présentée dans la section I. Mais la performance d'une équipe dépasse-t-elle la somme des productions individuelles comme le stipule la théorie de la facilitation sociale? Les résultats de l'expérience, présentés au tableau 2.3, permettent d'en douter.
Aussi allons-nous analyser, dans cette quatrième section, un phénomène propre au groupe appelé « flânerie sociale » ou « paresse sociale ». En analysant ce type d'influence du groupe sur les individus qui le composent, on sera en mesure de proposer d'autres principes visant à stimuler la production d'un groupe.

A. La performance potentielle et la performance réelle

Vers les années 1950, un psychologue allemand nommé Ringelmann a étudié des groupes de deux, trois, ou huit jeunes individus qui se livraient à des compétitions de tractions à la corde. Il a d'abord noté que les individus exerçaient en moyenne une force de 63 kg lorsqu'ils tiraient sur une corde. Deux individus devaient donc exercer ensemble une force de 126 kg, soit le double, et huit personnes devaient produire une force commune de 504 kg. Le phénomène de facilitation sociale devait même amener ces huit personnes à dépasser la simple addition des forces individuelles, soit 504 kg. Or les résultats présentés au tableau 2.3 montrent que la moyenne de la force réelle d'un individu correspond: a) dans un groupe de deux personnes, à 93 % de la force individuelle potentielle; b) pour un groupe de trois personnes, à 85 % de la force individuelle potentielle; et, c) pour un groupe de huit personnes, à 49 % de la force individuelle potentielle. C'est ce qu'on appelle *l'effet Ringelmann*: la force produite par chaque participant diminue avec l'augmentation du nombre de participants. On utilise le terme de « flânerie sociale » pour expliquer le fait que les personnes n'investissent pas tous leurs efforts lorsque leur contribution est masquée par la production totale du groupe.

Tableau 2.2
Synthèse des recommandations visant à augmenter la cohésion d'un groupe.

Rôle de l'entraîneur	
• Proposer des buts collectifs stimulants, acceptés par les membres de l'équipe. • Définir clairement les rôles des équipiers, de façon à reconnaître, et à faire reconnaître, la contribution de chacun à la bonne marche de l'équipe. • Mobiliser des appartenances croisées, de manière à ce que les uns et les autres s'imprègnent mieux des rôles, et de la difficulté des fonctions de chaque partenaire. • Promouvoir l'identité de l'équipe, en lui faisant vivre un sort commun (être semblables, mais différents des autres groupes), et en développant une véritable « culture de groupe » (voir chapitre 3). • Éviter la formation de sous-groupes en cas de défaite, sur la base de spécialisations par postes, ou lors des déplacements (chambres partagées)... Il convient de diagnostiquer rapidement les clivages, en vue de les dissoudre.	• Tenir régulièrement des réunions de groupe pour favoriser l'expression des sentiments et des opinions de chacun, et pour éviter que se nouent des conflits entre les joueurs. • Éviter de renouveler trop fréquemment l'équipe, pour qu'elle se stabilise et, par voie de conséquence, se trouve en position de devenir plus cohésive. • Demander aux anciens, ou au leader de vie (voir chapitre 3), de faciliter l'intégration des nouveaux. • Veiller à ce qu'il existe un bon climat dans l'équipe, en s'informant auprès des leaders (de jeu et de vie) de la qualité des relations qui existent entre les équipiers, tout en s'efforçant de mieux connaître chaque joueur en tant que « personne » (sa personnalité, ses projets sportifs, scolaires et professionnels).
Rôle des joueurs	
• S'efforcer de mieux connaître ses équipiers, de la même façon que l'entraîneur doit avoir une connaissance personnelle de chaque joueur. • Soutenir positivement les équipiers, éviter la critique, et aider ceux qui se trouvent en difficulté (blessure, par exemple). • Encourager les prises d'initiative des équipiers, tout en se montrant solidaire dans les actions de jeu. Faire confiance aux équipiers ! • Partager la responsabilité des échecs et éviter de blâmer quelqu'un pour sa maladresse ou sa contre-performance.	• Renforcer positivement toute action réussie par un équipier. • Communiquer ses sentiments et ses conceptions de jeu à l'entraîneur pour établir des relations de confiance et éviter les malentendus. • S'impliquer pleinement dans les actions collectives, ne pas ménager ses efforts, et bannir la paresse sociale. • Faire face aux problèmes et prendre l'initiative de résoudre les conflits.

Tableau 2.3
L'effet Ringelmann correspond au fait, que plus il y a d'individus dans un groupe, moins chacun s'investit dans un effort personnel. Les performances sont données en kilogrammes (kg).

Effectif du groupe	Performance potentielle	Performance réelle	Perte liée au processus
1	63	63	0
2	126	118	8
3	189	160	29
8	504	248	256

B. La flânerie sociale

Cette diminution des performances individuelles dans les conditions d'un travail collectif, a été expliquée par différents facteurs : une baisse de motivation, une dilution du sens des responsabilités de chaque équipier, ou encore par le fait que les performances individuelles demeurent anonymes en groupe.

En testant ces différentes hypothèses vers les années 1980, Latané et ses collègues sont arrivés à la conclusion que c'est *l'identification* de chaque performance individuelle qui représente le facteur explicatif principal. En effet, si l'on fournit des informations sur les performances individuelles – on augmente leur visibilité – les performances globales du groupe augmentent.

C. Implications pour les sports collectifs

L'éducateur sportif peut rendre les groupes plus performants en faisant en sorte que leurs productions ne soient pas affectées par la flânerie sociale. Dans ces conditions, la connaissance de la performance individuelle de chaque équipier est de nature à augmenter la performance collective d'une équipe de relais de natation. C'est ce qu'ont pu vérifier Latané et ses collègues (1980) avec une équipe universitaire de natation, en contrôlant les conditions de réalisation d'épreuves de 100 mètres nage libre et de relais 4 X 100 mètres. En rendant identiques les conditions de départ pour l'épreuve individuelle et le relais, et en annonçant à la moitié des participants que leurs temps individuels seront communiqués, ou en ne rendant pas publics les résultats individuels de l'autre moitié de nageurs, les auteurs ont relevé les résultats suivants : lorsque les performances individuelles étaient rendues saillantes, le temps de parcours individuel s'établissait en moyenne à 60,98 secondes sur 100 mètres, alors que le temps était de 60,18 secondes lorsque le 100 mètres s'effectuait en relais. Donc, l'annonce des temps individuels élimine non seulement l'effet négatif possible de la facilitation sociale (due à la présence d'autrui), mais provoque une stimulation sociale de nature à accroître la performance de chaque individu dans l'équipe de relais.

La coopération dans les groupes

Comparativement aux pratiques compétitives ou individuelles, les stratégies coopératives mènent à une motivation intrinsèque plus élevée, une persistance plus manifeste hors de la présence de l'entraîneur et, surtout, une persistance plus grande en cas d'échec (Johnson et Johnson, 1983) ; Vallerand et coll., 1984). Ainsi, l'éducateur devrait-il encourager les sportifs à coopérer entre eux, et lui-même devrait trouver des moyens de coopérer davantage avec ses sportifs : en les associant au choix et à la programmation des exercices, en partageant la décision concernant la durée des exercices ou des entraînements, en demandant aux joueurs de diriger à tour de rôle une partie de l'échauffement, en proposant à certains de jouer le rôle de tuteur (accueil de nouveaux joueurs, initiation à de nouvelles combinaisons de jeu…), en invitant le capitaine à diriger certaines séances (la séance du capitaine), L'encadré 2.1 suggère d'autres stratégies destinées à accroître la coopération dans les groupes.

La liberté dans une équipe est-elle chimérique ?

La coopération dans un groupe fortement cohésif génère une pression à l'uniformité des conduites et au conformisme. Toute nouvelle recrue doit adopter l'état d'esprit de l'équipe et la culture du club si elle veut être intégrée. Mais en même temps, c'est parce que les équipiers se sentent similaires, en raison notamment d'un partage rigoureux des tâches, qu'ils s'associent plus étroitement entre eux (Codol, 1984). Quelle est alors la marge de liberté d'un individu dans un groupe dans lequel se manifeste une attraction mutuelle (cohésion) et dans lequel l'obtention des buts personnels est subordonnée à la concrétisation de buts collectifs (coopération) ?

La compétition inter-équipes permet précisément à un joueur d'être semblable et différent dans un espace social (Deschamps, 1988) ! Dès lors qu'un cadre de jeu a été rigoureusement défini et accepté par les joueurs, tout joueur peut prendre une initiative s'il sait que ses équipiers se mettent à son service. Dans le jeu de rugby, par exemple, c'est un collectif de joueurs qui doit se mettre au service du porteur du ballon à un point de fixation. Une telle disponibilité des coéquipiers par rapport à une *prise d'initiative individuelle*, démontre alors que les équipiers font

Encadré 2.1 Stratégies utilisées pour augmenter la coopération intragroupe (Gergen et Gergen, 1984).

- L'éducateur pourra repérer dans le groupe les joueurs les plus enclins à coopérer, et leur demander de se mettre au service du groupe pour tenter d'induire des progrès collectifs; par ce moyen, il peut amener les autres membres de l'équipe à prendre naturellement part à cette stratégie. Mais la coopération initiale à sens unique, peut amener les joueurs hautement compétiteurs, à exploiter les individus coopératifs. Une telle approche suppose donc que des relations de confiance s'instaurent entre les membres d'une équipe.
- L'éducateur peut également renforcer les tentatives de coopération (par la félicitation publique, par exemple), punir les comportements déviants (par la diminution du temps de jeu, par exemple). L'éducateur pourra même aller plus loin, en se montrant intransigeant et en refusant toute concession, qu'il s'agisse de manquements à la coopération sportive ou extra-sportive.
- La menace de la punition représente une stratégie alternative à la précédente, puisqu'elle induit les mêmes conséquences, sans le recours effectif à la récompense et à la punition. La menace peut s'avérer efficace si la coopération devient un enjeu important dans les situations critiques.
- Avant tout, la coopération part d'une *volonté collective*. Celle-ci se met progressivement en place en travaillant à l'entraînement un maximum de situations de jeu. Tous les équipiers doivent se montrer réceptifs, être capables d'analyser de la même façon les situations de jeu, de réagir au même moment, et de se rendre disponibles par rapport à des circonstances données. Cet état d'esprit s'acquiert dans le temps par une accommodation réciproque, *par l'engagement dans des conduites coopératives effectives*, plutôt que par la persuasion, la menace ou la punition.
- Mais la structure coopérative n'est pas synonyme d'uniformisation des conduites et d'occultation des performances individuelles; dans ce cas, l'effet Ringelmann se traduit par une perte d'efficacité collective. La structure coopérative doit autoriser une confrontation minimale des opinions et laisser, comme on va le voir à présent, une marge de liberté favorable à la créativité.

confiance à leur camarade, qu'ils acceptent sa décision pour profiter éventuellement collectivement du déséquilibre créé dans l'organisation défensive adverse.

Des études sur la prise de décision montrent d'ailleurs qu'un groupe marque son intérêt pour les prises d'initiatives, et est généralement convaincu de leur valeur. Aussi, lorsqu'un éducateur prône un tel état d'esprit, les équipiers sentent qu'ils ne pourront être blâmés pour leur échec éventuel. Dès lors, ils peuvent multiplier les initiatives. Cela peut être le cas lors d'une relance d'un arrière de rugby à partir de ses 22 mètres. Or les prises d'initiative sont importantes pour l'issue d'une rencontre. Les systèmes de jeu actuels sont tellement travaillés à l'entraînement, que leur déséquilibre provient le plus souvent d'une prise d'initiative non attendue de la part de l'adversaire.

Or, l'entraîneur a beau préparer son équipe en fonction des forces et faiblesses de l'équipe adverse, jamais il ne pourra prévoir ce qui se passera sur le terrain. Donc, si des discussions collectives amènent les joueurs à clarifier leurs rôles et à consolider tel système de jeu, la majorité favorisera progressivement la prise de décisions audacieuses. Mais si les arguments pour une prudence deviennent plus nombreux, une stratégie de la prudence pourra être adoptée. En fonction de l'état de préparation actuel et des forces de l'équipe adverse.

Dans une équipe sportive, c'est autant le joueur qui se met au service du collectif que le collectif se met au service du porteur de balle. Cela signifie que dans une équipe cohésive et coopérative, *chaque joueur est important* et qu'il convient de reconnaître cette importance dans la contribution au succès collectif.

Rendre visible, et valoriser, chaque contribution individuelle

Dans la conduite d'une équipe sportive, l'entraîneur met principalement l'accent sur l'acquisition de savoir-faire physiques, techniques et tactiques, ou de rôles (voir plus haut), qui vont conditionner la réalisation de performances collectives. Comme son entourage, l'entraîneur analyse les performances en termes de succès, d'échec, de points acquis et du rang occupé dans le championnat, de menaces qui s'exercent sur la viabilité de l'équipe ou, au contraire, des possibilités de promotion qui s'ouvrent à l'avenir.

Cette nécessaire prise en compte de la performance collective ne doit, pour autant, occulter la contribution de chaque équipier pris isolément. S'il doit impérativement suivre un but collectif, un équipier cherche également à satisfaire des buts plus personnels. Et c'est la contribution personnelle au succès collectif de chaque équipier que l'entraîneur doit rendre saillante, visible, pour éviter le phénomène de perte de motivation lié à la flânerie sociale.

Aussi, après avoir clarifié le rôle de chaque équipier (voir la section 3), l'entraîneur doit l'évaluer, rendre publique la contribution de chacun, et la gratifier. En effet, les équipes créditées de feedback collectif *et* individuel améliorent davantage leurs performances que les équipes qui reçoivent uniquement du feedback collectif ou pas de feedback (Gross, 1982).

Or, il existe de nos jours de nombreux moyens pour identifier les contributions individuelles au succès de l'équipe. Il s'agit, par exemple, de l'analyse vidéo des matchs, de l'observation et de l'analyse statistique en cours de match par des méthodes informatisées. À partir de ces observations armées, l'opportunité est donnée aux éducateurs de faire ressortir les passes décisives, les contres défensifs réussis, le nombre de rebonds offensifs totalisé, le pourcentage de réussite (tirs, coups francs, lancers francs, interceptions…), le timing dans la montée en ligne, l'efficacité des leurres qui trompent la défense adverse, la persévérance dans les efforts, etc. Un feedback spécifique et positif qui fait ressortir la contribution précise de chacun au succès de l'équipe, est de nature à éliminer la flânerie sociale, à rendre positif les effets de la facilitation sociale et, par voie de conséquence, à optimiser la performance du collectif.

Mais il importe également de faire ressortir l'adéquation des contributions personnelles au fonctionnement du groupe et de sa stratégie. Un éducateur devrait donc prendre du temps pour mener des entretiens individuels pour clarifier les rôles et les tâches de chacun, les faire accepter, et énoncer les critères qui permettent de les évaluer.

Reconnaître et récompenser équitablement les contributions de chacun

Les sportifs apprécient le fait que l'entraîneur leur accorde du soutien. Mais ils sont également attentifs à la façon dont il répartit ce soutien dans l'équipe. Ils percevront les relations comme étant *équitables*, si chacun est reconnu en fonction de ses mérites. Chaque individu met donc en rapport le *gain* (c'est-à-dire les récompenses ou les félicitations qu'il reçoit, par ex.) avec le *coût* (c'est-à-dire son effort mis en jeu ou sa compétence manifestée, par ex.).

Dans un sport collectif, si un joueur estime qu'il n'est pas assez reconnu, renforcé positivement, rémunéré à hauteur de son investissement ou des sacrifices qu'il consent (familiaux, arrêt des études), apprécié en raison de sa « productivité », il fera en sorte que la productivité baisse. Les joueurs - comme tous les acteurs sociaux dans leurs relations de travail ou conjugales - effectuent des comparaisons très fines avec leurs partenaires, pour déterminer s'ils sont traités de façon équitable en fonction de ce qu'ils apportent à l'équipe. Ainsi, de nombreux abandons se produisent parce que des sportifs estiment que certains camarades font l'objet de plus d'attention de la part de l'entraîneur, ou sont traités avec plus d'indulgence. De même, les joueurs recrutés à prix d'or, qui reçoivent des salaires plus élevés que la majorité des joueurs ou qui accaparent la presse, suscitent des sentiments d'injustice si leur temps de jeu est faible parce que souvent blessés ou parce qu'ils ne font pas d'efforts suffisants pour rétablir l'équilibre entre les avantages qu'ils reçoivent et ce qu'ils apportent à la collectivité. Cela d'autant que, selon le sens commun, un joueur talentueux à moins de mérite pour atteindre un même niveau de performance, qu'un individu moins habile, moins reconnu, mais qui s'acharne au travail et se dévoue pour la collectivité.

Un éducateur s'attachera donc non seulement à reconnaître les contributions de chaque joueur, mais il tiendra compte de leurs mérites respectifs pour rétablir équitablement le feedback approbatif.

Encadré 2.2
Rappel des recommandations visant à augmenter la flânerie sociale.

- Coopérer avec les sportifs et encourager les équipiers à coopérer entre eux (voir à cet égard les recommandations de l'encadré 2.1).
- Encourager les prises d'initiatives individuelles.
- Rendre visible et saillante la contribution de chaque équipier par le moyen d'enregistrements vidéo ou de fiches d'observations.
- Reconnaître et récompenser équitablement les contributions personnelles de chacun.
- Identifier les situations dans lesquelles apparaît la flânerie sociale (ex. l'absence de repli défensif est-il dû à la fatigue ou à un manque de volonté ?).
- Analyser individuellement avec le joueur les raisons d'une baisse de motivation.
- Tenir des réunions régulières d'évaluation.

5. CONCLUSION

La figure 2.4 présente une vue synthétique des principaux processus qui régissent la vie d'une équipe sportive : la facilitation sociale, la flânerie sociale, la cohésion de groupe, et la motivation de groupe. Certains de ces processus, comme la facilitation sociale, correspondent à l'influence des groupes sur les individus. D'autres processus, comme la flânerie sociale, caractérisent les effets des conduites individuelles sur les performances des groupes (tableau 2.4). Tous ces processus qui se développent entre les membres du groupe et son environnement affectent la satisfaction des membres et la productivité du groupe.
Partant de l'analyse de ces processus, réalisée dans les sections de ce chapitre, la figure 2.4 rappelle également certains des principes visant à optimiser la productivité d'une équipe. Il s'agit, par exemple, des moyens qui permettent de réduire l'appréhension de l'évaluation, des protocoles menant à la définition de buts communs spécifiques, réalistes et librement

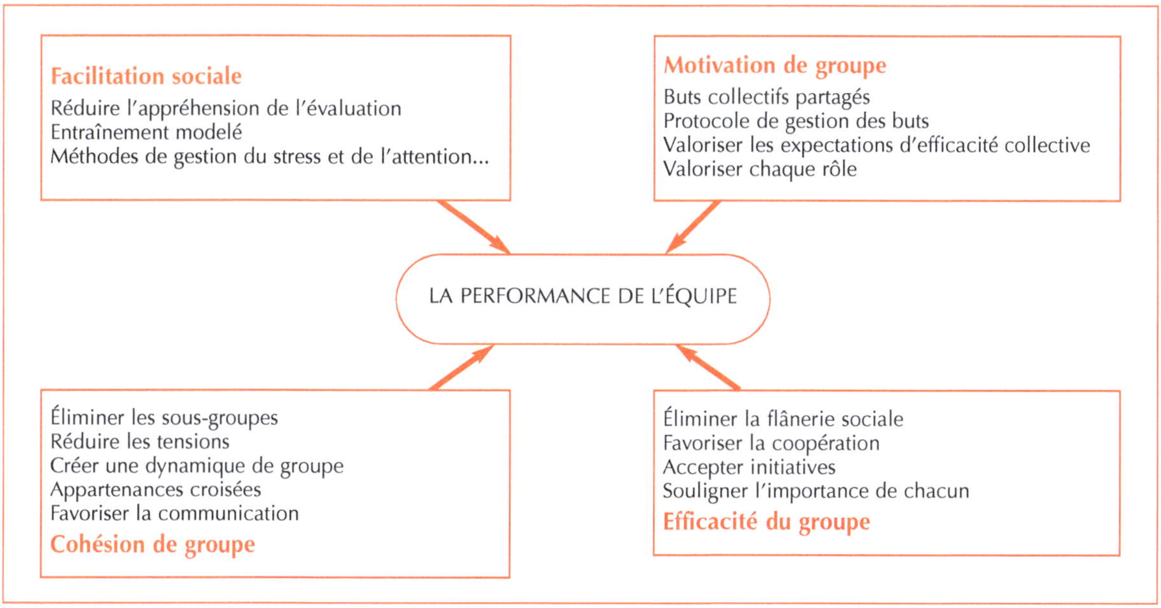

Figure 2.4
Les principaux processus de groupe (en lettres rouges) et les principales stratégies (caractères noirs) qui affectent la performance collective et la satisfaction de ses membres.

acceptés, des stratégies visant à définir les rôles et à les faire accepter, des méthodes utilisées pour réduire les tensions entre les sous-groupes, ou encore des procédés de valorisation des contributions de chaque acteur du système. Cette valorisation des accomplissements est d'ailleurs de nature, comme pour nombre de ces stratégies, à réduire la flânerie sociale tout en augmentant la cohésion. Les différents processus de groupe interagissent en effet entre eux, et c'est par des nécessités d'analyse et d'explication qu'on en vient à les différencier.

La figure 2.4 fait finalement état de deux processus esquissés dans ce chapitre. Il s'agit des processus de leadership qui s'exercent dans un groupe, et des processus de communication. Ces processus, que nous allons étudier dans les chapitres 3 et 4, conditionnent tout naturellement la satisfaction des membres d'un groupe et ses performances.

L'éducateur aura tout loisir pour développer des pratiques pédagogiques qui donneront une traduction concrète à ces repères et à ces principes d'action.

Lectures conseillées

Gergen, K. et Gergen M. *Psychologie sociale.* Montréal : Éditions Études Vivantes, 1984, chapitres X, XI, et XII.

Silva, J.M. et Weinberg, R. S. *Psychological Foundations of Sport.* Champaign, III. : Human Kinetics, 1984, chapitres XVII, XXI, XXII, XXIV.

Thill E. et Fleurance Ph. *Guide pratique de la préparation psychologique du sportif.* Paris : Vigot, 1998, chapitres IX et X.

Weinberg, R.S. et Gould, D. *Psychologie du sport et de l'activité physique.* Edisem (Québec) et Vigot (Paris), 1997, chapitres IX et X.

Chapitre 3

DIRIGER DES SPORTIFS, DES GROUPES OU DES ÉQUIPES

Edgar Thill

Après avoir exercé un rôle actif comme membre d'une communauté – animateur dans une association, formateur dans un centre, joueur dans un club, par exemple – vient le temps où vous désirez prendre la direction (le *leadership*) d'un groupe ou d'une équipe. De fait, de nombreux coordonnateurs ou responsables d'activités, mais aussi entraîneurs, sont d'anciens membres actifs d'associations d'une part, ou des joueurs d'autre part, qui disposent de compétences techniques et d'une expérience pluriannuelle qui leur donnent de nombreux atouts pour réussir dans leur nouvelle fonction d'encadrement.

Pour autant, disposez-vous des qualités qui sont requises pour encadrer des individus, conduire des actions éducatives ou formatrices, mener des équipes sportives, et organiser l'activité d'une structure ? Ce n'est pas certain ! Les qualités exigées de personnes qui exercent de tels pouvoirs sont en effet différentes de celles que vous deviez manifester sur le « terrain ». Il est donc possible que vous ne soyez pas bien préparé pour exercer une autorité sur des individus, des groupes ou des équipes, ou pour développer une culture d'équipe.

Aussi, dans ce chapitre, allez-vous apprendre davantage sur la façon dont s'exerce la direction d'individus ou de groupes. Et pour analyser, pour mieux comprendre les conditions d'exercice du *leadership* et ses effets, nous allons tenter de répondre aux questions suivantes que vous êtes en mesure de vous poser :

1) Quelles sont les formes de pouvoir ?
2) Quels sont les chemins qui mènent au pouvoir ?
3) Quelles sont les tâches d'un entraîneur ?

Pour répondre à ces questions, nous nous référerons essentiellement à la fonction d'entraîneur. Pourquoi ? Parce que le management en entreprise s'inspire fortement de la façon dont procèdent les entraîneurs particulièrement efficaces, et parce que la psychologie académique elle-même a beaucoup appris, une fois n'est pas coutume, des connaissances pratiques accumulées par les psychologues du sport.

1. QUELLES SONT LES FORMES DE POUVOIR ?

A. QU'EST-CE QUE LE POUVOIR ?

La caractéristique commune des entraîneurs, des coordonnateurs de projets, ou des « encadrants » d'activités de formation, réside dans le fait qu'ils exercent tous un pouvoir sur des individus. *On définit la notion de pouvoir comme la capacité d'influencer les actions des autres* (Kellman, 1974).

Chez tous ces éducateurs, le pouvoir leur permet de construire le programme d'une formation, d'administrer l'activité d'une organisation, de diriger un projet de développement, ou de créer un environnement social et psychologique dans lequel se construit une équipe sportive. En d'autres termes, en conduisant des individus ou des équipes, en mettant l'accent sur les relations interpersonnelles, en assignant aux individus ou groupes des buts et, surtout, en leur donnant une vision du futur pour mobiliser les ressources individuelles et collectives, tous ces responsables exercent un *leadership*.

Mais le fait d'être nommé par une collectivité et de détenir l'autorité pour initier et pour diriger une activité ne fait pas de vous un leader. Comme nous l'avons montré dans l'introduction du livre I, la relation pédagogique correspond à un *processus d'interaction* entre l'éducateur, la tâche et le groupe qui fait l'objet d'un processus éducatif ou formateur. Ainsi, un entraîneur influence une équipe en la guidant vers des buts spécifiques, en donnant des instructions techniques, en récompensant les succès, ou en critiquant les échecs individuels ou collectifs ; mais le groupe influence en retour le comportement de l'entraîneur en raison des caractéristiques de ses membres, des résistances qui peuvent s'y manifester ou, tout simplement, en raison du niveau de performance atteint à un moment donné. Cela est particulièrement patent dans le cas d'échecs répétés de l'équipe ! Il existe donc un contrat social tacite entre l'entraîneur et les sportifs, contrat résultant des attentes des diverses parties et des actions menées de part et d'autre. Même si les dirigeants ont confié à un entraîneur l'autorité pour conduire une équipe, cette autorité instituée n'aura de valeur que dans la mesure où elle sera reconnue dans le temps par les sportifs. Et il en est de même dans toutes les relations humaines, qu'elles soient duelles[1] ou collectives.

Examinons à présent les différentes formes d'influence d'un leader pour avoir une idée plus précise des processus par lesquels des personnes peuvent exercer un contrôle sur les autres.

B. Les formes de pouvoir social

Des psychologues sociaux ont repéré six stratégies d'influence sociale que l'on peut repérer dans la vie quotidienne. Il s'agit parfois d'influences subtiles ; d'autres renvoient à des formes de coercition. Pour être efficaces, ces différentes formes d'influence requièrent : a) éventuellement un accord privé (tacite) entre les parties et, b) une surveillance ou contrainte éventuelle pour sa mise en œuvre. En présentant ces formes d'influence, nous soulignerons leurs effets et leurs exigences.

Le pouvoir d'expertise

Des connaissances particulières et des capacités données (attestées par un palmarès sportif, par exemple) constituent des sources de pouvoir. Ainsi, un sportif se référera à cette expertise pour obtenir de la considération, revaloriser un contrat ou, en fin de carrière, pour demander un poste d'entraîneur. Les personnes dotées d'une expertise ont généralement un fort ascendant motivationnel et n'ont donc pas besoin de recourir à la surveillance (par exemple la contrainte) pour être suivis. En revanche, cette forme d'influence doit être reconnue socialement (accord préalable), elle n'est pas figée dans le temps et, surtout, elle est centrée généralement sur la tâche et non pas sur les relations humaines.

Le pouvoir d'information

La presse, les livres, la télévision, les affiches, les brochures ou les nouvelles techniques d'information constituent des voies subtiles d'influence qui modifient les croyances et les attitudes des gens. Le chapitre 9 du livre I a présenté les moyens dont dispose une association pour diffuser en interne ou externe des informations, promouvoir ses activités et asseoir sa renommée. Utilisé habilement, le pouvoir d'information s'exerce sans surveillance ou sans contrainte, et ne déclenche pas d'hostilité de la part de la population-cible car celle-ci aime recevoir de l'information.

Le pouvoir de référence

De nombreux acteurs sociaux, comme les parents, les enseignants, les vedettes sportives ou du monde du spectacle, des groupes (de musique, par exemple) ou des équipes sportives, influencent fortement les individus. Ces personnes de référence constituent des modèles à suivre auxquels des enfants, des adolescents ou des adultes s'identifient (voir le chapitre 1 du livre I, consacré à l'apprentissage social). Parce que ces acteurs sociaux imitent des modèles avec lesquels ils partagent des caractéristiques communes, le pouvoir de référence ne nécessite pas de surveillance (contrainte) et ne suscite pas de ressentiment ou d'hostilité.

Le pouvoir légitime

Souvent, une personne est autorisée par une instance (une autorité publique, les responsables d'un club, le directeur d'une structure, par exemple) à exercer une autorité sur une autre personne ou sur un groupe. Ainsi, les dirigeants d'un club peuvent nommer un entraîneur pour conduire la politique sportive de ce club, et ce pouvoir légitime s'impose généralement naturellement, sans contraintes. Mais les personnes qui sont soumises à ce pouvoir disposent également

(1) Relation de face à face entre un éducateur et un sujet

d'un pouvoir légitime : celui de capter l'attention du leader, de faire valoir leurs compétences, par exemple. De plus, la force de l'autorité ne s'exerce que si l'accord social est maintenu par ceux qui délèguent cette autorité. Un contrat d'entraîneur de football est rompu en cas de résultats insuffisants, d'un mauvais climat relationnel entre l'entraîneur et les joueurs, voire d'une fronde des supporters. Enfin, le pouvoir légitime induit parfois de l'hostilité s'il emprunte des voies coercitives.

Le pouvoir de renforcement, de récompense et de punition

Nous avons montré dans les quatre premiers chapitres du livre I, que les enseignants disposent d'une forte influence sur les élèves de par leurs renforcements, leurs récompenses et leurs punitions. Par ces moyens, les enseignants se montrent capables d'infléchir les comportements des élèves et de les stimuler pour leur permettre d'atteindre leurs buts. Nous avons également montré que les récompenses (sourires d'approbation, gratifications matérielles, par exemple) possèdent d'indéniables avantages par rapport aux punitions. Certes, la punition exige peu de surveillance, mais elle a tendance à susciter le désintérêt, la passivité, la résignation ; parfois elle rend le groupe plus solidaire et engendre des tentatives de rébellion.

En résumé, le pouvoir se manifeste sous différentes formes ; ces manifestations ont des effets divers et se soumettent à différentes conditions (tableau 3.1). Une personne peut donc exercer son influence en usant d'une ou de plusieurs de ces formes d'influence : d'expertise et de récompense pour un entraîneur, d'expertise et d'information pour un responsable de projet, par exemple ; l'un ou l'autre de ces leaders pourra éventuellement disposer d'une autorité légitime.

Mais dans les groupes soumis à influence, certains membres disposent également d'une parcelle de pouvoir : un pouvoir d'expertise particulière (défense en contre en volley-ball, par exemple), un pouvoir lié à leur statut (le capitaine, par exemple), ou un pouvoir résultant de l'ascendant qu'ils exercent sur leurs équipiers en raison de certaines de leurs caractéristiques personnelles.

Pour aller plus loin dans l'analyse du leadership, nous allons considérer dans la section suivante les chemins qui mènent au pouvoir. Le leadership est-il une question de personnalité ou de circonstances ? Telle est la question qui sera centrale à notre propos.

Tableau 3.1
Les formes de pouvoir et leurs conditions d'exercice.

	Accord implicite	Surveillance
Pouvoir d'expertise	oui	non
Pouvoir d'information	non	non
Pouvoir de référence	oui	non
Pouvoir légitime	oui	variable
Pouvoir de récompense	non	non
Pouvoir de punition	non	oui

2. QUELS SONT LES CHEMINS QUI MÈNENT AU POUVOIR ?

La question que l'on se pose à présent est de savoir pourquoi certaines personnes acquièrent des positions de pouvoir et d'autres pas.

Selon le sens commun, l'exercice du leadership est conditionné par la possession de qualités innées. De même, nombre de spécialistes soutiennent que les leaders présentent des qualités personnelles et des caractéristiques particulières qui les prédisposent aux fonctions de leaders.

Des observateurs ont toutefois noté que les leaders ont des styles différents de commandement : certains adoptent un style autocratique, alors que d'autres utilisent un style démocratique. Or, en découvrant que l'un ou l'autre de ces styles se révèle plus approprié pour une tâche donnée, s'est imposée l'idée que des facteurs de situation conditionnent l'expression du leadership.

D'autres spécialistes ont donc adopté un point de vue opposé. Ils pensent au contraire que lorsque des besoins apparaissent dans un groupe, on choisit des personnes pour satisfaire ces besoins. De plus, on a découvert que ceux qui suivent, ne répondent pas de la même façon au leadership en raison de leurs caractéristiques de personnalité et de leurs besoins. Ce serait donc des facteurs de situation, comme la tâche et les particularités de ceux qui sont soumis au pouvoir, qui expliqueraient pour une grande part l'accès du leadership.

Dans cette section, nous allons analyser ces différentes composantes du leadership (figure 3.1) :

1) Les caractéristiques des leaders ;
2) Les styles de leadership ;
3) Les facteurs de situation ;
4) Les caractéristiques des personnes qui suivent.

Au terme de cette revue, s'imposera la conviction que le pouvoir de commandement est la résultante de toutes ces caractéristiques.

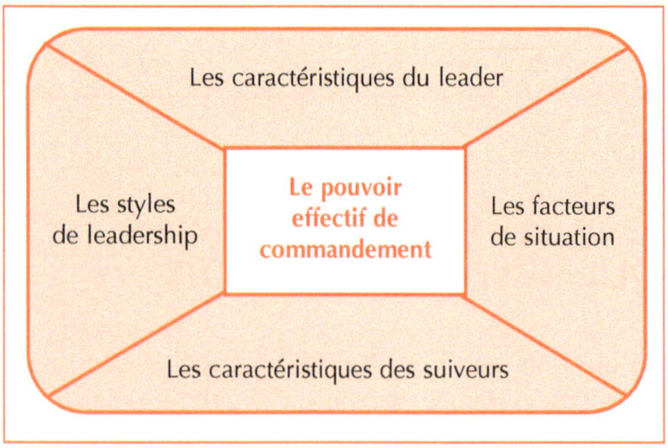

Figure 3.1
Les quatre composantes du pouvoir effectif de commandement.

A. Les caractéristiques du leader

Il n'est pas besoin de faire des recherches poussées pour connaître certaines caractéristiques de la personnalité des leaders. On verra cependant que certaines sont plus inattendues. Dans le tableau 3.2 sont reportées de façon bipolaire certaines de ces qualités. Comparez ligne par ligne ces qualités et soulignez celle qui vous paraît caractériser les leaders ; les réponses sont apportées à la fin de ce chapitre. Les leaders ont d'autres qualités que l'on étudiera après ce tableau.

Comme vous le verrez en corrigeant vos réponses, il est relativement facile d'identifier ces qualités de base. Mais comme le remarque Landers (1987), beaucoup de personnes possèdent nombre de ces qualités, et pourtant ce ne sont pas des leaders. *On peut en déduire que la possession de telles qualités est nécessaire, mais non suffisante pour être un leader.*

Tableau 3.2
Quelles sont d'après vous les qualités d'un leader ? (D'après Landers, 1987). Corrigé p. 306.

Peu intelligent	Motivé intrinsèquement
Intelligent	Motivé extrinsèquement
Affirmé	Autocratique
Passif	Démocratique
Confiant	Contrôle externe
Peu confiant	Contrôle interne
Persuasif	Hautement attentif
Non persuasif	Faiblement attentif
Rigide	Optimiste
Flexible	Pessimiste

Est-ce que le physique compte pour être un leader ?

De nombreuses études montrent que les caractéristiques physiques peuvent favoriser le leadership. Le déterminant le plus important semble être la taille. Deux types d'arguments supportent cette conviction. D'une part, on surestime la taille des personnes qui occupent une fonction importante. Ainsi, la taille des présidents des États-Unis est surestimée de 7,60 cm en moyenne, alors les estimations des personnes ayant un statut faible ou intermédiaire ne sont pas biaisées.

D'autre part, une étude sur dix-sept mille cadets de l'air a montré que leur salaire moyen en 1943 et en 1968 était corrélé avec leur taille (Keyes, 1980) ! Comme le montre le tableau 3.3, le salaire augmentait de 370 $ par année en fonction d'un accroissement de 2,5 cm de la taille de la population. Sans doute considère-t-on avec plus de respect les individus de grande taille, ce qui peut favoriser l'avancement en grade de tels individus et l'augmentation salariale qui en découle.

La taille peut donc procurer un avantage dans l'accès au pouvoir chez les militaires. Une telle relation entre la taille et le statut avait déjà été montrée dans d'autres milieux, comme les compagnies d'assurances, les chemins de fer ou l'enseignement (Gibb, 1969). Mais une telle relation n'est pas démontrée en sport, et en particulier dans les pratiques collectives. On sait que les meneurs de jeu, par exemple, occupent généralement des postes dans lesquels la taille ne procure pas un avantage décisif.

D'autres études montrent que les leaders ont également tendance à être plus lourds (le poids étant associé à la taille), et à présenter une apparence physique plus plaisante.

Les traits de personnalité d'un leader

On retrouve cette dernière caractéristique pour ce qui concerne la personnalité[2] des leaders. Les caractéristiques de la personnalité qui suscitent de *l'attrait* – comme la confiance en soi, l'équilibre psychologique, un bon contrôle de soi – favorisent l'accès au pouvoir de référence.

Tableau 3.3
Chez les militaires de cet échantillon, la taille procure un revenu supérieur dans le temps.

Taille	Salaire moyen (en $)	
	en 1943	en 1968
1,61-1,65	3 500	14 750
1,66-1,70	3 750	16 500
1,71-1,75	3 900	17 000
1,76-1,80	3 900	17 500
1,81-1,85	4 100	19 000
1,86-1,90	4 000	18 500
1,91-1,95	3 700	19500

Mais quel que soit le type de pouvoir exercé (tableau 3.1), un leader exhibe généralement deux caractéristiques psychologiques : il s'agit de sa volonté de pouvoir et de l'empathie.

La volonté de pouvoir se manifeste très tôt dans le comportement de l'enfant. Dès son plus jeune âge, l'enfant s'attache à surmonter une infériorité initiale (par rapport à la fratrie, par exemple) et s'efforce d'assurer une emprise progressive sur son environnement (Adler, 1929). Cette volonté de pouvoir s'exprime parfois par un mécanisme de « surcompensation » qui permet à un sportif d'atteindre un niveau d'excellence en dépit de handicaps physiques initiaux importants (une poliomyélite, par exemple). La volonté[3] de puissance amène certains sportifs à s'entraîner davantage, ce qui leur permet d'accéder à un statut social élevé et d'exercer une influence sur les autres.

L'empathie correspond à une forme de sensibilité interpersonnelle qui permet au leader de se mettre à la place des autres et de comprendre ce qu'ils ressentent[4]. Nombre de spécialistes estiment qu'il s'agit là d'une qualité primordiale, apte à différencier les leaders efficaces de ceux qui ne le sont point. L'empathie permet à un enseignant de comprendre les besoins et les intérêts des élèves en vue de les motiver. Elle exige des qualités d'écoute (prendre le temps de comprendre les gens, de communiquer avec eux), et d'aide pour les amener à atteindre leurs buts actuels ou objectifs plus lointains. Tout le monde possède à un quelconque degré de l'empathie. Décider d'utiliser cette qualité et de la développer vous aidera à devenir un leader efficace et apprécié.

L'autorité naturelle. Les observations éthologiques de H. Montagner montrent que l'on observe des hiérarchies sociales chez les jeunes enfants dans les crèches. Deux types de leaders y sont fréquemment observés. Les « leaders agressifs » s'imposent par leurs postures menaçantes, leurs cris ou leurs comportements d'agression. Les « leaders apaisants » influencent les autres et suscitent des comportements d'imitation par leurs sourires, des postures de sollicitation et une réorientation de la menace. De même, le

(2) Le lecteur pourra se reporter au chapitre 5 du Livre I, pour une définition de la personnalité et pour appréhender ses moyens de mesure.
(3) La volonté est une forme d'engagement motivationnel qui permet à l'individu de concrétiser ses buts en dépit d'obstacles divers.
(4) À ne pas confondre avec la sympathie qui correspond à une forme d'attraction pour autrui.

pouvoir d'influence n'est pas également réparti chez les adolescents et les adultes. Certains disposent d'une autorité « naturelle » qui leur permet de faire respecter une discipline dans un groupe, de se faire entendre sans forcer la voix, et de conduire un groupe sans faire usage de la contrainte. Une telle autorité s'avère nécessaire pour organiser les activités de populations turbulentes et peut s'exprimer selon des styles différents (voir plus loin).

Qualités additionnelles. Les leaders efficaces présentent, à des degrés divers, d'autres traits de personnalité. Ces qualités se manifestent à travers les comportements suivants :

- Ils utilisent un style démocratique ou autocratique de conduite, selon les tâches et selon les circonstances (voir au point B ci-dessous) ;
- Ils se montrent *moyennement* autoritaires, car l'autorité dogmatique, rigide et fermée mène généralement au désintérêt, à la passivité, voire à la résignation ;
- Ils manifestent de la confiance en eux-mêmes et agissent en leaders ;
- Ils conservent leur calme en toutes circonstances : sur le banc de touche en évitant de transmettre leur nervosité, lors des débriefing à l'issue d'un échec, etc ;
- Ils identifient rapidement les problèmes en vue de mener des actions correctives ;
- Ils sont flexibles et pragmatiques, et non pas rigides ;
- Ils savent se remettre en cause et cherchent constamment à apprendre ;
- Ils se révèlent justes et équitables, en accordant leur attention à chacun, et en encourageant les moins bons comme les meilleurs ;
- Ils prennent leur part de responsabilité aussi bien en cas d'échec, que de succès (voir encadré 3.1).

B. Les styles de leadership

Le style de pouvoir ou de leadership correspond à la manière dont un responsable (enseignant, entraîneur, assistant, directeur de structure...) influence de façon typique un individu ou un groupe pour leur permettre d'atteindre leurs objectifs.

De même qu'un manager, un leader recrute, planifie, organise, budgétise, communique à l'intérieur ou à l'extérieur d'un groupe. Mais à la différence d'un manager, un leader établit des interactions directes et complexes avec des individus ou des groupes en vue de les guider, de les motiver, de surmonter des conflits, et de construire un environnement fondé sur des valeurs communes.

La nature de ces rapports interpersonnels, les réactions des leaders et ces comportements spécifiques, affectent grandement la satisfaction et les performances des individus ou des groupes. De ce point de vue, différents comportements typiques des entraîneurs ont été identifiés qui favorisent, ou non, l'atteinte de tels objectifs.

La mesure du style de leadership

Chelladurai et Saleh, deux psychologues du sport nord-américains, ont identifié cinq comportements qui permettent de caractériser les interventions d'un entraîneur. En outre, ils ont élaboré l'*Échelle de Leadership en Sport (1980)* qui permet de repérer ces comportements. Avant de caractériser ces cinq comportements, examinons dans le tableau 3.4 des exemples d'items qui s'y rapportent.

Comportement d'instruction et d'entraînement. Ce comportement typique d'un entraîneur se rapporte à la façon dont il apprend et améliore les techniques, fournit des stratégies, met l'accent sur la relation entre l'effort et la performance, clarifie le rôle de chacun et structure (coordonne) les activités du groupe. Ce comportement d'instruction et d'entraînement se centre par conséquent sur la tâche.

Comportement démocratique. Par ce type de comportement, l'entraîneur induit une plus grande participation. Il associe, à des degrés divers, les sportifs lorsqu'il prend des décisions, fixe des objectifs et des buts, choisit des exercices d'entraînement, définit des méthodes d'entraînement, élabore des options tactiques et stratégiques.

Un entraîneur dispose de divers procédés démocratiques qui laissent une plus ou moins grande latitude aux sportifs. Les procédés suivants impliquent une participation de plus en plus grande :

- Consultation : il recueille différents avis et décide seul.

Tableau 3.4
L'échelle de Leadership en Sport (Chelladurai et Saleh, 1980).

Dimensions	Exemples d'items
Entraînement et instruction	Mon entraîneur explique à chaque sportif les aspects techniques et tactiques du sport pratiqué
Comportement démocratique	Mon entraîneur demande aux sportifs leur avis sur les stratégies à utiliser dans les compétitions à venir
Comportement autocratique	Mon entraîneur planifie les entraînements sans consulter les sportifs
Support social	Mon entraîneur aide les membres du groupe à régler leurs conflits
Renforcement positif	Mon entraîneur félicite un sportif pour sa bonne performance en présence des autres

- Cogestion : il dialogue, recherche le consentement des uns et des autres et décide seul.
- Concertation : il dialogue, la décision est prise conjointement et la responsabilité partagée.
- Délégation : il fixe un cadre général, des règles et des limites, puis laisse la décision au capitaine ou au groupe.

Comportement autocratique. L'entraîneur décide seul et fait part de sa décision. Il procède par *oukase* lorsqu'il ne se préoccupe pas des réactions des sportifs, ou utilise la *propagande* lorsqu'il argumente sa décision. Dans les deux cas, la décision est prise de façon unilatérale et se justifie par la détention d'une autorité personnelle.

Support social. Ce comportement se caractérise par le souci que porte l'entraîneur au bien-être de ses sportifs, au climat social positif qui doit régner dans la collectivité et à la prévalence de relations interpersonnelles chaleureuses.

Renforcement positif. L'entraîneur focalise ses interventions sur la réussite et utilise du feedback spécifique positif qui valorise les compétences, les rôles ou les contributions de chaque participant (voir chapitre 3 du livre I). Il applique le principe d'*équité,* selon lequel « la même récompense gratifie la même performance ».

Les effets du style de leadership

Les styles de leadership identifiés et mesurés par Chelladurai et Saleh ont des effets de motivation différents.

Le comportement *d'instruction et d'entraînement* se centre sur la tâche. Dans ce contexte d'apprentissage, l'éducateur pourra choisir de mettre l'accent : soit sur la maîtrise de l'activité, ce qui a pour avantage de motiver intrinsèquement les sportifs, soit sur la performance qui correspond à une motivation de nature extrinsèque (voir chapitre 2 du livre I). En outre, en clarifiant les rôles de chacun, l'éducateur rend saillantes les relations entre la nature des activités et les *efforts* spécifiques requis.

Le comportement *démocratique*, le comportement de *support social* et le *renforcement positif*, respectivement, prennent en compte les demandes des individus, instaurent un bon climat social et répondent aux besoins de maîtrise des individus. Ces comportements sont caractéristiques du management de participation. Or, le management participatif suscite chez les participants, des perceptions d'autodétermination et de compétence, qui à leur tour génèrent des conséquences affectives, cognitives et comportementales favorables (voir le chapitre 4 du livre I).

Le comportement *autocratique,* au contraire, induit des perceptions de contrôle et met en jeu des formes de motivation extrinsèque. Or, l'engagement dans des activités pour des motifs extrinsèques – s'entraîner pour se conformer aux directives de l'entraîneur, éviter ses reproches, respecter des temps limites, subir une surveillance, etc. – se traduit par une moindre persistance dans les activités et une moindre satisfaction (voir chapitre 4 du livre I). Le comportement autocratique d'un enseignant, d'un entraîneur ou d'un directeur de structure n'a dont pas des effets motivationnels aussi bénéfiques que ceux d'un leader démocrate.

Conclusion

Chaque éducateur se caractérise et marque sa préférence pour un style de leadership. Tel entraîneur de football se montre autocratique du début à la fin d'unc saison ct nc changc pas cn dćpit dcs circonstances, alors que tel autre adopte un comportement plus démocratique, comportement dont on vient de souligner les effets bénéfiques au plan motivationnel. Chaque éducateur manifeste sa préférence pour l'un ou l'autre de ces styles de leadership. Pour autant, un entraîneur doit adapter son style aux caractéristiques de la situation.

L'éducateur ne doit pas s'enfermer dans une forme de commandement démocratique ou autocratique !

Comme on va le voir dans la section suivante, le choix du style de leadership doit être dicté en partie par les caractéristiques de l'activité.

C. Les caractéristiques de la tâche

Différents aspects d'une situation dans laquelle évoluent les sportifs et leur entraîneur conditionnent le choix d'un style de leadership. Les facteurs que nous allons considérer participent au choix d'un style de leadership efficace.

Le principe de base est que l'adoption d'un style de leadership dépend des « demandes » d'une tâche. Le tablcau 3.5 résumc dans quellcs conditions s'appliquent optimalement les deux types de leadership.

Caractère d'urgence, le degré d'interdépendance et le degré d'incertitude de la tâche

En somme, lorsque les actions sont menées dans l'urgence, elles exigent une grande interdépendance entre les membres, et se caractérisent par un degré d'incertitude élevé ; l'éducateur optera pour un style de leadership plus directif : il centrera ses interven-

Tableau 3.5
Les « demandes » d'une tâche appellent des styles de leadership contrastés.

Autocratique	Démocratique
Caractère d'urgence	
En compétition, les décisions doivent être prises rapidement et la responsabilité incombe à l'entraîneur. Mais l'entraîneur doit associer ses assistants et ses leaders de jeu.	À l'entraînement, l'entraîneur dispose du temps nécessaire pour : consulter, cogérer, concerter, déléguer, selon le contexte et son style préféré de management participatif.
Degré d'interdépendance	
Adapté aux sports collectifs qui requièrent une grande coordination, une répartition des rôles et de la structure.	Adapté aux sports individuels dans lesquels les relations sont plus directes avec les sportifs et les efforts individualisés.
Degré d'incertitude	
Dans les environnements de type « ouvert » comme le basket-ball, dans lesquels les sportifs préfèrent le comportement d'entraînement et d'instruction.	Dans les environnements de type « fermé » comme la natation, dans lesquels les sportifs préfèrent le feedback positif.

tions sur la tâche et assurera une coordination optimale des équipiers. À l'inverse, un style de commandement plus démocratique s'impose lorsque l'entraîneur ne travaille pas dans l'urgence et prend en charge des pratiques sportives plus individualisées.

Toutefois, d'autres paramètres doivent être pris en compte. Lorsque l'éducateur dispose du temps nécessaire, le leadership démocratique s'avère plus fonctionnel que le commandement autocratique, que la pratique intervienne dans un environnement « ouvert » ou « fermé », ou qu'elle soit individuelle ou collective. Comme on l'a vu dans le chapitre précédent (chapitre 2), l'entraîneur a tout intérêt à mettre en œuvre des « protocoles collectifs de gestion de buts » pour motiver les équipiers et renforcer la cohésion de l'équipe.

Une pratique collective n'appelle donc pas automatiquement l'utilisation d'un leadership autocratique. Et même s'il intervient sur le bord de touche dans l'urgence, l'entraîneur doit s'appuyer sur ses assistants et, comme on va le voir plus loin, sur le capitaine de jeu. Par voie de conséquence, si l'entraîneur dispose d'assistants responsables de secteurs de jeu ou d'aspects particuliers de l'entraînement, ou encore s'il fait appel à un capitaine (leaders de jeu), il a besoin de préparer tous ces leaders, de les *associer* à sa démarche éducative, de manière à ce que tout l'encadrement travaille dans la même direction.

À l'inverse, un éducateur démocrate doit faire respecter une discipline individuelle et de groupe, imposer des règles de fonctionnement et d'éthique, ou faire accepter des valeurs ancrées dans la tradition du club. Il doit donc faire preuve d'autorité.

En somme, même si l'éducateur privilégie de par ses caractéristiques de personnalité un style de leadership – autocratique ou démocratique – il devra infléchir ses comportements en fonction du contexte d'intervention ; et également en tenant compte des caractéristiques des personnes qu'il a en charge.

Encadré 3.1 Relations entre le style de leadership et des caractéristiques d'âge et de genre

- Les jeunes de 7 à 14 ans préfèrent le leadership orienté vers les relations à celui orienté vers la tâche.
- Les adolescents de 14 à 19 ans ont davantage besoin d'une orientation vers la tâche que d'une orientation vers les relations.
- Les sportifs masculins préfèrent les comportements d'enseignement et d'instruction, et un style d'intervention autocratique. Par rapport à cette population, les enseignants pourraient se montrer plus directifs.
- Les pratiquantes féminines marquent leur préférence pour une orientation plus démocratique des interventions éducatives, impliquant une participation plus grande aux décisions.

D. Les caractéristiques de ceux qui suivent

Comme on l'a mentionné au tableau 3.5, les individus marquent leur préférence pour un style de leadership. Des enquêtes ont révélé que, comparativement aux pratiquants de sports collectifs, ceux qui pratiquent des sports individuels privilégient les relations à caractère démocratique, centrées autant sur le *support social* que sur la tâche.

D'une manière générale, un éducateur tient compte des caractéristiques du public (voir les chapitres 6 et 7 du livre I), et notamment il prend en compte certains aspects de la personnalité des élèves, comme leur âge et leur genre (encadré 3.1).

Mais le niveau de motivation s'avère également important. Quand les élèves ou les sportifs ne s'impliquent pas assez ou comptent trop sur les autres, la réaction normale d'un enseignant est de leur donner des directives, de leur imposer des règles de travail plus strictes. Quand les élèves se montrent ponctuels et s'acharnent au travail, l'éducateur se montre moins contrôlant et encourage davantage les prises d'initiatives. La perception que l'éducateur se fait de la motivation des élèves influence donc ses comportements : il devient plus autocratique lorsque l'élève apparaît peu motivé, ou adopte un style de leadership plus démocratique si l'élève dénote une bonne motivation Mais que se passe-t-il si on *fait croire* à un enseignant que ses élèves sont motivés ou, au contraire, non motivés ? De plus, comment les élèves réagissent-ils au style de leadership induit ?

Vallerand et Pelletier (1993) ont mené une étude pour répondre à ces questionnements en se fondant sur la théorie selon laquelle les comportements des enseignants *confirment* leurs croyances initiales (effet Pygmalion).

Dans leur étude, des enseignants devaient aider des élèves à réaliser une tâche complexe consistant à assembler des pièces géométriques. Préalablement, ils ont mesuré la motivation des élèves et des enseignants par le moyen de questionnaires. Puis, les auteurs ont fourni aux enseignants des résultats fictifs : on leur a dit que certains élèves étaient intrinsèquement motivés, alors que d'autres se montraient extrinsèquement motivés[5]. Puis, les enseignants ont fait réaliser la tâche prévue. Les expérimentateurs ont finalement : a) relevé les styles de leadership des enseignants et, b) relevé le temps que les élèves consacraient à l'activité (ce temps de persistance étant une mesure de la motivation des élèves).

Quel est l'effet de la croyance en une motivation intrinsèque ou extrinsèque des élèves ?

Comment se perçoivent les enseignants ? Le tableau 3.6 montre que si l'on fait croire aux enseignants que les élèves sont intrinsèquement motivés, *ils se perçoivent* comme soutenant l'autonomie de leurs élèves et ils se montrent peu contrôlants (autocrates). À l'inverse, si l'on fait croire aux enseignants que leurs élèves sont motivés de façon extrinsèque, ils adoptent un style d'intervention plus contrôlant et soutiennent moins l'autonomie des élèves.

Comment les élèves perçoivent-ils le leadership des enseignants ? Le tableau 3.6 montre également que les *perceptions des élèves* des styles de leadership des enseignants, corroborent les perceptions des enseignants. Si l'on fait croire aux enseignants que les élèves sont intrinsèquement motivés, les élèves considèrent que leurs enseignants adoptent un style de leadership démocratique. Si l'on fait croire aux enseignants que les élèves sont extrinsèquement motivés, les élèves estiment que les enseignants adoptent une forme contrôlante de leadership.

Les élèves confirment donc que les enseignants adoptent des styles de leadership différents selon la croyance en une motivation intrinsèque ou extrinsèque des élèves. De façon subséquente - les résultats n'apparaissent pas dans le tableau - les élèves dénotent plus de motivation s'ils estiment que les enseignants affichent un style de leadership démocratique :

(5) Pour la définition et la mesure de ces formes de motivation, voir le chapitre 4 du Livre I.

Tableau 3.6
Perceptions des enseignants et des élèves en fonction des croyances en la motivation intrinsèque vs. extrinsèque des élèves.

	Croyance des enseignants en une motivation intrinsèque des élèves	Croyance des enseignants en une motivation extrinsèque des élèves
Perceptions des enseignants		
Style démocratique (soutien de l'autonomie)	30,9	20,4
Style autocratique (comportement contrôlant)	22,0	29,9
Perceptions des élèves		
Style démocratique (soutien de l'autonomie)	30,4	24,4
Style autocratique (comportement contrôlant)	21,1	28,7

en consacrant plus de temps à l'activité et en manifestant un plus grand intérêt. En cas de perception d'un comportement contrôlant de l'enseignant, leur intérêt pour l'activité et le temps consacré à la résolution de la tâche diminuent.

En résumé, les caractéristiques des élèves affectent les styles de leadership adoptés par les enseignants.

Ainsi, les perceptions - ou les croyances - en une motivation intrinsèque des élèves amènent les enseignants à adopter un style de leadership démocratique. Les perceptions – ou les croyances – en une motivation extrinsèque des élèves amènent les enseignants à adopter un style de leadership autocratique.

E. Comment devient-on finalement leader ?

Si l'on considère tous les facteurs que nous venons de considérer – les caractéristiques du leader, les styles de leadership, les contraintes de la tâche, et les propriétés des « suiveurs » – il apparaît que le pouvoir est le résultat d'une *transaction*.

Le leader doit manifester dans son comportement un certain nombre de qualités personnelles, comme l'empathie et la flexibilité notamment. En effet, un leader efficace ne conduit pas tous les élèves ou les sportifs de la même façon, et quelle que soit la situation.

Lorsqu'il sélectionne un capitaine ou un responsable parmi les membres d'un groupe par exemple, l'éducateur tiendra compte, à son tour, de qualités comme la confiance en soi, la capacité de persuasion, les degrés d'attraction ou d'ascendant manifestés par les uns et les autres. Néanmoins, toutes les qualités personnelles requises ne sont pas figées, mais se développent avec l'âge, l'expérience acquise et en fonction des responsabilités progressivement conquises. Ainsi, plus un capitaine permet à une équipe d'atteindre des objectifs de groupe élevés, et davantage ce groupe récompense le capitaine en acceptant son ascendant, son pouvoir d'attraction et son statut.

Le leader doit également présenter des qualités d'intelligence et de flexibilité parce que son style de leadership doit tenir compte des contraintes de la tâche, du temps disponible et des demandes de ceux qu'il conduit. Quand la compétition représente l'objectif immédiat et principal du groupe, le leader accaparera le leadership et se centrera davantage sur la gestion optimale de la tâche. Si le groupe est en construction ou connaît des crises, il centrera ses interventions sur les relations humaines. Parfois, le succès du groupe passe par la résolution de conflits, ce qui oblige le leader à opérer des choix en fonction des valeurs qu'il prône, ou de centrer simultanément ses interventions sur la tâche et sur les relations.

Finalement, les personnes menées par un leader influencent en retour celui-ci. Ceci explique que l'efficacité du groupe, ses performances, son classement, passent par des hauts et des bas. Les styles de leadership autocratiques peuvent mener à la passivité et générer du ressentiment parmi les membres d'un groupe, et les performances longuement détériorées se traduisent généralement par le limogeage de l'entraîneur ! Cette pratique courante dans les sports professionnels montre toute la difficulté à devenir leader et à le demeurer, parce que le leadership est la résultante d'interactions nombreuses et de transactions.

Pour conclure cette première section, voici les conseils que Landers (1987) donne à un leader pour qu'il demeure efficace dans la durée (encadré 3.2).

Encadré 3.2 Quelques conseils pour rendre le leadership plus efficace (d'après Landers 1987).

- Identifiez les capacités requises par les leaders (par exemple, l'habileté à la communication), en vue de les améliorer.
- Développez deux styles de leadership (autocratique et démocratique) et utilisez chacun d'eux de façon pertinente.
- Essayez de mieux connaître chacun des membres d'un groupe, en vue de les aider et de leur apporter un support social.
- Adaptez-vous aux changements de rôles (centration sur la tâche ou sur les relations) qu'exige le leadership.
- Déléguez, mais n'abdiquez pas ! Donnez des responsabilités aux membres de votre équipe, mais soyez attentif à l'ampleur des responsabilités que vous déléguez.
- Construisez une équipe efficace en développant une culture de groupe.

3. QUELLES SONT LES FONCTIONS DU LEADER ?

Outre sa fonction essentiellement technique, considérée ici dans un sens large, l'éducateur assure d'autres fonctions également importantes. Il se doit de motiver les individus et les groupes, d'insuffler une culture d'équipe, et d'organiser le capitanat.

A. Le rôle motivationnel de l'éducateur

Dans le cadre de la conduite d'équipes, nous avons déjà vu au chapitre précédent que l'éducateur peut améliorer l'efficacité collective, par la facilitation sociale, en améliorant la cohésion du groupe, et en harmonisant les accomplissements individuels et collectifs. Toutes ces procédures ont des effets indirects mais bénéfiques sur la motivation. Dans le même chapitre ont également été présentées des procédures visant à améliorer directement la motivation d'un groupe : par l'assignation de buts collectifs et la clarification des rôles de chaque équipier.
Nous allons analyser plus avant les comportements de l'entraîneur qui ont un impact positif sur la motivation.

Motiver une équipe à partir d'un projet sportif

Le but premier pour un entraîneur, à l'évidence, est de mener les individus et les groupes au succès sportif. Son objectif est de gagner des matchs ou des titres, de faire accéder son équipe à des échelons supérieurs du classement, etc. Tel est également l'un des objectifs d'un enseignant qui ambitionne de faire réussir ses élèves aux examens. Mais comme nous l'avons montré dans le livre I (chapitre 2), si un enseignant demande à ses élèves de rivaliser avec les autres, ou si l'unique objectif d'un entraîneur est de faire jouer pour gagner, tous deux risquent d'être rapidement confrontés à l'échec. Un entraîneur doit certes fournir des objectifs motivants à ses sportifs, mais évitera de se focaliser sur le résultat en tant que tel : gagner à domicile ou éviter de perdre en déplacement par exemple (buts de performance).
Un éducateur efficace met en place les *étapes* qui mènent à la victoire et à cet effet propose à ses sportifs d'utiliser des *moyens contrôlables* (buts de maîtrise). Maintenir sa concentration en cas de replacement défensif, soutenir un niveau optimal d'activation en dépit d'arrêts de jeu, automatiser des systèmes de jeu, conserver une flexibilité attentionnelle, tous ces buts sont maîtrisables par les individus. En revanche, l'état de préparation de l'adversaire, son adresse ou son degré d'acharnement à vouloir préserver un avantage acquis en cours de partie constituent des facteurs, parmi d'autres, de réussite non contrôlables.
Les étapes de travail qui peuvent mener au succès s'organisent à partir d'une *vision du futur* qui permet à l'éducateur d'élaborer un projet sportif. Les leaders efficaces ont une vision du futur parce qu'ils savent écouter ou se poser de bonnes questions à partir de diverses sources d'information : des ouvrages, des rapports, l'observation sur le terrain, le contact avec d'autres entraîneurs de la spécialité ou avec des experts dans d'autres disciplines. Ils savent analyser ces informations avec *intelligence*[6] pour définir quelle est la meilleure stratégie dans un contexte donné.
La définition d'un projet à partir d'une vision du futur et d'une analyse des facteurs de la réussite ne peut se réaliser sans une connaissance approfondie de la spécialité sportive. Mais le leader efficace est également celui qui sait encourager la discussion pour aborder un problème sous des angles différents, prendre le temps d'analyser ses propres comportements et celui des sportifs, visualiser les situations avec de nombreux détails pour trouver de possibles solutions, et s'accrocher avec ténacité jusqu'à la résolution d'un problème.
Une fois que l'éducateur a défini sa conception de l'entraînement et sa méthode de travail, il communique son projet à l'équipe et s'efforce de le faire partager en faisant preuve de persuasion et non de coercition. Une fois qu'il aura élaboré puis communiqué son projet sportif, l'éducateur pourra fixer des objectifs à moyens ou à long terme, proposer des buts à court terme spécifiques et réalistes, et s'attacher à les faire accepter et partager par tous les acteurs du jeu (voir chapitre 2 du livre I).

(6) voir tableau 3.2.

Le style de leadership

Nous avons indiqué dans ce chapitre que le style de leadership à privilégier par un entraîneur dépend des caractéristiques de la tâche. Ainsi, l'urgence d'une intervention technique ou stratégique, l'interdépendance étroite qui existe entre les membres d'une équipe, un degré élevé d'incertitude, appellent un style de leadership de type directif : l'entraîneur centrera ses interventions sur la tâche et assurera une coordination optimale des équipiers. À l'inverse, un style de commandement plus démocratique s'impose lorsque l'entraîneur ne travaille pas dans l'urgence et prend en charge des pratiques sportives plus individualisées.

Une autre variable doit cependant être prise en considération. Il s'agit, selon Fiedler (1978), du degré de contrôle de la situation. Le contrôle de la situation s'avère élevé si les relations sont bonnes entre l'entraîneur et les équipiers, et si l'entraîneur se trouve en position de récompenser ou de punir les équipiers. Dès lors deux cas sont possibles.

Si le contrôle de la situation apparaît élevé ou faible, l'entraîneur optera pour un leadership *orienté vers la tâche* : il adoptera un style de commandement autocratique et mettra l'accent sur l'entraînement et l'instruction, le renforcement positif ou négatif (tableaux 3.4 et 3.5), et utilisera les pouvoirs d'information, d'expertise, et de récompense ou de punition (tableau 3.1).

Si au contraire le degré de contrôle de la situation s'établit à un niveau intermédiaire (ni élevé, ni faible), un leader *orienté vers les relations* se montrera plus efficace d'un point de vue motivationnel. Un tel leader adoptera un comportement démocratique, apportera un soutien social pour maintenir des relations positives entre les équipiers (tableaux 3.4 et 3.5) et, pour motiver le groupe, s'appuiera sur son pouvoir de référence (tableau 3.1). Le tableau 3.7 fait la synthèse de l'ensemble de ces propositions

Or, on sait qu'un style de commandement orienté vers la tâche, de nature autocratique, induit des perceptions de contrôle et, par voie de conséquence, un état de motivation extrinsèque. Par opposition, un style de commandement orienté vers les relations, de type démocratique, qui se préoccupe de maintenir des relations positives entre les parties prenantes du groupe, suscite des perceptions d'autodétermination et, de façon subséquente, un état de motivation intrinsèque. Les conséquences de ces états de motivation extrinsèque et intrinsèque ont été largement présentées au chapitre 4 du livre I. On se rappelle qu'en général, un état de motivation intrinsèque génère des

Tableau 3.7
Déterminants des styles de leadership orientés vers la tâche ou vers les relations.

Déterminants	Styles	Comportements et pouvoirs
Niveau élevé Urgence Interdépendance Incertitude Contrôle	Orientation vers la tâche	Entraînement et instruction Autocratique Renforcement négatif Pouvoir d'information Pouvoir d'expertise Pouvoir de récompense et de punition
Niveau bas Urgence Interdépendance Incertitude Contrôle	Orientation vers les relations	Démocratique Support social Pouvoir de référence Renforcement positif

conséquences affectives, cognitives et comportementales plus favorables qu'un état de motivation extrinsèque.

Les comportements de renforcement

Comme mentionné au tableau 3.7 précédent, l'entraîneur utilise des techniques de *renforcement*[7] quel que soit son style de leadership. Parmi les renforcements émis à la suite de réponses correctes ou d'erreurs, certains donnent aux sujets une information relative à l'exactitude de la réponse, et d'autres présentent des propriétés motivationnelles. Les renforcements ont des effets motivationnels positifs s'ils procurent aux sujets une information de compétence. Or, la perception de compétence induit à son tour un état de motivation intrinsèque, avec ses conséquences affectives positives et des conséquences comportementales favorables (voir le chapitre 3 du livre I). En conséquence, pour motiver des individus ou des groupes, le leader utilisera de préférence du feedback positif au feedback négatif, que ce feedback soit simple ou spécifique. Si le leader est amené à utiliser du feedback négatif, sa proportion par rapport au feedback positif sera de 1 à 4.

Le tableau 3.8 récapitule les situations dans lesquelles un éducateur est amené à fournir du feedback à un groupe et à ses membres (adapté de Smoll et Smith, 1979, 1984). Ces différents comportements de

(7) Le lecteur pourra se reporter aux chapitres 1 et 3 du Livre I pour une présentation et des exemples de renforcements.

Tableau 3.8
Auto-évaluation de l'efficacité du comportement d'un entraîneur (adapté de Smoll et Smith, 1984). Corrigé p. 306.

Réponses consécutives à un bon résultat	
1. Renforcement	Renforcement positif, verbal ou non verbal, consécutif à une bonne performance ou une bonne partie
2. Absence de renforcement	L'entraîneur ne réagit pas à la bonne réponse
3. Récompense/Performance	Récompense donnée en fonction et à hauteur des performances produites (ex. prime)
4. Récompense/Tâche	Récompense uniquement donnée pour participer à l'activité (ex. salaire)
5. Encouragements	Qui font suite à des comportements spontanés et positifs non liés à la pratique, ou valorisent l'effort mis en jeu
Réponses intervenant à la suite d'erreurs	
6. Encouragement	Un encouragement ou un soutien est apporté à la suite d'une erreur
7. Correction technique	Des instructions sont données en vue de corriger l'erreur, suivies d'un encouragement
8. Instructions techniques	Des instructions sont données pour corriger l'erreur, mais de façon prescriptive (« Tu dois… »)
9. Corrections en privé	Les instructions sont données en l'absence d'autres personnes et d'équipiers
10. Punition	Une réaction négative, verbale ou non verbale, sanctionne l'erreur
11. Ignorance des erreurs	L'entraîneur ne sanctionne pas les erreurs et ne propose pas de mesures rectificatives
Réponses à des comportements indésirables	
12. Réactions de contrôle	Maintien ou restauration de la discipline, rappel des règles à suivre par les équipiers et le groupe.

renforcement ont des effets positifs ou négatifs sur l'engagement motivationnel d'un groupe.
Votre tâche en tant qu'entraîneur pourra être la suivante. Analysez régulièrement vos comportements après une compétition ou un entraînement, et cerclez le numéro des énoncés qui caractérisent vos comportements. Reportez-vous ensuite à la fin de ce chapitre pour déterminer si vos comportements ont des effets positifs, ou au contraire négatifs, sur la motivation de vos sportifs. Si les effets négatifs l'emportent, vous devrez vous entraîner à rectifier vos comportements d'entraîneur pour améliorer votre efficacité.

B. Le leader définit une culture de groupe

Maints entraîneurs ne portent pas suffisamment attention à l'importance de la culture d'un groupe. Et pourtant, elle joue un rôle non négligeable dans le succès sportif. À quoi correspond la culture d'une équipe ? Et comment l'éducateur peut-il la développer ? Telles sont les questions auxquelles nous allons tenter de répondre à présent.

La culture d'un groupe et ses composantes

La culture correspond à l'ensemble des normes, des valeurs, des façons d'agir et de penser, caractéristiques du mode de vie d'un groupe.
Les dirigeants et les éducateurs savent que la culture du club constitue l'un des moyens qui leur permettent d'atteindre leurs objectifs. Ainsi, un climat sain et stimulant, l'esprit sportif particulier qui anime ses membres, la tradition, le niveau d'engagement des bénévoles, la fierté d'appartenir au club, l'esprit d'équipe, ou encore les codes vestimentaires, définissent pour une grande part la culture d'un club. La façon dont l'éducateur organise son mode de communication en interne et externe, les réactions qu'il juge acceptables et non acceptables, son style de leadership - en bref ses règles, procédures, comportement et attitudes - définissent également la culture de groupe, et spécialement la culture d'une équipe sportive.

On constate donc que de multiples facteurs définissent la culture d'un groupe. On les repère généralement en observant les comportements et les conceptions de leaders particulièrement marquants. Le tableau 3.9 en propose un aperçu synthétique.

Tableau 3.9
Facteurs constitutifs d'une culture d'équipe.

1) Nature de la pratique sportive
La culture d'équipe se définit d'abord selon le type de sport pratiqué. La pratique est-elle individuelle ou collective ? La distance de charge est-elle réduite (ex. sport de combat) ? La pratique est-elle essentiellement masculine, féminine ou mixte ?...

2) La tradition de l'équipe
Les parts respectives accordées au culte de la victoire, à l'esprit sportif et à la convivialité ancrent la culture d'un club dans une tradition.

3) Règles générales
Elles se définissent par la façon dont les membres sont sélectionnés, entraînés, préparés aux compétitions, récompensés, intégrés dans la vie communautaire, reconvertis après leur carrière.

4) Circulation de l'information
La nature descendante, ascendante ou horizontale de la circulation de l'information s'avère un facteur essentiel (voir chapitre 3 du livre I).

5) Les caractéristiques du pouvoir
Il en est de même du style de leadership. Le pouvoir est-il partagé avec les assistants ? Les joueurs sont-ils invités à donner leur point de vue ou à aider les autres ?

6) Relations humaines
L'éthique sportive constitue finalement un dernier facteur à prendre en compte. Les joueurs sont-ils traités avec dignité et équité ? Les adversaires sont-ils respectés ou dénigrés ? Chacun reçoit-il selon ce qu'il apporte à l'équipe ? L'erreur est-elle conçue comme un moyen de progresser ?

Quand la culture d'une équipe doit-elle être modifiée ?

La culture d'une équipe sert de cadre de référence à toutes les interactions qui se développent dans le club, ou les transactions menées avec des institutions extérieures. Elle est donc continuellement modifiée, revivifiée, et parfois, remise en question.

Il est temps de redéfinir la culture d'une équipe, quand l'équipe ne joue pas bien, qu'elle n'a pas les résultats qui correspondent à son niveau, quand apparaissent des conflits entre les divers protagonistes (joueurs, entraîneurs, dirigeants), quand les joueurs ou les assistants se plaignent, quand les frustrations s'exacerbent, quand le groupe devient apathique et que les réunions s'avèrent inefficaces.

Comment modifier la culture d'un groupe ?

Les moyens qu'un éducateur peut utiliser pour instiller, enrichir ou modifier une culture d'équipe sont innombrables si l'on se fie au tableau 3.9.

L'éducateur s'attachera d'abord à impliquer davantage les différents acteurs dans la vie du club et, surtout, dans leur effort de réussite collective. De nombreuses stratégies de motivation d'un groupe ont déjà été proposées. Rappelons que la définition de buts collectifs – qui tiennent compte des demandes individuelles, qui permettent une distribution claire des fonctions individuelles et collectives, qui requièrent leur pleine acceptation, puis l'adaptation des joueurs à ces rôles - constitue la première étape d'un engagement effectif des joueurs dans un projet sportif concret.

Puis, à la suite des différentes performances individuelles et collectives, l'éducateur prendra le temps de considérer attentivement celles-ci, de les renforcer immédiatement de façon positive, de récompenser les efforts individuels au moins autant que les résultats collectifs (moins contrôlables), et d'encourager les aides (morales) et les soutiens réciproques (le repli défensif par exemple), garants d'une solidarité de groupe.

Une communication ascendante facilitera la prise de conscience et la résolution de conflits, permettra d'aborder les problèmes sous des angles divers, et constituera un préalable à l'adhésion des personnes à des objectifs et à des valeurs partagés.

Tous ces moyens, parmi d'autres, doivent s'inscrire dans la définition d'une politique sportive à long terme. En faisant preuve d'empathie dans ses relations humaines, l'éducateur se montrera attentif aux relations humaines et ne travaillera plus dans l'urgence, évitera d'avoir recours à des réunions de crise, réduira le changement trop fréquent de joueurs, et sera en mesure de prévoir à l'avance des mesures concrètes pour faire face à l'adversité.

C. La mise en place du capitanat

Il existe de nombreux leaders dans un club sportif : le président, le manager général, l'entraîneur et ses assistants, les capitaines d'équipes, et les joueurs qui, du fait de leur poste ou de leur charisme, influencent les autres. Ces leaders sont reliés entre eux de façon hiérarchique. Mais comme nous l'avons souligné, ils maintiennent à long terme un ascendant sur les autres, non pas parce qu'ils détiennent le pouvoir de façon institutionnelle, mais parce que leur autorité est reconnue.

Président > Manager > Entraîneur(s) >
Capitaine > Joueurs marquants

De façon assez courante cependant, les capitaines ressortent spontanément du groupe en tant que leaders naturels, et ils se montrent plus efficaces que ceux qui sont nommés. Mais qu'ils émergent spontanément ou qu'ils soient nommés, les leaders doivent inspirer du respect, avoir le soutien des équipiers, et dénoter un pouvoir d'expertise. De même que l'entraîneur, les capitaines doivent présenter un certain nombre de qualités personnelles, comme la confiance en soi, un bon contrôle émotionnel, le sens des responsabilités, ou encore la capacité d'analyser des situations de jeu ou d'identifier des problèmes humains.

Le capitaine de jeu et le capitaine de vie

Deux fonctions essentielles sont assurées par les capitaines, chacune d'elles requérant des compétences particulières. C'est pourquoi, dans les clubs bien structurés, l'entraîneur peut nommer un capitaine de jeu et un capitaine de vie.

Le leader de jeu joue un rôle plus technique. Sous la responsabilité de l'entraîneur, il doit être en mesure de gérer des savoir-faire techniques, de maintenir le sérieux dans le travail, d'être le garant d'une continuité de jeu entre les situations d'entraînement et de compétition. Mais sur le terrain, à distance de l'entraîneur, il doit exercer son pouvoir d'influence en analysant avec lucidité les situations de jeu et en proposant des réponses appropriées, en influençant le cours d'un match et en dynamisant les prestations de ses équipiers.

Le capitaine de vie prend en charge les activités extra-sportives du groupe. Exemplaire sur et en dehors du terrain, de par son professionnalisme, il participe à la mise en place et à la gestion de la culture de l'équipe, du club ou de la sélection. Dans un registre plus festif, il organise des repas, des sorties communes, des concours, accueille les nouveaux joueurs et facilite leur intégration, anime les déplacements.

En somme, alors que le capitaine de jeu s'évertue de créer un climat de travail centré sur l'atteinte des objectifs sportifs, le capitaine de vie a pour vocation de créer un climat de travail détendu et favorable à l'instauration de relations d'amitié.

La détection du capitaine et sa formation

En ayant à l'esprit les différentes qualités qui font un bon leader, l'entraîneur s'attache d'abord à *détecter* parmi les joueurs celui qui dénote le profil idéal. Le pouvoir d'expertise, mais aussi le pouvoir de référence, semblent représenter deux conditions nécessaires à l'exercice du capitanat. D'autres qualités recherchées dépendent de l'âge des pratiquants. Chez les plus jeunes (benjamins et minimes), les différences morphologiques semblent conditionner largement le choix des entraîneurs ; ils retiendront les plus forts physiquement et les plus matures. Chez les plus âgés (cadets et juniors), entrent en compte les qualités de combativité, ainsi que le palmarès sportif. Chez les adultes enfin, des facteurs liés à la culture du club, comme l'ancienneté et l'expérience, constituent des qualités prévalantes pour nombre d'entraîneurs.

Mais si ces qualités semblent nécessaires à l'accès au leadership, elles ne représentent pas pour autant des facteurs suffisants à son plein exercice. L'entraîneur doit *former* les capitaines à un ensemble de techniques et de fonctions, dès les catégories d'âge inférieures. Le tableau 3.10 présente les grands axes de formation des capitaines.

Tableau 3.10
L'entraîneur doit apprendre aux capitaines au moins quatre habiletés de base.

Habiletés managériales	Apprendre à conduire un groupe, à programmer des activités, à utiliser les arrêts de jeu, à discuter avec l'arbitre, à gérer des blessés…
Habiletés psychologiques	Apprendre à redéfinir rapidement une stratégie, à conserver et à transmettre son calme, à rester concentré sur sa tâche et sur celle des autres, à encourager ses partenaires, à gérer le stress, à motiver le groupe…
Habiletés de communication	Apprendre à parler de façon claire, précise, compréhensible par tous, à parler aux joueurs qui font des fautes, à faciliter la communication dans et en dehors du groupe…
Habileté d'auto-évaluation	Apprendre à analyser ses propres actions, interventions, émotions, ses façons de résoudre des problèmes, à tenir un cahier d'entraînement…

La séance du capitaine

Certains entraîneurs confient des responsabilités étendues au capitaine et notamment la préparation de l'équipe le jour de la compétition. Cette stratégie de préparation repose sur le constat que les joueurs sont responsables de leurs comportements sur le terrain.

« *Le vrai pouvoir appartient au terrain, donc aux joueurs. Le problème est qu'ils ne l'utilisent pas, ou pas assez…* » (Raymond Domenech, sélectionneur des Bleus, *Libération* du 8 octobre 2004).

Un des moyens de redonner le pouvoir d'initiative et la responsabilité aux joueurs consiste à les préparer sous la houlette du capitaine, en leur permettant d'opérer des choix judicieux parmi les options de jeu travaillées à l'entraînement. Ainsi, en rugby la « séance du capitaine » s'organise généralement de la façon suivante.

La veille de la compétition, le capitaine consulte l'entraîneur et ses assistants pour élaborer le contenu de la séance de préparation du lendemain. Quels combinaisons ou lancements de jeu faut-il répéter pour tenir compte des caractéristiques (points forts et points faibles) de l'adversaire, de la composition de l'équipe, de l'enjeu, de l'arbitre désigné, de la discipline à respecter ?

En se servant de son cahier d'entraînement, il communique le jour venu et à tous les joueurs titulaires et remplaçants, les consignes générales de jeu, en rappelant les options de jeu choisies en fonction de l'adversaire, les rôles des leaders de jeu, et les rôles de chaque joueur. Il veille à ce que ses partenaires l'écoutent, en leur posant de temps à autre des questions.

Il met ensuite en œuvre la séance d'entraînement proprement dite, séance qu'il aura élaborée la veille :

Encadré 3.3 La séance du capitaine de l'A.S. Montferrand du 4 mai 2002
Source : Michel Verger, Entraînement et suivi psychologique rugby, Atlantica, 2003

Début de la séance : 10 heures au stade Michelin.

Séquence 1.	Échauffement sous la forme de jeu de « toucher »(15 minutes). Repos, étirements.
Séquence 2.	Répétition du coup d'envoi avec enchaînement de plusieurs temps de jeu. Mêlée (1), touche (1). Repos, étirements.
Séquence 3.	Mêlées (2) et touches (4) avec enchaînements sur plusieurs temps de jeu. Étirements. Rassemblement en cercle au centre du terrain avec rappel et précision des consignes.
Séquence 4.	Réceptions du coup d'envoi (3), mêlée (1) et touches (4) avec enchaînements de plusieurs temps de jeu.

Repos et étirements.
Présentation de la suite du travail avec rappel des fondamentaux sous forme de discours dynamique.

Séquence 5.	Travail de la touche (1) et mêlée (1) avec enchaînements. Repos et rassemblement au centre du terrain : annonce des ateliers.
Séquence 6.	Travail séparé des avants et des arrières.

Retour au vestiaire : 11 h 15.

Bilan : Nombre de touches (25) de mêlées (5), de coups d'envoi (10).

Travail de coups de pieds à suivre et de coups de pieds placés.

l'échauffement et les étirements préparatoires, la répétition de gestes techniques et de combinaisons collectives, l'enchaînement de combinaisons (temps de jeu), tout en mettant l'accent sur la nécessité de maintenir la concentration, le contrôle émotionnel et le respect de la discipline collective.

Dans le vestiaire, il prend contact avec chacun de ses partenaires pour leur rappeler leur rôle et pour les encourager à s'impliquer au maximum dans le jeu.

Lors de la totalité de la séance du capitaine, l'entraîneur se contente d'observer son bon déroulement, de la même façon qu'il observera le match du bord de la touche. Ses interventions se feront lors de temps de repos, ou par le moyen de codes gestuels partagés par l'ensemble des leaders.

Un exemple de déroulement type est fourni dans l'encadré 3.3.

4. CONCLUSION

Un leader fournit des objectifs et des buts à un groupe, ainsi que des directives et des ressources en vue d'atteindre ces objectifs. Un entraîneur efficace ne se limite pas à donner des objectifs, il structure les comportements en formulant des règles, en énonçant des procédures à suivre, en organisant la communication et en distribuant les rôles.

Le leadership efficace est le produit de l'interaction d'un certain nombre de facteurs qui, pris isolément, n'assurent pas le succès du leadership.

Ainsi, un certain nombre de traits de personnalité, comme l'intelligence, la maturité émotionnelle ou l'empathie facilitent la conduite d'équipes sportives. Pour diriger des équipes de haut niveau, la résistance à la pression des médias s'avère importante.

Cependant, on ne peut identifier les leaders à partir de ces seules caractéristiques. Un leadership efficace s'adapte à la situation, et particulièrement à la tâche. Le caractère d'urgence de celle-ci, comme la nature collective de la pratique, ou encore les caractéristiques des joueurs, rendent plus favorable l'utilisation d'un style de leadership orienté sur la tâche. C'est le cas également d'un professeur d'éducation physique dont le degré de contrôle est faible s'il ne bénéficie pas d'un soutien solide de la communauté, ni de bonnes installations. À l'inverse, les sports individuels, mais également les femmes, les jeunes pratiquants, appellent des styles de leadership orientés vers les relations humaines. Ainsi, un professeur d'éducation physique qui ne dispose pas d'équipements favorables, mais d'un soutien de la communauté (degré de contrôle intermédiaire), adoptera de préférence un style de leadership orienté sur les relations.

Les styles de leadership ne sont donc pas figés, mais appelés à évoluer. Les entraîneurs, comme les enseignants, doivent modifier leurs styles de commandement et leurs comportements pour s'adapter aux situations, aux caractéristiques de la tâche et aux particularités des élèves.

LECTURES CONSEILLÉES

CHAMBON M., *Développer les habiletés de leadership*, In E. Thill et Ph. Fleurance (Eds.), *Guide pratique de la préparation psychologique du sportif.* Vigot, Paris, 1998, chapitre 9, 109-120.

WEINBERG R.S., GOULD D., *Psychologie du sport et de l'activité physique.* Vigot, Paris, 1997, chapitre 11, 207-225.

GERGEN K.J., GERGEN M.M., *Psychologie sociale.* Éditions Études Vivantes, Montréal, chapitre 9, 286-318.

VERGER M., *Entraînement et suivi psychologique rugby*, Anglet, Atlantica, partie 3, 147-173.

Corrigés

A) Tableau 3.2

Intelligent - Affirmé - Confiant - Persuasif - Flexible - Motivé intrinsèquement - Autocratique ou démocratique selon les tâches - Contrôle interne - Hautement attentif - Optimiste.

B) Tableau 3.8

Effets positifs sur la motivation : comportements 1 - 3 - 5 - 6 - 7 - 9 - 12

Effets négatifs sur la motivation : comportements 2 - 4 - 8 -10 - 11

2. L'ESPRIT SPORTIF

Chapitre 4

LA COMMUNICATION SOCIALE

Edgar Thill et Christian Blareau

La communication correspond à l'ensemble des comportements et des processus psychologiques qui visent à transmettre et à recevoir de l'information dans un contexte donné (Clément et Noels, 1994). Elle s'effectue autant par des moyens non verbaux (des gestes, des postures, des mimiques, par exemple), que par la parole ou, le plus souvent, par la combinaison de ces deux supports. Dans le décodage de signaux non verbaux ou du langage en outre, le récepteur réagit au message qui lui est transmis, et joue un rôle aussi actif que celui qui transmet le message. La communication se présente donc comme un processus dynamique, qui implique des échanges suivis entre des interlocuteurs.

Dans le chapitre 9 du livre I, C. Blareau a montré qu'un fonctionnement autocratique, sans communication interne ou externe, n'est plus envisageable dans les associations. Toutes les activités d'une association, qu'il s'agisse d'une procédure d'inscription, de contacts avec les collectivités ou les institutions, des relations entre les membres et les dirigeants, du développement de la notoriété, par exemple, exigent que soit mise au point une stratégie de communication associative.

Parallèlement, nous avons montré dans le livre II, qu'une communication efficace représente un bon moyen de renforcer la cohésion d'une équipe (chapitre 2) et correspond à l'une des habiletés de base à développer chez les entraîneurs, ses assistants et les capitaines (chapitre 3). Est-il besoin de rappeler par ailleurs, que les consignes des éducateurs et des formateurs, les comportements subséquents des élèves, et les renforcements des éducateurs ou formateurs, s'inscrivent dans un processus de communication entre des acteurs qui, en alternance, passent d'un rôle de transmetteur à un rôle de récepteur d'informations (chapitres 1 à 4 du livre I).

Dans le présent chapitre, nous allons d'abord analyser le processus de communication à travers une présentation : a) de l'évolution des théories de la communication et, b) de ses différentes modalités, la communication verbale et non verbale. Dans un deuxième temps, nous examinerons les conditions d'une transmission efficace des messages qui nous fournira l'opportunité de donner des conseils sur la façon d'améliorer cette transmission. Dans un troisième temps, nous traiterons des conditions de réception des messages, des moyens d'évaluer son aptitude à l'écoute, et des procédés qui permettent d'améliorer la réception des messages. Dans une quatrième section enfin, nous analyserons les difficultés de la communication lors des conflits et des confrontations, défaillances qui ne manquent pas de se produire lors des processus de communication interpersonnelle et de groupes.

1. LE PROCESSUS DE COMMUNICATION

A. UN RAPIDE SURVOL DES THÉORIES DE LA COMMUNICATION

Le modèle linéaire

En 1949, Shannon et Weaver ont proposé un modèle de la communication qui a stimulé de nombreuses recherches et, surtout, a suscité un certain nombre de modifications qui se trouvent à l'origine des conceptions actuelles de la communication. D'après ce modèle (figure 4.1), un émetteur (1) encode un message (2), le transmet à travers un canal de communication (3), canal soumis à des perturbations éventuelles qui peuvent altérer ce message (4), ce message étant ensuite décodé (5) par un récepteur (6). On le voit, un tel modèle est linéaire et unidirectionnel, et décrit un processus de transmission d'*informations* plutôt qu'une communication.

De telles procédures à sens unique sont fréquentes. Elles peuvent être descendantes (convocation, consignes, affiches, etc.), ascendantes (rapports, manifestations comportementales, etc.) ou latérales (entre enseignants, élèves, administrateurs, etc.). Mais il ne s'agit pas de communications proprement dites.

Une approche interactive

Par la suite, on a montré très justement que les communications humaines ne se déroulent pas seulement à sens unique. Selon Adler, Rosenfeld et Towne (1986), les récepteurs réagissent au message qui leur parvient et se montrent aussi actifs que les émetteurs. De surcroît, les émetteurs et les récepteurs communiquent en fonction de leur état psychologique du moment et en fonction du contexte dans lequel ils se trouvent. S'agissant du contexte par exemple, on a vu dans le chapitre précédent que les entraîneurs se montrent plus directifs lorsqu'ils donnent leurs consignes dans les situations d'urgence (lors des temps morts), alors qu'ils prennent davantage en compte les réactions ou les demandes des joueurs lors des phases d'entraînement.

Plus encore, les communications ne correspondent pas à des actes isolés. Elles se développent dans le temps, peuvent donner lieu à des actes d'émissions et de réceptions simultanés, ou encore tiennent compte de l'historique des relations qui existent entre les interlocuteurs. Plus encore qu'un processus interactif, la communication apparaît comme un processus transactionnel (Rogers et Kincaid, 1981).

La théorie de l'équilibre

D'autres auteurs ont plus particulièrement analysé la façon dont les individus se servent de la communication verbale (le langage) et de la communication non verbale (les postures, les expressions faciales, le regard, par exemple).

Selon Argyle et Dean (1965), un individu utilise une modalité, comme le langage, lorsque l'autre modalité (la communication non verbale) n'est pas opérante, et inversement. Ainsi, un entraîneur utilise des gestes codés sur le bord de touche pour donner ses consignes en cours de match, parce que les joueurs se trouvent à distance ou parce que la communication verbale s'avère impossible à cause du bruit ambiant. À l'inverse, si au cours d'un temps mort il se trouve à proximité des joueurs, il peut transmettre oralement ses consignes ; mais s'il hurle ses consignes ou si les joueurs n'ont pas de relations intimes avec cet entraîneur autocrate, ils détourneront leur regard (évitement d'une communication directe) ou croiseront leur bras sur la poitrine (réaction de refus). Selon Argyle et Dean en somme, les deux systèmes de communication verbal et non verbal sont utilisés de façon *compensatoire.* C'est pourquoi, le modèle de ces auteurs est connu sous le nom de « théorie de l'équilibre ».

Les facteurs émotionnels et motivationnels

Mais la réaction de compensation ne constitue pas la seule réponse possible des interlocuteurs. Dans l'exemple précédent, les joueurs qui se trouvent à proximité physique de l'entraîneur réagissent de

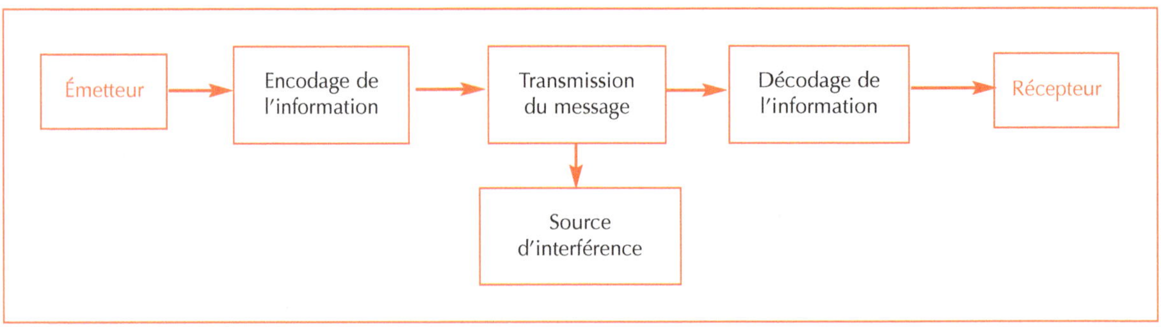

Figure 4.1
Représentation simplifiée du modèle de Shannon et Weaver (1949).

façon compensatoire si cette situation d'intimité produit chez eux des sentiments négatifs, comme de l'embarras, de la frustration, ou de l'anxiété. Mais si, dans cette relation de proximité, comme lors d'un temps mort, l'entraîneur se montre positif dans ses interventions et que les rapports s'établissent dans un climat de confiance, les joueurs ressentiront des émotions positives et réagiront à la fois par des réponses verbales et par un langage gestuel : ils formeront un cercle, chercheront du regard leur entraîneur, et établiront entre eux un contact physique. Leurs réactions ne seront donc pas compensatoires, mais de *réciprocité*.

Dans une relation de proximité en somme, les émotions négatives induites par l'émetteur donnent lieu à des réactions compensatoires, alors que les émotions positives induites se traduiront par des réactions de réciprocité. Ces réactions de réciprocité augmenteront en retour le degré d'intimité des interlocuteurs (figure 4.2).

Conclusion

Les notions d'interaction, de supports multiples de la communication (verbaux ou non verbaux), et l'importance des facteurs émotionnels et motivationnels, caractérisent les théories actuelles de la communication.

B. La communication non verbale

La communication non verbale désigne toute communication qui n'utilise pas le langage. Bien que la communication interpersonnelle s'effectue fréquemment sur ce registre, les personnes sont peu conscientes de l'importance de la communication non verbale et ont du mal à l'interpréter correctement. Pourtant, les expressions faciales, le regard et le langage du corps remplissent à des degrés divers les fonctions suivantes : ils favorisent l'intimité entre les interlocuteurs, révèlent davantage les sentiments, améliorent l'efficacité de la communication et expriment une forme de contrôle (Patterson, 1983).

Les expressions faciales

Les expressions faciales jouent un rôle important dans la communication. Le message qu'elles expriment est même jugé plus crédible que le message verbal si les deux messages se contredisent. Sans doute parce que les expressions verbales se produisent de façon involontaire. De plus, depuis les travaux de Darwin, on estime généralement qu'elles correspondent à un langage universel. Ainsi, les habitants de diverses contrées identifient correctement les émotions, comme la joie ou la surprise, exprimées sur des photos par des personnes appartenant à d'autres cultures (Ekman, 1992, Izard, 1992).

Les recherches menées sur l'expression faciale portent sur six émotions principales : la peur, la surprise, la haine, le dégoût, la joie et la tristesse. Ekman et ses collègues ont fait des descriptions très précises de l'expression faciale qui sous-tend chacune de ces émotions. Ainsi, une personne surprise lèvera les sourcils, entrouvrira la bouche, des rides horizontales se formeront sur son front et les yeux s'ouvriront davantage. Ou encore pour ce qui concerne la joie, on a pu montrer que le sourire accompagnant une joie véritable se différencie nettement d'un sourire accompagnant une joie feinte. La perception de ces six émotions s'affine avec l'âge,

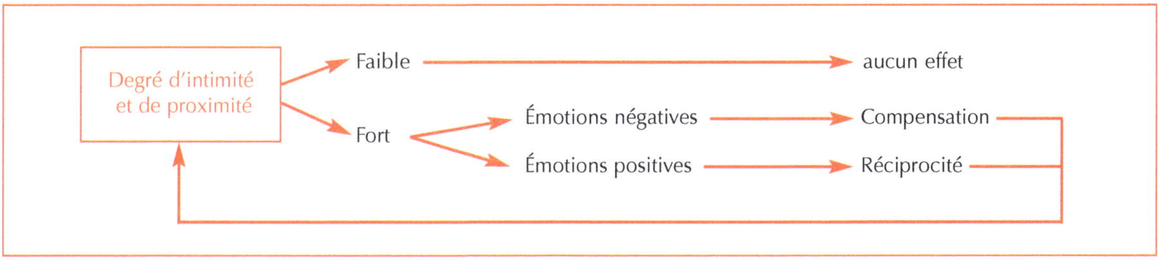

Figure 4.2
Représentation simplifiée du modèle de l'activation émotionnelle de Patterson (1976).

et les femmes décodent plus facilement l'expression des visages que les hommes.

Mais si les recherches tendent à confirmer l'universalité de l'expression des six émotions de base, il n'en demeure pas moins que des normes culturelles règlent les manifestations faciales des émotions, et notamment quant au lieu ou au moment où elles peuvent s'exprimer, ainsi que l'intensité de cette manifestation.

Les éducateurs et les formateurs, les élèves ou les sportifs, consacrent du temps à scruter le regard des autres et à communiquer entre eux par le moyen d'expressions faciales. L'encadré 4.1 propose un moyen de les identifier et de mieux les reconnaître.

Encadré 4.1 Entraînez-vous à identifier les expressions faciales

Imaginez les expressions faciales de sportifs au moment où leur entraîneur leur donne des consignes au cours d'un arrêt de jeu, ou encore observez les expressions faciales de joueurs sur des enregistrements vidéos dans une telle situation.

Vous pouvez visualiser les expressions faciales des joueurs, et les reproduire devant un miroir, pour prendre conscience de leurs caractéristiques, pour ensuite mieux les identifier.

Confronté, soit à un entraîneur qui critique sévèrement l'équipe, soit à un entraîneur qui positive et encourage celle-ci, comment les joueurs expriment-ils :

- leur désintérêt ?
- leur surprise ?
- leurs doutes ?
- leur joie ?
- qu'ils veulent prendre la parole ?

Le regard

Les personnes passent beaucoup de temps à établir des contacts par le regard lors des interactions sociales. Le regard, qui constitue une dimension importante de l'expression faciale, possède trois fonctions.

Le regard permet d'abord de communiquer de l'information. Mais, comme les auteurs le pensaient initialement, le temps passé à regarder une autre personne ne signifie pas seulement qu'on éprouve de l'attrait pour cette personne. Le regard sert surtout à *souligner* ce qui est transmis verbalement ou non verbalement.

Le regard sert également à *régler les interactions*. Un regard dirigé vers l'interlocuteur signale qu'on lui laisse la parole. Si la personne qui écoute détourne son regard, cela veut dire qu'elle veut prendre la parole (Duncan et Niederehe, 1974). Les contacts *mutuels* ne représentent que 30 % de ce type d'interaction et durent en moyenne 1,5 seconde (Argyle, 1987). Dans le cas de contact mutuel, une durée supérieure signifie une recherche d'intimité, et une durée inférieure s'interprète comme de l'hostilité.

Le regard permet finalement d'exercer un *contrôle* sur l'interlocuteur. Par exemple, un enseignant pourra fixer un élève indiscipliné tout en dispensant son cours. Ce comportement de domination visuelle (CDV) est patent, si le temps passé à regarder en parlant est supérieur au temps passé à regarder en écoutant.

Le langage du corps

Les postures et les mouvements ont donné lieu à de nombreuses recherches en psychologie. Rosenberg et Langer (1965), ont ainsi pu établir la signification de nombreuses postures en tenant compte de l'inclinaison du tronc, de la position des bras, de la position de la tête et de la position des jambes. Dans l'encadré 4.2, nous vous proposons de reconnaître la signification d'un certain nombre de postures. Vous pourrez vous rendre à la fin de ce chapitre pour voir si vous avez pu établir des relations correctes avec les postures et leurs significations.

Si vous obtenez 9 réponses correctes ou davantage, vous analysez finement le langage corporel d'autrui. Si vous totalisez moins de réponses, vous devriez vous montrer plus attentif à ce que les autres - et notamment les élèves ou les sportifs - vous communiquent. En regardant des programmes de télévision par exemple, portez une plus grande attention aux différentes postures pour mieux les reconnaître dans un autre contexte, celui de l'enseignement.

Le toucher

L'usage du toucher, qui correspond à une autre forme du langage gestuel, est répandu dans le monde spor-

Encadré 4.2 Évaluez votre capacité à reconnaître la signification des postures

Veuillez établir les relations correctes entre chaque posture identifiée par une lettre, et sa signification repérée par un chiffre.

Postures	Significations
A. De profil, bras croisés, une main sur le menton	1. Attentif
B. Debout, de profil, pieds orientés d'un côté, mains tendues de l'autre, paumes vers le sol	2. Opposé
	3. Intrigué
C. Debout, tronc incliné vers l'avant, bras levés et pliés, les poignets cassés	4. Refus
D. Debout, pieds écartés, bras tendus à la verticale	5. Perplexité
E. Assis, bras tendus et mains posées sur les genoux	6. Excité
F. Debout, jambes décalées, poitrine en avant, les mains sur les hanches	7. Franchise
G. De face, croiser les bras sur la poitrine	8. Colère
H. Se gratter la tête	9. Sollicitation
I. Allure décontractée et asymétrie de position du corps	10. Sincérité
J. Inclinaison de la tête sur une épaule et sourire	11. Dominance
K. Décroiser les jambes et les tenir légèrement séparées	12. Décidé
L. De face, bras tendus et écartés, paumes levées.	

Voir correction p. 329.

tif. Il va de la simple tape d'encouragement, à l'empilement de joueurs de football après un but, en passant par l'accolade. Tenir la main de quelqu'un devant sa poitrine peut être un signe de consolation; une petite tape sur le bras de votre interlocuteur signifie qu'on souhaite l'interrompre; un bras passé autour de ses épaules signifie soutien et empathie.

Le toucher participe également à l'expression de la dominance. Lorsqu'une personne, telle qu'un entraîneur, s'adresse à quelqu'un qui possède un statut inférieur (assistant, joueur), elle adopte une position décontractée (encadré 4.3, point I), fixe plus longuement son interlocuteur au moment où elle s'exprime (CDV, voir plus haut), et touche plus librement celui-ci. Dans le même registre, un homme touche plus facilement une femme, que l'inverse; mais la réaction au toucher des femmes s'avère plus positive que celle des hommes.

Au-delà de différences liées au sexe, la réaction au toucher, comme l'intrusion de la zone vitale (de 50 cm à 2 mètres), est fonction de l'intention perçue chez la personne qui touche: le toucher pouvant être perçu comme une avance, une proposition d'affiliation, un acte de dominance ou d'agression. À chacune de ces fonctions correspond, dans nos cultures, un toucher spécifique.

C. La communication verbale

La communication non verbale correspond à un mode de communication limité en raison de la faible quantité d'information qu'il véhicule, de l'ambivalence de certains signaux, et de la connaissance imparfaite qu'ont les usagers de ce code. C'est la raison pour laquelle la communication verbale a pris le pas sur la communication non verbale.

Le langage humain possède trois propriétés importantes. Sa valeur sémantique, ou *signification,* constitue sa première propriété. Chaque signe du système linguistique renvoie à un objet, une personne, à un événement ou à une idée (concept). La seconde propriété du langage, c'est sa *productivité*. À partir d'un nombre limité de mots, l'être humain peut construire un nombre illimité de phrases. Ainsi, on estime qu'il faudrait plusieurs milliers d'années à un homme pour arriver à construire toutes les combinaisons de phrases de vingt mots en anglais ! Enfin, le langage possède une fonction essentielle de *médiation*, c'est-à-dire possède la capacité de communiquer une information dans l'espace et le temps.

Bien que la langue soit également un instrument de pensée, nous analyserons dans la section suivante sa fonction de communication, en abordant successivement la transmission des messages et leur réception. Des conseils pratiques seront proposés pour assurer l'efficacité de la communication verbale. Le lecteur pourra acquérir des connaissances de base sur le langage et son développement en se référant à des ouvrages spécialisés.

D. La structure de la communication

Comme mentionné au chapitre 2, l'efficacité d'une équipe dépend en partie de sa structure de communication. Il s'agit de la façon dont circule l'information entre les membres d'un groupe à travers des canaux de communication.

Considérons les structures de communication fictives suivantes. L'entraîneur des « Ours des Pyrénées » est de type autocratique : il recueille l'information auprès des joueurs ou de ses assistants, et il prend ensuite seul ses décisions. L'entraîneur des « Basques Bondissants » croit aux vertus des décisions collectives : elles sont prises périodiquement au cours de réunions de discussion. La première structure de communication, « en rayons » (figure 4.3), apparaît hautement centralisée : le leader est la personne centrale. La seconde structure, qui peut être « en cercle », ou de préférence « tous circuits » (figure 4.3), apparaît hautement décentralisée : la communication circule librement d'un membre à l'autre, quoique de manière plus restrictive dans la structure « en cercle ». On distingue également entre ces deux types opposés de structures, la structure « en chaîne » et la structure « en Y », dont le degré de centralisation apparaît donc de niveau intermédiaire (figure 4.3).

Quelle est la structure de communication qui a le plus de chances de réussir : la structure centralisée ou la structure décentralisée ?

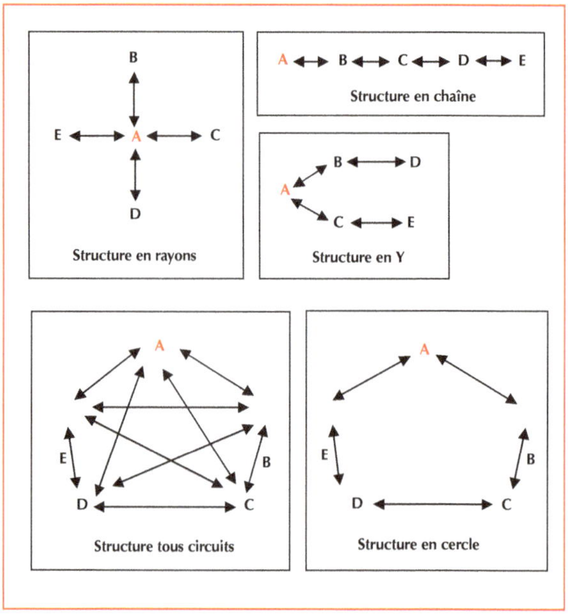

Figure 4.3
Les structures de communication.

L'efficacité du groupe

La productivité d'une structure de communication centralisée est bonne dans les tâches de coaction (voir chapitre 2, figure 2.3), ou lorsque le groupe comporte un nombre important d'individus. Dans ce cas, le leader se trouve en position de collecter l'information émise par les membres et peut rapidement répondre à nombre de demandes et aux situations d'urgence. Dans les tâches d'interactions élevées (voir chapitre 2, figure 2.3), la structure centralisée s'avère moins productive. L'entraîneur peut être écrasé par de multiples tâches et exigences s'il veut tout centraliser, et des problèmes humains peuvent échapper à sa vigilance. Dans les tâches d'interactions multiples ou complexes, un fonctionnement décentralisé s'avère plus productif (Shaw et Blum, 1965).

La satisfaction des membres

La satisfaction de membres s'avère généralement moindre dans les structures centralisées que dans les structures décentralisées. Ces résultats sont en accord avec les données de la littérature sur le style de leadership. Lorsque chez les « Basques Bondissants », les assistants, les capitaines, les responsables de groupes et les sportifs peuvent donner leur avis, exprimer leurs doutes, s'informer réciproquement, voire traduire dans leur propre langage les directives de l'entraîneur, leur intérêt pour la tâche et la satisfaction augmentent. À l'inverse, dans une structure centralisée comme celle des « Ours des Pyrénées », les assistants comme les joueurs peuvent se sentir frustrés si leurs besoins et leurs avis ne sont pas suffisamment pris en compte. Or, on sait que l'efficacité d'un groupe dépend de la coordination optimale des efforts et des compétences de chacun, ainsi que de leur investissement effectif. Et même en cas de changement d'effectif – en raison d'un manque de forme de certains, de blessures ou d'un turn over – l'équipe demeure efficiente en raison d'une bonne circulation des informations et d'une motivation élevée.

Conclusion

Les structures de communication décentralisées ont donc généralement des effets positifs sur la productivité et sur la motivation des membres du groupe. Mais de telles structures ont également un coût. Ainsi, les « Basques Bondissants » peuvent perdre du temps à prendre leurs décisions. La structure de communication décentralisée n'apparaît donc pas fonctionnelle dans les situations d'apprentissage technique, ou dans les situations d'urgence, quand le leader doit rapidement apporter des solutions tactiques à l'équipe. À l'inverse, la structure de communication centralisée apparaît plus fonctionnelle dans les situations d'urgence (voir chapitre 3). Dans la structure centralisée toutefois, l'effet de facilitation sociale peut mener à une appréhension d'évaluation par le leader (voir chapitre 2). Chaque structure de communication a donc des effets favorables sur la productivité, mais présente un coût.

Implications pratiques additionnelles

Un entraîneur ou un enseignant, même s'il n'adopte pas l'une des structures de communication ci-dessus, doit faire attention à la façon dont il communique avec ses élèves.

Il évitera de s'adresser uniquement à certains sujets, en ignorant les autres : par exemple, en communiquant avec les sportifs titulaires de l'équipe avant l'entrée sur le terrain ou en parlant avec les meilleurs élèves d'une classe, et en ne s'adressant pas aux autres, remplaçants ou élèves peu efficients.

De même, les éducateurs et les formateurs doivent veiller à ne pas tourner le dos à une partie de leurs interlocuteurs ; ou encore doivent s'assurer que certains d'entre eux ne masquent pas leurs camarades. Un entraîneur habile dans sa communication interne s'assoira parmi les remplaçants (position du corps) pour les valoriser, et communiquera avec eux par le langage corporel et par la parole

Une structure « tous circuits » s'impose lorsque le fonctionnement d'un groupe devient l'objet de préoccupation premier, soit au cours de la formalisation des objectifs communs, soit lors d'une « dynamique de groupe » (voir chapitre 2). Dans le dernier cas, on se rappelle que les émotions positives induites par l'animateur au cours de relations de proximité, se traduiront par des réactions de réciprocité et que les réactions de réciprocité augmenteront en retour le degré d'intimité des interlocuteurs (figure 4.2).

2. LA TRANSMISSION EFFICACE DES MESSAGES

Un entraîneur, comme un enseignant, instruit, forme, encourage, fait respecter l'ordre, organise le travail ou évalue les productions individuelles ou de groupes, toutes activités qui impliquent l'utilisation de la communication verbale principalement. Et sans communication verbale efficiente, ces tâches semblent vouées à l'échec.

Dans un premier temps, nous allons donc examiner dans quelles conditions un éducateur peut améliorer la transmission de ses messages verbaux. Dans un second temps, nous reviendrons sur la fonction du feedback.

A. Évaluez votre efficacité en matière de transmission de vos messages

Les messages transmis par les éducateurs doivent être clairs, compréhensibles par le public, précis, et non redondants. Certains entraîneurs parlent trop, expriment plusieurs idées à la fois, ou parlent de choses qui ennuient leurs interlocuteurs ou qui dispersent leur attention. D'autres se montrent moins diserts, sont avares en paroles, et pensent que leurs interlocuteurs ont compris ce qu'ils pensent ou ce qu'ils veulent.

Pour communiquer au lecteur des principes clairs qui peuvent lui servir de support à une transmission efficace de ses messages, le meilleur moyen, me semble-t-il, est de lui proposer de répondre au questionnaire suivant, de manière à ce qu'il analyse ses propres comportements sur le terrain. Ce questionnaire, présenté au tableau 4.1, constitue une adaptation de celui proposé par Landers en 1987. En répondant à ce questionnaire, évaluez les points forts et les points faibles de vos capacités de communication en vous rapportant à la façon dont vous procédez avec vos élèves ou vos sportifs.

Tableau 4.1
Guide pour l'envoi de messages verbaux efficients, d'après Martens, 1987 (traduction libre).

1. Vos messages doivent être directs.
Les coaches qui sont déficients à ce niveau considèrent que leurs interlocuteurs savent ce qu'ils souhaitent, ce qu'ils veulent, ou ce qu'ils ressentent. Plutôt que d'exprimer directement leur message, ces coaches procèdent par insinuation ou transmettent le message à quelqu'un d'autre, en espérant que le message parviendra indirectement à l'interlocuteur.
Quelle est votre capacité à transmettre des messages de façon directe?
Faible 1 2 3 4 5 Très bonne

2. Vous devez vous sentir « propriétaire » de vos messages.
Utilisez le « je » et le « moi », et non pas le « nous » ou « l'équipe », lorsque vous précisez l'origine de vos messages. Vous n'assumez pas vos messages lorsque vous dites : « L'équipe pense que… », « Cet athlète de haut niveau dit que… ». Le fait de faire état d'autres personnes pour appuyer ce que vous avez à dire révèle la crainte d'exprimer vos propres messages.
Quelle est votre capacité à prendre la responsabilité de vos messages ?
Faible 1 2 3 4 5 Très bonne

3. Vos messages doivent être complets et précis.
Procurez à votre interlocuteur toute l'information dont il a besoin pour comprendre votre message. Évitez le manque de logique, les hypothèses implicites, et les intentions tacites.
Quelle est votre capacité à fournir des messages complets et précis?
Faible 1 2 3 4 5 Très bonne

4. Vos messages doivent être clairs et consistants. Évitez les messages ambigus.
« Je veux vraiment te faire jouer, Marie, mais je ne crois pas que ce soit le bon match pour toi. Je crois que tu es une bonne sportive, mais tu dois juste patienter ». Voici un exemple de message ambigu - le refus, puis l'acceptation - qui laisse probablement Marie dubitative et malheureuse. Les messages ambigus ou à double sens sont utilisés lorsqu'une personne a peur de se montrer directe.
Quelle est votre capacité à adresser des messages clairs et constants ?
Faible 1 2 3 4 5 Très bonne

5. Vous devez clairement exprimer vos besoins et vos sentiments.
Notre société désapprouve le fait de faire état de ses émotions et de ses sentiments. C'est la raison pour laquelle nous les cachons. Cependant, si vous souhaitez établir des liens intimes, vous devez partager vos sentiments, de manière à ce que l'autre fasse de même. Et ceci est le seul moyen d'aider l'autre personne. En retour, votre interlocuteur peut vous aider à clarifier vos sentiments et vos besoins.
Quelle est votre capacité à exprimer vos besoins et vos sentiments ?
Faible 1 2 3 4 5 Très bonne

6. Dans vos messages, vous devez distinguer les faits des opinions.
Présentez d'abord ce que vous voyez et savez puis, ensuite, donnez votre opinion pour tirer une conclusion. À votre fils qui rentre en retard de son entraînement de football vous dites : « Je vois que tu es encore sorti avec Adrien ». Dans le contexte dans lequel est énoncée cette phrase, votre fils a bien reçu le message, mais n'est pas sûr de ce qui inquiète son père. Une façon plus efficace serait de dire : « Tu étais avec Adrien, n'est-ce pas ? (vérification d'un fait). Je crains que tu passes trop de temps avec lui et qu'il te fasse manquer l'entraînement » (énoncé de votre opinion). Même si votre opinion ne plaît à votre fils, le message est moins ambigu que dans le premier cas.
Quelle est votre capacité à séparer les faits des opinions dans vos messages ?
Faible 1 2 3 4 5 Très bonne

7. Dans vos messages, vous devez dire une chose à la fois.
Si, par exemple, vous expliquez comment il faut réaliser telle technique et que, brusquement, vous commencez à vous plaindre de ce que le groupe ne s'entraîne pas assez bien, vous transmettez deux messages à la fois parce que vous ne prenez pas le temps d'organiser votre pensée avant de vous exprimer.
Quelle est votre capacité à mettre l'accent sur une chose à la fois ?
Faible 1 2 3 4 5 Très bonne

8. Vous devez délivrer vos messages immédiatement.
Lorsque vous remarquez quelque chose qui vous déplaît ou que vous voulez modifier, ne tardez pas à délivrer votre message. Parfois, le fait de différer le message peut envenimer votre réaction, et ceci pour une peccadille. Une réponse immédiate constitue un principe essentiel d'amélioration de l'efficacité des messages.
Quelle est votre capacité à délivrer immédiatement vos messages ?
Faible 1 2 3 4 5 Très bonne

9. L'objectif que vous exprimez doit être votre véritable objectif.
Cela signifie que votre message ne doit pas contenir des demandes cachées ou des intentions masquées, sinon vos relations risquent d'être détériorées. Pour savoir si vos messages ne contiennent pas de demandes cachées, posez-vous les deux questions suivantes :
- Que suis-je en train de dire à mon interlocuteur ?
- Est-ce bien cela que je désire qu'il entende ou y-a-t-il autre chose ?
Quelle est votre capacité à formuler vos véritables objectifs ?
Faible 1 2 3 4 5 Très bonne

10. Vos messages doivent apporter un soutien.
Si une personne continue d'écouter votre message, ne le transmettez pas sous la forme de menaces, de sarcasmes, de comparaisons négatives, ou de jugements. Votre interlocuteur évitera de communiquer avec vous ou tout simplement ne vous écoutera pas lorsque vous parlerez. Tous vos messages doivent témoigner de votre support affectif.
Quelle est votre capacité d'émettre des messages de soutien ?
Faible 1 2 3 4 5 Très bonne

11. Vos messages verbaux et non verbaux doivent être concordants.
Par exemple, ne dites pas à un joueur qu'il n'est pas grave de commettre des erreurs alors que votre posture et votre expression faciale contredisent vos paroles. Des messages contradictoires créent la confusion et nuisent à la communication future.
Quelle est votre capacité à mettre en accord vos messages verbaux et non verbaux ?
Faible 1 2 3 4 5 Très bonne

12. Vos messages doivent être redondants.
Vous devez répéter les points clefs pour rendre saillant ce que vous dites : « Vous avez bien compris ceci... Bien ». Cependant, n'abusez pas des répétitions, car votre interlocuteur cesse de vous écouter. En revanche, vous pouvez renforcer votre message en utilisant d'autres canaux de communication, comme des images, une vidéo pour expliquer un point technique, par exemple.
Quelle est votre capacité de rendre vos messages optimalement redondants ?
Faible 1 2 3 4 5 Très bonne

13. Vous devez adapter votre message au cadre de référence du récepteur.
Vos messages sont mieux compris si vous les adaptez aux expériences vécues de votre interlocuteur. Par exemple, il faut éviter un langage complexe ou abstrait avec de jeunes pratiquants qui ne disposent pas du vocabulaire suffisant pour vous comprendre.
Quelle est votre capacité à émettre des messages appropriés au cadre de référence du receveur ?
Faible 1 2 3 4 5 Très bonne

14. Faites en sorte que le récepteur vous fournisse un feedback qui vous informe que votre message est bien compris.
Observez les réactions verbales et non verbales de votre interlocuteur pour vérifier qu'il comprend bien le message que vous lui adressez. Si aucune réaction n'est émise, posez des questions pour provoquer ce feedback :
Avez-vous bien compris ce que je vous ai dit ? » ou « Savez-vous à présent comment il faut faire... ? »
Quelle est votre capacité à provoquer un feedback qui vérifie que votre interlocuteur a bien compris votre message ?
Faible 1 2 3 4 5 Très bonne

À présent, si vous avez répondu, faites la somme de vos évaluations. L'échelle suivante vous aide à estimer vos capacités à émettre des messages efficaces :
61 – 70 : Excellent
51 – 60 : Bien
41 – 50 : Moyen
31 – 40 : Faible
30 ou moins : Améliorez vos points faibles !

B. Susciter du feedback entre l'émetteur et le récepteur d'un message

On a vu au chapitre 3 du livre I qu'un feedback externe donné par un éducateur revêt la forme de messages verbaux et non verbaux, et que ce feedback procure une connaissance de résultat à l'interlocuteur. En octroyant du feedback spécifique et descriptif, l'entraîneur fournit une information quantitative ou qualitative, et rappelle les principaux critères de réalisation d'une activité qui fait l'objet d'exercices. Une information spécifique (précise), et positive, devrait encourager le sportif à poursuivre les exercices. En matière d'enseignement en effet, le processus éducatif se présente de la manière suivante.
a) L'enseignant donne des consignes ;

b) L'élève répond par des comportements et/ou émet des réponses verbales ou non verbales, ce qui constitue un premier feedback, celui qui va de l'élève à l'enseignant ;
c) Mais l'enseignant va, dans la plupart des cas, réagir au comportement de l'élève, pour apporter des corrections techniques, par exemple. Cet enseignant va donc à son tour adresser un feedback à l'élève.

Comme les enseignants consacrent une part importante de leur travail à fournir du feedback, pendant ou à la suite des comportements des élèves, nous présentons donc quelques caractéristiques supplémentaires du feedback

Le feedback descriptif et objectif

En octroyant du feedback descriptif, l'émetteur (enseignant, entraîneur ou formateur) fournit un commentaire qualitatif relatif aux principaux critères de réalisation de l'activité en cours qui fait l'objet d'un exercice. Par exemple, les rétroactions de type « Ton avant-dernier appui est bien fléchi » ou « Tu as listé toutes les activités nécessaires à ton projet », constituent des exemples de feedback descriptif et objectif. En effet, cette information spécifique n'est pas d'ordre évaluatif, mais aide l'interlocuteur à analyser son comportement et facilite ensuite l'apprentissage de l'habileté en question. Un tel feedback devrait encourager la personne à poursuivre son activité, surtout s'il s'accompagne d'un feedback positif : « Tu as *bien* fléchi… », « Tu as *bien* listé… ».

Le feedback descriptif et réactif

Par cette forme de rétroaction, l'émetteur décrit d'abord le comportement de son interlocuteur - il s'avère descriptif - puis il réagit à ce comportement. Voici un exemple d'un feedback réactif : « Quand tu viens en retard à l'entraînement, et connaissant tes qualités physiques, je ne peux être que déçu ». Ce type de feedback donne donc à l'interlocuteur une information sur la façon dont a été ressenti son comportement. Faisant état des sentiments de l'émetteur, il ne peut être fourni que dans une relation de confiance et pour tenter d'améliorer cette relation.

Le feedback d'évaluation

Le feedback d'évaluation, comme celui qui prescrit (« il faut », « tu dois »…), est à proscrire. Dire à l'élève qui est en retard « Tu es en retard. Décidément je ne peux te faire confiance ! » correspond à une forme de jugement, de surcroît négatif. Il produit des effets délétères sur la motivation du récepteur car il érode fortement son estime de soi.

Aussi, avant d'émettre un feedback, un éducateur doit considérer les raisons qui l'amènent à procurer une information en retour à un sujet. Est-ce que le feedback :

a) apporte un soutien à l'intéressé ?
b) l'aide à réaliser l'activité ?
c) renforce les interactions entre l'émetteur et le récepteur ?

À l'évidence, en formulant du feedback négatif, prescripteur, d'évaluation, ou en punissant l'élève, l'éducateur ne remplit pas de tels objectifs.

Provoquer le feedback du receveur

Comment induire l'émission de feedback chez l'élève ? L'enseignant peut obtenir un feedback verbal ou comportemental de l'élève, tout simplement en l'observant, en lui posant des questions, en réagissant honnêtement et en adoptant une position d'écoute.

Quand il reçoit du feedback, l'enseignant peut poser des questions à l'élève pour disposer d'informations supplémentaires : « Peux-tu me dire plus précisément quelle partie de la cible tu as visé ? » ou « Quelle est la raison du mauvais choix de ton matériel ? » Non seulement de telles questions expriment l'intérêt de l'enseignant, mais le questionnement amène l'élève à davantage analyser sa pratique.

Un éducateur doit réagir honnêtement aux comportements des élèves. Si un adolescent demande à son entraîneur : « Pourquoi tu ne me réponds jamais lorsque je te dis bonjour ? », un éducateur abordera franchement la raison pour laquelle il feint d'ignorer son élève et n'avancera pas de prétextes fallacieux : « Je ne t'avais pas vu… ».

Un enseignant doit savoir faire preuve de qualités *d'écoute* lorsqu'il est critiqué, plutôt que d'expliquer ou de justifier ses comportements (voir la section suivante). De telles réponses peuvent être considérées comme des réponses défensives qui vont réduire ou définitivement bloquer la communication.

3. FAVORISER UNE BONNE RÉCEPTION DES MESSAGES

Dans nos activités quotidiennes, nous consacrons 70 % de notre temps à communiquer, c'est-à-dire à lire, à écrire, à parler et à écouter. Sur ces 70 % d'échanges, nous passons environ 40 % à 45 % du temps à écouter (Sahre, Olson et Withney, 1973). L'écoute constitue donc une part importante de communication.

Mais, si l'on se fie à la maxime suivante :

> « Nous entendons la moitié de ce qui est dit (50 %)
> Nous écoutons la moitié de ce que nous entendons (25 %)
> Nous comprenons la moitié de ce que nous écoutons (12,5 %)
> Nous croyons la moitié de ce que nous comprenons (6,25 %)
> Et nous nous souvenons la moitié de ce que nous croyons (3,125 %). »

Notre temps d'écoute et notre capacité d'écoute apparaissent donc limités. Plus encore, nous consacrons peu de temps à améliorer notre capacité d'écoute.

A. Évaluation de vos capacités d'écoute

Comme précédemment, en nous référant à Martens (1987), nous proposons dans le tableau 4.2 une méthode d'évaluation des capacités d'écoute, pour savoir quelles sont celles que vous devriez développer en priorité. Nous présenterons ensuite quelques principes visant à rendre votre écoute plus active, plus gratifiante pour votre interlocuteur, et plus consciente.

B. Comment améliorer ses capacités d'écoute ?

Faire preuve de capacité d'écoute est une tâche difficile comme vous le montrent peut-être les résultats de votre test. Pour améliorer cette capacité, Landers (1987) préconise d'exercer deux habiletés de base : la réception active d'un message et le soutien à l'interlocuteur.

L'écoute active (Gordon, 1974)

Une écoute active implique que le récepteur cherche à comprendre le sens du message qui lui est transmis. Ainsi, le récepteur peut réagir à l'interlocuteur en reprenant de différentes manières ce qui vient d'être dit. Il peut :

- relancer l'interlocuteur : « Vous dites que... » ;
- reformuler le message : « En d'autres mots, vous estimez que... » ;
- rebondir sur un message : « Cela me fait penser que... » ;
- résumer un point de vue : « Si je résume votre propos... » ;
- confirmer qu'il a compris : « J'ai bien compris que... ».

Ces paraphrases permettent non seulement de montrer qu'on s'intéresse au contenu du message, mais permettent de le clarifier s'il est complexe et difficile à comprendre.

Tel est également le cas des questions posées à l'émetteur. Cette forme de feedback fournit à ce dernier l'opportunité de corriger son message et de dissiper des malentendus. On améliorera l'efficacité de cette modalité de feedback verbal, s'il est immédiat, clair, bref, et objectif.

Le feedback peut également prendre une forme non verbale. Un hochement de tête, un soutien du regard, une posture attentive, un haussement d'épaule, témoignent du fait que le récepteur se montre disponible et qu'il encourage l'échange d'idées.

Mais pour se trouver en position d'émettre immédiatement un feedback clair et objectif, le récepteur doit se préparer activement à *écouter*, et ne pas se contenter de l'entendre. En cas de discussion difficile, on peut même préparer un plan destiné à anticiper, dans la mesure du possible, l'échange, la confrontation, ou la critique.

Tableau 4.2
Évaluation des capacités d'écoute, d'après Martens, 1987 (traduction libre).

	Jamais 1	Rarement 2	Parfois 3	Souvent 4
1. Selon vous, écouter les autres est inintéressant	1	2	3	4
2. Vous portez davantage attention à l'énonciation et à l'apparence de l'orateur, qu'au message lui-même	1	2	3	4
3. Vous vous attachez aux faits et aux détails, et vous manquez les points principaux qui donnent une signification au message	1	2	3	4
4. Vous êtes facilement distrait par les autres, lorsqu'ils parlent, froissent du papier, mangent, fument...	1	2	3	4
5. Vous regardez l'orateur, vous faites semblant d'être attentif, mais en réalité vous êtes absent	1	2	3	4
6. Vous n'écoutez que ce qui est facile à comprendre	1	2	3	4
7. Les mots qui présentent une charge émotionnelle (de sexe ou de drogue, par exemple) perturbent votre écoute	1	2	3	4
8. Votre durée d'attention est brève, de sorte qu'il vous est difficile d'écouter au bout de quelques minutes	1	2	3	4
9. À peine une personne commence à vous parler de ses difficultés, que déjà vous lui donnez des conseils	1	2	3	4
10. Dès que vous relevez des points de désaccord, vous cessez d'écouter pour préparer votre répartie	1	2	3	4
11. Vous manifestez votre support à l'orateur par des exclamations ou en hochant la tête, même si vous êtes peu intéressé par ce qu'il dit	1	2	3	4
12. Vous changez de sujet lorsque la conversation vous ennuie ou vous embarrasse	1	2	3	4
13. Dès qu'une personne dit quelque chose de négatif à votre sujet, vous intervenez rapidement pour vous défendre	1	2	3	4
14. Vous anticipez ce que l'orateur va dire pour tenter de découvrir ce qu'il veut sous-entendre	1	2	3	4
Si vous avez répondu au test, faites à présent la somme de vos évaluations. L'échelle suivante vous aide à estimer vos capacités d'écoute :	14 – 24 : Excellent 25 – 34 : Bien 35 – 44 : Moyen 45 – 54 : Faible			

L'écoute comme soutien

En plus de l'écoute active, vous pouvez utiliser des procédés qui montrent que vous témoignez de l'intérêt et manifestez un soutien affectif à l'interlocuteur, et à ce qu'il dit. Le tableau 4.3 suggère un certain nombre de comportements et d'attitudes qui expriment l'intérêt, la disponibilité et le soutien à l'égard de l'interlocuteur.

Tableau 4.3
Comment exprimer son soutien ?

- Faire preuve d'empathie : communiquer de manière intuitive, en essayant de comprendre affectivement l'émetteur, plutôt que d'être froid et indifférent.
- Manifester son ouverture d'esprit : rester ouvert aux idées, aux nouveautés, aux singularités, et non pas juger et évaluer autrui.
- Être mentalement disposé à écouter : préparer les conversations jugées importantes et qui engagent l'avenir.
- Exercer sa concentration : elle est utile pour suivre une conversation difficile et pour se montrer imperméable aux distracteurs.
- Ne pas se fier aux apparences : prendre en compte la signification d'un message en évitant d'évaluer l'interlocuteur sur son apparence et sa réputation.
- Décoder le langage gestuel : pour vérifier que ce qui est dit verbalement correspond à ce qui exprimé non verbalement.
- Établir un contact physique : en se tenant à petite distance, en faisant face à l'interlocuteur, en maintenant le contact visuel, en manifestant les expressions faciales et posturales adéquates.
- Manifester son support : en montrant clairement à l'interlocuteur qu'on le reconnaît, qu'on le comprend et qu'on l'accepte.
- Faire preuve de respect : suivre les personnes dans leurs conversations, ne pas les interrompre, montrer qu'on les accepte et qu'on les comprend.
- Se montrer flexible : chaque situation et chaque personnalité requièrent une stratégie différente d'écoute, et cela par la mise en place de silences, de la quantité d'information transmise ou du vocabulaire utilisé.

4. LES OBSTACLES À LA COMMUNICATION

On a listé dans le chapitre 8 du livre I quelques obstacles à la communication au sein d'une association. En effet, toute relation n'est pas exempte de conflits, voire de confrontations ; au mieux, elle comporte parfois quelques désagréments. Il convient donc d'utiliser des moyens adaptés en vue de surmonter de façon constructive ces obstacles à la communication en tenant compte de chaque situation.

A. Les conflits

On parle de conflit lorsque l'action d'une autre personne interfère avec vos propres actions ou buts, ou constitue un obstacle à leurs réalisations. Or, les conflits sont inévitables, aussi bien entre les différents acteurs du milieu sportif (pratiquants, entraîneurs, parents, dirigeants), que dans les groupes de jeunes élèves en milieu scolaire, ou encore dans les centres de formation d'adolescents ou d'adultes. Plutôt que d'éviter les discussions et de fuir les conflits, il apparaît alors nécessaire d'apprendre à les surmonter.
En cherchant à régler un conflit, il convient de mesurer, selon Johnson (1981) : a) l'importance qu'on attache à ses propres buts, remis en cause par autrui et b), l'importance que l'on attache à la préservation de bonnes relations avec autrui. À partir de cette double évaluation, peuvent être mises en œuvre les stratégies suivantes de résolution des conflits.

Buts peu importants et relations peu importantes

Si les buts sont peu importants et que la préservation des relations apparaît loin d'être primordiale, le mieux est d'ignorer le conflit. Par exemple, si les supporters deviennent trop envahissants et exigeants, une confrontation s'avère inutile pour régler le problème.

Buts importants et relations non importantes

Si l'on attache de l'importance à ses actions ou à ses buts, et que les rapports s'avèrent impersonnels, on peut forcer l'opposant à accepter ses solutions pour régler le conflit. Ainsi, si l'éducateur doit acheter du matériel, une conduite offensive s'impose si l'on a affaire à un vendeur coriace. Le conflit d'intérêt se présente comme un jeu à somme nulle (ce que gagne l'un, l'autre le perd) et un plan s'avère nécessaire pour gagner la partie, c'est-à-dire bénéficier d'un rabais maximum.

Buts non importants et relations importantes

Si la préservation des relations l'emporte sur les objectifs personnels, il vaut mieux redéfinir ses objectifs personnels quand survient un conflit. Ainsi, si un groupe de parents demande de reconsidérer les heures d'entraînement ou souhaite vous rencontrer régulièrement pour faire le point sur les activités de groupe, il est peu productif de résister à ces demandes même si elles contrarient vos objectifs.

Buts importants et relations importantes

Deux cas peuvent se présenter. Si les buts personnels, comme les relations, s'avèrent d'importance modérée, le compromis semble inévitable. Ainsi, si deux joueurs de force égale sont en concurrence pour un même poste, le compromis s'impose aussi longtemps qu'il ne contrevient pas à vos valeurs. En l'occurrence, une solution consiste à titulariser chacun un match sur deux et à procéder éventuellement à un remplacement en cours de partie et cela dans les mêmes conditions pour chacun.

En revanche, si les buts personnels et la préservation de saines relations s'avèrent cruciaux, la confrontation devient alors inévitable.

En résumé, il existe cinq styles d'interventions pour régler les conflits qui dépendent de l'importance relative des buts personnels et des relations interpersonnelles. En tenant compte de cette classification de Johnson (1981), le lecteur pourra définir quel style convient le mieux dans les cas suivants :

- avec votre meilleur(e) ami(e) ;
- avec votre supérieur ;
- avec des joueurs ;
- avec d'autres éducateurs ;
- avec des arbitres et officiels.

B. Les confrontations

Pourquoi sont-elles parfois nécessaires ?

Considérons les situations suivantes.

- Un parent, régulièrement présent aux entraînements, critique souvent l'un des joueurs reconnu de l'équipe et tente de le déstabiliser pour mettre en valeur les qualités de son propre enfant. Vous décidez d'en discuter avec lui pour éviter une désagrégation de l'équipe.
- Un vol s'est produit au vestiaire et l'on suspecte l'un des joueurs. Une discussion s'avère nécessaire en tête-à-tête pour tenter de clarifier sa responsabilité.
- Un jeune sportif manque de plus en plus souvent l'entraînement sous des prétextes fallacieux.
- Un arbitre a pénalisé de façon injuste et répétée votre équipe. Une discussion s'avère nécessaire pour analyser la façon dont s'est faite l'interprétation des règles et pour faire évoluer le jeu si nécessaire.

Il y a confrontation si le conflit ne se traduit pas par une discussion en face-à-face. Elle s'impose lorsque la volonté de préservation d'un bon climat relationnel semble primordiale. Les confrontations ne servent pas uniquement à surmonter des conflits majeurs. Des confrontations peuvent régler des conflits de moindre importance pour restaurer un climat de travail qui met les participants mal à l'aise, par exemple. Bien que les situations mentionnées ci-dessus soient délicates à gérer, elles offrent cependant des raisons suffisantes pour donner lieu à des confrontations de points de vue. Leur but est d'examiner un comportement et ses conséquences. Si l'éducateur n'est pas suffisamment armé pour y faire face, ces confrontations peuvent dégénérer en affrontements, c'est-à-dire en réactions d'hostilité qui ne font qu'aggraver des relations interpersonnelles déjà mises à mal. La communication risque alors d'être définitivement bloquée.

Quand doivent-elles intervenir ?

Il convient de préparer une confrontation en analysant préalablement la situation et en clarifiant tous ses arguments. Elle doit intervenir après réflexion et dans une relation d'écoute active. En aucun cas, la confrontation se fera sous l'emprise de la colère car elle requiert de la lucidité et du courage. De même, le fait de redouter une confrontation peut laisser croire que l'issue en sera nécessairement défavorable et négative. Les expectations négatives, comme les

émotions négatives (colère, par exemple) se traduisent par des conduites hostiles et donnent lieu à des affrontements.
Par conséquent, résumez la position de votre interlocuteur, et essayez d'analyser son point de vue et ses sentiments.

Comment gérer une confrontation ?

Pour s'engager dans une confrontation avec les meilleures chances de succès, on recommandera l'adoption des conduites suivantes.

1. Réfléchir avant de s'engager

Avant d'accuser un élève de vol, de rectifier le comportement d'un parent, ou de remettre en question un arbitrage incompréhensible, il faut se donner le temps de la réflexion. Comment amener une personne à examiner ses comportements pour qu'elle les remette en cause ? Comment éviter une escalade de conflits ? Comment rectifier les conduites sans altérer durablement les relations interpersonnelles ? Une première règle veut de ne pas laisser les émotions prendre le pas sur la réflexion et la raison.

2. Se mettre à la place de l'interlocuteur

Si l'on n'essaye pas de se mettre à la place de l'interlocuteur, l'affrontement apparaît inévitable ; ce dernier doit réaliser que l'on cherche à comprendre la situation et son point de vue. La recherche d'informations additionnelles par un questionnement peut faire passer ce message, mais à condition que ce qui est communiqué de façon non verbale (les gestes, les mimiques, par exemple) soit en accord avec le message verbal (les questions posées).
Savoir se mettre à la place de l'autre c'est également prendre conscience de l'effet dévastateur d'un commentaire négatif, de critiques répétées, ou des sarcasmes proférés en public sur l'estime de soi d'un subordonné ou d'un élève.

3. Montrer que l'on accorde de la valeur aux relations avec l'interlocuteur

Lorsqu'il y a confrontation de points de vue, le comportement peut véhiculer des sentiments négatifs ou des émotions difficiles à contrôler : la déception, la colère, la frustration, etc. Le fait de se montrer vindicatif, de punir sans justification, ou de tenter de dominer autrui, provoque du ressentiment et bloque la communication.
Même si l'éducateur se sent en colère en raison du comportement de son interlocuteur, il ne doit pas oublier les qualités positives de celui-ci. Si l'un de vos élèves décide de travailler avec un autre enseignant, vous ne devez pas lui reprocher subitement et publiquement un certain nombre de manquements antérieurs (s'amuser avec des camarades plutôt que d'aller à l'entraînement, par exemple), et oublier les qualités que vous aviez valorisées chez le même individu par le passé (sa sociabilité et son esprit de coopération, par exemple) !
De même, il semble important de déterminer si l'interlocuteur est prêt à accepter une confrontation, et s'il n'est pas émotionnellement perturbé. Dans ce cas, il convient de différer la confrontation.

4. Inviter la personne à examiner le problème

Le fait de dire à l'interlocuteur que l'on propose d'aborder le problème en question évite qu'il se sente mis en accusation et l'aide à s'exprimer plus facilement. Sinon il se met sur la défensive. « Je n'ai pas bien compris pourquoi vous avez sifflé des fautes répétées. Pourriez-vous m'expliquer comment il faut appliquer la règle pour éviter que nous nous mettions en difficulté au cours des parties suivantes ? » Une telle entrée en matière évite que l'arbitre mis en cause se rebiffe d'emblée, et n'interdit pas une discussion serrée sur l'interprétation du règlement. Dans la discussion qui suit, soyez précis et concis.

5. Procéder de façon graduée

La confrontation sera plus efficace si vous procédez de façon graduée. Les arguments distillés de cette façon son mieux compris et acceptés. À l'inverse, un flot d'arguments peut être ressenti comme une attaque.

C. Comportements à éviter

Pour conclure, nous présentons dans le tableau 4.4 un certain nombre de recommandations simples à appliquer : quels comportements convient-il d'éviter lors de la confrontation des points de vue.

Tableau 4.4
Comportements à éviter en cas de confrontation.

- Lors de la phase initiale, faites part du problème, mais ne donnez pas la solution. Trop souvent les éducateurs utilisent des formes contrôlantes de relations, de type : « Tu dois… », « Il faut… ». On a vu que de telles directives ont des effets négatifs sur la motivation (chapitre 4 du livre I). Amenez l'interlocuteur à trouver une solution ; ne lui fournir celle-ci que s'il n'en trouve pas.
- N'interrompez pas la communication quand le conflit s'envenime. La seule manière de régler un conflit consiste à communiquer de façon constructive en utilisant les principes énoncés au point B ci-dessus.
- Ne soyez pas désobligeant. La réprimande et des remarques sarcastiques faites en privé provoquent des effets négatifs sur l'estime de soi de votre interlocuteur. Formulées en public, l'effet de ces remarques devient dévastateur (Moore, 1939).
- N'utilisez pas uniquement le langage gestuel pour communiquer car il peut donner lieu à des interprétations erronées. Soyez sobre dans vos interventions. Évitez de pincer vos lèvres, de faire la moue, de regarder ailleurs ou de hausser les épaules. En revanche, placez-vous en face de votre interlocuteur et montrez-vous lucide et courageux.
- N'abordez pas le problème avec une autre personne avant de rencontrer celle avec laquelle vous êtes en conflit. Sinon, l'information qui lui parvient de façon indirecte la rendra résistante au changement.
- Soyez assuré que vous comprenez la position de la personne avec qui vous êtes en litige, que vous comprenez ses sentiments.

5. UN OUTIL DE COMMUNICATION : LES RÉUNIONS DE TRAVAIL

Les réunions constituent des moments privilégiés au cours desquels peuvent se développer des communications utiles et enrichissantes entre les membres d'une collectivité. À condition qu'elles se centrent sur le « travail et la discussion », ou encore sur la « négociation », et ne constituent pas seulement des lieux de transmission « descendante » ou « ascendante » de l'information (voir chapitre 9 du livre I).

Mais en matière de réunions, les associations n'échappent pas aux maux qui frappent toutes les organisations : la « réunionnite », leur durée parfois excessive, l'imprécision de l'ordre du jour, l'absence de suivi, ou encore la participation de personnes non concernées. Assister à une réunion sans que l'on ait la possibilité de donner son point de vue, constater qu'aucune suite n'a été donnée aux suggestions ou aux décisions retenues, peut s'avérer extrêmement frustrant pour les participants.

Aussi, avant d'organiser une réunion, un formateur se doit de bien connaître les dispositions générales qui régissent une réunion, ainsi que la façon dont il pourra les organiser et les animer. Et préalablement, il doit savoir que quatre types de réunions peuvent être distingués :

- d'information descendante ;
- d'information ascendante ;
- de négociation ;
- de travail, dit « réunion de discussion ».

A. Caractéristiques générales d'une réunion standard

Les objectifs

Avant toute chose, il convient de définir les objectifs de la réunion. Que peut-on attendre de la discussion ? Quel en sera le résultat ? Une décision, un plan de travail, une analyse plus complète d'un problème (un conflit par exemple), ou encore une communication externe ?

Les participants

Un nombre raisonnable de participants doit être retenu ; au-delà d'une douzaine de personnes, la communication devient plus limitée et des sous-groupes peuvent se former. Le choix des participants s'effectuera en fonction des compétences affichées au regard de la question étudiée et de l'intérêt manifesté. Le travail en commun doit faire l'objet d'un consentement mutuel, en évitant toute forme de rejet à l'encontre de certains participants.

Malheureusement, la sélection des participants se réalise trop souvent en fonction d'habitudes, du respect de règles hiérarchiques, ou encore sur la base de relations interpersonnelles privilégiées.

L'ordre du jour

L'ordre du jour correspond à la liste des thèmes abordés au cours de la réunion. Son articulation sera précise de manière à faciliter la préparation de la réunion, l'expression ultérieure des points de vue, et la conduite de la réunion. Il constitue également un garde-fou qui évite de tomber dans des digressions inopportunes. Finalement, il devra susciter de l'intérêt afin que la réunion fédère un maximum de participants.

L'animateur

Cette mission primordiale pourra être remplie par un dirigeant, un éducateur sportif, un formateur, un formateur de formateur, ou encore un expert en organisation de tables rondes. Dans tous les cas, l'animateur retenu doit se montrer capable de réguler les échanges, de reformuler les messages, d'en faire la synthèse, de manière à ce que le groupe atteigne ses objectifs. Il pourra, le cas échéant, être assisté par un adjoint qui prendra en charge l'une des tâches précédentes.

Le compte rendu

Le compte rendu de la réunion se fera par écrit, sera concis et fidèle, établira des échéances pour le suivi des décisions, et finalement définira les responsabilités pour leur mise en œuvre. Dans le procès-verbal figureront également l'ensemble de ses destinataires et les modalités de sa transmission.

B. Les étapes d'une réunion standard

Le tableau 4.5 résume le contenu des trois grandes étapes d'une réunion standard: sa préparation, son déroulement et son suivi.

C. Qu'est-ce qu'une réunion de discussion ?

La réunion de travail – ou réunion de discussion – étant le type le plus courant de réunion utilisé dans une association, c'est elle qui fait l'objet d'une présentation plus détaillée dans la suite de cette section.

Tableau 4.5
Étapes d'une réunion standard.

Avant la réunion : sa préparation

- Définition du type de réunion: d'information ascendante ou descendante, de discussion, ou de négociation ?
- Choix des participants lorsque ceux-ci ne sont pas définis par les statuts; mais même dans ce cas, on peut inviter une personne-ressource.
- Élaboration de l'ordre de jour et, le cas échéant, de documents annexés à la convocation (par exemple le procès-verbal de la précédente réunion).
- Détermination de la date, du lieu et de l'heure.
- Préparation de la salle. Prévoir des rafraîchissements.

Pendant la réunion : son déroulement

- L'animateur introduit la réunion, rappelle éventuellement le thème et les objectifs, demande aux participants de se présenter s'il s'agit d'une réunion inhabituelle.
- Le cas échéant, l'animateur demande si le procès-verbal de la réunion précédente appelle des observations.
- Il aborde ensuite l'ordre du jour, intervient comme *régulateur*, veille à ce que l'on ne s'écarte pas de l'ordre du jour, résume les acquis, etc.
- En fin de réunion, il résume les décisions prises et insiste pour qu'elles soient mises en œuvre.
- Il conclut en demandant aux participants de procéder à une rapide évaluation de la séance et propose éventuellement une date pour la réunion suivante.

Après la réunion : son suivi

- Rédaction et diffusion du compte rendu dans un délai raisonnable. Ce compte rendu devrait comporter *in fine* les responsabilités dans sa mise en œuvre : *qui fait quoi, et pour quand ?*

De quoi s'agit-il ?

La réunion de discussion est une technique de communication utilisée en milieu associatif pour progresser, grâce à un échange mutuel d'idées, de points de vue et d'opinions, chaque fois qu'on estime que les participants ont au moins autant besoin d'informations à obtenir les uns des autres que de la part du commanditaire.

Comme elle appelle une participation active de chacun et oblige à prendre en compte les points de vue des autres, la réunion-discussion favorise la *cohésion*.

Organisation

La réunion-discussion rassemble, dans un temps donné (entre 2 h 30 et 3 heures), entre 7 et 15 participants qui se connaissent bien. La disposition des participants se fait selon une structure « tous circuits » de manière à susciter un réseau d'échanges équilibrés.

L'animateur remplit nécessairement un rôle de *régulateur :* en facilitant le travail de groupe, en régulant les interventions et, d'une façon générale, en intervenant sur les procédures.

Mais il peut également décider d'être *producteur*, c'est-à-dire en intervenant sur le **fond** par l'apport d'idées, d'opinions, de formulations de critiques, etc. Très schématiquement, on peut dire qu'il se montre autoritaire quand il intervient sur le *fond*, et démocrate quand il n'intervient que sur la *forme* (les *procédures*).

D. Quand et pourquoi utiliser une réunion de discussion ?

Différents événements de la vie d'un groupe ou d'une association peuvent conduire à l'organisation de réunions-discussions.

Un problème à résoudre

Une réunion-discussion s'impose lorsque les participants ont un problème un commun : lorsqu'il s'agit d'une question d'organisation, qu'ils recherchent des informations, qu'il existe des tensions ou des conflits entre les membres... La réunion permet à l'animateur de repérer les connaissances que les participants ont d'un sujet, de repérer leurs centres d'intérêt, d'analyser le langage employé, etc.

La prise en compte de l'information

La réunion proprement dite permet aux participants de prendre du recul par rapport au problème posé ; de voir quelles sont les utilisations possibles des informations apportées ; d'identifier les obstacles à leur utilisation ; de conserver ou d'affirmer leur autonomie par rapport à la personne qui informe.

En cours de saison

Une réunion-discussion s'avère nécessaire chaque fois qu'un événement dans la vie d'un groupe ou d'une structure associative nécessite une « mise au point ». Le sujet de la réunion se centre alors sur la tâche du groupe.

E. Comment animer une réunion-discussion ?

Classiquement, la réunion-discussion respecte dans son déroulement trois temps.

a) La présentation des participants

- L'accueil ne doit pas se faire dans la précipitation car à ce moment important, chaque participant s'installe dans la situation. De leur place, les participants se présentent à tour de rôle. Un court dialogue s'instaure entre l'animateur et chaque personne, cette dernière faisant part de son intérêt pour le sujet ou de son expérience dans le domaine considéré.

b) La présentation du sujet

- L'animateur présente le thème de la discussion en 10 ou 15 minutes maximum. Il en précise les données, mais sans traiter le sujet. Son but est d'ouvrir la discussion et de provoquer le plus grand nombre de réactions, de questions, de points de vue. Il s'agit donc pour lui de faire apparaître les aspects du thème qui font problème.
- À cet effet, l'animateur a le choix entre deux schémas de présentation :
  - Schéma 1 : a) description du problème ou de la situation, b) les avantages, c) les inconvénients, d) que peut-on modifier ?
  - Schéma 2 : a) description du problème ou de la situation, b) les causes du problème, c) les remèdes connus, d) quelles solutions nouvelles peut-on envisager ?

c) La conduite de la réunion

- Le lancement. Lorsque la discussion est lancée, les idées, les propositions et les contre-propositions émanent des seuls participants car l'animateur n'a pas à influencer le groupe dans sa réflexion. Comme lors d'un entraînement sportif, il existe une période d'échauffement : les idées fusent, chacun s'exprime, les opinions s'imposent.

- Le plan de travail. Après cette première étape, l'animateur doit aider le groupe à structurer sa réflexion. Il souligne les divergences exprimées, il propose un plan de travail et, s'il convient à tous, le note sur un tableau.
- La discussion. Elle suit strictement le plan de travail. L'animateur fait le point chaque fois qu'une nouvelle partie est abordée.
- La synthèse. Lorsque tous les points ont été débattus, l'animateur reprend l'essentiel et réalise une synthèse.
- Le compte rendu. Il est établi en fin de réunion et adressé aux participants. Il doit faire apparaître dans quelle mesure les objectifs ont été atteints. En outre, un questionnaire d'évaluation annexé devrait faire apparaître le degré de satisfaction du groupe.

F. Un exemple de réunion-discussion : l'organisation d'une manifestation exceptionnelle

« *Préparation du Cinquantenaire de l'Association des Basques Bondissants* ».

Mise en situation

Sur proposition du président de l'association des *Basques Bondissants*, le Comité directeur décide de provoquer une réunion associant cinq dirigeants – élus et éducateurs du club – au Comité d'organisation des fêtes de la commune (maire-adjoint chargé des sports, directeur des sports, responsable du service des fêtes).

Il est convenu qu'il s'agira d'une réunion de discussion avec un double objectif :

- identifier les opportunités du calendrier pour le choix de la date ;
- rechercher les solutions susceptibles de répondre au cahier des charges préalablement défini en commun.

L'un des éducateurs est chargé de l'organisation et de l'animation de la réunion.

Déroulement

L'éducateur prend contact avec les personnes prévues. Il fixe le lieu, la date et l'ordre du jour. Il joint à la convocation un tableau récapitulatif détaillant le nombre de participants, les aspects budgétaires et les résultats escomptés.

La réunion elle-même se déroule comme suit.

Le représentant de la Mairie remercie les participants de leur initiative, le président du club rappelle les objectifs du projet, et l'éducateur sportif commente le tableau récapitulatif des actions envisagées.

L'éducateur invite ensuite les participants à analyser les avantages et les inconvénients du projet. Il reformule les propositions, réalise des synthèses, incite les personnes silencieuses à s'exprimer, tempère les bavards et prévient les conflits.

La seconde partie de la réunion est consacrée à la recherche de solutions. Il fera à nouveau la synthèse en reprenant l'essentiel des débats.

À la fin de la réunion, le maire-adjoint remercie les participants pour la richesse des échanges.

Mise en œuvre

À l'échéance prévue, le secrétaire du club adresse le compte rendu aux participants. Le Conseil d'administration se réunit ultérieurement pour prendre, en accord avec les instances municipales, les décisions définitives.

G. Conclusion

Une réunion ne constitue pas une opération ponctuelle, il s'agit d'une phase de préparation d'une décision sur la base de communications ouvertes, qui s'inscrit dans un processus dynamique, et souvent itératif. Une réunion n'a de sens et d'efficacité réelle que si elle s'inscrit dans cette continuité. En somme, une réunion intervient à la suite d'une préparation et amorce une série d'actions.

Une réunion mal préparée, non définie dans ses finalités et dans ses objectifs, ou qui ne donne pas lieu à des mesures concrètes, ne se justifie pas. Le succès des réunions dépend de leur préparation, d'une animation qui requiert des compétences minimales en matière de régulation des échanges, une attention toute particulière portée à la tâche et aux participants, et un suivi des décisions et des actions. Elle est tout entière centrée sur la communication.

Lectures conseillées

BEAU D., *La boîte à outils du formateur*, Éditions d'Organisation, Paris, 2001.

MARTENS R., *Coaches guide to sport psychology*. Champaign, Ill, Human Kinetics Publishers, 1987, chapitre 4.

NOYÉ D., PIVETEAU J., *Guide pratique du formateur.* I.N.S.E.P Consulting Éditions, Paris, 2000.

NOYÉ D., PIVETEAU J., *Comment communiquer de façon efficace*? I.N.S.E.P Consulting Éditions, Paris, 2004.

RICHARD CL., KIMBERLY N., La communication sociale : aspects interpersonnels et intragroupes. In R.J. Vallerand (Ed.), *Les fondements de la psychologie sociale*. Gaëtan Morin (Canada), 1994, pp. 409-456.

WEINBERG R.S., GOULD D., *Psychologie du sport et de l'activité physique*. Edisem et Vigot, 1997, chapitre 12.

Corrigés

Encadré 4.2

A 3 - B 4 - C 8 - D 6 - E 1 - F 12 - G 2 - H 5 - I 11 - J 9 - K 7 - L 10

Chapitre 5

LA LUTTE CONTRE LE DOPAGE

Christian Blareau

INTRODUCTION

Au fil de l'histoire, l'homme a toujours voulu se mesurer en défiant son environnement : en courant plus vite (maîtrise du temps), en s'élevant plus haut (défi à la pesanteur) et en poussant plus fort (domination de l'autre). Il s'agit d'un constat historique. L'antiquité prônait pourtant la mesure, la limite et l'équilibre dans un monde considéré comme clos. Cette recherche constante de limites repoussées va trouver des exutoires dans le circuit des Jeux organisées par les cités grecques. Il faut dès lors mettre toutes les chances de son côté pour vaincre, en ayant recours aux procédés d'entraînement les plus poussés, tout en tentant, déjà, de s'approprier la « force divine » des dieux.

Il est possible de trouver des témoignages écrits des époques antique, hellénique et romaine, relatant les différentes manières d'améliorer les capacités humaines. Sur d'autres continents, ces pratiques pionnières se référaient aux mythologies scandinave, d'Amérique latine, en passant par la civilisation chinoise. Les exemples empiriques de recours au dopage à travers le monde ne feront donc que se multiplier dans le temps et dans l'espace.

Quant au dépassement de soi, il s'associe à une conception moderne portée par le culte du progrès, né au siècle des Lumières, avec l'idée d'un univers infini. De nos jours, la société contemporaine valorisant la performance dans tous les domaines, l'individu est toujours tenté d'aller se surpasser, ce qui peut mener à la démesure et au transgressement.

1. LE DOPAGE SPORTIF

Les différents enjeux du sport et la recherche de la victoire à tout prix ont entraîné des phénomènes de tricherie et d'absence d'équité que l'on retrouve prégnant tout au long du XIXe siècle. Diverses initiatives s'étaient manifestées, dès le début du vingtième siècle, « *pour proscrire toute utilisation de procédés susceptibles de modifier artificiellement la performance sportive* ».

La coupure idéologique résultant de la dernière guerre mondiale, puis l'avènement des pratiques sportives professionnelles, avec ses intérêts financiers grandissants, ont contribué à établir « *en règle* » la pratique du dopage, comme une « *obligation* » d'entraînement et de compétition pour une performance de haut niveau.

De nos jours, le niveau de plus en plus élevé des records, les calendriers surchargés, les charges de travail considérables nécessaires à la réussite sportive de haut niveau, la diversité des enjeux sportifs (sociaux, économiques, financiers, politiques, médiatiques), les pressions de l'entourage proche (médecin, entraîneur, parents, préparateur physique), amènent de plus en plus de sportifs à recourir à des moyens artificiels pour améliorer leurs performances.

Dans un pays où le sport est un puissant moyen de promouvoir des politiques nationales et des idéologies mais aussi un outil de promotion sociale pour les sportifs, le phénomène de dopage se trouve amplifié. L'éthique sportive et les législations anti-dopage successives ont bien du mal à contrebalancer ce phénomène et à refouler cette tentation chez les consommateurs.

L'athlète se retrouve organisé autour d'un système de la production et de la mise en scène de hautes performances et du sport spectacle. Ne devient-il pas alors une sorte d'otage d'un dispositif régi principalement par des intérêts économiques, politiques et médiatiques ? Quel est le poids des valeurs humanistes de la loyauté sportive toujours célébrées avec ferveur au grand jour face à la recherche de performances, de record, de victoire par tous les moyens possibles et inimaginables ?

A. La définition du dopage sportif

Ce n'est qu'à partir des années quarante que les premières définitions médicales voient le jour.

Persuadée que le dopage est une perversion de l'esprit, une menace pour l'intégrité physique et morale des sportifs, la France sera une des premières nations à instituer, dès le 1er juin 1965, une loi interdisant « *l'usage des stimulants pour les compétitions sportives* ». Cette initiative fut prolongée par une charte européenne du Conseil de l'Europe en 1984 et par celle du Comité international olympique en 1987.

Dès lors, la politique de la France pouvait se développer. La loi du 28 juin 1989 marque un nouveau tournant dans la lutte contre le dopage, puisqu'elle intègre les notions de prévention, d'information et de répression. Elle élargit la responsabilité non seulement aux sportifs dopés, mais aussi à tous ceux qui ont proposé, fourni, des substances dopantes.

Quant au Comité international olympique (CIO) il propose, de son côté, de définir le dopage comme « *l'usage d'un artifice (substance ou méthode) potentiellement dangereux pour la santé des athlètes et/ou susceptible d'améliorer leur performance ou la présence dans l'organisme de l'athlète d'une substance ou la constatation de l'application d'une méthode figurant sur une liste annexée au Code antidopage* ».

Une nouvelle étape est franchie avec la loi française de 1999, prenant la dimension du problème, en particulier en matière de santé publique. Elle crée une instance indépendante de lutte anti-dopage et oblige à la mise en place d'un suivi biologique du sportif dans le cadre de sa santé.

La loi du 23 mars 1999 donne présentement la définition suivante du dopage :

« *le dopage est défini par la loi comme l'utilisation de substances ou de procédés de nature à modifier artificiellement les capacités d'un sportif. Font également partie du dopage les utilisations de produits ou de procédés destinés à masquer l'emploi de produits dopants. La liste des procédés et des substances mises à jour chaque année fait l'objet d'un arrêté conjoint des ministres chargés des sports et de la santé* ».

B. Les motifs du dopage

La collusion sport et argent pousse les sportifs au-delà de leurs limites. Réaliser des hautes performances de manière régulière nécessite un investissement considérable, programmé et constant. La recherche de la haute performance à tout prix implique une radicalisation des choix du sportif qui l'amène à s'infliger des charges de travail très intenses et parfois à recourir à des usages « paramédicaux ».

Les premiers motifs du dopage sont alors de pouvoir supporter la dureté des processus d'entraînement. L'utilisation de produits anabolisants couplés à un régime hyperprotidique permettra d'accroître leur puissance musculaire et de progresser à nouveau. Les athlètes se doperont par la suite pour être performant le jour d'une compétition importante en faisant usage de produits stimulants par exemple. Ils se doperont également pour revenir à leur meilleur niveau et le plus vite possible après une blessure ou pour pouvoir participer à une compétition majeure tout en étant blessé.

Des enjeux personnels s'exprimant en termes de reconnaissance sociale, de satisfaction de leur ego (starisation) les conduisent vers cette fuite en avant vers le dopage. Ce risque est amplifié lorsqu'il s'agit de sportifs fragiles psychologiquement et/ou subissant des pressions issues de leur entourage proche (autres athlètes, entraîneur, médecin, famille...).

C. L'amélioration des performances

L'élévation des performances observables dans la totalité des disciplines sportives ces dernières années est un fait marquant du sport de haut niveau. Mais bon nombre d'exploits et de records sportifs sont entachés d'un doute.

L'élévation des niveaux de pratique s'explique-t-elle alors par un engagement hors du commun des athlètes ou par le recours à des pratiques paramédicales voire des produits dopants ?

Les objectifs de qualification internationale et/ou de réussite sportive ont des incidences très directes sur la vie quotidienne des athlètes concernés. Le sportif de haut niveau est plus que jamais un spécialiste consacrant l'essentiel de son emploi du temps à une activité sportive de prédilection.

La haute performance demande de la part de l'athlète un investissement considérable, programmé et constant. Elle se mesure par des critères objectifs et rationalisés. Elle nécessite une détection précoce, un entraînement régulier et intensif et, parfois, le recours à des usages « paramédicaux » sur lesquels plane un silence réprobateur.

La recherche de la haute performance implique une radicalisation des choix de l'athlète (ou du couple qu'il forme avec l'entraîneur). Le fait n'est pas sans conséquence sur sa reconversion post-compétitive.

D. L'entourage du sportif

Il règne aujourd'hui dans un certain nombre de sports (cyclisme, athlétisme, haltérophilie, natation…) la quasi-certitude qu'un entraînement bien programmé associé à une alimentation ordinaire et saine ne suffit plus pour obtenir des résultats à plus haut niveau.

Beaucoup d'athlètes sont persuadés, par exemple, que les produits de la liste rouge sont choisis non pas en fonction de leur danger pour leur santé, mais parce qu'ils influencent favorablement les performances. Les médias répercutent plus ou moins cette idée en accordant beaucoup d'intérêt aux cas « positifs » qui, généralement, touchent des champions. Il est rare cependant que des jeunes athlètes se dopent délibérément.

Généralement, ils commencent par prendre des « extras » (glucose, intralipides) sur le conseil de leur entourage. Souvent, ils ne savent même pas ce qu'ils absorbent. Beaucoup d'amateurs et de néo-pros se révoltent d'ailleurs contre cette pratique pendant un certain temps… jusqu'au moment où certains finissent par y succomber. Ils se trouvent alors pris dans l'engrenage du dopage. Ils développent une croyance dans la vertu magique des produits dopants et dans la certitude des effets positifs de ces produits sur le résultat. L'athlète dopé adopte alors des conduites de toxicomane en s'accoutumant progressivement à ces produits, en augmentant spontanément lui-même les doses en cas d'échec. Il bascule assez vite dans un état de dépendance vis-à-vis de ces drogues et de l'entourage proche qui peut l'avoir incité.

2. LES PRODUITS DOPANTS

Dans un premier temps, l'athlète va chercher des produits pour pouvoir supporter des charges de travail élevées à l'entraînement. Il va utiliser des *stéroïdes anabolisants* associés à un régime hyperprotidique.

En parallèle de ces produits agissant sur le système hormonal, il disposera de produits ayant des effets sur le système nerveux lui permettant :

- d'une part de le stimuler pour bénéficier d'une volonté exacerbée proche de l'agressivité le jour d'une compétition importante,
- ou au contraire de le calmer pour le tranquiliser, de chasser ses angoisses ou supprimer la douleur.

Pour des sports sollicitant très fortement la filière aérobie, il disposera également de produits ou de méthodes dopantes interférant sur le système cardiorespiratoire, permettant notamment d'augmenter la « capacité » de transport de l'oxygène, la puissance aérobie et des possibilités d'effort submaximal.

Ces différents produits ou méthodes dopantes comportent de réels dangers pour la santé du sportif. En lui permettant de s'entraîner plus dur et plus longtemps, les risques de déchirures musculaires, de tendinites à répétition et de troubles psychologiques sont amplifiés car l'organisme ne dispose plus de ses signaux d'alarme naturels. Il existe également des risques à long terme de déclenchement de maladies ou de troubles de la santé graves en fonction des produits utilisés.

Un tableau récapitulatif présente en annexe les types de produits dopants utilisés. C'est un arrêté qui établit une liste unique des substances et procédés dopants pour toutes les disciplines sportives (*Arrêté du 16 août 2004 modifiant l'arrêté du 20 avril 2004 relatif aux substances et procédés mentionnés à l'article L.3631-1 du code de la santé publique)*. Selon cet arrêté, il existe cinq grands groupes de substances interdites : 1. Les stimulants ; 2. Les analgésiques centraux et narcotiques ; 3. Les anabolisants ; 4. Les diurétiques ; 5. Les hormones peptidiques et assimilées.

Des procédés et méthodes sont également interdits comme le dopage sanguin, les manipulations pharmacologiques, physiques et chimiques. L'alcool, les cannabinoïdes, les corticostéroïdes, les anesthésiques locaux et les bêtabloquants sont pour leur part soumis à certaines restrictions.

A. Dopage et toxicomanie

A priori, rien ne prédispose le sport et l'usage de drogues à se rencontrer. Ces deux notions semblent antinomiques. Pour beaucoup, l'usage de drogues est synonyme d'aliénation et d'échec, alors que le sport signifie maîtrise de son corps, dépassement de soi, puissance et réussite. Mais les récentes « affaires » de dopage, les révélations sur les pratiques médico-sportives, la présence d'une proportion importante d'anciens sportifs de haut niveau dans des centres de prise en charge d'usagers de drogues sont autant de passerelles entre le monde du sport et celui de la drogue. Une partie des produits dopants appartient aux classes des stupéfiants, entraînant souvent des phénomènes de dépendances physique et psychique. Il existe donc une toxicomanie potentielle du sportif. Ce serait cependant une erreur que de vouloir traiter médicalement le sportif dépendant de substances dopantes de la même façon que le toxicomane, notamment parce qu'ils n'ont pas la même capacité physique à surmonter une désintoxication (elle ne sera pas de même nature) et parce que les troubles psychologiques associés à la toxicomanie ne seront pas du même ordre (voir l'encadré : *la gestion de la période post-carrière des sportifs*).

B. La recherche médicale

La recherche scientifique en matière de lutte antidopage a quelques longueurs de retard sur le dopage et les recherches « clandestines ». Le développement de substances et de processus dopants, la mise au point de substances dopantes, est un travail de recherche appliquée mené par un certain nombre de scientifiques et de médecins « apprentis sorciers » qui utilisent de façon abusive des savoirs déjà connus.

Cette démarche peut être organisée à l'échelle d'un état irresponsable, mais est structurée également dans de nombreux pays à une échelle plus locale sous forme de réseaux constitués de médecins, pharmaciens, entraîneurs et athlètes motivés à n'importe quel « prix » par la rançon de la gloire et/ou l'appât de l'argent.

Face à ce fléau, les pouvoirs publics et les instances sportives ont mis en place des moyens de lutter contre le dopage, afin de garantir l'éthique du sport, le respect de la règle du jeu et la protection de la santé du sportif. Les laboratoires se trouvent aujourd'hui capables d'identifier la prise d'hormone de croissance et ont découvert le produit de substitution de l'érythropoïétine (EPO), en l'occurrence le tétrahydrogestrinone (THG). Mais la situation ne semble pas s'améliorer, et pour certains acteurs connus et reconnus du mouvement sportif (entraîneurs, athlètes, médecins…) elle se dégraderait rapidement.

Alors se posent un certain nombre de questions : les moyens mis en œuvre par les pouvoirs publics et les instances sportives sont-ils suffisants ? Comment rénover la lutte contre le dopage ? La lutte antidopage doit-elle se limiter à des contrôles antidopage ? Dans la mesure où le dopage est une affaire internationale, les fédérations et les États sont-ils les mieux placés pour sanctionner équitablement leurs propres athlètes ?

C. Le contrôle anti-dopage

La loi contre le dopage de 1999 votée par le Parlement perpétue le **contrôle anti-dopage** qui consiste à soumettre des athlètes ou des animaux à des prélèvements urinaires/sanguins dans lesquels on recherche d'éventuels produits interdits.

Les fédérations et le ministère sont seuls habilités à demander des contrôles en compétition ou de façon inopinée exercés par des fonctionnaires agréés et assermentés.

Comment se déroule un contrôle antidopage ?

- Les sportifs à contrôler sont choisis selon les règlements fédéraux, soit par tirage au sort, soit en fonction du classement, soit par désignation ; ils ont un délai d'une heure pour se présenter à la salle du contrôle.
- Il faut savoir qu'une procédure de contrôle doit être menée à son terme une fois qu'elle est engagée. Les sportifs doivent obligatoirement se soumettre au contrôle, sinon ils sont sanctionnés comme des sportifs convaincus de dopage.
- Les sportifs ont le droit d'être accompagnés pour venir au contrôle, de préférence par une personne de leur entourage médico-technique. Ils doivent se présenter, avec une pièce d'identité, au médecin agréé chargé du contrôle.

Les procédures du recueil d'urine sont les suivantes

- Les athlètes prennent deux flacons contenus dans des boîtiers scellés qui leur sont proposés.
- Le médecin les accompagne obligatoirement aux toilettes pour être témoin de leur miction. Ils doivent se dévêtir pour éviter toute tentative de tricherie.
- Ils doivent donner un minimum de 70 ml d'urine qui sera partagé en deux flacons marqués A et B. Un numéro de code est porté sur les flacons et sur les étiquettes des emballages.
- Les deux échantillons d'urine sont hermétiquement enfermés dans les boîtiers correspondants, eux-mêmes scellés à l'aide de clips numérotés et envoyés au laboratoire national de dépistage du dopage (LNDD), crée dès 1966, à Châtenay-Malabry (92).

Les vétérinaires agréés peuvent procéder aux mêmes prélèvements et examens sur tout animal participant aux compétitions.

Les contrôles sont-ils efficaces ?

Le Conseil de prévention et de lutte contre le dopage (CPLD) a établi son bilan pour l'année 2003. Ainsi, la France, avec 8 105 contrôles, soit 10 % du total mondial reste à la pointe de la détection. 6,3 % des contrôles dans l'hexagone se sont révélés positifs. 51,12 % des contrôles ont été effectués en compétition et 48,88 % de façon inopinée.

Les substances les plus détectées sont :

- les glucocorticoïdes (antidouleur) : 39,5 %
- le cannabis : 17,8 %
- les bêta-2-agonistes (anti-asthme) : 13,8 %

Les hommes ont été plus contrôlés (75,4 % des contrôles dont 6,9 % de cas positifs) que les femmes (24,6 % dont 4,6 % positives).

Les sports ayant présenté le plus de cas positifs sur les 512 échantillons français déclarés positifs :

1. Cyclisme : 38,6 % ;
2. Athlétisme : 15,79 % ;
3. Football : 5,85 % ;
4. Haltérophile : 4,29 % ;
5. Rugby : 4,29 %.

D. L'éthique sportive

Le sport d'aujourd'hui recherche à tout prix l'efficacité et le dépassement des limites des athlètes. L'invention et l'utilisation de nouvelles méthodes de préparation et d'entraînement de plus en plus sophistiquées, techniques (analyse biomécanique, préparation psychologique, informatisation) et parfois artificielles (dopage) qui tendent à instrumentaliser l'athlète, font apparaître une incompatibilité entre une logique productiviste et technicienne du sport et une conception humaniste mettant les valeurs de santé, d'éducation et de morale au centre des finalités sportives. Face à la métamorphose actuelle du sport due à la mondialisation des images, à la commercialisation des spectacles et à la professionnalisation des athlètes, le sport peut-il devenir autre chose qu'un outil marketing et managérial ? Le sport peut-il encore conserver une certaine éthique, c'est-à-dire un système de valeurs spécifiques permettant de conserver l'égalité des chances, de respecter les règles du jeu, l'adversaire, l'arbitre, son corps, dans une volonté de dépassement et d'accepter la défaite ? Le sport peut-il vivre sans l'idée de progrès ?

3. Les enjeux politiques

Le sport de haut niveau est un puissant moyen de promotion des politiques nationales et des idéologies. La concurrence entre les différents pays et la volonté farouche de démontrer la supériorité du système sociopolitique par celle des performances sportives a conduit certains pays à développer une politique systématique de fabrication d'une élite sportive, dans diverses disciplines, par l'usage du dopage. Face à cette réalité, l'idéal humaniste de la confrontation loyale, à égalité des chances et s'opérant dans le respect des dispositions réglementaires, fait quelquefois figure d'idéologie désuète, voire anachronique.

A. La lutte contre le dopage au plan international

Le dopage se diffuse par-delà les frontières (trafic de produits, compétitions internationales...) et les actions visant à l'enrayer tendent à faire l'objet d'une meilleure concertation entre états, fédérations internationales et instances nationales, bien qu'elles se heurtent encore à de nombreux obstacles juridiques, financiers et organisationnels.

Le *Conseil de l'Europe* a pris très tôt des mesures destinées à favoriser la lutte contre le dopage. La convention contre le dopage a été signée à Strasbourg le 16 novembre 1989. L'esprit de la Convention visait à encourager le développement des programmes de prévention et de répression du dopage et à responsabiliser le mouvement sportif.

Le *Comité international olympique* favorise le développement de laboratoires anti-dopage dans le monde et les accrédite. Il exige, depuis 1968, des contrôles à l'occasion des jeux Olympiques et met à jour une liste de produits interdits. Aujourd'hui, il agit pour obtenir une harmonisation des dispositions spécifiques à chaque fédération internationale. Le CIO a mis en place la charte olympique de lutte contre le dopage en 1998.

L'*Union européenne* ne détient pas de compétences explicites dans le domaine du sport, mais le Conseil européen rappelle périodiquement l'importance de la lutte contre le dopage. De nombreux programmes et réglementations mis en œuvre par l'unité sport de la direction générale X « Éducation et culture » ont un impact sur le monde du sport. Le 1er décembre 1999, la Commission européenne a adopté un plan d'appui communautaire à la lutte contre le dopage dans le sport (2 millions d'euros en 2002). L'Union européenne apporte également un soutien d'une somme identique à l'Agence mondiale anti-dopage en vue de la mise en œuvre de projets éducatifs.

En vertu des termes de la déclaration de Lausanne, une *Agence mondiale anti-dopage* (AMA) a été fondée le 10 novembre 1999 pour promouvoir et coordonner au plan international la lutte contre le dopage avec un budget de 16 millions d'euros à sa disposition. Ses missions résident dans l'établissement et l'actualisation de la liste des substances et méthodes prohibées, la promotion, voire l'organisation de contrôles hors compétition sans préavis, l'harmonisation des normes scientifiques et techniques en vue de la création de laboratoires de référence et enfin la promotion de l'unification des moyens de lutte et règles disciplinaires. Elle est représentée par un conseil de fondation de 34 membres siégeant à Montréal (à parité entre États et mouvement sportif), un comité exécutif de 11 membres travaille sur les dossiers dont le ministre des sports français représentant le continent européen. Il convient de mentionner parmi ses travaux, la mise en place d'observateurs « indépendants » des procédures de contrôle sur tous les événements sportifs majeurs, le financement de bourses de recherche et la constitution progressive d'un Code mondial antidopage, en coopération avec le Comité international olympique.

L'engagement de toutes ces instances mondiales montre ses propres limites, car pour mener une lutte cohérente, il faudrait harmoniser les législations, les procédures de contrôle, les sanctions appliquées, les pharmacopées interdites et ce, dans des centaines de pays. Cela dit, qu'il s'agisse de lois ou de contrôle, le préalable à tout consensus repose avant tout sur une définition opérationnelle du dopage. Or, la commission médicale, qui décide des produits à porter sur la liste interdite, est composée de spécialistes uniquement nommés par le CIO, ce qui nuit à son indépendance et à son objectivité.

B. La France en fer de lance

L'un des trois grands objectifs politiques du ministère de la Jeunesse et des Sports correspond au renforcement de la sécurité de la pratique sportive et à la promotion de la santé par le sport (60 millions d'euros dont 19 de crédits consacrés au problème du dopage).

Les principes *d'éducation* pour lutter contre le dopage s'appuient sur l'information (âges, sexes, niveaux), la formation (éducateurs, entraîneurs), la recherche (programmes fondamentaux) et le suivi médical (les antennes).

La politique de prévention, de contrôle et du suivi, assujettie au dopage, est mise en œuvre par un certain nombre d'instances.

Le ministère des Sports apporte son soutien et son expertise aux actions de prévention engagées par la Fondation sport santé, qui regroupe la Fondation de France et le Comité national olympique et sportif français. Il est ainsi prévu de retravailler sur la « mallette pédagogique » à destination des formateurs portant sur le sport et la santé.

Les 24 médecins-conseils et les 540 médecins préleveurs exercent leurs activités au sein des 23 antennes médicales de lutte contre le dopage (AMLD) implantées dans les établissements publics de santé. Outre le suivi médical des sportifs, les médecins sont également impliqués dans la politique de prévention des risques liés à la pratique sportive et aux conduites dopantes à travers les actions suivantes : sensibilisation et communication, participation à des programmes de promotion de la santé et de réadaptation par les activités physiques et sportives, prévention des drogues et dépendances en partenariat avec les correspondants départementaux de la mission interministérielle de lutte contre la drogue et la toxicomanie (MILDT), et collaboration à divers enseignements.

Depuis la loi du 1er août 2003 transférée dans le code de la santé publique, tout médecin amené à déceler des signes évoquant une pratique de dopage est tenu de refuser la délivrance d'un certificat médical, informe son patient des risques, et transmet obligatoirement sous secret médical au médecin responsable de l'antenne médicale les constatations faites (la non transmission de ces contestations est passible de sanctions disciplinaires).

Il existait, depuis 1989, une Commission nationale de lutte contre le dopage composée de 31 membres, soit à parts égales de représentants de l'État, de dirigeants, de sportifs de haut niveau et de personnalités qualifiées. Dix ans plus tard, la loi du 23 mars 1999 crée le **Conseil de prévention et de lutte contre le dopage**. Ce Conseil est destinataire des procès-verbaux des contrôles antidopage diligentés par le ministère et de leurs résultats analytiques. Il veille à la mise en œuvre des procédures par les fédérations et se trouve doté d'un pouvoir disciplinaire. Il participe, par ailleurs, au dispositif de veille sanitaire par l'intermédiaire des scientifiques qui recueillent toutes les données individuelles relatives au traitement. Les neuf membres irrévocables qui composent cette autorité administrative indépendante sont désignés par des personnalités indépendantes et nommés par décret du président de la République pour un mandat de six ans renouvelable une seule fois. Ils ne peuvent agir que dans quatre cas : 1) sur les non-licenciés ; 2) lorsqu'une fédération n'a pas statué dans les délais ; 3) en réformant la décision d'une fédération trop ou pas assez sévère ou parce qu'il y a eu erreur de procédure ; 4) en étendant la sanction à toutes les fédérations.

La *politique de répression* s'arme autour des sanctions disciplinaires, des mesures administratives et des repères judiciaires.

Dans le contexte international, la France apparaît actuellement comme la figure de proue de la lutte, notamment pour avoir adopté une législation avant-gardiste, dénonçant plus fermement les pourvoyeurs, les convoyeurs et les administrateurs de produits dopants aux sportifs, et en leur infligeant des mesures pénales lourdes (fortes amendes et peines d'emprisonnement).

Afin de renforcer l'arsenal antidopage, un groupe de travail va être mis en place regroupant chaque trimestre des représentants de la police, de la justice, de la santé, du CPLD qui échangeront leurs informations en la matière.

Aux actions entreprises d'éducation en amont et de répression en aval, le ministère s'engage parallèlement dans des actions *de prévention* sous la forme de contrôles antidopage et du service d'un numéro vert « *Allo Écoute-dopage* ».

C. Les enjeux économiques et médiatiques

Face au formidable développement du sport, fait social et culturel peu contestable de ces dernières années, et à la complexité des liens qui se tissent entre le monde sportif et le domaine économique, il est indispensable de clarifier les nouvelles composantes du haut niveau sportif. En effet, champions et championnes se trouvent au centre d'un « système » sportif organisé autour de la production – et de la mise en scène – des hautes performances et du « sport-spectacle ». Il faut compter désormais avec les nouveaux partenaires, voire les nouveaux promoteurs de l'exploit sportif que sont les entreprises, les agences publicitaires et les moyens de communication de masse.

Les athlètes ne se retrouvent-ils pas alors les otages d'un dispositif régi par des intérêts économiques, qui utilise ces derniers plus qu'il ne les met en valeur pour eux-mêmes ? Les exigences du « sport-spectacle » condamnent-elles ainsi l'athlète et son entraîneur à mobiliser des moyens plus ou moins illicites pour accéder à l'audience internationale ? Par ailleurs, le sport génère un pouvoir médiatique qu'il entretient, mais également qu'il subit. Les médias directement impliqués dans le développement et l'économie du sport ont contribué à sa popularité. Mais à force de le servir et de s'en servir, ne finissent-ils pas par le compromettre ? Matraquage de l'événement acheté en exclusivité par une chaîne, arbitraire dans le choix des événements en privilégiant les sports à forts effets commerciaux, commentaires peu critiques des journalistes, constituent autant de dérives actuellement en développement. La tendance des médias à valoriser le spectaculaire, le sensationnel au détriment de l'enquête, de l'investigation et de la réflexion, ne contribue-t-elle pas à faire oublier les valeurs pédagogiques et l'éthique du sport ?

D. Les limites de la lutte contre le dopage

On peut considérer que la lutte antidopage se trouve limitée dans ses moyens d'actions tant sur le plan financier que sur le plan légal et technique.

Les limites financières

Les nouvelles mesures ministérielles imposant le recoupement de l'examen médical au suivi médical longitudinal contrôlé (SMLC) pour la pratique des 6 000 sportifs de haut niveau coûtent chères ; le SMLC inclut un examen médical annuel passé sur un plateau de médecine du sport et quatre examens biologiques. De plus, le nombre de contrôles antidopage pour l'année 2004 va être porté à 9 000 pour l'ensemble des sports, contre 8 100 en 2003 d'où la nécessité d'un budget en adéquation. Les équipes professionnelles devront recruter un encadrement médical et paramédical qui disposent des diplômes obligatoires conformément au droit français ; ces prestations de qualité seront plus onéreuses que celles dévolues aux actuels soigneurs. Enfin, les équipes professionnelles sont tenues à renforcer leurs contrôles en interne, ceux-ci risquent de grever une part de leurs budgets.

Les limites légales

Certaines « affaires » de dopage sont maintenant tranchées devant la justice civile, c'est-à-dire bien au-delà de l'autorité des instances sportives (les fédérations nationales et internationales ainsi que le CIO). Cette surenchère de la défense des sportifs convaincus de dopage concerne plus particulièrement les professionnels, seuls capables de supporter les coûts qu'entraînent ces procès, très médiatiques qui plus est. Étant donné la complexité des procédures de contrôles antidopage, il existe de multiples possibilités d'invalider un résultat pourtant bien positif. On peut bien entendu s'interroger sur le caractère éthique de la recherche du moindre vice de forme donnant lieu à des batailles juridiques.

Néanmoins, cela montre bien les évolutions du sport professionnel car, de même que le dopage y est devenu un problème de santé, donc de médecine du travail, la pratique sportive y est devenue un problème légal, donc de droit du travail. On peut néanmoins penser que cette déviation de l'autorité sportive vers l'autorité civile est aussi une source importante d'amélioration des procédures validées de contrôle, pour que ces dernières restent valides.

Les limites techniques

C'est cependant au plan technique que les limites de la lutte antidopage sont les plus difficiles à surmonter. Qui n'a pas entendu que cette lutte était perdue d'avance, voire inutile, parce que les dopeurs avaient toujours une molécule d'avance sur les contrôleurs. Il s'agit en fait d'une idée fausse car les substances utilisées dans le dopage sportif ont avant tout une vocation strictement thérapeutique. C'est la recherche pharmaceutique qui, malgré elle, fournit les nouvelles molécules dopantes au sport ; la difficulté est alors de créer une méthode fiable d'analyses urinaire/sanguine qui permette de déceler leur présence sans ambiguïté. Il n'existe d'ailleurs pas de molécule indécelable, seulement des difficultés à établir leur origine (endogène ou exogène) et la limite de concentration « admissible » de molécules naturellement présentes dans l'organisme mais pouvant être injectées pour augmenter leur action (hormone de croissance, testostérone, éphédrine…). Les divergences dans les méthodes d'investigation portent régulièrement un coup à la politique anti-dopage et il est heureux qu'un code mondial ait pu être adopté le 5 mars 2003.

E. Les questions du dopage

Le dopage pose de multiples problèmes. Ainsi, certains médecins sportifs veulent pratiquer ce qu'ils appellent le *rééquilibrage biologique* de l'entraînement. L'entraînement provoque une diminution de la concentration de certaines substances dans l'organisme ; il s'agit donc d'apporter à celui-ci les éléments manquants. Les procédés utilisés à cet effet ont fait l'objet de controverses car ils sont responsables de l'apparition d'un certain domaine d'incertitude situé entre le « *dopage* » et « *ce qui est légal* ». Ainsi, un apport vitaminique important semble utile et ne pas entrer sur la liste des produits dopants.

Autre problème, la nécessité pour des athlètes malades de *se soigner*. Certains médicaments comportent des substances figurant sur cette liste interdite. Quelques sportifs ont ainsi été piégés involontairement, et considérés comme dopés. De bonne foi, certains, en voulant soigner un rhume ou un mal de gorge, ont absorbé, avec le médicament utilisé, un produit interdit et ont été disqualifiés.

Que faut-il penser de ces sportifs qui s'entraînent ou dorment dans des chambres recréant artificiellement des conditions d'altitude ? Faut-il libéraliser, réglementer ou interdire cette méthode présentée comme une alternative « *propre* » au dopage sanguin ? Ce procédé est présenté comme étant sans danger, s'il est pratiqué sous surveillance médicale, à une altitude simulée raisonnable (de 2500 à 3000 m) et sur des périodes restreintes (de 3 à 4 semaines). L'impact sur les capacités athlétiques serait en moyenne de 5 %.

Une réflexion plus générale peut nous amener à nous interroger sur la nature cachée du dopage. Les hommes tenteraient-ils de communiquer avec les dieux par l'usage de certaines drogues, et par la transe ainsi obtenue ? Le dopage pourrait-il se situer dans cette lignée ? Il s'agit en effet d'accéder au surhumain. Mais dépasser la nature humaine engendre des résistances morales dans la société. Le sport étant le symbole de la civilisation actuelle, cette résistance se focalise sur ce symbole. Il est pourtant évident que la nature humaine risque d'être bientôt dépassée. Les transformations biologiques de l'humain se réaliseront demain. Il est possible que la conscience diffuse de ce proche phénomène engendre des critiques et de fortes résistances qui s'expriment, notamment, à propos du dopage sportif.

4. La gestion de la période post-carrière des sportifs : les risques d'addiction

Des études dirigées par le Dr Lowenstein ont analysé le passé des sportifs dépendants aux drogues. La période où ils sont le plus exposés aux risques addictifs, c'est-à-dire à une dépendance aux drogues licites comme l'alcool ou illicites comme l'héroïne, est identifiée comme celle du temps de l'après-carrière.

Trois groupes à risques ont été identifiés. Le premier est constitué de « polysportifs » (trois sports en même temps ou plus) qui, à l'arrêt, se trouvent consommateurs de drogues. Les deux autres groupes relèvent de la formation à haut niveau. Le haut niveau lui-même, mais aussi les sportifs des pôles bien que la carrière sportive de ces derniers soit infiniment plus courte que celle du haut niveau.

Toute addiction représente donc le produit de facteurs multiples. L'arrêt du sport constitue une période où le sportif est particulièrement exposé à l'usage de drogues, pour des raisons psychologiques et sociales, notamment la rupture avec le groupe, mais aussi pour des raisons physiologiques et neurobiologiques qui ne sont pas à négliger.

Les anciens athlètes possèdent quelques remèdes, leur expérience permettrait de faire de l'information préventive auprès des populations juvéniles. Une autre mesure préventive consiste à informer l'athlète de la nécessité d'un arrêt progressif et préparé. Enfin, le ministère des Sports a annoncé le projet d'un suivi épidémiologique d'anciens sportifs de haut niveau, résultats à suivre…

5. CONCLUSION

Le dopage représente donc un fléau réel, tant pour les sportifs eux-mêmes que pour les institutions en charge du développement et de la promotion du sport. En laissant abolir toutes les frontières (physiques, mentales), les responsables du sport risquent de lui faire perdre son universalité et de le réduire à une pure industrie du divertissement, rationalisée et balisée, en quête de rentabilité financière.

Les déviances se situent sur plusieurs plans, tout à la fois éthique, moral et médical.

Éthique, car se doper c'est d'une certaine façon « tricher », *moral* car le dopage reste une affaire de « respect » de la personne et enfin *médical* car sur un plan personnel le sportif se met en danger en acceptant les produits donnés par les médecins, qui eux-mêmes parjurent leur serment *d'Hippocrate.*

Certains chercheurs en médecine comme Gérard DINE - président de l'Institut de biotechnologie de Troyes - prédisent, dans un futur proche, des sportifs « robocop » mi-homme, mi-machine : « Avec les progrès rapides de la biotechnologie et de l'engineering, les athlètes seront tentés d'essayer de nouvelles méthodes pour améliorer leurs performances ». Va-t-on dorénavant assister à du sport robotisé ? Est-ce là l'avenir du sport ?

C'est au monde sportif dans son ensemble de réagir pour redonner son essence au sport, retrouver ce qu'il a de singulier et de fédérateur, d'innocent et de beau, de gratuit et de futile… avant que le dopage le mène à sa perte.

LECTURES CONSEILLÉES

Ouvrages généraux

AUGUSTINI M., DURET P., LOUVEAU C., *Dopage et performance sportive : analyse d'une pratique prohibée,* INSEP publications, 1995.

HALBA B., *Dopage et sport*. Les essentiels, Milan, 1999.

LAURE P., *Le dopage,* PUF, Paris, Coll. Pratiques corporelles, 1995.

PETITBOIS C., *Des responsables du sport face au dopage : les cas du cyclisme, du rugby, de la natation et du surf,* Éditions L'Harmattan, 1998.

Sites Internet

Agence mondiale contre le dopage : www. Wada-ama.org/fr/tl.asp

Conseil de l'Europe : www.coe.int/

Ministère des Sports : www.jeunesse-sports.gouv.fr/

Conseil de prévention de lutte contre le dopage : www.cpld.fr/site.php

Ministère de l'Emploi et de la Solidarité : www.santesport.gouv.fr

Mission interministérielle de lutte contre la drogue et la toxicomanie : www.drogues.gouv.fr/

Légifrance : www.legifrance.gouv.fr

Chapitre 6

LA LUTTE CONTRE L'AGRESSIVITÉ ET LA VIOLENCE

Edgar Thill et Christian Blareau

Les comportements d'agressivité et de violence qui se manifestent actuellement dans les arènes sportives ne sont pas nouveaux. Des « débordements » – comme on peut les qualifier pudiquement – ont accompagné de tout temps les manifestations sportives. Mais de nos jours, l'agressivité et la violence se manifestent non seulement sur les terrains, mais aussi sur les bancs de touche, dans les tribunes, ou encore lors d'émeutes urbaines avant ou après matchs. Les formes d'agressivité et de violence sont multiples et parfois extrêmes : insultes à caractère raciste, bagarres, jets d'objets, bris de mobilier, agression de sportifs au couteau (par un spectateur ou par un concurrent), invectives d'entraîneurs, substances versées par un père dans les boissons de joueurs adverses pour favoriser la réussite de son rejeton…

Florilège d'actes de violences au cours du mois de novembre 2004 :

- En rugby, au cours du match Stade Toulousain-Stade Français, les deux bancs en viennent aux mains.
- En basket-ball, Ron Artest, défenseur de l'année en N.B.A., se précipite dans les tribunes pour cogner un supporter de Detroit, déclenchant une « grosse baston » dans la tribune et dans la salle.
- En football, l'entraîneur de Marseille « chauffe » un joueur adverse pour lui faire perdre son contrôle ; son collègue, entraîneur du P.S.G., conteste avec une rare violence verbale une décision arbitrale dans un stade surchauffé.
- En football toujours, l'Ukrainien qui avait mortellement poignardé un supporter anglais durant l'Euro 2004 à Lisbonne, est condamné à treize ans de prison pour homicide qualifié.
- Loin des médias nationaux ou internationaux cette fois, des entraîneurs de niveau régional règlent de vieux contentieux à coups de poings ; ailleurs, des supporters bousculent et frappent un arbitre de football ; un peu partout dans l'hexagone, des parents essayent de déstabiliser des jeunes joueurs de l'équipe adverse…

Par essence, la compétition et a fortiori le sport de haut niveau, institutionnalisent l'affrontement avec autrui. Mais les notions de combativité, d'engagement physique, de volonté de gagner, érigées en valeurs cardinales dans certains sports, correspondent à de doux euphémismes quand la barrière du respect des adversaires, des officiels, et du public, est allégrement franchie.

Certes, la société dans son ensemble est devenue plus violente, et la communication de masse a sans doute amplifié ce phénomène, mais la pratique sportive est également un moyen de canaliser l'agressivité, une école du contrôle de soi, et un moyen d'éducation privilégié du respect des règles qui régissent toute relation en société.

Aussi, le temps semble venu de sensibiliser encore davantage les éducateurs et les formateurs au problème de la violence, et de réfléchir à des moyens de prévention destinés à assainir la pratique et l'environnement sportifs. À cet effet, nous procéderons de la façon suivante.

Dans une première section, nous aborderons les notions d'agression et de violence d'un point de vue psychosocial : 1. Qu'est-ce que l'agressivité et la violence ? 2. Quelles sont les causes de l'agression et de la violence ? 3. Comment peut-on les contrôler ? Dans une seconde section, nous en présenterons les aspects juridiques : 1. La responsabilité des auteurs d'actes de violence. 2. Les acteurs de la prévention. 3. Les moyens de la prévention.

1. ÉTUDE PSYCHOSOCIALE DE L'AGRESSIVITE ET DE LA VIOLENCE

A. QU'EST-CE QUE L'AGRESSIVITÉ ET LA VIOLENCE ?

D'une manière générale, l'agression désigne un comportement physique ou verbal qui peut physiquement ou psychologiquement blesser une personne et lui créer du tort[1]. Dans le langage sportif, comme dans le langage quotidien, le terme « agressivité » revêt cependant des significations diverses.

La combativité. Dans le domaine du sport, la combativité correspond à un comportement déterminé, énergique, d'une forte intensité, et assertif. Un smash percutant, un plaquage appuyé, une montée agressive au filet, constituent des exemples de combativité. De tels comportements témoignent d'une « bonne agressivité » car ils se réalisent dans le respect des règles et s'avèrent nécessaires pour l'affirmation personnelle ou de groupe. La combativité provoque peu de dommages physiques ou psychologiques et est tout entière vouée à la poursuite d'objectifs sportifs.

L'agression. Le comportement d'agression du sportif est destiné à nuire à l'adversaire, mais dans le but de concrétiser un objectif donné : gagner, maintenir un avantage, préserver des ressources ou une position. Les psychologues utilisent à ce sujet le terme d'agression instrumentale pour caractériser de tels comportements. En sport, blesser un adversaire, l'exclure temporairement ou définitivement de la partie, le déstabiliser verbalement, a le plus souvent une fonction instrumentale : prendre un avantage sur l'adversaire ou l'intimider.

Comme il est difficile de déterminer l'intentionnalité d'un acte, on estime généralement que tout comportement qui a pour effet de blesser une personne ou de lui causer du tort psychologique constitue une agression, que cet acte soit intentionnel ou non intentionnel.

De même, il y a agression même si le comportement s'exprime dans un cadre légal - le respect de la règle. En rugby par exemple, un placage haut et destructeur (permis par le règlement) et une « cravate » (interdite par le règlement) peuvent tous deux causer des dommages physiques importants. Un comportement légal peut donc être considéré comme une agression, même s'il ne donne pas lieu à des sanctions.

Enfin, un comportement réactif, c'est-à-dire une agression menée à la suite d'une provocation ou d'un coup reçu, par exemple, constitue également une agression car l'individu inflige un dommage à son adversaire.

La violence. La violence correspond à une agression gratuite, sans qu'il y ait recherche d'un objectif compétitif (gagner une partie). En cas de violence, le but premier d'un individu est de nuire gravement à un adversaire ou à un groupe. Dans le cas de l'agression au contraire, le comportement litigieux a une fonction instrumentale ou réactive. De plus, la violence ne s'exprime pas seulement à l'égard des êtres vivants ; elle peut prendre pour cible des objets, comme les installations ou du matériel sportif.

La distinction entre ces trois formes d'agression n'est pas toujours évidente et tranchée. Il existe des zones de recoupement et d'ambiguïté : entre la combativité et l'agression instrumentale, et entre l'agression instrumentale et la violence.

Ainsi, un comportement d'agression se manifeste de la même façon que la combativité ; mais le motif sous-jacent, l'intention et l'effet désiré – toutes

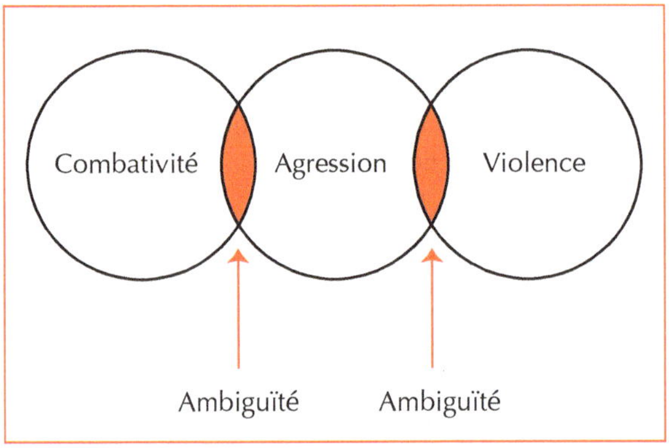

Figure 6.1
Difficulté d'une différenciation des comportements de combativité, d'agression et de violence (d'après Husman et Da Silva, 1984).

(1) Quand de tels comportements blessent le sujet lui-même, on parlera d'auto-agression.

choses qui ne sont pas apparentes à un observateur - sont vraiment différents. À l'inverse, il existe des actes non accidentels, qui violent les règles et qui provoquent des blessures, et qui correspondent clairement à des comportements d'agression.

Ce sont donc les circonstances, les caractéristiques des sports et la réglementation qui permettent de trancher. Dans les sports de contact et de collision (rugby, football américain), cette zone de recoupement entre la combativité et l'agression s'avère plus large que dans les sports qui limitent ce contact (volley-ball, basket-ball, par exemple). Dans ces derniers, la distance de charge est également plus réduite (voir chapitre 7).

La figure 6.1 illustre la difficulté de discriminer des comportements de combativité, d'agression et de violence, parce qu'il existe entre eux des zones de recoupement et d'ambiguïté.

B. Quelles sont les causes de l'agression et de la violence ?

Pourquoi un sportif agresse-t-il un adversaire ? Pourquoi des spectateurs se livrent-ils à des actes racistes ? Les individus naissent-ils agressifs ou l'agression est-elle apprise dans la famille ou dans les stades ? Dans quelles conditions l'agression se déclenche-t-elle ?

Telles sont, parmi d'autres, les questions que se sont posées les psychologues et auxquelles ils ont tenté de répondre en proposant des théories (explications) de l'agression. En proposant une explication d'un phénomène comme la violence, les psychologues s'efforcent d'en comprendre les mécanismes et processus, de façon à pouvoir la prédire et, dans la mesure du possible, d'en contrôler ses manifestations (voir l'introduction du Livre II).

Les théories de l'agression

De nombreuses théories de la motivation ont été proposées, qui reflètent l'histoire des principaux courants de la psychologie. Leur présentation excéderait largement le cadre de cet ouvrage, cela d'autant que la puissance explicative et l'intérêt de certaines restent limités. On se contentera de dresser un tableau récapitulatif, qui en fournit les principales caractéristiques, leurs avantages et leurs faiblesses.

Théories de l'instinct

La précocité, l'étendue et la persistance des comportements d'agressivité chez l'être humain suggèrent que l'agression est de nature instinctive (MacDougall, 1908).

Les théories psychanalytiques postulent que cet instinct dérive d'une *pulsion* de mort, inscrite biologiquement dans l'organisme, s'orientant progressivement vers l'extérieur (actes d'hostilité) ou se retournant parfois contre le sujet lui-même (autodestruction). Cette pulsion peut s'exprimer selon des voies socialement acceptables, comme le sport, ou indésirables, comme la violence. En somme, l'agression agit comme une forme d'adaptation à la réalité. Cependant, on a jamais pu identifier une pulsion biologique d'agressivité. De plus, l'agression n'est pas un phénomène inévitable, mais appris. Finalement, le point de vue selon lequel l'agression peut se dissiper en s'exprimant – la catharsis – reste discutable.

La perspective éthologique. Selon K. Lorentz (1966), il existe des instincts spécifiques à une espèce, humaine ou animale qui ont pour fonction de préserver l'espèce et les individus. Ainsi, l'augmentation de la densité élève inévitablement le niveau d'agressivité dans une société pour favoriser la survie et la reproduction de l'espèce. De fait, on peut vérifier que la densité sociale d'une foule de supporters, facilite les comportements antisociaux. Mais le modèle général selon lequel l'absence de déclencheurs de l'agressivité entraîne une accumulation de l'agressivité, ne s'applique pas à l'espèce humaine.

Théorie de la frustration-agression

Selon Dollard et ses collaborateurs (1939), l'agression est le résultat d'une frustration, c'est-à-dire d'un événement qui contrecarre la réalisation d'un objectif. Et selon les auteurs, l'intensité de l'agression serait proportionnelle à la frustration subie. Ainsi, si un joueur est retenu par le maillot lors d'une contre-attaque, il peut se venger en frappant du coude son adversaire, par exemple. En cas d'impossibilité, la volonté d'agression à l'encontre de la personne frustrante se maintiendrait, ou encore se déplacerait vers une personne substitutive (vers un autre joueur par exemple). À la suite d'une provocation, subsiste en effet une activation résiduelle facilitant l'émergence de comportements agressifs ultérieurs. Mais une fois exprimée, libérée, l'agression disparaîtrait (catharsis).

Deux principales critiques ont été adressées à l'encontre de ce modèle. En premier lieu, la frustration ne conduit pas nécessairement à l'agression : il peut y avoir contournement de l'obstacle, redoublement d'énergie, induction d'un état émotionnel d'irritation ou de colère. En second lieu, la catharsis ne se produit pas toujours : le fait de riposter en agressant ultérieurement la personne frustrante ne réduit pas forcément l'agressivité.

On retiendra des différentes évolutions de cette théorie, que la frustration produit un éveil émotionnel général fait d'irritation et de colère, qui active la prédisposition à l'agression. Mais la frustration n'est qu'une des multiples formes d'activation qui précède l'agression – au même titre que le bruit, l'alcool ou la drogue – et que l'agression ne représente que l'une des réponses possibles de l'organisme (voir figure 6.2).

Théories de l'apprentissage social

Contrairement aux théories de l'instinct, les tenants de l'apprentissage social soutiennent que l'agression est un comportement essentiellement appris. Dans ces théories, la frustration est considérée comme un facteur qui facilite l'agression, sans en constituer un déterminant premier. Ainsi, les enfants exposés à des modèles agressifs réagissent plus agressivement que des enfants rarement ou non exposés à de tels modèles. Un individu n'est donc pas prédisposé à agir de façon agressive, mais apprend ces comportements selon des principes d'apprentissage social ou d'apprentissage opérant (chapitre 1 du livre I). Une bonne partie des comportements agressifs est apprise par observation et imitation de modèles : les parents, les pairs, ceux exposés dans les médias.

L'encadré 6.1 présente une expérience de Berkowitz (1975) qui montre que l'observation de modèles agressifs conduit des étudiants à infliger des chocs électriques à des pairs, avec une intensité telle qu'ils pourraient sérieusement les blesser.

Encadré 6.1 Quand l'agressivité est déclenchée par l'observation de modèles.

H. Berkowitz a formulé une théorie sur l'origine des comportements de violence. Selon cette théorie, le comportement d'agression résulterait de l'interaction complexe entre des stimuli internes (une prédisposition à l'agressivité) et des stimuli externes qui renforcent de telles tendances agressives. Dans l'une de ses recherches (1975), il a fait l'hypothèse de recherche suivante : les sujets qui sont exposés à des films de violence émettent davantage de chocs électriques et de forte intensité, que des sujets qui regardent des films excitants, mais neutres d'un point de vue agressif.

Dans un premier temps, tous les sujets pouvaient observer une situation d'apprentissage dans laquelle un individu (l'évaluateur) sanctionnait les mauvaises réponses d'un autre individu, l'apprenant (qui était en réalité un compère qui agissait de connivence avec l'expérimentateur). L'évaluateur punissait les mauvaises réponses de l'apprenant par des chocs électriques de sorte que l'apprenant manifestait des réactions de douleur plus ou moins intenses (alors qu'en réalité il ne recevait pas de chocs électriques). En observant cette situation, tous les observateurs étaient donc placés dans des conditions d'activation de leurs tendances agressives.

Dans un deuxième temps, tous ces sujets observateurs ont été affectés au hasard à l'un des deux groupes suivants. Les sujets d'un premier groupe assistèrent à la projection de films comportant des scènes de violence (p. ex., de bagarres, des coups de couteaux...), alors que les sujets d'un second groupe regardèrent un film comportant de nombreuses scènes d'action, mais sans violence.

Dans un troisième temps et à l'issue de ces projections, tous ces sujets réalisèrent individuellement la même tâche d'évaluation d'un apprentissage, celle qu'ils avaient préalablement observée. On enregistra le nombre de chocs électriques qu'ils donnèrent à un apprenant (un compère), ainsi que l'intensité de ces chocs. Les résultats furent conformes aux prédictions : le nombre et l'intensité des chocs électriques, considérés comme des indicateurs de l'agressivité, furent plus élevés chez les sujets qui avaient préalablement assisté à la projection de films de violence

que chez les sujets spectateurs de films d'action. Comme les sujets avaient été assignés aléatoirement à l'un des deux groupes et qu'ils ne différaient entre eux que du point de vue du traitement auquel ils avaient été exposés, il apparaissait donc bien que l'agressivité avait été fortement stimulée dans les conditions d'une exposition à des scènes de violence.
C'est là un phénomène qui se produit fréquemment chez les spectateurs qui assistent à des manifestations sportives !

C. Application du modèle de l'apprentissage social au sport

Les actes d'agression et de violence en sport peuvent s'expliquer par le modèle des théoriciens de l'apprentissage social qui en démonte les rouages essentiels (figure 6.2).
Comme le montre la figure ci-dessous, la prédisposition à l'agressivité et les conditions qui prévalent dans une situation sportive donnée peuvent mener à des comportements d'agression dans les conditions suivantes.

La prédisposition à l'agression

Elle caractérise le fait que, placés dans une même situation, les sujets se montrent plus ou moins agressifs. Cette prédisposition peut résulter, pour partie, de tendances agressives innées.
Les enfants et les adultes qui, systématiquement, répondent par des réponses agressives aux frustrations, attribuent généralement des intentions hostiles aux autres. Ils expliquent que leur agression est due à des *causes externes* (les personnes leur manifestent de l'hostilité) et non par des *causes internes* (leurs propres tendances agressives). Ainsi, un joueur de handball peut justifier son jeu dur par les deux causes suivantes : « la défense m'agresse violemment (cause externe) à chaque fois (cause stable) que je me retrouve près du but ». L'agression n'est donc pas interprétée en fonction du contexte de jeu, du danger que présente pour les défenseurs sa montée offensive, et par son propre jeu agressif, mais en fonction de l'intention de nuire prêtée aux défenseurs. Ce joueur adaptera sans doute des réponses agressives inappropriées, susceptibles de renforcer les réponses agressives des défenseurs, ce qui confortera finalement le sentiment que les autres lui sont hostiles. Chez un individu agressif en somme, il se produit un biais dans l'explication qu'il donne des causes de son comportement[2].
Mais la prédisposition à l'agressivité qui correspond à une caractéristique de la personnalité, va être activée par deux types de facteurs :

(2) Voir le chapitre 6 (section 2) du Livre I.

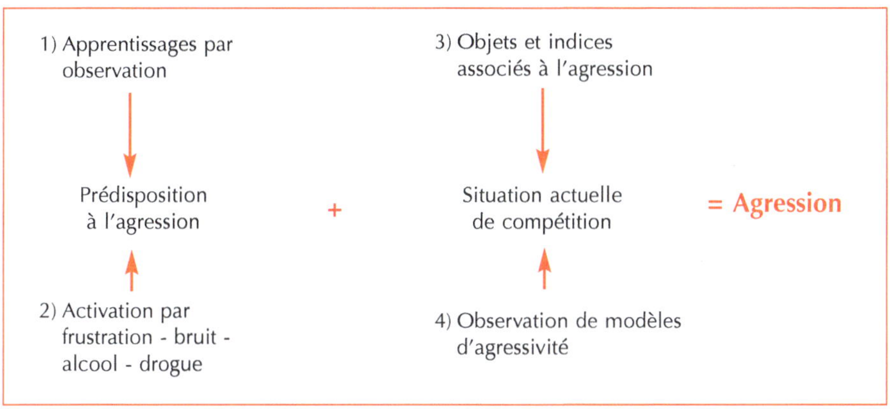

Figure 6.2
Les déterminants d'un comportement d'agression en sport.

1) L'apprentissage de l'agressivité, qui se réalise par voie de conditionnement opérant ou par voie d'apprentissage social.
2) Par une possible frustration, qui va conduire à un état émotionnel de colère et d'irritation augmentant ainsi la tendance à l'agression immédiate ou ultérieure ; mais la consommation excessive d'alcool ou de drogue, ainsi que le bruit ambiant, suscitent également l'activation des tendances agressives.

Les conditions actuelles d'une compétition

Elles vont déclencher et amplifier la réaction d'hostilité et d'agression en raison des stimulations suivantes.

3) La présence d'objets associés à l'agression et des cibles appropriées d'agression. Les objets qui augmentent la prégnance d'une agression sont les armes principalement, mais également les tenues, les bannières ou drapeaux. Les cibles, quant à elles, sont les personnes présentes qui déclenchent l'agressivité : les ennemis jurés, les joueurs ou spectateurs de race différente, les minorités, les boucs émissaires... Un joueur ou un supporter frustré et placé dans un tel environnement aura tendance à projeter sa colère et sa haine sur des cibles toutes désignées.
4) Les nombreux modèles d'agression offerts aux pratiquants et aux spectateurs :
- les comportements des partenaires dont l'entraîneur renforce la combativité et, parfois, un engagement à la limite de la règle et de l'esprit sportif ;
- les comportements des parents ou des supporters qui encouragent de telles pratiques et souvent contestent l'arbitrage ;
- les comportements des joueurs les plus populaires d'un club, reconnus pour leur abattage et un jeu sans concessions ;
- les comportements du public qui encourage d'autant plus la violence, qu'il est plus jeune, de genre masculin, dense, consommateur d'alcool, partisan, et spectateur d'actes violents (Cavanaugh et Silva, 1980 ; Isoa Hola et Hatfield, 1986 ; Smith, 1983).

Ces modèles négatifs sont d'autant plus opérants que l'individu perd en partie son identité dans un stade, : il est « dé-individué ». Comme l'identité d'un individu se perd dans la foule, la peur de la punition diminue et la propension à l'agression augmente.
En conclusion, le but de performance inhérent à une compétition exacerbe la prégnance et l'importance de tous ces déterminants, de telle façon que la conjonction de l'activation d'une prédisposition et des circonstances données mènent inévitablement à l'agression et à la violence.

D. La lutte contre l'agression et la violence

La lutte contre l'agressivité et la violence peut revêtir des formes multiples, à condition que cette mission éducative - inhérente à la vie d'un club et de la gestion d'un groupe - soit prise à bras-le-corps. Pour en recenser et en caractériser ses différentes modalités, il conviendra d'agir sur les différents facteurs de l'agression ressortant du modèle explicatif proposé plus haut (figure 6.2).

Utilisation des principes d'apprentissage

Si l'agressivité et la violence sont pour grande partie acquises par conditionnement opérant et par modelage social, il doit être possible d'éliminer ces réponses non appropriées en faisant appel aux mêmes principes : la récompense et la punition.

L'utilisation de la récompense

Des études confirment que l'on peut diminuer l'agressivité de façon notable en gratifiant les réponses non agressives. À titre d'exemple, considérons les comportements de jardinières d'enfants confrontées aux chamailleries d'enfants et à des échauffourées[3]. Sur les conseils des psychologues, elles devaient manifester leur intérêt à tout comportement positif et coopératif de leurs élèves, et à approuver celui-ci par des signes d'encouragements[4]. Comme le montre le tableau 6.1, le nombre d'actions

(3) L'agression caractérisée de deux enfants à l'égard d'une camarade d'école maternelle au cours de l'automne 2004 qui a suscité une émotion considérable en France, et conduisant à une exclusion de longue durée des deux agresseurs, montre qu'il ne s'agit pas ici d'un cas d'école !
(4) Cette étude se base sur les mêmes principes que ceux présentés au chapitre 1 (cf. figure 1.1) du Livre I.

agressives a fortement diminué après deux semaines de traitement. Lorsque les jardinières d'enfants ont interrompu leurs renforcements, l'agressivité physique avait à nouveau augmenté, alors que l'agressivité verbale avait continué de diminuer. Lorsque les institutrices ont commencé à nouveau à récompenser les conduites coopératives et à ignorer les actions agressives, l'agressivité physique s'est à nouveau mise à décroître en même temps que l'agressivité verbale.

Une utilisation judicieuse de la récompense peut donc avoir un impact positif important sur la manifestation de conduites agressives, puisque l'agressivité totale avait chuté de 60 % en quelques semaines. De tels principes simples d'élimination des réponses agressives sont applicables à tout âge et dans tous les contextes formateurs.

Recours à la punition

Plusieurs recherches montrent que l'on arrive à réduire l'agressivité par la punition. De fait, l'éducateur utilise souvent des coups de sifflets intempestifs pour faire cesser, à l'instar d'un arbitre, les actes d'agression.

Chez les professionnels, le durcissement des règles et des sanctions au niveau des compétitions internationales démontre que la répression de l'agressivité et de la violence est efficace. Ainsi, la condamnation d'un club italien à jouer à huis clos après l'agression d'un arbitre, est apparue comme une mesure extrêmement dissuasive. Mais la réglementation du sport amateur n'est cependant pas toujours au diapason.

Toutefois, la punition peut également encourager l'agression. L'éducateur ou l'arbitre qui punit un sportif pour ses violations répétées des lois peut provoquer la colère de celui qu'il punit et stimuler son agressivité résiduelle; celle-ci pourra se focaliser ultérieurement sur des tierces personnes.

La sensibilisation aux règles

On a vu au chapitre 6 du livre I que l'enfant prend conscience du caractère arbitraire de la règle entre six et neuf ans : il arrive à concevoir à cet âge qu'elle est l'objet d'une convention. À partir de 10 ans, il accepte librement la règle en tant que telle, et non plus parce qu'elle lui est imposée; de plus, il marque alors un véritable intérêt pour la règle. À partir de cet âge, l'éducateur pourra donc mener avec succès des actions de prévention de la violence comme celle qui est menée actuellement en football à Lille, auprès de jeunes supporters (encadré 6.2).

Chez les adultes, il peut s'avérer fructueux de demander à des arbitres de participer à la préparation de matchs pour éclairer les joueurs sur certains aspects obscurs du règlement et faire la différence entre ce qui est permis et ce qui ne l'est pas. Outre la sensibilisation des joueurs aux principes d'éthique sportive, de telles interventions éviteront de surcroît que des sanctions inutiles, ou des exclusions temporaires, voire définitives, viennent compromettre toutes chances de succès. La prise de conscience du respect du règlement a donc un double effet : elle augmente l'efficacité du groupe, tout en respectant l'adversaire dans ses dimensions psychologiques, morales et physiques.

Les règles d'or semblent acquises. Les enfants encouragent le gardien lors d'un penalty par exemple,

	Nombre d'actions agressives		
	Physique	**Verbale**	**Totale**
Avant les interventions des jardinières	41,2	22,8	64,0
Après deux semaines de traitement	26,0	17,4	43,4
Quelques semaines après le traitement	37,8	13,8	51,6
Après le second traitement	21,0	4,6	25,6

Tableau 6.1
Effet des récompenses sur la diminution de l'agressivité de jeunes enfants (Brown et Elliot, 1965).

Encadré 6.2 Les dix règles d'or des Doggies

Comme l'indique son vice-président[5], c'est une supportrice lilloise de 85 ans, Marie Doggies, qui a rédigé les dix règles d'or suivantes à l'attention de jeunes footballeurs. Créée en septembre 2000 pour soutenir l'action de Marie Doggies, une association de 170 jeunes supporters de huit à dix-huit ans a pour mission d'éduquer les supporters des équipes de football.

Les dix règles d'or des Doggies sont les suivantes:

1. Au stade, pour encourager mon équipe, à tous les matches j'assisterai.
2. Dans l'enceinte du stade, les consignes de sécurité j'appliquerai.
3. À leur arrivée sur le terrain, les joueurs j'encouragerai.
4. À l'annonce de la composition de l'équipe adverse, je ne sifflerai.
5. Pendant le match, aucune insulte ou propos raciste je ne proférerai.
6. Dans la victoire ou la défaite, mon équipe j'encouragerai.
7. Les adversaires, les joueurs, l'entraîneur, les dirigeants, je respecterai.
8. Encourager mon équipe par des chants, je ne cesserai.
9. Quel que soit le résultat, j'applaudirai et encore j'encouragerai.
10. Dans la bonne humeur, je m'en retournerai.

alors que les ultras sifflent. Un partenariat a été conclu avec des écoles, complémentaire d'un projet scolaire sur la citoyenneté.

L'objectif des jeunes supporters et de leurs dirigeants est d'étendre leur action à l'ensemble des clubs français.

Réduire le niveau d'activation

L'élévation du niveau d'activation physiologique et psychologique augmente, on l'a vu, la propension des individus à émettre des réponses agressives et violentes. Ce niveau d'activation augmente dans les cas suivants: dans les situations d'incertitude, s'il y a frustration, lorsque les sportifs sont en train de perdre, s'ils se sentent humiliés, en cas de bruit intense, de consommation d'alcool et de drogue, ou encore parce qu'ils ont été blessés physiquement ou provoqués. Aussi, pour maintenir ce niveau d'activation à un niveau optimal, plusieurs démarches s'avèrent possibles.

Le contrôle émotionnel

Une façon efficace de réduire le niveau d'activation consiste à utiliser des techniques de régulation du stress (voir chapitre 1 du livre II). Parmi celles-ci, le contrôle respiratoire consiste, au moment des temps d'expiration prolongée, à relaxer les parties du corps suivantes: les muscles de la face, des épaules, de la nuque, et du thorax. Par un entraînement systématique, qui consiste à associer à ces techniques de respiration abdominale des mots clés (« je reste calme et concentré »...), ainsi que des images mentales positives, le sportif en arrivera rapidement à réguler son niveau d'activation.

S'il se sent trop relâché ou trop « mou » durant un événement sportif, il pourra au contraire utiliser des techniques d'activation (stretching, intensification des inspirations) pour atteindre le Niveau Optimal d'Activation[6] requis pour atteindre des performances majeures.

Rectifier la manière dont les sujets interprètent une situation

Dans le cas de sportifs particulièrement agressifs, l'éducateur pourra faire appel à un psychologue afin que celui-ci entraîne l'individu à former des explications *non biaisées* de ses comportements ou des comportements d'autrui. Cet entraînement passe par une analyse préalable des différentes causes d'un comportement (causes internes, stables ou instables; causes externes, stables ou instables), afin que l'individu prenne en compte l'ensemble des déterminants de son comportement et pas seulement ceux qui justifient sa propre agressivité. Un tel entraînement a fait ses preuves dans le traitement des conflits qui peuvent exister entre les adultes, et en particulier dans la résolution de conflits conjugaux par exemple.

(5) Journal *L'Équipe* du mardi 23 novembre 2004.

(6) Le lecteur pourra lire avec profit le chapitre 14 de l'ouvrage de Weinberg et Gould (1997), consacré au « Réglage de l'Activation ».

La catharsis

Les tenants de la théorie frustration-agression, ainsi que les psychologues cliniciens, estiment que l'expression des émotions, liée à la frustration subie, dissipe l'agressivité des individus. Ainsi, on recommande souvent aux adolescents agressifs de pratiquer des activités physiques et sportives parce que s'ils s'affrontent sur un terrain de sport, ils ne le feront plus en dehors du terrain.

Plusieurs études font état d'une réduction de l'activation à la suite d'activités à caractère agressif, mais seulement si la frustration initialement subie n'est pas trop intense. Aussi peut-on utilement recommander à des sportifs de pratiquer des sports complémentaires de contact (boxe thaï, handball, par exemple), pour réduire le niveau d'activation émotionnelle.

Mais cette pratique ne réduit pas l'agressivité proprement dite, consécutive à l'activation élevée et aux circonstances. La pratique de sports de contact ne réduit l'agressivité que dans deux conditions: a) lorsque l'agresseur inflige une souffrance au sujet agressé et observe celle-ci; dans ce cas, il se produit une réaction d'empathie; b) lorsque l'agression remet les deux parties à égalité, c'est-à-dire lorsque la vengeance n'est plus nécessaire. Sinon, l'agressivité a plutôt tendance à augmenter avec la pratique!

Cependant, avec le temps et l'expérience acquise, la pratique sportive augmente les possibilités de contrôle émotionnel et de résistance au stress, et donc les possibilités de contrôle du niveau d'activation émotionnelle (voir chapitre 5, figure 5.2 du Livre I).

Privilégier les buts de maîtrise

Comme montré au chapitre 2 du livre I, en assignant aux sportifs des buts de maîtrise plutôt que des buts de performance (de compétition), l'éducateur éliminera en partie les causes de l'agressivité et de la violence.

Les sportifs animés par des buts de maîtrise font notamment état d'une moindre anxiété, ressentent moins d'émotions négatives et manifestent un meilleur esprit sportif en se conformant aux règles et ne donnent pas libre cours à leur agressivité.

À l'inverse, la recherche de la performance à tout prix peut conduire les compétiteurs à utiliser des moyens illicites pour atteindre leurs objectifs: en détournant la règle, en se montrant violent, ou en prenant des substances interdites. Dans une étude menée sur 123 basketteurs de 16 ans et six mois de moyenne d'âge, Duda et ses collègues (1991) ont montré que, comparativement à leurs pairs qui se fixent des buts de maîtrise, les adolescents guidés par des buts de performance ne font pas preuve d'esprit sportif, respectent moins la règle et, surtout, légitiment les actes d'agressivité; ils cherchent à exclure temporairement ou définitivement les adversaires de la partie.

C'est la raison pour laquelle certains responsables sportifs vont jusqu'à recommander de commencer la compétition le plus tard possible et de bannir le classement avant la catégorie des benjamins[7]. Pour notre part, nous recommandons plutôt une pratique fondée sur des buts de maîtrise qui correspondent aux raisons pour lesquelles les jeunes déclarent aimer pratiquer le sport: le plaisir d'apprendre et de progresser, la volonté de s'accomplir, les besoins d'amitié et de relations personnelles.

Fixer des buts de maîtrise ne signifie qu'il faut bannir les tests et les situations de compétitions lors des entraînements. Il convient en effet d'aguerrir les jeunes sportifs dans des situations qui se rapprochent le plus des compétitions et cela au fur et à mesure qu'on se rapproche de celles-ci. Mais en cas de performances insuffisantes ou d'échecs, à l'entraînement comme en compétition, l'éducateur devra mettre l'accent sur les façons d'y remédier (la maîtrise de la situation) et non sur le manque de capacités de ses élèves!

Favoriser la formation de l'esprit sportif

Les comportements conformes à l'esprit sportif se définissent en fonction du type de sport pratiqué. Ainsi, l'étiquette interdit à un golfeur de parler à un adversaire, alors qu'en athlétisme un tel comportement est toléré. De même, l'enfant commence à accepter librement la règle à partir de dix ans, et non pas parce qu'on lui impose celle-ci. L'esprit sportif se manifeste donc également de façon différente avec l'âge, car il est lié aux phases de développement de la conscience morale.

---

(7) Dominique Rocheteau, président du Conseil de l'éthique de la F.F. de football, membre du Comité éthique et du fair-play de la FIFA et de l'UEFA (Journal *L'Équipe* du 23 novembre 2004).

L'éducateur pourra développer l'esprit sportif chez les pratiquants, s'il adopte les stratégies présentées au tableau 6.2 (Weinberg et Gould, 1997).

Tableau 6.2
Stratégies favorisant le développement de l'esprit sportif.

1. Définition de l'esprit sportif en fonction de la spécialité. Quels sont les comportements sportifs et antisportifs envers les arbitres, les adversaires, les coéquipiers, les spectateurs et envers les règles ?
2. Renforcement des comportements sportifs et élimination des comportements antisportifs selon la procédure rappelée au point A ci-dessus.
3. Fournir des exemples de comportements conformes à l'esprit sportif et se conduire personnellement de façon exemplaire.
4. Expliquer en quoi consiste un comportement conforme à l'esprit sportif: mettre en évidence la différence entre un acte intentionnel et un acte accidentel ou non-intentionnel.
5. À cet effet, présenter et analyser des dilemmes moraux. Exemples de dilemmes moraux relatifs à des joueurs blessés: doit-on multiplier les attaques à l'encontre d'un joueur blessé ou doit-on éviter de telles actions ? Que faire si le score est serré ? Doit-on laisser des joueurs blessés participer à des compétitions ? Tous les joueurs doivent-ils jouer à tour de rôle lors d'une rencontre ?
6. Incorporation de dilemmes moraux à l'entraînement. Planifier des exercices qui permettent à tous de participer équitablement aux activités, qui créent des situations d'affrontement et de contact, par exemple.

Exemples de comportements sportifs et antisportifs

Le tableau 6.3 donne des exemples de comportements sportifs et antisportifs qui, selon Gould (1981), pourraient faire l'objet d'un examen et d'une analyse lors d'une séance d'entraînement.

2. RÈGLES DE BASE EN MATIÈRE DE RESPONSABILITÉ

Comme le montre notre analyse psychosociale (figure 6.2), l'origine des violences en sport est généralement le fait des sportifs eux-mêmes ; quelquefois des dirigeants et des entraîneurs qui les encadrent. Elle est également fréquemment le fait des spectateurs et des supporters.

En restituant, dans cette seconde section, l'action des acteurs au cœur du dispositif de l'association, en décrivant le paysage juridique dans lequel ils évoluent, nous espérons mieux préserver les éducateurs des risques de violence. En articulant les actes d'agression et de violence à la loi, le futur éducateur sera en mesure de mieux connaître les responsabilités encourues. Sur le plan juridique en effet, les violences ne sont pas sans conséquences pour leurs auteurs qui encourent des sanctions disciplinaires, civiles et pénales.

A. LA RESPONSABILITÉ DES AUTEURS D'ACTES DE VIOLENCE

a) Les responsables directs des actes de violence

Les joueurs

En tant qu'acteur central, et parfois médiatique, de la manifestation sportive, le joueur doit exhiber un comportement exemplaire. Il y va de sa responsabilité morale vis-à-vis du public, et en particulier des jeunes sportifs. C'est vers lui que convergent tous les regards : ceux des spectateurs présents sur le lieu de la manifestation, mais aussi, lors des événements sportifs les plus importants, ceux de millions de téléspectateurs présents devant leur écran de télévision.

Cela implique de sa part, au minimum, le respect des règles de jeu, de l'arbitre, des adversaires, et des spectateurs. Le joueur doit être le premier vecteur de transmission des valeurs essentielles du sport, que sont notamment le fair-play, la loyauté, ou encore la discipline.

Tableau 6.3
Code d'éthique sportive de base (d'après Gould, 1981).

Comportements	Comportements sportifs	Comportements antisportifs
Envers les arbitres	Poser des questions de façon correcte et par l'entremise du capitaine.	Discuter les décisions. L'agresser verbalement (jurons, insultes) ou physiquement.
Envers les adversaires	Les traiter avec respect et dignité en toutes circonstances.	Discuter avec les adversaires. Faire usage de sarcasme. Se livrer à des gestes déplacés.
Envers les équipiers	Encourager et n'utiliser que la critique constructive.	Faire des commentaires négatifs et dévalorisants. Insulter ou se bagarrer avec eux.
Envers les spectateurs	Se montrer correct en toutes circonstances.	Discuter avec eux. Les narguer. Les provoquer.
Envers les règles	Connaître les règles et les respecter en totalité.	Contourner la règle. Utiliser des échappatoires (faire semblant d'être blessé). Simuler une faute adverse.

Le code du sportif édicté par l'Association française pour un sport sans violence et pour le fair-play (A.F.S.V.F.P.) est là pour nous le rappeler (tableau 6.4).

Tableau 6.4
Code du sportif selon l'A.F.S.V.F.P.

1. Se conformer aux règles du jeu.
2. Respecter les décisions de l'arbitre.
3. Respecter adversaires et partenaires.
4. Refuser toute forme de violence et de tricherie.
5. Être maître de soi en toutes circonstances.
6. Être loyal dans le sport et dans la vie.
7. Être exemplaire, généreux et tolérant.

Le joueur peut engager sa responsabilité au plan juridique en raison des agissements fautifs qu'il commet à l'occasion des manifestations sportives auxquelles il participe. Les conséquences pénales de ces actes néfastes, mais également les conséquences civiles découlant d'une faute intentionnelle, ne peuvent être couvertes par une assurance. Elles doivent dès lors être supportées par le responsable des violences.

En somme, l'activité sportive ne se situe pas en dehors de la loi. Lorsqu'un joueur commet une faute, il s'expose non seulement à une sanction sportive ou disciplinaire, mais également à une sanction civile, et parfois à une sanction pénale. La jurisprudence fait état de nombreux exemples de joueurs condamnés civilement et/ou pénalement, pour avoir porté volontairement des coups en dehors de toute action de jeu ou, encore, pour avoir violé de façon caractéristique une règle destinée à préserver l'intégrité physique des pratiquants.

Cette responsabilité juridique, par les craintes qu'elle inspire, doit remplir une fonction préventive, d'autant que les tribunaux ont tendance à réprimer de plus en plus sévèrement les comportements violents et antisportifs.

Les spectateurs et les supporters

Les spectateurs contribuent par leur présence et leurs encouragements à rendre le spectacle sportif plus vivant. Hélas, le comportement d'une minorité vient trop souvent gâcher le plaisir de tous les autres. Les images de rencontres sportives perturbées ou interrompues demeurent prégnantes.

Ces manifestations de violence ne constituent pas l'apanage des grands événements sportifs. Le sport amateur se trouve également concerné. Il n'est pas un week-end sans que de graves incidents se produisent à la périphérie des terrains, sans parler des sempiternelles insultes et autres menaces qui contribuent à entretenir un climat de violence larvée.

Lutter contre ces phénomènes antisportifs et de violence incombe pour partie aux pouvoirs publics, mais aussi aux organisateurs des manifestations sportives. Les dirigeants sont en effet tenus de mettre en œuvre tous les moyens requis pour garantir la sécurité de la manifestation et de ses acteurs. On sait qu'un grand nombre de contraintes législatives et réglementaires s'imposent aujourd'hui aux organisateurs. Toutefois, fort heureusement, la responsabilité collective des organisateurs quant au bon déroulement de la manifestation, n'est pas exclusive de celle, individuelle, des fauteurs de troubles. Il existe en France tout un arsenal répressif permettant de sanctionner au plan judiciaire les violences commises par des spectateurs ou des supporters, que ce soit à l'occasion de grands rassemblements sportifs ou de petites manifestations de quartiers. Ce volet judiciaire, qui se veut dissuasif, représente un aspect essentiel de la politique de lutte contre la violence dans le sport.

Il reste que si les organisateurs de grandes manifestations sportives disposent de moyens pour identifier les fauteurs de troubles (système de vidéo-surveillance, service de sécurité privé présent à l'intérieur du stade, possibilité de faire réquisitionner les forces de l'ordre en cas d'urgence), et faire en sorte qu'ils soient traduits devant la justice, il n'en va pas de même pour la grande majorité des organisateurs qui ne disposent pas de tels moyens. Dans ce cas, la répression des violences est largement tributaire de la volonté des victimes ou des associations qui les représentent, de faire valoir leurs droits en justice.

b) Les responsables indirects des actes de violence

Les organisateurs

La responsabilité d'un organisateur peut également être engagée en cas de dommage causé à un spectateur ou à un participant, même s'il n'est pas l'auteur direct des violences commises. L'organisateur doit en effet répondre, vis-à-vis du public et des sportifs, de tout manquement à son obligation générale de sécurité. De même, en tant que représentants de l'organisateur, les dirigeants notamment ne sont pas à l'abri de poursuites pénales en tant qu'auteurs indirects de faits de violence.

Lorsqu'un dommage se produit à l'occasion d'une manifestation sportive, il est fréquent que la victime – participant ou spectateur – se retourne contre l'organisateur pour obtenir réparation de son préjudice. Pour obtenir satisfaction, il lui suffit alors de prouver que son dommage résulte d'une défaillance de l'organisation, autrement dit que l'organisateur a manqué à son obligation générale de sécurité.

Outre l'attention qu'il doit porter à l'environnement juridique de la manifestation (respect des règles de sécurité d'origine étatique ou fédérale), l'organisateur doit impérativement se prémunir contre les conséquences d'une action en dommages et intérêts en souscrivant, même quand l'obligation ne lui est pas faite par la loi, une assurance en responsabilité civile garantissant non seulement sa propre responsabilité civile, mais également celle de ses préposés et des pratiquants.

Les dirigeants et les éducateurs sportifs

Contrairement à une idée reçue, le risque pénal est relativement limité pour les dirigeants et les éducateurs, tout au moins lorsqu'ils n'ont pas participé eux-mêmes aux actes de violence. En effet, la responsabilité pénale est, par nature, personnelle. Chacun n'est en principe responsable pénalement que de son propre comportement. Les auteurs directs des violences doivent assumer prioritairement les conséquences de leurs actes, de sorte que la loi pénale est aujourd'hui beaucoup plus clémente vis-à-vis des auteurs indirects mis en cause pour des infractions involontaires.

B. Les auteurs de la prévention

D'une manière générale, la prévention correspond à l'ensemble des actions visant à empêcher l'apparition d'un phénomène (prévention primaire), son développement (prévention secondaire) ou permettant l'adaptation de ou à l'environnement (prévention tertiaire). Au plan institutionnel, la prévention nécessite une démarche totalement partenariale : prévenir la violence dans le sport implique la mobilisation des différents acteurs concernés et la coordination de leurs actions.

a) Les autorités publiques

Les services de l'État

Dans le domaine du sport, la mission des forces de l'ordre se traduit par la mise en place d'un système de veille et d'alerte des manifestations à risque. Police et gendarmerie adaptent et mettent en œuvre un dispositif de protection, en coordination avec la police municipale, le cas échéant. Les officiers de police chargés de la prévention de la violence assurent des tâches de liaison, de conseil au bénéfice du club, et s'attachent à favoriser la transmission de l'information. Ces services sont également chargés de l'analyse des indicateurs de violence dans le sport, sur la base de fiches-incidents que leur font parvenir les dirigeants des associations.

Il existe ainsi dans 26 départements un « officier de police référent sport », dépendant d'une direction départementale de la Sécurité publique, elle-même relevant de la direction centrale de la sécurité publique. Les commandants de groupement de gendarmerie sont, quant à eux, membres de droit de la Commission départementale de la lutte contre la violence dans le sport.

Les directeurs départementaux de la Jeunesse, des Sports et de la Vie Associative participent, eux aussi, à cette Commission, présidée par les préfets de département. Ils demeurent en outre en contact direct avec les officiers de police « référents sports », auxquels ils signalent les rencontres à risque. En matière de prévention, de nombreux projets et actions sont en fait initiés par les directions départementales : sous la forme d'actions de sensibilisation aux formes de violence, la participation à des diagnostics de sécurité, la réalisation d'outils pédagogiques et de formation au profit de l'ensemble des dirigeants sportifs. Une convention LICRA portant sur la lutte contre les discriminations raciales et religieuses dans le sport doit être mise en place.

L'autorité judiciaire

Elle regroupe plusieurs corps de magistrats et diverses juridictions chargées de rendre des décisions de justice et de les faire exécuter. Dans le cadre de leurs compétences, et également dans un cadre de partenariat, ces différents acteurs de la justice répondent à la violence à la fois de manière préventive, et de manière répressive par des peines d'amende et/ou d'emprisonnement, des décisions de médiation ou des travaux d'intérêt général.

Les collectivités territoriales

Les responsables d'associations sportives et d'équipements sportifs peuvent recueillir, auprès du maire et de l'adjoint municipal chargé des sports, des conseils pour la mise en place d'actions locales ou la préparation d'événements sportifs de plus grande envergure.

Le développement de l'intercommunalité et le transfert par de nombreuses communes de la compétence aux EPCI, font des présidents de ces établissements et de leurs services, des interlocuteurs et partenaires indispensables d'une politique de prévention des violences sportives.

Depuis un décret, puis une circulaire du 17 juillet 2002, il existe trois instances dans les dispositifs territoriaux de sécurité et de coopération pour la prévention et la lutte contre la délinquance :

- le Conseil local de sécurité et de prévention de la délinquance (C.L.S.P.D.) ;
- le Conseil départemental de la prévention ;
- la Conférence départementale de la prévention.

La lutte contre la violence et les incivilités dans le sport fait partie intégrante de l'action menée par ces trois structures.

b) Le monde associatif

Pour être efficaces, les actions des associations doivent non seulement être élaborées et menées en partenariat avec les autorités publiques, mais également avec les associations dont un objectif essentiel doit être la lutte contre la violence.

Les fédérations sportives

Le rôle des fédérations sportives dans la lutte et la prévention de la violence se manifeste d'abord dans leur pouvoir : a) d'édicter des règles (règles disciplinaires, règles de déontologie) et des normes de conduite qui s'imposent à leurs membres et, b) de sanctionner ceux qui les transgressent. De plus, les fédérations ont également pour mission importante la formation des arbitres qui constituent des acteurs essentiels en matière de prévention.

Pour les manifestations sportives qui présentent un risque évident sur le plan de la sécurité et de la violence, le rôle préventif des fédérations sportives ressort des dispositions de l'article 42 de la loi du 16 juillet 1984 modifiée. De plus, les associations de type 1901 ont la possibilité de se constituer partie civile pour toutes les infractions à caractère raciste, xénophobe et antisémite.

Les associations sportives

L'association sportive a naturellement un rôle central à jouer en matière de prévention de la violence dans le sport. La prévention au niveau d'un club passe d'abord, et avant tout, par le travail quotidien d'accompagnement des jeunes par les dirigeants, les entraîneurs et éducateurs, les arbitres et les parents. Le tableau 6.5 présente quelques moyens de prévention de la violence qui peuvent être mis en œuvre au niveau d'un club.

Associations spécifiques de lutte contre la violence

Les associations qui agissent dans le domaine de la prévention sont nombreuses ; elles peuvent soutenir, accompagner et aider tout projet ou toute action partenariale. Le partenariat peut se développer autour de préoccupations actuelles. Par exemple, les acteurs du mouvement sportif amateur peuvent nouer des relations partenariales avec les associations d'aide aux victimes et de lutte contre les violences routières, afin de limiter les troisièmes mi-temps trop arrosées, responsables de préjudices graves et aux conséquences parfois dramatiques.

De la même manière, les membres d'un club peuvent associer dans leur démarche, éducative et préventive, les associations de prévention de la toxicomanie et de l'alcoolisme.

Tableau 6.5
Exemples d'actions de prévention de la violence au niveau d'un club.

- Définition d'un cadre pour la pratique de l'activité sportive, d'un projet sportif et éducatif. Communication des réglementations spécifiques (statuts, règlement intérieur) afin que le public puisse se les approprier.
- Définition des règles de vie commune et d'une culture de club (voir chapitre 2 du livre II) ; se donner les moyens de les faire respecter.
- Dans leurs comportements, les éducateurs doivent se montrer cohérents avec les valeurs et les principes qu'ils souhaitent inculquer.
- Sensibilisation des jeunes sportifs au problème de la violence par l'organisation d'actions ciblées : tournois thématiques, challenge du fair-play, adoption d'une Charte d'éthique sportive (voir encadré 6.2)...
- Collaboration avec des personnes-ressources, proches ou membres de différents champs institutionnels : services de santé, services sociaux municipaux et départementaux (Aide sociale à l'enfance, Direction départementale de l'action sanitaire et sociale), éducation nationale (enseignants inspecteurs), forces de l'ordre (police et gendarmerie).

C. Les moyens de la prévention

a) Les moyens juridiques

Les directives et recommandations européennes

À la suite du drame de Heysel (Belgique), le Conseil de l'Europe a adopté un certain nombre de textes visant à contrôler et à prévenir la violence des spectateurs dans les stades :

- la Convention européenne sur la violence et les débordements de spectateurs lors de manifestations sportives et notamment les matches de football (Strasbourg, 19 août 1985) ;
- des « recommandations » relatives aux mesures à prendre par les organisateurs et les pouvoirs publics lors de matches de football, ou par les pouvoirs publics lors de manifestations sportives à hauts risques en salle ;
- des « recommandations » concernant le hooliganisme ou relatives à la prévention du racisme, de

la xénophobie et de l'intolérance dans le sport (18 juillet 2001).

Pour que la lutte soit efficace, la « recommandation » préconise une action globale et coordonnée des pouvoirs publics et des organisations non gouvernementales.

La réglementation étatique

Elle comprend la législation pénale de droit commun applicable à tout individu qui se rend coupable d'une infraction, et à la législation spécifique au sport qui comprend tout un arsenal de règles relatives à la sécurité des manifestations sportives.

La prévention de la violence et la lutte contre la violence dans le sport passent également par le respect des règles de sécurité prévues par des lois spécifiques, telles que :

- la loi du 16 juillet 1984 (modifiée par celles du 13 juillet 1992, du 6 décembre 1993 et du 6 juillet 2000) prévoit des règles impératives pour la sécurité des manifestations sportives (voir en particulier les articles 42-3, 42-4 et 42-7) ;
- la loi du 21 janvier 1995, loi d'orientation et de programmation relative à la sécurité, dite « loi Pasqua », peut obliger les organisateurs à assurer un service d'ordre ;
- la loi du 18 mars 2003 pour la sécurité intérieure définit les notions d'outrage public à l'hymne national ou au drapeau tricolore ;
- deux projets de décrets de la loi devraient, en 2005, stipuler le rôle des « stadiers » et faciliter la transmission aux responsables des clubs des informations sur les condamnations décidées par la justice. Selon la Chancellerie, les tribunaux pourraient assortir les condamnations d'interdiction de stade à l'obligation de pointer aux commissariats pendant les matches.

La réglementation fédérale

Les règlements disciplinaires de fédérations sportives traduisent la volonté du mouvement sportif de lutter contre toute forme de violence ou d'incivilité de la part de ses adhérents. Ainsi, parmi les actes ou les comportements qui peuvent entraîner des sanctions disciplinaires à l'encontre des associations sportives, dirigeants, entraîneurs et sportifs, on trouve pêle-mêle dans la plupart des textes disciplinaires : les actes de violence verbale, les comportements répréhensibles, la brutalité manifeste, les troubles de déroulement des manifestations, ou les atteintes à la sécurité des personnes et des biens.

b) La sanction

Le moyen efficace de lutter contre la violence consiste à dénoncer celle-ci qu'on en soit ou non la victime. Il ne s'agit pas de « judiciariser » les relations sociales, a fortiori sportives, mais de prendre conscience du fait qu'une non-dénonciation rend complice d'une violence par le silence.

Si l'on est victime d'un comportement violent dans le cadre d'une activité sportive, au sein d'une installation sportive ou aux abords de celle-ci, quand cette violence constitue une infraction, et que l'on désire obtenir réparation du préjudice subi, deux possibilités sont offertes pour obtenir réparation :

- la constitution de partie civile qui permet de demander réparation du préjudice subi ;
- une action en réparation devant la Commission d'indemnisation de victimes d'infractions (C.I.V.I.).

c) Les moyens éducatifs

L'éducation sportive

L'éducation par le sport va bien au-delà d'une simple amélioration technique. Elle a pour objectif de faire partager à tous les pratiquants les mêmes valeurs : celles de sociabilité, de coopération, voire de convivialité, mais également de la combativité requise pour défendre les couleurs du club dans l'honnêteté et la loyauté. Si l'éducation proprement dite a pour but de former la personne en lui permettant de vivre une socialisation harmonieuse et adaptée aux règles de la vie en société, l'éducation par le sport correspond à une période privilégiée de la vie d'un jeune sportif ; elle lui permet d'éprouver du plaisir à pratiquer l'activité choisie, d'en découvrir de nouveaux aspects, de progresser, de se surpasser, et de se mesurer aux autres dans le respect des règles, des partenaires et des adversaires. L'éducation par le sport résulte d'un concours harmonieux de personnes qui participent, soutiennent et conduisent le jeune sportif. L'éducateur joue un rôle primordial dans l'éducation sportive en mettant la technique au service d'une pratique loyale, respectueuse des partenaires, et préservant l'intégrité physique des personnes.

L'entraîneur, qui impulse le jeu dans ses composantes techniques, tactiques et humaines, doit maintenir un comportement exemplaire sur le bord du terrain, et se garder de tout excès, invectives ou encouragement de gestes d'agressivité au nom de la performance et du résultat.

Le dirigeant de club doit se montrer garant de l'image de son association et s'appliquer à créer un climat positif reposant sur la convivialité, le lien social et sportif, l'éthique sportive, la fraternité et la solidarité durant la compétition. Il se doit de prévenir les violences en utilisant des moyens adaptés pour juguler les comportements agressifs des spectateurs, des entraîneurs et des parents.

L'arbitre, par sa compétence et sa vigilance, veille au maintien d'un climat de sportivité loyale et équitable sur le terrain. Conducteur du jeu, il veille à la bonne tenue des équipes et au comportement sain des joueurs pendant la compétition.

Les parents, souvent d'anciens sportifs, jouent un rôle essentiel dans le soutien de leurs enfants dont ils constituent les premiers supporters et partenaires. Ils peuvent contribuer précieusement au fonctionnement du club, si on leur réserve un accueil favorable, qu'on les informe des modalités de fonctionnement du club, si on leur communique la charte du club, et si on les encourage à rencontrer tous les acteurs de l'association.

Les spectateurs et les supporters constituent l'âme du club. Ils participent à l'éducation sportive en communiquant leur enthousiasme, en encourageant les sportifs par des comportements exempts de toute agressivité, de tout déni de l'autorité arbitrale, de toute incitation à la haine et, d'une façon générale, de toute manifestation de violence.

D. Conclusion

La lutte contre les incivilités et la violence dans le sport est l'affaire de tous : spectateurs, pratiquants, arbitres, éducateurs, dirigeants et parents. Tous les acteurs de la communauté sportive doivent être animés du même esprit, basé sur le respect, la loyauté, la courtoisie, la convivialité, la dignité et l'anti-violence, sept préceptes du code sportif édicté par l'Association française du sport sans violence et pour le fair-play (A.F.S.V.F.P.) – voir tableau 6.2.

C'est dans le comportement de chacune et de chacun que se trouve la voie du refus de la violence dans le sport, ainsi que la transmission des valeurs éducatives de respect du jeu et de l'adversaire.

Comme le notait très justement Maurice Bacquet : « Le sport a des vertus mais des vertus qui s'enseignent. »

Lectures conseillées

Actes de la 9e Université Sportive, *Violence et Sport*, Publications UFOLEP-USEP, 2001.

Boivin M., Une analyse psychosociale de l'agression. In R.J. Vallerand (Ed.), *Les fondements de la psychologie sociale*, Gaëtan Morin (Canada), 1994, chapitre 9 (pp. 509-566).

Jeu B., *Le sport, la mort et la violence*, Éditions Universitaires, 1972.

Gergen K.J., Gergen, M.M., *Psychologie sociale*, Éditions Études Vivantes, Montréal, 1984, chapitre 8.

Lassalle J.-Y., *La violence dans le sport*, Presses Universitaires de France, Paris, 1997.

Mignon P., *La violence dans les stades : supporters, ultras et hooligans*, Les Cahiers de l'I.N.S.E.P., Paris, 1995, n° 10.

Weinberg R.S., Gould D., *Psychologie du sport et de l'activité physique*, Edisem et Vigot, 1997, chapitres 25 et 26.

Wievorka M., *Violence en France*, Éditions du Seuil, Paris, 1999.

Site Internet

Comité national olympique et sportif français : www.franceolympique.org

Chapitre 7

ARBITRAGE ET ÉTHIQUE SPORTIVE

Christian Blareau

INTRODUCTION

De tout temps, l'homme a voulu se mesurer et s'évaluer par rapport à ses congénères ; c'est l'ordre de la nature. Dès lors que des institutions ont voulu réglementer des rencontres sportives pour établir une hiérarchie commune, il leur fallait des personnes garantes du respect des règles ; les arbitres ou les juges-arbitres sont nés de cette obligation.

Des hellanodikès grecs officiant aux jeux panhelléniques, aux arbitres modernes des sports professionnels, que de chemin parcouru.

Identifiables dès la genèse des jeux Olympiques antiques et modernes, présents au sein des tout premiers règlements des fédérations internationales, la définition et le rôle de l'arbitrage vont évoluer, au fil des siècles, en fonction des formes de compétition.

Ce sont en fait les spécificités de chaque discipline sportive qui vont déterminer les cahiers des charges de chaque catégorie d'arbitres ou de juges-arbitres (tenue, vocabulaire, codes gestuels, notation, etc.).

1. AUX SOURCES DE L'ARBITRAGE

Dans cette section, nous ne ferons que relever les faits les plus saillants du parcours des « conducteurs » de jeu à travers l'épopée sportive.

Ayant le privilège d'ouvrir le défilé des jeux Olympiques, le nombre des officiels antiques a fluctué au fur et à mesure de la dimension prise par les Jeux, jusqu'à atteindre le chiffre de douze juges à l'ère classique, soit autant que de tribus hellènes.

À partir de 372 av. J.-C., les arbitres ne seront plus autorisés à être concurrents.

Les textes anciens des jeux Olympiques stipulent que « toute corruption d'arbitre ou d'adversaire sera punie du fouet » et qu'il est fait défense au concurrent « de manifester contre le public ou contre les juges » ; en revanche, tout athlète mécontent peut en appeler au Sénat, qui lui-même prendra éventuellement les mesures rectificatives auprès des intéressés. Les chroniqueurs d'Olympie conteront les tâches de ces magistrats suprêmes et relateront les moult tentatives de corruption à leur égard ou les tricheries notoires en dépit d'avoir prêté le serment d'origine.

L'empereur Théodose 1er, sous l'influence de saint Ambroise, évêque de Milan, interdit en 393 après J.-C. tous les jeux, les jugeant impies.

Si nous reprenons l'histoire des activités physiques de jeu (tir d'adresse, lutte, jeux de balle), il nous faut remonter au Moyen Âge pour voir apparaître, dans notre civilisation, la promulgation de règles dans l'espace et dans le temps. Des hérauts, nommés par les autorités politiques et/ou religieuses, jugeaient en attribuant la défaite, l'égalité ou la victoire à l'occasion des joutes moyenâgeuses.

Du Calcio de la Renaissance, bondissons aux paris du XIXe siècle (courses de chevaux et d'athlètes, combats de boxe) et à l'invasion des sports anglo-saxons ou l'élaboration des règles fut laborieuse et tâtonnante.

Commissaires aux courses et *bookmakers* de tous types vont, dans un premier temps, départager les concurrents humains ou les affrontements d'animaux.

Pour le début des matches internationaux en sports collectifs, la direction du jeu était assurée par la collaboration de deux hommes représentant chacun une équipe. Or, en cas de désaccord, les arrêts dus aux palabres entraînaient inévitablement des pertes de temps.

L'auto-arbitrage des capitaines ne suffisant pas, et l'impartialité des délégués étant sujette à caution, on décida de mieux assurer la continuité des débats par la présence d'un arbitre unique ; encore fallait-il prévoir un minimum d'équité. L'existence d'un tiers neutre s'imposa de fait afin de faire respecter l'indispensable égalité des chances entre les participants.

En un siècle de sport moderne, l'ajustement des règles fédérales, la démultiplication des rencontres, la sophistication des techniques sportives, ont nécessité la création d'un véritable corps arbitral, formé spécifiquement à cette tâche, et capable de prouver son efficience à la fois sur les plans théorique et pratique.

Aujourd'hui, l'Association française du corps arbitral multisport (A.F.C.A.M. créée en 1985) recense 160 000 arbitres dont 23 % de femmes.

Si la charte olympique prône au chapitre 5, règle 74, un arbitrage de type amateur, les fédérations n'hésiteront pas, par nécessité, à « professionnaliser » leurs propres troupes.

D'ailleurs, le ministère de la Jeunesse et des Sports publie chaque année un arrêté relatif à la liste des arbitres et juges sportifs de haut niveau, qui sont issus d'une cinquantaine de fédérations françaises. Ils officient aux strates les plus élevées des niveaux français, européen et mondial.

Les besoins des nouvelles Ligues professionnelles ont exigé la sélection d'arbitres de tout premier plan ; certains d'entre eux se trouvent rémunérés, s'ils ont fait le choix d'en faire un métier (ex : le football, le tennis, le rugby).

2. LA NOTION D'ARBITRAGE ET SON ÉVOLUTION

L'arbitrage se définit comme un procédé juridictionnel de règlement de litige par une personne ou un ensemble de personnes privées, indépendantes et impartiales, investies par convention établie entre les parties, du pouvoir de juger des épreuves sportives réglementées. Il s'appuie sur des articles, qui se veulent compréhensibles par tous, qui font l'objet dans leur rédaction de soins particuliers, car plus les textes sont d'une grande lisibilité, plus un système de respect et d'honnêteté peut alors s'instaurer.

Historiquement, ce ne fut pas simple que de faire accepter des codes identiques à tous les continents. Cette opération se fit en trois temps. Dans de nombreuses disciplines, il a fallu se mettre d'accord sur les pratiques régionales qui d'un village, d'un canton, d'un département à un autre avaient érigé leurs propres règles. Tous ces particularismes régionaux nécessitèrent une harmonisation au plan national. Des années d'âpres discussions lors d'une foultitude de congrès européens et mondiaux permirent enfin de s'entendre sur les textes internationaux.

De plus, les règles contemporaines vont évoluer en tenant compte de la multiplicité des calendriers, des niveaux de jeu des compétitions, des problèmes liés à la logistique et à l'apparition du sport spectacle.

Si la protection des athlètes a constamment prévalu pour les rédacteurs des « lois », ces derniers n'ont pu échapper aux demandes télévisuelles d'un caractère plus spectaculaire des épreuves actuelles, comme en escrime, judo, tennis, volley-ball par exemple.

Pour rendre accessibles les différents règlements auprès des strates de populations pratiquantes, il a fallu créer des bataillons d'instructeurs et de formateurs de formateurs, férus en matière d'arbitrage. Pour ce qui concerne les éducateurs sportifs œuvrant dans les clubs, leur tâche consiste à faciliter un accès mixte des enfants, adolescents et adultes à l'arbitrage, pour qu'ils s'épanouissent dans cette voie sportive.

3. LA FONCTION DE L'ARBITRE

Les arbitres sont des personnages divers dans leurs fonctions, leurs missions et prérogatives, mais uniques dans leurs rôles : le respect de l'équité sportive par l'application des règles.

Dans le domaine sportif, ils œuvrent sur le terrain ou hors du cadre de jeu avant, pendant et après le match. Illustrons ces propos par l'exemple pris dans le milieu des sports de combat (encadré 7.1).

Outre le fait d'être les garants du code, une équipe d'arbitres issue des rangs fédéraux marque une connaissance supérieure des aspects physiques, techniques et tactiques de sa ou ses disciplines de prédilection ; ainsi ils se crédibilisent par cette filiation. Certaines commissions fédérales exigent des arbitres des niveaux de grade ou de classement, pour pouvoir officier aux différentes strates de compétition.

Mais leur prérogative première se situe dans la direction des rencontres où ils expriment un rôle exécutif et s'assurent du déroulement correct des parties. Tout

Encadré 7.1 Comportement d'un arbitre de sport de combat

AVANT la compétition:

- Se mettre en condition physique;
- Connaître parfaitement le règlement sportif;
- Être en recyclage permanent grâce aux stages de perfectionnement;
- Participer aux réunions préparatoires à la compétition (rappel des consignes) ;
- Contrôler les papiers administratifs;
- Ex: vérification de la sécurité des tapis de combat, contrôle des inscriptions (licence + certificat médical, surveillance des pesées), étude des tableaux et des feuilles de match.

PENDANT la compétition:

- Revêtir la tenue officielle obligatoire;
- Se conformer au règlement international;
- Se concerter en cas de décisions litigieuses ou définitives;
- Sanctionner les attitudes déloyales;
- Enregistrer et valider les résultats;
- Établir des passages d'examen pratiques pour les stagiaires;
- *Ex: vérification de la tenue des combattants (maillot à bretelle + chaussures, kimono + ceinture, marquage publicitaire, protections autorisées), propreté corporelle et interdiction de port d'objet métallique, utilisation du matériel d'arbitrage.*

APRÈS la compétition:

- Tirer un bilan à l'issue de la compétition;
- Consigner les réclamations sur d'éventuels débordements;
- Réunir le jury d'évaluation des arbitres-stagiaires;
- Mettre en place des stages de perfectionnement;
- Établir des passages d'examen théorique pour les stagiaires;
- Concevoir des outils didactiques de formation;
- *Ex: conception de livrets de formation, vidéo, CD-Rom...*

en régulant les débats, ils valident les points marqués, avertissent préventivement et sanctionnent en cas d'infraction, quitte à expliquer la nature des fautes.

Qu'est-ce qu'un bon arbitre?

Les bons arbitres sont ceux qui conjuguent l'esprit du jeu à la règle et qui s'effacent devant la qualité du spectacle tout en veillant au respect de l'esprit sportif.

Parvenir à cet état, c'est réunir un certain nombre de qualités physiques, techniques et psychologiques décrites ci-après. Il est loin le temps où les arbitres officiaient en tenue de ville, ce qui limitait la rapidité de leurs déplacements sur le terrain. Les tenues noires ou de couleurs ont depuis remplacé les gilets bourgeois et les escarpins. En sus des tests de condition physique, voire de résistance au stress, on vérifie leurs aptitudes pour être retenu dans certains sports.

Maîtriser sur le bout du sifflet son manuel reste la condition *sine qua non* de connaissances reconnues; c'est à ce prix que l'on fera preuve d'autorité auprès de ses pairs et de fermeté envers les athlètes. Cette dernière façon d'agir sera d'un grand secours lorsqu'il faudra éviter de céder aux contestations illégitimes des joueurs et de combattre les formes insidieuses d'antijeu.

Boucs émissaires de choix, les arbitres peuvent être aussi les cibles orales et/ou physiques d'un public mal ou non éduqué: ces circonstances difficiles exigent des prises de décisions délicates qui demandent bien du courage et du contrôle de soi-même.

L'honnêteté, vertu cardinale du dépositaire des règles, les guide dans leur souci permanent d'impartialité. La garantie d'un tel comportement peut les amener à tenir une mission éducative à travers le sens pédagogique d'explication de leurs décisions.

Des directeurs techniques nationaux et des entraîneurs des équipes de France ont fait appel récemment aux compétences des meilleurs arbitres de leur discipline afin d'expliciter les « subtilités » des méandres réglementaires. Ce faisant, ils avertissaient préventivement leurs internationaux dans leurs futurs comportements dans le jeu.

En résumé, comme tout art exercé, il faut savoir se remettre en question, accepter les conseils, rester solidaire de ses confrères et se recycler grâce à la formation continue dispensée par sa fédération.

4. DES RENCONTRES SANS ARBITRE

De nombreuses disciplines sportives n'ayant pas de vocation compétitive se passent aisément de contrôleurs (alpinisme, arts martiaux, spéléologie).
D'autres sports, de par leur nature, autorisent l'affrontement en appliquant un auto-arbitrage tel que le golf ou la pétanque.
La recherche de modes d'organisation à faibles contraintes telles que les vivent les jeunes citadins (street-ball, skate, rollers), ou leur attrait pour les grands espaces (planches et surf) marque le rejet des formes les plus hiérarchisées, donc d'un arbitrage standardisé.
Sur les terrains des cités, on se confronte entre petits groupes de pairs où l'on a droit à la parole, y compris sur une adaptation des règles.
Réussir à se passer d'arbitre tout en se livrant au jeu dans un esprit sportif reste possible aux conditions suivantes. Les participants doivent :
- être imprégnés d'une forte culture réglementaire du sport ;
- être animés d'un esprit coopératif développé.

Tout match de haut niveau engageant du prestige ou de la gloire induit d'office la venue d'arbitres experts centralisant l'ensemble des procédures permettant le déroulement adéquat.

5. LES DIFFICULTÉS DE L'ARBITRAGE

La civilisation technologique impose, dans les sports chronométrés, sa cohorte de normes chiffrées. Les arbitres tirent avantage de la chronométrie car les mesures objectives ne souffrent pas d'une mise en cause possible de leur véracité. Ainsi, l'utilisation de pistolets-radar sert à mesurer les impacts de balles de tennis hors du carré de service.
Mais l'informatique ne reste qu'un support de luxe, utilisé dans les compétitions de haut niveau.

A. Évaluation de prestations sportives

Les difficultés apparaissent lors des appréciations sportives concernant des prestations notées (gymnastiques, danse sportive, aérobic, coupe technique de jujitsu par exemple).
En théorie, les actions des champions correspondent à des critères admis de tous. Dans la pratique, les jugements « subjectifs » basés sur des ressentis personnels interviennent dans un pourcentage plus ou moins fort selon les individus.

> En réalité, comme on va le voir, les tâches des arbitres se compliquent de par les composants de logique interne de chaque sport : les rapports au règlement, à l'espace, à la tenue, au temps, à autrui, aux distances de jeu et à la nature de l'activité.

B. Les règlements

Les **règlements** des sports de base découverts en pratique scolaire (gymnastique, natation, athlétisme, sports collectifs) sont connus d'une grande majorité de la population pratiquante, ce qui peut l'autoriser à émettre une opinion sur l'opportunité des décisions de l'arbitre ou du juge.
Des sports, autres que ceux cités précédemment, pratiqués en milieu fédéral, se trouvent moins usités et drainent un public de connaisseurs qui se montre extrêmement exigeant envers le corps arbitral.
On pourrait imaginer que plus les buts assignés à une discipline apparaissent transparents, meilleure est la compréhension des règles ; cette affirmation reste à prouver et cela ne résout pas toujours la problématique de la gestion des fautes.
En effet, pour évaluer avec justesse l'équation faute/pénalité, il faudrait, dans l'idéal, tenir compte en permanence de tous les paramètres objectifs pour porter l'exact jugement de valeur dans le bon timing. C'est effectivement la répétition d'évènements vécus qui affine le jugement, mais prenez garde aux phases de jeu semblables qui peuvent donner lieu à des explications différentes !
Un mauvais degré d'expérience de l'arbitre et sa manière négative d'agir le transformeront, selon les circonstances, en un hacheur de jeu, en un personnage laxiste, ou en un censeur systématique.

C. L'aire de jeu

La dimension de ***l'aire de jeu*** et son nombre de pratiquants ne facilitent pas toujours une vue globale de la situation.
Dans les sports collectifs, l'arbitre doit coller à l'action. Ce faisant, il perd en vision périphérique et ne peut voir, ailleurs, certains actes illicites; d'où la nécessité des arbitres-assistants.

D. La tenue

La ***tenue*** vestimentaire ne fait pas qu'identifier la discipline. Elle constitue un élément du jeu dans son rôle de capteur d'information (prise du kimono, saisie du maillot, choix de la combinaison). Ces tissus font l'objet de mauvais traitements de la part des protagonistes et l'observateur du jeu se doit de pénaliser les tirages, les arrachements et autres empoignades. Afin d'éviter ce genre de désagréments, certaines équipes n'hésitent pas à supprimer les manches ou à se doter de combinaisons moulantes au corps.

E. La gestion du temps

Gardiens du ***temps*** défini par les règlements, les arbitres contrôlent le sablier, tout en respectant les différentes césures autorisées à l'intérieur du cadre temporel défini.
Leur surveillance se porte sur les arrêts institués (début/mi-temps/fin), sur les pauses naturelles (changements de camp) et sur les temps de récupération-débriefing (temps morts).
D'autres attentions se portent sur l'attribution d'un temps additionnel, sur le démarrage d'une prolongation, sur un temps d'expulsion provisoire, ou sur un temps-cadeau générateur de bonus.
Comptable de la valeur-temps, l'arbitre se doit d'être vigilant en évitant les dérives chronophages de ceux qui le bradent et/ou en abusent.
Dans cet espace temporel délimité, le possesseur du sifflet réagit en interactivité et, par ses décisions immédiates, ouvre le flanc à la critique. La vitesse de réaction qui est perçue comme une qualité idoine possède son revers, celui de se tromper aux yeux de tous dans l'instantanéité.

L'arbitre vit en communauté avec les multiples acteurs concernés par les débats et si majoritairement ses rapports se doivent d'être cordiaux avec toutes les parties prenantes, il n'empêche que dans sa carrière, il se trouve confronté à gérer des situations sensibles.

F. La confrontation à autrui

Avant même que débute la compétition, peuvent apparaître des frictions dues aux modalités d'inscription, des limites de poids à respecter, des tirages au sort jugés défavorables, des intimidations proférées par des contestataires mécontents de la désignation du choix d'un arbitre, etc.
Pendant la compétition elle-même, les entraîneurs, les dirigeants et les supporters, de par leurs contestations, tentent de peser sur les décisions futures des arbitres ou, lorsqu'elles sont prises, contestent publiquement et bruyamment celles-ci.
La conduite d'un match peut également dégénérer en raison des conduites litigieuses de certains sportifs qui interprètent les règles en leur faveur et qui tirent parti des moindres faiblesses d'un arbitrage. Ces truqueurs, provocateurs ou simulateurs en profitent pour exciter encore davantage les foules partisanes.
Les entraîneurs peu efficaces tireront profit du nombre de fautes accumulées par leur équipe, pour attribuer la responsabilité des échecs à des facteurs externes. En expliquant l'échec de l'équipe par la supposée incompétence ou mauvaise foi de l'arbitre, c'est-à-dire par des facteurs externes et non contrôlables (voir le chapitre 5), l'entraîneur évite que soit mis en cause le manque de concentration, de discipline, de motivation ou d'effort des sportifs. Un tel biais dans l'explication de résultats défavorables, constitue le signe le plus patent d'une motivation défaillante et d'un faible sens des responsabilités de ceux qui, comme certains entraîneurs ou un public partisan, le manifestent !
Sur l'arbitre se focalisent donc les mauvaises humeurs, les rancunes et les déceptions: celles des sportifs qui essayent de contourner le règlement et ne se conforment pas à l'éthique sportive, et celles des entraîneurs et dirigeants qui n'obtiennent pas les résultats escomptés.

Certains arbitres feront même l'objet de tentatives de corruption en vue d'obtenir des résultats non mérités, résultats destinés à flatter l'amour propre des supporters comme des dirigeants, ou à se procurer des avantages divers en retour.

G. Les distances de charge

L'étude de la dangerosité de certains sports collectifs révèle que plus les joueurs se chargent de près, plus ils disposent d'un espace d'affrontement et davantage ils se montrent violents. Les paramètres qui régissent ce qu'on appelle les ***distances de charge*** ne facilitent pas l'arbitrage, car les modalités d'un contact « limite » doivent être connues pour que les actes de brutalité soient dûment réprimés.
Dans les sports de combat, l'inverse s'avère vrai car les statistiques recensées sur les cas de blessures par les compagnies d'assurances concluent à une moindre dangerosité, malgré les aspects « musclés » des corps à corps.
Aussi, en matière d'arbitrage, la connaissance approfondie d'une pratique sportive demeure essentielle pour que l'arbitre puisse exceller dans sa fonction et s'y révéler un éducateur au même titre que l'entraîneur.

H. L'arbitre, un acteur essentiel mais mal aimé

Il reste à se poser la question de savoir pourquoi l'arbitre est souvent le mal aimé du système ?
Les réponses sont, d'une part, de type institutionnel, d'autre part, se trouvent liées aux caractéristiques même du sport, et enfin tiennent à la faillibilité du jugement humain.
De nos jours, trop d'enjeux économiques et financiers, trop de sollicitations médiatiques, trop de recherche de prestige ont fait des confrontations sportives des affrontements sans retour.
Devant tant d'enjeux, l'arbitre se trouve suspecté d'être « vendu », d'agir de façon malhonnête et se trouve couvert d'opprobre par les spectateurs.
Un public novice, une foule ignorante, un parterre dont les connaissances en matière de règlement sont partielles, vont contester injustement des décisions rationnelles ou reprocher à l'arbitre sa soi-disant médiocrité. Ces méconnaissances sont préjudiciables au corps arbitral et déclenchent des colères passionnelles des spectateurs ou le sentiment l'emporte sur la raison. Les supporters aveugles veulent à n'importe quel prix la victoire de leurs équipes.
La foule est une mosaïque et génère malheureusement ses propres ennemis.
Au sein d'un public lambda, des voyous insultent, se comportent de façon ignominieuse, exacerbent leurs bas instincts en lançant des projectiles ou en recherchant les voies de fait. L'arbitre se trouve tout désigné par ces groupuscules *hooligan* et agit dans un climat d'insécurité.
L'arbitrage exige avant tout une remise en cause perpétuelle car nul n'est à l'abri de l'erreur. Les erreurs de jugement sont possibles, en particulier dans les épreuves de style comme en plongeon, en patinage artistique ou en natation synchronisée où les juges peuvent se tromper en toute innocence.
Parfois, les juges oublient leur devoir d'impartialité et favorisent les concurrents d'un pays, d'un groupe de pays, d'un continent ou d'un groupe ethnique spécifique. Ces attitudes volontaires ou involontaires créent des ambiguïtés, voire des malaises, qui peuvent être irréparables.
En cas d'incompétence avérée, des erreurs flagrantes se terminent en conflits et là tout dégénère : manque de respect de l'arbitre et des règles. L'arbitre est vécu, à ces instants, comme un pouvoir négatif qui est là pour brimer, focalisant mauvaises humeurs et déceptions.

6. Comment devenir arbitre ?

Toutes les parties prenantes du sport s'accordent pour souligner les difficultés de la fonction. Mais ***sans arbitre, pas de sport !*** La noblesse de cette fonction doit être mise en exergue, et des remèdes apportés pour revaloriser leur image et faire évoluer les mentalités. C'est donc tout un système d'éducation qu'il convient de bâtir, pour et avec les enfants, et à revoir en direction des adultes.

A. La sensibilisation des jeunes

Si le sport français compte dans ses rangs près de 35 000 arbitres de moins de 25 ans, il faut déjà prévoir la sensibilisation des générations suivantes.

Toutes les fédérations engagées dans les voies compétitives ont une politique en faveur de l'accès à l'arbitrage de leurs jeunes licencié(e)s. Dès la catégorie d'âge des Benjamins, les écoles de club suscitent les vocations en développant les fonctions d'arbitre et de commissaires sportifs, ce qui présente comme avantage d'investir les pratiquants dans l'association. Ces jeunes se préparent ainsi à intervenir au niveau départemental lorsqu'ils passeront dans la catégorie Minimes. À chaque âge, l'accession à une strate supérieure correspond à des temps de formation, des stages, et des examens théoriques/pratiques.

B. Les avantages d'une implication arbitrale

Les mises en situation offrent à ces apprentis des opérations-vérité par lesquelles ils mesurent les affres de ce champ d'intervention. En prenant en compte tous les manques manifestés par les stagiaires, les commissions d'arbitrage axent leur mission sur trois grands paramètres : l'information, la détection, la formation, suivie de l'organisation des tests d'évaluation de niveau. La prise de responsabilité et l'animation directe que représente l'arbitrage sont des facteurs de motivation pour des sportifs entreprenants.

Les informations administratives, techniques et pédagogiques édictées par la commission nationale d'arbitrage descendent en cascade à tous les échelons d'intervention. Ces textes officiels respectent avant tout ceux appliqués par les fédérations internationales, en tenant compte d'une année sur l'autre des évolutions et ajustements décidés. Les règles techniques, le code sportif, le règlement sportif et ses formulaires constituent donc la charpente de leurs interventions.

La détection d'arbitres et de commissaires sportifs débute, dans de nombreuses fédérations, à partir de l'âge de Benjamin qui, sous le contrôle des éducateurs, œuvrent dans leurs propres associations et à l'occasion d'interclubs. À la strate d'âge supérieure, les Minimes vont être testés sur les animations et compétitions de niveau départemental.

Les objectifs de ces « Coupes du jeune arbitre » sont multiples :

- Donner des bases théoriques et pratiques d'arbitrage aux jeunes licenciés ;
- Susciter des vocations d'arbitre pour préparer la relève du corps arbitral ;
- Créer une ou plusieurs animations pour les préadolescents attirés par l'arbitrage.

La formation initiale et continue est inscrite à tous les niveaux (du club au national) et se trouve dispensée par des formateurs de formateurs utilisant des outils techniques et pédagogiques modernes. Leurs lettres de missions sont plus ou moins développées en fonction de leurs cursus et niveaux d'engagement. D'une discipline à une autre, voici le catalogue des missions prioritaires de ces responsables de l'arbitrage :

- Informations précises sur les prérequis ;
- Formation initiale des arbitres ;
- Préparation aux différents niveaux d'examens ;
- Passages aux sessions d'examens ;
- Calendrier des championnats, tournois labellisés ;
- Organisation de l'arbitrage des championnats ;
- Évaluation des arbitres et commissaires sportifs ;
- Formation continue des arbitres.

C. Un cursus en cascade

La commission nationale d'arbitrage de chaque fédération insiste auprès des dirigeants, des cadres techniques, des enseignants, sur la nécessité d'informer tous les juniors-seniors, garçons ou filles, sur les possibilités qui leur sont offertes pour intégrer le corps arbitral.

Au niveau départemental, on initie des actions de prospection, de développement, de formation initiale et continue amenant aux examens de passage aux échelons supérieurs.

Les niveaux régionaux, interrégionaux et nationaux ont leur propre programme, managé par les instructeurs d'arbitrage en collaboration avec les cadres techniques fédéraux.

Le corps arbitral ne vit pas en autarcie. Il communique avec les autres secteurs de la fédération et ses formateurs interviennent dans les stages sportifs, ceux réservés aux enseignants, dans les pôles France et Espoirs et à la formation modulaire aux brevets d'État.

Ce cursus en cascade, jalonné de tests de plus en plus ardus, amène les plus courageux, tenaces et intelligents aux grades d'arbitre international, européen et mondial.

À l'ère de l'électronique et du multimédia, des outils améliorent la compréhension mutuelle. Les spectateurs et joueurs font dorénavant confiance au contrôle vidéo, quant aux téléspectateurs, ils ont le privilège d'écouter les arbitres à micro ouvert. L'adoption du contrôle télévisuel post-action, en cas de carence ou d'erreur humaine, expérimenté de longue date par le football américain ou dans les courses de chevaux va gagner, petit à petit, les autres disciplines (rugby, handball, football, patinage artistique, lutte...).

7. LES ARBITRES : ÉDUCATEURS PLUS QUE JUSTICIERS

En charge de faire respecter les règlements, l'arbitre reste trop souvent perçu comme celui qui sanctionne (cartons jaunes et rouges). Pourtant, l'application d'un « carton bleu » pour les actions exemplaires va se généraliser et donner aux arbitres la possibilité de jouer un rôle éducatif.

La Fédération française de football l'a déjà adopté pour la saison 1995-1996 dans les championnats nationaux de moins de 15 ans et 17 ans. Les applications « carton bleu » inspirées par l'Association française pour un sport sans violence et pour le fair-play (AFSVFP) se font pour le football de haut niveau dans la Coupe de France à partir du 7e tour.

Les conditions d'attribution des points « carton bleu » sont basées sur les trois critères ci-après :

1. Le comportement des joueurs sur le terrain
2. Le comportement des dirigeants du club
3. Le comportement du « banc de touche ».

Deux types de récompenses seront attribués :

a. Une récompense sportive (repêchage pour les phases finales de la compétition pour les moins de 17 ans, le club qualifié en tête du classement obtiendra le bénéfice du terrain en Coupe de France).
b. Des dotations (pour les jeunes, dotations en équipement, des billets d'invitation aux matchs de l'équipe de France et pour les équipes professionnelles, des dotations financières au profit des centres de formation).

Encadré 7.2 L'autre championnat de Foot Citoyen

Une autre initiative, plus récente, vient d'être engagée par l'association *Foot Citoyen* créée, par des journalistes sportifs et parrainées par des entraîneurs et joueurs professionnels de renom, en octobre 2003. Elle a pour but de mettre l'accent sur les difficultés rencontrées par les différents acteurs de terrain. Un accompagnement de ces mêmes acteurs est organisé par une équipe de psychologues et elle s'attache à médiatiser ces opérations, notamment par le biais de la télévision dans un but pédagogique et de dialogue.

L'objectif de ce dispositif est de toucher les opinions et de modifier les attitudes, pour réduire les phénomènes de violence, en menant des actions de prévention auprès des éducateurs, arbitres, dirigeants et joueurs.

Les arbitres étant au cœur de l'opération seront suivis à travers la notation de la grille d'évaluation. Ce suivi s'effectuera dans un premier temps afin de les sensibiliser à l'utilisation de la grille puisque leur implication sera prépondérante dans le fonctionnement du championnat « citoyen », initiative parallèle au véritable championnat.

Basé sur une grille d'évaluation remplie par les arbitres à l'issue de chaque rencontre, il donne la part belle à des valeurs telles que le fair-play, la convivialité et la sportivité. Cette initiative permet de mettre en évidence le travail des clubs qui prônent les bonnes conduites.

Un classement a lieu chaque week-end, sans prendre en considération les résultats des équipes concernées, les arbitres officiels notent de - 3 à + 3 les recevants et visiteurs à travers six thèmes et quinze comportements.

Chaque secteur de la vie du club est passé en revue et évalué. L'équipe, l'entraîneur, le capitaine, le banc de touche, le public, l'accueil et la sécurité sont étudiés et participent chaque mois à l'obtention de la moyenne générale du club et de son classement.

S'il existe un classement général en fin de saison, prenant en compte la moyenne globale de chaque club, chaque début de mois les compteurs sont remis à zéro.
L'association poursuit un autre but; le suivi psychopédagogique permettra d'aider les arbitres dans les difficultés à faire face au cours d'un match, aux comportements des joueurs, du capitaine, de l'entraîneur et du public. Il est en effet important de replacer l'arbitre en tant que garant du respect des lois du jeu, en valorisant son travail et pourquoi pas, en créant des vocations ?
Le football amateur n'échappant pas au débat sur un nécessaire « rappel à l'ordre » civique, l'expérience est menée dans la région PACA auprès d'une dizaine de clubs méditerranéens.

8. L'AVENIR DE L'ARBITRAGE

Si on s'intéresse à la dernière synthèse des états généraux du sport, sur l'initiative du ministère des Sports, concernant l'arbitrage, quatre propositions émergent de ces travaux nationaux de 2002 :

- Réserver une place statutaire obligatoire pour les arbitres dans les instances dirigeantes des clubs ;
- Durcir les sanctions à l'égard des joueurs mais aussi des dirigeants ;
- Impliquer davantage les parents ;
- Poursuivre et intensifier les actions de sensibilisation du public, des responsables de clubs de supporters et de formation des animateurs et entraîneurs.

En entrant dans le détail des contributions régionales, des représentants pensent qu'il est indispensable de communiquer sur le bien fondé et la nécessité de la règle, qui seule rend possible le jeu sportif.

D'autres participants souhaitent expérimenter des nouvelles mesures comme le transfert du pouvoir disciplinaire aux clubs de base pour certains types de fautes (expérience en cours à la fédération française de football).

Par ailleurs, et afin de rapprocher les arbitres des pratiquants et leur permettre de s'entraîner à leur fonction, il est suggéré qu'ils s'astreignent à participer à au moins une séance d'entraînement par semaine dans un club, où ils seraient placés en situation.

Devant certains publics, des aménagements des règles pourraient contribuer à limiter les actes de violence. L'encadré 7.3 présente l'exemple du « futsal » - football aux règles aménagées : sans tacles ni charges.

Encadré 7.3

Le **futsal** (football de salon) a été confié à la Fédération française de football en 2001.
Une partie disputée par des seniors comporte deux mi-temps de 25 minutes dans les dimensions d'un gymnase. Les équipes composées de cinq joueurs chacune maximum s'inscrivent dans de véritables championnats fédéraux.
Les règles du football et du futsal sont relativement similaires bien qu'il existe une différence de marque dans le fait qu'il soit interdit de tacler (danger pour l'adversaire et possibilités de brûlures pour soi-même).
Selon les médecins, le futsal demande des efforts nettement moins exigeants que le football à 11, du fait de l'aire de jeu réduite. Il présente un autre intérêt en prohibant le tacle car les statistiques donnent deux fois moins de blessures qu'au football classique. Comme un surplus de fautes entraîne automatiquement une expulsion temporaire, les joueurs n'ont pas inconsciemment le réflexe de commettre la faute, d'où une différence majeure du nombre de blessures.
Les spécificités de l'arbitrage de cette pratique font que deux arbitres centraux peuvent officier, aidés par un assistant et un chronométreur. Certaines règles ont aplani les difficultés de l'arbitrage (pas de hors-jeu, pas de mur, 5 coups francs = penalty, règle de l'avantage). Toutefois, la tension nerveuse reste omniprésente car aucun droit à l'erreur n'est permis de par la promiscuité du jeu et l'exigence de l'instantanéité des coups de sifflet. Le constat majeur que font les directeurs des parquets est qu'en bannissant le fait de se jeter devant, derrière ou à côté d'un adversaire pour jouer le ballon au pied (*sliding*), cela atténue considérablement les actes de brutalité, voire de violence.

Un autre projet futuriste de réforme de l'arbitrage, à six intervenants sur le terrain, est proposé avec deux juges de touche, deux autres placés derrière chaque but et deux arbitres de champ, un par moitié de terrain. Seuls ces deux-là auraient le droit de siffler.

Trois projets méritent encore une dernière attention. Il s'agit de :

- Développer les campagnes dans lesquelles le public se trouve valorisé (challenge du public le plus fair-play) ;
- Le rôle des speakers qui doivent surveiller leur langage pour ne pas mettre le feu aux poudres ;
- Lutter contre le chauvinisme qui catalyse les frustrations, par une sensibilisation de la presse.

9. CONCLUSION

En définitive, la première tâche des officiels et des juges est d'administrer les règlements avec impartialité, conformément au serment qu'ils ont fait. Ils sont les garants de l'intégrité et du respect de l'éthique sportive.

Il s'agit avant tout d'un principe fondamental de justice dans toute société civilisée.

Lectures conseillées

Broussard P., *Génération supporter*, Éditions Robert Laffont, 1990.

Bruno J., *Lettre aux assassins du football*, Filipacchi, Paris, 1994.

Callede J.-P., *L'esprit sportif*, Maison des sciences de l'homme d'Aquitaine, 1987.

Chovaux O., Coutel C., *Éthique et spectacle sportif*, Artois Presse Université Cultures sportives, 2003.

Garncarzyk G., L'arbitrage sportif, *Revue EPS* n° 257, 1996.

Morabia A., *Le sport e(s)t une éthique*, Panathlon international, 1993.

Association française pour un sport sans violence et pour le fair-play

Vive l'arbitre ! Guéné Arts Graphiques Évreux, 1987.

Spectateurs et supporters devant la violence, Imprimerie de la vallée de l'Eure Pacy, 1991.

Le public du IIIe millénaire, garant de l'esprit sportif, Agence C Communication, 1997.

Documents

Comité international olympique, *Charte olympique*, Château de Vidy (Lausanne), 1994.

Conseil de l'Europe, *Code de l'éthique sportive*, 1992.

Comité national olympique et sportif français, *Charte du sport de haut niveau*, 1993.

Comité national olympique et sportif français, *Pour un humanisme du sport,* Congrès olympique du centenaire du CIO, Paris, 1994.

Sites Internet

http://www.olympic.ora/

http://www.fair play.asso.fr

http://www.fairplayeur.com

http://www.footcitoyen.org

Deuxième partie

SCIENCES BIOLOGIQUES APPLIQUÉES

1. PRÉPARER L'APPAREIL LOCOMOTEUR À L'ENTRAÎNEMENT ET À LA PERFORMANCE

Chapitre 8

LE RENFORCEMENT MUSCULAIRE

Jean-Paul Doutreloux

INTRODUCTION

Les muscles des sportifs sont amenés à produire de façon répétée, et avec une intensité relativement importante, de la force et de la puissance. Les muscles squelettiques sont responsables de la stabilisation dynamique des articulations et les moteurs des gestes sportifs réalisés. Ce sont eux qui assurent, selon leur position plus ou moins profonde dans la musculature, le gainage tonique, la posture et les mouvements de l'appareil locomoteur. La préparation musculaire doit donc s'attacher à les adapter pour qu'ils puissent répondre aux exigences de chaque discipline sportive. La musculation selon Miller et Quièvre (1998) consiste à réaliser de façon organisée des mouvements contre résistances afin d'engager une transformation du système neuro-musculaire : transformation au niveau des moteurs musculaires, mais aussi transformation des mécanismes nerveux de commande et de contrôle du mouvement. Le renforcement musculaire est de ce fait un aspect important de la préparation à la performance. Il doit répondre à la fois aux particularités de l'engagement musculaire relatif à l'activité, et au niveau de développement des qualités musculaires du sportif. Ce travail préalable, minutieux est nécessaire à la construction de contenus pertinents d'entraînement musculaire. Les grandes lignes de cette démarche sont développées dans les *Entretiens de l'INSEP*, n° 21 (1998).

Il existe une multitude de programmes permettant de renforcer les muscles squelettiques. Une synthèse remarquable a été réalisée en son temps par Cometti (1989). Depuis, plusieurs auteurs ont publié leur vision des choses. Les procédés de renforcement musculaire ont peu changé, par rapport aux travaux de Zaciorski (1966). Par contre, plusieurs auteurs ont depuis proposé des démarches fort intéressantes, organisées autour d'une analyse minutieuse des gestes sportifs et des projets et objectifs à atteindre (Miller et Quièvre, 1998). Nous avons choisi de suivre la même démarche, jugée plus opérante que la seule énumération de méthodes et procédés divers, car tout renforcement musculaire répond à un but.

Par ailleurs, pour comprendre le renforcement musculaire, il est indispensable de saisir les notions d'adaptation et de plasticité musculaire. Ensuite, les divers procédés qui vont être présentés ne font qu'illustrer les types d'adaptations induits par ces stimuli spécifiques.

Enfin, le renforcement musculaire doit répondre aux objectifs de préparation du sportif. Les divers procédés de musculation présentent des caractéristiques qui leur sont propres et qu'il faut connaître sous peine de faire des erreurs.

1. LE CONCEPT D'ADAPTATION

En biologie, l'adaptation d'un organe ou d'un organisme correspond à des changements organiques (structurels) et fonctionnels provoqués par des sollicitations internes ou externes. L'adaptation représente un état d'amélioration de la capacité d'exercice physique. C'est une des caractéristiques essentielles de la vie. L'adaptation peut être réversible, c'est pourquoi, lorsque nécessaire, elle doit être renouvelée constamment (Israël, 1982).

Les différents systèmes organiques ne s'adaptent pas tous à la même vitesse (ils ne se développent pas non plus à la même vitesse). Il y a des systèmes qui s'adaptent rapidement comme le tissu musculaire ; des systèmes qui s'adaptent lentement comme l'appareil locomoteur passif (tendons, ligaments, os, cartilage) et des systèmes dont la vitesse d'adaptation est intermédiaire comme la consommation d'oxygène (elle dépend de l'adaptation préalable des cellules musculaires).

Les fibres musculaires sont des cellules qui ne cessent de se transformer au cours du temps et qui s'adaptent en permanence selon la façon dont elles sont mises en jeu.

Les exercices de musculation doivent normalement solliciter fortement les réserves énergétiques et entraîner de la fatigue (qui provoque l'arrêt du travail). Cette cascade d'évènements permet dans un second temps une amélioration du potentiel initial. En effet, l'épuisement partiel des stocks énergétiques nécessite une récupération musculaire locale plus importante. Ces déficits sont perçus par l'organisme qui déclenche en retour la sécrétion d'une quantité plus importante d'hormones anabolisantes (dihydrotestostérone par exemple). Ces hormones ont comme cibles principales les cellules musculaires, à qui elles ordonnent la fabrication du matériel protéique support de la contraction. Ce mécanisme ne se réalise normalement que pendant les périodes de récupération, et notamment pendant le sommeil.

À l'issue d'un certain nombre de cycles travail-récupération (6 à 8 semaines en moyenne), les fibres musculaires s'adaptent à ce nouveau rythme et augmentent leur masse. En fait, il s'agit de mini-phénomènes de surcompensation (mécanisme qui doit être compris comme un excès de récupération), permettant de faire à chaque fois un peu plus de stocks énergétiques que la fois précédente. Dès lors, davantage d'énergie permet davantage de répétitions, ce qui favorise à la longue les déficits et par conséquent les anabolismes.

Il ne faut toutefois pas oublier que les cellules musculaires ne font que produire la force mécanique. C'est le tissu conjonctif qui transmet la force produite au squelette osseux. Or, ce tissu s'adapte bien moins rapidement que le tissu musculaire, et récupère moins vite également (c'est le lieu des claquages et autres déchirures). Ainsi, lorsque les gains de force s'accélèrent, il est nécessaire de provoquer des plages de récupération longues (une semaine tous les 3 mois environ), afin qu'il ait le temps de s'adapter.

L'organisme est très adaptable au cours de son développement, notamment lors de la période prépubertaire (pour la coordination motrice) et lors de la période pubertaire pour l'ensemble des facteurs de la condition physique (force et endurance par exemple). Avec l'âge, l'adaptabilité diminue progressivement, mais la capacité d'adaptation existe jusqu'à un âge avancé. De plus, il existe une différenciation sexuelle de l'adaptabilité pour certains systèmes et notamment le système musculaire, en raison principalement d'une influence hormonale inégale (androgènes testiculaires) d'un sexe à l'autre. Enfin, l'adaptation est d'autant plus rapide que le niveau de départ est bas.

Les exercices de musculation stimulent de nombreux mécanismes physiologiques. Ils donnent la possibilité aux muscles squelettiques de produire la force requise pour une tâche donnée (Kraemer et coll., 1995).

La plupart des connaissances concernant les protocoles de renforcement musculaire ont été obtenues à partir de l'examen des réponses physiologiques à des exercices différents.

Un protocole d'exercice de musculation est défini par 5 variables :

- Le choix de l'exercice ;
- L'ordre des exercices ;
- La charge et l'intensité utilisées ;
- Le nombre de séries et de répétitions ;
- La durée des périodes de récupération entre les exercices et les séries.

Les différences dans les réponses physiologiques et psychologiques sont liées aux valeurs différentes de chacune de ces 5 variables. Historiquement, la spécificité des exercices de force utilisés est un des principes de base de l'entraînement. La chronologie des adaptations débute lors de la première série d'entraînement et suit une cinétique qui est spécifique à l'individu et au type de protocole d'exercice utilisé.

Les adaptations observées lors d'entraînements de la force dépendent de l'augmentation des stimulations réalisées sur le système neuromusculaire. Le concept de surcharge progressive des sollicitations de l'organisme afin d'augmenter les performances correspond au principe de base de l'entraînement de la force.

A. L'adaptation neuro-musculaire

Le stimulus de l'activation musculaire provient du cortex cérébral et des centres nerveux supérieurs (figure 8.1, d'après Kraemer et coll., 1995). Le signal est alors envoyé par un centre nerveux sous-jacent (moelle épinière ou tronc cérébral) et transformé en un pattern spécifique d'activation des unités motrices. Les unités motrices activées répondent aux exigences de production de force en activant les fibres musculaires qui leur sont associées. Différentes boucles de rétroaction peuvent aider à modifier la force produite ou bien permettre de communiquer avec les autres systèmes (endocrinien en particulier). Les ordres moteurs issus des centres nerveux supérieurs, du diencéphale, ou de la moelle, peuvent aussi être modifiés par feed-back à partir des informations sensorielles périphériques ou encore par des ordres corticaux. Différentes adaptations des niveaux de communications des systèmes neuromusculaires peuvent être observées à l'issue de l'entraînement de la force. Les différences dans les programmes d'entraînement influencent le type des adaptations qui apparaissent (par exemple, un entraînement à charges très lourdes peut provoquer une augmentation de la force avec peu de changement dans la taille des muscles).

B. L'activation des unités motrices

L'unité fonctionnelle du système neuro-musculaire est l'unité motrice (UM). La taille des UM va de un neurone pour quelques fibres (exemple des muscles oculomoteurs) à 1 neurone pour plusieurs centaines de fibres musculaires (muscles du squelette appendiculaire). Les fibres musculaires issues de 2 UM différentes peuvent être localisées côte à côte, ce qui signifie qu'il est possible à l'une d'être activée sans que l'autre ne le soit. Quand la force maximale est nécessaire, toutes les unités motrices disponibles doivent être activées.

La force musculaire diffère selon le type d'UM, sa vitesse et sa fréquence d'activation.

L'activation des UM est également influencée par le principe de taille, fondé sur la relation entre les caractéristiques de la stimulation et la sensibilité de la fibre nerveuse. Ainsi, les UM sont recrutées selon leur sensibilité et leur vitesse de décharge, permettant un continuum de production de force volontaire. Ainsi, dans la majorité des muscles mixtes (possédant des fibres I et II), l'étendue de la production de force peut aller d'un niveau très faible à une production maximale de force.

La production de la force maximale nécessite d'une part le recrutement de toutes les UM, (y compris celles qui ont le plus haut seuil de sensibilité), et d'autre part le recrutement des UM doit être réalisé à une vitesse de décharge importante. Les sujets sédentaires ne sont pas capables de recruter les fibres du plus haut seuil de sensibilité et d'activer de façon

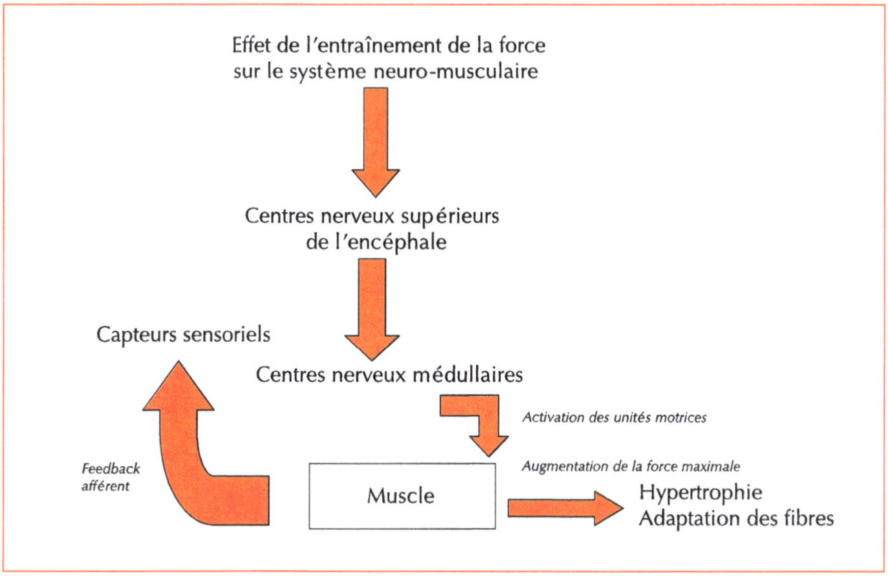

Figure 8.1 Les étapes de l'adaptation du système neuro-musculaire à l'entraînement de la force.

maximale leurs muscles. Ainsi, une partie importante des adaptations liées à l'entraînement est de développer la capacité à recruter toutes les UM nécessaires quand il faut réaliser une tâche.

C. Durée des changements nerveux liés aux programmes de force

Les facteurs nerveux favorisent une large part de l'augmentation de la force en absence d'hypertrophie. Ceci est d'autant plus vrai dans les premières phases de l'adaptation (2 à 8 semaines) à l'entraînement, où les gains de force sont bien plus importants que ceux qui peuvent être expliqués par l'hypertrophie. De plus, la capacité à activer l'ensemble des UM disponibles est également améliorée dans les premières phases de l'entraînement quand les sportifs « apprennent » à exercer leur force dans les différents exercices. La spécificité du programme utilisé est un des facteurs les plus importants des gains initiaux attribués aux facteurs nerveux. Selon Sale et coll. (1990), les programmes de grande intensité (> 90 % de la RM), mais de volume faible (peu de répétitions et de séries), ne correspondent pas à un stimulus suffisant pour provoquer une croissance musculaire. Il est admis que l'hypertrophie des fibres musculaires nécessite plus de 16 séances pour être significative.

Sale et coll. (1990) ont décrit la dynamique de l'adaptation des tissus nerveux et de l'hypertrophie (figure 8.2). La contribution des facteurs nerveux est maximale jusqu'à 50 % de 0 à 8 semaines, celle des facteurs musculaires est nulle au départ, puis de 50 % au bout de 8 semaines et augmente ensuite jusqu'à 12 à 14 semaines. Il est intéressant de noter que l'augmentation de la SSP des fibres musculaires va de 20 à 45 % dans la plupart des études, avec parfois des résultats dépassant 50 %. Avec le développement des techniques d'imagerie, on a pu montrer que les accroissements de taille des fibres musculaires dans une région musculaire ne reflètent pas obligatoirement la magnitude des changements de l'ensemble du muscle. Cependant, la force et la puissance, produites par la musculature progressivement renforcée et activée, connaissent une limite supérieure qui correspond à celle du système neuromusculaire.

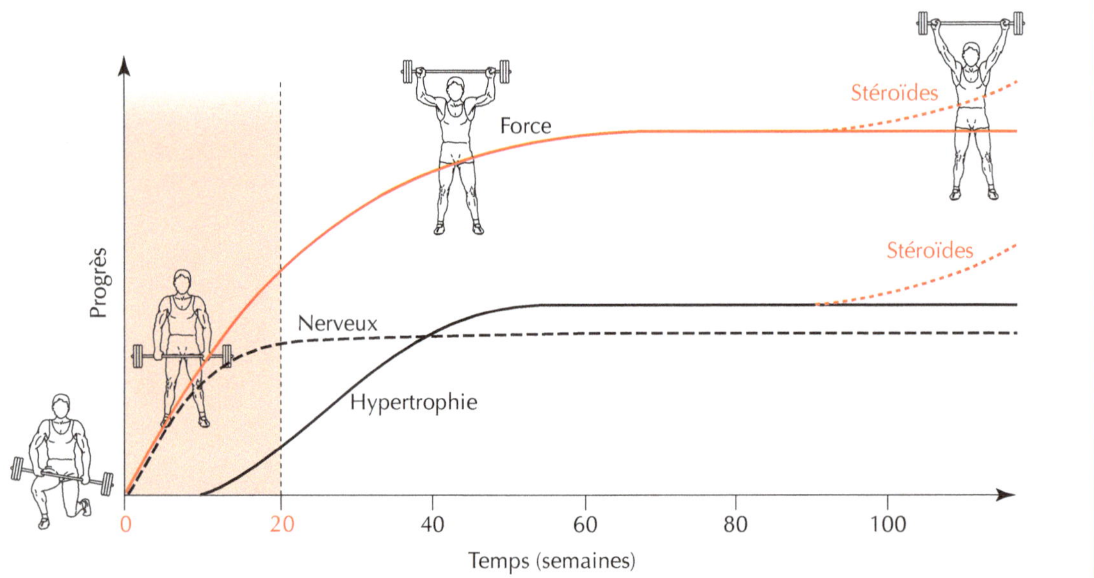

Figure 8.2
Adaptations neuro-musculaires lors d'un entraînement de la force. In Willmore et Costill (1998).

D. Modification des fibres musculaires sous l'effet du renforcement musculaire

La cinétique des transformations des fibres musculaires (protéines contractiles) lors de l'entraînement de la force doit être analysée à la fois en termes qualitatifs et qualitatifs. Les transformations des protéines contractiles commencent à apparaître dès le début d'un programme d'entraînement à charge lourde. À mesure que l'entraînement continue, la quantité de protéines contractiles augmente, et la surface de section des fibres musculaires grandit. L'hypertrophie des fibres nécessite une assez longue période d'entraînement (16 séances au minimum). À cet égard, l'existence d'une plasticité importante des fibres musculaires est admise. Elle est attribuable en partie au complexe déjà très adaptable du groupe des myosines contractiles et des protéines de régulation qui sont codées par plusieurs gènes (Kraemer et coll., 1995).

Avec l'entraînement en force, les changements de types de fibres musculaires et de chaînes lourdes de myosine (MHC) apparaissent tôt dans le programme. Il est intéressant de noter que les transformations à l'intérieur de types fibres musculaires sont spécifiques et que les transformations de fibres I en II n'apparaissent que peu probables. Malgré tout, si les transformations de I en II et de II en I sont possibles, ils restent discutables. Après 8 semaines de travail, à raison de 2 séances par semaine (6 à 8 séries de 10 à 2 répétitions pour un même exercice, 2 minutes de récupération ont été utilisées pour permettre un repos suffisant entre les séries, mais aussi afin d'augmenter les concentrations hormonales) sont généralement nécessaires pour augmenter la force maximale dynamique, sans changement significatif de la taille des fibres chez les hommes comme chez les femmes (in Kraemer et coll., 1995).

Ceci supporte le concept d'une adaptation nerveuse prédominante en début d'entraînement. Par ailleurs, il est intéressant de noter la diminution significative du % de fibres IIB chez les femmes juste après 2 semaines (4 entraînements), et après 4 semaines (8 entraînements) chez les hommes. Enfin, à l'issue des 8 semaines (16 séances), le % de IIB a diminué de 7 % dans les muscles des deux sexes.

Les données de nombreuses études démontrent que si les adaptations du système nerveux sont très importantes en début d'entraînement, de nombreux autres changements interviennent pour remodeler les fibres musculaires dès le début de l'entraînement et ont une influence importante sur les capacités d'hypertrophie. Ainsi, la qualité des protéines fabriquées sous l'influence de l'entraînement résistant est un aspect important du développement musculaire.

Des périodes plus longues d'entraînement résistant ont été étudiées et les études ont répertorié à la fois des changements dans le type de fibres et dans la taille de leur surface de section. Staron et coll. (in Kraemer et coll., 1995) ont examiné les changements dans les muscles squelettiques de femmes ayant réalisé un entraînement pendant 20 semaines, un désentraînement pendant 30 à 32 semaines et un ré-entraînement pendant 6 semaines. Les auteurs ont observé une augmentation importante de la surface de section pour tous les types de fibres, une diminution du pourcentage de fibres de type IIB au cours des 20 semaines d'entraînement (2 fois par semaine). L'étude montre également que le désentraînement ne ramène pas les surfaces des fibres à leur valeur initiale, mais que le turnover du type IIA vers IIB se réalise. De plus, il est démontré que le ré-entraînement permet une conversion plus rapide des fibres IIB vers IIA et un accroissement de la taille des fibres dans le même temps. De tels résultats ont amené les auteurs à proposer que, parce que les fibres IIA ont une activité oxydative plus marquée que les IIB, le changement vers IIA représente une augmentation des capacités oxydatives des muscles entraînés. Ces résultats sont supportés par les données de Frontera et coll. (in Kraemer et coll., 1995) qui montrent une augmentation significative du nombre de capillaires par fibre et une activité de l'enzyme citrate synthétase (enzyme du cycle de Krebs) dans le muscle VE chez l'homme.

2. PROCÉDÉS ET MÉTHODOLOGIE DU RENFORCEMENT MUSCULAIRE

A. Préambule méthodologique

Les premières séances doivent se faire en présence d'un spécialiste

Lorsqu'on est débutant, il vaut mieux s'initier au renforcement musculaire avec un spécialiste de la musculation : pour des questions de sécurité et de maîtrise des positions du corps sur les appareils lors de l'exécution des mouvements. En effet, si la musculation est un acte simple, chaque exercice et/ou séance doit être entouré de nombreuses précautions afin de ne pas commettre d'erreurs qui sont souvent synonymes d'accidents. Beaucoup d'exercices de musculation exigent une tonicité, un gainage, un placement et une technique précises. À titre d'exemple, ne vous aventurez pas à essayer de soulever l'haltère comme dans la 3e image de la figure 8.3, cela provoquera rapidement, même avec une charge additionnelle faible, des dommages importants sur votre rachis. Savoir se placer sur l'appareil et surtout placer ses appuis au sol, son dos et son bassin est très important quel que soit le niveau de pratique de la musculation.

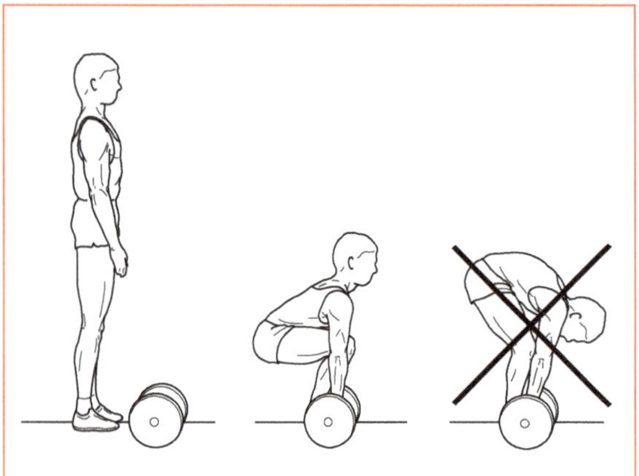

Figure 8.3
Bonne et mauvaise position de prise de barre lors d'un « soulever de terre ». Ce geste qui fait partie des mouvements fondamentaux de la musculation du joueur de rugby nécessite un apprentissage avant d'être réalisé correctement.

Commencer par s'échauffer

Commencer par s'échauffer, et ne pas se jeter sur la première barre olympique venue. Il est important de préparer les articulations à subir des contraintes élevées provoquées par les charges additionnelles. De même, il faut préparer les tissus nerveux, conjonctifs et musculaires en augmentant leur température afin de diminuer les frictions lors des mouvements et d'élever la température des cellules musculaires pour optimiser leur fonctionnement énergétique.

Quels muscles, quels exercices et combien de fois ?

Il faut ensuite déterminer la quantité de travail (le nombre total de mouvements), quels muscles vont être sollicités et quels exercices vont être réalisés. Le nombre d'exercices va déterminer la durée de la séance, sachant qu'elle est généralement de 30 minutes au départ pour atteindre 90 minutes chez l'expert. Généralement, le nombre d'exercices ou bien de groupes musculaires sollicités va de 3 à 6. Enfin, il faut déterminer le volume de travail (le nombre de séries et le nombre de répétitions dans chaque série, de même que les durées de récupération entre les séries).

Quelle charge va être soulevée au départ ?

La détermination ou plutôt l'estimation de la « Répétition Maximale » (appelée RM) est un point essentiel dans les premières séances de musculation. C'est à partir de cette référence que la progression est organisée. Généralement, sur un exercice simple comme celui sur la « pec-machine » ou encore sur la machine à quadriceps, après quelques essais, on choisit une charge donnée. Si on ne peut pas faire plus de 5 mouvements (5 répétitions), les spécialistes estiment que la charge correspond à environ 80 % de la valeur de la RM. Si ce ne sont que 3 répétitions, on estime que la charge mobilisée correspond à 90 % de la RM (T. Savio, données personnelles). Tous ces points ne s'inventent pas. Il existe des règles et des procédés qui correspondent aux capacités de chacun. Une formule est largement utilisée depuis plus de dix ans. C'est celle de Brzycki. Elle permet de calculer la charge maximale estimée :

RM estimée = Charge soulevée à n répétitions/(1,0278 – 0,0278 x nombre de répétitions)

Ainsi, par exemple, si la charge est de 29 kg, et qu'elle a été soulevée 6 fois, la RM est estimée par : 29/(1,0278-0,0278 x 6) = 34 kg.

Le tableau 8.1 ci-dessous permet de retrouver facilement les valeurs des RM en fonction du nombre de répétitions complétées.

Tableau 8.1 Détermination de la répétition maximale lors d'un mouvement à partir de la connaissance du nombre de répétitions. D'après Brzycki.

Charge mobilisée

Charge (kg)	Nombre de répétitions accomplies										
	2	3	4	5	6	7	8	9	10	11	12
20	21	21	22	23	23	24	25	26	27	28	29
21	22	22	23	24	24	25	26	27	28	29	30
22	23	23	24	25	26	26	27	28	29	30	32
23	24	24	25	26	27	28	29	30	31	32	33
24	25	25	26	27	28	29	30	31	32	33	35
25	26	26	27	28	29	30	31	32	33	35	36
26	27	28	28	29	30	31	32	33	35	36	37
27	28	29	29	30	31	32	34	35	36	37	39
28	29	30	31	32	33	34	35	36	37	39	40
29	30	31	32	33	34	35	36	37	39	40	42
30	31	32	33	34	35	36	37	39	40	42	43
31	32	33	34	35	36	37	38	40	41	43	45
32	33	34	35	36	37	38	40	41	43	44	46
33	34	35	36	37	38	40	41	42	44	46	48
34	35	36	37	38	39	41	42	44	45	47	49
35	36	37	38	39	41	42	43	45	47	48	50
36	37	38	39	41	42	43	45	46	48	50	52
37	38	39	40	42	43	44	46	48	49	51	53
38	39	40	41	43	44	46	47	49	51	53	55
39	40	41	43	44	45	47	48	50	52	54	56
40	41	42	44	45	46	48	50	51	53	55	58
41	42	43	45	46	48	49	51	53	55	57	59
42	43	44	46	47	49	50	52	54	56	58	61
43	44	46	47	48	50	52	53	55	57	60	62
44	45	47	48	50	51	53	55	57	59	61	63
45	46	48	49	51	52	54	56	58	60	62	65

Charge (kg)	Nombre de répétitions accomplies										
	2	3	4	5	6	7	8	9	10	11	12
46	47	49	50	52	53	55	57	59	61	64	66
47	48	50	51	53	55	56	58	60	63	65	68
48	49	51	52	54	56	58	60	62	64	66	69
49	50	52	53	55	57	59	61	63	65	68	71
50	51	53	55	56	58	60	62	64	67	69	72
51	52	54	56	57	59	61	63	66	68	71	73
52	53	55	57	59	60	62	65	67	69	72	75
53	55	56	58	60	62	64	66	68	71	73	76
54	56	57	59	61	63	65	67	69	72	75	78
55	57	58	60	62	64	66	68	71	73	76	79
56	58	59	61	63	65	67	70	72	75	78	81
57	59	60	62	64	66	68	71	73	76	79	82
58	60	61	63	65	67	70	72	75	77	80	84
59	61	62	64	66	69	71	73	76	79	82	85
60	62	64	65	68	70	72	74	77	80	83	86
61	63	65	67	69	71	73	76	78	81	84	88
62	64	66	68	70	72	74	77	80	83	86	89
63	65	67	69	71	73	76	78	81	84	87	91
64	66	68	70	72	74	77	79	82	85	89	92
65	67	69	71	73	75	78	81	84	87	90	94
66	68	70	72	74	77	79	82	85	88	91	95
67	69	71	73	75	78	80	83	86	89	93	97
68	70	72	74	77	79	82	84	87	91	94	98
69	71	73	75	78	80	83	86	89	92	96	99
70	72	74	76	79	81	84	87	90	93	97	101
71	73	75	77	80	82	85	88	91	95	98	102
72	74	76	79	81	84	86	89	93	96	100	104
73	75	77	80	82	85	88	91	94	97	101	105
74	76	78	81	83	86	89	92	95	99	102	107
75	77	79	82	84	87	90	93	96	100	104	108
76	78	80	83	86	88	91	94	98	101	105	109
77	79	82	84	87	89	92	96	99	103	107	111
78	80	83	85	88	91	94	97	100	104	108	112
79	81	84	86	89	92	95	98	102	105	109	114
80	82	85	87	90	93	96	99	103	107	111	115

Charge (kg)	Nombre de répétitions accomplies										
	2	**3**	**4**	**5**	**6**	**7**	**8**	**9**	**10**	**11**	**12**
81	83	86	88	91	94	97	101	104	108	112	117
82	84	87	89	92	95	98	102	105	109	114	118
83	85	88	91	93	96	100	103	107	111	115	120
84	86	89	92	95	98	101	104	108	112	116	121
85	87	90	93	96	99	102	106	109	113	118	122
86	88	91	94	97	100	103	107	111	115	119	124
87	89	92	95	98	101	104	108	112	116	120	125
88	91	93	96	99	102	106	109	113	117	122	127
89	92	94	97	100	103	107	111	114	119	123	128
90	93	95	98	101	105	108	112	116	120	125	130
91	94	96	99	102	106	109	113	117	121	126	131
92	95	97	100	104	107	110	114	118	123	127	133
93	96	98	101	105	108	112	115	120	124	129	134
94	97	100	103	106	109	113	117	121	125	130	135
95	98	101	104	107	110	114	118	122	127	132	137
96	99	102	105	108	111	115	119	123	128	133	138
97	100	103	106	109	113	116	120	125	129	134	140
98	101	104	107	110	114	118	122	126	131	136	141
99	102	105	108	111	115	119	123	127	132	137	143
100	103	106	109	113	116	120	124	129	133	139	144
101	104	107	110	114	117	121	125	130	135	140	145
102	105	108	111	115	118	122	127	131	136	141	147
103	106	109	112	116	120	124	128	132	137	143	148
104	107	110	113	117	121	125	129	134	139	144	150
105	108	111	115	118	122	126	130	135	140	145	151
106	109	112	116	119	123	127	132	136	141	147	153
107	110	113	117	120	124	128	133	138	143	148	154
108	111	114	118	122	125	130	134	139	144	150	156
109	112	115	119	123	127	131	135	140	145	151	157
110	113	116	120	124	128	132	137	141	147	152	158
111	114	118	121	125	129	133	138	143	148	154	160
112	115	119	122	126	130	134	139	144	149	155	161
113	116	120	123	127	131	136	140	145	151	157	163
114	117	121	124	128	132	137	142	147	152	158	164
115	118	122	125	129	134	138	143	148	153	159	166

Charge (kg)	Nombre de répétitions accomplies										
	2	3	4	5	6	7	8	9	10	11	12
116	119	123	127	131	135	139	144	149	155	161	167
117	120	124	128	132	136	140	145	150	156	162	169
118	121	125	129	133	137	142	147	152	157	163	170
119	122	126	130	134	138	143	148	153	159	165	171
120	123	127	131	135	139	144	149	154	160	166	173
121	124	128	132	136	141	145	150	156	161	168	174
122	125	129	133	137	142	146	151	157	163	169	176
123	127	130	134	138	143	148	153	158	164	170	177
124	128	131	135	140	144	149	154	159	165	172	179
125	129	132	136	141	145	150	155	161	167	173	180
126	130	133	137	142	146	151	156	162	168	175	182
127	131	134	139	143	148	152	158	163	169	176	183
128	132	136	140	144	149	154	159	165	171	177	184
129	133	137	141	145	150	155	160	166	172	179	186
130	134	138	142	146	151	156	161	167	173	180	187
131	135	139	143	147	152	157	163	168	175	181	189
132	135	139	143	148	153	158	163	169	175	182	189
133	137	141	145	150	154	160	165	171	177	184	192
134	138	142	146	151	156	161	166	172	179	186	193
135	139	143	147	152	157	162	168	174	180	187	194
136	140	144	148	153	158	163	169	175	181	188	196
137	141	145	149	154	159	164	170	176	183	190	197
138	142	146	151	155	160	166	171	177	184	191	199
139	143	147	152	156	161	167	173	179	185	193	200
140	144	148	153	158	163	168	174	180	187	194	202
141	145	149	154	159	164	169	175	181	188	195	203
142	146	150	155	160	165	170	176	183	189	197	205
143	147	151	156	161	166	172	178	184	191	198	206
144	148	152	157	162	167	173	179	185	192	199	207
145	149	154	158	163	168	174	180	186	193	201	209
146	150	155	159	164	170	175	181	188	195	202	210
147	151	156	160	165	171	176	183	189	196	204	212
148	152	157	161	167	172	178	184	190	197	205	213
149	153	158	163	168	173	179	185	192	199	206	215
150	154	159	164	169	174	180	186	193	200	208	216

Charge (kg)	Nombre de répétitions accomplies										
	2	3	4	5	6	7	8	9	10	11	12
151	155	160	165	170	175	181	187	194	201	209	218
152	156	161	166	171	177	182	189	195	203	211	219
153	157	162	167	172	178	184	190	197	204	212	220
154	158	163	168	173	179	185	191	198	205	213	222
155	159	164	169	174	180	186	192	199	207	215	223
156	160	165	170	176	181	187	194	201	208	216	225
157	161	166	171	177	182	188	195	202	209	217	226
158	163	167	172	178	184	190	196	203	211	219	228
159	164	168	173	179	185	191	197	204	212	220	229
160	165	169	175	180	186	192	199	206	213	222	230
161	166	170	176	181	187	193	200	207	215	223	232
162	167	172	177	182	188	194	201	208	216	224	233
163	168	173	178	183	189	196	202	210	217	226	235
164	169	174	179	185	190	197	204	211	219	227	236
165	170	175	180	186	192	198	205	212	220	229	238
166	171	176	181	187	193	199	206	213	221	230	239
167	172	177	182	188	194	200	207	215	223	231	241
168	173	178	183	189	195	202	209	216	224	233	242
169	174	179	184	190	196	203	210	217	225	234	243
170	175	180	185	191	197	204	211	219	227	235	245
171	176	181	187	192	199	205	212	220	228	237	246
172	177	182	188	194	200	206	214	221	229	238	248
173	178	183	189	195	201	208	215	222	231	240	249
174	179	184	190	196	202	209	216	224	232	241	251
176	181	186	192	198	204	211	219	226	235	244	254
177	182	187	193	199	206	212	220	228	236	245	255
178	183	188	194	200	207	214	221	229	237	247	256
179	184	190	195	201	208	215	222	230	239	248	258
180	185	191	196	203	209	216	223	231	240	249	259
181	186	192	197	204	210	217	225	233	241	251	261
182	187	193	199	205	211	218	226	234	243	252	262
183	188	194	200	206	213	220	227	235	244	253	264
184	189	195	201	207	214	221	228	237	245	255	265
185	190	196	202	208	215	222	230	238	247	256	266
186	191	197	203	209	216	223	231	239	248	258	268

Charge (kg)	Nombre de répétitions accomplies										
	2	3	4	5	6	7	8	9	10	11	12
187	192	198	204	210	217	224	232	240	249	259	269
188	193	199	205	212	218	226	233	242	251	260	271
189	194	200	206	213	220	227	235	243	252	262	272
190	195	201	207	214	221	228	236	244	253	263	274
191	196	202	208	215	222	229	237	246	255	265	275
192	197	203	209	216	223	230	238	247	256	266	277
193	199	204	211	217	224	232	240	248	257	267	278
194	200	205	212	218	225	233	241	249	259	269	279
195	201	206	213	219	226	234	242	251	260	270	281
196	202	208	214	221	228	235	243	252	261	271	282
197	203	209	215	222	229	236	245	253	263	273	284
198	204	210	216	223	230	238	246	255	264	274	285
199	205	211	217	224	231	239	247	256	265	276	287
200	205	211	218	224	232	239	248	257	266	276	287
200	206	212	218	225	232	240	248	257	267	277	288
201	206	212	219	226	233	241	249	258	267	278	289
201	207	213	219	226	233	241	250	258	268	278	290
202	207	213	220	227	234	242	250	259	269	279	290
202	208	214	220	227	235	242	251	260	269	280	291
203	208	214	221	228	235	243	251	260	270	280	292
203	209	215	221	228	236	244	252	261	271	281	292
204	209	215	222	229	236	244	253	262	271	282	293
204	210	216	223	230	237	245	253	262	272	283	294
205	210	217	223	230	238	245	254	263	273	283	295
205	211	217	224	231	238	246	255	264	273	284	295

Au début les progrès sont très rapides

Plus le niveau de départ est faible et plus les progrès sont rapides. Par contre, plus le niveau est élevé et plus la quantité et l'intensité de travail doivent être importantes pour induire des modifications durables. La vitesse des progrès du débutant ne doit pas lui faire brûler les étapes, ni lui faire construire un édifice musculaire instable.

Les raisons des gains, comme nous l'avons rapporté précédemment, sont principalement liées à une meilleure mise en jeu musculaire. L'augmentation rapide de force dès les premières séances est associée à des adaptations nerveuses comme la coordination et l'apprentissage des gestes simples à réaliser. Les modifications à plus long terme siègent davantage dans l'hypertrophie du muscle ou du groupe musculaire soumis à l'entraînement (figure 8.2).

Âge optimal de la pratique de la musculation

Les programmes de renforcement musculaire utilisant des charges additionnelles ne doivent être intégrés dans la formation des jeunes sportifs qu'après la puberté. La figure 8.4 permet de cibler un âge d'or pour l'entraînabilité de la force (entre 18 et 30 ans), dont le point culminant se situe autour de 25 ans. Les résultats sont meilleurs si cette période est précédée d'un travail adapté regroupant des objectifs d'apprentissage de mouvements de musculation dont la qualité de réalisation est primordiale pour les acquisitions à venir, et des objectifs de développement correspondant à l'âge des sportifs. Faire de la musculation, cela ne s'improvise pas ! Il s'agit donc d'initier le processus en construisant les bases du travail futur.

Ne jamais négliger les muscles profonds

Tout travail utilisant des charges a un impact sur le travail articulaire. Quelle que soit l'amplitude des gains de force, il est important de protéger les articulations contre les usures liées aux mouvements en renforçant systématiquement les muscles péri-articulaires profonds. Leur rôle de « verrouillage articulaire » est essentiel pour protéger les tissus articulaires et éviter les sub-luxations, luxations ou dislocations. De plus, ces mêmes muscles sont les premiers à transmettre des forces créées par les fibres musculaires aux tendons et aux os. Leur entretien et leur développement sont connus pour favoriser les transferts de forces entre le tronc et les membres, ce qui optimise les forces produites lors du mouvement. Dès lors, ne pas imposer d'exercices de gainage de la musculature de la colonne vertébrale et des ceintures augmente le risque de blessure et diminue les capacités de performance.

Il faut donc, en amont mais aussi en parallèle au développement de la masse des grands groupes musculaires superficiels, passer du temps à « gainer », comme dans les schémas des figures 8.5 à 8.10, et renforcer les muscles de la fixation de la colonne vertébrale (long dorsal, ilio-costal, transversaire, transversaire-épineux, splénius, complexus, etc.), des ceintures scapulaire (angulaire de l'omoplate, rhomboïde, grand dentelé, petit pectoral), et pelvienne (carré des lombes, petit oblique, grand oblique).
Ce n'est que sous cette condition que les muscles des couches superficielles de la musculature des ceintures, du tronc et des membres, peuvent alors être hypertrophiés, en toute sécurité.

Figure 8.5
Exercice de gainage en position ventrale (muscles paravertébraux, transverse et grand droit, et muscles périarticulaires des épaules et hanches).

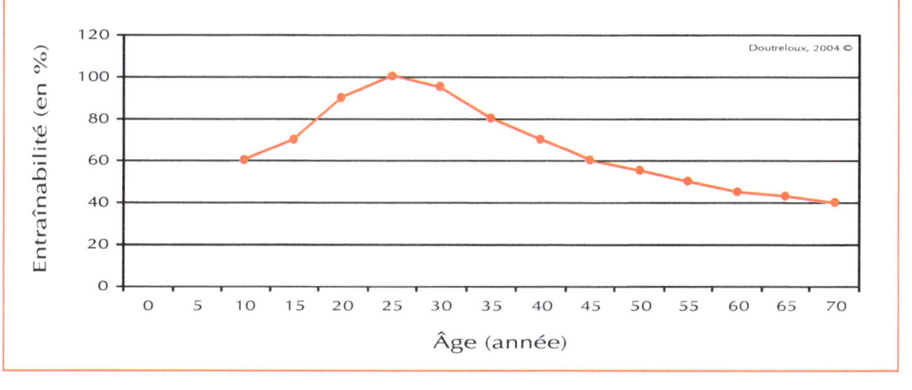

Figure 8.4
Entraînabilité de la force musculaire en fonction de l'âge des joueurs.

Figure 8.6
Exercice de gainage latéral (abdominaux obliques et carré des lombes, abducteurs de la hanche).
D'après Weineck, 1999.

Figure 8.7
Exercice de gainage en « pont » postérieur (muscles paravertébraux, sous-hyoïdiens, abdominaux et droit antérieur).
D'après Weineck, 1999.

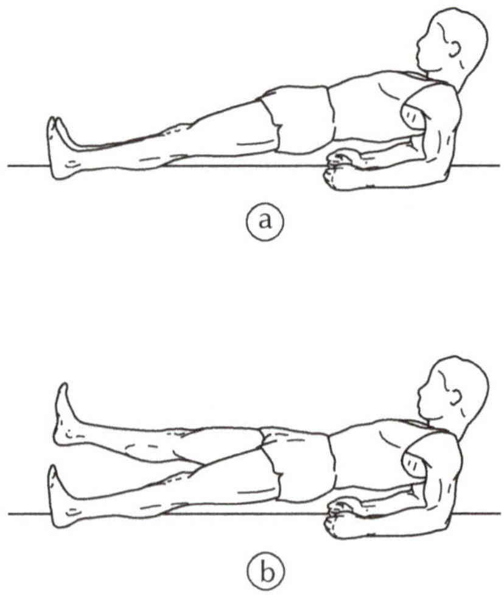

Figure 8.8
Muscles postérieurs du gainage rachidien (d'après Calais-Germain, 1999).

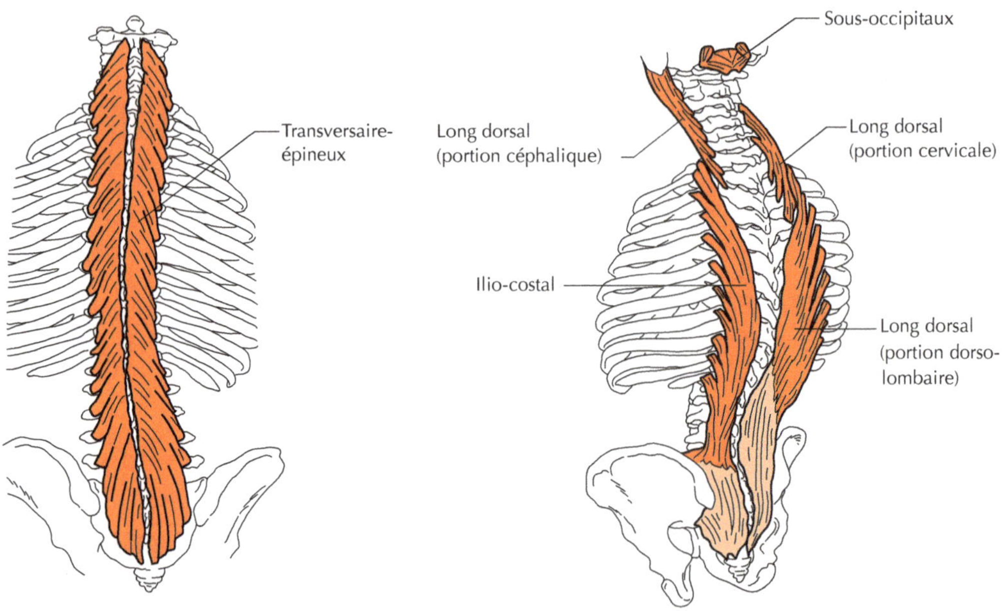

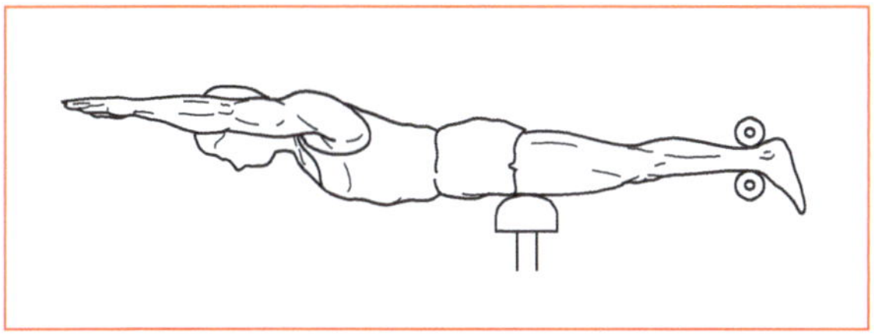

Figure 8.9
Exercice de gainage lombaire.

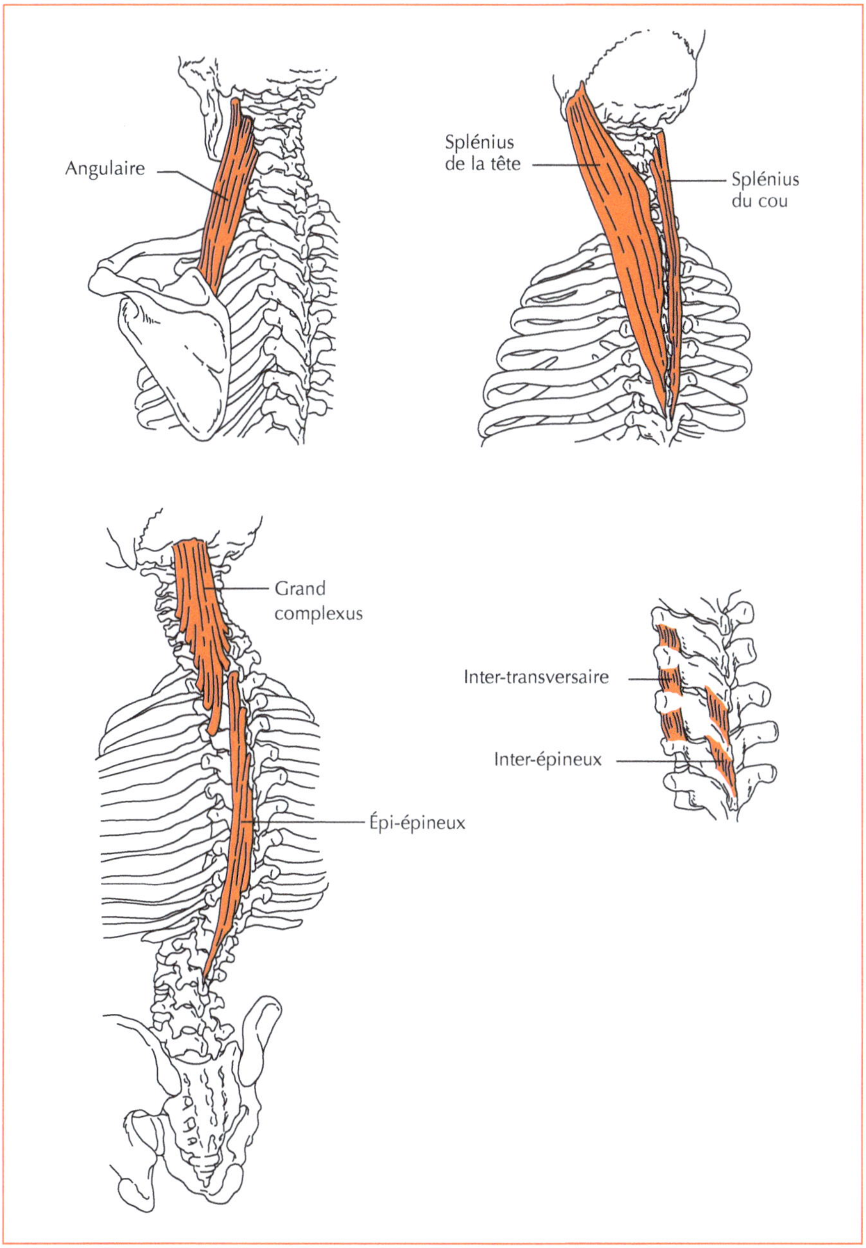

Figure 8.10
Muscles postérieurs du gainage rachidien (d'après Calais-Germain,1999).

Travailler les muscles antagonistes dans les mêmes quantités

Deux muscles sont antagonistes lorsque l'un est responsable d'un mouvement articulaire et l'autre du mouvement inverse (ex : le biceps brachial (flexion du coude) et le triceps brachial (extension du coude)). Le surdéveloppement de l'un risque d'inhiber le fonctionnement de l'autre, en limitant l'amplitude du mouvement articulaire normal. Il est donc important pour aboutir à un résultat harmonieux et efficace, de développer systématiquement les muscles antagonistes. Cette notion prend toute son importance lorsqu'on envisage, pour le joueur, l'évolution technique la plus complète possible dans le maniement du ballon.

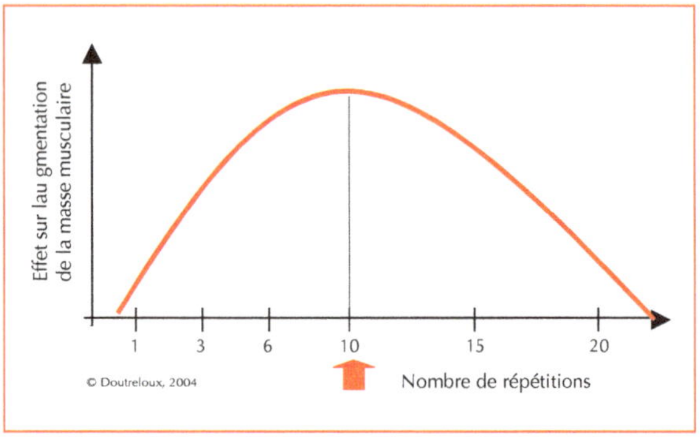

Figure 8.11
Impact du nombre de répétitions sur l'augmentation de la masse musculaire. D'après Cometti (1989).

Travailler sur une amplitude articulaire importante

La recherche de la plus grande amplitude angulaire dans la réalisation d'un mouvement de musculation doit permettre au muscle de travailler en course totale (de l'étirement le plus complet possible, à la contraction la plus complète possible). Les méthodes répertoriées pour le développement de la masse ou de la force, rendent difficile le contrôle systématique de l'amplitude, notamment par la dégradation de la qualité du mouvement provoquée lors des séries longues et « brûlantes ». Cependant, il faut veiller à conserver cette amplitude qui se présente comme un moyen efficace pour éviter d'obtenir des joueurs « noués » voire carrément bloqués dans la réalisation de certains mouvements, mettant ainsi en péril l'importance de leurs apprentissages techniques.

Augmenter les charges et le volume de travail progressivement

Quand il s'agit de développer la masse musculaire, le « tonnage » de la séance revêt une importance capitale. Le sportif s'astreint alors à des séances longues et parfois fastidieuses pour certains. Le volume de travail est primordial comme l'illustre Cometti (1989) en déterminant un total de 100 répétitions (10 x 10) comme quantité optimale pour un exercice donné (figure 8.11).

À l'évidence, le sportif débutant ne peut imposer de telles contraintes à son organisme que progressivement, en augmentant au fil des séances et des semaines le nombre de séries pour un même exercice. De plus, il faut augmenter, petit à petit, la valeur de la charge soulevée lors de chaque mouvement. Le nombre de répétitions multiplié par le poids soulevé détermine la charge de travail imposée à l'organisme. Cette dernière ne doit pas être constante car en matière de musculation la monotonie est l'ennemie du progrès. Selon Clarac (communication personnelle), une modulation de la charge doit être prévue en jouant alternativement sur le curseur volume (séries et répétitions) et sur le curseur intensité (poids à soulever). Vouloir actionner les deux curseurs simultanément représente une erreur qui conduit rapidement l'organisme du pratiquant en état de surcharge, provoquant une conclusion anticipée des séances.

Savoir prendre le temps de récupérer

En matière d'entraînement, il faut toujours considérer le couple travail/récupération comme une entité. En effet, c'est lors des périodes de repos que l'organisme assimile la stimulation qui précède, et que se met en place l'effet anabolisant recherché par les méthodes de musculation. S'entraîner, c'est aussi récupérer !!! Solliciter un même groupe musculaire quotidiennement n'est pas cohérent. Trois fois par semaine semblent être un stimulus plus adapté à l'objectif recherché.

Selon J.-P. Egger (entraîneur en athlétisme), un allégement de la charge après trois semaines de travail progressif permet de mettre en place des cycles de travail de 4 semaines, qui pourront se succéder de manière efficace dans cette période consacrée à l'augmentation de la masse musculaire. L. Demeilles (culturisme) préconise un repos complet de musculation une semaine tous les trois mois (12 semaines).

Quelles que soient les versions proposées par les auteurs, l'intégration systématique de phases de récupération est essentielle pour la construction de la masse musculaire.

B. Procédés de renforcement musculaire

Pour être bon rameur, il est nécessaire de ramer ! Ce qui veut dire que la pratique de l'activité elle-même est le moyen le plus spécifique qui soit. À l'évidence, les mouvements de musculation ne peuvent pas imiter la forme gestuelle exacte. Il est donc important de savoir jusqu'où il est possible de s'éloigner de la réalité des gestes pour ne pas développer une musculature inadéquate, mais aussi de maîtriser le travail même de développement de la force, puis des caractéristiques qu'elle revêt dans la pratique.

Dans la réalité des pratiques, les caractéristiques mécaniques (type d'impulsion, quelle source d'énergie mécanique), énergétiques (niveau de puissance, durée) et la gestuelle (groupes musculaires utilisés, organisation des chaînes musculaires, régimes de contraction) engagée dans le sport sont imbriquées et en interaction permanente. Ces 3 éléments constituent le cadre d'analyse qu'il est nécessaire de réaliser pour concevoir une musculation adéquate (Miller et Quièvre, *Cahiers de l'INSEP* n° 21).

Parallèlement, il est nécessaire de connaître les différentes méthodes de renforcement musculaire et de bien maîtriser leurs effets afin de les organiser dans le temps et de concevoir un programme de travail. L'objectif de cette dernière partie consiste également à fournir de façon succincte les caractéristiques et les effets des principaux procédés de renforcement musculaire.

Enfin, les sportifs peuvent vouloir suivre des objectifs très différents selon leur niveau de pratique et les caractéristiques musculaires requises par leur pratique sportive ou bien leur attirance vers la prise de volume et de masse musculaire, comme dans le cadre de la remise en forme ou encore du culturisme.

Quoi qu'il en soit, nous considérons, lorsque le sujet est débutant, et quel que soit l'objectif sportif, qu'il est nécessaire de « préparer » la musculature par une prise minimale de masse dans un premier temps, avant que le renforcement musculaire spécifique soit mis en œuvre.

Mesure de l'activité musculaire

Il existe deux façons de mesurer l'activité musculaire développée lors d'un mouvement :

- Soit en mesure le travail musculaire, c'est-à-dire l'application de la force en fonction du déplacement ;
- Soit en mesure d'impulsion musculaire, c'est-à-dire l'application de la force en fonction du temps.

Selon Miller, la deuxième solution est mieux adaptée pour rendre compte de l'expression mécanique. Selon ce même auteur, l'impulsion mesure la variation de quantité de mouvement (P = m x v) provoquée par une force agissant sur un système mécanique externe. La figure 8.12 illustre cette mesure sous la forme d'une courbe de variation de la force en fonction du temps (relations force/temps).

La courbe est caractérisée par trois paramètres remarquables :

- la montée de force (pente de la droite d'augmentation de la force dans la partie linéaire de la courbe) ;

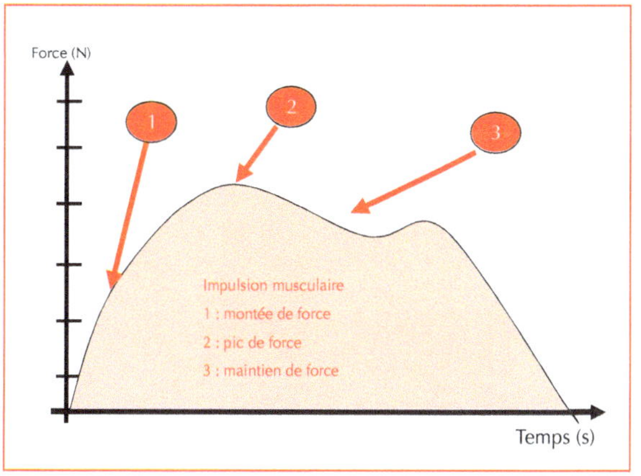

Figure 8.12
Relation Force-Temps caractérisant l'impulsion musculaire selon Miller et Quièvre (1998).

- le pic de force (valeur maximale de la force développée) ;
- la durée de maintien de la force la plus grande possible au cours du mouvement.

L'augmentation de l'impulsion sous l'effet d'un renforcement musculaire correspond, dans ce cadre, à l'augmentation de l'un ou des trois paramètres.

Dans un mouvement de musculation, soit on contrôle la charge mobilisée, soit on contrôle la vitesse d'exécution. Or, s'il est facile d'avoir connaissance de la charge, dans les salles, peu d'appareils de musculation sont équipés de capteurs de vitesse. Cependant, la vitesse de déplacement est une information essentielle pour maîtriser la puissance musculaire, qualité physique primordiale actuellement.

Développer la force est une chose, maîtriser ses caractéristiques en est une autre. Il est donc à notre sens très important de contrôler la vitesse d'exécution. En effet, lorsque la charge est proche du maximum, la vitesse du mouvement est faible. Par contre, lorsque la charge est légère la vitesse de mobilisation est beaucoup plus importante. Il existe donc pour chaque mouvement de renforcement musculaire une relation force-vitesse (figure 8.13) qui donne des informations importantes, voire indispensables pour construire un programme de travail.

Il est possible de réaliser ce type de mesure, soit à l'aide d'un capteur de vitesse placé sur la barre olympique ou bien sur les disques de charge déplacés sur l'appareil lors des mouvements, soit en utilisant un ergomètre isocinétique. Dans le premier cas, pour une charge connue, on mesure la vitesse maximale de déplacement. Dans le deuxième cas, pour une vitesse de mouvement imposée, on mesure la force développée par les muscles sollicités.

Le renforcement musculaire, selon les objectifs poursuivis, agit sur chaque paramètre de l'impulsion musculaire (pente, pic, durée) afin de déplacer la relation force-vitesse vers, soit plus de force (travail de la force maximale), soit plus de vitesse (travail de l'explosivité), soit les deux dans le cadre du développement de la puissance (figure 8.14 d'après Miller).

Le développement de la puissance passe par la connaissance de sa valeur, ce qui est chose facile à partir de la relation force-vitesse. Il suffit, sur chaque point, de multiplier la valeur de la force développée par la vitesse du mouvement. Le résultat de la multiplication est illustré dans la figure 8.15 dans laquelle on se rend bien compte que dans la majorité des cas, la puissance maximale est développée à partir d'une force moyenne (entre 40 à 60 % de la RM) et pour une vitesse moyenne (entre 40 et 60 % de la vitesse maximale).

Ainsi, en utilisant ces données, il est possible de contrôler l'évolution de la puissance musculaire et de définir les valeurs de force et de vitesse de mouvement pour lesquelles on est sûr de travailler cette qualité.

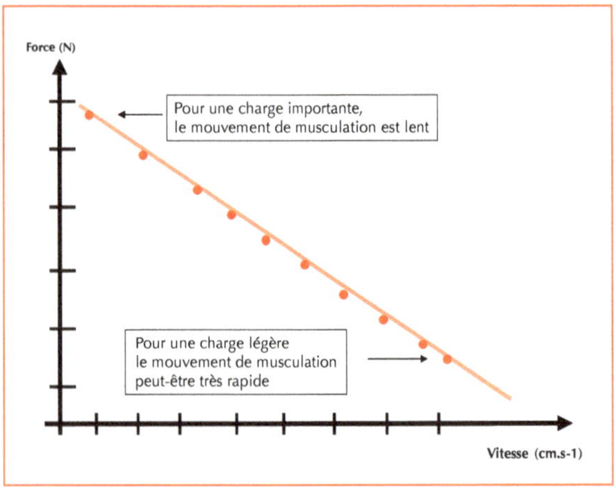

Figure 8.13
Relation force-vitesse lors d'un mouvement de renforcement musculaire.

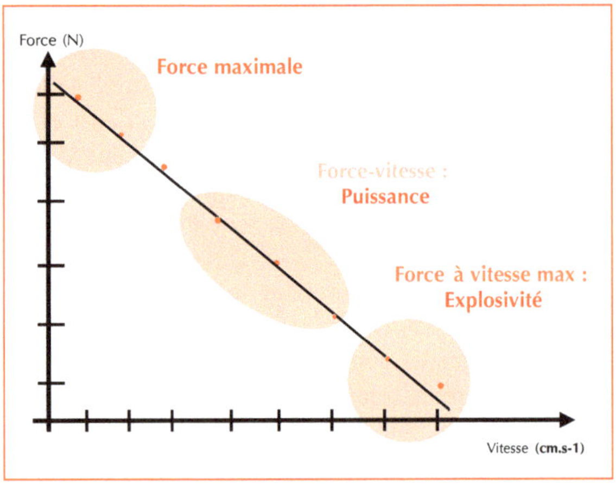

Figure 8.14
Les différentes zones remarquables de la relation force-vitesse.

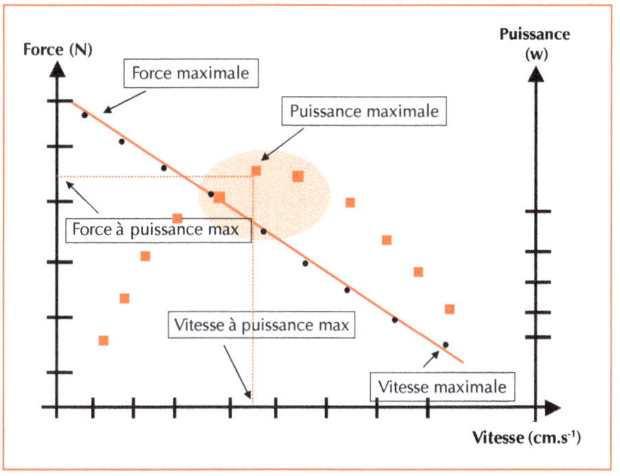

Figure 8.15
Relation force-puissance. D'après Miller et Quièvre (1998).

L'établissement de la relation force-vitesse est donc d'un intérêt majeur pour qui veut travailler efficacement le développement des différentes caractéristiques de l'impulsion musculaire.

Ce faisant, les travaux montrent que lorsque l'on veut développer le pic de force, ou bien la valeur de la force maximale, il faut travailler avec des valeurs de la charge proches de la RM. Par contre, si l'objectif est de développer l'explosivité, c'est-à-dire la vitesse de montée de force, il est plus intéressant de travailler à vitesse maximale de mouvement, et souvent avec des charges légères (figure 8.16).

Les procédés de musculation visant la prise de masse musculaire

Lorsqu'un sportif augmente sa masse musculaire, cela lui permet de bénéficier de plus de matériel pour créer de la force. Ainsi, dans certaines conditions, augmenter la masse musculaire, c'est augmenter la section transversale du muscle et donc le volume musculaire. La force qui est développée par les fibres musculaires et qui est ensuite transmise au squelette osseux est alors plus importante en raison du nombre plus grand de matériel musculaire producteur de force. Le développement de la masse est donc un passage obligé pour le développement de la force, mais ce n'est pas une fin en soi. Mais la finalité du renforcement musculaire ne se limite pas à « faire du volume ». Il s'agit, selon les pratiques, de devenir plus fort, plus puissant et plus endurant-puissant (capacité à renouveler des gestes puissants le plus grand nombre de fois ou le plus longtemps possible), notamment en sport collectif. Ainsi, le développement de la force et de la puissance du tronc, des ceintures scapulaire et pelvienne, et des bras permet d'augmenter l'efficacité du joueur dans les tâches de lutte pour le gain du ballon en rugby, en football, en handball, et en basket-ball, football américain, baseball; mais également dans l'ensemble des sports sans contact direct avec l'adversaire, mais avec maniement d'engin (volley-ball, base-ball, tennis, tennis de table…).

Par exemple, l'augmentation de la masse musculaire répond à plusieurs objectifs dans les sports collectifs et de combat:

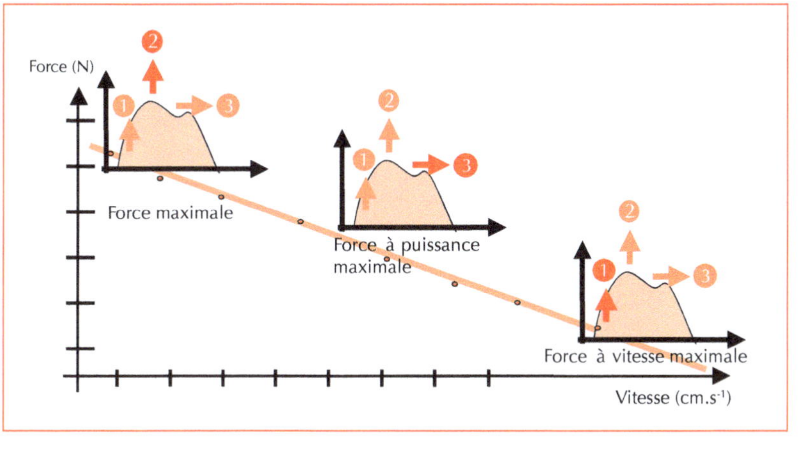

Figure 8.16
Objectifs du renforcement musculaire: augmenter les paramètres de l'impulsion sur les différentes zones remarquables de la relation force-vitesse. D'après Miller et Quièvre (1998).

- d'une part la protection du squelette osseux et des articulations lors des chocs et des chutes. La volonté de « cuirasser » la partie haute du corps qui est la principale zone d'impact lors des combats ;
- et d'autre part l'amélioration de la force, de la puissance, de la quantité de mouvement à l'impact. En effet, l'hypertrophie n'est qu'un préalable à l'augmentation de la force !
- Ainsi, dans le contexte du rugby, sport collectif et de combat par excellence, disposer d'un solide bouclier de protection lors des attaques en pénétration permet de rester partiellement disponible pour la manipulation du ballon dans la défense adverse, dans les tâches de soutien, comme dans le « nettoyage » de la zone de placage.

L'hypertrophie est un long processus de transformation pour l'organisme de celui qui choisit de consacrer tout son entraînement à cet objectif. Les travaux publiés par Sale (1988) et évoqués plus haut sont clairs. Comme cela est proposé dans la figure 8.17, les premiers gains de masse ne sont visibles, en moyenne, qu'au bout de 5 à 6 semaines de travail, alors qu'un accroissement conséquent de volume musculaire est obtenu après 20 semaines (6 mois). En fin de compte, l'hypertrophie maximale n'est atteinte qu'au bout de 50 semaines : soit un an de travail régulier.

Les travaux de Gilles Cometti (1989) ont mis au jour la convergence de toutes ces méthodes autour de **la recherche de l'épuisement musculaire** afin de provoquer les conditions physiologiques nécessaires à ce développement.

Pour un même exercice, plusieurs séries de 10 répétitions avec une charge moyenne située entre 60 et 70 % des possibilités maximales du sportif constituent le point central de la méthode. De plus, le nombre de séries doit s'approcher progressivement de 10 pour permettre à la méthode d'atteindre son efficacité maximum, selon le principe de l'augmentation progressive du volume de travail (figure 8.11).

Cette dernière peut être agrémentée d'autres exercices s'adressant au même groupe musculaire, mais plus analytiques. Positionné avant (pré-fatigue) ou après (post-fatigue), cela participe à augmenter l'importance de l'épuisement musculaire.

Les exercices de pré-fatigue permettent de solliciter dans un premier temps un muscle de façon analytique (isolé), puis une nouvelle fois lors d'une sollicitation plus globale (dans le travail d'un groupe musculaire). Le muscle est alors utilisé dans un état de fatigue relatif permettant d'obtenir l'épuisement recherché. (exemple : « pec-machine » (grand pectoral) puis « développé-couché » (grand pectoral, deltoïde, et triceps) (cf. livre I).

Les exercices de post-fatigue permettent quant à eux de « finir » le travail débuté par l'exercice « analytique » sur un groupe musculaire, en se focalisant sur un muscle isolé. Cela permet d'atteindre le même but d'épuisement énergétique, associé à la recherche

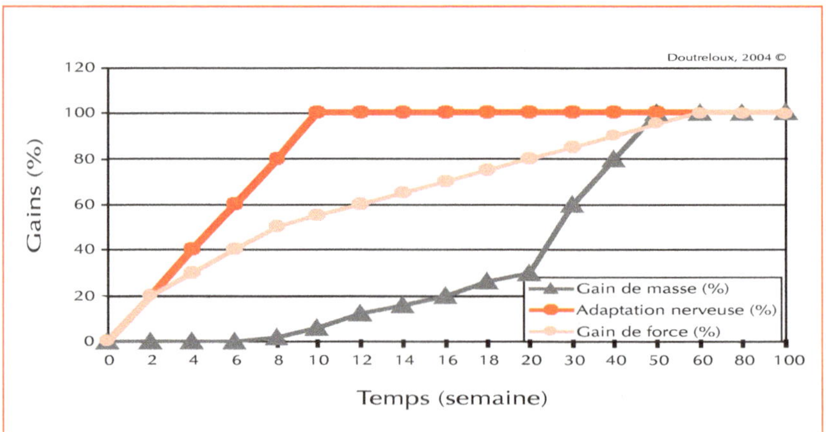

Figure 8.17
Cinétique des adaptations musculaires en fonction de la durée de l'entraînement.

d'une meilleure synchronisation des différents muscles sollicités. Exemple : « presse oblique » (quadriceps, adducteurs, fessiers et ischio-jambiers), puis « machine à quadriceps » (quadriceps).
Une sensation de brûlure lors de dernières répétitions, très difficiles et demandant parfois une aide extérieure, témoigne alors de l'atteinte de l'objectif (mené avec des temps de repos réduits entre les séries d'exercices afin de ne pas permettre au muscle de récupérer totalement).
Enfin, si elle présente une importance évidente dans la préparation musculaire, la prise de masse ne doit pas représenter l'unique objectif. Elle doit s'intégrer dans un **projet à long terme** visant à optimiser le développement de qualités physiques utiles à la pratique du sport considéré.
Dans cette dernière partie, nous allons nous limiter à présenter de façon succincte les procédés de base visant au développement de la force maximale, de la puissance et de la vitesse. Une multitude d'ouvrages spécialisés ont été et sont consacrés à ce sujet. Trois d'entre eux peuvent servir de base à une réflexion importante dans la formation des éducateurs sportifs :

- Miller et Quièvre (1998) : « *Entretiens de l'INSEP* » n° 21,
- Weineck (1996) : *Manuel d'entraînement* (éd. Vigot),
- Cometti (1989) : *Les méthodes modernes de musculation*.

Les procédés de développement de la force maximale

L'objectif est d'élever le pic de la relation force-temps. Généralement, on utilise la méthode des efforts maximaux concentriques (Zaciorski, 1966). Dans ce cadre, Lothaire préconise de travailler à charge maximale, en se limitant à trois répétitions par séries, et cinq séries par séance de travail pour chaque exercice.
Selon Flack et Kraemer (1989), il s'agit de mobiliser les charges comprises entre 85 et 95 % de la répétition maximale pendant quatre séries. Le nombre de répétitions varie entre 2 et 5 selon la charge. Le nombre total de séries par séance ne doit pas dépasser 20 avec des récupérations complètes variant entre cinq et huit minutes entre les séries.
Il existe différents procédés qui permettent d'atteindre cet objectif. Un des auteurs propose de réaliser au total cinq exercices soit en série constante, soit en pyramide automne de type 85-90-95 %, soit en pyramide basse de type 95-90-85. Il est enfin possible de créer des séances hybrides durant lesquelles les trois principes sont utilisés les uns après les autres.
Par ailleurs, il est possible d'utiliser le procédé des efforts maximum excentriques en mobilisant des charges comprises entre 120 et 140 % d'une répétition maximale. Généralement, les séances sont composées de quatre séries de deux à quatre répétitions, séparées par des récupérations complètes allant jusqu'à dix minutes. Il faut préciser que ces exercices s'adressent prioritairement à des sportifs entraînés et ne peuvent correspondre à des débutants car ils exigent une posture parfaitement calée dans l'appareil (Miller, 1998).
Il existe enfin les procédés des efforts maximum isométriques dont le travail représente 85 % de la force maximale isométrique pour des durées de contraction de trois à six secondes. Généralement, on exécute cinq séries de 5 contractions séparées par des périodes de récupération complète variant de 5 minutes entre les séries et de 20 secondes entre les répétitions.

Les procédés de développement de la puissance

L'objectif est d'utiliser des efforts durant lesquels on exprime la puissance maximale au moins à 80 %. Généralement, on utilise des efforts concentriques à puissance maximale, c'est-à-dire pour des charges comprises entre 30 et 80 % de la RM. Le nombre de répétitions se situe entre 5 et 7 (éviter l'apparition de la fatigue), et le nombre de séries est limité à 5. La récupération entre les séries est au moins de trois minutes. La vitesse de mobilisation doit être en permanence maximale. Il s'agit donc d'un travail qualitatif.
Miller et Quièvre (1998) proposent des variantes à ce travail :

- une variante dite puissance-force dans laquelle on utilise des charges supérieures à 50 % d'1 RM (de 50 à 70 %), 4 à 6 répétitions, jusqu'à 24 séries au total par séance.

– une variante dite puissance-vitesse dans laquelle on utilise des charges inférieures à 50 % d'1 RM (de 30 à 50 %), 6 à 4 répétitions, jusqu'à 24 séries au total par séance.

Cometti (1989) avait déjà introduit dans la fin des années quatre-vingts la notion de contraste de charges dite méthode « bulgare ». Ce procédé permet, lors d'une séance ou même dans une série, de faire contraster les charges qui oscillent entre 30 et 70 % d'1 RM. Ainsi, il est possible de proposer une série composée de cinq répétitions à 70 % et 7 répétitions à 30 % pour un exercice.

Les procédés de développement de la vitesse et de l'explosivité

L'exclusivité c'est la faculté à faire varier brusquement sa quantité de mouvement ou celle d'un engin (Miller, 1998). C'est donc la capacité à augmenter ou diminuer brusquement les niveaux de forces exprimées. Ainsi, le développement de cette qualité est rendu possible en utilisant des situations où la force développée est importante mais de façon brève. Il s'agit de réaliser un recrutement optimal et massif d'unités motrices dès le début du mouvement (pliométrie), ou de faire varier durant le mouvement les niveaux de sollicitation des différentes unités motrices (stato-dynamique, release). Selon Bosco (1985), les charges légères (medicine-ball, exercices avec poids du corps, gilet lesté) constitueraient un moyen de choix pour développer cette qualité. Cependant, il est possible de travailler sur chaque point remarquable de la relation force-vitesse soit avec des charges lourdes, soit avec des charges moyennes, soit avec des charges très légères. Miller (1998) propose pour les charges lourdes, de réduire le nombre de répétitions à la moitié du nombre limite de répétitions à la charge considérée. Pour les charges plus légères, il limite les répétitions à 7.

Les procédés d'explosivité dans lesquelles on retrouve la force-vitesse, le contraste de charges ou les exercices en stato-dynamique correspondent plus à des situations qui améliorent le démarrage du mouvement (Miller, 1998).

Ainsi, pour ce qui est de la force-vitesse, la charge est inférieure à 30 % d'1 RM, cinq séries par séance, 7 répétitions par série, et jusqu'à trois minutes de récupération entre les séries.

Si on utilise le contraste de charges, l'intensité se situe entre 80 et 40 % d'1 RM, vingt séries par séance de cinq répétitions par séries, 15 secondes de récupération entre les répétitions contrastées, et de minutes de récupération entre les séries.

Enfin, le procédé stato-dynamique préconise de réaliser un exercice statique de trois à cinq secondes dans un premier temps, suivi d'une contraction à vitesse maximale, intensité de 50 %, 20 séries par séance, avec 7 répétitions par série et 2 minutes de récupération entre chaque série.

Lorsque c'est l'amélioration du freinage d'un mouvement qui est recherchée (Miller et Quièvre, 1998) proposent d'utiliser prioritairement les exercices de pliométrie (enchaînement immédiat d'une contraction concentrique – propulsion – après un travail de type excentrique – freinage). Il s'agit de réaliser les mouvements de renforcement musculaire où se succèdent une phase excentrique et une phase concentrique en utilisant une charge correspondant à 60 % de la RM, 20 séries par séance, 7 répétitions par série et de récupération de 2 minutes entre les séries.

Il est aussi possible de réaliser des sauts en contrebas d'un banc d'une hauteur de 20 à 40 cm. Dans ce cadre, le nombre total de séries est de 20, celui des répétitions est limité à 8, avec 2 minutes de récupération entre les séries.

Planification des procédés

La construction des caractéristiques requises de la force musculaire est obtenue par la succession de **cycles de travail** contenant plusieurs séances du même type. La prise de masse occupe généralement le contenu d'un des premiers cycles de travail. Elle participe au développement d'un niveau de force supérieur qui permettra, par un travail approprié lors des cycles suivants, d'améliorer la puissance et l'explosivité. C'est ce qui est proposé dans la figure 8.18, dans laquelle un programme de 24 semaines est illustré à travers la succession des relations force-vitesse sur chacune desquelles l'objectif d'un cycle est donné. Il s'agit d'un exemple de planification organisée par Miller et Quièvre (1998) pour un groupe de sprinteurs.

C'est encore aux travaux de Christian Miller et Jacques Quiévre du Laboratoire de Biomécanique de l'INSEP (1998) auquel il est fait référence. Ils ont

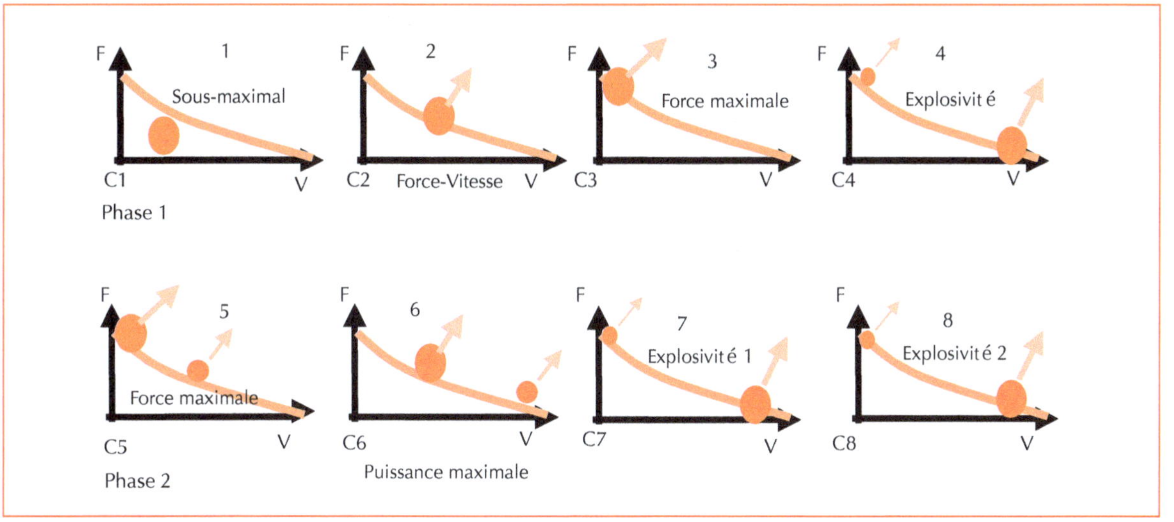

Figure 8.18
Illustration d'un programme de renforcement musculaire organisé autour de 24 semaines de travail, composé de 8 cycles de 3 semaines, autour d'objectifs qui sollicitent l'ensemble des paramètres de l'impulsion musculaire.

permis d'isoler une **logique de succession** de ces cycles de travail musculaire. Les auteurs proposent 2 phases ou bien des blocs de travail, illustrés dans les figures 8.19 et 8.20.

La première phase de travail a pour but de solliciter l'ensemble des zones remarquables de la relation force-vitesse.

Le cycle 1 est une période de reprise, avec un travail de type endurance de force, sous-maximal et dont le volume augmente progressivement au cours des 3 semaines.

Le cycle 2 sollicite la puissance maximale, avec augmentation progressive de la charge de 50 à 70 % de la RM, afin de préparer le cycle 3.

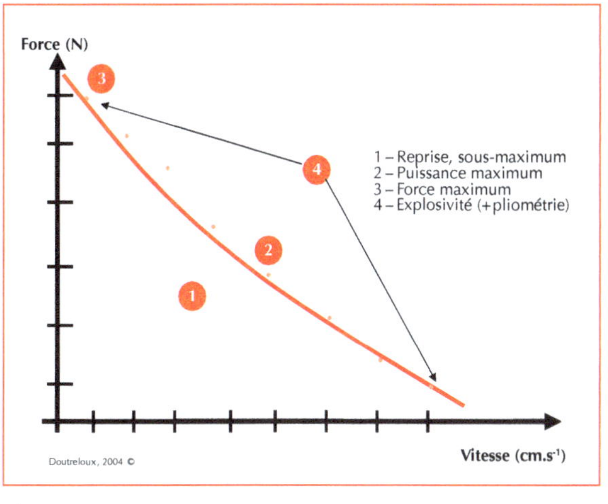

Figure 8.19
Succession des impacts recherchés sur la relation force-vitesse. Cycle 1, d'après Miller et Quièvre (1998).

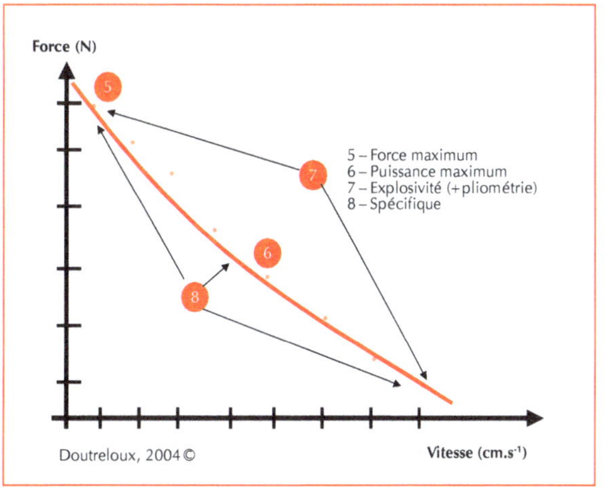

Figure 8.20
Succession des impacts recherchés sur la relation force-vitesse. Cycle 2, d'après Miller et Quièvre (1998).

Le cycle 3 concerne la force maximale, en passant progressivement de 80 à 95 % de la RM.

Le dernier cycle de la phase 1 est consacré à l'explosivité en mobilisant les charges à vitesse maximale.

La phase 2 du programme (figure 8.20) regroupe les 3 derniers mois avant l'objectif. Cette phase est plus spécifique à la façon dont la qualité musculaire est engagée dans l'activité. De plus, la progression dans la vitesse d'exécution est recherchée durant toute cette période.

Le cycle 5 est une reprise de la force maximale, avec utilisation de la force maximale excentrique (à 120 % d'1 RM).

Ensuite, la phase est orientée vers la recherche de la plus grande explosivité et vitesse en passant de la puissance (cycle 6) (avec utilisation du procédé des contrastes de charge), à la pliométrie (cycle 7), puis à un cycle de « révision » (cycle 8), visant à solliciter les muscles sur toute l'étendue de la relation force-vitesse.

Comment accompagner le programme de renforcement musculaire ?

Les périodes de développement musculaire sont fatigantes pour l'organisme. Tout ce qui engendre des dépenses énergétiques superflues induit un retard de récupération, et limite donc les gains de masse utile. Cela signifie qu'il ne faut pas courir plusieurs lièvres à la fois et chercher à augmenter la masse musculaire en même temps que la puissance maximale aérobie. Dans ce cas, le plus souvent le préparateur est mis en face du problème complexe de **l'interférence dans le développement de plusieurs qualités à la fois** (le développement de l'une inhibe celui de l'autre). Enfin, cela signifie que **l'hygiène de vie** est un des principaux facteurs de réussite dans la quête de la masse musculaire : **alimentation et récupération sont les clefs de la réussite**.

Une diététique adéquate : L'entraînement en salle de musculation ne devient optimal que s'il est associé à un **accompagnement diététique** adéquat. En effet, plus l'alimentation est composée des éléments de base pour la reconstitution des stocks énergétiques et pour la synthèse des protéines musculaires, plus elle est susceptible d'optimiser l'augmentation de la masse et l'amélioration de la structuration des muscles squelettiques.

Au niveau professionnel, de nombreux sportifs bénéficient des conseils de diététiciens et ont utilisé plusieurs sortes de compléments alimentaires leur permettant à la fois de limiter la charge digestive, et d'assumer leurs besoins protéiques, énergétiques et minéraux.

Ces suppléments sont principalement préconisés lorsque les charges d'entraînements sont lourdes et qu'elles amènent davantage de destructions que l'alimentation normale ne peut apporter pour réparer les dégâts. Ainsi, durant les périodes de développement, qui fatiguent l'organisme pour mieux le structurer, ces produits sont intéressants. Ainsi, lorsque l'on veut prendre de la masse musculaire, il faut manger comme un culturiste !

De plus, il ne faut pas oublier l'essentiel : l'eau (et les eaux minérales plus ou moins minéralisées) !

En effet, tous les exercices décrits précédemment provoquent des pertes hydriques importantes. Or, une baisse de 5 % du poids du corps en eau provoque une baisse de 30 % de la force musculaire… Il est donc essentiel de s'hydrater à la fois durant les phases d'entraînement et durant les phases de compétition.

La bière contient plus de 90 % d'eau et de nombreux sels minéraux. C'est donc à juste titre un moyen de réhydratation. Le seul écueil de cette boisson est la présence de 4 à 6 % d'alcool. Or, l'alcool a un effet déshydratant réflexe (il est diurétique et amène la diminution des liquides corporels). La consommation de boissons alcoolisées s'oppose donc à la quête du développement de la masse musculaire.

Lectures conseillées

KRAEMER W.J., PATTON J.F., GORDON S.E., Compatibility of high-intensity strength and endurance training on hormonal and skeletal muscle adaptations, *J. Applied Physiology*, 1995, 78 : 976-989.

ISRAËL S., Sport und herzschlagfrequenz, Barth, Leipzig, 1982.

COMETTI G., *Les méthodes modernes de musculation*, CR Colloque URS STAPS Dijon, 1989.

MILLER ET QUIÈVRE, *Entraînement de la force*, Entretiens de l'INSEP n° 21, 1998.

ZACIORSKI, *Les qualités physiques du sportif*, Traduction INSEP, 1966.

SALE D.G., MAC DOUGAL J., Interaction between concurrent strength and endurance training, *J. Applied Physiology*, 1990, 68 : 260-270.

WILLMORE ET COSTILL, *Physiologie du sport et de l'exercice physique*, Ed De Boeck Université, 1998.

WEINECK J., *Manuel d'entraînement*, Ed Vigot, 1997.

Chapitre 9

LA SOUPLESSE ET LES PROCÉDÉS ET TECHNIQUES D'ÉTIREMENTS

Jean-Paul Doutreloux

INTRODUCTION

La souplesse est une qualité physique particulière qui a des effets directs sur la force, la vitesse et l'endurance. Elle touche l'ensemble de l'appareil locomoteur et principalement les articulations, on parle alors de **mobilité articulaire** ou de **souplesse articulaire** ; pour les muscles squelettiques, il est question des **capacités d'étirement** des organes musculaires ou **souplesse musculaire**.

Les différentes pratiques physiques nécessitent des modalités différentes de la souplesse. La course de haie par exemple nécessite une souplesse de l'articulation coxo-fémorale ; la nage libre requiert une mobilité très développée des articulations des épaules. Par ailleurs, certaines pratiques ou certains exercices demandent le développement d'une souplesse passive importante (le grand écart par exemple). D'autres nécessitent une souplesse dynamique très importante. Il est ici fait référence aux mouvements de grande amplitude quelconques retrouvés dans les phases de saut de haies, dans les tirs, dans les figures gymniques acrobatiques, etc. Le travail de la souplesse doit donc être abordé spécifiquement à la discipline et à ses caractéristiques propres. Dès lors, les procédés et techniques de développement de la souplesse, sous forme d'étirements, doivent également être spécifiques aux différentes pratiques.

1. CARACTÉRISTIQUES DE LA SOUPLESSE ARTICULAIRE ET MUSCULAIRE

La souplesse est liée à de nombreux facteurs dont les principaux sont selon Palau (1994) :

- la structure anatomique des articulations (forme des surfaces articulaires, tension des capsules articulaires, insertion ligamentaire et tendineuse) ;
- la masse musculaire qui peut limiter l'amplitude des mouvements lorsque les muscles sont trop hypertrophiés ;
- l'aptitude du muscle à être étiré (éléments élastiques, matériel contractile, tonus musculaire…) ;
- la fatigue musculaire, qui peut entraîner une augmentation de la raideur les muscles.

La mobilité articulaire est, d'après Farfel (1979), déterminée génétiquement. Elle dépend de la forme et du comportement mécanique des os et des surfaces articulaires qui composent l'articulation. Dès lors, elle varie d'un sujet à l'autre, mais peut être développée par un entraînement intensif, mais avec des résultats moindres que pour ce qui est des étirements musculaires. Les études effectuées chez les danseuses et les danseurs de ballet montrent que les gains sont proportionnels à la durée de l'entraînement.

Par ailleurs, une musculature très volumineuse, comme ce peut-être le cas chez l'haltérophile ou le culturiste, peut limiter la mobilité articulaire. Ce phénomène est assez rare chez le sportif. Ces augmentations marquées ne constituent pas, selon Weineck (1997), un risque de limitation de la souplesse dynamique.

Les différents tissus qui composent le système musculo-articulaire ont des comportements différents à l'étirement.

Les différents constituants articulaires présentent des résistances différentes à la déformation et/ou à l'allongement. Plusieurs travaux (relatés dans l'ouvrage de Fox et Mathews, 1984), montrent par exemple que dans une articulation, c'est la capsule articulaire qui est l'élément le plus résistant (47 % du total), alors que les muscles péri-articulaires offrent des résis-

tances à hauteur de 41 % du total. Les 12 % complémentaires concernent le tendon (10 %) et la peau (2 %).
La capacité d'étirement musculaire dépend d'une part de la résistance à l'étirement des tissus musculaires et conjonctifs, mais aussi du tonus musculaire (Lakie, 1998), c'est-à-dire des états de tension permanents (régulés par le système nerveux central) dans lesquels se trouvent les muscles squelettiques, selon leur rôle et selon le moment de la journée ou de la nuit.
La tension minimale produite en permanence par les muscles (dans un but de maintien de la posture) s'impose donc aux fibres musculaires par le biais des motoneurones Gamma qui règlent le seuil de sensibilité des fuseaux neuro-musculaires, et entretiennent l'activité du réflexe myotatique. Plusieurs travaux récents montrent que l'allongement plus ou moins important des muscles au cours des étirements provoque une diminution de l'excitabilité des motoneurones. Cela induit donc un relâchement relatif des fibres musculaires qui disparaît dès la fin de l'allongement. Les étirements peuvent donc être considérés comme des moyens de réduction des tensions musculaires d'origine neuro-musculaire.
D'autre part, lorsqu'un muscle est étiré, trois structures différentes sont sollicitées. Les tissus conjonctifs, dont les rôles dans le muscle sont d'assembler les fibres musculaires et de transmettre les forces qu'elles produisent vers les os (concentrique) ou bien vers les cellules musculaires et l'os (excentrique), sont depuis longtemps mis en avant pour expliquer l'augmentation progressive des tensions passives développées dès que la longueur de repos du muscle est dépassée.
Il existe une remise en question de ces savoirs par plusieurs travaux récents. En résumé, des auteurs comme Proske et Morgan (1999) proposent de porter notre attention, à la fois sur les ponts rémanents d'acto-myosine (qui persistent pendant le relâchement), et certains éléments protéiques du sarcomère, comme la titine (Patel et Lieber, 1997) ou encore la desmine, qui jouent un rôle important dans la transmission des tensions longitudinalement et transversalement dans (Wiemann et Klee, 2000) les sarcomères. Pour de plus amples développements, un article remarquablement documenté a été publié par Cometti récemment (2003b). L'auteur y propose une synthèse très intéressante des travaux récents.
La souplesse est une qualité importante puisque c'est une des conditions élémentaires qui permet l'exécution des mouvements corrects selon Harre (1976). Son perfectionnement optimal, adapté aux exigences du sport considéré, produit un effet positif sur le développement d'autres qualités comme la force, la puissance et la technique également.
Selon Weineck (1997), les différents avantages d'un développement optimal de la souplesse sont les suivants :
- l'amélioration optimale de l'exécution du mouvement ;
- l'amélioration de la technique et de la coordination lors de l'apprentissage ;
- l'amélioration des principales qualités physiques (force endurance vitesse) ;
- la prophylaxie des lésions ;
- la prophylaxie des attitudes ;
- une récupération optimale ;
- et enfin, l'exploitation du plein potentiel de la performance.

Ces avantages ne sont pas reconnus par tous. Plusieurs travaux nuancent les effets réels des étirements, à qui, il est bien vrai, on a accordé beaucoup trop de vertus.
Concernant la prophylaxie des blessures, Shrier (1999) a synthétisé les résultats de plusieurs articles montrant l'absence d'effet préventif des étirements lors de l'échauffement ou bien à distance de la compétition sur les blessures. Les principales raisons de l'inefficacité sont données par Cometti (2003a) qui relate le problème de l'effet antalgique des étirements (Shrier, 1999), de la « stretch-tolerance » et de la création de micro-lésions par les étirements (Weimann et Klee, 2000). De plus, plusieurs chercheurs ont récemment expérimenté l'absence d'effet des étirements (réalisés avant, pendant ou après l'entraînement) sur la prévention des courbatures (Herbert et Gabriel, 2002).
L'entraînement améliore beaucoup moins les qualités de vitesse, de coordination que celles de force, de puissance, ou encore de souplesse. La perte de ces qualités lors du désentraînement reste modeste et il est possible de les maintenir avec un entraînement minimal. À l'inverse, la souplesse est une qualité qui

se perd très vite. Il est fortement conseillé de faire des exercices d'étirement (stretching), non seulement pendant les périodes de compétition mais également pendant l'intersaison car cette qualité joue un rôle non négligeable dans la prévention des accidents (Willmore et Costill, 1998).

2. LES PROCÉDÉS ET LES TECHNIQUES DE DÉVELOPPEMENT DE LA SOUPLESSE

Si on s'étire, c'est avant tout pour permettre aux muscles squelettiques de travailler avec un débattement assez grand, c'est-à-dire être capable de produire une force utile sur une grande amplitude articulaire. Au fil des entraînements et des années, notre souplesse régresse naturellement. Or, selon plusieurs auteurs, le manque d'amplitude d'un mouvement serait préjudiciable au rendement musculaire ; et les muscles insuffisamment étirés seraient moins forts et moins rapides (Weineck, 1997). De ce point de vue, la pratique des étirements doit, pour être efficace, être régulière et systématique, il n'y a pas d'autre issue… Il est donc indiqué de réaliser des microséances quotidiennes afin de restaurer la longueur des muscles les plus sollicités durant la journée, de rééquilibrer les tensions musculaires et de « dé-coapter » (décoller) les surfaces articulaires. Ces séquences ne sont pas longues (5 à 10 minutes), mais elles permettent d'assurer l'entretien minimal de l'appareil locomoteur.

Depuis le début des années quatre-vingt, une multitude de techniques différentes a envahi les salles de remise en forme et les terrains d'entraînement, de telle sorte que « l'on a pu penser que les étirements dans leurs modalités permettaient de résoudre tous les problèmes de la préparation physique » (Cometti, 2003a) : étirements balistiques, en tension active (DROM), statique, passif, PNF, sportif (CRE), postural, tonique, lourd, en binôme, etc. Cependant, ce sont beaucoup d'appellations différentes, pour des procédés relativement identiques à la base.

Afin de simplifier, on peut les classer en 3 grandes formes : postural, passif, actif.

Étirement « postural ». Cette technique repose sur le mécanisme d'inhibition réciproque dans la mise en jeu des muscles squelettiques : lorsqu'un muscle se contracte, le système nerveux relâche le tonus du muscle antagoniste. Il s'agit alors de profiter de ce relâchement pour étirer l'organe relâché. Ce type d'étirement doit être réalisé à distance par rapport à la compétition, dans le calme. Il peut faire partie des exercices de relaxation que l'on propose aux joueurs le lendemain d'une rencontre. Ce type d'étirement nécessite un contrôle important des positions corporelles, et donc de la concentration. Nous pensons que son utilité est plus grande à distance de la compétition, dans le cadre d'une **séance spécifique** d'étirement-relaxation.

Étirement « passif ». C'est la pesanteur ou bien une force extérieure (développée par le sportif lui-même ou bien un partenaire) qui est la cause de l'étirement du muscle. Cette technique, lorsque les étirements sont longs et statiques, est connue pour entraîner une diminution momentanée de la force. **Il est donc préférable de la réserver pour la fin de la séance d'entraînement**. Il est montré (Bandy et coll., 1998 ; Roberts et Wilson, 1999), que lors qu'un programme régulier d'étirement « lourd » pendant 5 semaines, les gains en souplesse passive et active sont d'autant plus importants que les étirements sont longs (> 15 secondes) et statiques.

Étirement « actif ». Le muscle que l'on veut étirer est d'abord sollicité par une contraction, puis un relâchement (stretching sportif) ; ou bien par un allongement préalable et une contraction statique, suivie (stretching en tension active) ou non (stretching « PNF ») d'une phase dynamique. Ces techniques sont largement utilisées lors des échauffements, mais elles ne sont efficaces qu'à condition que les phases de contraction ou d'étirements ne soient pas trop longues, afin de ne pas limiter la distribution des muscles en sang (garrot vasculaire lié aux tensions internes).

Les principales caractéristiques des techniques sont rassemblées dans le tableau 9.1 (d'après Tougne, 2004, modifié).

Tableau 9.1
Les principales techniques d'étirements et leurs effets.

Type	Sous-type	Définition	Quand ?	Remarques
POSTURAL	Tonique	L'étirement du muscle est obtenu par la contraction lente et progressive de son antagoniste	Séances spécifiques, relaxation, évacuation des « tensions »	L'association avec la respiration est très importante. Maintenir la position 15 à 20 secondes (petites respirations forcées, alternées avec de grands échanges respiratoires entre les postures)
	Postural			
PASSIF	Lourd	Les muscles sont allongés sous l'effet de la pesanteur, par l'action du sujet lui-même ou bien d'un partenaire	Après l'exercice	Le tissu musculaire est « inactif »
	Passif			
	À deux			
ACTIF	En tension active	Allongement-contraction (6 à 8 secondes) et phase dynamique (montée de genoux, sautillés...)	Avant l'exercice	La fibre musculaire est en contraction alors que les insertions tendineuses s'éloignent
	Balistique	Mise en jeu du réflexe myotatique	**Avant** l'exercice (uniquement en fin d'échauffement)	Recherche de coordination agoniste-antagoniste
	Sportif	Contraction (8 à 10 secondes), **relâchement-étirement**	**Avant, après** l'exercice ou **séances spécifiques**	Pour optimiser la souplesse : 3 à 4 séances par semaine sur 1 à 2 mois
	P.N.F.	Contraction pendant la phase d'étirement		

Les principes de réalisation sont simples et leur respect assure ou non l'efficacité des techniques :

- les étirements se font dans le calme, concentré, « à l'écoute du muscle » ;
- pour chaque exercice, il faut déterminer le point fixe et le point mobile, positionner les surfaces articulaires (par exemple dans l'étirement des quadriceps : prendre la position de départ de l'étirement, puis ne pas oublier de placer son bassin pour optimiser les tensions) ;
- il convient d'associer l'expiration à la phase d'étirement musculaire ;
- les mouvements sont lents (sauf dans le cas des étirements balistiques) ;
- 3 répétitions sont requises.

A. Exercices quotidiens d'assouplissement et de « détente musculo-articulaire »

Pour les personnes qui ont des soucis de « dos », il est intéressant de commencer et de finir chaque journée par des assouplissements de la colonne vertébrale et du bassin. Il suffit de s'allonger sur le dos, les deux membres inférieurs tendus verticalement contre un mur, pieds en flexion (figure 9.1) pendant 5 minutes (chercher à plaquer tout le dos et les fesses au sol). Puis de passer à la position illustrée par la figure 9.2, pendant 1 minute (étirement passif des adducteurs). Enfin, assouplir les ischio-jambiers pendant 30 secondes à gauche, puis à droite (figure 9.3) et finir par une rotation longitudinale du rachis, là encore, 30 secondes de chaque côté (figure 9.4).

B. Les étirements durant l'échauffement

Généralement, les étirements interviennent à 2 voire 3 moments dans la phase d'échauffement. Ces procédés ne servent pas à échauffer proprement dit, mais ils font partie des phases peu intenses de l'échauffement. Ils sont donc réalisés alors que les muscles sont déjà « chauds ». À ce propos, Wieman et Klee (2000) insistent sur l'inefficacité du stretching sur l'élévation de la température corporelle. De plus, quelle que soit la forme passive ou sportive, la seule contrainte est de ne pas tenir les positions longtemps (inférieur à 8 secondes) afin de favoriser la circulation sanguine et d'éviter « d'endormir les muscles » en induisant un effet « antalgique » (Shrier, 1999). Durant l'échauffement, les étirements correspondent plus à des **assouplissements** qu'à de véritables étirements.

L'accent doit être porté sur les principaux fléchisseurs (ischio-jambiers, ilio-psoas), sur les adducteurs (pectiné, droit interne, les 3 adducteurs), et dans une moindre mesure sur les extenseurs des membres inférieurs (fessiers, quadriceps, triceps sural). Il en est de même pour les grands muscles du thorax (pectoral, grand dorsal, trapèze), des membres supérieurs (triceps, biceps, muscles des avant-bras). Par ailleurs, dans les derniers moments du « warm up », lorsque l'organisme est prêt, il est envisageable de réaliser des mouvements d'amplitude (de type balistique), afin d'éprouver les muscles de façon dynamique sur l'ensemble de leur débattement, et d'induire des

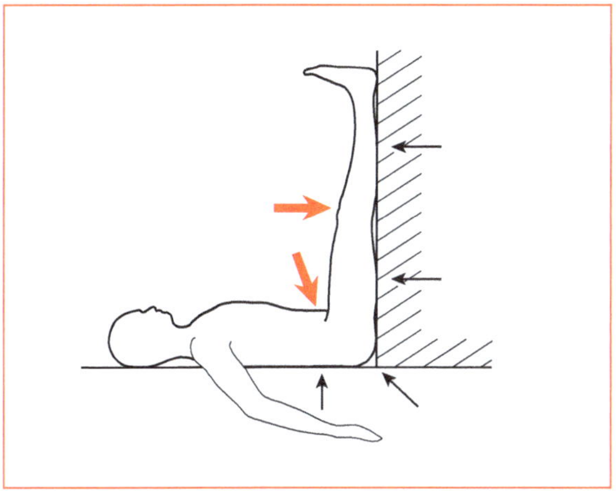

Figure 9.1
Chaîne postérieure.

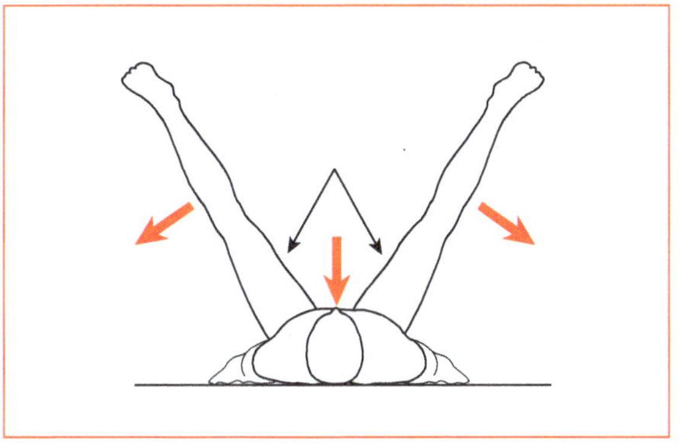

Figure 9.2
Adducteurs.

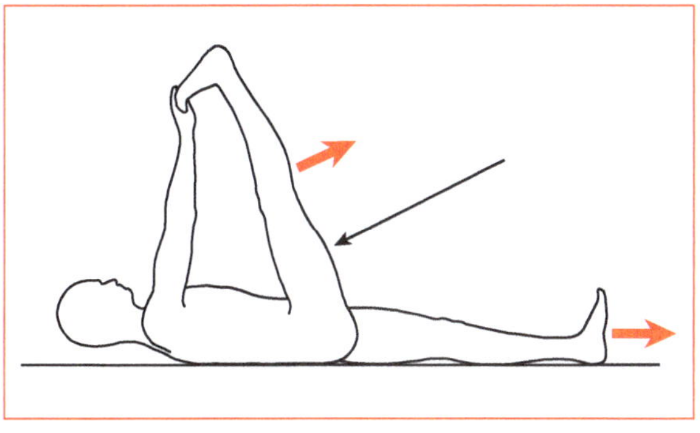

Figure 9.3
Ischio-jambiers.

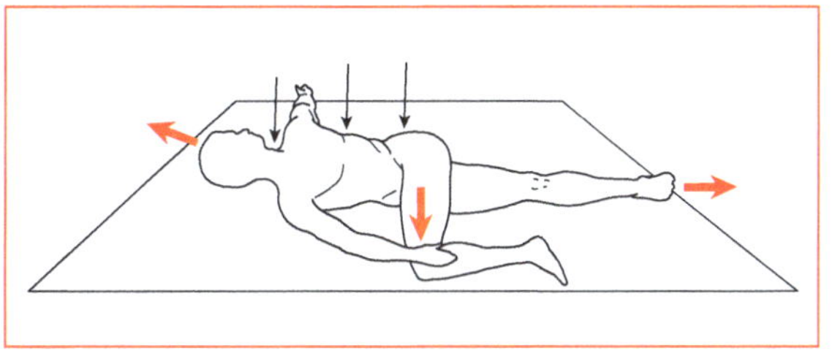

Figure 9.4
Rotateurs de la colonne.

réflexes myotatiques sur les groupes musculaires antagonistes sur un nombre réduit de cycles (3 à 5). Généralement, les mouvements qui y sont réalisés sont des « pendules » d'un membre inférieur en flexion-extension et en abduction-adduction.

Un certain nombre de travaux récents remettent en cause l'utilité des étirements durant la phase d'échauffement (pour une synthèse voir Cometti, 2003a) sur des muscles qui vont devoir fournir juste après, au cours de la compétition, leur force maximale (Kokkonen, 1998), ou bien leur vitesse/puissance lors de sprints (Wiemann et Klee, 2000), de sauts (Cornwell et coll., 2002) ou encore lors d'épreuves « d'endurance de force » comme en aviron ou en canoë-kayak (Kokkonen, 2000). Il ne faut toutefois pas, à notre sens, permettre aux articulations et aux muscles « de vivre » durant la phase de préparation les mêmes amplitudes, de façon statique et/ou dynamique, que celles exécutées en compétition.

Par ailleurs, les résultats de plusieurs expérimentations remettent en cause le rôle prophylactique des étirements durant l'échauffement.

Ces résultats doivent attirer notre attention sur le fait qu'il est nécessaire de faire le tri parmi l'ensemble des techniques disponibles sur le « marché », et de bien réfléchir sur les exigences musculo-articulaires de la compétition.

C. Les étirements après les entraînements et les compétitions

La notion de récupération ne se limite pas à la simple reconstitution des réserves énergétiques. Elle concerne également l'équilibre biochimique, la réparation des dégâts cellulaires et tissulaires et le retour au fonctionnement de base de l'ensemble des grandes fonctions organiques.

Exécutés durant la phase de retour au calme, les étirements jouent un double rôle (direct ou indirect) à la fois **sur le corps** et **sur le psychisme** du sportif. En même temps qu'ils imposent aux muscles une forme de repos, de relâchement, ils permettent une relaxation psychologique tout aussi importante. Cependant, il est bien évident que les exercices ne doivent pas être réalisés à « l'emporte pièce ». À l'issue des compétitions, il est important que les sportifs s'assouplissent (colonne vertébrale, cou) par des enroulements/allongement du dos, par des étirements allongés sur le dos amenant les mains et les talons dans des directions opposées. L'ensemble des « exercices quotidiens » proposés plus haut (figures 9.1 à 9.4), sont également très efficaces pour favoriser la reprise d'une attitude symétrique.

À notre sens, cette phase de retour au calme est importante pour plusieurs raisons : détente cognitive, détente psychologique (affective), et détente somatique.

En rugby, par exemple, les étirements post-match, par les tensions qu'ils développent dans les muscles, sont susceptibles d'accentuer ces dégâts, en « finissant le travail ». Cependant, ne permettent-ils pas également de finir de casser ce qui a commencé à être endommagé, afin de « purger/drainer » les muscles de leurs déchets ? Par suite, ce mécanisme ne serait-il pas susceptible d'accélérer la récupération tissulaire ? Il n'existe pas de réponse précise à ces hypothèses. Par contre, les résultats de l'étude réalisée sur les joueurs du XV de France par le Pr Deleris et son équipe de l'INSERM Bordeaux (Petibois et Deleris, 2003), durant laquelle une séance d'étirements (associée à des massages) a été pratiquée après un match pour un groupe de joueurs, alors que l'autre groupe n'a rien fait de spécial durant la même période, montrent que si au cours des 2 premiers jours de récupération, rien ne différencie vraiment les analyses sanguines réalisées ; les joueurs s'étant étirés avaient récupéré leurs valeurs d'avant match dès le troisième jour, alors que ceux n'ayant rien fait mettaient 2 jours de plus pour y parvenir (retard de récupération)…

À l'issue des compétitions ou bien des entraînements, il est important que les muscles aient une bonne vascularisation pour récupérer. Or, les étirements longs et statiques (> 20 secondes en statique ou en sportif) interrompent la circulation sanguine capillaire. Il est donc préférable d'utiliser les techniques d'étirements intermittents dynamiques qui favorisent le fonctionnement des « pompes musculaires » afin de répondre à ce besoin.

Par ailleurs, après l'exercice, le tonus des muscles sollicités est plus élevé. Les étirements ont pour effet de faciliter la relaxation musculaire, le retour à une activité nerveuse plus basse (plus adéquate à la reconstitution des stocks énergétiques, à la réparation des dégâts cellulaires et le rééquilibrage du milieu intérieur). Dans ce contexte, **les séquences d'étirements correspondent à un retour au calme à la fois physique et psychique**, ce qui est susceptible de limiter les états d'excitation que les joueurs connaissent après les rencontres et durant lesquels ils « refont le match ». Cela aussi est susceptible d'accélérer les mécanismes de récupération en général.

Ici encore, plusieurs travaux actuels nuancent l'utilité des étirements post-exercice. En effet, Feiwald et coll. (1999) ont montré que les étirements statiques (et longs) réalisés après l'exercice compriment les capillaires et retardent l'afflux sanguin dont les muscles ont besoin pour récupérer. Seuls les étirements dynamiques permettraient d'améliorer la récupération par le jeu de pompe musculaire qu'ils imposent aux membres (Shober et coll, 1990).

En conclusion, les connaissances concernant les étirements évoluent, elles s'affinent et deviennent de plus en plus précises. Il n'y a pas de révolution des savoirs… juste quelques précisions et nuances. Les nouvelles informations sont importantes car elles permettent d'optimiser l'utilisation des différentes techniques d'étirement selon les circonstances.

Les techniques d'étirements ne doivent donc pas être remises en cause pour ce qu'elles sont, car ce sont des techniques de base de la rééducation fonctionnelle. Elles sont de plus d'un apport incomparable lorsqu'elles sont utilisées à distance des entraînements et des compétitions, dans de cadre de la prophylaxie (prévention) des attitudes et donc des futures lésions musculo-conjonctives.

Lectures conseillées

Calais-Germain B., *Anatomie pour le mouvement*, Calais-Germain Ed, 1999.

Cometti G., *Les limites du stretching pour la performance sportive*, Partie 1, Document CEP, Université de Bourgogne, 2003.

Cometti G., *Les limites du stretching pour la performance sportive*, Partie 2, Document CEP, Université de Bourgogne, 2003.

Cornwell A., Nelson A.G., Sidaway B., Acute effect of stretching on the neuromechanical properties of the triceps surae muscle comple, *Eur. J. Applied Physiology*, 2002, 86 : 428-434.

Farlel, Sensomotorische und physische Fähigkeiten. *Leistungsport*, 1979, 9 : 31-34.

Freiwald J., Engelhardt M., Konrad P., Jäger M., Gnewuch A., *Manuelle Medizin*, 1999, 37 (1) : 3-10.

Fox et Mathews, *Bases physiologiques des activités physiques et sportives*, Ed. Vigot, 1984.

Fowles J.-R., Sale D.G., Mac Dougall J.-D., Reduced strength after passive stretch of the human plantarflexors. *J of applied Physiology*, 2000, 89 : 1179-1188.

Harre D., *Traningslehre,* 6 Aufl. Sportverlag, Berlin, 1976.

Herbert R.D., Gabriel M., *Effects of stretching before and after exercising on muscle soreness and risk of injury : a systematic review*, 2002.

Kokkonen J., Nelson A.G., Cornwell A., Acute muscle stretching inhibits maximal strength performance, *Research quaterly for exercise and sport*, 1998, 69 (4) : 411-415.

Kokkonen J., Nelson A.G., Tarawhiti T., Bukingham P., Glickman-Weiss E., Stretching combined with weight training improves strength more than weight training alone. *Medicine and science in sport and exercise*, 2000 32 (5) : 649.

Patel T.J., Lieber R.L., Force transmission in skeletal muscle : from actomyosin to external tendons, *Exercise Sport science review*, 1997, 25 : 321-263.

Proske U., Morgan D.L., Do cross-bridges contribute to the tension during stretch of passive muscle ? *Journal of Muscle research and cell motility*, 1999, 20 (5-6) : 433-442.

Shrier I., Stretching before exercise does not reduce the risk of local muscle injury : a critical review of the clinical and basic science literature, *Clinical Journal of Sport Medicine*, 1999, 9(4) : 221-227.

Schober H., Kraif W., Wittekop G., Shmidt H., Beitrag zum Einfluss verschiedener Dehnungsformen auf das muskuläre Entspannungsverhalten M. Quadrizeps femoris. *Medizin und sport*, 1998, 30 (3) : 88-91.

Weineck J., *Manuel d'entraînement,* 1997, Éd. Vigot.

Wiemann K., Klee A., *Die Bedeutung von Dehnen und Stretching in der Aufwärmphase vor Höchsstleistungen der Leistungsport*, 2000 4 : 5-9.

Willmore J.H., Costill D.L., *Physiologie du sport et de l'exercice physique*. Ed De Boeck Université, 1998.

Wessel J., Wan A., Effect of stretching on the intensity of delayed-onset muscle soreness, *Clinical journal of sport medicine*, 1994, 4(2) : 83-87.

2. SUPPORT PHYSIOLOGIQUE DE L'EXERCICE, DE L'ENTRAÎNEMENT ET DE LA PERFORMANCE

Introduction générale

En général, quelle que soit l'activité sportive considérée, les contenus d'entraînement devraient logiquement dépendre des exigences de la pratique et plus particulièrement de celles de la compétition. Entraîner n'est-il pas tenter d'adapter un sportif, dont il convient de bien connaître les capacités, à l'ensemble des exigences de la performance envisagée au meilleur niveau possible de son sport ?

Encore est-il indispensable de bien connaître à la fois ce que sont les exigences actuelles de la compétition, ce que sont les capacités des sportifs à entraîner et comment, au cours d'une saison sportive, développer leurs qualités requises par la performance visée ! (figure 10.1)

En d'autres termes, les exigences de la pratique représentent le but vers lequel doit tendre l'entraînement alors que les capacités du sportif en constituent le point de départ. En fonction du moment de la saison, les contenus des séances d'entraînement devraient se situer entre ces deux extrêmes sur les trajectoires que constituent *la planification, la programmation et la périodisation de l'entraînement.* Dans ce contexte, l'entraîneur, le préparateur physique, le médecin et le kinésithérapeute du club ont besoin d'outils pour les aider à :

- mieux connaître les exigences actuelles du sport considéré et donc les qualités attendues du pratiquant en fonction de sa spécialité ou de son poste, s'il s'agit d'un joueur de sport collectif ;
- mieux connaître les capacités réelles des sportifs dont ils ont la responsabilité, orienter individuellement avec le plus de pertinence possible leurs charges d'entraînement, et ce afin d'éviter le sous- ou le surentraînement et les problèmes induits ;
- contrôler, voire réajuster les charges d'entraînement en fonction des améliorations et des modifications évaluées et éventuellement, fixer de nouveaux objectifs à l'issue et même au cours des périodes programmées ;
- suivre les effets cumulés résultants de ces périodes d'entraînement.

Ce sont là les objectifs principaux du présent chapitre.

Figure 10.1
Ensemble des conditions intervenant dans le processus d'entraînement. Les chiffres indiqués correspondent à la chronologie à respecter pour mettre en œuvre le processus d'entraînement.

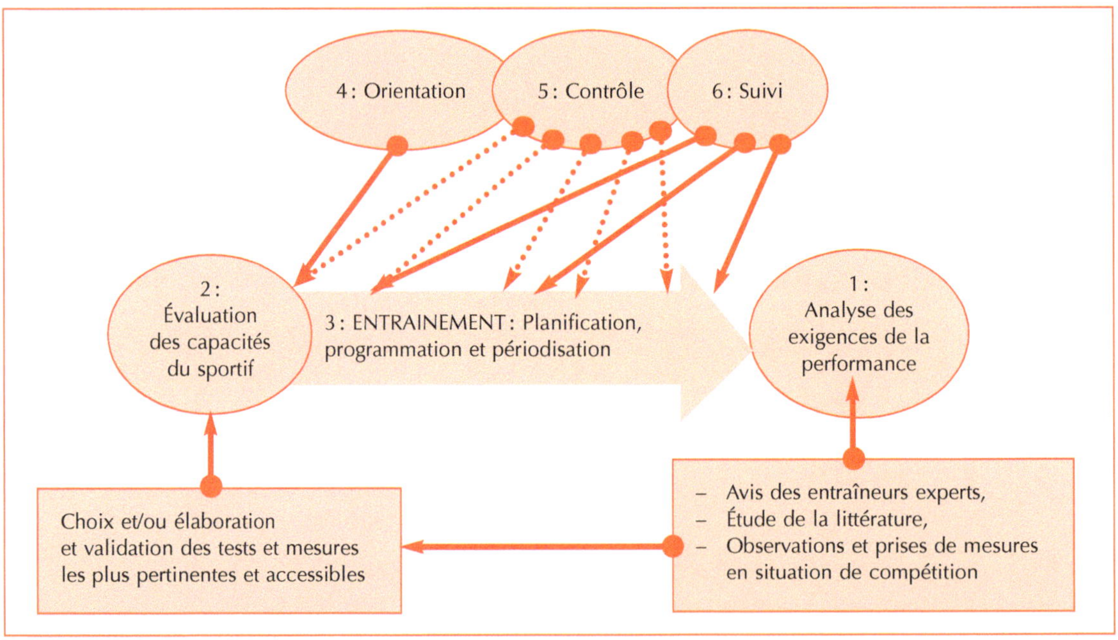

Chapitre 10

ANALYSE DES EXIGENCES MÉTABOLIQUES DE DIFFÉRENTES ACTIVITÉS SPORTIVES

Georges Cazorla

Il faut se rappeler qu'au niveau du muscle, l'exercice augmente les besoins en énergie. Cette énergie peut être soit « empruntée » aux réserves musculaires, soit fournie aux cellules actives grâce à l'adaptation des grandes fonctions de l'organisme, au nombre desquelles la respiration et la circulation jouent un rôle très important. Le système nerveux central et le système hormonal, renseignés sur la nature de ces nouvelles exigences, régulent et orientent l'action motrice qui en découle.

En ce qui concerne les facteurs énergétiques, l'organisme du sportif peut être considéré comme un transformateur d'énergie chimique en énergie mécanique restituée au milieu extérieur sous forme de mouvements.

Très schématiquement, l'amélioration de la performance d'un organisme entier reviendrait alors à :

- augmenter la quantité totale d'énergie disponible ou ***capacité énergétique***;
- élever au maximum et le plus rapidement possible le niveau d'énergie utilisé, dans un temps donné ou ***puissance maximale énergétique***;
- augmenter la durée limite à laquelle le pourcentage le plus élevé de la puissance maximale peut être maintenu ou ***endurance énergétique***;
- améliorer le travail mécanique fourni sans augmenter la dépense énergétique ou ***rendement énergétique.***

En physiologie de l'exercice musculaire, la capacité d'un processus énergétique peut être définie aussi bien comme la quantité totale des réserves énergétiques susceptibles d'être utilisées, que comme le tra-

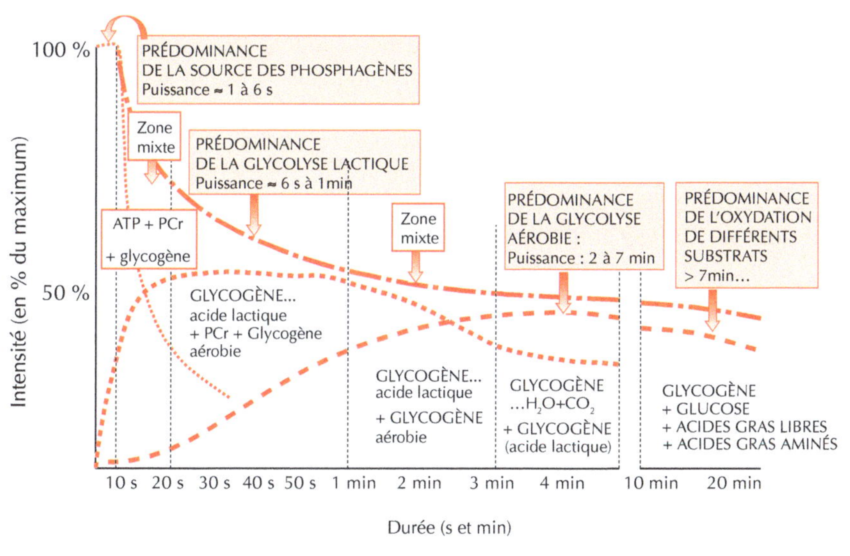

Figure 10.2
Contribution respective de chaque processus métabolique dans l'apport énergétique total (courbe du haut) au cours d'exercices d'intensités et de durées variables. En fonction de ces deux variables, on peut remarquer la prédominance d'une source énergétique mais aussi l'interaction constante des autres.

vail mécanique auquel elles donnent lieu. Dans le premier cas, la capacité correspond au métabolisme sollicité en fonction de la durée et de l'intensité de l'exercice, dans le second cas, à une capacité de travail mécanique.

En physiologie, de façon plus précise, la capacité peut être définie comme la « ***quantité maximale de molécules d'ATP synthétisées au cours d'un exercice dont la durée et l'intensité devront être définies*** ». La figure 10.2 donne les caractéristiques actualisées des différents métabolismes et de leurs interactions au cours de différents exercices de durées et d'intensités variables.

> Métabolismes aérobie et anaérobie diffèrent sur deux plans; alors que le métabolisme aérobie présente une puissance maximale relativement faible (mesurée par la consommation maximale d'oxygène) et une capacité élevée, les métabolismes dits « anaérobies alactique » et « lactique » peuvent fournir une puissance élevée mais sont rapidement limités.

Ces caractéristiques aident à comprendre la séquence des modifications métaboliques accompagnant le passage *de l'état de repos à l'activité d'intensité élevée et de longue durée*:

- l'ascension immédiate de l'énergie requise en début d'exercice exige une disponibilité instantanée d'une grande puissance que permet la dégradation prioritaire des molécules d'ATP et de phosphorylcréatine: PCr *(processus habituellement défini comme anaérobie alactique, bien que de petites quantités d'oxygène de réserve soient immédiatement disponibles et que la glycolyse qui produit de l'acide lactique soit enclenchée au départ de l'exercice) ;*
- la quantité d'énergie fournie rapidement doit couvrir la transition entre la dégradation initiale des phosphagènes (ATP + PCr) et l'établissement d'un niveau constant de consommation d'oxygène, énergie fournie alors en grande partie par la glycolyse lactique *(processus habituellement défini comme anaérobie lactique bien qu'une certaine quantité de l'énergie soit fournie aussi par l'hydrolyse des phosphagènes et par l'utilisation de l'oxygène) ;*
- l'exercice de longue durée suppose un état d'équilibre entre la production et la consommation d'énergie, *l'équilibre respiratoire* (ou steady-state pour les anglo-saxons). Le délai requis pour atteindre l'équilibre respiratoire dépend de l'âge, du niveau d'entraînement du sujet et surtout de l'intensité de l'exercice. À une intensité correspondant à l'atteinte de $\dot{V}O_2$max, ce délai peut-être de 1 minute 30 secondes pour les enfants et les sportifs très entraînés et de 2 à 4 minutes chez les adultes peu ou pas entraînés. Lorsque cet état d'équilibre est atteint l'organisme fait surtout appel au *processus aérobie.*

Chaque « passage » d'un processus à l'autre s'accompagne inévitablement d'une baisse de l'intensité de l'exercice, qui correspond à la ***puissance limite*** que le système mis en jeu est capable de fournir. Par exemple, l'étude de la décroissance de la vitesse en fonction de la performance chronométrique de chacun des records du monde de course (figure 10.3) indique, d'une manière remarquable, une courbe en tout point similaire à celle de la décroissance du continuum énergétique: ATP - PCr - O_2 de réserve – glycolyse anaérobie – glycolyse et lipolyse aérobie (comparer la figure 10.2: synthèse de l'ATP et figure 10.3: décroissance de la vitesse de course).

La figure 10.3-natation fait apparaître une décroissance plus faible due non seulement à la résistance rencontrée dans le milieu liquidien mais aussi aux qualités morphologiques et techniques permettant de minimiser cette résistance. Dans ce cas, comme à un degré moindre en cyclisme et en aviron, vitesse, durée et résistance sont étroitement liées. Ceci nous amène à définir un autre concept requis par la performance: ***le rendement*** encore appelé ***« l'économie de la locomotion ou d'exercice »*** qui correspond au *moindre coût énergétique pour réaliser une activité physique d'une intensité et d'une durée connues.* Ainsi, l'activité sportive doit toujours être définie dans le cadre d'un espace tridimensionnel prenant en compte ces trois variables.

D'une manière générale, les métabolismes n'expliquent pas à eux seuls la durée et l'intensité de l'exercice. Parallèlement à leur développement,

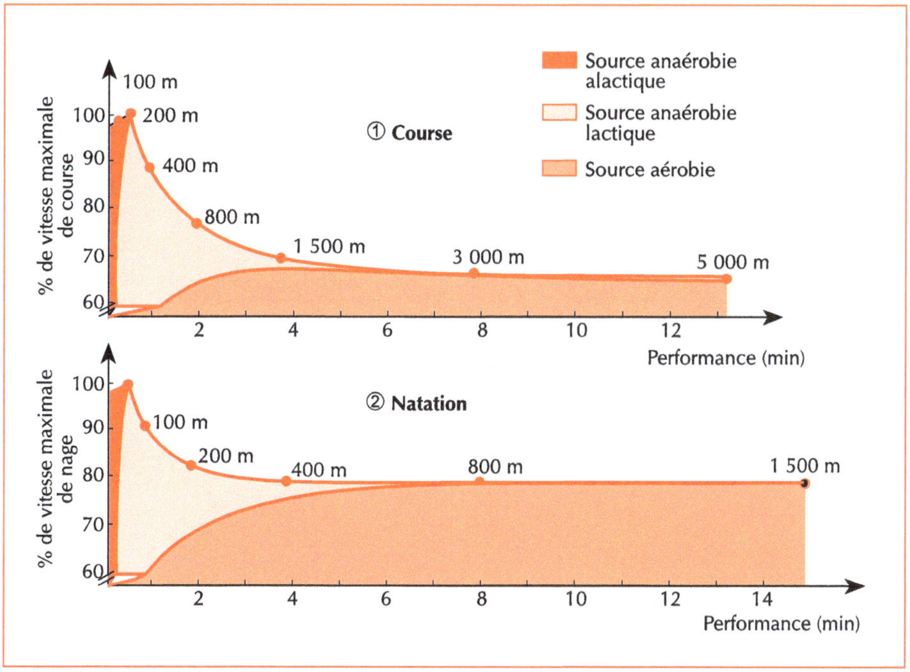

Figure 10.3
Relation de la décroissance de la vitesse des records du monde et des métabolismes sollicités.
1. Course
2. Natation

l'entraîneur devra toujours s'efforcer d'améliorer, d'une part la technique qui, pour une intensité donnée, permet de diminuer le coût énergétique et donc d'économiser la dépense d'énergie et d'augmenter d'autre part, la force ou la puissance requise pour améliorer l'efficacité d'un geste ou d'une technique particulière.

Quelle que soit l'activité sportive considérée, la performance réalisée est toujours déterminée par l'interaction des différentes composantes psychologiques, physiologiques, biomécaniques et sociologiques (figure 10.4).

Les composantes physiologiques que l'on peut subdiviser en neurophysiologie (apprentissage, adaptation, justesse de la réponse motrice) et en bioénergie, permettent de mieux déterminer le profil de chaque activité physique.

Bien que les métabolismes soient toujours interactifs, en fonction de la durée et de l'intensité des exercices qui les sollicitent, il est possible de définir un profil présentant l'utilisation ***prépondérante*** d'une source métabolique (figures 10.3 et 10.5), ce qui permet à l'entraîneur d'avoir une image « cible » ou image

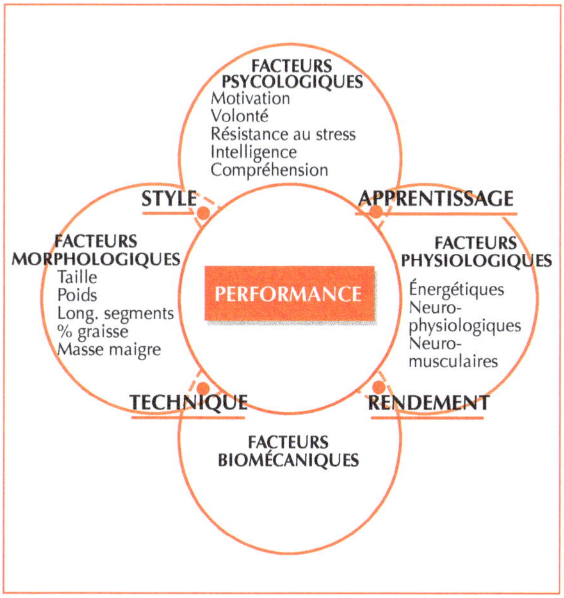

Figure 10.4
Modèle des interactions entrant en jeu dans la réalisation d'une performance sportive.

référentielle pour mieux déterminer les objectifs et les contenus de ses entraînements. Il est ainsi possible de distinguer la classification suivante:

Activités à exercice unique de type:

- « **explosif** » faisant appel aux capacités neuromusculaires, à la qualité contractile et élastique des muscles et à leur pouvoir à utiliser de fortes quantités d'ATP**:** sauts, lancers, départ de sprint, haltérophilie... ;
- « **mixte** » tributaire des qualités neuromusculaires, de la composante contraction, du relâchement, de l'élasticité musculaire, de l'hydrolyse des phosphagènes (ATP, PCr) et de la glycolyse lactique: du 50 m au 100 m sprint, 25 m nage et toutes autres activités de durées proches: 6 à 10 secondes;
- « **essentiellement lactique** »**:** les sports à exercices continus de durée intermédiaire: 10 secondes à 4 minutes (200, 400, 800, 1 500 course, 100, 200, nage, aviron femme...) et d'intensité supra-maximale ([1]) ;
- « **essentiellement aérobie** »**:** les sports à exercices continus de longue durée: supérieure à 4 minutes (ski de fond, course de fond, marathon, 800 et 1 500 m nage, aviron homme...).

La récupération après l'exercice caractérise aussi de nombreuses activités sportives. La durée de chaque séquence « exercice-récupération relative » permet d'affiner la classification précédente comme suit:

[1] Pour caractériser l'intensité d'un exercice, la terminologie la plus utilisée actuellement se réfère à la puissance atteinte à la consommation maximale d'oxygène (ou $\dot{V}O_2$ max.) ou puissance aérobie maximale: PAM

- *intensité > $\dot{V}O_2$ max (> PAM) : exercice supra-maximal ou sur-critique;*
- *intensité = $\dot{V}O_2$ max (= PAM) : exercice maximal ou critique;*
- *intensité < $\dot{V}O_2$ max (< PAM) : exercice infra-maximal ou sub-critique.*

Activités à exercices par intervalles de type « mixte »:

- faisant ***surtout*** appel à l'hydrolyse des phosphagènes, à la glycolyse lactique et aérobie**:** sports à répétition d'exercices intermittents de courte durée et très intenses: escrime, volley-ball, ensemble des sports collectifs, tennis, tennis de table...
- faisant ***surtout*** appel à l'hydrolyse des phosphagènes et à la glycolyse lactique: sports à exercices intermittents de longue durée (judo, lutte, boxe...).

1. SPORTS À ACTIVITÉ PHYSIQUE CONTINUE

A. ACTIVITÉS SPORTIVES DE TYPE « ALACTIQUE », INTENSITÉ SUPRA-MAXIMALE ET DE TRÈS COURTE DURÉE

Les qualités de force, de vitesse et de puissance musculaire ne sont pas strictement réductibles aux réserves en phosphagènes car elles dépendent également de facteurs neuromusculaires, de la quantité de fibres à contraction rapide qui équipent les muscles sollicités, des caractéristiques anatomiques du sujet et bien sûr de la qualité technique. Cependant, comme elles nécessitent une très grande quantité d'énergie immédiatement disponible, les composés hautement énergétiques (ATP-PCr) sont essentiellement sollicités.

Immédiatement disponibles et susceptibles de fournir de très fortes quantités d'énergie permettant des puissances contractiles élevées, l'hydrolyse des phosphagènes peut répondre aux besoins de certaines activités où priment la vitesse et la force: sauts, haltérophilie, lancers, sprints courts...

L'entraînement en vue d'améliorer les qualités de vitesse, de force et de puissance aura donc comme objectif principal:

- d'augmenter le nombre d'unités motrices recrutées de façon synchrone dans les muscles sollicités:

  - à contraction rapide pour la vitesse,
  - à la fois à contraction rapide et lente pour la force.
- d'augmenter le nombre d'éléments contractiles (myofibrilles) dans la cellule ;
- d'améliorer les réserves en PCr ;
- d'augmenter les concentrations d'enzymes spécifiques de l'activité musculaire intense (myokinase et créatine phosphokinase) et de stimuler leur activité.

B. Activités sportives de type « lactique » : intensité maximale ou supra-maximale et de durées comprises entre 10 secondes et 3 minutes

Pour répondre à l'urgence de la demande énergétique de début d'exercice, la glycolyse lactique permet d'assurer une partie non négligeable des besoins énergétiques de l'exercice. Elle permet ensuite de poursuivre les exercices d'intensité maximale ou supra-maximale au-delà de 10 à 30 secondes, et ce jusqu'à 2 à 3 minutes. Elle s'accompagne d'une production importante de lactate directement proportionnelle à l'intensité du travail musculaire.

La glycolyse lactique intervient aussi chaque fois que la capacité oxydative de la fibre musculaire est débordée (exercices supra-maximaux).

Contrairement à des idées reçues, dans ce cas ce n'est pas *l'absence d'oxygène* qui entraîne la production d'acide lactique mais bien la *limite de la capacité oxydative maximale de la fibre* qui en est la cause. Ceci se produit par exemple en fin d'une course même de longue durée ou lors de périodes d'accélération brutale alors que le processus aérobie est largement sollicité.

La glycolyse lactique est donc la source énergétique privilégiée des activités sportives d'intensité proche ou supérieure à la PAM et dont la durée est comprise entre 10 secondes et 2 à 4 minutes :

- 400, 800 et même 1 500 mètres course, toutes les distances de nage à l'exception du 800 et du 1 500 mètres, le patinage artistique, la gymnastique à l'exception du saut de cheval, de l'aviron (femme), du ski alpin…

Remarquons que sa contribution est aussi relativement importante même lors de courses plus courtes comme le 100 et 200 m ou de courses plus longues comme le 3 000 et le 5 000 m. Dans le premier cas, l'énergie est fournie à la fois par l'hydrolyse des phosphagènes et par la glycolyse lactique, alors que dans le second, elle résulte de la glycolyse lactique et de la glycolyse aérobie.

Dans de nombreuses activités d'une durée de 1 minute ou plus, l'endurance anaérobie lactique, ou *maintien de l'intensité de l'exercice à un haut pourcentage de la puissance du système*, peut être augmentée par trois facteurs principaux :

- l'utilisation des réserves plus ou moins importantes d'ATP-PCr et d'oxygène liée à l'hémoglobine et à la myoglobine qui « prennent en charge » une part de la production initiale de l'énergie ;
- le degré d'intervention du processus aérobie dès le début de l'exercice dépendant de l'adaptation plus ou moins rapide de la chaîne des transporteurs d'oxygène. D'où l'intérêt d'avoir de bonnes bases aérobies rapidement mobilisables pour aborder l'entraînement dit « anaérobie lactique » ;
- la capacité individuelle de repousser les limites induites par une forte acidose organique, qualité qui fait aussi appel aux capacités psychologiques, apanage des grands champions.

> Entre deux sujets ayant un $\dot{V}O_2max$ différent, pour une même intensité d'exercice, celui dont $\dot{V}O_2max$ est plus faible produira beaucoup plus de lactate et sera contraint d'arrêter plus vite l'exercice. À la limite, l'effort supra-maximal de l'un peut correspondre à l'effort maximal, voire infra-maximal, de l'autre, d'où l'importance d'un $\dot{V}O_2max$ élevé et rapidement mobilisable.

Pour tous les sportifs pratiquant une des disciplines précédemment citées, les objectifs majeurs de la préparation physiologique seront :

- de retarder les effets de l'acidose sur la cellule en l'habituant progressivement à supporter des pH de plus en plus bas ;
- d'améliorer le pouvoir des systèmes tampons de l'organisme ;

– de stimuler l'activité des enzymes associées à la production et à l'utilisation du lactate.

Pour ce faire, l'entraînement devra inclure des séquences de travail à intensité maximale ou supra-maximale, de durées comprises entre 30 secondes et 2 minutes.

C. Activités de longue durée de type « aérobie » : intensité maximale ou infra-maximale de durées proches ou sensiblement supérieures à 7 minutes (figure 10.5)

Nous savons que l'organisme ne peut être trop longtemps privé d'oxygène. L'utilisation des voies anaérobies ne constitue qu'une étape de transition lui permettant de faire face à des procédures d'urgence. Dès lors qu'un exercice se prolonge au-delà de deux ou trois minutes, ce sont les processus oxydatifs qui progressivement assurent l'essentiel de son approvisionnement énergétique. Ils s'accompagnent d'une baisse de l'intensité de l'exercice qui correspond aux valeurs limites des possibilités *de transport et d'utilisation cellulaire de l'oxygène.*

Le transport dépend du nombre de globules rouges (ou hématocrites) et du débit cardiaque maximal. Le débit cardiaque résulte du produit du volume d'éjection systolique et de la fréquence cardiaque, ce qui s'écrit : Q = VES x FC

L'utilisation cellulaire de l'oxygène qui se traduit par la différence entre la concentration artérielle (CaO_2) du sang entrant dans le muscle actif et la concentration du sang veineux (CvO_2) qui en sort, dépend du pouvoir oxydatif des fibres musculaires

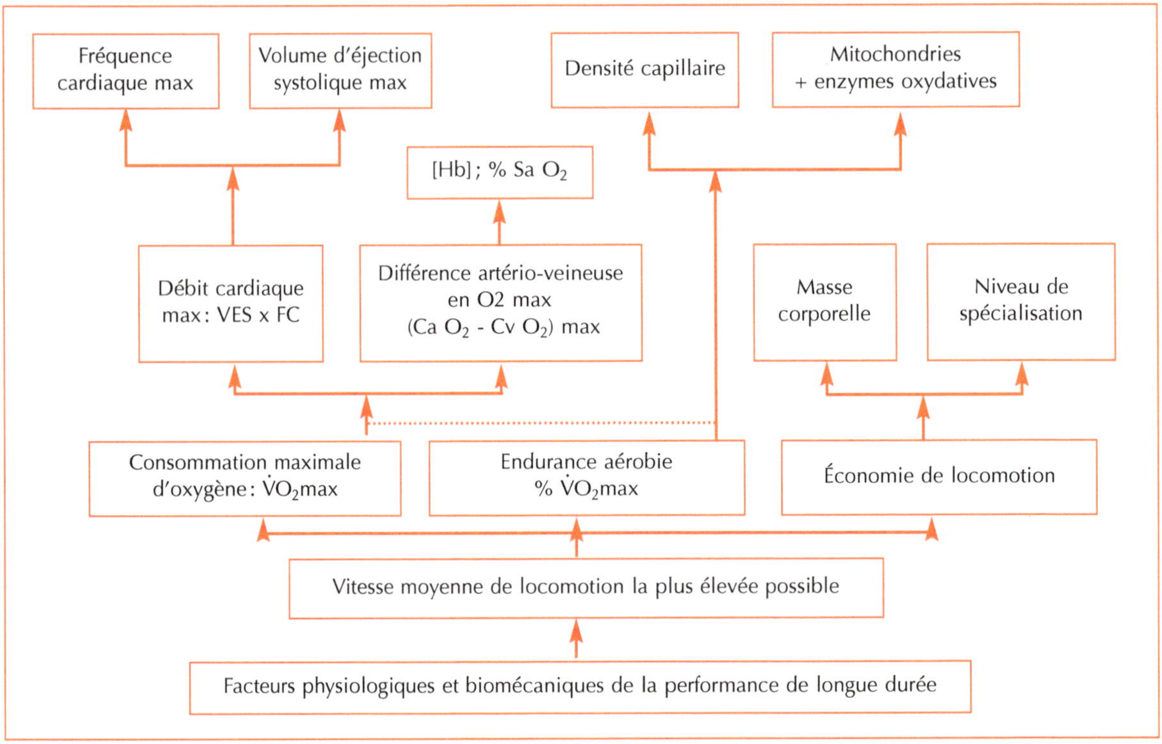

Figure 10.5
Facteurs physiologiques et biomécaniques intervenant dans la réalisation d'une performance de longue durée. La vitesse moyenne la plus élevée possible dépend de l'interaction de trois facteurs : du $\dot{V}O_2$max ou puissance du système, de l'endurance aérobie ou % le plus élevé possible de $\dot{V}O_2$max, et de l'économie de locomotion ou plus faible dépense d'énergie à la vitesse maintenue.

sollicitées (nombre et taille des mitochondries, concentration en enzymes oxydatives du cycle de Krebs et de la chaîne des transporteurs d'électrons) et des réserves en substrats utilisés (glycogène, glucose, acides gras libres, acides aminés).

Un $\dot{V}O_2$ max élevé est la condition nécessaire mais non suffisante de la performance de longue durée. Deux autres facteurs en expliquent aussi la qualité : l'endurance aérobie et l'économie de locomotion (figure 10.5).

L'endurance aérobie *est la durée pendant laquelle l'activité peut être maintenue à un pourcentage donné de $\dot{V}O_2$ max, de la vitesse aérobie maximale (VAM) ou de la puissance aérobie maximale.* Elle dépend essentiellement de l'entraînement dont les effets majeurs sont l'augmentation du recrutement de capillaires fonctionnels et le développement des capacités oxydatives de la fibre (mitochondries et enzymes mitochondriales).

L'économie de locomotion *est le plus faible coût énergétique requis pour se déplacer sur une distance donnée (généralement un mètre ou un kilomètre) à une vitesse donnée.* Son unité est le l ou le ml d'O_2, ou le joule ou kilojoule par kilogramme de masse corporelle et par mètre ou kilomètre parcouru à une vitesse prédéfinie. La qualité de l'économie de locomotion dépend de la masse corporelle du sujet et de son niveau de spécialisation dans le mode de locomotion choisi. En natation, par exemple, l'économie de nage dépend du niveau technique et de spécialisation : le bon nageur de 1 500 m se distingue par une dépense énergétique plus faible à une vitesse donnée que celle du sprinter.

Le métabolisme aérobie, utilisateur des très importantes réserves de glucide et de lipide de l'organisme, est particulièrement sollicité par les sports de longue durée : ski de fond, courses de fond, marathon, cross-country, marche athlétique, cyclisme (par étapes), 400 m 4 nages, 800 m et 1 500 m natation, aviron (hommes), canoë-kayak…

De trois à neuf minutes, les sources énergétiques aérobies interviennent en concurrence avec les sources anaérobies ; au-delà de cette durée, elles assurent la part prépondérante de l'exercice.

En ce qui concerne les objectifs de l'entraînement aérobie, trois dimensions sont à envisager :

- l'augmentation de la puissance du système (PAM ou $\dot{V}O_2$max) ;
- l'amélioration de l'endurance aérobie qui permet au sportif de maintenir plus longtemps un exercice dont l'intensité est de plus en plus proche de $\dot{V}O_2$max ;
- l'amélioration technique permettant d'éliminer les mouvements parasites consommateurs d'énergie peu rentable.

Dans ces deux perspectives, l'entraînement doit prendre en considération :

- l'amélioration de la capacité de transport de l'oxygène, notamment en augmentant le débit cardiaque maximal qui permet de mettre en circulation davantage d'oxygène par unité de temps et en multipliant le nombre de capillaires fonctionnels dans le muscle ;
- le développement ou le renforcement du potentiel oxydatif de toutes les fibres (rapides et lentes) : augmentation du nombre et de la taille des mitochondries ;
- l'utilisation des acides gras pour des intensités de travail de plus en plus élevées ;
- l'élévation des concentrations des enzymes du cycle de Krebs et de la chaîne respiratoire…
- l'amélioration technique permettant de dépenser moins d'énergie pour une activité motrice donnée.

Outre son rôle très important dans les performances de longue durée, $\dot{V}O_2$max intervient aussi :

- ***comme capacité d'entraînement*** ; un $\dot{V}O_2$max élevé et une capacité aérobie bien développée permettent de s'entraîner à des intensités et des durées plus importantes, ce qui indirectement peut avoir des répercussions bénéfiques, même sur les performances de moyennes ou courtes durées ;
- ***comme facteur de récupération*** ; un muscle bien oxygéné peut reconstituer plus rapidement ses réserves en ATP et en PCr et peut métaboliser plus rapidement une plus grande quantité du lactate produit, ce qui lui permet de reprendre plus tôt son activité après des exercices intermittents de haute intensité comme dans les sports collectifs et le tennis.

Autant de raisons qui conduisent à accorder dans tout entraînement, une large part au développement de la capacité aérobie : endurance et puissance aérobie maximale, notamment lors des premières étapes du

plan de carrière du jeune sportif, dans l'intersaison et en début de saison sportive.
Les exercices dynamiques de longue durée, ou intermittents de haute intensité et souvent répétés, nécessitant en outre l'utilisation de grandes masses musculaires, sont particulièrement recommandés pour développer la puissance aérobie maximale.

> **RÉSUMÉ**
>
> *Selon les durées et intensités des sports à activités continues, les trois métabolismes prennent tour à tour une fonction prépondérante. Toutefois, dans de nombreuses activités, ils interviennent en concurrence, ce qui indique que tout éducateur sportif devra bien analyser les exigences de la compétition visée, pour pouvoir définir, compte tenu des capacités physiques de ses sportifs, les objectifs principaux et secondaires qu'il assignera à chacun de ses entraînements.*
> *Comme l'homme est un être essentiellement aérobie, le développement du $\dot{V}O_2max$ est le préalable le plus important de tout entraînement. L'entraînement spécifique des autres métabolismes ne devrait jamais être envisagé sans l'assurance de bonnes bases aérobies, surtout chez les jeunes sportifs.*

2. LES SPORTS À ACTIVITÉS INTERMITTENTES : RÔLE DE LA RÉCUPÉRATION

Notre étude s'est limitée jusqu'à présent aux exercices continus d'intensités relativement stables qui sont commodes pour les recherches de laboratoire mais qui constituent de bien des façons des situations artificielles. Cependant, dans la plupart des activités physiques tels les jeux ou les sports collectifs, exercice et repos sont en constante alternance, il nous faut donc examiner :
- ce qui se passe dès l'arrêt du travail musculaire ;
- les influences réciproques immédiates et à plus long terme de l'exercice et de la récupération.

A. RÉCUPÉRATION IMMÉDIATE : LA DETTE D'OXYGÈNE

Pour comprendre les répercussions physiologiques de l'exercice, il faut considérer travail et repos comme un tout. Les réactions biochimiques amorcées en période de travail continuent pendant le repos selon une cinétique qui leur est propre et qui est largement tributaire :
- de l'intensité et de la durée de l'exercice ;
- du niveau d'entraînement et du régime alimentaire du sujet.

Dès le début de l'exercice d'intensité élevée, l'apport énergétique d'origine aérobie s'avère insuffisant par rapport à la demande (adaptation lente de la chaîne des transporteurs d'oxygène). Pendant cette phase transitoire, l'organisme utilise ses propres réserves, il contracte en conséquence un déficit provisoire, qu'il lui faudra rembourser dès la fin du travail musculaire (figure 10.6).
Remarque : ce déficit peut être contracté aussi dans toutes les circonstances où l'apport d'oxygène à la cellule est débordé (cas d'une accélération d'intensité supra-maximale) en milieu de course, ou effort intermittent des sports collectifs.
Le déficit en oxygène correspond :
- à l'épuisement de l'oxygène de réserve de l'organisme : oxygène lié à l'hémoglobine et à la myoglobine ;
- à l'hydrolyse de l'ATP musculaire.
  Dans ces premiers cas, il ne s'accompagne que d'une formation négligeable d'acide lactique ; il est dit alactique ;
- à l'utilisation anaérobie du glycogène. Il s'accompagne, dans ce cas, de la production d'acide lactique : il est dit lactique.

Le « remboursement » du déficit débute dès que l'apport en oxygène devient excédentaire, c'est-à-dire :
- à la fin de l'exercice ;
- pendant la poursuite d'un exercice de faible intensité.

Le remboursement du déficit se traduit par le maintien d'un niveau de sollicitation ventilatoire et cardiovasculaire élevé qui correspond à la phase du remboursement de la dette d'oxygène.

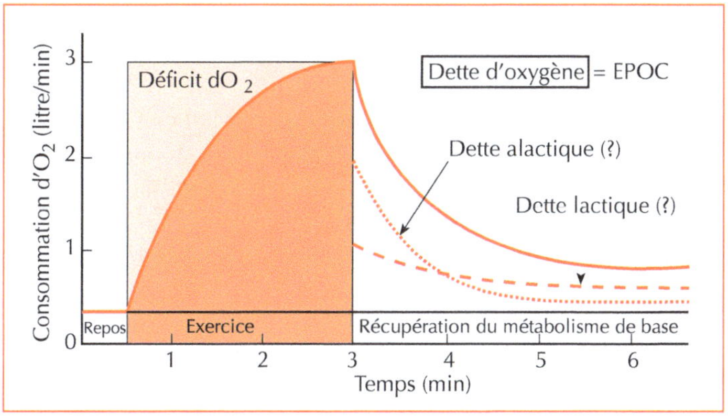

Figure 10.6
Hétérochronisme du remboursement de la dette d'oxygène qui, à la fin de l'exercice, est sensiblement supérieure au déficit initialement contracté.
EPOC = *Excess Post-exercise Oxygen Consumption* (excès de consommation d'oxygène post-exercice).

La sollicitation importante des muscles ventilatoires, du système cardio-vasculaire, l'élimination de la chaleur excédentaire, les besoins en ATP requis pour le fonctionnement des « pompes à sodium et à calcium » et les valeurs encore élevées des concentrations sanguines d'adrénaline et de noradrénaline, entraînent une dépense supplémentaire d'énergie pendant la récupération, c'est pourquoi la dette d'oxygène est toujours supérieure au déficit initial. Cet excès de consommation d'oxygène post-exercice est souvent appelé EPOC par les Anglo-saxons, sigle qui signifie « Excess Post-exercise Oxygen Consumption ».

La dette d'oxygène décroît à l'issue de l'exercice selon deux exponentielles :

- La courbe à pente rapide correspondrait au remboursement des réserves en oxygène et à la resynthèse des phosphagènes, d'où son appellation de « dette alactique ».
- La courbe à pente plus douce correspondrait au remboursement de la « dette lactique » nécessaire pour métaboliser le lactate produit et pour reconstituer les réserves en glycogène. À l'issue d'un exercice anaérobie épuisant d'une à deux minutes, la totalité du lactate produit est métabolisée en une heure et demie environ alors que le maintien d'une activité de faible intensité pendant la récupération (50 à 60 % de $\dot{V}O_2$max) ou tout apport complémentaire d'oxygène, accélère son métabolisme.

Selon les objectifs de l'entraînement, le sportif peut donc s'arrêter complètement, la ***récupération*** est dite ***passive***, ou maintenir une légère activité, dans ce cas la ***récupération*** est dite ***active.***

L'exercice suivant peut reprendre alors que les réserves utilisées sont :

- totalement reconstituées, la ***récupération*** est définie comme ***complète*** ;
- ou partiellement, la ***récupération*** est définie alors comme ***incomplète***, la plus utilisée au cours de l'entraînement.

B. Récupération à moyen terme : notion de surcompensation

Pendant le travail musculaire, une part des réserves énergétiques de l'organisme est dégradée selon l'intensité et la durée de l'exercice.

Durant la période de récupération, les processus de leur resynthèse deviennent prioritaires. Dans le cas où les réserves ont été épuisées ou très fortement entamées par un exercice d'intensité importante (> 80 % $\dot{V}O_2$max), il se produit non seulement une reconstitution de ce qui a été dépensé mais aussi une reconstitution dépassant le niveau initial.

Ce phénomène a pris le nom de « surcompensation ». Il peut être défini comme suit :

Toute cellule de l'organisme sollicitée à des intensités élevées (principe de la surcharge) tend dans la phase de récupération à reconstituer et à dépasser le niveau initial des réserves utilisées (principes de spécificité). La surcompensation permet de comprendre l'amélioration des réserves en substrats énergétiques qui, au cours d'une saison sportive, peuvent atteindre un maximum limité par les facteurs génétiques.

En conséquence, l'efficacité de la régénération des réserves à un niveau supérieur dépend non seulement de l'intensité et de la durée du travail, mais aussi de la durée optimum de la récupération[1].

La valeur optimale de cette durée est liée aux substrats utilisés lors de l'exercice et aux possibilités individuelles de récupération du sujet.

Remarques : Ce gain en réserves utilisables n'expliquerait que partiellement l'augmentation des capacités du sportif. En effet, il ne faut pas oublier que l'amélioration de son rendement dépend aussi fortement de :

- l'économie d'énergie induite par le recrutement de plus en plus fin des fibres musculaires entrant dans le geste réalisé : ou amélioration technique ;
- du comportement psychologique : ou amélioration mentale.

Enfin, chacune des différentes réserves énergétiques utilisées se reconstitue selon une cinétique qui lui est propre (cf. tableau 10.1) et qui dépend notamment :

- du sujet ;
- de son niveau d'entraînement ;
- de la nature, de l'intensité et de la durée de l'exercice qui les a mis en jeu.

Cette cinétique peut aller de quelques secondes à quelques heures.

La grande difficulté de l'entraînement se situe donc au niveau de l'harmonisation de ces différentes variables pour obtenir les effets recherchés.

Conséquences pratiques : le phénomène de surcompensation a mis en évidence trois conditions requises pour programmer les contenus de l'entraînement :

- ***la surcharge*** : plus l'épuisement des réserves a été important, plus élevé sera leur niveau de surcompensation ;
- ***la spécificité*** : seules les unités motrices souvent sollicitées et entraînées améliorent leur capacité ;
- ***les répétitions*** : les exercices et les séances d'entraînement doivent être judicieusement rapprochés pour bénéficier des phases les plus élevées de surcompensation des différentes surcharges.

Malgré ces incertitudes, le phénomène de surcompensation est actuellement très utilisé par les entraîneurs pour organiser les exercices au cours d'une séance, les séances dans les microcycles, les microcycles dans une saison.

Pour ce faire, il est cependant indispensable de tenir compte :

- de la spécificité de la sollicitation ;
- des aptitudes individuelles du sportif.

Durée du travail exécuté au maximum des possibilités individuelles	Récupération*		Nature de la récupération conseillée
	incomplète à 60 % **	complète	
• De 5 à 10 secondes ATP-PCr • De 10 à 20 secondes ATP-PCr + glycolyse lactique	30 secondes 60 secondes	5 à 6 minutes 6 à 8 minutes	passive mixte active + passive
• De 30 secondes à 1 minute (glycolyse + ATP-PCr anaérobie)	6 à 8 minutes	60 à 90 min	active : accélère le métabolisme du lactate en 20 à 30 minutes
• De 1 à 3 minutes (glycolyse anaérobie)	15 minutes	90 minutes	*idem*
• 3 à 9 minutes (glycolyse anaérobie + aérobie)	10 minutes	1 à 2 heures	mixte = passive + active
• De 1 à 2 heures (glycolyse et lipolyse aérobies)	3 à 6 heures	24 à 48 heures	passive (+ massage, bain chaud, relaxation...)

Tableau 10.1
Exemples des récupérations après un effort exhaustif type compétition
* Dépend du niveau d'entraînement du sujet.
** 60 % étant compatibles avec la reprise du travail.

C. Sollicitations cardio-vasculaires et métaboliques dans les sports à activités intermittentes

Plusieurs études, surtout menées en pays scandinave[2], ont mis en évidence le caractère polymorphe des sollicitations cardio-vasculaires et métaboliques de certains sports collectifs (handball, basket-ball, football) et individuels (tennis, tennis de table).
Pour le handball par exemple :

- une bonne puissance maximale aérobie permet de maintenir un rythme soutenu pendant le temps où le joueur est sur le terrain, et ce durant les deux mi-temps (2 x 30 minutes avec très peu de temps morts) ;
- de bonnes qualités de vitesse, de puissance et d'endurance musculaire sont nécessaires en raison de la fréquence des efforts violents de courte durée (contre-attaques, replis défensifs, accélérations, blocages, sauts, plongeons, tirs) entrecoupés d'activités moins intenses (attaques placées, défenses ou arrêt de jeu…).

D'une manière générale, les résultats de recherches entreprises dans ce domaine montrent qu'au cours de l'exercice intermittent, même d'intensité supra-maximale, la concentration sanguine de lactate (lactatémie) et musculaire ne s'élève que modérément à condition que la durée de chaque exercice ne dépasse pas 10 secondes, que celle des pauses soit environ le double du temps de travail et que l'intensité n'excède pas 130 % de la puissance ou de la vitesse aérobie maximale (PAM ou VAM) qui sont la puissance ou la vitesse limite à laquelle est atteint $\dot{V}O_2max$.

Lectures conseillées

Mc Ardle W., Katch F., Katch V., *Physiologie de l'activité physique. Énergie, nutrition et performance*, Éditions Maloine/Edisem, 4e édition, 2001.

Poortmans J.R., Boisseau N., *Biochimie des activités physiques*, Éditions De Boeck, 2e édition, 2004.

Cazorla G., Robert G., *Entraînement, Surentraînement, Désentraînement*, Actes du Colloque International de la Guadeloupe, Éditions AREAPS, décembre 1994.

(1) Hormis l'évolution de la régénération du glycogène, il faut souligner aussi que toutes les données sur lesquelles se fondent la surcompensation nous proviennent d'une littérature publiée dans les années soixante et soixante-dix essentiellement par des auteurs russes et ukrainiens dont il est difficile de vérifier l'aspect rigoureusement scientifique à travers les traductions qui en ont été faites. Bien que quelques travaux ponctuels permettent de confirmer ou infirmer en partie ces résultats, en attendant les conclusions de recherches longitudinales maîtrisées, il faut conserver à leur égard l'élémentaire réserve de rigueur.

(2) Saltin B., Essen B., *Muscle glycogen, lactate, ATP and CP in intermittent exercise. Muscle metabolism during exercise*. Eds Pernow and Saltin (New York Plenium Press) II - 419- 1977.

RÉSUMÉ

Quel que soit le sport considéré, l'entraîneur devra toujours commencer par analyser les exigences physiques, physiologiques, techniques, psychologiques, voire sociales et matérielles de la performance (figure 10.4) pour ensuite, en regard de ces exigences, évaluer chez le sportif les capacités correspondantes afin de mieux orienter, programmer et contrôler les charges d'entraînements susceptibles de les développer à leur optimum individuel au cours des périodes où se dérouleront les compétitions visées.
Les composantes physiologiques que l'on peut subdiviser en neuromusculaires (vitesse de réaction, justesse de la réponse motrice, coordination, adaptation, apprentissage), musculaires (force maximale, puissance, élasticité, vitesse de locomotion) et bioénergétiques (utilisation et renouvellement des molécules d'ATP en fonction de l'intensité et de la durée de l'activité musculaire) permettent de préciser le profil de chaque activité physique. Ainsi peut-on distinguer :

Les **activités neuromusculaires** nécessitant une utilisation maximale d'ATP que d'aucuns continuent de définir « anaérobies alactiques » :

- *sports à caractère « explosif » : sauts, lancers, haltérophilie... ;*
- *sports à activité musculaire entretenue mais de courte durée : sprints très courts.*

Les activités physiques sollicitant plus particulièrement **la glycolyse lactique** (intensité supra-maximale de durées intermédiaires, 10 secondes à 3 minutes) :

- puissance (débit maximal de la glycolyse lactique) : 100, 200, 400 m course, 25, 50, 100 m nage ;
- endurance lactique : 800, 1 000 m course, 200 m nage, aviron femme...

Les activités physiques sollicitant principalement **le métabolisme aérobie** :

- puissance aérobie maximale : 1500, 3 000 m course, 400 m nage...
- endurance aérobie : 5000, 10 000, 20 000 m course, semi-marathon, marathon, ultra-marathon, triathlon, ski de fond, 800 et 1 500 m nage, cyclisme (courses par étapes)...

Les exercices par intervalles, donc entrecoupés par des durées plus ou moins longues de récupération active ou passive, caractérisent aussi de nombreuses activités sportives. La durée de chaque séquence, exercice-récupération relative, permet de proposer la classification suivante :

- **Interactions des métabolismes alactique et aérobie** : sports à exercices intermittents supra-maximaux de courte durée : ensemble des sports collectifs, escrime, tennis, tennis de table...
- **Interactions des métabolismes alactique, lactique et aérobie** : sports à exercices intermittents de longue durée : judo, lutte, boxe...

Cette classification ne peut être que très globale car les exigences de nombreux sports se situent à la limite de l'endurance d'un métabolisme et de la puissance d'un autre. Chaque éducateur sportif est donc invité à affiner l'analyse des exigences de son propre sport pour savoir quelles qualités évaluer et développer en priorité chez les sportifs dont il a la charge.

Chapitre 11

ÉVALUATION DES CAPACITÉS PHYSIQUES ET PHYSIOLOGIQUES

Georges Cazorla

1. RÔLES ET FONCTIONS DE L'ÉVALUATION DANS L'ENTRAÎNEMENT

L'élaboration d'une programmation de l'entraînement dépend de trois conditions essentielles : ***« savoir d'où l'on part, savoir où l'on va et savoir comment on y va »***, autrement dit bien connaître les capacités initiales d'un sportif ou d'une équipe pour, au moyen de contenus d'entraînement, développer de façon optimale les qualités requises par la ou les performances visées.

Comme nous venons de l'étudier, ***« Savoir où l'on va »*** dépend de la qualité d'analyse des exigences de la ou des performances visées, alors que ***« savoir d'où l'on part et comment on y va »*** nécessite une bonne maîtrise des techniques et des outils d'évaluation pour, non seulement, ***connaître les capacités*** du sportif, mais aussi pour ***orienter*** de façon réaliste le contenu de ses entraînements, pour en ***contrôler*** leurs effets et ***suivre*** les progrès réalisés.

L'évaluation fait donc pleinement partie du processus d'entraînement.

Ses contenus dépendent directement de ses objectifs : connaître les capacités du sportif, orienter ses contenus d'entraînement, en contrôler et en suivre les effets. En conséquence, les objectifs sont subordonnés aux moments de la saison sportive. Ainsi, nous distinguerons l'évaluation du début de saison ou évaluation ***« initiale ou diagnostique »*** qui doit permettre de mieux connaître le sportif pour mieux orienter son entraînement, les évaluations ***« itératives »***, souvent répétées pour contrôler de façon longitudinale ses effets au cours de la saison et les évaluations d'***« étape »*** qui ponctuent les grandes périodes (ou mésocycle) d'une saison sportive.

- *L'évaluation initiale* a surtout pour but d'établir un « état des lieux » afin de connaître les capacités physiques d'un nouveau sportif, de savoir où en est la condition physique des autres, de constituer des groupes d'entraînement de niveaux homogènes et enfin d'orienter de façon réaliste les contenus d'entraînement. Pour l'ensemble de ces raisons, l'évaluation initiale est souvent définie aussi comme *évaluation diagnostique* ou *pré-active.*
- *Les évaluations itératives* ont pour but de mieux apprécier l'évolution des qualités à développer. Elles permettent ainsi de contrôler les effets de l'entraînement et éventuellement d'en modifier les orientations. Elles doivent être très fréquentes, pas trop éloignées entre elles et peuvent se situer au cours ou à la fin de chaque séance ou de chaque microcycle. Généralement, elles utilisent des tests identiques pertinents, valides et surtout très accessibles pour évaluer la qualité à développer.
- *Les évaluations d'étape* se situent à la fin d'une période prolongée d'entraînement. Elles ont pour but de faire la somme des progrès réalisés afin de vérifier *a posteriori* l'efficacité des entraînements programmés et de savoir si le sportif peut ou non passer à l'étape suivante de la programmation. Pour ces raisons, elles sont définies aussi comme « *évaluations sommatives* » et sont intégrées dans le cadre du « *suivi de l'entraînement* » du sportif.

RÉSUMÉ

L'évaluation fait partie de l'entraînement bien géré. En fonction du moment où elle se situe au cours d'une saison sportive, ses objectifs doivent être spécifiques pour établir un diagnostic sur les qualités du sportif et sur son niveau de condition physique de début de saison, pour orienter de façon réaliste les contenus de ses entraînements, pour en contrôler les effets et pour suivre l'état de leur développement.

2. ORIENTATION, CONTRÔLE ET SUIVI DE L'ENTRAÎNEMENT

A. Orientation des contenus de l'entraînement

Le diagnostic établi par l'évaluation initiale doit non seulement permettre de connaître ce dont le sportif est capable en début de reprise d'entraînement mais aussi de prévoir, pour lui et avec lui, l'entraînement et les objectifs de performance les plus réalistes. Cette première étape est indispensable non seulement pour élaborer une programmation mais aussi pour permettre, à court terme, d'orienter les contenus d'entraînement les mieux adaptés aux possibilités du sportif. Les résultats obtenus aux premiers tests servent alors de références pour constituer des groupes de niveau mais aussi pour fixer les contenus et les intensités les mieux ajustées. Par exemple, la vitesse aérobie maximale (VAM), la vitesse de sprint sur 20 m lancé, la charge maximale développée ou soulevée (RM) servent de références maximales pour établir les pourcentages les plus appropriés pour développer telle ou telle capacité.

Contrôle et suivi de l'entraînement sont les deux étapes suivantes qui balisent la ou les trajectoires définies par la programmation. Souvent confondus, ces deux concepts possèdent pourtant chacun une signification bien précise et des objectifs qui lui sont propres.

B. Contrôle de l'entraînement

Le contrôle de l'entraînement s'exerce de façon beaucoup plus itérative que le suivi. Sa fonction est essentiellement de vérifier en permanence l'ajustement des charges d'entraînement aux capacités du sportif et, le cas échéant, à partir du feedback fourni, d'en modifier les contenus afin de prévenir d'éventuels risques de surentraînement. Lorsque le qualificatif « longitudinal » est attribué au contrôle, ce nouveau concept défini alors comme « contrôle longitudinal », indique qu'il sera poursuivi tout le long d'une saison sportive, voire d'une carrière sportive, à des intervalles prédéfinis en fonction de périodes courtes d'entraînement. La répétition des évaluations qu'il requiert et les feedbacks attendus nécessitent l'emploi de mesures et de tests répondant à plusieurs critères. Ces évaluations doivent en effet être accessibles, surtout à l'entraîneur, voire à l'équipe technique et médicale avec laquelle il travaille ; pertinentes, c'est-à-dire correspondant bien à l'évaluation des qualités exigées par le sport considéré ; bien sûr valides et reproductibles, et en outre, qu'ils ne modifient pas la nature de l'entraînement, contraignent le moins possible l'entraîneur et le sportif et enfin respectent le « confort » de ce dernier.

C. Le suivi de l'entraînement

Comme son nom l'indique, le suivi de l'entraînement procède d'évaluations souvent plus élaborées et plus lourdes à mettre en œuvre qui « suivent » certaines périodes prolongées d'entraînement pour en apprécier les effets chroniques et rendre compte des différentes adaptations attendues. Dans ce sens, les évaluations incluses dans le suivi sont beaucoup moins répétitives que celles du contrôle. Par contre, elles sont généralement plus approfondies et plus discriminantes afin de mieux explorer des sphères difficilement accessibles, comme le comportement psychologique, les adaptations biologiques et biomécaniques et autres exigences qui sous-tendent la performance. Dans une programmation de l'entraînement, le suivi permet d'établir des bilans d'étapes après des périodes prolongées d'entraînement, poursuivant le développement d'une ou de plusieurs capacités et/ou les adaptations organiques et mentales requises par la performance.

3. CONDITIONS POUR CHOISIR LES MESURES ET LES TESTS D'ÉVALUATION

Avant d'arrêter le choix du contenu d'une évaluation, il convient de toujours définir le ou les objectif(s) qui lui sont assignés, en arrêter les dates en fonction des moments de la saison sportive et vérifier préalablement la qualité des tests retenus.

Les capacités physiologiques du sportif peuvent être mesurées ou évaluées :

- ***soit par méthodes directes*** grâce aux techniques d'analyses biologiques de mesures des échanges gazeux, de biopsie musculaire, de résonance magnétique nucléaire ou de spectrométrie à infrarouge… Ces techniques permettent d'apprécier les structures et la qualité d'un muscle ou de tout autre organe, et de quantifier de nombreuses molécules et concentrations musculaires et sanguines, témoins des modifications métaboliques induites par l'exercice physique. Ces techniques qui évoluent avec les avancées technologiques et scientifiques sont toutefois réservées à la recherche ;
- ***soit indirectement*** par des tests de laboratoire et de terrain. Ceux-ci n'évaluent pas les métabolismes eux-mêmes mais les qualités biomécaniques, neuromusculaires et physiologiques qui leur sont associées, comme la puissance musculaire de crête encore définie « force explosive », la force maximale, la vitesse, l'endurance musculaire, la puissance et l'endurance anaérobies ou aérobies habituellement définies en langage de terrain comme « qualités physiques ».

Quel que soit le test, l'épreuve ou la mesure, leur choix doit répondre à plusieurs critères qui en assurent la qualité. Cette qualité dépend de leur niveau de pertinence, de non redondance, d'accessibilité, de validité, de reproductibilité et de fonctionnalité.

1. ***La pertinence*** ou *congruence* du choix d'un test dépend de l'analyse préalable des exigences de la pratique sportive considérée en fonction des résultats attendus (voir paragraphe précédent). Elle consiste à choisir le test qui semble le mieux adapté pour évaluer la qualité visée.
2. ***La non redondance*** est l'opération qui permet de vérifier que deux ou plusieurs tests ne mesurent pas un même facteur au sein d'une batterie. Si c'est le cas, ne retenir alors que le test le plus pertinent, accessible, valide et reproductible.
3. ***L'accessibilité*** d'un test dépend du matériel disponible (laboratoire bien équipé… terrain), du nombre d'évaluateurs par évalué, du niveau de qualification des évaluateurs, de la durée du test, du niveau de complexité du protocole et du passage individuel ou collectif des évalués.

   Le test le plus accessible est celui qui est adapté au matériel existant, dont le protocole très facile permet un passage collectif de courte durée et ne nécessite qu'un évaluateur.
4. ***La validité***. Un test est dit valide lorsqu'il a été prouvé expérimentalement qu'il mesure effectivement le facteur à prendre en compte.
5. ***La reproductibilité.*** Un test est dit reproductible (ou fidèle) lorsque, quels que soient les outils d'évaluation utilisés, le lieu et l'évaluateur, les résultats obtenus demeurent stables. Si toutes les conditions extérieures au sujet sont rigoureusement identiques pour évaluer un facteur particulier, la mesure de la reproductibilité, propre au sujet lui-même, est définie comme « reproductibilité interne ». Si un des éléments extérieurs au sujet change, la reproductibilité mesurée est définie comme « externe ».
6. ***La fonctionnalité.*** Un test est dit fonctionnel lorsque son ou ses résultats entrent dans le processus d'apprentissage ou d'entraînement pour orienter, contrôler les contenus et en suivre les modifications. Par exemple, pour évaluer la capacité aérobie d'un sportif, le test permettant d'obtenir la vitesse aérobie maximale devra être préféré à un test navette, à un test intermittent ou au test des 12 minutes de Cooper.

Remarque : Il est important aussi de ne pas limiter l'évaluation d'une qualité physique ou physiologique à sa seule valeur maximale comme la vitesse maximale, la force maximale, la puissance maximale ou la puissance aérobie maximale, mais en outre de prendre en considération ses deux autres composantes que sont :

1) le délai nécessaire pour atteindre le maximum ;
2) et la durée pendant laquelle ce maximum peut être maintenu.

Ainsi, entre deux sportifs présentant par exemple la même puissance ou la même vitesse, c'est celui dont le délai d'atteinte de ce maximum est le plus court qui sera le plus performant. De même, pour des exercices qui durent plus longtemps, c'est la durée pendant laquelle ce maximum peut être maintenu qui sera le facteur déterminant de la performance.

4. MESURES ET TESTS D'ÉVALUATION

A. Évaluation de l'aptitude dite « anaérobie alactique »

Le processus dit « anaérobie alactique » permet de fournir la plus grande partie de l'énergie nécessaire aux exercices courts et intenses. L'ATP et la PCr constituent les sources énergétiques principales de ce type d'exercices mais, même pour des durées très courtes : 5 à 6 secondes, les composantes aérobie (utilisant l'oxygène de réserve immédiatement disponible) et lactique contribuent aussi à la réalisation de tout exercice d'intensité maximale (figure 11.1).

Donc, l'aptitude dite « anaérobie alactique » ne peut être évaluée qu'à partir de tests réalisés toujours à intensité maximale et de durées très nettement inférieures à 5 ou 6 secondes pour les composantes neuro-musculaires et de puissance mécanique, et entre 7 et 15 secondes pour la composante endurance. Cette durée est d'autant plus courte que l'intensité de l'épreuve est plus élevée. Plus la durée de ces épreuves se prolonge au-delà de 7 ou 8 secondes, plus la contribution de la glycolyse lactique devient importante. Au-delà de 15 secondes, la contribution de la glycolyse lactique devient prépondérante (figure 11.1).

On peut donc distinguer deux types de tests :

- **Les premiers,** d'une durée inférieure ou égale à 5 secondes, permettent d'évaluer la puissance contractile et mécanique des membres inférieurs. Il s'agit :
  - *du saut vertical* à partir d'une position fléchie à l'arrêt (demi-squat) sur une plate-forme de force à jauges de contrainte, sur un tapis électronique dit de *Bosco* ou ergo-jump, ou depuis une surface plane : test de Sargent ;
  - *du coup de pédale* sur un cyclo-ergomètre adapté ou test d'Ayalon, Inbar et Bar-Or ;
  - *du nombre maximum de rotations* des manivelles d'un pédalier d'un cycloergomètre en 5 secondes ;
  - *de l'épreuve de l'escalier* de Margaria-Kalamen ;
  - *du sprint départ lancé* de 10 et 20 m ;

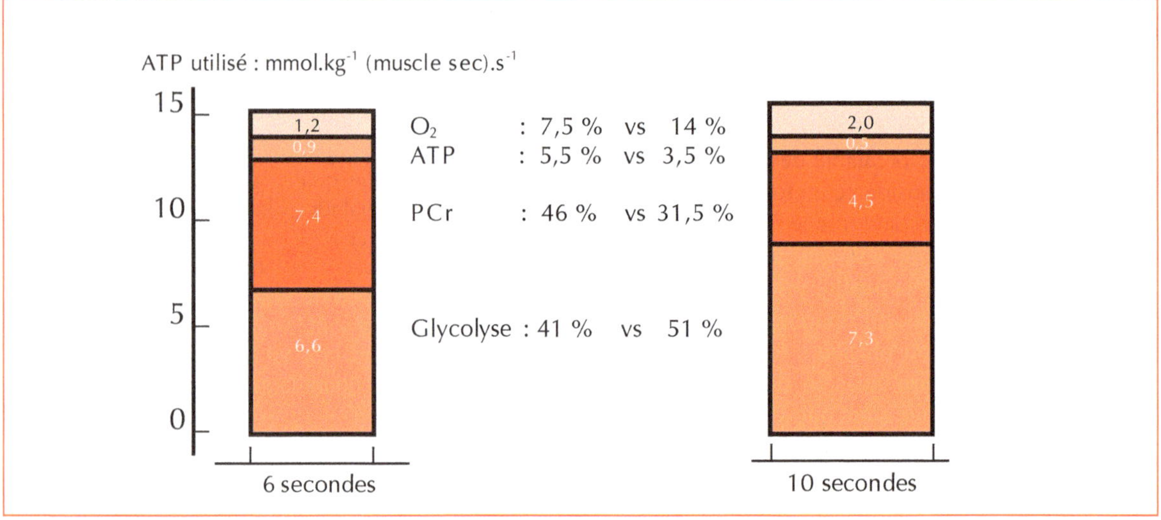

Figure 11.1
Contribution respective des différents métabolismes mis en jeu pour fournir les molécules d'ATP requises pour des exercices de 6 et de 10 secondes réalisés au maximum des possibilités des sujets évalués. On remarque que, même pour des exercices habituellement définis comme « anaérobies alactiques », la contribution cumulée de l'oxygène et de la glycolyse devient sensiblement égale (exercice de 6 secondes) ou majoritaire (exercice de 10 secondes). Peut-on alors les définir comme « anaérobies alactiques » ?
D'après ; Gaitanos et al.; *J. Appl. Physiol*, 1993; 75 : 712 – 9 ; Bogdanis et al.; *Acta physiol Scand*, 1998; 163: 261-72.

   - *du 20 m sprint en crochets* destiné aux joueurs de sports collectifs ;
   - *de l'épreuve sur tapis de sprint* autotracté.
- **Les seconds**, de durées plus longues, permettent d'évaluer « l'endurance » du système alactique qui dépend non seulement de l'importance des réserves en ATP-PCr mais aussi de l'aptitude musculaire à poursuivre sa contraction en milieu acide car, au-delà de 6 secondes, le travail musculaire réalisé au maximum des possibilités contractiles est largement tributaire aussi de la composante lactique et de la présence de protons H^+ :

Ce dernier type de tests peut évaluer :
- soit la capacité des membres inférieurs :
   - *épreuve des sauts verticaux répétés* de Bosco,
   - *épreuve du nombre maximal de squats* avec haltères pendant 15 secondes.
- soit celle des membres supérieurs :
   - *épreuve du nombre maximum de tractions* à la barre en 15 secondes,
   - *épreuve du nombre maximum de pompes* avec une charge de 20 kg en 15 secondes,
   - 100 m sprint.

Certaines de ces épreuves comme le saut vertical sur plateforme de force ou sur tapis de Bosco, le sprint sur tapis autotracté, le coup de pédale sur un cycloergomètre aménagé, et la montée de l'escalier de Margaria-Kalamen, qui requièrent un matériel sophistiqué et coûteux, peuvent être considérées comme des épreuves de laboratoire, alors que les autres sont des tests de terrain facilement accessibles aux éducateurs sportifs.

Évaluation de la puissance mécanique anaérobie alactique dépendante

Tests de terrain

D'une façon générale, toutes les épreuves faisant intervenir une intensité maximale d'une durée inférieure à 5 secondes peuvent être imaginées.

Test de détente verticale de Sargent modifié par Lewis (figure 11.2 et photo 11.1)

Ce test consiste à mesurer la détente verticale d'un sujet. Placé debout de profil par rapport à une planche verticale graduée tous les centimètres, le sujet étire verticalement le plus haut possible le bras sur la planche. On note la hauteur de l'extrémité de son majeur (mesure **a**). Depuis une position accroupie et arrêtée, le bras opposé à la planche maintenu derrière son dos, il saute verticalement et touche le plus haut possible cette dernière avec sa main libre

Figure 11.2 et photo 11.1
Épreuve du saut vertical (*Sargent-test*).

Compte tenu de la nécessité d'élever sa masse corporelle à une certaine hauteur (h), il a été élaboré un nomogramme (nomogramme de Lewis) pour estimer la puissance développée. Il se formule de la façon suivante :

P (en Watt) = 21,7 x p (kg) $\sqrt{Dv\ (m)}$

Dans cette formule, p est la masse corporelle (en kg) et Dv la détente verticale (en mètre). Le résultat représente la puissance moyenne développée au cours du test. Par exemple, un sportif dont la masse corporelle est de 80 kg et dont la détente verticale est de 65 cm aurait développé au cours du Sargent-test : 21,7 x 80 $\sqrt{0,65\ m}$ = 1 399,6 W ou 17,5 W/kg.

(mesure **b**). La détente verticale est la distance calculée entre les deux mesures extrêmes : Dv (m) = b – a. Le même test peut être réalisé depuis la position debout avec une flexion-extension préalable des membres inférieurs. Dans ce cas, outre la puissance mécanique, l'élasticité musculaire est aussi évaluée. La différence entre les deux protocoles rend compte de l'effet élastique ou pliométrique.

Un troisième protocole consiste à sauter depuis une hauteur inférieure ou égale à 40 cm pour réaliser le même type de flexion-extension-saut. Dans ce cas, les effets pliométriques et de coordination motrice sont aussi pris en compte.

Test du 10 m sprint, départ arrêté

À partir d'un départ classique de sprint, membres inférieurs fléchis, courir sur une distance maximum de 10 m permet d'apprécier la puissance de démarrage souvent appelée par les entraîneurs « explosivité ». Cette mesure nécessite cependant l'utilisation de cellules photoélectriques pour éviter les erreurs du chronométrage manuel qui revêtent une trop grande importance avec les durées très réduites.

Test du sprint court, départ lancé

La course brève sur terrain plat est une épreuve classiquement employée. Cependant, la performance chronométrique ne constitue pas une mesure de puissance. Elle en est uniquement un indice.

Technique pour estimer la puissance obtenue en sprint

En négligeant les déplacements latéraux et verticaux du centre de gravité qu'il faudrait filmer et mesurer pendant la course et en ne conservant que le seul déplacement horizontal dont on connaît la performance chronométrique sur une distance donnée (d), il est possible d'estimer l'accélération horizontale moyenne (a) d'après la formule suivante :

$d = 1/2\ a\ t^2$ (1)

donc $a = 2d/t^2$ (2)

Connaissant l'accélération, la force moyenne de propulsion horizontale (F_h) peut alors être calculée en utilisant la deuxième loi du mouvement de Newton :

$F_h = m \times a$ (3)

Comme la puissance (P) est égale au produit de la force par la vitesse :

$P = F \times v$ (4)

La puissance développée est alors déduite.

Prenons l'exemple d'un sportif qui pèse 80 kg et qui parcourt 20 m départ lancé en 3 secondes. En utilisant l'équation (2), son accélération moyenne horizontale est : (2 x 20 m) ÷ (3 s)^2 = 4,44 m/s^2 . La force horizontale moyenne qu'il utilise est donc (équation 3) : 80 kg x 4,44 m/s^2 = 355,2 N. Le travail moyen qu'il réalise est : 355,2 N x 20 m = 7 104 J ce qui permet de calculer la puissance mécanique moyenne développée : 7 104 N ÷ 3 s = 2 368 W ou par kg de masse corporelle : 2 368 W ÷ 80 kg = 29,6 W/kg.

Dans cet exemple, nous avons fait l'hypothèse que l'accélération était constante du départ à l'arrivée. Plusieurs travaux ont montré que la distance de 30 m est la distance maximale sur laquelle un individu peut accélérer jusqu'à atteindre sa vitesse maximale entre 30 et 40 m. Certains sportifs sont même capables de l'atteindre aux environs de 20 m. Par conséquent, nous suggérons d'enregistrer les temps de passage à chaque 10 m d'une distance qui ne devrait pas dépasser 50 m.

Test de 20 m de course en crochet pour évaluer la vitesse-coordination. Cazorla (2004)

La vitesse-coordination rend compte de la maîtrise des qualités gestuelles en fonction d'une tâche à réaliser : courses en crochets avec blocages et accélérations des joueurs de sports collectifs…

Cette qualité intervient dans toutes les actions motrices où la vitesse gestuelle est perturbée par l'imprévu des situations rencontrées ou, comme dans le cas de la « feinte », pour anticiper les réactions de l'adversaire afin de l'entraîner sur une fausse piste. En rugby, le cadrage-débordement ainsi que tout autre changement brutal de direction en sont les archétypes.

Test proposé : le test de 20 m course en crochet (figure 11.3).

Ce test permet de rendre compte de la vitesse-coordination dans la course mais aussi indirectement de la puissance des membres inférieurs. Pour ce faire, relever la vitesse d'un sprint « linéaire » de 20 m et la comparer à celle obtenue au test de 20 m en crochets. Donner 6 essais séparés de 40 secondes et relever la meilleure performance pour ce dernier. Une simple différence des performances respectivement obtenues peut suffire (performance test en crochet – performance test course linéaire) ou bien calculer l'indice de vitesse-coordination en établissant le rapport : performance du test course linéaire sur performance du test en crochet x 100. Des normes ont été établies en France avec des footballeurs et des rugbymen professionnels.

Tests de laboratoire

Détente verticale à partir du tapis électronique de Bosco ou ergo-jump (figure 11.4)

Dans ce test, l'élévation du centre de gravité est mesurée à partir du temps d'envol lorsque les pieds quittent et retrouvent le tapis. Le sportif effectue un saut vertical à partir d'un tapis équipé de contacts électroniques. La position de départ dite Squat-Jump doit être rigoureusement respectée : position demi-squat, genoux fléchis à 90°, mains sur les hanches (figure 11.4 a). Le dispositif de contacteurs électroniques est couplé à un jeu de cellules photoélectriques, ce qui permet de mesurer au millième près, la durée du saut.

La puissance est obtenue à partir de la formule :

P (watt) = 9,81 . Tv . Tc/4Tc

Tv = temps de vol, Tc = temps de contact.

Ce test peut aussi être réalisé de deux autres façons (figure 11.4b et c) : après une flexion-extension des membres inférieurs, ou après un saut en contrebas d'une hauteur maximum de 40 cm. Ces deux protocoles respectivement définis par l'auteur : *Counter Movement Jump* (CMJ) et *Drop Jump* (DJ) évaluent aussi l'effet pliométrique et la coordination.

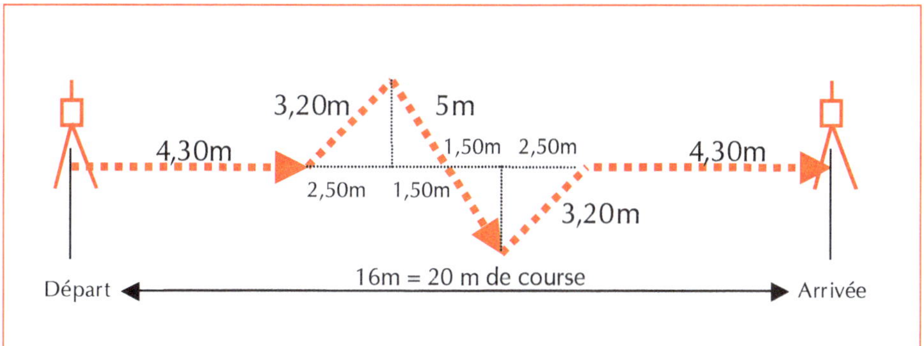

Figure 11.3
Test vitesse-coordination de course (Cazorla, 2004).

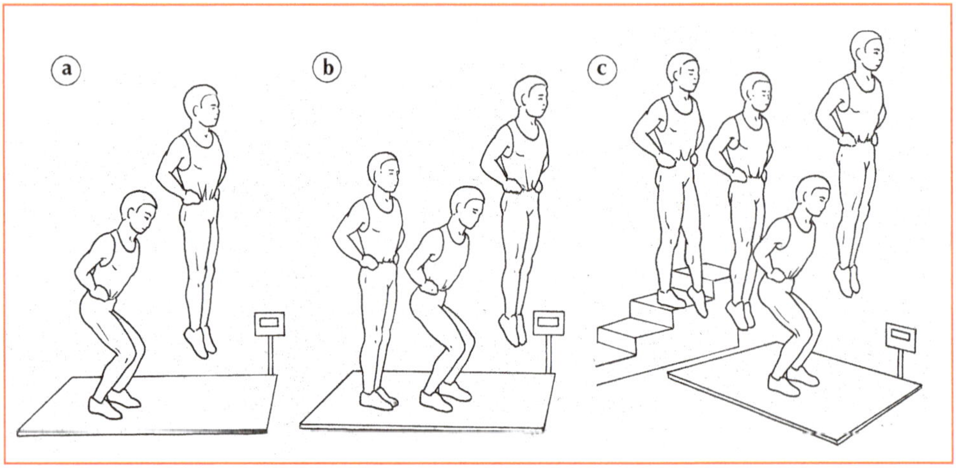

Figure 11.4
Trois types de sauts verticaux (*ergo-jump*) :
a) *squat jump* (SJ) ;
b) *counter mouvement jump* (CMJ) ;
c) *drop jump* (DJ).

B. Évaluation de l'endurance dite « anaérobie alactique »

Tests de terrain

Décroissance de la vitesse de locomotion

Par les épreuves précédentes, l'entraîneur peut être rapidement renseigné non seulement sur la puissance dite « anaérobie alactique » de ses athlètes, mais aussi sur la vitesse gestuelle spécifique exhaustive définie comme vitesse *étalon*. Grâce à l'étude de sa décroissance en fonction de l'allongement de la durée, il est possible d'évaluer les limites des autres métabolismes. C'est ce principe qui peut être utilisé pour déterminer notamment l'endurance du processus dit « anaérobie alactique » dont nous savons qu'il subit aussi les effets de l'acidose induite.

Après avoir déterminé la ***vitesse étalon*** de chaque sportif (20 m départ lancé en course et 10 m en natation), la décroissance de la vitesse de course ou de nage doit être mesurée jusqu'à 30 secondes.

Le rapport :

$$\frac{\textbf{Vitesse d'une course 10 secondes... 30 secondes (nage ou course)}}{\textbf{Vitesse étalon}}$$

donne d'utiles renseignements sur l'endurance du système. Plus ce rapport tend vers 1, plus l'endurance est importante.

Exemple :

Si un nageur parcourt un 25 m en 13 s, sa vitesse est donc de 1,923 m/s. Si sa vitesse étalon est de 2 m/s 10 m (5 s pour nager 10 m départ lancé) son rapport :

$$\frac{\textbf{Endurance}}{\textbf{Puissance}} \textbf{ est de : } \frac{1{,}95}{2{,}00} = 0{,}962$$

ce qui exprime que son « endurance alactique » est bonne puisque très proche de 1. L'évolution de ce rapport au cours d'une saison d'entraînement permet d'apprécier l'impact de l'entraînement sur « l'endurance alactique ». Cette même démarche peut être utilisée pour apprécier l'évolution de l'endurance des autres sources énergétiques.

Épreuve de squats avec haltères (Montpetit, 1990)

Cette épreuve consiste à mesurer le plus grand nombre de flexions-extensions des membres inférieurs qu'un sportif peut exécuter avec une charge correspondant à 80 % de sa charge maximale, en 15 secondes.

Il faut préalablement mesurer la distance verticale sur laquelle la charge est déplacée. La puissance moyenne développée est calculée à partir de la formule :

$$\textbf{P (W)} = \frac{\textbf{Ch (kg) x 9,81 x n x d (m)}}{\textbf{t(15 s)s}}$$

Dans laquelle Ch est la charge, n le nombre de flexions-extensions accomplies, d la distance du déplacement de la charge et t la durée, ici 15 s.
Par exemple, un sportif qui exécute 25 squats en 15 s avec une charge de 120 kg déplacée sur une distance de 35 cm développerait une puissance mécanique moyenne de :

$$P = \frac{120 \text{ kg} \times 9{,}81 \times 25 \times 0{,}35 \text{ m}}{15 \text{ s}} = 686{,}7 \text{ W}$$

Épreuve de tractions à la barre fixe (Montpetit, 1990)

On procède comme pour l'épreuve précédente mais ici la charge correspond à la masse du sujet et la distance est celle sur laquelle cette masse est soulevée. Il est aisé de mesurer cette distance au moyen d'un mètre de couturière. La durée est aussi fixée à 15 s.

Par exemple, un sportif dont la masse est 80 kg et qui est capable d'exécuter 14 tractions (distance 60 cm) en 15 s développerait une puissance mécanique moyenne de :

$$P = \frac{80 \text{ kg} \times 9{,}81 \times 14 \times 0{,}60 \text{ m}}{15 \text{ s}} = 439{,}5 \text{ W}$$

Épreuve des « pompes » avec charge (Montpetit, 1990)

On procède comme pour les deux épreuves précédentes. En position de « pompe », les deux mains sur un pèse-personne, le sportif enregistre la masse que représente la partie haute de son corps à laquelle est ajouté un sac de 20 kg. On mesure la distance d'une flexion-extension complète de ses membres supérieurs par rapport au sol et on enregistre le nombre maximum de pompes accomplies, réalisé en 15 s.

Par exemple, le poids du sujet sur le pèse-personne est 55 kg (45 kg + sac de 10 kg). Le nombre de pompes exécuté en 15 s est de 12. La distance de mouvement est de 40 cm. La puissance mécanique moyenne développée serait :

$$P = 55 \text{ kg} \times 9{,}81 \times 12 \times 0{,}40 \text{ m} = 172{,}7 \text{ W}$$

Épreuves de vitesse gestuelle spécifique

Leur principe est simple. Il s'agit de mesurer soit le nombre de gestes spécifiques réalisés, soit la distance parcourue pendant une durée très courte jamais supérieure à 10 secondes.
On peut aussi tout simplement chronométrer des sprints sur courtes distances : *sprints* de 20, 30, 40 ou 50 m départ lancé.
De bonnes corrélations ont été établies entre les résultats des épreuves de détente verticale et ces distances de courses, ce qui semble indiquer que l'ensemble de ces épreuves mesure la même dimension de qualité musculaire.

Le « push-up » ou « pompe », le « sit-up » ou redressement assis

Pour pouvoir apprécier la puissance dite « alactique » des trois parties principales du corps, membres supérieurs, tronc et membres inférieurs, dans ces tests on mesure aussi, soit le nombre de mouvements réalisés en 10 s, soit la durée nécessaire pour effectuer correctement 10 de ces mouvements. Quels que soient ces tests, leur résultat ne donne qu'un indice de l'endurance dite « alactique » de ces parties du corps.

C. Limites de signification des épreuves dites « alactiques »

Les tests précédents sont censés donner des indications fondées sur la connaissance de la rapidité de l'utilisation de l'ATP et de la PCr. En effet, on a longtemps pensé que seules les réserves d'ATP-PCr immédiatement disponibles fournissaient l'énergie utilisée par les contractions musculaires intenses de courte durée, mais des données récentes montrent bien que la glycolyse est aussi fortement impliquée dans l'apport énergétique, même lors de ce type d'exercices (40 à 50 % pour des exercices de 6 secondes ! figure 11.1). Dès lors, non seulement l'appellation « alactique » s'avère inexacte, mais les résultats de ce type de test intègrent ces deux composantes dont il est difficile de connaître la part respective exacte.
Notons en outre que seule la puissance mécanique résultant de l'utilisation des systèmes ATP-PCr-gly-

colyse lactique est appréciée par les différentes épreuves standardisées intenses et de très courte durée, mais aucun renseignement n'est fourni sur la quantité totale des réserves disponibles. Si ces épreuves se prolongent au-delà de 10 s, il devient très difficile de connaître avec précision la part de l'énergie assurée respectivement par les phosphagènes et par la glycolyse anaérobie.

Il faut noter enfin que les facteurs morphologiques peuvent ajouter à l'efficacité mécanique de la réponse à une épreuve, de même que l'efficacité du système neuromusculaire et l'élasticité du muscle peuvent influer sur les résultats.

C'est pourquoi l'évaluation de l'endurance du système dit « anaérobie alactique » est toujours matière à controverses.

D. Évaluation de l'aptitude dite « anaérobie lactique »

Dès lors qu'une partie des réserves en phosphagènes (environ 50 % pour l'ATP, 80 à 100 % pour la PCr) est utilisée, que la quantité d'oxygène véhiculée jusqu'aux fibres actives ou/et que leur capacité oxydative est débordée (début d'exercice et exercices supra-maximaux), la contraction musculaire est alimentée en énergie par le catabolisme du glycogène en formant des quantités plus ou moins importantes d'acide lactique immédiatement dissocié en lactate et en protons H^+.

Le catabolisme d'une molécule de glycogène libère trois molécules d'ATP et s'accompagne de la formation de deux molécules de lactate. Dans certaines disciplines de durées comprises entre 20 s et 2 min, les meilleures performances sont réalisées par les sportifs capables à la fois de produire plus d'ATP, donc plus de lactate, par unité de temps, et de supporter de fortes concentrations de protons H^+, donc des acidoses élevées. Ces deux critères définissent l'aptitude anaérobie lactique. Ils nécessitent que les épreuves susceptibles de l'évaluer soient d'intensité maximale ou supra-maximale, qu'elles conduisent le sportif évalué à l'épuisement et s'inscrivent dans des durées comprises entre 30 s et 2 min.

L'évaluation par méthodes directes de l'aptitude anaérobie lactique (méthodes enzymatiques, mesure du lactate musculaire...) s'avère très complexe, tant sur le plan méthodologique que théorique. Nous nous limiterons dans ce document aux méthodes indirectes utilisées soit en laboratoire, soit sur le terrain.

En laboratoire

La mesure de la concentration maximale du lactate sanguin (ou lactatémie) et la mesure du déficit maximal en oxygène ou DO_2max sont les deux approches les plus utilisées pour évaluer l'aptitude du métabolisme anaérobie lactique. Plusieurs autres épreuves utilisant le temps limite d'une épreuve supra-maximale réalisée sur bicyclette ergométrique ou en course sur tapis roulant permettent d'estimer la puissance ou l'endurance mécanique anaérobie lactique.

Mesure du « pic » lactique post-épreuves supra-maximales

Afin de pouvoir mesurer les concentrations sanguines en lactate à l'issue d'une épreuve supra-maximale de courte durée (30 s à 2 min), il est indispensable d'attendre 5 à 10 min après l'arrêt de l'exercice pour réaliser le micro-prélèvement sanguin nécessaire. Cette durée permet au lactate produit par le muscle de diffuser dans le sang. On obtient ainsi la concentration sanguine la plus élevée définie : « pic lactique » (figure 11.5).

Comme les concentrations sanguines en lactate sont toujours le résultat d'une production cellulaire et

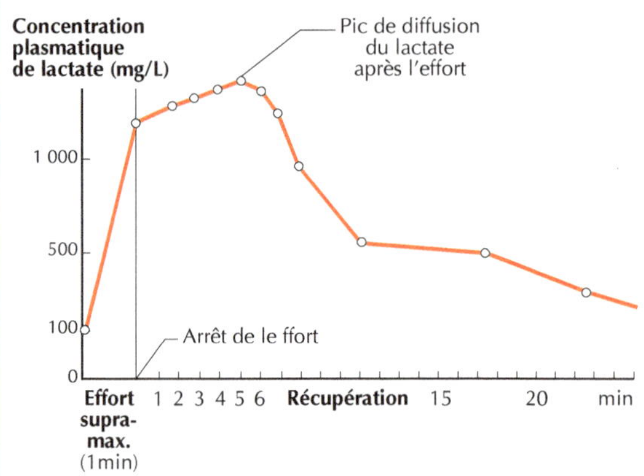

Figure 11.5
Vue schématique de l'ergomètre. Tapis roulant « libre » de Belli et al (1989) (d'après Chatard (1990).

d'une utilisation organique, elles ne permettent pas de savoir avec précision ce qui, en fait, est mesuré.

L'évaluation de l'aptitude anaérobie lactique à partir de la seule lactatémie doit donc toujours être relativisée. Couplée à d'autres paramètres, soit physiologiques comme la fréquence cardiaque ou la consommation d'oxygène, soit physiques comme la vitesse de course, de nage, de pédalage, le pourcentage de pente d'un tapis roulant et la durée d'un exercice, la lactatémie ne peut donner qu'un reflet indirect de la participation de la glycolyse anaérobie au cours ou à l'issue d'un exercice.

Elle permettrait notamment de déterminer un *plafond lactique* ou quantité maximale pouvant s'accumuler dans l'organisme et indiquant la limite anaérobie supportable par le sujet. Selon l'intensité de l'épreuve, on peut obtenir ce résultat, soit à l'issue d'un exercice épuisant de 1 à 3 min, soit par la répétition toutes les 4 ou 5 min, d'un exercice épuisant d'une durée de 1 min. Les valeurs extrêmes quelquefois enregistrées avoisinent 30 $mmol.kg^{-1}$ et 25 $mmol.l^{-1}$ respectivement pour le muscle et le sang. En incluant dans une série comprenant trois ou quatre exercices épuisants de 1 min, des périodes de repos de 4 à 5 min entre chaque, il est possible d'obtenir des concentrations sanguines de lactate qui se rapprochent le plus de celles produites par le muscle (figure 11.6) et donc de mieux apprécier la capacité anaérobie lactique maximale d'un sportif.

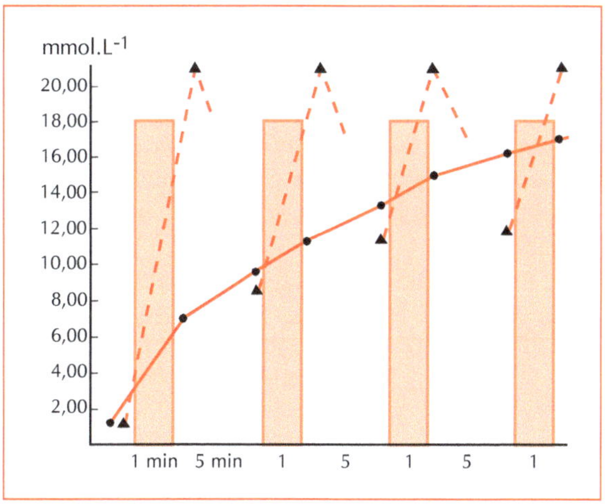

Figure 11.6
Évolution du lactate musculaire (▲) par rapport au lactate plasmatique (•) au cours d'un exercice intermittent comprenant des séquences de travail épuisant de 1 min et des séquences de repos de 5 min.
Le lactate musculaire atteint chaque fois des concentrations maximales qui semblent être le facteur limitant de l'exercice, alors que le lactate sanguin continue de diffuser dans les différents « espaces lactiques » de l'organisme.

Que penser des seuils anaérobies lactiques ?

La littérature des années soixante-dix et quatre-vingt a été très abondante pour décrire de nombreuses techniques susceptibles de déterminer des *zones de transition aérobie anaérobie* (ou « seuils aérobie et anaérobie lactique ») à partir de l'étude de l'évolution de la courbe de la concentration du lactate sanguin au cours d'exercices triangulaires (intensité progressivement augmentée). Ces « seuils » sont définis par les concentrations à partir desquelles, sur cette courbe, le lactate commence à augmenter puis à s'accumuler dans le sang, ce qui marquerait ainsi la limite entre le métabolisme anaérobie et aérobie et donnerait des points de repère intéressants aux entraîneurs pour définir les intensités des exercices correspondants.

Cependant, le nombre important de techniques susceptibles de déterminer ce « seuil » et le nombre de « seuils » différents obtenus chez les mêmes sujets à partir de ces techniques n'ont pas plaidé en leur faveur et ont jeté un sérieux doute sur leur reconnaissance.

En outre, comme cette notion de « seuil » ne s'est jamais appuyée ni sur des données expérimentales incontestables, ni sur une explication biologique plausible, elle fut scientifiquement très controversée. Enfin, les nouvelles connaissances sur le transfert du lactate entre le muscle qui le produit et le sang qui le véhicule permettent aujourd'hui d'abandonner cette notion obsolète de « seuil ».

Par contre, même si les concentrations sanguines ne donnent donc qu'un reflet incomplet de la production réelle du lactate cellulaire, pour autant bien maîtrisés, les dosages du lactate sanguin peuvent constituer un des moyens tout à fait acceptables de contrôle et de suivi de l'entraînement. En effet, pour un même sujet participant à la même épreuve à plusieurs moments d'une saison sportive, la lactatémie peut correctement renseigner sur l'impact de l'entraînement sur le métabolisme sollicité et rendre compte de son évolution.

Mesure du déficit maximal en oxygène (DO_2max)

Dès le début d'un exercice intense et lors d'exercices supra-maximaux épuisants, l'énergie est fournie à la fois par l'hydrolyse des phosphagènes, par l'utilisation des réserves d'oxygène (myoglobine et hémoglobine) et par la glycolyse lactique, ce qui induit un déficit en oxygène qu'il faudra rembourser à l'arrêt de l'exercice. Le déficit maximal en oxygène (ou DO_2max) est souvent utilisé pour évaluer l'aptitude anaérobie lors d'exercices supra-maximaux réalisés sur cycloergomètre ou sur tapis roulant.

Connaissant la consommation maximale d'oxygène ($\dot{V}O_2max$) d'un sujet et la relation entre la puissance ou la vitesse de course et $\dot{V}O_2$, on lui fait faire un exercice épuisant de 2 min correspondant à 120 % de sa puissance ou de sa vitesse obtenue à $\dot{V}O_2max$ (PAM ou VAM). Pendant toute la durée de cet exercice, la consommation d'O_2 est mesurée. Le DO_2max correspondrait à la différence entre la consommation d'oxygène théorique extrapolée pour une intensité de 120 % de PAM ou de VAM et la consommation mesurée (figure 11.7).

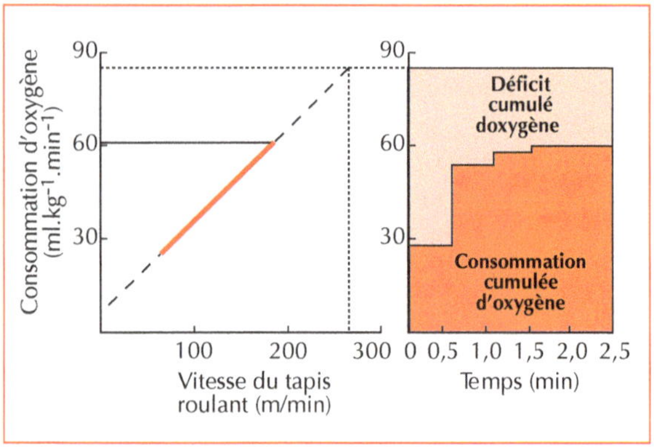

Figure 11.7
Détermination du DO_2 max.
a) Évolution de la relation $\dot{V}O_2$ – vitesse.
b) Représentation schématique de l'accumulation du déficit lors d'un exercice de course à vitesse supramaximale (Mebdo et al., 1988).

Mesure du temps limite

Évaluation de la puissance anaérobie lactique

La puissance de la glycolyse anaérobie est mise en jeu par des exercices supra-maximaux amenant le sujet à l'épuisement en 30 à 50 s. La puissance maximale est généralement obtenue entre 30 et 40 s. Ce sont ces principes qui ont présidé à l'élaboration d'épreuves de laboratoire nécessitant un matériel spécial, et d'épreuves de terrain. Les deux ayant pour point commun la faiblesse de leur validité.

Épreuves de « laboratoire »

Épreuve pour les membres inférieurs d'Ayalon et coll. (1974). Cette épreuve consiste à accomplir sur une bicyclette ergométrique le plus grand nombre de révolutions en 30 secondes contre une résistance supra-maximale standard établie en fonction de la masse corporelle (40 g/kg de masse). On admet que le type d'effort requis soit limité principalement par la glycolyse anaérobie. La puissance obtenue correspond à la puissance moyenne mesurée pour 30 s.

L'endurance lactique et la puissance alactique peuvent aussi être évaluées. La première correspond au nombre maximal de révolutions en 30 secondes, ou travail total réalisé en 30 s. La seconde, à la puissance maximale enregistrée pendant la fraction de 5 s la plus rapide des 30 s.

Épreuve lactique d'évaluation de la puissance des membres supérieurs d'Ayalon et coll. (1974). Le protocole et le principe de cette épreuve sont identiques à ceux de l'épreuve précédente, à l'exception toutefois :

- de la technique de pédalage qui est effectuée avec les membres supérieurs, le sujet étant assis en position stable sur une selle dont la hauteur a été fixée de façon à ce que l'axe du pédalier se situe au niveau des épaules de l'évalué ;
- et de la puissance du pédalage, fixée à 30 g par kg de poids corporel pour la bicyclette ergométrique Fleish, et à 50 g pour celle de la société Monark.

Épreuves de « terrain »

La glycolyse lactique permet de fournir un travail d'intensité supra-maximale qui, selon l'importance de cette intensité, peut être poursuivi entre 30 et 50 s (puissance) et 3 min (endurance). Dans les deux cas, on postule que c'est l'importance de l'acidose musculaire qui induirait une incapacité fonctionnelle musculaire et donc une baisse de la performance. L'évaluation de la puissance suggère d'utiliser des épreuves supra-maximales de durées incluses entre 30 et 50 s. Celle de l'endurance utilise de préférence des épreuves de durées comprises entre 2 et 3 min. Le travail fourni ne doit pas être limité par des problèmes d'apprentissage, d'où le choix d'exercices de réalisation simple ou faisant partie de la technique habituelle des sportifs considérés.

La même épreuve, assortie de durées variables, peut donc être retenue. La totalité du travail réalisé, l'intensité maximale et la décroissance de cette intensité peuvent respectivement renseigner sur la capacité, la puissance et l'endurance du système; c'est pourquoi, bien que n'entrant pas dans la logique de la chronologie de cette étude, nous les envisageons ensemble dans le chapitre suivant.

Épreuves de course à pied

Course en navettes de 6 x 30 s avec 35 s de récupération (figure 11.8). Dans cette épreuve, il s'agit de courir en navettes de 5 puis de 10 puis de 15 puis de 20 m et ainsi de suite… en couvrant la plus grande distance en 30 s. Après un arrêt de 35 s, reprendre une deuxième course navette et ainsi de suite jusqu'à six répétitions. Enregistrer la distance parcourue à chaque répétition et établir le pourcentage entre le moins bon essai et l'essai référence relevé à part et qui sert lui-même de performance. Trois performances permettent d'évaluer l'aptitude anaérobie des sujets: 1) la meilleure performance sur un essai unique hors « protocole enchaîné » qui évalue la puissance du métabolisme glycolytique; 2) la distance totale parcourue qui évalue l'endurance lactique et 3) l'indice de fatigue qui est soit la différence entre la distance référence évaluée hors « test enchaîné » et la moyenne des six distances parcourues, soit le pourcentage obtenu en calculant le rapport entre la moins bonne performance et la performance référence multipliée par cent.

Par exemple, soit un sportif dont la performance référence (puissance lactique) serait **150 m** et dont la performance moyenne aux six répétitions serait ((135 + 135 + 130 + 128 + 125 + 130)/6 = **130,5 m**) : 130,5/150 x 100 = **87 %**,
Sa puissance lactique serait de **150 m**,
Son endurance: **783 m** ou **87 %** de sa puissance lactique.
Et son indice de fatigue spécifique: soit **19,5 m** (150 m - 130,5 m).

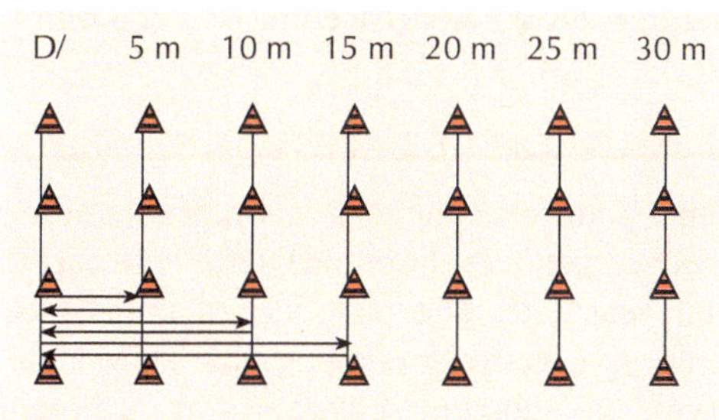

- Courir la plus grande distance possible (m)
- Indice de la capacité lactique :

$$\frac{\text{moins bonne performance sur 30 s}}{\text{meilleure performance sur 30 s}} \times 100 = \ldots\%$$

Figure 11.8
Test navette 6 x 30 s avec des intervalles de récupération = 35 s.

Course de 500 m de Lemon. Sur une piste étalonnée de 50 en 50 m, il s'agit de courir un 500 m à la vitesse la plus élevée possible. Chronométrer le deuxième et le dernier 50 m.

On calcule alors la différence entre les deux performances chronométriques enregistrées et on multiplie le score obtenu par 10. L'objectif est d'obtenir le résultat le plus faible possible. On admet qu'une forte décroissance de la vitesse entre les deux 50 m est liée à une importante acidose, ce qui constituerait la limite anaérobie lactique du sujet.

Exemple : Si un sujet court le deuxième 50 m en 6,9 s et le dernier en 7,8 s son score serait
7,8 – 6,9 = 0,9 x 10 = 9 points.

Prises de performances chronométrées sur différentes distances. Les performances réalisées sur les distances suivantes peuvent utilement renseigner sur les caractéristiques du processus anaérobie lactique. Selon l'âge, le sexe et le niveau d'entraînement des sujets:

- la puissance peut être évaluée par des sprints de 200 ou 300 m course et de 50 ou 75 m nage et encore 800 m cyclisme ;
- l'endurance par des distances de 600 ou 800 m course, de 150 ou 200 m nage et 2 000 m cyclisme.

Remarque : Pour mieux apprécier puissance et endurance du système lactique au cours d'une saison sportive, comme pour les résultats obtenus par l'évaluation du potentiel anaérobie dit « alactique », il convient d'étudier l'évolution du rapport :

$$\frac{\textbf{vitesse de l'épreuve}}{\textbf{vitesse étalon}}$$

E. Évaluation de l'endurance anaérobie lactique

En ce qui concerne le potentiel anaérobie lactique, il est difficile de dissocier clairement l'endurance de la capacité du processus. En effet, dans les deux cas, les intensités requises sont très voisines. Le débit maximum de production d'ATP à partir de la glycolyse lactique se situe cependant entre 30 et 50 s, alors qu'à intensité supra-maximale très sensiblement moindre, la glycolyse lactique continue de contribuer à un important apport énergétique jusqu'à environ 2 à 3 min. Soulignons encore que dans ces mêmes durées, la glycolyse aérobie devient alors une source énergétique d'autant plus associée à la réalisation de ce type d'activité musculaire que le potentiel aérobie du sujet est développé. L'évaluation de l'endurance anaérobie lactique est donc toujours liée à celle de la puissance aérobie maximale.

F. Limites de signification des mesures et épreuves anaérobies lactiques

Nous avons déjà indiqué les limites de la lactatémie. La molécule de lactate diffuse inégalement dans les différents compartiments liquidiens de l'organisme à partir desquels son devenir est multiple. On sait que, même au cours de l'exercice, une certaine quantité peut être retransformée en glycogène (cellules hépatiques et musculaires), une autre partie est totalement oxydée (cellules myocardiques et musculaires). La quantité qui demeure dans le sang n'est donc que le reflet indirect et imparfait de la production cellulaire réelle. Elle-même dépend des caractéristiques musculaires et du niveau d'entraînement du sujet. Autrement dit, la lactatémie n'est qu'un moyen peu précis d'évaluation de la capacité anaérobie lactique. D'autres facteurs sont aussi susceptibles de fausser les épreuves d'évaluation de l'aptitude anaérobie lactique. Ils sont d'ordre :

- *psychologique,* car les sujets non motivés ne vont pas jusqu'au bout de leurs possibilités ;
- *physiologique,* la consommation maximale d'oxygène jouant un rôle d'autant plus important que la durée de l'exercice se situe au-delà de 30 secondes (à des intensités supra-maximales, 90 à 95 % de la consommation maximale d'oxygène peuvent être sollicités dès la première minute).
  À l'opposé, plus la durée de l'épreuve est courte, plus l'hydrolyse des phosphagènes intervient ;
- et enfin *biomécanique,* car les rapports segmentaires, la taille et le poids du sujet, de même que l'apprentissage technique de certaines tâches complexes, peuvent infléchir les résultats et les rendent difficilement comparables d'un individu à l'autre.

Bien que les résultats de ces épreuves soient entachés d'une certaine imprécision, ils permettent néanmoins de donner d'assez bonnes indications individuelles. Répétés à intervalles réguliers, ils peuvent permettre d'apprécier l'impact d'un programme d'entraînement sur le métabolisme dit « lactique », principalement sollicité dans toutes les activités physiques et sportives d'une durée comprise entre 10 s et 3 min.

G. Évaluation de l'aptitude aérobie

Comme pour chacune des aptitudes relevant des filières énergétiques, l'aptitude aérobie se caractérise par une capacité, une puissance maximale et une endurance. Ces trois composantes dépendent des réserves en substrats oxydables de l'organisme (essentiellement glucides et lipides) et de l'efficacité de la chaîne qui extrait l'oxygène de l'environnement diffusion (alvéolo-capillaire), le transporte jusqu'aux fibres actives (concentration en hémoglobine, hématocrite, débit cardiaque) et l'utilise (diffusion périphérique, nombre de capillaires fonctionnels, pouvoir oxydatif : mitochondrie et équipement enzymatique des fibres musculaires) pour répondre à des activités de longue durée.

Quelques définitions préalables

Nous venons d'utiliser trois concepts qui seront ensuite largement repris dans ce chapitre, aussi convient-il d'en proposer les définitions.

La capacité aérobie représente *la quantité totale d'énergie potentielle susceptible d'être fournie par voie oxydative.* Comme elle dépend des réserves totales de substrats utilisables (ou « carburant » de l'organisme) : glycogène, glucose circulant, acides gras libres, voire, dans certaines circonstances, acides aminés… et bien sûr, de la totalité de l'oxygène (ou « comburant ») utilisé pour leur combustion, son évaluation directe est impossible. Par contre, on peut indirectement en apprécier l'importance par l'évaluation de ses deux composantes que sont : la puissance maximale et l'endurance.

La puissance aérobie maximale (P.A.M.) est la *quantité maximale d'oxygène qu'un organisme peut utiliser* ***par unité de temps*** *(généralement par minute) au cours d'un exercice musculaire intense et d'une durée égale ou supérieure à trois minutes.* Elle correspond au $\dot{V}O_2$max ($\dot{V}$ = débit ; O_2 = oxygène ; max = maximal) ou consommation maximale d'oxygène.

L'endurance aérobie (E.A.) *est* ***la fraction*** *ou le* ***pourcentage*** *de $\dot{V}O_2$max ou de la P.A.M. ou encore de la vitesse aérobie maximale (V.A.M.) susceptible d'être maintenu au cours d'une épreuve d'une* ***durée donnée.*** Par exemple, courir pendant 12 min (test de Cooper) ou un 5000, un 10000, un 20000 m, un semi-marathon ou un marathon et calculer ensuite à quel pourcentage moyen de la V.A.M. correspond la performance réalisée.
L'E.A. est aussi la durée d'une activité susceptible d'être maintenue à un ***pourcentage donné*** *de $\dot{V}O_2$max, de la P.A.M.ou de la V.A.M.* Par exemple, fixer un pourcentage de la V.A.M. (85, 90, 95 ou 100 %) et chronométrer la durée maintenue à cette vitesse.

Dans les deux cas, l'évaluation de l'endurance aérobie nécessite de connaître préalablement la puissance ou la vitesse aérobie maximale.

La vitesse aérobie maximale (V.A.M.) ou puissance aérobie maximale fonctionnelle (P.A.M.F.) est *la vitesse limite atteinte à $\dot{V}O_2$max.* Elle résulte de l'interaction de trois facteurs : 1) de $\dot{V}O_2$max ; 2) du rendement de la locomotion (course, cyclisme, natation…) encore défini comme efficacité ou économie de locomotion utilisée et ; 3) de la motivation pour pouvoir atteindre $\dot{V}O_2$max au cours d'une épreuve intense et prolongée (figure 11.9).

L'économie de locomotion (de course, de nage, de pédalage…) *représente le plus faible coût énergétique pour se déplacer à une vitesse donnée ou mieux, à un pourcentage donné de $\dot{V}O_2$max ou de la V.A.M.*

Évaluation de $\dot{V}O_2$max

L'évaluation de $\dot{V}O_2$max peut être réalisée de façon directe par la mesure des gaz expirés au cours d'épreuves intenses, de longue durée et engageant au moins les deux tiers de la masse musculaire totale ou indirecte, en extrapolant $\dot{V}O_2$max à partir de la connaissance d'autres variables avec lesquelles il est associé ; relation : fréquence cardiaque-vitesse de course ou puissance mécanique. $\dot{V}O_2$max peut être obtenu à partir d'épreuves maximales ou extrapolé à partir d'épreuves infra-maximales. Les protocoles de ces épreuves peuvent être à intensité constante, ils sont dits alors rectangulaires (figure 11.10), ou à intensité progressive et sont définis comme triangulaire (figure 11.11). Les protocoles triangulaires peuvent eux-mêmes se subdiviser :

- en épreuves continues à accélération constante dites en rampe ou à accélération par paliers plus ou moins longs et sont définies comme épreuves triangulaires continues en escalier (figure 11.11) ;
- ou en épreuves discontinues avec arrêts de durées variables entre chaque palier pour permettre par exemple des prélèvements à des fins de dosages biologiques (figure 11.12), ou de suivre l'évolution de la fréquence cardiaque au cours et à l'issue de chaque palier pendant la période de récupération.

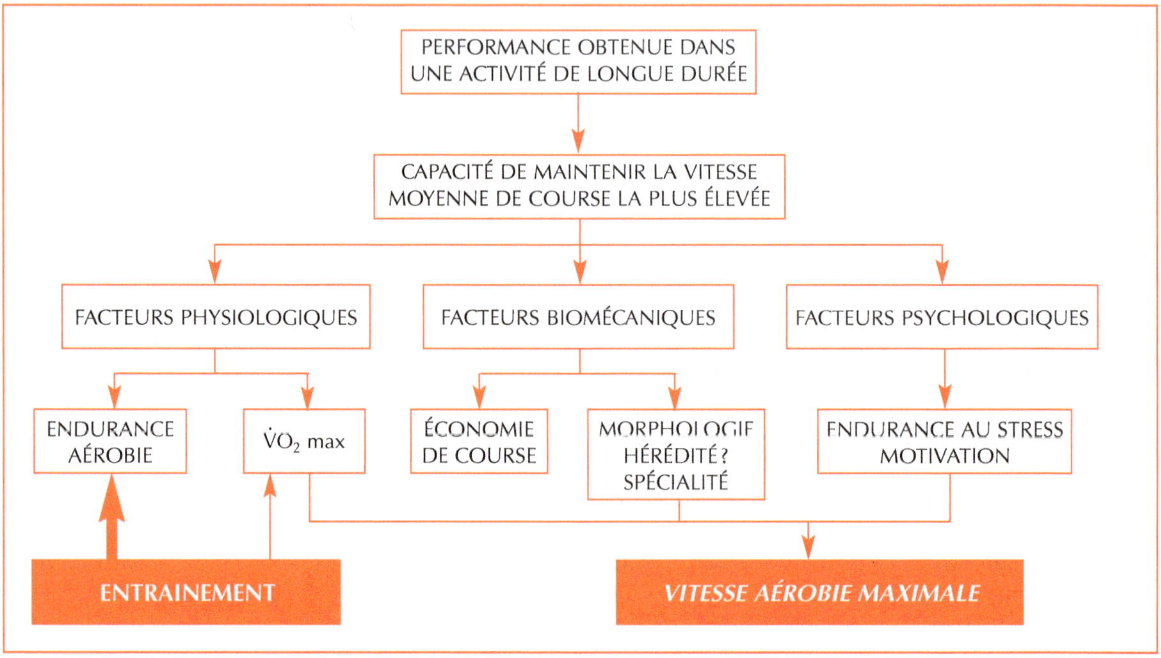

Figure 11.9
Différentes interactions à l'origine de la performance au 1/2 marathon et au marathon.

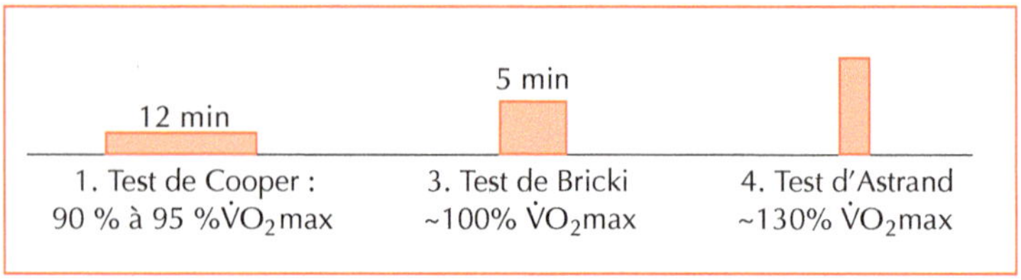

Figure 11.10
Exemples d'épreuves rectangulaires accompagnées de leurs intensités relatives.

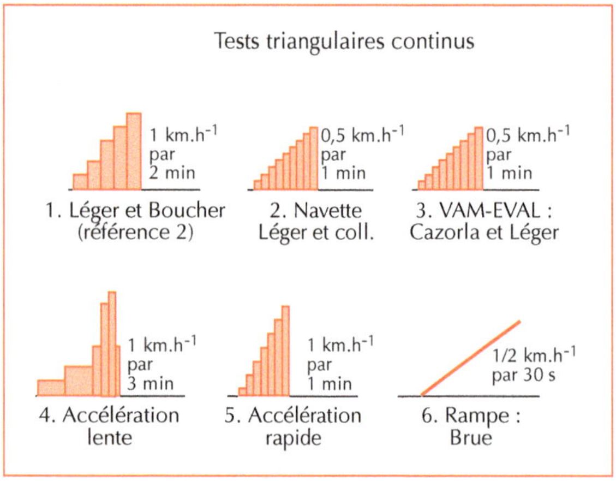

Figure 11.11
Exemples d'épreuves triangulaires et continues.

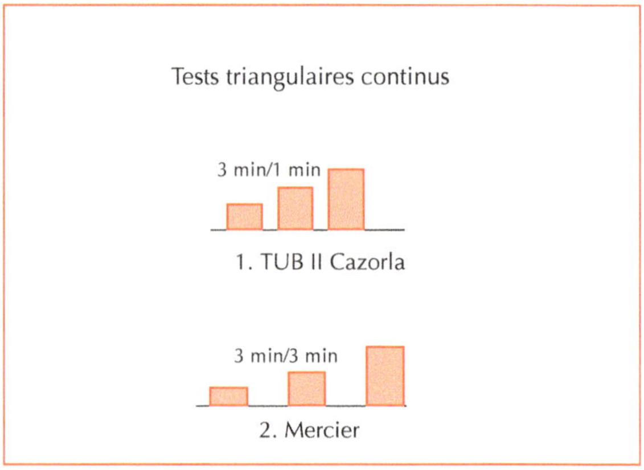

Figure 11.12
Exemples d'épreuves triangulaires accompagnées du nom de leurs concepteurs.

Devant cette abondance, comment choisir le test correspondant le mieux à ses propres besoins et moyens ?

En laboratoire : $\dot{V}O_2$max mesuré

> Afin d'avoir l'assurance que le sportif évalué a bien atteint son maximum, la consommation maximale d'oxygène obtenue par mesures directes doit répondre à plusieurs critères :
> – le sujet s'arrête parce qu'il est réellement épuisé ;
> – l'augmentation de sa fréquence cardiaque et celle de son $\dot{V}O_2$ s'infléchissent et plafonnent ;
> – son quotient respiratoire ($\dot{V}CO_2/\dot{V}O_2$) atteint des valeurs supérieures à 1,10 ;
> – sa concentration sanguine en lactate est supérieure à 9 $mmol.l^{-1}$.

Protocole utilisé. Les épreuves triangulaires sont actuellement préférées aux épreuves rectangulaires, mais toutes ne répondent pas aux critères de validité pour amener le sujet à son $\dot{V}O_2$max et éventuellement obtenir sa PAM ou sa VAM. Ces critères doivent tendre à obtenir un état métabolique stable à chaque palier. Pour ce faire :

– les paliers ne doivent être ni trop courts (intervention des capacités anaérobies, état stable non atteint entraînant une sous-estimation de l'économie de locomotion et une sur-estimation de la PAM ou de la VAM), ni trop longs (état de fatigue entraînant une PAM ou une VAM sous-estimée) (figure 11.13). Les durées des paliers dépendent de l'augmentation de l'intensité : vitesse ou puissance) à chaque nouveau palier. En général, lorsque le protocole est continu, des paliers de 2 min ont été validés pour des augmentations de vitesse de course de 1 km/h ;

– l'augmentation de l'intensité ne doit pas être trop brutale. Les augmentations de vitesses les plus valides sont :
  - pour les protocoles continus : 1/2 km/h pour des paliers de 1 min, 1 km/h pour des paliers de 2 min, la limite étant de 2 km/h pour des paliers de 3 min ;
  - pour les protocoles discontinus avec des arrêts de 1 min, l'augmentation de la vitesse doit être de 1 km/h pour des durées de palier de 3 min ;
  - enfin, la durée totale de l'épreuve continue ne doit pas excéder 20 min.

Ergomètres utilisés. Selon l'ergomètre utilisé, les valeurs de $\dot{V}O_2$max du même sportif peuvent être très différentes. D'une façon générale, les valeurs obtenues en course sur tapis roulant sont supérieures à celles obtenues sur un ergocycle standard de laboratoire. Dans certaines disciplines comme la natation et le cyclisme, les valeurs obtenues au cours de la nage sont en moyenne de 10 % inférieures à celles de la course. Par contre, les cyclistes peuvent obtenir des valeurs équivalentes sur des ergomètres spécifiquement adaptés.

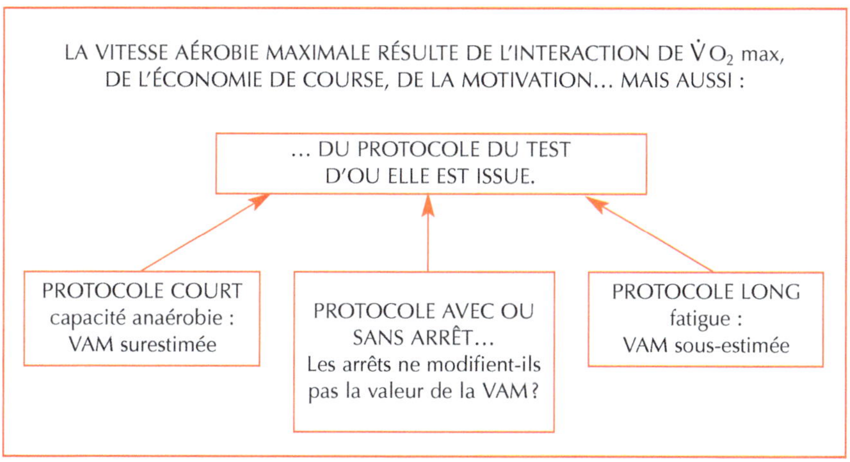

Figure 11.13
Différentes conditions expérimentales susceptibles de surestimer ou de sous-estimer la vitesse aérobie maximale à l'issue d'épreuves triangulaires habituellement utilisées.

Actuellement, de plus en plus les mesures métaboliques sont réalisées directement dans la discipline du sportif : natation, ou au moyen d'ergomètres spécifiquement conçus : cyclisme, ski, patinage, aviron... ou encore directement au cours de l'activité elle-même grâce à des analyseurs miniaturisés de gaz directement portés par le sujet. Les valeurs spécifiques obtenues sont plus riches de renseignements, mais perdent en fidélité.

Sur le terrain : $\dot{V}O_2$max estimé et mesure directe de la VAM

Les protocoles utilisés sur le terrain se répartissent aussi en épreuves : rectangulaires : la plus grande distance parcourue en 12 min de Cooper (1968) et triangulaires sans ou avec arrêt entre chaque palier : test navette de 20 m de Léger et coll. (1982), test de Léger et Boucher (1981), test Vam-éval de Cazorla et Léger (1993), test de Brue derrière cycliste (1985) et test de l'université de Bordeaux 2 (TUB_2) de Cazorla (1990).

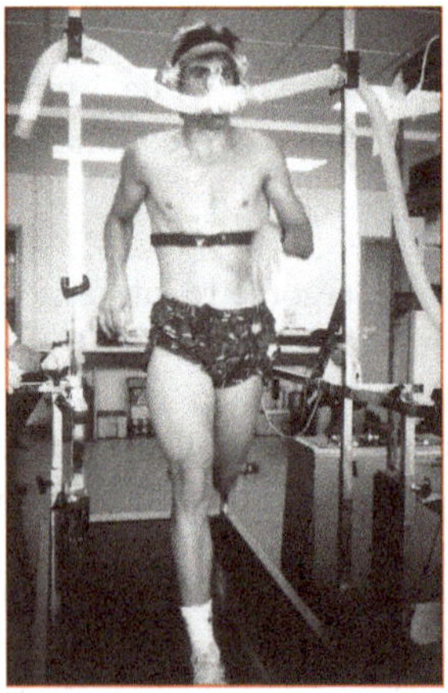

Photo 11.3
Mesure directe du $\dot{V}O_2$max au cours de la nage.

Photo 11.2
Mesure directe du $\dot{V}O_2$max à partir de la course sur tapis roulant.

Photo 11.4
Mesure directe du $\dot{V}O_2$max à partie d'un ergomètre spécifiquement adapté au cycliste.

Photo 11.5
Mesure directe du $\dot{V}O_2$max à partie d'un ergomètre spécifiquement adapté pour l'aviron.

Photo 11.6
Mesure directe du $\dot{V}O_2$max au cours de la nage surf.

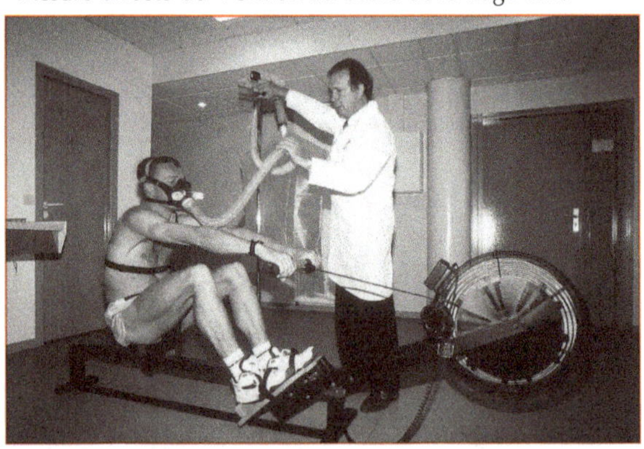

Photos 11.4 à 11.8 : Laboratoire Évaluation, Sport, Santé; Faculté de sciences du sport, Université de Bordeaux 2.

Niveau de pertinence. Le niveau de pertinence est dicté par l'objectif ou les objectifs que se fixe l'utilisateur d'un test donné. C'est d'ailleurs à cet endroit que l'on observe les plus grandes confusions, aussi faut-il se poser les bonnes questions relatives aux utilisations possibles.

S'agit-il d'établir un simple diagnostic initial sur le niveau de développement de la capacité aérobie? Dans ce cas, seul un indice de l'aptitude aérobie suffit et n'importe lequel des six tests précédents peut être retenu.

Veut-on évaluer *la puissance aérobie maximale* d'un ou de plusieurs sujets? Hormis le test de Cooper, tous les autres le permettent avec cependant une meilleure validité obtenue avec les tests navette de *20 m de Léger et Coll. (1985).*

S'agit-il encore d'obtenir une vitesse limite référence ou *vitesse aérobie maximale (VAM)* afin de mieux orienter et contrôler les intensités d'entraînement? Dans ce cas, un simple indice aérobie ne suffit plus. Ne disposant que d'un chronomètre et de distances, l'enseignant d'EPS, l'entraîneur et le sportif ont surtout besoin de références chronométriques pour élaborer les contenus de leurs entraînements. Plus que la connaissance de $\dot{V}O_2$max, c'est celle de la vitesse limite de course atteinte à $\dot{V}O_2$max ou vitesse aérobie maximale (VAM) qui leur est indispensable. À partir de cette vitesse, peuvent facilement être programmées les intensités et les durées optimales utiles de course et être connues leurs répercussions physiologiques.

Les tests progressifs de course sur piste: Vam-éval, Léger et Boucher, Brue et TUB$_2$ peuvent parfaitement répondre à ce type d'utilisation.

S'agit-il enfin d'obtenir non seulement la VAM mais aussi de réaliser des prélèvements biologiques en cours de test et d'explorer les réponses cardiaques en état stable et au cours d'intervalles de récupération? Dans ce cas, le test de l'Université de Bordeaux 2 (TUB$_2$) permet de répondre à ces différents objectifs.

Niveau de validité. Il s'agit ici d'avoir la preuve expérimentale que chacun des tests sélectionnés mesure effectivement ce qu'il est censé évaluer. Le niveau de corrélation calculé entre le facteur directement mesuré et le résultat du test permet de vérifier sa validité. Si la corrélation est élevée, connaissant le résultat du test, il est permis d'extrapoler le facteur à évaluer. L'inverse est aussi possible.

Selon les deux objectifs principaux assignés aux tests précédents, peut-on affirmer qu'ils mesurent effectivement $\dot{V}O_2$max et la vitesse aérobie maximale?

Validité et $\dot{V}O_2$max. Bien que la connaissance de $\dot{V}O_2$max ne s'avère pas indispensable aux entraîneurs, aux éducateurs et aux sportifs, certaines épreuves sont très fortement corrélées à $\dot{V}O_2$max. Elles permettent d'extrapoler la consommation maximale d'oxygène avec un risque inférieur à la plupart des tests indirects de laboratoire. La course navette de Léger et coll. (1985) est le seul test validé pour les enfants, les adolescents et les adultes.

L'épreuve de course sur grand terrain (Léger et Boucher, 1980) n'est par contre validée que pour prédire le $\dot{V}O_2$max de sujets adultes. Ce test permet aussi une très bonne prédiction des performances de demi-fond et de fond. Il en est de même des tests Vam-éval (Cazorla et Léger, 1992) et de Brue (1985). Ces quatre tests sont donc respectivement valides pour prédire $\dot{V}O_2$max (navette et course sur piste) et la performance de longue durée (course sur piste et Brue), ce qui n'est pas le cas du test de Cooper dont la grande variabilité des corrélations obtenues avec le $\dot{V}O_2$max par différents auteurs ne permet pas ce type de prédiction. Le tableau 11.1 récapitule la pertinence du choix éventuel des six différents tests les plus connus.

Validité et VAM. Le concept de vitesse aérobie maximale (VAM) ou vitesse limite atteinte à $\dot{V}O_2$max (V max) suscite actuellement un grand intérêt chez les entraîneurs, les enseignants d'EPS et les sportifs. La connaissance de cette vitesse chez un individu donné n'est cependant pas aussi simple qu'elle en a l'air. En effet, la VAM dépend non seulement de multiples interactions biomécaniques et physiologiques mais aussi du protocole du test censé l'obtenir (figures 11.7 et 11.10).

Au nombre des interactions, le $\dot{V}O_2$max, le rendement énergétique encore défini comme l'économie de course et... la motivation en sont les principales. Ainsi, la VAM résulte à la fois de l'économie de course et du $\dot{V}O_2$max. Connaissant la VAM,

Tableau 11.1
Pertinence du choix d'un test. Aide à l'orientation de ce choix en fonction des objectifs de l'utilisateur.
(*) ICA : indice de capacité aérobie; PAM : puissance aérobie maximale; $\dot{V}O_2$ max : consommation maximale d'oxygène; VAMS : vitesse aérobie maximale spécifique; PMT : plages métaboliques transitionnelles.

TESTS	RÉSULTATS	OBJECTIFS (*)				
		ICA	PAM	$\dot{V}O_2$max	VAM	PMT
12 min de course **2 400 m** (Cooper)	Plus grande distance parcourue Plus petite durée	oui oui	non non	non non	non non	non non
Course navette 20 m (Léger *et coll.*)	Dernier palier réalisé	oui	oui	oui	non	non
Course sur piste (Léger et Boucher)	Dernier palier réalisé	oui	oui	oui	oui	non
VAM-éval (Cazorla et Léger)	Durée dans le dernier palier	oui	oui	oui	oui	non
Course-derrière cycliste (Brue)	Durée dans le dernier palier	oui	oui	non	oui	non
TUB2 : paliers **3 min** (Cazorla)	Durée dans le dernier palier	oui	oui	oui	oui	oui

$\dot{V}O_2$max ne peut être extrapolé qu'en tenant compte de l'économie de course qui, selon les individus peut varier entre ± 5 %.

Un autre point, et non des moindres, est que la VAM peut aussi varier en fonction du protocole du test. D'une manière générale, plus l'augmentation de la vitesse des paliers est brutale et de courte durée, plus la VAM a des chances d'être surestimée. Dans ce cas, une part importante de la VAM est liée à la production anaérobie de l'énergie (figure 11.13).

À l'inverse, plus la durée du protocole est importante, plus la VAM risque d'être sous-estimée probablement à cause des effets de la fatigue qui limitent la poursuite de l'exercice.

Autrement dit, il existe autant de VAM qu'il existe de protocoles, ce qui peut expliquer pourquoi des différences souvent importantes sont obtenues au niveau des durées pendant lesquelles les sujets évalués sont capables de courir à 100 % de leur VAM. Rappelons que l'endurance aérobie étant définie comme « *le pourcentage de la puissance aérobie maximale* (ici représentée par la VAM) *susceptible d'être maintenu le plus longtemps possible* » de nombreux auteurs utilisent la durée de course à 100 % de VAM (ou temps limite à 100 % de VAM) pour l'évaluer. La durée de course à 100 % de VAM serait de 7 min avec des sujets moyennement endurants utilisant le test progressif de course sur piste de Léger et Boucher. Il est évident que cette durée devrait être inférieure en utilisant les autres tests et plus particulièrement les tests de course à accélération rapide.

Un autre problème est celui des VAM obtenues sur tapis roulant qui, à cause de la biomécanique de course différente imposée aux membres inférieurs par la bande roulante du tapis et surtout à cause de l'absence de la résistance due à la pénétration dans l'air, est surévalué par rapport à celle obtenue sur le terrain avec le même protocole de test. Cet aspect est important car son utilisation pour planifier des intensités de course à l'entraînement risque de les surdoser.

Aussi, afin d'éviter les actuelles confusions, nous suggérons d'utiliser le concept de *VAM spécifique* en précisant le test avec lequel elle a été obtenue (ex : VAM Léger-Boucher, VAM TUB_2, Vam-éval, VAM Brue) plutôt que le concept unique de VAM.

Remarques :

1. Le test Vam-éval a été élaboré pour rendre le test Léger et Boucher plus accessible et plus précis. La pente d'augmentation de l'intensité étant rigoureusement la même : 1/2 $km.h^{-1}$ par palier de une minute à la place de 1 $km.h^{-1}$ par palier de 2 min, le test Vam-éval bénéficie indirectement du niveau de validité du test de Léger et Boucher. Par contre, les VAM obtenues s'avèrent plus précises au 1/2 $km.h^{-1}$ près avec le test Vam-éval.

2. Une étude récente n'a montré aucune différence significative entre les VAM obtenues au Vam-éval et celles obtenues au TUB_2. On peut donc indifféremment utiliser ces deux tests pour obtenir la VAM.

Niveau de fidélité. Le niveau de fidélité d'un test est défini par les résultats obtenus par les mêmes sujets passant deux fois le même test à peu de jours d'intervalle. Le test est dit fidèle lorsque les résultats entre test et re-test demeurent stables : pas de différence significative et corrélation proche de 1. Hormis le test de Cooper, la standardisation rigoureuse et enregistrée sur bande sonore ou sur support CD des tests progressifs de course navette de 20 m, de course sur piste (Léger-Boucher, Vam-éval, TUB_2) et de course derrière cycliste (test de Brue), leur confère une grande fidélité interne (liée au sujet lui-même) et externe (liée aux conditions extérieures au sujet) à la condition de vérifier la vitesse de défilement du magnétophone utilisé et de les faire passer dans les mêmes conditions environnementales (piste, climat, heure de la journée…).

Test (1. = le plus accessible 6. = le moins accessible)	Matériel nécessaire	Compréhension et réalisation du protocole	Durée	Nombre d'évalués à la fois	Nombre d'évaluateurs
1. Cooper	1 piste + 1 chronomètre	Très facile	12 min	10 à 20 max	1
2. Course navette 20 m	1 surface plane 1 cassette enregistrée 1 magnétophone	Facile et bien expliqué	15 à 20 min	Dépend de la longueur des lignes parallèles	1
3. VAM-éval	1 piste multiple de 20 m 1 cassette enregistrée 1 magnétophone + 1 amplificateur	Facile et bien expliqué	10 à 20 min	Possibilité d'évaluer jusqu'à 100 personnes	1 ou + suivant le nombre d'évalués
4. Course sur piste de Léger-Boucher	1 piste multiple de 20 m 1 cassette enregistrée 1 magnétophone + 1 amplificateur	Facile et bien expliqué, vitesse parfois difficile à ajuster	10 à 30 min	Possibilité d'évaluer jusqu'à 50 personnes	1 ou + suivant le nombre d'évalués
5. TUB2	+ cardiofréquencemètre + prélèvements	Facile et bien expliqué	10 à 30 min	Fonction du nombre de cardiofréquencemètres et du nombre de préleveurs habilités	Minimum 1
6. Course derrière cycliste	1 parcours plat 1 bicyclette adaptée 1 enregistrement	Facile mais évaluateur habitué à la fréquence de pédalage	10 à 25 min	Possibilité d'évaluer 4 à 6 personnes	Minimum 2

Tableau 11.2
Hiérarchie argumentée du niveau d'accessibilité

Remarquons cependant que le niveau de fidélité interne (propre au sujet) peut varier entre deux tests lorsque l'évalué découvre le test pour la première fois. Chez des enfants et des adolescents, il n'est pas rare de trouver une étendue de différences en plus lors du re-test allant de 5 à 10 %, liée uniquement à « l'effet découverte » voire à l'apprentissage. Ensuite, les résultats demeurent très stables. En conséquence, il est donc recommandé de n'enregistrer que les résultats obtenus au deuxième test.

Niveau d'accessibilité. Le tableau 11.2 établit une hiérarchie des niveaux d'accessibilité des différents tests expertisés.
Ainsi, le test de Cooper présente un excellent niveau d'accessibilité, la course navette, et le Vam-éval un très bon, sensiblement meilleur que l'épreuve de course sur piste de Léger-Boucher et le TUB_2 mais nettement meilleur que le test progressif de course derrière cycliste qui nécessite une bicyclette adaptée et un cycliste habitué à pédaler à des cadences imposées.

Que permet la connaissance de la VAM ?

Outre la possibilité d'évaluer ***l'endurance aérobie***, la connaissance de la VAM s'avère aussi très utile pour au moins quatre raisons :
- elle autorise l'extrapolation de $\dot{V}O_2$max ;
- elle permet de prédire les performances potentielles de course, à la condition bien sûr de s'entraîner correctement ;
- elle donne des indications sur les intensités à envisager dans les séances d'entraînement ;
- elle permet aussi de mieux gérer les vitesses utiles d'entraînement.

Envisageons ces différents cas de figure :

VAM et évaluation de l'endurance aérobie

Parmi les nombreuses techniques susceptibles d'évaluer l'endurance aérobie, nous ne retiendrons que celles utilisant la durée limite maintenue à un pourcentage de $\dot{V}O_2$max ou de VAM, l'Index d'endurance aérobie de Péronnet et Thibeau (1984) et l'Indice d'endurance aérobie (Cazorla, 1990).

Durée limite maintenue à un pourcentage de VAM. Une des façons d'évaluer l'endurance aérobie est de chronométrer la durée de maintien d'un pourcentage donné de la VAM. Nombreuses sont les études qui ont envisagé de mesurer directement cette durée au cours d'un protocole rectangulaire de course sur tapis roulant ou sur piste à des pourcentages de VAM différents ou bien de la calculer (figure 11.14).

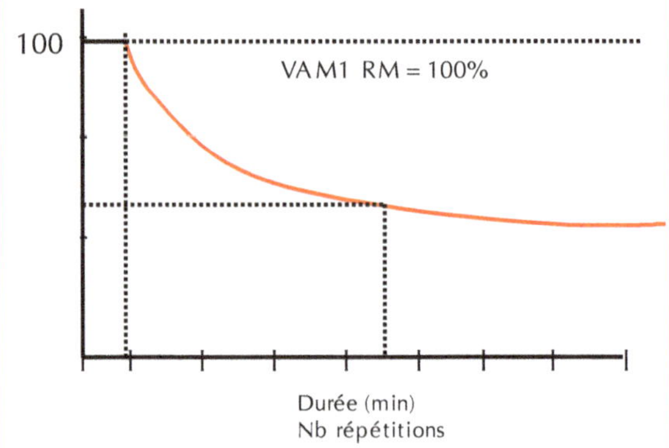

Figure 11.14
Exemple des temps limites de course ou du nombre de répétions limites à différents pourcentages de VAM ou de RM d'un sportif.

La notion de temps (ou de charge limite : % de 1 RM, charge maximum susceptible d'être soulevée qu'une seule fois) mérite aussi explication car souvent, sous prétexte que le temps (ou la charge limite) est maintenu à une intensité inférieure à la puissance maximale, on désigne comme « ***infra-maximal*** » le type d'exercice correspondant alors que, si précisément il est maintenu pendant une ***durée maximale***, il est obligatoirement maximal pour cette durée. Donc, si un entraîneur veut faire travailler de façon infra-maximale ses sportifs à une intensité correspondant à celle du temps ou de la charge limite, il devra choisir des durées ou des nombres de répétitions inférieurs à ceux du temps ou de la charge limite. Afin de mieux comprendre cette notion, prenons l'exemple des temps limites maintenus par un sportif à 120 %, 100 et 80 % de la VAM qui correspondraient respectivement à 2, 5 et 16 min. Comme ces durées constitueraient ses performances maximales à ces intensités, si son entraîneur voulait lui demander de réaliser des exercices infra-maximaux, il pourrait opter par exemple pour une intensité correspondant à 80 % de sa VAM mais pendant des durées obligatoirement inférieures à 16 min. Pour tout exercice infra-maximal, il y a donc nécessité de préciser à la fois le pourcentage de VAM (ou de RM) et celui de la durée ou du nombre limite de répétitions à l'intensité correspondante.

La disparité des résultats obtenus par mesure des temps limites témoigne probablement du niveau différent d'endurance aérobie des populations évaluées, mais peut être due aussi au choix de l'épreuve utilisée pour obtenir la vitesse aérobie maximale. Cet aspect n'est jamais discuté alors que, selon l'épreuve, cette dernière peut être sous- ou surestimée, entraînant de ce fait une plus ou moins longue durée limite maintenue à un pourcentage donné de la VAM.

À des fins de comparaison, il est donc indispensable de mieux standardiser l'épreuve amenant les sujets à leur VAM et de conserver ensuite toujours ces mêmes épreuves et les mêmes pourcentages de la VAM obtenue dans un délai maximum d'une semaine avant le test d'endurance.

L'Index d'Endurance (I.E.) de Péronnet et Thibault (1984, 1987). Bien que l'endurance aérobie soit définie comme le pourcentage de $\dot{V}O_2$max susceptible d'être maintenu pendant le plus long temps possible, elle constitue une qualité en elle-même, indépendante de $\dot{V}O_2$max. Ainsi certains sujets peuvent présenter un $\dot{V}O_2$max faible et une endurance très développée et vice versa. On peut donc considérer l'endurance aérobie comme une capacité physiologique spécifique susceptible d'être très fortement améliorée par l'entraînement et donc très différente d'un sujet à l'autre. En outre, dans le cas du suivi des effets de l'entraînement sur l'endurance aérobie, plutôt qu'une norme, ce sont aussi les résultats du sportif comparé à lui-même qu'il convient de prendre en compte pour en analyser les différences. En effet, après six semaines d'entraînement, la durée limite de course à 80 % de $\dot{V}O_2$max peut être améliorée de plus de 250 % chez des sujets qui présentaient une activité normale avant cette période d'entraînement.

Partant de ces critiques, Péronnet et Thibault (1984, 1987) ont développé un nouveau concept dans lequel l'endurance est considérée comme une entité propre à chaque individu. L'originalité de leur modèle est d'exprimer la durée limite du maintien de course à des pourcentages différents de la PAM (ou de la VAM) en abscisse sur une échelle logarithmique. Dans ces conditions, la relation % de VAM - durée limite qui normalement est curvilinéaire devient totalement linéaire (figure 11.15).

L'endurance peut alors être calculée à partir de la pente de la droite (angle α de la figure 11.15) de décroissance de la relation ainsi obtenue, selon l'équation proposée par les auteurs :

$$\text{I.E.} = (100 - \%\ \text{VAM})/(\ln 7 - \ln t)$$

Dans laquelle, ln 7 est le logarithme naturel de 7 min, durée limite théorique de maintien de la VAM et ln t est celui d'une performance quelconque de longue durée exprimée en minute.

Prenons l'exemple de deux coureurs possédant la même VAM : 21 km/h, mais dont l'un court le marathon en 2 h 25 min (ou 145 min) et l'autre en 2 h 35 min (ou 155 min) ce qui représente des vitesses moyennes de : 42 195 m/145 min = 291 m/min (ou 17,46 km/h) et de 272,2 m/min (ou 16,33 km/h). Ces vitesses représentent respectivement elles-mêmes 83,1 % et 77,8 % de leur VAM. In 7 = 1,946 ; In 145 = 4,977 et In 155 = 5,040. Leur I.E. respectif est donc : (100 – 83,1)/(1,946 – 4,977) = - 5,58 pour le premier ; et (100 – 77,8)/(1,946 – 5,040) = - 7,17 pour le second.

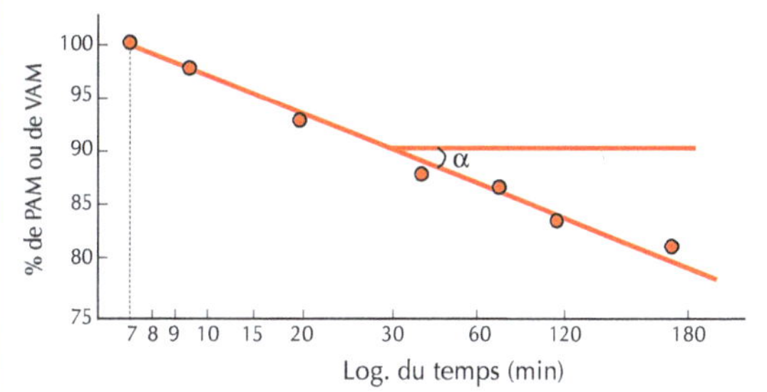

Figure 11.15
L'approche de Péronnet et Thibault (1984)
Le % de PAM ou de VAM qui est maintenu par un coureur diminue avec le temps de course de façon linéaire si le temps est porté en abscisse sur une échelle logarithmique.

Ainsi, plus la pente décroissante (exprimée en conséquence par un chiffre négatif) est faible, meilleure est l'endurance. De cette façon, l'endurance est découplée de la PAM de la VAM ou de $\dot{V}O_2 max$ et constitue une capacité en elle-même dont Péronnet et al. (1991) proposent une échelle d'appréciation, issue de l'évaluation de populations aux niveaux d'endurance très hétérogènes (tableau 11.3).

Limite du modèle. Même si ce modèle permet de façon concrète de calculer l'endurance, le choix d'une durée de maintien de la VAM pendant 7 min constitue son maillon faible. Sept minutes est une valeur moyenne correspondant au maintien à la VAM obtenue au test de Léger et Boucher. Il suffit qu'une autre valeur de VAM même très discrètement inférieure ou supérieure soit obtenue à un autre test, ou encore que deux coureurs maintiennent respectivement une durée soit sensiblement supérieure soit inférieure à 7 min pour que leur pente individuelle de décroissance soit modifiée et donc que soit modifié leur index d'endurance.

L'Indice d'endurance aérobie (I.E.A.), Cazorla (1992). Un indice d'endurance aérobie au calcul plus accessible aux entraîneurs est aussi possible. Pour obtenir cet indice, il convient d'abord de mesurer la VAM et ensuite d'enregistrer une performance de longue durée comme par exemple la plus grande distance courue pendant 12, 15, 20 ou 30 min Nous calculons alors le rapport: (vitesse moyenne tenue pendant la durée choisie/VAM) x 100 ce qui constitue l'I.E.A. du sportif évalué. Plus le pourcentage obtenu tend vers 100, meilleure est l'endurance spécifique du sujet. En supposant qu'au-delà d'une période de 10 semaines d'entraînement, la VAM demeure stable, il est ainsi possible d'objectiver l'amélioration subséquente de la seule endurance aérobie pour apprécier ses effets sur la performance.

Exemple d'un jeune dont la VAM a été mesurée à 15 km.h^{-1} et qui réussit à parcourir 2 750 m au test de 12 min de Cooper. Son I.E.A. est donc:

2 750 m/12 min = 229,17 m.min-1 ou

(13,75 km.h^{-1}/15) x 100 = 91,67 %

Ou encore: 2 750 m/3 000 m (distance théorique qu'il aurait parcourue en 12 min à sa VAM) x 100 = 91,67 %.

VAM et extrapolation de $\dot{V}O_2$max

Nombreux sont les auteurs qui ont proposé des équations de prédictions de $\dot{V}O_2$max (ml.min^{-1}.kg^{-1}) à partir de la connaissance de la VAM.

Celle de Léger et Mercier (1983) qui, calculant la moyenne des résultats de quatorze études publiées obtiennent une équation dans laquelle $\dot{V}O_2$max (ml.min^{-1}.kg^{-1}) = 3,5 x VAM (km.h^{-1}) s'avère la plus simple. Les résultats admettent cependant une marge d'erreur liée à l'économie de course, dont nous rappelons que la différence interindividuelle peut s'inscrire dans une limite de $\pm$ 5 %.

VAM et prédiction de performances

Outre l'extrapolation de $\dot{V}O_2$max, la connaissance de la VAM peut aussi permettre de « prédire » avec une assez bonne précision les performances susceptibles d'être atteintes en course si, bien sûr, le sportif s'entraîne correctement pour développer spécifiquement les capacités physiologiques et techniques requises par la performance visée et si son efficacité de course n'est pas trop défaillante.

Tableau 11.3
Échelle d'appréciation du niveau d'endurance à partir du calcul de l'index d'endurance (IE) de Péronnet et Thibault (1984, 1987). D'après Péronnet *et al.* (1991).

	Endurance très élevée	Endurance élevée	Endurance moyenne	Endurance faible	Endurance très faible
Index d'endurance	-4	-6	-8	-10	-12

À partir du tableau 11.4, si le sportif est âgé de 18 ans ou plus et s'il connaît sa VAM ou son $\dot{V}O_2max$, il peut prédire ses performances potentielles depuis le 800 m jusqu'au marathon.

Par exemple, si sa VAM est de 18 km/h, ce qui correspond à un $\dot{V}O_2max$ extrapolé ou mesuré en laboratoire de 63 $ml.kg^{-1}.min^{-1}$, à la condition de s'entraîner spécifiquement, il peut espérer atteindre (avec une marge d'erreur possible de ± 5 à 7 %) les performances suivantes : 2 min 17 s au 800 m ; 2 min 59 s au kilomètre ; 4 min 50 s au 1 500 m ; 6 min 42 s au 2 000 m ; 10 min 38 s au 3 km ; 18 min 30 s au 5 km ; 39 min 18 s au 10 km ; 1 h 47 s au 15 km ; 1 h 22 min 46 s au 20 km ; 1 h 26 min 50 s au 21 km et 3 h 8 min 6 s au marathon.

Si le sportif n'atteint pas ces performances, c'est probablement que sa capacité anaérobie lactique n'est pas suffisamment développée pour les distances courtes inférieures au 3 000 m, ou bien que son endurance aérobie n'a pas été assez bien développée pour maintenir une vitesse élevée sur des distances longues, et/ou encore qu'il présente une médiocre économie de course. Ainsi, la prédiction de la performance à partir de la connaissance de la VAM peut renforcer la motivation pour atteindre ou dépasser la performance cible et indirectement mettre en évidence certaines carences au niveau des différents facteurs dont dépend la performance. En outre, connaissant à quel pourcentage de VAM est habituellement courue la performance visée, il peut à l'entraînement introduire les intensités ou les vitesses correspondantes (tableau 11.5).

Tableau 11.5

Pourcentages de la VAM susceptibles d'être maintenus pendant les différentes distances de compétition et corrélation entre VAM et vitesses auxquelles ont été réalisées ces performances

Distances de compétition	% VAM Course sur piste	Corrélation VAM-perf.
400 m	145 à 155	
800 m	120 à 125	r = 0,72 (n = 40)
1 000 m	105 à 115	r = 0,92 (n = 105)
1 500 m	101 à 111	r = 0,92 (n = 105)
2 000 m	98 à 102	r = 0,95 (n = 71)
3 000 m	95 à 100	r = 0,98 (n = 69)
5 000 m	90 à 95	r = 0,98 (n = 69)
10 000 m	85 à 90	r = 0,88 (n = 108)
20 000 m	80 à 88	r = 0,88 (n = 108)
marathon	75 à 84	r = 0,85 (n = 108)

Tableau 11.4

À partir de la connaissance de la VAM (km/h), il est possible d'extrapoler $\dot{V}O_2max$ (ml.min-1.kg^{-1}) et de prédire les performances de course susceptibles d'être atteintes (d'après Mercier et Léger, 1982)

VAM $km.h^{-1}$	$\dot{V}O_2$ max $ml.mn^{-1}$ kg^{-1}	PERFORMANCES POTENTIELLES (h: min: s) selon différentes distances de course (m)										
		800	1000	1500	2000	3000	5000	10000	15000	20000	30000	42195
14	49.0	2:59	3:56	6:30	9:05	14:28	25:20	56:15	1:27:23	1:59:22	3:15:43	4:54:07
15	52.5	2:46	3:38	5:59	8:20	13:16	23:11	50:47	1:18:46	1:47:29	2:53:20	4:17:48
16	56.0	2:35	3:24	5:32	7:43	12:15	21:23	46:17	1:11:42	1:37:45	2:35:33	3:49:28
17	59.5	2:26	3:11	5:09	7:10	11:23	19:50	42:30	1:05:47	1:29:38	2:21:05	3:26:44
18	63.0	2:17	2:59	4:50	6:42	12:38	18:30	39:18	1:00:47	1:22:46	2:09:06	3:08:06
19	66.5	2:10	2:49	4:32	6:17	9:58	17:20	36:33	56:29	1:16:52	1:59:57	2:52:34
20	70.0	2:03	2:40	4:17	5:56	9:23	16:18	34:10	52:45	1:11:45	1:50:18	2:39:23
21	73.5	1:57	2:32	4:03	5:36	8:52	15:23	32:04	49:29	1:07:17	1:42:49	2:28:05
22	77.0	1:51	2:25	3:50	5:19	8:24	14:34	30:12	46:36	1:03:20	1:36:17	2:18:16
23	80.5	1:46	2:18	3:39	5:07	7:59	13:50	28:33	44:01	59:30	1:30:32	2:09:41
24	84.0	1:42	2:12	3:29	4:49	7:36	13:10	27:04	41:43	56:41	1:25:26	2:02:06
25	87.5	1:37	2:06	3:20	4:36	7:15	12:34	25:44	39:39	53:51	1:20:53	1:55:21

Performances et % de VAM sollicités

Plusieurs études ont aussi permis de préciser à quels pourcentages de VAM se couraient les différentes distances de compétitions. Alors que la prédiction de performance peut constituer pour le sportif un objectif motivant, les indications relatives aux pourcentages de VAM auxquels se courent les différentes spécialités d'athlétisme constituent d'excellentes orientations pour les contenus spécifiques d'entraînement en fonction des performances visées .

Par exemple, un coureur se spécialisant pour courir le 5 000 m et bénéficiant d'une VAM de 23 km/h pourra espérer une performance de 13 min 50 s à la condition d'améliorer son endurance spécifique entre 90 et 95 % de sa VAM.

L'étude du tableau 11.5 met en évidence une corrélation qui augmente jusqu'à la distance de 3 000 m courue entre 95 et 100 % de VAM et qui diminue ensuite. Ceci peut traduire respectivement la complémentarité plus ou moins importante du métabolisme anaérobie entre le 800 et le 2 000 m et celle de l'endurance aérobie à mesure que la distance augmente au-delà de 3 000 m. D'une façon générale, cette dernière distance semble la plus proche de la VAM chez les coureurs de demi-fond bien entraînés et peut éventuellement servir de critère de VAM uniquement pour cette population. Pour les autres sportifs, la VAM peut être atteinte entre 2 000 et 3 000 m ce qui ne confère pas une précision suffisante aux résultats souvent aléatoires ainsi obtenus.

Renseignements

Où se procurer les enregistrements des tests étudiés dans ce document? au CRESS:
250 Cours de l'Argonne 33 000 Bordeaux,
Tél.: 0033 (0)556312818;
Site internet: www.cress.oxatis.com
Courriel: cress.ste@wanadoo.fr

H. Conseils pratiques

1. Vous disposez d'une piste d'athlétisme de 400 m ou multiple de 20 m

Au moyen d'un double décamètre ou mieux, d'une roue de géomètre mesurez autour de cette piste des intervalles de 20 m que nous vous suggérons de marquer définitivement. Il vous suffira ensuite de déposer des bornes repères sur ces marques.

2. Vous ne disposez que d'un terrain vague ou d'un terrain de football ou de rugby

Comme vous le propose la figure 11.16, en utilisant une des lignes de touche et la ligne du centre du terrain, tracez un rectangle de 40 m de longueur et de 38,20 m de largeur. Sur chaque largeur marquez exactement le milieu à 19,10 m. À partir de ce point et à l'aide d'un double décamètre ou d'un cordeau étalonné à 19,10 m, tracez un demi-cercle de chaque côté du rectangle. Vous obtenez ainsi une piste de 200 m sur laquelle il vous suffit de placer les bornes

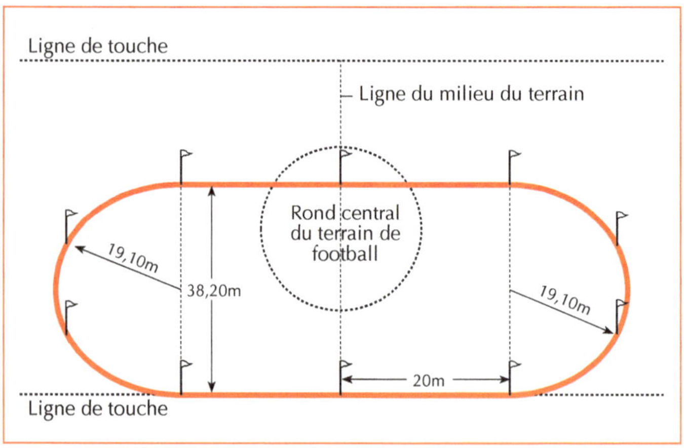

Figure 11.16
L'approche de Péronnet et Thibault (1984)
Le % de PAM ou de VAM qui est maintenu par un coureur diminue avec le temps de course de façon linéaire si le temps est porté en abscisse sur une échelle logarithmique.

repères tous les 20 m. Pour les placer sur les deux demi-cercles, il est plus facile d'utiliser une roue de géomètre. Cette piste peut alors être utilisée pour les deux tests Vam-éval et TUB2. Bien organisées, ces épreuves peuvent être administrées à plusieurs dizaines de sportifs à la fois.

Leur enregistrement sur une cassette garantit une excellente reproductibilité de l'épreuve à la condition de chronométrer la durée de la minute étalon figurant en début du protocole explicatif enregistré aussi sur la même cassette.

La dernière vitesse atteinte correspond à la VAM qu'il suffit de multiplier par 3,5 pour obtenir une estimation du $\dot{V}O_2$max exprimer en $ml.min^{-1}.kg^{-1}$.

Par exemple, pour un adulte dont la VAM mesurée est de 18 $km.h^{-1}$, le $\dot{V}O_2$max extrapolé serait :

$$18 \times 3{,}5 = 64{,}75\ ml.min^{-1}.kg^{-1}$$

3. Épreuves de nage

Elles dépendent de l'âge, du sexe, du niveau technique et d'entraînement du sujet et bien sûr de la technique de nage retenue (tableau 11.6).

Ce même type de test peut être réalisé selon deux autres formes : l'une utilise la programmation d'une rampe lumineuse immergée (figure 11.17), l'autre est enregistrée sur bande sonore et nécessite des bornes placées tous les 6,25 m sur le bord d'un bassin de 25 m ou de 50 m. L'évaluateur qui, dans ce cas, joue le rôle de lièvre (photo 11.7) doit passer au niveau de chaque borne au moment précis ou un « bip » sonore est émis par l'enregistrement. Les nageurs évalués calquent leur vitesse de nage sur celle du déplacement de l'évaluateur. Dans les deux formes, la vitesse de nage est progressivement accélérée à chaque minute jusqu'au moment où le nageur ne peut plus suivre la vitesse imposée. La dernière vitesse atteinte est définie comme vitesse aérobie maximale de nage (VAM-nage) d'où le nom du test : VAM-éval nage. Plus que $\dot{V}O_2$max, cette vitesse constitue une référence pour programmer les vitesses de nage correspondant aux métabolismes à développer. À titre d'exemple, le tableau 11.7 rend compte des pourcentages de VAM-nage auxquels sont nagées les différentes compétitions en nage libre.

Photo 11.7
Évaluation de la vitesse aérobie maximale de nage au moyen d'une bande sonore préenregister. L'évaluateur régule la vitesse du nageur qui augmente progressivement à chaque palier de une minute.

Tableau 11.6
Test progressif pour déterminer la vitesse de nage correspondant à $\dot{V}O_2$max.

Durée (exprimée en secondes de chaque palier de 50 m)		
Crawl		Brasse
50 - 49 - 48 - 47 - 46 - 45 - 44 - 43 42 - 41 - 40 - 39 - 38 - 37 - 36 - 35 34 - 33 - 32 - 31 30 - 29 - 28 - 27 -	Mettre une croix sur le palier auquel s'arrête le nageur. Il correspond à sa vitesse de $\dot{V}O_2$ max	56 - 55 - 54 - 53 - 52 - 51 - 50 - 49 - 48 - 47 - 46 - 45 - 44 - 43 - 42 - 41 - 40 - 39 - 38 - 37 - 36 - 35 - 34 - 33 -

Tableau 11.7
Pourcentage de VAM-nage auxquels sont nagés les différentes distances de compétition en nage libre. Il semble que le 500 m soit la distance la plus proche de la VAM chez le nageur bien entraîné spécialiste du 400-100 m. Valeurs à comparer à celles du tableau 7.7 (VAM-course).

100 m	200 m	400 m	800 m	1500 m	3000 m
115 % ± 4,1	108,2 % ± 3,3	104,1 % ± 2,2	98,5 % ± 2,1	96,2 % ± 2,7	91,1 % ± 2,4

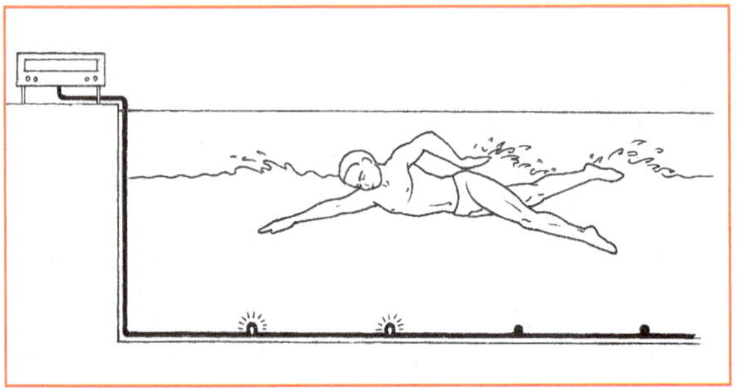

Figure 11.17
Détermination de la vitesse aérobie maximale au moyen d'une rampe lumineuse immergée.

5. CONCLUSION ET PERSPECTIVES

Nous nous sommes volontairement limités dans ce chapitre à l'évaluation des principales composantes physiologiques de la performance. Selon les différentes activités sportives, bien d'autres secteurs seraient aussi à prendre en compte comme la souplesse, la coordination, la force, la puissance et l'endurance musculaire qu'il ne nous est pas possible de traiter dans le présent chapitre.

L'autre limite de cette présentation est le caractère très analytique des évaluations proposées. Chacun des tests étudiés n'évalue effectivement qu'une dimension particulière alors que la motricité et donc la performance s'expriment toujours globalement. Ce paradoxe peut cependant être partiellement corrigé en proposant non pas un seul test mais une batterie de tests les plus pertinents en regard des exigences requises par la performance. Une analyse multifactorielle peut alors rendre compte du « poids » relatif des différents résultats obtenus dans la réalisation de la performance. Par ailleurs, l'entraîneur peut légitimement s'interroger sur le bon développement de chacune des capacités dont l'interaction avec les autres sous-tend la réalisation d'une performance. Il a donc besoin de bien connaître les maillons faibles et les points forts de ses sportifs pour mener à bien la planification, la programmation et la périodisation des entraînements les mieux ajustés aux capacités du ou des sportifs dont il a la responsabilité.
Enfin, comme les procédures d'évaluation font partie du processus d'entraînement, afin d'en tirer tous les bénéfices attendus, sportif et entraîneur doivent tenir à jour un cahier individuel d'entraînement dans lequel, sous formes de courbes explicites, les évolutions des différentes qualités peuvent renseigner sur la qualité des adaptations attendues.

Lectures conseillées

Cazorla G., Robert G., *L'évaluation en activité physique et en sport*, Actes du Colloque International de la Guadeloupe, Édition AREAPS, novembre 1990

Cazorla G., *Tests spécifiques d'évaluation du nageur*, Fédération française de natation, 1994

Cazorla G., Godemet M., *Tests spécifiques d'évaluation du rugbyman*, Fédération française de rugby, 1991

Cazorla G., Houseaux P., Millet G., *Évaluation du jeune triathlète. Batterie Tri-Eval. Tests et barèmes.* Fédération française de triathlon, 1998

Spécial évaluation, Travaux et recherches, INSEP, n°7, 1984

MacDougall J.D., Wenger H.A., Green H.J., *Canadian Association of Sport Sciences.* Human Kinetics

Chapitre 12

PLANIFICATION, PROGRAMMATION ET PÉRIODISATION DE L'ENTRAÎNEMENT

Georges Cazorla

Comme il est précédemment suggéré, l'analyse des exigences de la performance devrait permettre non seulement de répondre au besoin de pertinence du choix des outils d'évaluation à mettre en œuvre au cours de la planification de l'entraînement mais aussi d'orienter cette dernière vers l'atteinte de la meilleure performance dont le sportif est capable. À ce stade, il convient de savoir quand et comment utiliser les procédures d'évaluation au cours de cette planification, comment répondre à la nécessité d'organiser l'ensemble des conditions requises par l'atteinte de la performance, ce qui nous invite à mener une réflexion approfondie sur le processus même d'entraînement.

En matière d'organisation de l'entraînement, il est souvent fait référence au sigle **PPP** traduisant les concepts **p**lanification, **p**rogrammation et **p**ériodisation, concepts souvent confondus alors qu'ils ont une signification bien singulière qui devrait permettre de mieux comprendre les procédures de contrôle et de suivi de l'entraînement, retenues dans la présente étude (figure 12.1).

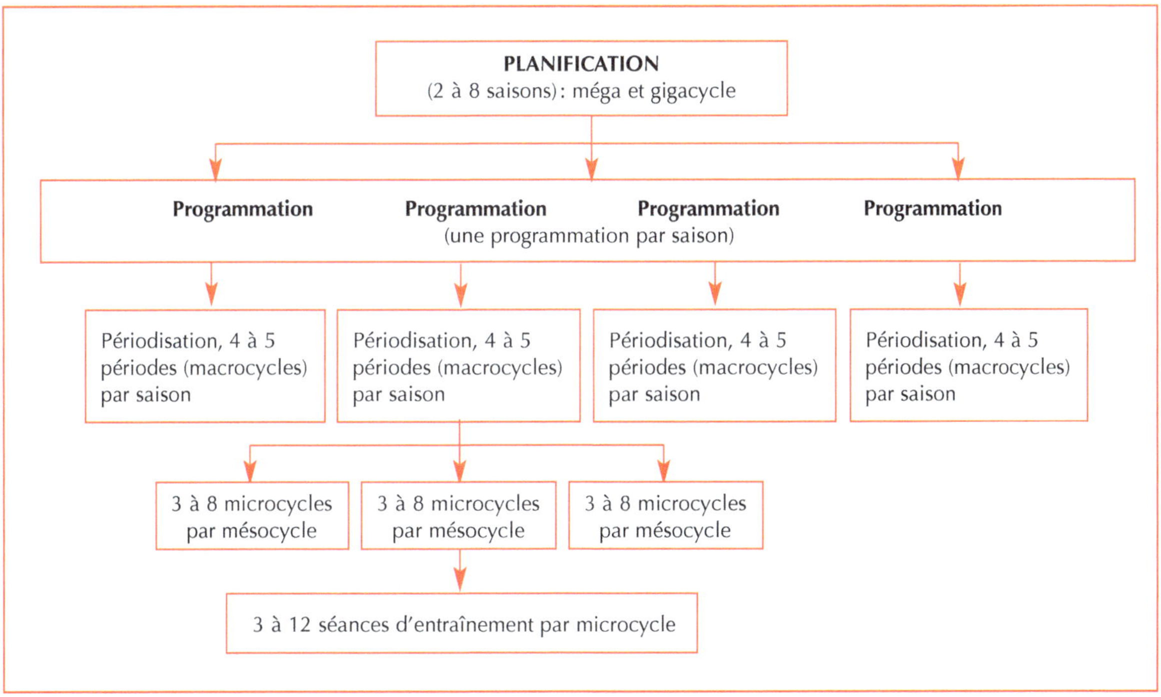

Figure 12.1
Planification, programmation et périodisation de l'entraînement. Organisation entre elles des différentes caractéristiques de l'entraînement.

1. LA PLANIFICATION DE L'ENTRAÎNEMENT

En adaptant au domaine du sport la définition qu'en donne le dictionnaire Larousse, la planification est la *« science qui a pour objet l'établissement de* ***programmes*** *comportant non seulement l'indication des* ***objectifs à atteindre****, mais également un état prévisionnel des* ***diverses étapes*** *des progrès à accomplir et de la réalisation du programme et, éventuellement, la description de la structure des organismes à créer en vue de cette réalisation »*.

En ce qui concerne l'entraînement, il serait abusif de considérer la planification comme une science exacte tant les incertitudes liées à la complexité du processus sont nombreuses. Pour être plus réaliste, il conviendrait d'associer « science » et « art » car l'aptitude, l'habileté et l'expérience empirique de l'entraîneur sont autant nécessaires que la connaissance scientifique issue de méthodes expérimentales. Par contre, il est bon de noter que la planification englobe non seulement la programmation («… établissement de programmes ») et les objectifs et étapes qui lui sont associés, mais envisage aussi l'organisation générale de toutes les conditions environnementales dans lesquelles devra se dérouler l'entraînement. En ce sens, la planification peut être considérée comme l'élément essentiel d'une politique sportive dont les principales étapes peuvent à nouveau utiliser la chronologie exprimée par la figure 12.1.

A. LES ÉTAPES ET LES CONDITIONS DE LA PLANIFICATION

Les étapes et les conditions de mise en œuvre d'une planification de l'entraînement peuvent être déclinées de la façon suivante :

a) Déterminer avec le sportif les objectifs à long, moyen et court terme de façon à clairement savoir où aller et pouvoir déterminer les moyens pour atteindre ces objectifs : *« Il n'est point de vent favorable à celui qui ne sait où il va… » Sénèque.* Savoir aussi que ces objectifs pourront être contrariés par des limites propres au sportif : problème de santé, de blessure, de motivation intrinsèque à long terme ou de démotivation, de points faibles et/ou liés à l'environnement : qualité des installations, qualité de l'encadrement sportif, médical et paramédical, diététique, qualité du contrôle et du suivi de l'entraînement, cadre de vie…

b) Connaître les exigences de la performance et identifier les capacités requises à développer…

c) Établir une planification à long terme sur laquelle se fonderont les grandes orientations prioritaires, les programmes annuels, les périodes les mieux ajustées, voire les contenus d'entraînement.

d) Mettre en place un système d'accompagnement médical, psychologique, social, matériel et de préparation mentale, intégré au processus d'entraînement.

e) Choisir et/ou créer les mesures et les tests les mieux adaptés pour évaluer les capacités ainsi mises en évidence, en respectant les conditions méthodologiques sur lesquelles doivent reposer leur création ou leur choix : pertinence, non redondance, validité, reproductibilité et accessibilité. Dans ce domaine comme dans le précédent, établir une collaboration avec des spécialistes et former une équipe multidisciplinaire.

f) Convenir d'une fréquence pour leur passation tant pour le contrôle que pour le suivi de l'entraînement.

g) Traiter et interpréter les résultats afin qu'entraîneur et sportif les comparent à ceux obtenus aux évaluations précédentes, comprennent les éventuelles modifications obtenues et ainsi décident soit de poursuivre, soit de réajuster de façon personnelle les contenus envisagés.

h) Choisir et/ou adapter des méthodes d'entraînement correspondant aux priorités et aux exigences de la performance.

i) Mettre en place des stages de formation continue permettant aux entraîneurs concernés et aux sportifs les plus autonomes d'actualiser ou de réactualiser leurs connaissances et leurs compétences.

j) Sur la base des résultats des tests et des performances intermédiaires et en fonction de l'atteinte ou non des objectifs initialement fixés, analyser, poursuivre ou réajuster le système de planification mis en place.

k) Faire au moins un bilan annuel sur la qualité des conditions matérielles: terrains d'entraînement, salle de musculation, qualité des moyens de récupération, moyens vidéo... ; sociales: suivi scolaire, universitaire ou professionnel; médicales et paramédicales: équipement du cabinet médical, de l'infirmerie, de la salle de kinésithérapie et de massage, consultations auprès de spécialistes; psychologiques... et au besoin tenter de les améliorer.

Notons aussi que planifier, c'est organiser harmonieusement la combinaison:
- de plusieurs saisons ou « gigacycles » dans le cadre du « plan de carrière » d'un jeune sportif en devenir;
- de plusieurs « saisons sportives » ou « mégacycle » entre deux compétitions internationales du plus haut niveau: championnats ou coupes du monde, jeux Olympiques... ;
- de plusieurs grandes périodes ou « mésocycles » dans le cadre de la programmation d'une saison sportive;
- de plusieurs groupes de séances d'entraînement ou « microcycles » au sein des mésocycles;
- de plusieurs séances d'entraînement au sein de chaque microcycle;
- de plusieurs exercices au sein d'une séance d'entraînement.

L'objectif final demeurant le développement optimal, au moment le plus opportun, de toutes les potentialités requises par la performance visée.

B. Le « plan de carrière »

Le plan de carrière du sportif ne doit pas se limiter à l'amélioration de ses potentialités physiques, mais doit aussi prendre en compte son développement psychologique, social et professionnel.
Nous n'envisagerons ici que l'aspect physique.
Le plan de carrière dépend non seulement des capacités physiques initiales mais aussi de l'âge auquel les meilleures performances sont atteintes dans la spécialité et de l'âge du sujet.
D'une manière générale, le plan de carrière se divise en trois grandes périodes:
- l'entraînement de base ou période de formation générale;
- l'entraînement spécifique ou période d'orientation;
- la spécialisation.

L'entraînement de base

À quel âge l'enfant peut-il commencer l'entraînement? Quel type d'entraînement proposer à l'enfant? Deux questions indispensables que doit se poser tout éducateur sportif. Au terme « entraînement » nous préférons substituer celui de « formation de base » qui est plus conforme au but recherché. La formation de base doit être entreprise très tôt, vers six-sept ans et surtout respecter les étapes du développement ontogénétique de l'enfant.

> ... Entre six et dix ans, l'enfant possède de très grandes facultés d'apprentissage et éprouve d'énormes besoins d'une « nourriture cinétique » abondante et variée. C'est à cet âge qu'il est indispensable de lui proposer une activité multiforme et surtout ne pas l'enfermer trop tôt dans la spécialisation. (Tableau 12.1)

La spécialisation trop précoce va à l'encontre du développement de l'enfant et, même dans la perspective de l'accomplissement de performances futures, risque de le handicaper. À cet âge, l'appareil moteur, la musculature, les différents systèmes, dont le système nerveux cérébro-spinal et le système neurovégétatif, subissent une série de transformations évolutives appelées ontogenèse. La formation de base

ne peut garantir le développement harmonieux que si l'organisme de l'enfant est sollicité par des efforts équilibrés mettant en jeu l'ensemble des systèmes concernés.
La forme variée des exercices et leur caractère plutôt ludique doivent maintenir l'intérêt et le plaisir, ce qui ne veut pas dire que toute intensité doit être exclue. Contrairement à certaines théories non fondées et largement véhiculées, de récents travaux ont mis en évidence que l'organisme de l'enfant peut parfaitement supporter des efforts relativement intenses, de courte durée et souvent répétés. C'est d'ailleurs le mode de fonctionnement naturel de l'enfant dans un grand nombre de ses jeux
À la condition qu'elle soit introduite progressivement et accompagnée des temps de repos nécessaires, l'intensité bien maîtrisée et contrôlée ne doit pas être systématiquement écartée d'un programme de formation des jeunes sportifs. Il en est de même des programmes de renforcement musculaire.
Hormis le travail de type anaérobie lactique pour lequel l'organisme de l'enfant présente certaines

Tableau 12.1
Périodes les plus favorables au développement des principales qualités du sportif en devenir au cours de sa formation. + : début du développement ou développement très modéré; ++ : augmentation du développement ou développement modéré; +++ : important développement; ++++ : développement très important et prioritaire; →: entretien des capacités acquises.

		Période pré-pubertaire		Période pubertaire	Période post-pubertaire : adolescence	
		6 – 8 ans	9 – 11 ans	12 – 14 ans	15 – 17 ans	18 ans et +
Psychomotricité multiactivité		++++	+++	+		
Apprentissages techniques multiples (de plusieurs sports)		++	++++	+++	++	→
Apprentissages spécifiques d'un sport		+	+++	++++	++++	++ →
Capacité aérobie	Endurance	++	+++	+++	+ →	→ →
	PAM	+	++	++++	+++ →	++ + →
Capacité anaérobie lactique (fonction du sport)				+	+++	+++
Coordination spécifique		+	+++	++++	+++ →	++ → →
Vitesse-vivacité		++	+++	++++	++++	++++
Force Musculaire	Renforcement général	++	+++	++++	+++	++
	Force maximale				++	++++
Puissance musculaire				++	++++	++++
Endurance musculaire		+	++	++	+++ →	+ → →
Souplesse		+	++	++++	+++	+++

déficiences, les autres formes de sollicitations métaboliques peuvent être progressivement introduites.
La recherche de leur développement doit cependant être secondaire par rapport à celui de l'habileté, de l'apprentissage de tâches de plus en plus complexes, de la vitesse de réaction, de l'amplitude et de l'élasticité articulo-musculaire (tableau 12.1).

L'entraînement spécifique ou d'orientation

Entre dix et douze-treize ans, l'enfant marque une première pause dans son développement psychomoteur et morphologique. C'est la période de la vie où l'accent doit être mis sur le développement prioritaire des grandes fonctions et plus particulièrement de la fonction cardio-respiratoire.

Toute la chaîne de transporteurs d'oxygène (poumons, système cardiovasculaire, système de transfert périphérique de l'O_2) doit être spécifiquement sollicitée, garantissant ainsi les bonnes bases indispensables à l'intensification future de l'entraînement ou plus modestement à l'amélioration de la condition physique. C'est aussi l'âge privilégié pour l'orientation sportive la plus conforme au goût et aux capacités des jeunes sportifs (tableau 12.1).

La spécialisation

À partir de treize-quatorze ans, période secouée par les transformations pubertaires, le jeune traverse plusieurs crises de fragilisation organique (poussée rapide de croissance). Celles-ci alternent avec une amélioration très importante des potentialités physiologiques qui dépendent elles-mêmes des modifications hormonales inhérentes à cette période de la vie. Par exemple, la testostérone augmente l'anabolisme protéique, ce qui explique non seulement la croissance mais aussi le développement concomitant de la force. De plus, le jeune adolescent affirme sa personnalité et ses choix : c'est le moment du début de la spécialisation.
En évitant les périodes de crise aiguë (poussée importante de croissance), l'accent sera mis sur le développement systématique de la puissance et de l'endurance aérobie, du renforcement musculaire, puis progressivement de la vitesse, de la force, et de l'endurance anaérobie lactique.

Si les étapes précédentes ont été bien respectées, le jeune doit être en mesure de choisir la discipline ou l'épreuve qui correspond le plus à ses capacités et à ses goûts et se soumettre à l'entraînement le mieux adapté pour développer la/ou les qualité(s) principale(s) requise(s) par la pratique retenue.

Chaque grande étape du plan de carrière doit être ponctuée d'une évaluation des acquis afin de pouvoir passer à l'étape suivante.

2. LA PROGRAMMATION DE L'ENTRAÎNEMENT

La programmation de l'entraînement est l'opération qui dans le cadre d'une planification préalablement définie (voir ce qui précède) consiste à élaborer un plan détaillé de contenus d'entraînements au cours d'une saison sportive.
Ces contenus doivent comprendre un ensemble d'instructions nécessaires à l'exécution d'une suite logique d'opérations adaptées au rythme d'acquisition du sportif, et ce dans le but d'obtenir le développement des capacités requises par la performance visée.
La programmation comme la périodisation de l'entraînement sont des pratiques, théorisées ou formalisées de l'entraînement qui ne reposent pas sur des bases expérimentales très solides. Avec ces réserves en mémoire, on peut rappeler maintenant quelles sont les bases (plus ou moins expérimentales, plus ou moins rationnelles, plus ou moins formelles…) sur lesquelles repose la programmation.
La programmation des contenus d'entraînement est un problème très ancien dont les principes furent repris et améliorés par de nombreux praticiens provenant surtout des « ex-pays de l'Est ». Une des façons de se souvenir des différentes conditions à mettre en œuvre dans une programmation de l'entraînement est de proposer des contenus concrets correspondant à

chacune des lettres du sigle mnémotechnique **F.A.I.T.P.A.S.** Chacune des lettres de ce sigle correspond à une des modalités dont la programmation doit tenir compte. Ainsi, le « **F** » représente la *fréquence*, « **A** » l'*assiduité*, « **I** » l'*intensité*, « **T** » *le temps* à consacrer aux différents contenus, « **P** » la *progressivité* des durées et des intensités, « **A** » l'*alternance* du travail et de la récupération et « **S** » la *spécificité*.

Bien que chacune de ces lettres représente l'initiale d'une condition spécifique, notons que dans la pratique elles sont toutes en constante interaction. Par souci de clarté, nous les aborderons séparément les unes des autres.

A. Le « F » de fréquence

On peut appréhender la fréquence de plusieurs façons, comme :

- le nombre de répétitions d'un exercice au sein d'une série ;
- le nombre de séries au sein d'une séquence ;
- le nombre de séquences au sein d'une séance ;
- le nombre de séances d'entraînement au sein d'un microcycle.

Les combinaisons possibles de ces différentes modalités d'entraînement sont multiples et le nombre constitue toujours une variable dépendant de plusieurs autres facteurs : de l'effet recherché, du niveau d'entraînement du sportif, et des différentes interactions entre la durée, l'intensité, la nature et la durée des récupérations intermédiaires.

Effets du nombre de répétitions d'un exercice au sein d'une série, du nombre de séries dans une séquence et du nombre de séquences dans une séance. D'une façon générale, le tableau 12.2 donne quelques indications utiles. Il souligne notamment les fréquences minimales et maximales de répétitions d'exercices, de séries et de séquences qui peuvent être envisagées en fonction de l'effet recherché et surtout du niveau d'entraînement par la période où elles se situent dans la saison sportive.

Effets du nombre hebdomadaire de séances d'entraînement

Deux séances de deux heures chacune ne font qu'entretenir ou améliorer sensiblement la condition physique alors que trois séances d'une heure et demie permettent d'obtenir de meilleurs résultats. Ces résultats sont encore très nettement améliorés par quatre séances d'une heure.

Au-delà de deux séances, plus que leur nombre et leur durée, c'est de la qualité de leur contenu dont dépend l'effet attendu.

B. Le « A » d'assiduité

Tous les spécialistes de la physiologie de l'exercice sont unanimes pour souligner qu'en matière de condition physique, le bénéfice est assez long et difficile à acquérir (en s'entraînant tous les jours, la condition physique optimale n'est atteinte qu'après 6 à 8 semaines), relativement aisé à entretenir, mais très facile à perdre ! Une période d'inactivité de quatre semaines ou plus, oblige à reprogrammer une progression d'entraînement dont le plateau optimal ne sera atteint que plusieurs semaines plus tard (figure 12.2). Donc, même pendant les périodes d'interruption de la saison sportive, il serait très souhaitable de maintenir une, ou mieux, deux séances hebdomadaires pour entretenir les acquis de la programmation de la saison sportive précédente.

L'assiduité peut se concevoir aussi au niveau de l'organisation des contenus d'entraînement. Par exemple, développer l'endurance et la puissance aérobie maximale en début de saison et changer totalement d'orientation ensuite, sans conserver au moins une séance hebdomadaire pour maintenir les acquis, constitue dans la programmation une erreur à éviter aussi.

Enfin, la maladie et la blessure sont deux des cas de force majeure qui demandent une prise de décisions communes entre médecins, kinésithérapeutes et entraîneurs.

C. Le « I » d'intensité

« Seuls les exercices qui sollicitent fortement les réserves énergétiques et qui entraînent une fatigue aiguë permettent une amélioration du potentiel initial par des phénomènes de « surcompensation » Matveiv.

Les mécanismes de ces phénomènes sont encore mal connus ; cependant, après un délai de récupération

Tableau 12.2
En fonction des capacités physiques à développer, exemple des fréquences d'exercices dans une série, de séries dans une séquence, de séquences dans une séance et de séances dans un microcycle d'une semaine.

	Nombre de répétitions par série			Nombre de séries par séquence			Nombre de séquences par séance			Nombre de séances par semaine		
Périodes de la saison	Inter + début	Compé-tition	Affûtage	Inter + début	Compé-tition	Affûtage	Inter + début	Compé-tition	Affûtage	Inter + début	Compé-tition	Affûtage
Endurance aérobie 70 à 80 % de VAM	1 à 2 de 10 à 20 min	2 de 15 à 20 min	1 de 20 min	1	2	1	1	1	1	2	1 à 2	1
Puissance aérobie 100 à 120 % de VAM	Fartlek de 20 à 30min	De 10 à 15 de 15 s	De 8 à 10 de 15 s	1	3 à 4	2 à 3	1	1	1	3	2	1
Endurance « lactique » 90 à 100 % de VAM	0	3 de 2 min	3 de 2 min	0	2	1 à 2	0	2	1	0	1	0
Puissance « lactique » 100 à 150 % de VAM	0	3 à 4 de 1 min	4 à 5 de 1 min	0	2 à 3	1 à 2	0	2	2	0	1	1 à 2
Endurance « alactique » 95 % de vitesse sprint 30 m lancé	2 à 4 de 6 à 8 s	4 de 6 à 10 s	3 de 15 à 20 s	0	2 à 3	2 à 4	1	1 à 2	1 à 3	0	1	1 à 2
Puissance « alactique » 100 % vitesse ou puissance max	2 à 3 de 4 à 5 s	2 à 4 de 4 à 6 s	4 à 6 de 6 à 8 s	0	2 à 6	4 à 6	1	1 à 2	2 à 3	0	2	1 à 2
Force maximale 90 à 95 % d'une RM	2 à 3	3 à 6	4 à 6	2 à 4	3 à 6	4 à 6	2	3	3	1 à 2	1 à 3	1 à 2
Puissance musculaire 70 à 80 % d'une RM	4 à 6	5 à 8	6 à 10	2 à 4	3 à 6	4 à 6	1 à 2	2 à 4	2 à 4	2	2 à 3	1 à 2
Endurance musculaire 60 à 70 % d'une RM	10 à 12	14 à 16	8 à 10	3 à 6	4 à 8	2 à 3	1 à 2	2 à 4	1 à 2	2	1 à 2	1

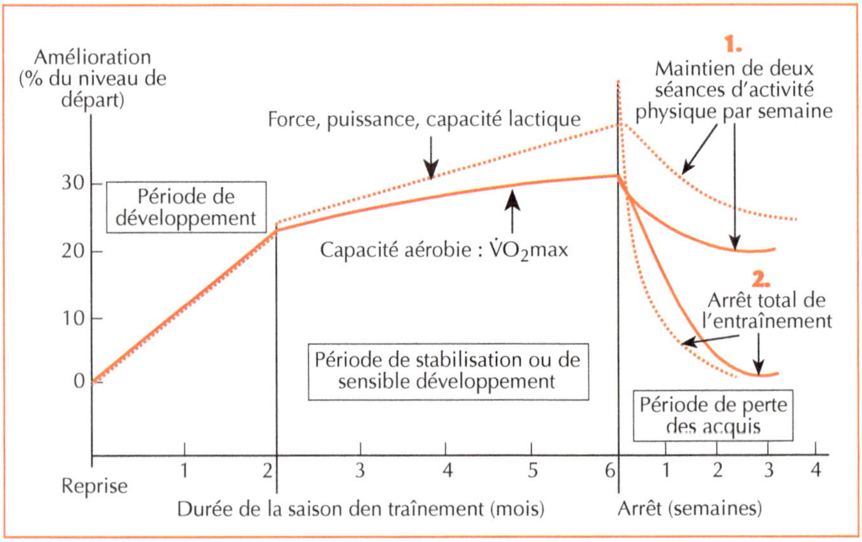

Figure 12.2
Les différentes périodes des acquis pendant une saison d'entraînement et les pertes à l'arrêt total de celui-ci. Ce qui s'acquiert difficilement se perd très facilement (deux à trois semaines suffisent) à l'issue de la période d'arrêt (ou intersaison). Remarquons que le maintien de deux séances d'activité physique durant cette période permet de minimiser les pertes et d'économiser une bonne partie des huit semaines de remise en forme du début de la saison suivante.

consécutif à des exercices intenses et prolongés, on peut constater une augmentation des substrats énergétiques (essentiellement des réserves en glycogène) et/ou des enzymes sollicités, accompagnée d'une sensible amélioration de la performance. Selon Matveiv, l'augmentation du potentiel initial peut s'obtenir de plusieurs façons :

- soit après une séance de travail à intensité élevée et prolongée (figure 12.3). Si aucune autre séance n'est prévue pendant la phase ondulatoire de la reconstitution des réserves glucidiques, on n'obtient que l'entretien ou qu'une amélioration non significative de la (ou des) qualité(s) sollicitée(s) ;
- soit après une sommation de séances judicieusement alternées avec des périodes de repos (figure 12.4) ;
- soit encore après une sommation de séances rapprochées suivie d'une période prolongée de récupération (figure 12.5) ; dans ces deux derniers cas, l'amélioration du potentiel initial et de la performance devient plus significative.

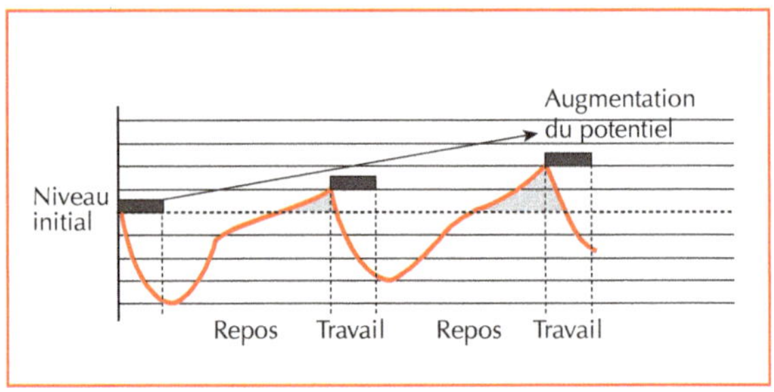

Figure 12.4

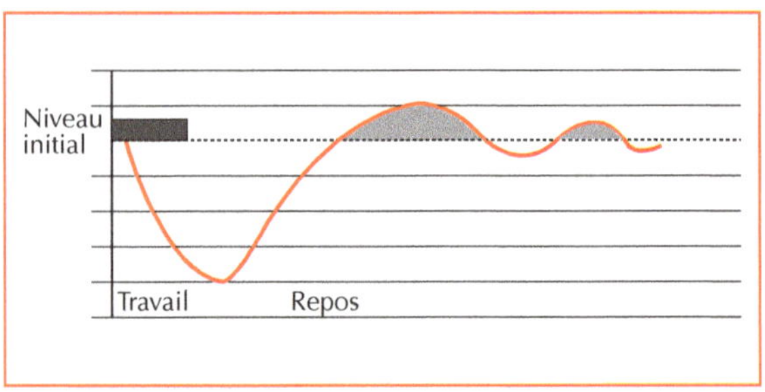

Figure 12.3

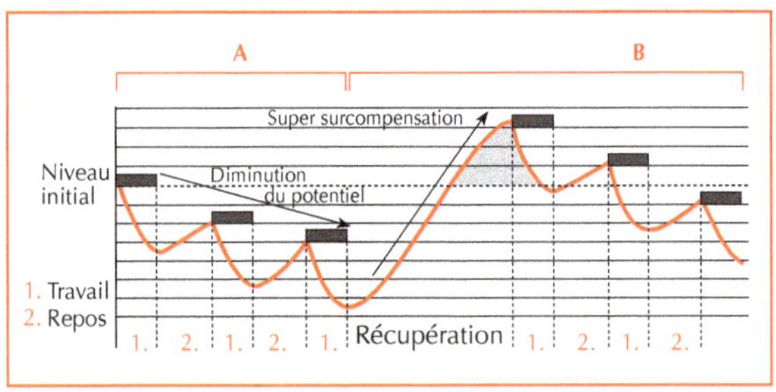

Figure 12.5

L'intensité de l'exercice est le point le plus délicat à gérer. Sa gestion nécessite la connaissance de références individuelles : niveau d'entraînement, vitesse de sprint lancé (ou vitesse étalon), PAM, VAM, FCmax, relation FC-puissance ou FC-vitesse de locomotion, RM (ou charge maximale ne pouvant être soulevée qu'une fois dans chacune des différentes techniques de musculation)...

En fonction des options d'entraînement, celles-ci sont aujourd'hui très accessibles directement sur le terrain. Les nombreux tests dont dispose l'entraîneur lui permettent non seulement de bien connaître les potentialités de chacun de ses sportifs mais aussi d'avoir les références à partir desquelles il peut orienter et contrôler individuellement les intensités des contenus d'entraînement en fonction des effets recherchés. Selon les qualités à développer, les pourcentages de leur valeur maximale permettent d'obtenir les intensités requises que doit connaître tout entraîneur bien formé.

Les différents tests qui permettent d'accéder à ces informations doivent être non seulement envisagés en début de saison sportive mais renouvelés à des périodes choisies afin de tenir compte des progrès réalisés par le sportif.

À titre d'exemple, le tableau 12.3 ci-dessous donne quelques pourcentages de la vitesse aérobie maximale (% VAM) et les pourcentages de la fréquence cardiaque maximale (% FCmax) utiles pour obtenir un impact prioritaire sur une des composantes de la condition physique du joueur. Le même type de tableau peut être réalisé pour ce qui concerne la musculation.

Tableau 12.3
Impacts physiologiques obtenus par les différents pourcentages de VAM et de FCmax sollicités.

% de VAM	% FCmax	Type d'exercice	Effets recherchés. Moments de la saison
50 à 55	60 à 65	Maintien d'une activité physique entre 8 et 10 min	Récupération active après un exercice lactique
55 à 65	65 à 75	Activité physique continue de 7 à 10 min	Échauffement avant un entraînement. Sans effet sur le développement de la capacité aérobie
65 à 75	75 à 85	Activité physique continue > à 15 min	Endurance modérée : début de/inter saison
75 à 85	85 à 93	Courses ou exercices continus > 15 min	Développement de l'endurance spécifique : période préparatoire et de compétition (sports collectifs)
85 à 100	93 à 100	Intervalles longs : 3 à 5 min récupération 2 à 3 min	Développement de la puissance aérobie maximale et de l'endurance lactique. Période pré-compétitive et de compétition (sports collectifs)
100 à 130		Intermittent court (15 s-15 s)	Développement de la puissance aérobie maximale. Début de saison et période de compétition (sports collectifs)
100 à 155		Exercices par intervalles courts : 1 à 2 min R : 4 min	Endurance et puissance anaérobie lactique. Période de pré-compétition (sportif bien entraîné)

D. Le « T » de temps ou durée à consacrer

Le temps à consacrer peut être envisagé aussi bien au niveau de l'exercice lui-même qu'à celui de la séance tout entière, voire d'une période plus longue définie comme « mésocycle ».
Concernant les exercices, lorsqu'ils sont réalisés chaque fois au maximum des possibilités individuelles, rappelons l'influence de la durée sur les besoins et qualités requises.

Lorsque celle-ci est comprise entre :
- ***1 et 4 s*** : exercices type « explosif » supra-maximaux de 250 à 350 % de PAM = qualités neuro-musculaires + utilisation essentielle des phosphagènes (ATP-PCr) ;
- ***5 et 10 s*** : exercices supra-maximaux de 200 à 250 % de PAM = qualités neuro-musculaires + métabolisme mixte : ATP-PCr et glycolyse lactique ;
- ***10 et 20 s*** : exercices supra-maximaux de 180 à 200 % de PAM = qualités musculaires + métabolisme mixte : la puissance du métabolisme lactique est majoritaire et l'utilisation du complexe ATP-PCr demeure à un haut débit ;
- ***20 s et 1 min*** : exercices supra-maximaux de 140 à 180 % de PAM = puissance du métabolisme lactique (glycogène + production de lactate) ;
- ***1 et 3 min*** : exercices supra-maximaux de 120 à 140 % de PAM = endurance lactique et puissance maximale aérobie (glycolyse lactique majoritaire et glycolyse aérobie) ;
- ***3 et 6 min*** : exercices supra-maximaux et maximaux de 120 à 100 % de PAM = puissance aérobie maximale et capacité lactique (glycolyse aérobie et lactique) ;
- ***6 min et plus*** : exercices maximaux et infra-maximaux de 100 % et progressivement inférieurs à la PAM = métabolisme aérobie : Puissance aérobie maximale et progressivement endurance aérobie.

La durée d'un exercice est toujours subordonnée à son intensité selon une relation définie comme « *temps ou charge limite* » (figure 11.17, chapitre précédent). Ensemble, intensité et durée sont sous la dépendance du métabolisme qui leur fournit l'énergie requise. Donc, l'intensité connue, il est assez aisé de choisir la bonne durée pour obtenir l'impact métabolique souhaité.

E. Le « P » de progressivité

Pour obtenir une réaction d'adaptation et une augmentation de son potentiel initial, l'organisme a besoin de stress. Concernant l'entraînement, le stress correspond à des ***charges*** (*). Ce sont la nature, la grandeur et l'orientation de ces charges qui déterminent les processus d'adaptation du sportif.
En début de saison, afin d'éviter l'inadaptation organique résultant d'exercices inappropriés ou trop rapidement intenses, le volume et l'intensité des entraînements doivent être progressifs.
L'augmentation progressive de la charge doit débuter par l'augmentation du ***volume*** (**) avant celle de l'intensité. Cette progression doit se faire du général au particulier, c'est-à-dire du développement de la condition physique générale à la condition physique spécifique requise par la performance.

Performance = Capacité – Fatigue (P = C – F)

La progressivité sera ensuite poursuivie tout le long de la saison d'entraînement, ce qui permet d'éviter l'accoutumance de l'organisme et l'arrêt de l'amélioration. Elle pourra alors se traduire par une augmentation des intensités de travail et une diminution des durées de repos. Maîtriser la progressivité nécessite de savoir à quel niveau de départ se situe le sportif, d'où la nécessité de commencer par l'évaluer non seulement dès le début de saison, mais aussi au début de chaque nouveau mésocycle. Comme nous l'avons précédemment proposé, les valeurs références les plus utiles à enregistrer seront la VAM, les temps limites, la force maximale, la puissance spécifique, la vitesse étalon, l'endurance de la vitesse ou/et de la puissance, la relation FC-vitesse…

Ces valeurs sont indispensables pour programmer et individualiser une progression lente mais bien adaptée tant en durée qu'en intensité de chacun des exercices des séances d'entraînement. La gestion des intensités requises dépend non seulement de **l'évaluation initiale** mais aussi d'évaluations **répétées**

ensuite à périodes régulières. À ce titre, non seulement l'évaluation doit totalement faire partie intégrante de toute programmation d'entraînement, mais les efforts qu'elle requiert peuvent être considérés aussi comme faisant partie des exercices d'une séance d'entraînement.
Outre ces règles de base, destinées à la bonne conduite et à l'autogestion des programmes d'amélioration des capacités physiologiques et physiques, il convient de rappeler aussi de ne jamais oublier de faire varier les formes d'exercices car l'enthousiasme, la motivation et le plaisir doivent être constants et sont à la base de la poursuite de l'entraînement au cours de chaque séance, chaque semaine, chaque mois, chaque année...

(*) Une « **charge** » est constituée par un exercice ou/et une série d'exercices définis par leur durée, leur intensité, le nombre de leurs répétitions, la durée et la nature des récupérations entre chacun d'eux dans le but d'augmenter l'adaptation à l'origine de l'amélioration de la performance. Lorsque cette charge est d'un niveau élevé, le concept de « **surcharge** » est aussi utilisé par les entraîneurs.
(**) Par « volume », les entraîneurs entendent l'importance des durées d'un exercice, d'une séance ou/et d'un microcycle d'entraînement. Généralement, le volume est synonyme de durée importante d'un exercice ou d'une séance réalisée à des intensités infra-maximales.

F. Le « A » d'alternance de l'exercice et de la récupération

L'alternance exercice-récupération se fonde sur le principe de surcharge et de régénération. Ce principe joue un rôle central dans l'explication donnée aux mécanismes de l'entraînement et à la pratique de sa programmation.
Tout indique que l'augmentation de la performance du sportif est le résultat d'une adaptation qui est elle-même due à la succession d'une période de surcharge, dans laquelle une contrainte est appliquée à l'organisme, et d'une période de récupération, appelée parfois période de régénération. Selon ce modèle, dont il existe plusieurs versions, la performance (P)

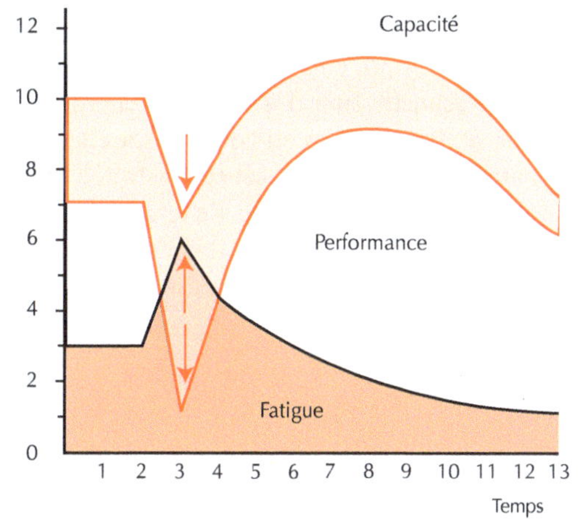

Figure 12.6
Interactions de la fatigue et de la régénération de la capacité sur la performance. Une augmentation de la charge d'entraînement induit la fatigue qui entraîne une baisse de la capacité et de la performance et inversement.

du sportif peut être considérée comme la différence entre deux composantes (figure 12.6) : sa capacité et sa fatigue (F).
Sur des échelles arbitraires, pour une capacité donnée de 8, la performance est de 4 si la fatigue est de 4, et elle augmente à 6 si la fatigue tombe à 2 ; elle augmente aussi à 6 si la fatigue reste à 4 mais si la capacité monte à 10. Notons qu'il existe des questionnaires très accessibles pour estimer ces états.
Au même titre que l'exercice proprement dit, la récupération est donc indispensable au bon développement des systèmes physiologiques visés par l'entraînement. De la gestion de sa **nature** et de ses **durées**, en interaction avec l'intensité et la durée des exercices qui la précèdent ou qui la suivent, dépendent les impacts physiologiques souhaités (tableau 10.1).
La récupération doit permettre la reconstitution des réserves énergétiques utilisées par l'exercice et la transformation ou/et l'élimination des déchets (métabolites) produits. Elle dépend donc totalement de l'intensité et de la durée de l'exercice.

- *Au plan de la durée*, en règle générale, selon le but recherché, l'entraînement utilise des récupérations dites *complètes* qui, en principe, doivent permettre la totale reconstitution des réserves énergétiques utilisées ou *incomplètes* au cours desquelles seule une partie de ces réserves est reconstituée, ce qui est suffisant pour reprendre l'exercice suivant à un bon niveau d'efficacité. C'est ce dernier procédé qui est le plus souvent utilisé à l'entraînement.
- *Au plan de la nature*, après un exercice, la reconstitution de certaines réserves énergétiques comme l'ATP-CPr nécessite de préférence un arrêt total ; dans ce cas la récupération est dite *passive* alors que la transformation du lactate produit par certains exercices peut être accélérée en maintenant une activité d'intensité modérée (50 à 60 % de VAM par exemple) au cours de la récupération qui est alors définie comme *active.*

Pour organiser les séquences d'exercices, il est donc indispensable de bien connaître les délais nécessaires à l'organisme pour reconstituer les réserves utilisées et réparer les cellules et tissus lésés lors de l'exercice. Si théoriquement quelques-uns de ces délais sont bien connus, remarquons qu'ils peuvent varier d'un sportif à l'autre et dépendent beaucoup de son niveau d'entraînement, de la qualité de son alimentation et de son sommeil ainsi que des moyens prévus pour accélérer les processus physiologiques et psychologiques de sa récupération.

Considérons maintenant ce qui se passe au cours d'une séance d'entraînement à fortes charges. L'homéostasie de l'organisme est perturbée et ne doit son maintien à l'intérieur de ses limites qu'en s'adaptant de façon aiguë (figure 12.3). En fonction de la nature, de la durée et de l'intensité des exercices qui la constituent, il puise dans ses réserves en substrats, peut accuser des pertes en eau et en sels minéraux, ses cellules musculaires peuvent avoir subi des lésions au niveau de leur membrane et de leur appareil contractile et avoir perdu des enzymes, des protéines et des lipides de structure. Les tissus, comme le tissu conjonctif, ont peut-être aussi subi des microlésions… Dans les termes du modèle ci-dessus, la capacité diminue, la fatigue augmente et, en conséquence, la performance est réduite.

Avant de pouvoir subir une nouvelle séance d'entraînement, l'organisme, fonctionnellement affaibli, doit s'adapter. Pendant cette période où un repos complet ou partiel doit être respecté, des processus de réparation ou de régénération se mettent en place. Ils reconstituent les réserves énergétiques, le capital hydrominéral, assurent la resynthèse des molécules dégradées ou/et perdues et la réparation des cellules et des tissus lésés. L'organisme peut sortir de la période de régénération dans un meilleur état que celui qui prévalait avant la période de surcharge et sa capacité peut augmenter si :

a) la surcharge n'a pas excédé les capacités d'adaptations aiguës de l'organisme et n'a donc pas produit de dommages irréversibles ;
b) la période de régénération est suffisamment longue ;
c) il reçoit un apport adéquat en matériaux (eau, sels minéraux, glucides, acides aminés, lipides, vitamines) pour « réparer » les dommages qu'il a subis.

Cette augmentation du potentiel est obtenue lorsque les « réparations » excèdent sensiblement les dommages subis : les réserves énergétiques, par exemple les réserves en glycogène et le capital hydrominéral ont été reconstitués au-delà du capital initial ; certains enzymes qui avaient été perdus ont été resynthétisés en léger excès et leur activité est alors plus grande par rapport à ce qu'elle était initialement ; les fibres de collagène qui constituent le tissu conjonctif et qui avaient été lésées sont maintenant plus solides. Comme la fatigue a diminué, le résultat est qu'à la fin de la période de régénération l'organisme est mieux préparé qu'avant pour faire face à une nouvelle surcharge (entraînement ou compétition) à laquelle il s'adapte mieux en réalisant une meilleure performance : la différence en faveur de C par rapport à F est plus grande qu'auparavant (figure 12.6). Cet état de « grâce » qui correspond à un état d'entraînement et que l'on appelle parfois la ***« surcompensation »*** ne dure pas. Les adaptations obtenues sont en effet réversibles et, si aucune nouvelle surcharge n'est appliquée, l'état de l'organisme retourne progressivement à son niveau basal (figure 12.3). La répétition périodique de surcharges sous forme de séances d'entraînement est donc nécessaire non seulement pour élever les capacités de l'athlète (figure 12.4) mais aussi pour les maintenir et conserver son niveau de performance.

Compte tenu des durées respectives de maintien de F et de C après l'application d'une surcharge, le délai qui s'écoule entre deux surcharges successives est aussi important que l'intensité de la surcharge : si la seconde surcharge vient trop tôt, elle accentue le niveau de F sans gain pour C (figure 12.5). Inversement, si elle vient trop tard, la diminution de la différence C - F, c'est-à-dire du niveau de performance, est moindre et le niveau maximal de développement du sportif n'est pas atteint.

Ce modèle théorique de l'adaptation chronique de l'organisme à l'entraînement a reçu des vérifications expérimentales au moins partielles pour certaines des structures et des fonctions de l'organisme : réserves en glycogène musculaire et hépatique, équilibre entre l'anabolisme et le catabolisme protéique, activités d'enzymes du métabolisme aérobie, puissance anaérobie.

Comme tous les modèles, ce modèle a ses limites et n'explique pas tout. Il peut cependant aider à comprendre les questions qui se posent aux plans théorique et pratique dans la programmation « périodisée » de l'entraînement (cf. paragraphe suivant). Les effets délétères de l'entraînement, qui conduit d'abord à une détérioration de la performance, dépendent non seulement de l'importance de la surcharge et de la contrainte qui ont été imposées à l'organisme, mais aussi de son état antérieur de fatigue. Dans la programmation de la séance d'entraînement, il est donc important que cette surcharge soit choisie de façon aussi précise que possible. Si elle est insuffisante, l'homéostasie n'est que peu perturbée et la régénération attendue n'a pas lieu ou est inférieure à ce qui était visé : le sportif est ***sous-entraîné*** (figure 12.7). Si cette situation perdure, le sportif n'atteint pas le niveau maximal de performance dont il était potentiellement capable compte tenu de ses dispositions génétiques : l'entraînement est un échec. Inversement, si le niveau de fatigue initial et/ou la capacité initiale de l'athlète ont été surestimés, et/ou si la surcharge imposée lors de la séance est excessive, la détérioration de l'organisme est plus grande que celle qui était visée, la fatigue s'accentue et perdure plus longtemps que prévue, alors que la capacité ne se rétablit que lentement.

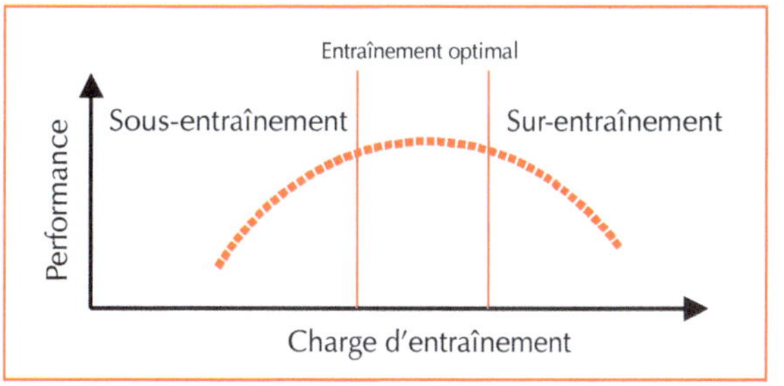

Figure 12.7
Relation entre la charge d'entraînement et la performance.

En conséquence, la performance progresse peu, pas ou même régresse. Dans ce cas également, le sportif n'atteint pas le niveau maximal de performance dont il serait potentiellement capable : l'entraînement est aussi un échec. Dans le cas extrême où la surcharge a été beaucoup trop importante, les dommages infligés à l'organisme du sportif sont soit irréversibles ou ne sont réversibles qu'avec une longue période de récupération. Un état de méforme chronique s'installe ; le sportif est fatigué, irritable, sensible aux infections, tolère mal les entraînements et ses performances se détériorent (tableau 12.4). C'est ce que l'on appelle le ***surentraînement*** qui est aussi la conséquence de surcharges d'entraînement mal dosées et qui peut compromettre toute la saison du sportif tellement il est difficile et long d'en sortir.

Il faut reconnaître que les frontières qui séparent ces différents états sont très ténues et, sans contrôle permanent des réactions aux différentes charges d'entraînement, entraîneurs et sportifs « naviguent à vue » ce qui n'est pas la meilleure solution lorsque l'on veut atteindre une performance de haut niveau sans nuire à la santé du sportif !

Ces exemples extrêmes montrent que la périodisation ne constitue pas une panacée : il ne suffit pas de « périodiser » un entraînement pour qu'il soit bon c'est-à-dire efficace, encore faut-il qu'il soit bien dosé. En fait, pour qu'une programmation soit efficace, dans le contexte d'un entraînement « périodisé », il faudrait être capable de connaître les paramètres suivants :

1) le niveau de fatigue (F) initial ;
2) le niveau de capacité (C) initial ;

Tableau 12.4
Symptomatologie psycho-comportementale du surentraînement. D'autres indicateurs physiologiques, biologiques et psychologiques existent mais leurs résultats sont plus discutés.

- Perturbations intestinales.
- Perte d'appétit.
- Diarrhée.
- Anorexie nerveuse.
- Boulimie, nausées.
- Fatigue chronique.
- Impression d'effort plus important pour un même niveau d'exercice.
- Anxiété et sensations de dépression nerveuse.
- Baisse de motivation pour l'entraînement et la compétition.
- Irritabilité.
- Instabilité émotionnelle.
- Baisse de la facilité de sommeil.
- Insomnies.
- Augmentation des sensations de courbatures.
- Sensation de douleurs articulaires, tendineuses, organiques.
- Migraines.
- Sensations persistantes de froid.
- Impression de maladie.
- Baisse de la libido.

3) l'effet de la surcharge sur le niveau de F et de C à la fin de la séance;
4) la cinétique des modifications de F et de C pendant la période de régénération, en d'autres termes la vitesse à laquelle F et C diminuent et augmentent respectivement pendant la phase de régénération.

Si ces paramètres sont connus, il est alors possible de prévoir avec confiance le niveau de performance (C - F) à n'importe quel moment au cours du cycle et ainsi de s'assurer, par exemple:

- que le niveau de performance progresse comme prévu dans une période de préparation générale;
- que le niveau de fatigue augmente comme prévu dans un cycle d'entraînement sévère.

Le problème est d'autant plus complexe que, suite à une surcharge donnée, les variations de F et de C peuvent être tout à fait différentes d'un sujet à un autre et, pour un même sujet, d'un moment à l'autre au cours de son entraînement. Ces variations sont non seulement dépendantes des capacités d'adaptation à une surcharge donnée mais aussi de nombreux autres facteurs extérieurs à son entraînement, qui peuvent affecter son état physique et psychologique (manque de sommeil, problèmes de santé mineurs comme rhumes, grippes, etc., troubles digestifs, difficultés dans la vie familiale, affective, etc.). En outre, l'allure des variations de F et de C à une surcharge n'est sans doute pas la même pour toutes les qualités physiques, physiologiques ou psychomotrices qui sous-tendent une performance…

Ainsi, à partir d'un principe simple, celui de la surcharge et de la régénération, qui fournit un modèle apparemment correct de la périodisation de l'entraînement, nous percevons que les problèmes demeurent importants lorsque vient le moment de passer de la formalisation théorique à l'application sur le terrain.

Afin de réduire la sphère de l'aléatoire, de l'incertitude et du subjectif, il convient de faire l'hypothèse qu'un ***contrôle longitudinal*** des réactions du sportif, doublé d'un ***suivi*** réalisé à périodes régulières devraient permettre d'apporter quelques réponses à ces vastes et complexes problématiques. Encore faudrait-il disposer des outils requis. Si la ***charge externe*** (distances, vitesse, puissance, charges développées en musculation) est assez facile à contrôler, le contrôle des ***réactions internes*** (physiologiques, biologiques et psychologiques) est par contre beaucoup plus délicat. Il nécessite en effet de rechercher des mesures, des tests et des techniques à la fois les moins traumatisants pour les faire accepter par le sportif, les plus accessibles possible pour être réitérés souvent, pertinents et fiables pour donner les renseignements les plus significatifs. C'est dans ces domaines que de nombreuses recherches appliquées au sport sont actuellement engagées.

G. Le « S » de spécificité

En fonction des objectifs ou de la performance visée, au plan biologique, l'entraînement doit permettre une sollicitation sélective des métabolismes entrant en jeu dans l'activité pratiquée. Une analyse préalable des exigences de cette dernière s'avère absolument indispensable pour prévoir dans l'entraînement les contenus les mieux adaptés.

D'une manière générale, un système ne se développe efficacement que s'il est sollicité au maximum de sa puissance et de son endurance. Par exemple, on ne peut développer son $\dot{V}O_2max$ qu'en s'entraînant à des intensités proches, égales ou supérieures à la puissance aérobie maximale. Il en est de même de la vitesse, de la puissance musculaire ou de la force maximale. C'est aussi ce qui est défini comme « ***principe de surcharge spécifique*** ».
Si la spécificité dépend des exigences de la performance, voire du poste où évolue habituellement le sportif s'il s'agit par exemple de sports collectifs, elle doit obligatoirement tenir compte aussi de ses capacités. Ainsi, pour la programmation de l'entraînement, il est indispensable de savoir d'où le sportif part (quelles sont ses capacités) pour savoir où il peut aller (les objectifs) et comment y aller (les contenus d'entraînement).

3. LA PÉRIODISATION DE L'ENTRAÎNEMENT

« L'entraînement moderne est nécessairement « périodisé », dans la mesure où le volume de travail et l'intensité des entraînements auxquels sont soumis les sportifs obligent à introduire une progression (du quantitatif au qualitatif; du volume à l'intensité; du général au spécifique; etc.) et une alternance entre des périodes de travail intense et des périodes de repos ou de travail moins intenses qui forment des ondulations sur une durée d'un jour, d'une semaine, d'un mois ou d'une année » (Péronnet 1994). Il est en effet impossible de maintenir le sportif toute l'année à son niveau maximum de performance, et il est aussi impossible, sans risque de surentraînement, de le soumettre à des séances intenses sans intercaler des séances d'intensité plus faible. Cette façon de procéder exige une programmation « périodisée » de l'entraînement.

Cycles de progression et d'alternance	Durée
Minicycle retrouvé dans une série d'exercices constituant une partie du corps de la séance	De quelques minutes à quelques dizaines de minutes
Cycle de la séance quotidienne, bi- ou tri-quotidienne d'entraînement	De quelques dizaines de minutes à à plusieurs heures
Cycle quotidien d'entraînement	Vingt-quatre heures
Microcycle hebdomadaire d'entraînement	Sept jours
Mésocycle comprenant deux à six microcycles	Deux à six semaines
Macrocycle comprenant deux à quatre mésocycles	Un à six mois
Cycle annuel d'entraînement	Une année
Mégacycle comprenant une succession de deux à quatre cycles annuels	Deux à quatre ans
Gigacycle comprenant une succession de plusieurs mégacycles et qui constitue le plan de carrière du sportif	Huit ans et plus

Tableau 12.5
Généralisation de la notion de périodisation : les cycles de progression et d'alternance se retrouvent à tous les niveaux du processus d'entraînement depuis la série d'exercices jusqu'au gigacycle qui constitue la totalité de la carrière du sportif (d'après Péronnet, 1994).

La périodisation, qui introduit la notion d'alternance de cycles dans le processus de l'entraînement, s'observe en fait à toutes les étapes du processus (tableau 12.5). Au niveau de la séance d'entraînement, chaque exercice ou série d'exercices est présenté sous la forme d'un ***minicycle*** comprenant progression et alternance qui sont les maîtres mots de la périodisation (figures 12.8 et 12.9). La séance elle-même doit respecter le principe de progression et une alternance de périodes de travail et de récupération : c'est le **cycle de la séance**. La journée d'entraînement constitue un autre cycle (le ***cycle journalier***) où peuvent alterner, dans un ordre précis, plusieurs séances d'entraînement en alternance avec des périodes de repos. Les cycles journaliers font eux-mêmes partie d'un grand cycle hebdomadaire qui constitue le ***microcycle*** classique et où l'on retrouve aussi progression et alternance.

À leur tour, les microcycles sont organisés en ***mésocycles*** (plusieurs semaines) qui s'intègrent eux-mêmes dans les ***macrocycles*** d'entraînement (annuels, ou bi-annuels selon l'organisation de la saison et des compétitions). Finalement, le plan annuel fait partie d'un plus grand cycle qui est souvent quadriennal, le ***mégacycle*** (entre deux coupes du monde), lui-même constituant un des cycles successifs de la carrière du sportif ou ***gigacycle*** qui peut couvrir jusqu'à 20 ans.

A. Cycle annuel d'entraînement

Pour les besoins de ce document, nous ne retiendrons que la périodisation incluse dans un cycle annuel d'entraînement (figure 12.10).

Quatre grandes périodes annuelles sont à distinguer : l'inter-saison, la période préparatoire dont une partie incluse dans l'inter-saison devra être gérée par le sportif lui-même, la période de reprise collective de l'entraînement qui précède la période principale de compétitions.

L'inter-saison

Dès la fin d'une saison et après les dernières compétitions ou les derniers matches, en fonction du niveau dans lequel évolue le sportif, un arrêt plus ou moins long (un à deux mois et demi) est habituellement prévu entre deux saisons.

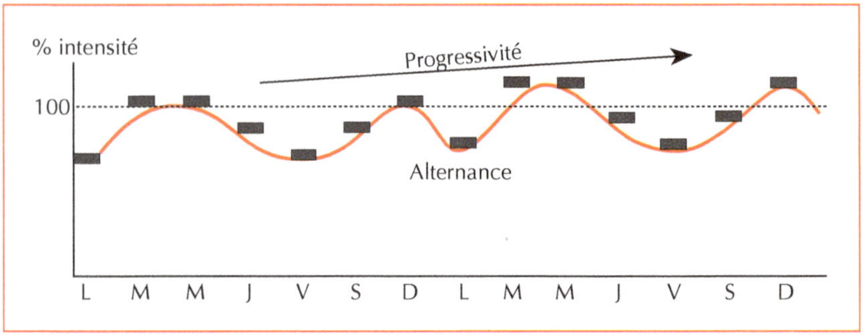

Figure 12.8
Courbe ondulatoire de l'intensité des séances au cours de 2 semaines d'entraînement. Convient surtout aux sports collectifs.

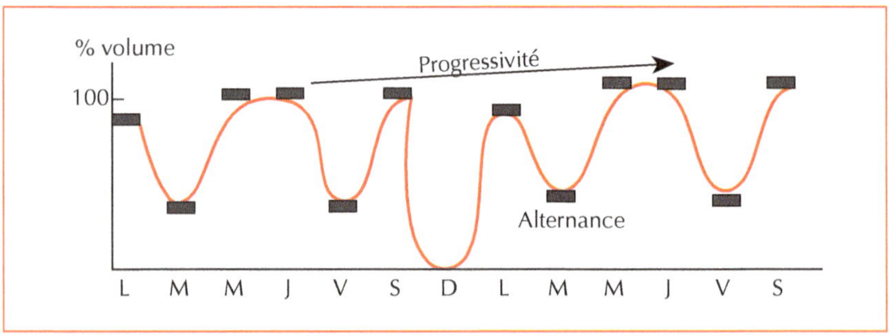

Figure 12.9
Courbe ondulatoire interrompue par une journée de repos complet. Convient à tous les sports dont la saison est centrée sur une ou deux périodes de compétitions importantes (natation, athlétisme, boxe, aviron...).

Cette période doit être mise à profit pour pouvoir récupérer tant physiquement que mentalement sans pour autant perdre totalement les bénéfices acquis lors de la saison précédente. Deux périodes devraient caractériser l'inter-saison. Commencer d'abord par une période de deux semaines d'arrêt complet. Cette période de totale récupération passée, l'inter-saison doit comprendre une deuxième période de début de reprise d'une activité physique. Sans faire partie de la programmation proprement dite, cette période doit être considérée comme ***première période préparatoire*** du sportif. Elle relève de la totale responsabilité du sportif lui-même.

Nous savons que les effets positifs de l'entraînement sont très vite perdus en cas d'arrêt prolongé de l'activité physique. Dans ce cas, en reprenant un entraînement quotidien, une longue période d'au moins 6 à 8 semaines serait alors nécessaire pour retrouver un niveau optimal de condition physique !

Dans le cas des sports collectifs par exemple, la reprise de l'entraînement se situe habituellement environ un mois avant le premier match officiel du championnat. Cette durée est donc beaucoup trop courte pour arriver en si peu de temps à répondre aux exigences d'une compétition. Il en faudrait presque le double ! Ceci signifie que le sportif devra obligatoirement maintenir un bon niveau d'entretien pendant l'inter-saison. Après les deux semaines de repos complet, il devra organiser lui-même au moins deux séances hebdomadaires consacrées au maintien de sa capacité aérobie (footing, vélo, VTT, natation etc.) et renforcement musculaire général, et une séance ludique axée sur les sprints courts, démarrages, blocages, changements de direction, etc. en jouant par exemple au tennis, au squash, à la pelote basque ou à un autre sport collectif que celui officiellement pratiqué (effets psychologiques de désaturation).

Au cours de ces séances d'entretien et/ou de développement de sa capacité aérobie, il devra augmenter progressivement leur durée (de 30 à 45 minutes) et leur intensité (de 70 à 75 % de sa VAM ou de 80 à 85 % de sa FCmax) de façon à reprendre la première semaine d'entraînement collectif à ces dernières durées et intensités.

Cette période doit donc être considérée comme une période de ***préparation physique générale de base***

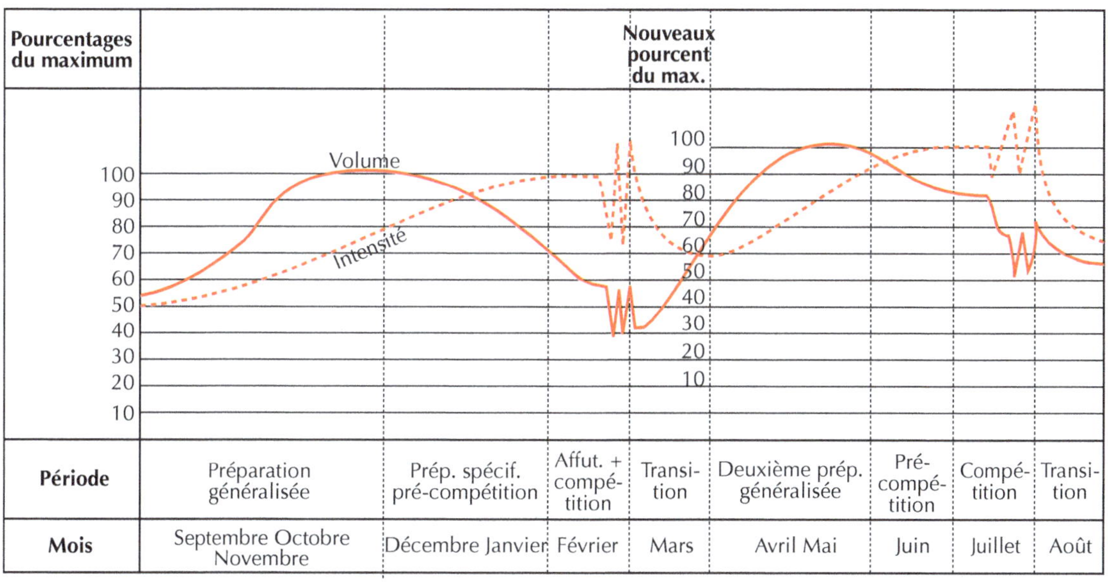

Figure 12.10
Rapports théoriques du volume (traits pleins) et de l'intensité (traits en pointillés) de l'entraînement en fonction des différentes périodes d'une saison à deux sommets de compétition (natation, athlétisme...).

surtout consacrée au maintien, voire au sensible développement des adaptations cardiovasculaires et au renforcement musculaire général.

Ceci signifie que même l'inter-saison doit être organisée. Avant le départ des sportifs en fin de saison, il serait donc judicieux de prévoir une dernière séance d'évaluation permettant de leur fixer individuellement un programme minimum d'entretien et des objectifs de reprise officielle d'entraînement de début de saison.

La reprise officielle de la saison d'entraînement

comprend elle-même trois phases dont les durées respectives dépendent directement des sports considérés. Alors que pour les sports collectifs un bon état de forme est nécessaire dès les premiers matchs et ensuite tout le long de la saison, pour les sports individuels cet état de forme optimal est particulièrement requis au moins au cours de deux périodes dans l'année correspondant aux championnats d'hiver et d'été.

La première phase présente des objectifs communs pour les sports collectifs et les sports individuels. Elle a pour but d'amener progressivement le sportif au niveau d'adaptation requis pour supporter les charges de plus en plus importantes des périodes suivantes. C'est la ***période de préparation des « terrain physiologique et musculaire »***. C'est ce qui est appelé la ***préparation physique générale (ou PPG)***. Pour les sports collectifs, cette période est consacrée aussi aux différents développements physiques, physiologiques, techniques et technico-tactiques réalisés à des intensités progressivement croissantes. Les phases suivantes deviennent plus spécifiques selon qu'il s'agit de sports collectifs ou de sports individuels
Dans le cas des sports collectifs, bien que le joueur soit obligé de maintenir un niveau optimal de forme toute la saison qui couvre le championnat, il est possible de distinguer deux phases dans la programmation de sa saison : une ***phase compétitive*** qui débute avec les premiers matchs et une ***phase de compétitions les plus importantes.***
La phase compétitive comprend surtout des entraînements spécifiques maintenant des séances de musculation spécifique et de fortes charges aérobies et anaérobies (puissance aérobie maximale, vitesse et capacités lactiques), entrecoupées par des périodes contrôlées de récupération. C'est au cours de cette phase ponctuée par les matchs hebdomadaires, voire bi-hebdomadaires, que les développements technique et technico-tactique associés à la préparation physique seront systématiquement recherchés. Celle-ci utilisera une augmentation alternée des charges physiques et physiologiques sous forme d'exercices dits « ***intégrés*** » et « ***contextualisés*** ». Alors que les exercices « intégrés » sont constitués d'éléments techniques et technico-tactiques réalisés à des intensités et des durées plus ou moins bien contrôlées et selon un déroulement connu, la préparation physique « contextualisée » utilise pendant des durées contrôlées des séquences de jeu total se déroulant dans des limites de terrain et avec des effectifs de joueurs réduits. Les objectifs de ces formes d'entraînement étant d'associer le développement technique et technico-tactique aux développements des capacités physiologiques souhaitées.

La phase de compétition les plus importantes définie aussi ***phase d'affûtage*** doit permettre au sportif d'aborder dans son meilleur état de « fraîcheur » physique et mentale la période de compétitions cruciales. Au cours de cette période, le volume de travail doit être fortement réduit au profit de la récupération et de la qualité de l'entraînement. Celui-ci conservera cependant l'intensité en mettant l'accent sur la vitesse, l'endurance de la vitesse et la puissance dans la réalisation de toute la gestuelle spécifique technique ou technico-tactique.
Dans le cas de sports individuels, trois phases peuvent être envisagées : une phase de préparation généralisée avec forte augmentation de la charge d'entraînement, une phase de préparation spécifique, une phase d'affûtage suivi de la période de compétition (figure 12.10).

La première phase présente les mêmes objectifs que ceux dévolus aux sports collectifs mais se déroule sur une période beaucoup plus longue.

La deuxième phase est par contre différente. Plus progressivement, intensité et volume augmentent de pair avec cependant une augmentation prioritaire du volume en début de cette phase. Puis, alors que le volume diminue progressivement, l'augmentation de l'intensité devient à son tour prioritaire. Cette période présente les charges d'entraînement les plus importantes de la saison dans le but de provoquer chez le sportif un plus haut niveau d'adaptation. Le développement progressif de la puissance aérobie maximale, de la force et de la puissance maximale musculaire doit être envisagé au cours de cette phase. C'est au cours de cette phase que sont observés les cas les plus nombreux de surentraînement d'où la nécessité d'une programmation encore plus ajustée, mieux et plus souvent contrôlée.

La troisième phase qui précède la période de compétitions est une période de consolidation et de développement des niveaux requis en ce qui concerne la vitesse, l'endurance de la vitesse, de la puissance et de l'endurance de la force musculaire spécifique. Au cours de cette phase, le travail individuel très spécifique doit systématiquement être recherché. Intensité, spécificité et récupération sont les trois priorités de cette phase d'affûtage précompétitive.

Particularités de la phase d'affûtage. Pour permettre au sportif de bénéficier des charges importantes d'entraînement consenties durant la saison et pour qu'il puisse obtenir le meilleur de son potentiel dans cette période souvent cruciale dans la saison, l'entraînement devra se traduire par :

- le maintien, voire l'augmentation, de l'intensité ;
- la diminution importante du volume ;
- l'aménagement de temps de repos plus longs ;
- une haute spécificité des exercices proposés ;
- une hygiène de vie très stricte (diététique, récupération organisée, repos, sommeil…) ;
- et, par une préparation psychologique la mieux adaptée à la situation.

Cette phase d'affûtage peut aussi bénéficier d'un à trois microcycles dits « de récupération » situés juste avant la première compétition ou le premier des matchs importants. Dans ce microcycle où la récupération doit prévaloir, une ou deux séances constituées d'exercices de très haute intensité accompagnés de récupérations complètes ou incomplètes mais plus prolongées que celles organisées lors de la fin de la deuxième période devront être maintenues. La deuxième de ces séances devra être prévue au moins quarante-huit heures avant la compétition ou le match important visé.

Ces microcycles doivent permettre au sportif de solliciter à la fois et de façon suffisamment intense son organisme et de récupérer tout son potentiel énergétique et nerveux pour se présenter lors des compétitions visées, dans les conditions physique et psychologique les plus favorables.

D'une manière générale, le principe qui sous-tend l'affûtage est l'augmentation de tous les potentiels psycho-physiologiques requis par les compétitions ou les matchs visés. Cette surcompensation est généralement obtenue grâce à l'aménagement d'une période pouvant aller de 7 à 28 jours de repos relatif située après une période de stress spécifiques importants. Cette période devra cependant maintenir des séances d'entraînement spécifique de forte intensité mais de plus courte durée et toujours suivies de repos complet.

Comme une surcompensation mal maîtrisée peut souvent aboutir à des effets contraires, l'entraîneur doit savoir être à l'écoute des impressions ressenties par le sportif et être attentif aux résultats des derniers tests de contrôle, pour choisir la conduite à tenir.

Outre l'importance de la préparation psychologique, cette période sera surtout consacrée aux derniers ajustements techniques et tactiques réalisés dans des conditions les plus proches possibles de la (ou des) compétition(s) préparée(s).

Période des compétitions les plus importantes de la saison

Aborder ensuite la période proprement dite des compétions jugées les plus importantes. Elle peut se concentrer sur une ou plusieurs compétitions situées à des moments différents de la saison (les matchs à ne pas perdre... ou à gagner absolument, les compétitions qualificatives, les phases finales…) ou sur une série de compétitions situées par exemple en fin de saison (play-off ou play-down, tournois finaux, finales, compétitions qualificatives, sélections, compétitions nationales ou internationales… par exemple).

Pendant cette période, le sportif doit maintenir son plus haut niveau de « forme physique ». Comme cet « état de grâce » ne se manifeste que pendant une période privilégiée de haut rendement spécifique de courte durée, tout doit être mis en œuvre pour le faire perdurer le plus possible : récupération adaptée, maîtrise et accompagnement psychologique, diététique, sommeil, hygiène de vie…

B. Organisation des microcycles d'entraînement au sein d'une saison

Le microcycle est une des unités les plus importantes de tout système d'entraînement. Sa durée peut osciller entre quatre et quatorze jours, cependant les cycles d'une semaine qui présentent plus de commodités, surtout sociales, sont les plus répandus.

Chacun des microcycles doit exercer une influence particulière sur l'organisme. Il importe donc d'en élaborer précisément le contenu de façon à résoudre une ou plusieurs tâches incluses dans la préparation du sportiffootballeur.

Tout en respectant les principes précédents et notamment ceux du F.A.I.T.P.A.S., l'agencement des microcycles entre eux doit demeurer relativement stable durant plusieurs semaines consécutives ou ***méso-cycle***.

Par exemple, dans le cas de sports collectifs, les trois premiers microcycles d'inter et de début de saison seront à consacrer au maintien ou/et au développement de la capacité aérobie et au renforcement musculaire général : les deux premiers, débutés dans l'inter-saison et autogérés par le sportif lui-même, devront consacrer 75 % au maintien ou au développement de l'endurance et 25 % à ceux de puissance aérobie maximale (PAM) et du renforcement musculaire général ; le troisième de ces microcycles correspondant à la reprise de l'entraînement gérée par l'entraîneur, 25 % seront consacrés au développement de l'endurance aérobie, 50% à l'endurance et à celui de la PAM, 25 % à la musculation générale, à la force et à la puissance musculaire, 25 % aux jeux collectifs de longue durée. soit 8 à 10 séances au total).

Les trois microcycles suivants poursuivront le développement mixte de la capacité aérobie, de la puissance aérobie maximale et débuteront le développement de la vitesse, de la vitesse-coordination, de la puissance et de l'endurance de ces deux qualités, indispensables pour aborder les premiers matches du championnat. Dans cette partie, les exercices spécifiques remplaceront progressivement les exercices à caractères généraux.

Concernant les sports individuels comme l'athlétisme et la natation par exemple, en fonction de la spécialité du sportif, le même schéma général peut être adopté en prolongeant cependant de plusieurs microcycles les durées des mésocycles et en mettant d'avantage l'accent sur le développement des qualités requises par la performance dans le sport considéré.

En outre, selon l'objectif fixé, chaque mésocycle devra être précédé et suivi d'une évaluation permettant :

- en amont, de faire « l'état des lieux individuel » relatif à la ou les qualité(s) à développer, de constituer les groupes de niveau d'entraînement général et d'ajuster progressivement les contenus au niveau des capacités de chacun des sportifs ;
- en aval : de contrôler les modifications obtenues.

Compte tenu des modifications organiques déjà obtenues, pour passer d'un mésocycle à l'autre, il est indispensable :

- d'évaluer les progrès réalisés et le nouveau niveau atteint ;
- de réajuster les contenus, si besoin est, des objectifs mieux adaptés ;
- et de changer en conséquence la structure même des microcycles prévus.

L'élaboration du contenu d'un microcycle dépend de nombreux facteurs qu'il convient de bien maîtriser.

En premier lieu, son objectif doit tenir compte du moment de la saison et donc de la place qu'occupe le microcycle dans le mésocycle et dans la programmation globale de la préparation physique prévue pour la saison (figure 12.11).

Le choix des exercices, de leur intensité, de leur durée et de leur récupération respectives est directement subordonné à l'objectif précédemment défini et, bien sûr, aux capacités du sportif en fonction de sa spécialité. Ce choix doit aussi permettre d'obtenir les meilleurs effets possibles des exercices en alternant harmonieusement la fatigue qu'ils génèrent et la récupération qu'ils nécessitent (ces points ont été précédemment détaillés).

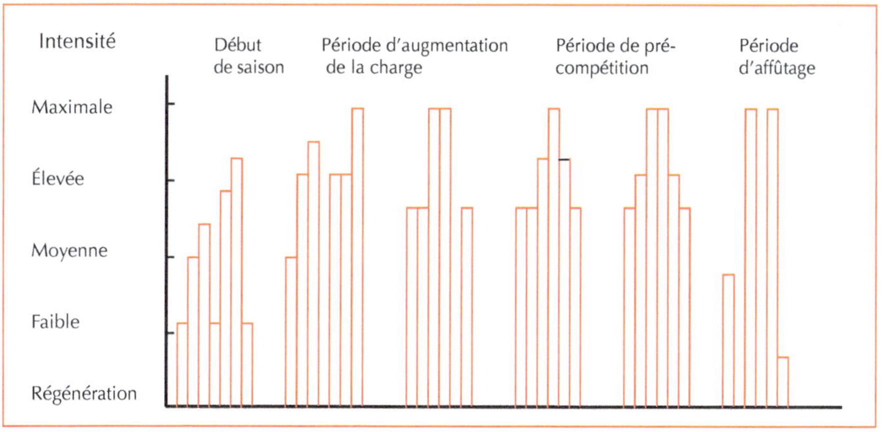

Figure 12.11
Exemple de profils de microcycles en fonction des périodes d'une saison d'entraînement.

Le développement progressif de « l'état d'entraînement » (ou condition physique spécifique) du sportif résulte du prolongement et du renforcement des modifications obtenues à l'issue de la séance. Celles-ci se manifestent de deux façons :

– par une phase de modification immédiate (cf. figure 12.4) qui peut durer de quelques minutes à quelques heures selon l'intensité et la durée des exercices qui l'ont précédée et dépend aussi du niveau d'entraînement et des caractéristiques individuelles du sportif. Cette phase tend à rétablir plus ou moins rapidement l'équilibre perturbé du milieu intérieur ou homéostasie ;
– et par une phase constructive durant laquelle, sous l'effet de la mise en jeu spécifique d'une innervation trophique et d'un certain nombre de réactions biochimiques, s'établissent des modifications durables des organes et tissus sollicités.

Remarquons toutefois que cette division des phases est purement arbitraire car en fait elles se déroulent normalement en parfaite interaction. Comme nous l'avons précédemment étudié, c'est le rapport optimal entre les exercices et le repos qui joue un rôle capital dans la programmation des microcycles au cours d'une saison d'entraînement. Selon sa qualité, ce rapport peut provoquer, au sein d'un microcycle, trois types principaux de réactions (figure 12.7) :

1- peu ou pas d'effet ;
2- l'amélioration optimale de l'état de forme ;
3- la fatigue chronique, voire le surentraînement.

Lorsqu'un nombre trop faible de séances intensives (1 ou 2) est placé dans le microcycle, on aboutit au premier type de résultat.

Les réactions du deuxième type interviennent quand un nombre optimal de ces séances est placé avec une alternance appropriée de récupérations.

Enfin, l'abus de séances à fortes charges (trop nombreuses séances dites « lactiques », musculation avec charges trop lourdes, récupération insuffisante) peut rapidement provoquer un état de surentraînement.

Le bien-fondé de l'alternance optimale du travail et du repos au sein du microcyle est actuellement assez bien établi. Cependant, ce schéma simplifie considérablement la situation réelle de la pratique spécifique du sport de compétition. En effet, de multiples éléments sont à ce niveau susceptibles d'interagir. Nous n'en examinerons brièvement que quelques-uns.

On sait d'une part que le rétablissement, voire la surcompensation de certaines fonctions et réserves énergétiques utilisées, intervient à des moments différents. Il y a donc hétérochronisme des phénomènes de récupération.

D'autre part, la fatigue stimule spécifiquement et accélère les processus de resynthèse des réserves utilisées. Plus leur niveau initial est abaissé, plus elles tendent à se reconstituer rapidement à des concentrations plus élevées.

En conséquence, tout dépend du niveau de sollicitation des différentes sources énergétiques au cours des exercices et des séances proposées (principe de surcharge).

Enfin, après des séances à fortes intensités axées sur la sollicitation sélective d'un des trois métabolismes (aérobie, anaérobie lactique ou anaérobie alactique), la capacité correspondante est fortement réduite alors que les capacités dépendant des autres métabolismes semblent, au contraire, stimulées. Par exemple, après une séance visant à améliorer la vitesse, la capacité anaérobie alactique est réduite, mais il semble, par contre, que la puissance aérobie soit momentanément augmentée pour permettre la resynthèse de l'ATP et indirectement de la PCr ainsi que l'oxydation des métabolites produits comme le lactate, notamment...

D'où les questions que l'entraîneur peut se poser :

- Au sein de chaque microcyle, vaut-il mieux utiliser des séances : 1) à objectif unique, 2), à double objectif ou 3) à objectifs multiples ?
- Comment alterner ces séances pour obtenir le meilleur effet réciproque ?
- Combien de séances à haute intensité peut-on programmer dans un microcycle ?
- Comment alterner les différents microcycles entre eux ?
- Quelle doivent être la nature et la durée des intervalles de récupération ?

Sur bien des points, l'état actuel de nos connaissances est encore au stade de la recherche, ce qui incite à une certaine prudence. D'aucune manière il est actuellement possible de proposer un modèle unique. Cependant, pour aider l'entraîneur dans sa démarche et pour tenter d'apporter quelques réponses à ses interrogations, les propositions suivantes peuvent lui être suggérées. Toutes sont issues d'une réflexion purement théorique se fondant sur la connaissance de la physiologie de l'exercice et de l'entraînement. Elles demandent donc confirmation.

a) Quel type de séances choisir au sein d'un microcycle ?

Les ***séances à objectif unique*** épuisent d'une manière plus profonde et très localement les réserves énergétiques sollicitées en fonction de l'intensité et de la durée de l'exercice. Ce type de séances a donc l'avantage de la précision de l'impact physiologique recherché. On peut, en particulier, proposer ces séances à un sportif chez qui ont été identifiés des manques préjudiciables à sa pratique et, plus spécifiquement, en fonction de sa spécialité ou du poste qu'il occupe dans une équipe de sport collectif. De façon générale, les séances à objectif unique sont à utiliser plutôt dans les premiers microcycles de reprise de l'entraînement ainsi que dans la phase de l'affûtage. Elles peuvent l'être aussi tout le long de la saison sportive et constituer la ou les deux séances à forte « charge » spécifique(s) d'un microcyle. Elles sont alors choisies en fonction de la grande dominante du microcycle et doivent être harmonisées soit avec des séances à objectifs multiples, soit avec des séances à grandes dominantes facilitant la récupération.

Les ***séances à objectifs multiples*** ont une influence moins profonde mais plus généralisée sur l'organisme. Elles recherchent un développement harmonieux de l'ensemble des qualités en même temps mais ne peuvent arriver à l'hyperdéveloppement de l'une d'entre elles. Ce choix est à privilégier surtout dans la formation des jeunes sportifs et au cours de la saison lorsque les différentes capacités requises ont déjà fait l'objet d'une période d'entraînement spécifique. C'est grâce à ce type de séance qu'il est possible de maintenir un bon état stable de condition physique.

Les ***séances à grandes dominantes*** utilisent un ensemble de procédés dans la recherche du développement d'une, voire de deux qualités, sans pour autant négliger les autres. Ce type de séance doit être retenu selon la chronologie de la « saison ». Par exemple, en début de saison, il vaut mieux porter une bonne partie de son attention sur le développement efficace de la capacité aérobie sans pour autant négliger la vitesse-vivacité, puis ensuite aborder de façon plus spécifique le développement de la capacité anaérobie alactique, de la force et/ou de la puissance musculaire et de la capacité lactique.
Plutôt qu'une attitude très tranchée en faveur du choix de l'un ou de l'autre type de séances, nous pensons qu'il n'y a pas de réelles incompatibilités entre elles. Leur choix dépend uniquement des circonstances dont nous venons de prendre quelques exemples.

b) Comment alterner les séances pour obtenir leurs meilleurs effets réciproques ?

La réponse à cette question dépend des influences réciproques des différentes sollicitations physiologiques (tableau 12.6) et, bien sûr, du nombre réel de séances d'entraînement prévu hebdomadairement.

Dans l'hypothèse de ***deux séances hebdomadaires***, ce qui est encore le cas de certains sports d'équipes dépendant de séries éloignées de l'élite, les résultats risquent d'être beaucoup plus longs à acquérir et plus aléatoires. Dans ce cas, l'entraîneur devra choisir en priorité d'intégrer la préparation physique aux formes techniques et technico-tactiques de l'entraînement.

Environ deux tiers de celui-ci devront être consacrés à la préparation technique et technico-tactique intégrant la préparation physique tout en s'efforçant de respecter les principes précédemment énoncés. Durant le tiers restant, à placer de préférence après l'échauffement, une séance devrait plutôt poursuivre des objectifs multiples et l'autre tenter de développer spécifiquement une ou deux grandes dominantes.

À ***quatre séances hebdomadaires ou au-delà***, une réflexion approfondie sur les possibilités de programmation, planification devient indispensable.

c) Combien de séances à haute intensité peut-on programmer dans un microcycle ?

En fonction du niveau où se situe le sportif ou l'équipe à entraîner, par exemple les niveaux « élites » et « divisions nationales » actuelles exigent une intensification poussée de l'entraînement, ce qui serait impossible sans l'augmentation du nombre de séances à haute intensité dans le microcycle. Il faut donc nécessairement tenir compte de l'influence cumulative de telles séances.

Deux séances à haute intensité à effets cumulatifs poursuivant le même objectif et situées à vingt-quatre heures d'intervalle sont à programmer avec prudence au sein du même microcycle. À la condition d'être suivies par un intervalle suffisant de récupération (24 à 36 heures), elles peuvent être planifiées, par exemple, en milieu de semaine : le mercredi et le

Tableau 12.6
Influences réciproques des différentes sollicitations métaboliques et propositions d'orientation de contenus séances en alternance.

Contenu de la séance d'entraînement	**Effets immédiats principaux et à moyen terme**		**Alternance suggérée avec séances du type :**
Objectif principal	**Baisse des réserves en :**	**Effet stimulant sur :**	
Vitesse, puissance musculaire	Phosphagènes (ATP, PCr)	Système oxydatif (capacité aérobie)	Endurance et puissance aérobie maximale
Capacité aérobie (Puissance + endurance)	Glycogène (...AGL)	Synthèse ATP-PCr Système de transport de l'O_2 Synthèse enzymes oxydatives	Vitesse ou capacité lactique
Capacité lactique (Puissance + endurance)	Glycogène (baisse modérée) Production de lactate et de protons H^+	Néoglycogénèse et système oxydatif Synthèse enzymes glycolytiques Efficacité des systèmes tampon	Endurance et puissance aérobie maximale

jeudi avant la compétition ou le match, mais ne s'adressent de toute façon qu'à des sportifs déjà bien entraînés. En outre, s'il est possible de concevoir d'améliorer l'endurance aérobie et anaérobie lactique par ce type de planification, il serait peu rationnel de l'envisager pour améliorer les possibilités de vitesse.

Deux ou trois séances hebdomadaires à haute intensité et à ***objectifs différents,*** même situées respectivement à vingt-quatre heures d'intervalle, ne présentent pas par contre les mêmes inconvénients.
Il semble que ***trois séances hebdomadaires à haute intensité et à objectifs différents*** est le maximum qui puisse être demandé à un sportif très bien préparé sans risquer le surentraînement. Cependant, uniquement pour les sports individuels et lors de la période d'augmentation de la charge, trois à quatre microcycles peuvent inclure un maximum de quatre de ces séances. Dans ce cas, les séances doivent toujours respecter, non seulement le principe de l'effet cumulatif, mais aussi l'alternance indispensable entre travail et récupération (figure 12.10).

d) Comment alterner les différents microcycles entre eux ?

La baisse progressive du potentiel énergétique le plus long à se reconstituer, le glycogène, dont nous avons souligné l'importance physiologique capitale dans de nombreuses activités sportives, indique qu'il est nécessaire de prévoir, à l'issue d'un certain nombre de microcycles (en général deux à trois), un microcycle spécifique de récupération (figure 12.11) qui permet une bonne stabilisation nerveuse et psychologique et une bonne reconstitution des potentiels énergétiques utilisés de façon cumulative et donc, évite le surentraînement.

e) Quelles sont la nature et la durée des intervalles de récupération entre les séances ?

Dans le cas de microcycles comportant trois à quatre séances :

– six heures après la dernière séance, ou après la compétition ou le match du week-end, tous les potentiels énergétiques sont réduits ;

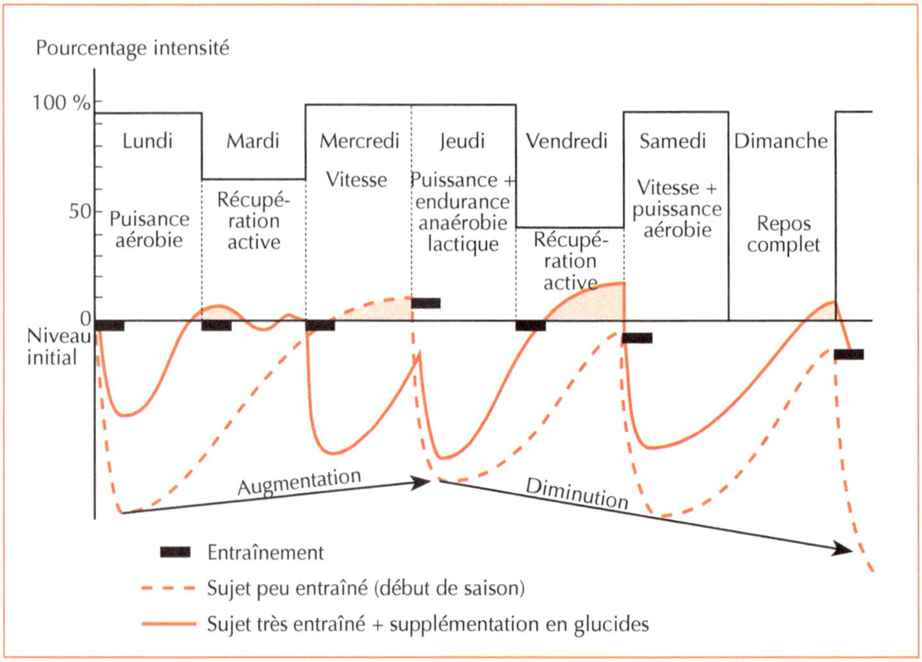

Figure 12.10
Exemple de profils de microcycles en fonction des périodes d'une saison d'entraînement.

- vingt-quatre heures après, hormis la puissance anaérobie lactique qui demeure nettement en-dessous de son niveau d'origine, tous les autres potentiels énergétiques ont retrouvé leur valeur initiale ;
- trente-six à quarante-huit heures après, c'est-à-dire au moment où habituellement reprend un nouveau microcycle après la compétition ou le match du samedi après-midi ou du dimanche, tous les potentiels sont revenus à leur niveau initial et même le dépassent.

Remarque: Si pendant la période de récupération dévolue à la reconstitution des réserves en glycogène, c'est-à-dire entre 24 et 36 heures après une compétition ou un match épuisant, on introduit une séance d'entraînement utilisant des intensités même relativement faibles: égales ou sensiblement supérieures à 70 % de la PAM, la cinétique de synthèse du glycogène est freinée voire arrêtée. Le lactate étant totalement métabolisé environ 1h30 après sa production et la reconstitution des réserves en glycogène étant freinée par un ou des exercices se situant dans les 24 h après une compétition ou un match, on peut s'interroger sur l'utilité réelle de la séance dite de « décrassage » le lendemain de ces manifestations sportives… Cependant, comme cette séance fait partie des habitudes notamment en football et en rugby, nous ne suggérons pas de la supprimer mais d'éviter absolument les exercices et les jeux nécessitant l'utilisation d'une intensité supérieure à 70 % de PAM ou bien de la remplacer par une séance de soins et par l'utilisation de toutes les procédures permettant d'accélérer la récupération: massages, sauna, hammam, bains à température contrastée…

En outre, comme nous l'avons précédemment souligné, une augmentation sensible de l'apport en glucides à faible index glycémique (pain, pâtes, riz, pommes de terre) au cours des repas qui suivent le match favorise la récupération notamment pour la recharge des réserves en glycogène.

Tous les deux, trois ou quatre microcycles progressifs d'entraînement, un microcycle de décrochage est obligatoire (figure 12.14) pour permettre à l'organisme du sportif de bien récupérer, de rétablir ses équilibres internes, et surtout, de pouvoir maintenir un état de condition physique correct toute la saison sportive et ce, sans éprouver des périodes de grande fatigue ou tomber dans le surentraînement.

Au cours du microcycle de récupération active, il est conseillé de prévoir une séance à forte intensité mais à faible volume deux à trois jours avant une compétition ou une performance programmée dans un championnat (figure 12.13). De préférence, organiser les

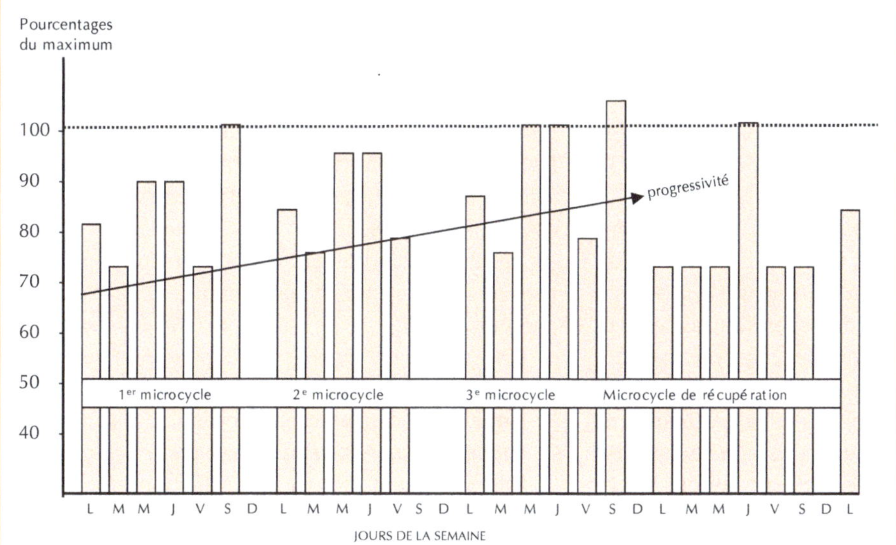

Figure 12.13
Exemple de l'organisation de plusieurs séances au sein d'un microcycle et de plusieurs microcycles entre eux.

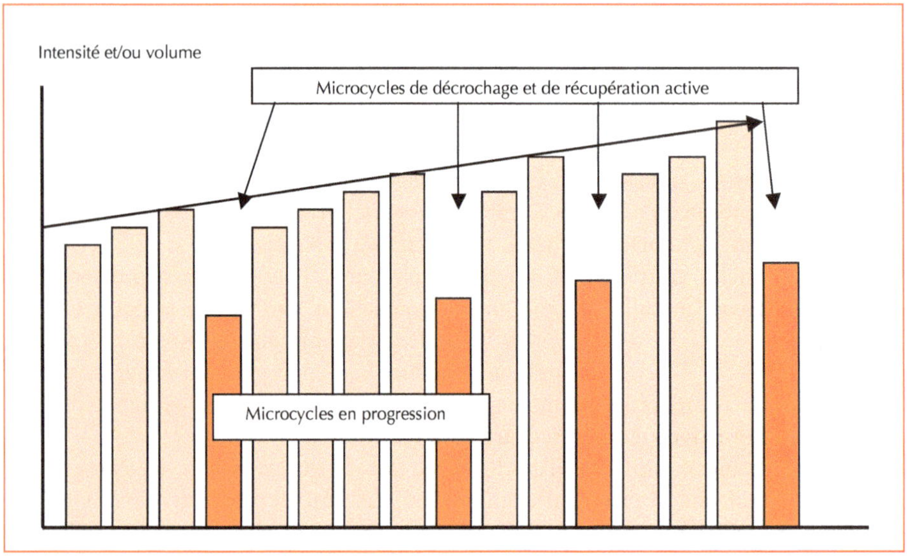

Figure 12.14
Différentes modalités d'organisation des microcycles d'entraînement entre eux.

microcycles entre eux de façon à faire coïncider le microcycle de décrochage avec la semaine qui précède une compétition ou un match important.

f) Comment élaborer le contenu des séances ?

La séance est l'unité de base de l'entraînement. Elle est constituée de l'agencement rationnel d'exercices dont la nature, la durée et la fréquence dépendent :
- des objectifs poursuivis ;
- des capacités du sportif ;
- de sa place au sein d'un microcycle.

Elle comprend généralement :
- ***Une partie introductive*** dans laquelle sont précisés les objectifs qui permettent au sportif de mieux se concentrer sur le travail à réaliser.

Souvent négligée, cette partie est extrêmement importante dans la formation du sportif. Il importe de bien expliquer les tenants et aboutissants de la séance et, notamment, les effets recherchés tant au niveau technique que tactique, physique et physiologique. En outre, cette partie constitue le moment « fort » psychologique à partir duquel, sur la base d'une compréhension collective, se soudent les interrelations : sportifs entre eux, sportifs-entraîneur, autour d'objectifs clairement définis, bien compris et bien acceptés. À la condition que l'entraîneur possède de sérieuses connaissances sur son métier, jour après jour ses explications suivies d'une application immédiate, auront un effet formateur bien meilleur et mieux ancré que tout apprentissage théorique reçu en-dehors de la pratique au quotidien.

Une partie d'échauffement progressif dont le but est de bien préparer le sportif à réaliser les exercices principaux de la séance. L'échauffement se subdivise lui-même en une partie générale et une partie spécifique.
La première fait appel à des exercices très généraux qui sollicitent progressivement l'ensemble des fonctions cardiovasculaire, respiratoire et neuro-motrice.
La seconde utilise des éducatifs mettant en jeu les fonctions qui vont assurer l'efficacité des exercices essentiels de la séance.
La fin de l'échauffement est le moment le plus propice pour programmer les exercices de vitesse et de puissance.
- ***Une partie principale*** qui dépend non seulement des objectifs, mais aussi de la période dans laquelle la séance est située dans la saison.
- ***Une partie de retour au calme ou de récupération*** active pendant laquelle la réduction progressive de l'intensité favorise et accélère les processus de récupération.

Du point de vue de la préparation physique et physiologique, la séance peut soit poursuivre un seul objectif (développement des qualités aérobies, vitesse, endurance de la vitesse, force maximale, endurance musculaire, puissance, endurance de la puissance...), anaérobies lactiques ou anaérobies alactiques, soit au contraire avoir une orientation multiple. Dans ce dernier cas, deux éventualités peuvent être envisagées :

1. La première consiste à diviser la séance en deux ou trois parties relativement indépendantes (exemple : 1. échauffement, 2. vitesse, 3. endurance aérobie, 3. endurance anaérobie lactique).
2. La deuxième propose non pas le développement successif mais parallèle de deux qualités à la fois (vitesse et endurance aérobie, vitesse et puissance anaérobie lactique...).

Le choix dépend de la bonne connaissance des effets réciproques des différents exercices entre eux.
Ces effets sont détaillés dans le chapitre suivant dont l'objectif est de permettre à l'entraîneur de choisir les contenus de ses séances d'entraînement en toute connaissance de causes.

Lectures conseillées

Ouvrages généraux :

Bompa T.O., *Périodisation de l'entraînement,* Ed. Vigot, 2003.

Rowland T.W., *Developmental Exercise Physiology*, Ed. Human Kinetics, 1996.

Matveiev L.P., *Aspects fondamentaux de l'entraînement*, Ed. Vigot, 1983.

Matveiev L.P., *La base de l'entraînement*, Ed. Vigot, 1980.

Åstrand P.O., Rodhal K., *Manuel de physiologie de l'exercice musculaire*, Ed. Masson, 1981.

Mc Ardle W., Katch F., Katch V., *Physiologie de l'activité physique*, 4e édition, Ed. Maloine/Edisem.

Cazorla G., Robert G., *Entraînement, Surentraînement, Désentraînement. Actes de Colloque International des Cadres Techniques et Sportifs de la Guadeloupe*, Édition AREAPS, 1994.

Articles :

Péronnet F., *Modèles de la périodisation de l'entraînement.* Dans Cazorla G., Robert G., *Entraînement, Surentraînement, désentraînement.* Actes du colloque international de la Guadeloupe, Édition AREAPS : 169-180, décembre 1994.

LIVRE III

RÉGLEMENTATION ET ORGANISATION DU SPORT

Comment utiliser le livre III

Dans cette nouvelle édition, le livre III comporte trois chapitres.
Deux de ces chapitres – les chapitres 1 et 2 – ont été largement conservés par rapport à l'édition précédente.
Pour ce qui concerne le troisième chapitre, nous vous proposons de consulter les sites internet sur lesquels vous trouverez tous les renseignements correspondant aux intitulés des différents chapitres.
Nous avons opté pour cette présentation, car les lois et les règlements relatifs à l'organisation et à l'encadrement des activités sportives sont régulièrement soumis à des modifications. La consultation de ces sites sera requise pour vous permettre de préparer vos examens et de mettre à jour vos connaissances au cours de vos activités professionnelles.

Les principaux sites à consulter sont les suivants :

Ministère de la Santé, de la Jeunesse et des Sports
www.sante-jeunesse-sports.gouv.fr

Comité National Olympique et Sportif Français (C.N.O.S.F.)
http://www.franceolympique.com

Comité International Olympique (C.I.O.)
www.olympic.org

Chapitre 1

INTRODUCTION

Claude Fleuridas

1. Avant-propos

La pratique des activités sportives en France est soumise à des réglementations d'origines diverses. Les règles édictées par la puissance publique s'imposent naturellement au domaine sportif, comme à tous les domaines de la vie sociale. Mais l'activité sportive est telle qu'une importante réglementation émane également des groupements privés qui rassemblent ou organisent les pratiquants. Ainsi, les règles sportives mises en place par les fédérations nationales et internationales ont-elles été édictées avant toute intervention de la puissance publique dans le domaine du sport.

Pour faciliter l'étude de la réglementation du sport, les différents chapitres ont été rédigés sur la base des textes législatifs et réglementaires. Ils résument les documents publiés au Journal officiel.

Les sources de la réglementation d'ordre public sont diverses et hiérarchisées.

La Constitution

Pays de droit écrit, la France a aujourd'hui une constitution datée du 4 octobre 1958 qui est le texte fondamental et supérieur à toutes les autres règles de droit. Aucune de ces dernières ne saurait contrevenir aux fondements exposés dans la Constitution. Celle-ci rappelle, dans son préambule, l'attachement du peuple français aux Droits de l'homme et du citoyen. Elle organise également la séparation des pouvoirs législatif, exécutif et judiciaire.

La loi

Elle émane du pouvoir législatif dévolu au Parlement constitué de deux chambres qui sont l'Assemblée nationale et le Sénat. Le domaine de la loi est défini et limité par la Constitution. La loi organise les principaux rapports entre l'État et le citoyen et se trouve donc traditionnellement au-dessus du décret d'application, émanant du pouvoir exécutif.

Les règlements

Hors du domaine réservé du président de la République, c'est le Premier ministre qui exerce le pouvoir réglementaire et dirige l'action du gouvernement. Les règlements eux-mêmes sont hiérarchisés. Les décrets émanent du gouvernement (Premier ministre et ministres concernés). Ils résultent de l'exercice du pouvoir réglementaire autonome, tel qu'il découle de l'article 37 de la Constitution ou de l'exécution des lois en complétant ainsi la norme établie par le Parlement. Les ministres participent également à la réglementation de leur domaine d'action par voie d'arrêtés, éventuellement complétés ou explicités par des circulaires. On retrouvera ces différentes normes dans la réglementation du sport en France.

Les traités internationaux

Ils interviennent notamment par la réglementation de l'Union européenne, plus communément appelée Droit communautaire (directives, règlements, décisions) qui interfère de plus en plus dans la vie hexagonale.

2. La loi du 16 juillet 1984 relative à l'organisation et à la promotion des activités physiques et sportives

Ce nouveau texte, voté après deux années de travaux sous le ministère d'Edwidge Avice, alors ministre chargée de la Jeunesse et des Sports, abroge la loi du 6 août 1963 et celle du 29 octobre 1975. Il a été complété par des décrets et arrêtés d'application qui se substituent peu à peu à ceux des deux lois abrogées. Certaines dispositions de cette loi ont été combattues et un certain nombre de réformes envisagées par les auteurs de la loi n'ont pas été appliquées de la façon originellement prévue.

Cette loi de 1984 a été successivement modifiée par le Parlement à partir de 1987, les dernières modifications datent du 15 avril et du 2 août 2003, certains articles de la loi de 1984 ont été transférés dans le code de l'Éducation, notamment ceux relatifs à l'éducation physique et sportive (articles 1 à 6), aux associations sportives, scolaires et universitaires (articles 9 et 10), au sport de haut niveau (articles 27 et 28), aux équipements sportifs (article 40), aux formations et professions (articles 43 à 49).

Pour en savoir plus, consulter le site du ministère.

A. Une remise à jour du cadre législatif des APS

Les évolutions constatées dans la pratique des APS rendaient nécessaire une nouvelle répartition des missions concernant leur développement. La volonté gouvernementale était d'élargir le champ des partenaires, la loi devait préciser les missions de chacun d'entre eux.

L'État

L'État reste le premier responsable du développement des APS et plus particulièrement de la pratique sportive de haut niveau. L'État a la charge de l'enseignement de l'éducation physique et sportive (EPS), mais également de la formation des cadres aux métiers du sport. Dans l'enseignement primaire et secondaire les enseignants du ministère de l'Éducation nationale ont la responsabilité de l'enseignement de l'EPS. Dans l'enseignement supérieur, la pratique des APS est organisée conformément à la loi du 26 janvier 1984 qui rappelle le principe de l'autonomie des établissements d'enseignement. La principale innovation dans ce domaine est d'ordre structurel et concerne le mouvement sportif scolaire et universitaire. Il est créé une Confédération des sports scolaire et universitaire, réunissant les fédérations et unions de tous les degrés d'enseignement, dont la vocation essentielle est de favoriser les rapports entre le sport civil et le sport scolaire et universitaire aussi bien au plan national qu'aux échelons déconcentrés des régions et des départements. Si le développement des APS reste essentiellement du ressort du ministère de la Santé, de la Jeunesse et des Sports, il associe également le ministère de l'Éducation nationale et intéresse d'autres ministères qui sont concernés à divers titres, notamment le ministère de l'Intérieur.

Les collectivités territoriales

Les communes, les départements et les régions sont conviés à favoriser la création d'associations sportives dans les établissements du premier degré, à aider au développement des associations sportives scolaires et universitaires en favorisant notamment leur accès aux équipements sportifs. Les collectivités territoriales sont appelées également à participer à la mise en œuvre des formations aux métiers du sport. Enfin et surtout, c'est dans le domaine de la création et de la gestion des équipements sportifs qu'elles sont amenées à jouer un rôle déterminant dans le développement du sport en France.

Le mouvement sportif

Le mouvement sportif est également responsable du développement des APS. La loi du 16 juillet 1984 modifiée reconnaît et confirme le rôle éminent du Comité national olympique et sportif français (CNOSF). Elle reconnaît la représentativité du mouvement sportif et reconduit ses missions antérieures. La loi innove surtout en reconnaissant à toutes les fédérations une mission de service public constituée par l'organisation et le développement des APS. Elle reconnaît une égale dignité de toutes les fédérations sportives, qu'elles soient unisports, multisports ou affinitaires. Toutes les fédérations agréées par le ministère de la Jeunesse et des Sports concourent à l'exécution du service public. Elles sont soumises aux mêmes devoirs et bénéficient des mêmes droits. Elles sont aidées par le ministère, par le subventionnement et par la mise à disposition de personnels, agents de l'État, actions concrétisées aujourd'hui par la mise en place des conventions d'objectifs entre le ministère et les fédérations sportives.

Cette reconnaissance en faveur des fédérations multisports tend à répondre à la demande grandissante pour de nouvelles formes de pratiques sportives qu'elles soient d'entretien, de détente ou de loisir, qu'elles se tiennent dans un cadre traditionnel ou dans le milieu du travail.

Quant aux fédérations unisports, elles se verront seules recevoir la délégation de pouvoir de procéder aux sélections nationales, régionales et départementales et de délivrer les titres correspondants.

Les fédérations et unions scolaires et universitaires restent soumises à la tutelle du ministère de l'Éducation nationale, le ministère de la Jeunesse des Sports et de la Vie associative participe à la mise en œuvre de leurs activités.

Les entreprises

L'organisation des APS sur le lieu de travail est reconnue comme une condition essentielle du développement du sport pour tous. La définition de la politique des APS dans l'entreprise est du ressort du comité d'entreprise dont le rôle, dans le cadre des activités sociales et culturelles est reconnu par le Code du travail. Dans les entreprises n'ayant pas de comité d'entreprise, les délégués du personnel et le chef d'entreprise exercent conjointement cette mission.

Hormis ces questions d'ordre structurel, la loi du 16 juillet 1984 tend à l'évolution des mentalités :

- les APS rentrent dans les programmes des stages de formation continue ;
- les APS ayant pour finalité l'hygiène et la sécurité dans l'entreprise sont encouragées ;
- la formation des cadres pour l'organisation des APS dans l'entreprise est reconnue et aidée par l'État.

Les organisations professionnelles représentatives et les entreprises sont invitées à la mise en œuvre de ces formations. La pratique des APS par les agents des administrations et les entreprises publiques doit être également favorisée. Il faut mentionner l'appel fait aux entreprises pour le développement du sport de haut niveau et pour l'insertion professionnelle des sportifs concernés. Cette politique de développement est favorisée par des conventions liant le ministère des Sports et les entreprises publiques ou privées.

Les structures de concertation et de coordination

La loi de 1984 modifiée a créé un Conseil national des activités physiques et sportives composé des représentants des parties intéressées par les APS, notamment de représentants des collectivités territoriales. Il est consulté par le ministre des Sports sur les projets de loi et de décrets relatifs aux APS et sur les conditions d'application des normes des équipements sportifs requises pour la participation aux compétitions sportives. Il dispose d'un observatoire des activités physiques, des pratiques sportives et des métiers du sport.

Au sein du Conseil national des APS (CNAPS), est institué un comité national de la recherche et de la technologie en APS, placé sous la tutelle des ministres chargés des Sports et de la Recherche, ainsi qu'un Conseil national des espaces, sites et itinéraires relatifs aux sports de la nature. (Article 33 de la loi de 1984).

B. Des solutions aux problèmes posés par la pratique des APS

Le mouvement sportif est quotidiennement confronté à de nombreuses difficultés auxquelles la loi tente de répondre par un certain nombre d'innovations.

Les difficultés du sport professionnel

Les difficultés financières des clubs de football professionnels sont aujourd'hui connues et certains scandales établis sur la place publique ont poussé le législateur à proposer des solutions. Il a semblé que le cadre juridique de l'association défini par la loi du 1er juillet 1901, n'était pas apte à garantir une rigueur de gestion aux clubs percevant des recettes et versant des salaires très importants. Dans un premier temps, la loi a donné le choix à ces clubs de constituer des sociétés anonymes à objet sportif (SAOS) ou conjointement avec les collectivités locales des sociétés d'économie mixte sportives locales (SEMSL) soumises au régime des sociétés anonymes régies par la loi du 24 juillet 1966 sur les sociétés commerciales. Depuis une loi modificative du 2 août 2003, toute association sportive affiliée à une fédération sportive qui participe habituellement à l'organisation de manifestations payantes procurant des recettes d'un montant supérieur à un seuil fixé par un décret en Conseil d'État ou qui emploie des sportifs dont le montant total des rémunérations excède un chiffre fixé par ce même décret, constitue pour la gestion de ces activités une société commerciale régie par la loi

du 14 juillet 1966 sur les sociétés commerciales. Cette société prend la forme :
- soit d'une société à responsabilité limitée ne comprenant qu'un associé, dénommée entreprise unipersonnelle sportive à responsabilité limitée (EUSRL) ;
- soit d'une société anonyme sportive professionnelle (SASP) ;
- soit d'une société anonyme à objet sportif (SAOS).

La protection des pratiquants et des organisateurs

Le premier volet de cette protection concerne la médecine du sport :
- le certificat de non contre-indications à la pratique sportive peut être délivré par tous les médecins qui contribuent avec les médecins spécialisés aux actions de prévention concernant la pratique des APS grâce à une formation initiale nécessaire à la pratique des examens médico-sportifs et grâce à une formation continue adaptée.

Le deuxième volet concerne l'assurance des organisateurs et des sportifs eux-mêmes :
- le développement du sport pour tous a particulièrement mis en évidence les carences existant en matière d'assurances sportives ;
- la loi rend obligatoire l'assurance en responsabilité civile des organisateurs, de leurs préposés et des sportifs eux-mêmes.

Un statut pour les athlètes de haut niveau

La loi du 16 juillet 1984 modifiée reconnaît que le sport de haut niveau est source d'enrichissement et de progrès humain. Elle reconnaît également que le sportif de haut niveau joue un rôle social, culturel et national de première importance. La réalité d'un statut pour les athlètes de haut niveau passe par la mise en place d'un label de « sportif de haut niveau » reconnu par une Commission mixte associant l'État au mouvement sportif. Les sportifs de haut niveau se voient alors reconnaître des droits à un système dérogatoire, pour l'aménagement des études, l'accès aux concours, l'allongement du cursus d'études, l'âge d'accès aux concours administratifs, le bénéfice d'horaires aménagés. Le système dérogatoire s'applique depuis l'école jusqu'à l'université et dans la vie professionnelle.

Le renforcement de la politique de formation aux métiers des APS

La loi précise les dispositions relatives à l'exercice de la profession d'éducateur physique ou sportif et apporte des innovations :
- un service public de formation est mis en place. Il associe l'ensemble du potentiel existant aussi bien au ministère de l'Éducation nationale qu'au ministère de la Jeunesse, des Sports et de la Vie associative, qu'il s'agisse des établissements et écoles nationaux, des CREPS ou des services déconcentrés ;
- la seconde innovation réside dans la mise en place d'un professorat de sport, nouveau corps de fonctionnaires de catégorie A, qui permet au ministère de la Jeunesse et des Sports de s'appuyer sur un corps de techniciens sportifs de haut niveau. Récemment, un corps de conseillers techniques et pédagogiques supérieurs a été créé permettant l'accès à des indices équivalant à l'agrégation d'EPS.

La sécurité des équipements et des manifestations sportives

Les tragiques événements du Heyssel en Belgique (1985) et de Furiani en Corse (1992), malgré les règles existantes de sécurité, ont conduit le Conseil de l'Europe à édicter une charte contre la violence dans le sport (1987) et la France à durcir la réglementation en la matière.

Une cascade de textes relatifs à la sécurité prévus par les modifications de la loi de 1984 en 1992 concernent :
- la sécurité des grandes manifestations ;
- les procédures d'homologation des enceintes sportives ;
- les dérogations temporaires relatives aux débits de boissons dans les installations sportives ;
- la sécurité et le régime de déclaration des établissements où sont enseignées les APS.

Chapitre 2

STRUCTURES PRIVÉES DANS L'ORGANISATION DU SPORT EN FRANCE

Claude Fleuridas

1. LES ASSOCIATIONS SPORTIVES

À la base de l'organisation du sport en France se trouvent les pratiquants réunis en associations sportives, très souvent affiliées aux fédérations sportives dirigeantes de la discipline qui les concerne.

Les comités départementaux et les ligues régionales sont les organismes intermédiaires reliant les associations aux fédérations. Ils constituent au regard de ces dernières les organes de décentralisation.

Seules les associations et fédérations sportives peuvent se voir accorder l'agrément ministériel. En effet, l'agrément d'une fédération suppose nécessairement celui de ses ligues ou comités régionaux ou départementaux.

Les comités départementaux et les ligues régionales des fédérations dirigeantes peuvent bénéficier de l'aide des directions régionales et départementales de la jeunesse et des sports sur les crédits dont la gestion est déconcentrée.

Les subventions sont accordées soit au titre des programmes nationaux d'aide spéciale de l'État, soit par les services extérieurs notamment à titre de garantie de déficit pour l'organisation de manifestations sportives.

Les pratiquants d'une activité sportive ne sont pas tous membres d'une association sportive. Quand ils le sont, ceux-ci peuvent être licenciés aux fins de participer aux compétitions.

Très rarement, certaines fédérations délivrent des licences d'individuels. Ces titres sont délivrés provisoirement jusqu'à ce que le pratiquant obtienne une licence auprès d'une association sportive.

L'association sportive comprend évidemment des dirigeants qui sont tenus, dans la plupart des fédérations, de posséder une licence dite de dirigeant.

Le nombre d'associations sportives est supérieur à 180 000 et celui des licences sportives délivrées s'élève à plus de 13 millions.

La création d'une association sportive est régie par la loi du 1er juillet 1901 et par son décret d'application en date du 16 août 1901.

Aux termes de la loi, une association naît d'une « convention par laquelle deux ou plusieurs personnes mettent en commun d'une façon permanente leurs connaissances ou leur activité dans un but autre que de partager des bénéfices ».

Les activités des membres d'une association sportive sont donc désintéressées.

Toutefois, si l'association ne doit pas poursuivre un but lucratif, elle peut réaliser des bénéfices qui sont utilisés pour assurer son fonctionnement.

La loi du 1er juillet 1901 distingue trois types d'association, nous les présentons ci-dessous.

A. Les associations non déclarées

À ce niveau, le principe fondamental de la liberté d'association est exprimé. En effet, il est permis à des personnes qui voudraient poursuivre en commun un but désintéressé, sportif par exemple, de se grouper en association pour réaliser leur projet.

Réunies ainsi, sans formalité, sans déclaration, ces personnes constituent une association non déclarée au sens de la loi de 1901.

Mais, dans ces conditions, l'association en tant que telle, ne possède rien en propre, et si des biens sont utilisés par elle, ils seront la propriété indivise des sociétaires. Ce type d'association ne peut obtenir l'agrément du ministre chargé des Sports, ni bénéficier de l'aide de l'État ou de celle des collectivités publiques.

B. Les associations déclarées

Pour acquérir la personnalité morale, une association doit être déclarée à la préfecture du lieu où elle a son siège.

Cette simple déclaration confère aux dites associations ce qu'on a coutume d'appeler « la petite personnalité morale ».

L'association déclarée avec insertion de cette déclaration au *Journal officiel*, jouit alors de la capacité juridique.

La capacité juridique des associations déclarées

• La capacité juridique de l'association déclarée est définie par l'article 6 de la loi du 1er juillet 1901. Cet article a d'ailleurs été récemment modifié par la loi du 23 juillet 1987 relative au développement du mécénat.

Toute association déclarée peut aujourd'hui :

- ester en justice (1),
- recevoir des dons manuels ainsi que des dons des établissements d'utilité publique,
- acquérir à titre onéreux,
- posséder et administrer, en dehors des subventions de l'État, des régions, des départements, des communes et de leurs établissements publics :
  1. les cotisations de ses membres... ;
  2. le local destiné à l'administration de l'association et à la réunion de ses membres ;
  3. les immeubles strictement nécessaires à l'accomplissement du but qu'elle se propose.

La forme la plus employée pour la constitution d'une association sportive est celle de l'association déclarée. Elle permet, en effet, la perception des cotisations, l'affiliation aux fédérations dirigeantes, l'ouverture de comptes chèques bancaires ou postaux ou encore au Trésor et d'obtenir éventuellement l'agrément ministériel susceptible de lui faire bénéficier de l'aide de l'État et de celle des collectivités locales.

• Les associations déclarées peuvent obtenir la reconnaissance d'utilité publique, cette reconnaissance leur confère la grande personnalité morale.

Accordée par décret en Conseil d'État, la reconnaissance d'utilité publique donne à l'association une plus grande capacité que la simple association déclarée ; c'est ainsi qu'elle peut recevoir des dons et legs, avantage dont ne bénéficie pas l'association déclarée ordinaire.

Si la loi du 1er juillet 1901 constitue le droit commun des associations, certaines associations en raison de leur objet sont placées sous d'autres régimes associatifs. Ces associations sont alors soumises aux règles définies par des textes spéciaux et au droit commun fixé par la loi de 1901 quand les textes spéciaux ne les en écartent pas (exemple : les syndicats).

L'organisation interne de l'association sportive (figure 3.1)

Les associations sportives soumises à des règles précises en matière administrative depuis 1945 relèvent aujourd'hui exclusivement des dispositions de la loi du 1er juillet 1901.

La loi du 16 juillet relative à l'organisation et à la promotion des APS reprend le principe associatif.

Dans son article 7, la loi précise que les groupements sportifs sont constitués sous forme d'association conformément aux dispositions de la loi du 1er juillet 1901 et, lorsqu'elles ont leur siège dans les départements du Bas-Rhin, du Haut-Rhin et de la Moselle, conformément aux articles 21 à 79 du Code civil local.

Toutefois, le libéralisme de la loi du 1er juillet 1901 ne doit pas entraîner d'abus, et l'esprit démocratique qu'elle contient doit être respecté.

L'article 1er de la loi du 16 juillet 1984 rappelle en effet que la promotion de la vie associative dans le domaine des activités physiques et sportives est favorisée par l'État et les personnes publiques par toutes mesures permettant le *fonctionnement démocratique* des associations et *l'exercice du bénévolat.*

L'organisation interne des groupements sportifs répond à ces principes de démocratie interne et de bénévolat des dirigeants. Le respect de ces conditions est d'ailleurs nécessaire pour l'obtention de l'agrément du ministère chargé des Sports.

Cette organisation interne traditionnelle repose sur quatre organes !

(1) Poursuivre une action en justice comme demandeur ou comme défenseur.

L'assemblée générale
Elle a pour vocation de rassembler annuellement (assemblée générale ordinaire) les adhérents de l'association. Ces derniers pourront ainsi s'informer, contrôler et décider les grandes orientations du groupement.
Pour ce faire, l'assemblée générale entend différents rapports présentés par les dirigeants du groupement : le rapport moral, le rapport d'activité et le rapport financier (comptes, bilans et budget prévisionnel de l'association). L'assemblée générale est un organe délibératif. Elle se prononce par le vote de ses membres sur les sujets qu'elle doit connaître statutairement mais aussi sur les points qui sont inscrits à son ordre du jour.
Un des rôles essentiels de l'assemblée générale est d'élire les dirigeants de l'association, ce faisant elle organise la délégation des pouvoirs aux autres organes de l'association.

Le conseil d'administration
On le nomme aussi comité directeur ou de direction. C'est un organe délibératif plus souple. La périodicité de ses réunions est logiquement plus fréquente (par mois, par trimestre) que celle de l'assemblée générale.
Le conseil est surtout constitué par les dirigeants élus en assemblée générale. Il délibère sur les affaires courantes de l'association assurant ainsi son bon fonctionnement régulier.

Le bureau exécutif
Il regroupe les principaux dirigeants de l'association (président, secrétaire, trésorier).
Il dirige les travaux des organes délibératifs et met en œuvre leurs décisions.

Les commissions
Elles ont un rôle consultatif. Elles étudient des sujets précis et font des propositions aux organes délibératifs.

C. Associations et sociétés sportives

Si le cadre juridique de l'association type loi de 1901 reste le modèle de principe adopté par les groupements sportifs, la loi du 16 juillet 1984 modifiée notamment par la loi du 2 août 2003, prévoit une exception dans ses articles 11, 13 et 14.
En effet, lorsqu'une association affiliée à une fédération sportive qui participe habituellement à l'organisation de manifestations sportives payantes procurant des recettes d'un montant annuel supérieur à 1 200 000 euros ou qui emploie des sportifs dont le montant total annuel des rémunérations excède 800 000 euros doit constituer pour la gestion de ces activités une société commerciale régie par la loi n° 66-537 du 24 juillet 1966 sur les sociétés commerciales.
Cette société prend la forme :
- soit d'une société à responsabilité limitée ne comprenant qu'un associé, dénommée entreprise unipersonnelle sportive à responsabilité limitée (EUSRL),
- soit d'une société anonyme à objet sportif (SAOS) ;
- soit d'une société anonyme sportive professionnelle (SASP).

Les sociétés d'économie mixte sportives locales constituées avant la loi du 28 décembre 1999 portant diverses mesures relatives à l'organisation d'APS peuvent conserver leur régime juridique antérieur.
Les statuts des sociétés constituées par les associations sportives sont conformes à des statuts type définis par décret en Conseil d'État.
L'association sportive et la société qu'elle a constituée définissent leurs relations par une convention approuvée par les instances statutaires respectives. Un décret en Conseil d'État précise les stipulations que doit comporter cette convention.
Le capital de la société d'économie mixte sportive locale et de la société anonyme à objet sportif est composé d'actions nominatives. Les membres élus des organes de direction de ces sociétés ne peuvent recevoir, au titre de leurs fonctions, que le remboursement de frais justifiés.
Le bénéfice de la société d'économie mixte sportive locale, de l'entreprise unipersonnelle sportive à responsabilité limitée et de la société anonyme à objet sportif est affecté à la constitution de réserves qui ne peuvent donner lieu à aucune distribution. Par contre, la société anonyme sportive professionnelle peut distribuer ce bénéfice aux actionnaires.

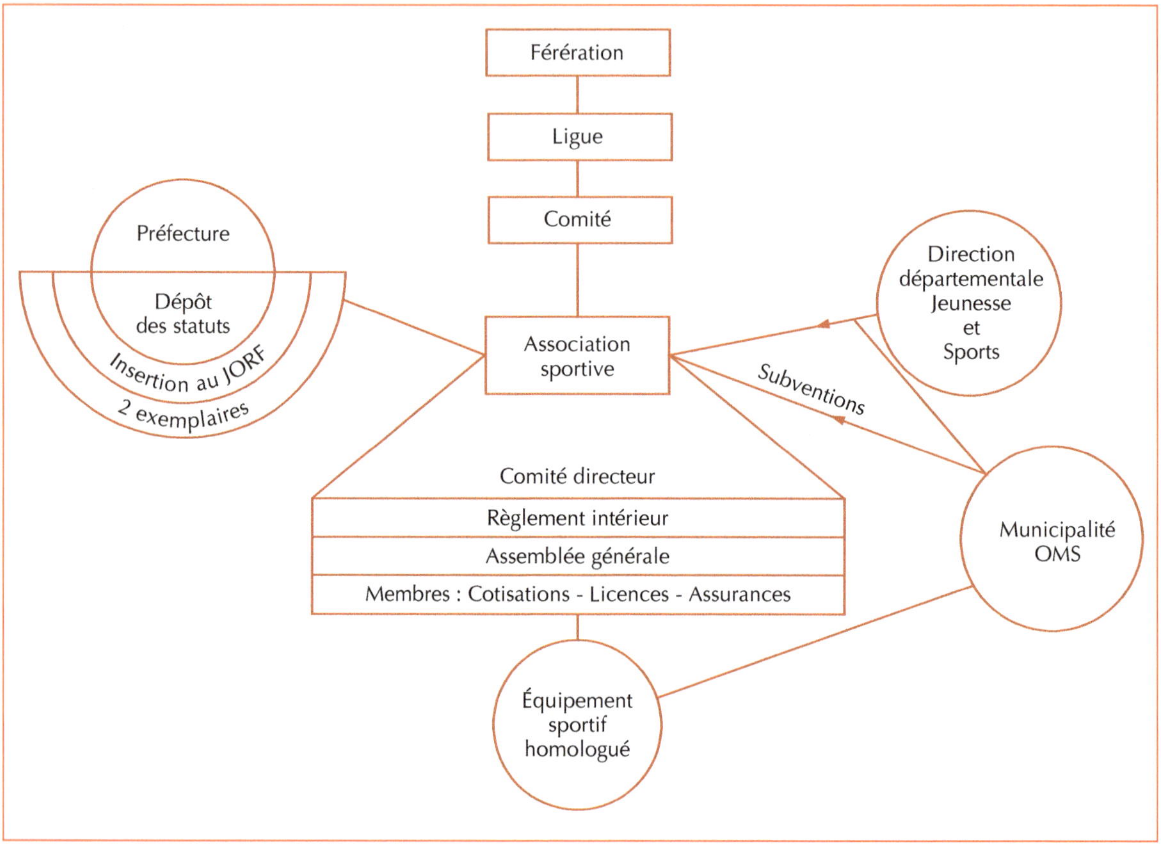

Figure 3.1
Constitution et fonctionnement d'une association sportive.

L'association sportive doit détenir au moins un tiers du capital social et des droits de vote à l'assemblée générale de la société anonyme à objet sportif concernée.

2. LES FÉDÉRATIONS SPORTIVES

A. Les différents types de fédérations sportives

Les fédérations sportives ont pour objet l'organisation de la pratique d'une ou de plusieurs disciplines sportives. Elles sont constituées sous forme d'associations, conformément à la loi du 1er juillet 1901. Elles groupent des associations sportives. Ces fédérations sont de quatre types : fédération unisports, multisports, affinitaires et scolaires et universitaires. Elles peuvent aussi grouper en qualité de membres dans des conditions prévues par leurs statuts :

- les personnes physiques auxquelles elles délivrent directement des licences ;
- des organismes à but lucratif (sociétés sportives) dont l'objet est la pratique d'une ou plusieurs de leurs disciplines et qu'elles autorisent à délivrer des licences ;
- les organismes qui, sans avoir pour objet la pratique d'une ou plusieurs de leurs disciplines, contribuent au développement d'une ou plusieurs de celles-ci.

Les fédérations unisports n'organisent la pratique que d'une seule discipline sportive ou alors de plusieurs disciplines sportives à condition qu'elles aient entre elles un lien technique étroit reconnu par le ministère des Sports.

Les fédérations multisports organisent plusieurs disciplines sportives bien distinctes. Ce sont généralement les fédérations affinitaires ou liées à un milieu professionnel particulier, ou à un milieu particulier (sports pour handicapés).

Les fédérations affinitaires proposent à leurs membres des activités sportives comme élément de développement d'une conception d'ordre social, philosophique ou religieux. Exemple : Fédération sportive et gymnique du travail (FSGT), Union du Sport travailliste (UST), Union des fédérations d'œuvres laïques et d'éducation physique (UFOLEP). Dans la pratique, elles favorisent grandement le développement du sport pour tous.

Les fédérations ou unions scolaires et universitaires rassemblent les associations et les licenciés des établissements d'enseignement scolaires et universitaires. Ce sont, entre autres, l'Union nationale du sport scolaire (UNSS) rassemblant les associations sportives du second degré de l'enseignement et la Fédération nationale du sport universitaire (FNSU) rassemblant les associations des établissements d'enseignement supérieur.
Les fédérations sportives exerçent leur activité en toute indépendance. Elles sont placées sous la tutelle du ministre chargé des Sports, à l'exception des fédérations et unions sportives scolaires et universitaires qui sont placées sous la tutelle du ministre chargé de l'Éducation nationale ; le ministre chargé des Sports participe toutefois à la définition et à la mise en œuvre de leurs objectifs. Les ministres de tutelle veillent, chacun pour ce qui le concerne, au respect par les fédérations sportives des lois et règlements en vigueur.

B. Mission des fédérations sportives

Un agrément peut être délivré par le ministre chargé des Sports aux fédérations qui, en vue de participer à l'exécution d'une mission de service public ont adopté des statuts comportant certaines dispositions obligatoires et un règlement disciplinaire conforme à un règlement type. Les dispositions obligatoires des statuts et le règlement disciplinaire type sont définis par décret en Conseil d'État après avis du CNOSF.
Les fédérations agréées sont chargées de promouvoir l'éducation par les activités physiques et sportives.
Elles développent et organisent la pratique des APS ;
Elles assurent la formation et le perfectionnement de leurs cadres bénévoles.
Elles délivrent les licences et les titres fédéraux ;
Sur le plan interne, elles exercent un pouvoir disciplinaire dans le respect des principes généraux du droit, à l'égard des groupements sportifs qui leur sont affiliés et de leurs licenciés. Elles font aussi respecter les règles techniques et déontologiques de leur discipline.

Les fédérations délégataires

Dans chaque discipline sportive et pour une durée déterminée, une seule fédération agréée reçoit délégation du ministre chargé des Sports pour organiser les compétitions sportives à l'issue desquelles sont délivrés les titres internationaux, nationaux, régionaux ou départementaux, procéder aux sélections correspondantes et proposer l'inscription sur les listes de sportifs, d'entraîneurs, d'arbitres et de juges de haut niveau, sur la liste des sportifs espoirs et sur celle de partenaires d'entraînement.
Cette fédération édicte :
- les règles techniques propres à sa discipline, dans le respect des règlements internationaux ;
- les règlements relatifs à l'organisation de toute manifestation ouverte à ses licenciés.

Un décret en Conseil d'État détermine les conditions d'attribution et de retrait de la délégation, après avis du CNOSF.
Les fédérations délégataires peuvent créer une ligue professionnelle, pour la représentation, la gestion et la coordination des activités sportives à caractère professionnel des associations qui leur sont affiliées et des sociétés qu'elles ont constituées. Lorsque, conformément aux statuts de la fédération, la ligue professionnelle est une association dotée d'une personnalité juridique distincte, ses statuts doivent être conformes aux dispositions édictées par décret en

Conseil d'État pris après avis du CNOSF. Ce décret détermine, notamment, les relations entre la ligue et la fédération.

À l'exception des fédérations agréées à la date du 16 juillet 1992, seules les fédérations délégataires peuvent utiliser l'appellation « Fédération française de » ou « Fédération nationale de » ainsi que décerner ou faire décerner celle d'« Équipe de France de » et de « Champion de France », suivi du nom d'une ou plusieurs disciplines sportives et la faire figurer dans leurs statuts, contrats, documents ou publicités.

Les fédérations délégataires peuvent définir chacune pour leur discipline, les normes de classement technique, de sécurité et d'équipement des espaces, sites et itinéraires relatifs aux sports de nature.

C. Organisation des fédérations

Les fédérations sont des unions d'associations. Elles se composent principalement de groupements sportifs affiliés (associations sportives, sociétés sportives). Cette affiliation ne peut être refusée à un groupement sportif. Les fédérations agréées exerçant une mission de service public, doivent être ouvertes à tous à une triple condition :

- que le groupement candidat à l'affiliation soit constitué pour la pratique de la discipline ou d'une discipline comprise dans l'objet de la fédération ;
- qu'il réponde aux conditions fixées par le décret du 13 février 1985 relatif à l'agrément des groupements sportifs ;
- que son organisation soit compatible avec les présents statuts fédéraux. Les fédérations peuvent également regrouper, à titre individuel, des personnes physiques ainsi que des membres donateurs et des membres bienfaiteurs. Les fédérations sont donc des associations régies par la loi du 1er juillet 1901 et leur organisation interne est soumise aux principes associatifs classiques.

L'assemblée générale de la fédération

L'assemblée générale est réunie au moins une fois par an pour faire le point de la politique sportive menée par la fédération et voter les différents rapports. Son rôle est donc classique par rapport aux assemblées générales de toute association du type loi du 1er juillet 1901.

L'assemblée générale de la fédération est composée des représentants des groupements affiliés.

Ces représentants sont obligatoirement licenciés à la fédération et sont élus suivant l'un des trois modes suivants choisis par la fédération :

- soit directement par les groupements affiliés ;
- soit par les assemblées générales des organismes départementaux ;
- soit par les assemblées générales des organismes régionaux.

On comprendra que le mode de désignation retenu sera variable suivant l'importance de chaque fédération quant au nombre de clubs qu'elle regroupe. Chaque représentant dispose d'un nombre de voix déterminé, en fonction du nombre de licenciés, délivrées par l'organisme qui l'a élu, et suivant un barème spécifique à chaque fédération.

On notera également que peuvent assister à l'assemblée générale, mais avec voix consultative, les adhérents à titre individuel ainsi que, sous réserve de l'autorisation du président, les agents rétribués par la fédération.

Le comité directeur de la fédération

Le comité directeur se réunit au moins trois fois par an et délibère sur les questions qui ne sont pas traitées par l'assemblée générale ou un autre organe de la fédération.

Le comité directeur comprend de 20 à 45 membres élus par l'assemblée générale pour une durée de quatre ans.

Des catégories particulières sont obligatoirement représentées au sein du comité directeur qui doit comprendre au moins :

- *un médecin licencié,*
- *un éducateur sportif,*
- *la représentation des féminines et des corporatifs* est assurée par l'attribution pour chacune de ces catégories d'un siège lorsque l'effectif est inférieur à 10 % du nombre des licenciés et d'un siège supplémentaire par tranche de 10 %.

Ainsi, si une fédération rassemble 25 % de licenciées féminines, le comité directeur doit comprendre au moins trois d'entre elles.

Lorsque la fédération compte des athlètes de haut niveau, elle doit leur réserver au moins un ou deux

sièges suivant que leur nombre est inférieur ou égal et supérieur à dix.
On notera enfin que le directeur technique national dispose d'une voix consultative aux réunions du comité directeur, les autres membres rétribués de la fédération pouvant y assister sur l'autorisation du président.

Le président et le bureau

Dès l'élection du comité directeur, l'assemblée générale élit, au scrutin secret, le président de la fédération. Il est choisi parmi les membres de ce comité directeur sur proposition de celui-ci.
Après l'élection du président, le comité directeur élit en son sein, toujours au scrutin secret, un bureau qui comprend au moins un secrétaire général et un trésorier. Le règlement intérieur de la fédération fixe de façon plus détaillée la composition du bureau. Le mandat du président et des membres du bureau prend fin avec celui du comité directeur.

Les organismes décentralisés des fédérations

Les organismes décentralisés sont généralement dénommés ligues ou comités régionaux ou comités départementaux. L'article 16 de la loi du 16 juillet 1984 précise que les fédérations peuvent déléguer à ces organes internes une partie de leurs attributions dans la limite de leur compétence territoriale.
Les organismes sont constitués sous forme d'associations déclarées et leur ressort territorial est calqué sur celui des services extérieurs du ministère chargé des Sports (directions régionales ou départementales de la jeunesse et des sports).
L'assemblée générale des comités départementaux doit se composer de représentants élus par les groupements affiliés à la fédération. Le nombre de voix dont ils disposent est déterminé en fonction du nombre de licenciés de chaque groupement.
Pour les organismes régionaux, les représentants à l'assemblée générale peuvent être élus soit par les groupements affiliés, soit par les organismes départementaux, ils disposent d'un nombre de voix déterminé en fonction du nombre de licenciés des groupements locaux ou départementaux suivant le mode de leur désignation. Le comité directeur de ces organismes doit être composé suivant les mêmes règles qui s'imposent au comité directeur de la fédération.

Les autres organes de la fédération

Les commissions fédérales sont instituées par le comité directeur. Certaines d'entre elles peuvent être prévues par le ministre chargé des Sports, leur création devient alors obligatoire. Un membre au moins du comité directeur doit siéger dans chacune de ces commissions.
Ces commissions jouent un rôle important dans le bon fonctionnement de la fédération. On peut penser en particulier à la commission médicale, aux commissions technique, de sélection, de formation…
Enfin, il faut signaler que les fédérations qui délivrent des licences professionnelles sont tenues d'instituer un organisme chargé de diriger ces activités à caractère professionnel. Les statuts fédéraux doivent dénommer cet organisme et indiquer s'il est doté ou non de la personnalité morale.

La direction technique nationale

En dehors des organes occupés par les élus bénévoles, il existe dans bon nombre de fédérations une direction technique nationale composée de cadres techniques mis à disposition de ces fédérations et rémunérés par le ministère de la Jeunesse et des Sports (directeur technique national, conseiller technique national, entraîneurs nationaux).

Les services administratifs

Ils sont composés de salariés de la fédération, directeurs administratifs – du marketing – de la communication, comptables – secrétariats, etc.

3. AGRÉMENT DES GROUPEMENTS SPORTIFS ET DES FÉDÉRATIONS SPORTIVES

(DÉCRET N° 85-237 DU 13 FÉVRIER 1985)

L'intérêt de l'agrément est évident : il est rappelé par l'article 8 de la loi du 16 juillet 1984 qui indique que seuls les groupements sportifs agréés pourront bénéficier de l'aide de l'État. On pense bien entendu à la possibilité d'obtenir des subventions.

L'agrément des groupements sportifs

Il concerne les groupements sportifs visés par l'article 7 de la loi du 16 juillet 1984, c'est-à-dire les associations sportives déclarées conformément aux dispositions de la loi du 1er juillet 1901.

Il concerne également les sociétés sportives prévues à l'article 11 de la loi du 16 juillet 1984. L'agrément de ces groupements est délivré par le préfet du département où se trouve leur siège social. La décision d'agrément est publiée au Recueil des actes administratifs du département (*Bulletin officiel de la jeunesse et des sports*: *BOJS*).

Un certain nombre de conditions s'imposent à l'obtention de l'agrément.

1. Les groupements concernés doivent assurer en leur sein la liberté d'opinion et le respect des droits de la défense, s'interdire toute discrimination illégale et veiller à l'observation des règles déontologiques du sport définies par le CNOSF.
2. Ils doivent respecter les règles d'encadrement, d'hygiène et de sécurité, applicables aux disciplines pratiquées par leurs membres.
3. À l'exception des groupements constitués pour la pratique de disciplines ne donnant pas lieu à l'organisation de compétitions et de ceux qui ont pour seul objet de coordonner l'action d'autres groupements sportifs agréés, ils doivent justifier de leur affiliation soit à une fédération sportive agréée, soit à une fédération liée à une fédération agréée par une convention approuvée par le ministre chargé des Sports.
4. Ils devront justifier de leur bon fonctionnement en fournissant à l'appui de leur demande d'agrément:
   - le procès-verbal de la dernière assemblée générale du groupement;
   - le bilan et le compte d'exploitation de l'exercice précédent la demande d'agrément;
   - le budget de l'exercice en cours.

L'agrément des fédérations sportives

L'agrément concerne toutes les fédérations définies à l'article 16 de la loi du 16 juillet 1984, c'est-à-dire toutes les fédérations constituées conformément aux dispositions de la loi du 1er juillet 1901 qu'elles soient unisports ou multisports, affinitaires, scolaires ou universitaires.

L'agrément concerne également les unions constituées au sein de ces fédérations (organismes régionaux et départementaux). L'agrément est alors délivré par le ministre chargé des Sports et la décision conséquente est publiée au *Bulletin officiel* du ministère.

Les fédérations devront satisfaire aux conditions précitées aux paragraphes 1 et 2 s'imposant à tous les groupements sportifs.

Elles doivent adopter: des statuts comportant des dispositions qui garantissent leur fonctionnement démocratique, la transparence de leur gestion et l'égal accès des femmes et des hommes à leurs instances dirigeantes.

- un règlement disciplinaire conforme au règlement disciplinaire type;
- un règlement disciplinaire particulier en matière de lutte contre le dopage conforme aux principes de l'article L. 3634-1 du code de Santé publique.

Elles devront justifier en outre qu'elles sont en mesure d'offrir à leurs membres les structures administratives et l'encadrement technique que requiert la pratique, à tous les niveaux, des disciplines sportives pour lesquelles elles sont constituées.

Elles devront fournir également:

- le procès-verbal de leur dernière assemblée générale;
- les comptes et bilans des trois derniers exercices précédant leur demande;
- le budget de l'exercice en cours.

Le retrait de l'agrément

La décision de retrait de l'agrément peut être prise par l'autorité qui l'a délivré, lorsque les conditions requises pour l'obtenir ne sont plus réunies ou encore pour tout motif grave, notamment tout fait contraire à la moralité publique.

4. LE COMITÉ NATIONAL OLYMPIQUE ET SPORTIF FRANÇAIS (C.N.O.S.F.)

Consultez le site du CNOSF

Chapitre 3

AUTRES STRUCTURES, RÉGLEMENTATION DE LA PRATIQUE ET ENSEIGNEMENT SPORTIF

1. STRUCTURES PUBLIQUES POUR L'ORGANISATION DU SPORT EN FRANCE

Consultez le site du Ministère de la Santé, de la Jeunesse et des Sports

2. STRUCTURES ET ACTIONS ADAPTÉES AUX DIFFÉRENTES FORMES DE PRATIQUE SPORTIVE

A. Sport de haut niveau

Consultez le site du ministère de la Santé, de la Jeunesse et des Sports et le site du CNOSF

B. Pratique sportive individuelle pour le plus grand nombre

Consultez le site du ministère de la Santé, de la Jeunesse et des Sports

C. Le Fonds national pour le développement du sport (FNDS)

Consultez le site du ministère de la Santé, de la Jeunesse et des Sports

3. RÉGLEMENTATION DE LA PRATIQUE SPORTIVE

Consultez le site du ministère de la Santé, de la Jeunesse et des Sports
et celui de la fédération de votre sport

A. Licence sportive et livret sportif

B. Service médical à l'occasion de manifestations sportives importantes

C. Contrôle médical des activités physiques et sportives

D. Surclassement de certains jeunes sportifs

E. Lutte contre l'alcoolisme

F. Prévention et lutte contre le dopage

G. Structure du contrôle médical

4. L'ENSEIGNEMENT SPORTIF

Consultez le site du ministère de la Santé, de la Jeunesse et des Sports et celui de la fédération de votre sport

A. La réglementation de la profession d'éducateur sportif et d'éducateur professionnel

B. Les différents cadres d'intervention de l'éducateur physique ou sportif

C. Les établissements où s'exerce la profession d'éducateur physique ou sportif

D. Le personnel de l'enseignement sportif du ministère de la Santé, de la Jeunesse et des Sports

5. ORGANISATION INTERNATIONALE DU SPORT

A. Les organisations sportives internationales

Consultez le site du Comité International Olympique et celui de la fédération de votre sport

B. Le mouvement olympique

Consultez le site du Comité International Olympique

C. Les compétitions internationales

Consultez le site du Comité International Olympique et celui de la fédération de votre sport